Wenig Dinge braucht das Glück

Gabi Raeggel

Wenig Dinge braucht das Glück

Aufräumen für ein entspannteres Leben

Edition Achtsamkeit

Inhalt

Vorwort

Mehr ist besser: mehr kaufen, mehr genießen, mehr haben. So kennen wir es. So ist es uns vertraut. Wir haben beispielsweise keine Zeit oder Lust, stundenlang das Gemüse klein zu schnippeln, also suchen wir uns eine Küchenmaschine, die uns die Arbeit abnimmt. Wir wollen morgens länger schlafen und suchen uns ein größeres und noch komfortableres Auto, mit welchem wir noch schneller und angenehmer den Weg zur Arbeit schaffen können. Der Kleiderschrank platzt aus allen Nähten und wir denken über einen begehbaren Kleiderschrank oder gleich ein ganzes Ankleidezimmer nach. Die Wohnung ist irgendwann zu eng geworden mit all den Möbeln und dem vielen Zeug darin und so denken wir darüber nach, ob wir uns eine größere Wohnung suchen oder gleich ein eigenes Haus bauen. Und ist das Haus endlich gebaut, fehlen uns plötzlich der Pool, die Gartenlaube und der Rasenmäher-Roboter. Irgendwas ist immer unperfekt, irgendwas kann immer besser werden. Wir wollen ein schöneres und angenehmeres Leben und üblicherweise versuchen wir, uns dieses mit dem Anschaffen und Sammeln von noch mehr Dingen zu verschaffen.

Mehr Dinge helfen uns aber vorrangig dann, wenn wir einen wirklichen Mangel an exakt *diesen* Dingen haben. Es gibt beispielsweise materielle Bedürfnisse, die haben wir alle. Wir benötigen beispielsweise alle Essen, Trinken, Kleidung. Wir möchten ein schützendes Dach über unserem Kopf. Fehlt es an solch grundlegenden Dingen, dann ist klar, dass dann mit der Verbesserung dieser materiellen Bedürfnisse auch eine Verbesserung der Lebensqualität verbunden ist. Doch wo ist die Grenze? Wann ist der Punkt erreicht, wo es nicht mehr um die Behebung von Mängeln und unser Wohlbefinden geht, sondern die angehäuften Dinge längst zur Belastung geworden sind?

Was wir hier in unserer Gesellschaft oft vorfinden, sind nicht Dinge, von denen wir zu wenig haben, sondern es gibt sie im Übermaß. Beim Einkaufen stehen wir vor meterlangen Regalen mit Kosmetikartikeln oder müssen uns zwischen 20 verschiedenen Erdbeermarmeladen entscheiden. Zu Hause stehen wir ratlos vor dem überfüllten Kleiderschrank und wissen nicht, was wir anziehen sollen. Die TV-Bildschirme werden immer größer oder werden gleich durch eine Heimkinoanlage ersetzt. Es gibt Zeug, wohin wir schauen. Doch welche Dinge davon verbessern unser Leben wirklich? Irgendwann finden wir uns wieder in einem vollgestopften Leben und wir bemerken, dass es mit unseren Besitztümern ähnlich ist wie beim Essen: Es kann noch so lecker sein, irgendwann ist man einfach satt, übersättigt.

Wir wollen uns in unserer Umgebung wohlfühlen, uns erholen und entspannen. Manchmal gelingt dies nicht mehr, weil alles zu viel geworden ist. Die Gründe dafür sind ganz unterschiedlich. Vielleicht war es der durch Werbung versprochene Spaß und die Verführung durch die vielen attraktiv wirkenden Konsumangebote. Dann gibt es die bekannten Frustkäufe. Manchmal geraten aber auch fast unbemerkt Dinge in unsere Wohnung, weil wir privaten oder beruflichen Stress haben und uns sowohl Zeit als auch Nerven fehlen, regelmäßig aufzuräumen und unsere wirklichen Bedürfnisse überhaupt noch wahrzunehmen.

Der Reiz, der von neuen Dingen ausgeht, lässt uns schnell den Zeitpunkt übersehen, an dem das Ansammeln vieler Dinge nicht mehr zur Erleichterung unseres Lebens beiträgt, sondern längst zu einer nicht unerheblichen Belastung geworden ist. Nutzen wir all unsere Besitztümer wirklich noch und können wir sie genießen? Je mehr wir besitzen, desto mehr Aufwand müssen wir auch betreiben. Denn viele Dinge müssen entsprechend öfter entstaubt, aufgeräumt und irgendwo verstaut werden. Welchen Mangel haben wir wirklich? Spätestens dann, wenn wir bemerken, dass wir uns einfach nicht mehr richtig wohlfühlen, ist es Zeit, etwas zu verändern.

Ich erinnere mich noch recht gut an genau diesen Zeitpunkt in *meinem* Leben: Es war 2010. Als Sozialpädagogin fühlte ich mich aufgrund zunehmender Arbeitsverdichtung beruflich überlastet. Ich entdeckte die Achtsamkeit für mich und dadurch fiel mir nach und nach auf, auf welch „wundersame" Weise manche Dinge in mein Zuhause gerieten. Nach der Arbeit war ich müde, ich fühlte mich gestresst, war oft unzufrieden. Genau in solchen Situationen wollte ich mir etwas Gutes tun und mir unter anderem auch mit irgendwelchen Käufen das Leben verschönern: zunächst einen Kaffee, dann ein neues Handy hier und irgendein Computerteil dort. Aber das reichte nur für einen kurzen Kick und konnte meine Unzufriedenheit nur kurzfristig überdecken. Durch Achtsamkeit wurde mein Blick geschärft und ich bemerkte, dass ich durch mehr Dinge und mehr Besitz nicht glücklicher wurde. Im Gegenteil. Ich begann daraufhin, mich darauf zu konzentrieren, was ich wirklich brauche, und verabschiedete die Dinge, die nicht mehr zu mir passten. Dies machte dann auch den Weg frei, schrittweise zu einem entspannteren und glücklicheren Leben zu finden.

Der individuelle Anlass und die Motivation, in der Wohnung und im eigenen Leben aufzuräumen, sind natürlich ganz unterschiedlich. Lösungsansätze für ein zufriedeneres und glücklicheres Leben sind ebenso unterschiedlich und vielfältig, wie wir

Menschen selbst auch ganz unterschiedlich und vielfältig sind. Mit diesem Buch möchte ich Ihnen Anregungen und Hilfen an die Hand geben, das für Sie passende Maß an Dingen, Aufgeräumtheit, Klarheit, Freiraum und Zufriedenheit in Ihrem Leben zu finden. Verstehen Sie die Anregungen in diesem Buch wirklich als Leitlinien und Orientierungshilfen.

Entdecken und probieren Sie diese aus, ignorieren Sie, was Ihnen unsinnig erscheint, und konzentrieren Sie sich auf das, was Sie anspricht, motiviert und hilfreich erscheint. Ich möchte Sie ermutigen, Ihre persönlichen Bedürfnisse achtsam zu erkennen und ernst zu nehmen. Welche Gegenstände benötigen Sie wirklich im Alltag? Schaffen Sie sich schrittweise genau die Struktur und das Maß an Dingen, welches für Sie und Ihr Leben passend ist. Achtsamkeit im Alltag, Achtsamkeit auf die vielen kleinen und großen Dinge, Situationen und auf das, was in Ihnen und um Sie herum geschieht, ist hierfür eine wichtige Begleitung und Unterstützung.

Um wirklich einen Zugang zur Achtsamkeit im Alltag zu finden, ist es sinnvoll, sich auch in formeller Achtsamkeitspraxis zu üben. Haben Sie hiermit noch keine Vorerfahrungen, schauen Sie einmal in Ihrer Umgebung nach entsprechenden Angeboten und Kursen. So werden beispielsweise die achtwöchigen MBSR-Kurse (Achtsamkeitsbasierte Stressreduktion) von vielen gesetzlichen Krankenkassen finanziell unterstützt. Um einen ersten Eindruck von formeller Achtsamkeitspraxis zu bekommen, finden Sie auf meiner Webseite hierfür Tipps, Anregungen und kostenlose Downloads: www.achtsame-lebenskunst.de/achtsamkeitsuebungen

Hilfreich sind auch persönliche Notizen. Halten Sie fest, was Ihnen wichtig ist, was Sie denken, wie Sie sich fühlen und wie Sie ganz praktisch und konkret vorgehen möchten. Sich im eigenen Leben wirklich auf die persönlich wesentlichen Dinge zu konzentrieren und loszulassen, was nicht mehr gebraucht und überflüssig geworden ist, führt oft zu mehr als „nur" einer aufgeräumteren Wohnung. Nutzen Sie für Ihre persönlichen Notizen zum Beispiel ein Tagebuch. Wichtig ist, dass Sie sich immer wieder vergegenwärtigen, wie Sie sich ein aufgeräumteres und entspannteres Leben vorstellen, welche Vorteile dies für Sie haben wird und was in Ihrem Leben dann mehr Platz, Zeit und Raum haben kann.

Es heißt, dass Veränderung mit dem ersten Schritt *beginnt*. Stimmt, ohne einen ersten Schritt geht es nicht. Ich möchte aber noch ergänzen: Es *endet* aber nicht mit diesem ersten Schritt, dieser ist lediglich der Beginn. Veränderung ist ein Prozess, der dann zum Erfolg führt, wenn auf den ersten Schritt noch viele weitere kleine, aber beständige Schritte folgen. Gönnen Sie sich im Bedarfsfall auch kleine Schritte. Verpulvern Sie dabei nicht Ihre anfängliche Motivation und Energie, sondern versuchen Sie diese Energien zu nutzen, um am Ball zu bleiben.

Ein Hinweis: Wenn ich in diesem Buch von „ich" und „mein" schreibe, so hat dies einmal damit zu tun, dass Aufräum- und Entrümpelungsprozesse zunächst mal immer bei den ganz eigenen persönlichen Besitztümern ansetzen sollten. Es sind aber auch ganz pragmatische Gründe, damit das Lesen einfacher und weniger unübersichtlich ist. Natürlich spreche ich immer auch Paare, Familien und Wohngemeinschaften an. Für sie gibt es ergänzend auch noch ein extra Kapitel mit Tipps zum gemeinsamen Entrümpeln und Aufräumen.
Packen Sie es an! Ich wünsche Ihnen viel Erergie dabei!

Gabi Raeggel

Wo kommt das ganze Zeug bloß her?

Konsum ist oftmals mit einer gewissen Atemlosigkeit verbunden, da die Freude über ein neues Teil oft nicht lange hält. Beim nächsten Kauf ist dann doch nicht alles besser. Aber nun ist das ganze Zeug eben da. Um dann mit weniger Dingen glücklich zu sein, ist es wichtig, sich zunächst mit der Frage zu befassen, wie und warum überhaupt so viele Dinge in die eigene Wohnung geraten sind. Warum hat sich so viel Zeug angesammelt und warum ist es manchmal so schwierig, eine Struktur zu schaffen und das Durcheinander zu bewältigen? Die Auseinandersetzung mit dieser Frage zu möglichen Gründen hierfür ist hilfreich, denn oft ist in den Fragen bereits ein erster Hinweis auf die Antwort enthalten:

Sicherheitsbedürfnis und Überlebensnotwendigkeit

Zunächst dürfen wir nicht vergessen, dass das Ansammeln von Dingen jahrhundertelang eine absolute Notwendigkeit für uns Menschen war, um überhaupt überleben zu können. Es steckt uns genau genommen im Blut. So waren zu früheren Zeiten Lebensmittelvorräte lebenswichtig, um den Winter zu überleben. Auch Materialien des täglichen Lebensbedarfs waren in der Regel rar und teuer, daher waren jeder Nagel, jede Schraube und jedes noch so kleine Teil wichtig und wertvoll. Dinge anzusammeln und vorrätig zu halten ist daher ein ganz natürliches und nachvollziehbares Verhalten, welches uns existenzielle Sicherheit ge-

geben hat. Letztlich ist es noch heute so. Wir benötigen Dinge, um leben zu können.

Tipp: *Wenn Sie den Eindruck haben, dass Sie ein viel zu starkes Sicherheitsbedürfnis haben, dann versuchen Sie zu erspüren, woher dieses kommt und was Ihnen außer den vielen Dingen noch Sicherheit geben könnte. Achten Sie beim Entrümpeln und Aufräumen immer wieder darauf, welche Dinge denn tatsächlich lebenswichtig und relevant für Sie sind. Versuchen Sie immer wieder Objektivität in Ihr Leben zu bringen: Nützt es Ihrer Sicherheit tatsächlich, wenn Sie zum Beispiel 50 Gläser haben und mit der Bettwäsche eine ganze Fußballmannschaft ausstatten können? Bringt Ihnen die große Sammlung von Werkzeugen im Bastelkeller etwas, wenn diese nicht genutzt wird oder das Reparieren zur Tortur wird?*

Belastende Lebenssituationen und Krisen

Nicht selten sind es Phasen von länger andauerndem Stress und Überlastung, aber auch Lebenskrisen, die dazu führen, dass Zeit und Energie fürs Aufräumen fehlen. Sich anhäufende Überstunden, beruflicher Erfolgsdruck, finanzielle Existenzsorgen, Arbeitslosigkeit, Firmeninsolvenz, ernste und langwierige Krankheiten oder der Tod eines lieben Menschen, die Trennung vom Partner – es gibt viele Gründe, warum das Leben zwischenzeitlich aus dem Takt geraten kann und so auch das Chaos der Dinge zunimmt.

Tipp: *Wenn Sie sich in stark belastenden Lebenssituationen befinden, geht es nicht anders, als zu überlegen, was Entlastung bringen könnte. Welche Überstunden müssen nicht sein? Wo können Sie sich Hilfe suchen (Freunde? Familie? Professionelle Helfer?)? Welchen konkreten Schritt können Sie für Ihr persönliches Wohlbefinden* *tun? Autos bringt man zur Inspektion, Smartphone-Akkus laden wir auf – warum sollten wir nicht endlich auch mal schauen, wie wir unsere „inneren Akkus" wieder aufladen können und welche Art von „Inspektion" unser Leben und unsere Wohnung benötigen.*

Erinnerungen

Ein häufiger Grund für angehäufte Dinge ist weiterhin, dass manche Dinge stark mit der Erinnerung an besondere Situationen oder Personen verbunden sind. Werden diese erinnerungsbehafteten Dinge losgelassen, besteht nun die Sorge, dann auch die Erinnerungen zu verlieren.

Tipp: *Überlegen Sie, ob Sie nicht ein einzelnes und ganz besonderes Erinnerungsstück statt einer ganzen Sammlung von Erinnerungen behalten. Beginnen Sie nicht mit dem Entrümpeln solch besonderer Erinnerungsstücke, sondern legen Sie diese Entscheidungen an das Ende. Ausführlichere Tipps für den Umgang mit besonderen Erinnerungsstücken finden Sie auch auf Seite 51/52.*

Grenzen und Grenzüberschreitungen

Sich selbst oder anderen Menschen da Grenzen zu setzen, wo sie sinnvoll sind, fällt manchen Menschen sehr schwer und kann ebenfalls zu Überkonsum und Durcheinander in den persönlichen Besitztümern führen:

Überschreiten von Konsumgrenzen:
Manche Menschen kaufen gerne und viel – zu viel. Es wird mehr gekauft und somit auch mehr angesammelt, als überhaupt benö-

tigt wird. Das Shoppen als solches ist ein Hobby, eine Leidenschaft. Kaufen verschafft kurzfristige Glücksgefühle. Diese halten jedoch nicht lange an und führen nicht zu langfristiger Zufriedenheit, so dass schnell und viel neu gekauft werden muss.

Tipp: *Lassen Sie sich Zeit beim Kaufen, versuchen Sie auf Spontankäufe zu verzichten. Versuchen Sie wahrzunehmen, ob und wann Kaufen eine Ersatzbefriedigung ist. Setzen Sie Wünsche auf eine Liste und warten Sie erst mal ab. Gehen Sie gegebenenfalls nur mit einer begrenzten Menge Bargeld in die Stadt.*

Überschreiten von Persönlichkeitsgrenzen:
Manchen Menschen fällt es schwer, sich gegenüber wohlmeinenden Schenkern abzugrenzen. Die „Vielschenker" meinen es gut, aber manchmal auch zu gut. Sie schenken und schenken, überhäufen die Familie, Verwandte, Freunde mit tausenderlei Dingen. Die „Vielschenker" nehmen die Grenzen der Menschen unzureichend wahr, denen sie eigentlich etwas Gutes tun wollen. Den Beschenkten fällt es schwer, sich gegenüber den „Vielschenkern" abzugrenzen, und so sammeln sich die Dinge bei ihnen an und werden mehr und mehr.

Tipp: *Achten Sie immer wieder auf Klarheit. Wenn Sie gerne schenken: Schenken Sie Zeit, Aufmerksamkeit, Erlebnisse. Wenn Sie viel beschenkt werden: Sprechen Sie mit den Schenkern, geben Sie ihnen Tipps, über was Sie sich wirklich freuen würden. Denken Sie daran: Ihr Gegenüber kann nur dann Ihre persönlichen Grenzen erkennen, wenn Sie diese Grenzen auch klar nach außen kommunizieren.*

Unordnung als Abgrenzung:
Die Unordnung kann auch ein Hilfsmittel sein, sich gegen andere

Menschen abzugrenzen. Die Unordnung bleibt, damit man sich letztlich nur selbst darin zurechtfindet und niemand anderes sonst.

Tipp: *Spüren Sie in sich hinein: Warum ist Ihnen die Abgrenzung durch Unordnung wichtig? Wo gelingt Sie Ihnen ansonsten eventuell nicht richtig? Gegenüber welchen Menschen und Situationen sind in Ihrem Leben klarere Grenzen wichtig?*

Perfektionismus

Entweder ganz oder gar nicht. Es gibt Menschen, die sich über Stunden hinweg am Aufräumen einer einzigen Schublade festbeißen, während sich der Rest der Wohnung immer noch im gleichen ungeordneten Zustand befindet. Der Perfektionismus blockiert ein Weiterkommen. Besonders schwierig wird es, wenn sich Perfektionismus mit Vielshopperei kombiniert.

Tipp: *Üben Sie sich in Gelassenheit und versuchen Sie, sich nicht in Details zu verlieren. Es kann hilfreich sein, wenn Sie nur einen ganz bestimmten Zeitrahmen wählen, sich dazu einen Wecker oder eine Zeitschaltuhr stellen, um einen ganz bestimmten Bereich zu entrümpeln oder aufzuräumen. Alles, was bis dahin nicht erledigt ist, bleibt, wie es ist. Schauen Sie, wie es Ihnen damit ergeht, was Probleme bereitet und was eventuell hilfreich ist.*

„Aufschieberitis"

Aufräumen ist Arbeit und wird gerne vor sich hergeschoben. Manchmal gibt es gute Gründe für unsere Aufschieberei, wie

Müdigkeit, Krankheit, Überlastung, manchmal mangelnde Zeitstruktur, manchmal aber auch Bequemlichkeit.

Tipp: *Es ist wichtig zu analysieren, warum Sie Dinge vor sich herschieben. Wenn es Müdigkeit, Überlastung oder eine Erkrankung ist, benötigen Sie einfach Erholung und Entlastung. Suchen Sie gezielt nach entsprechenden Freiräumen. Verzichten Sie auf das, was Ihnen nicht guttut. Bei mangelnder Zeitstruktur hilft es, sich kleine Aufräumroutinen im Alltag anzugewöhnen oder als Motivationsschub vielleicht auch einmal mit einem Freund oder Familienmitglied eine Art Aufräum-Wettbewerb zu veranstalten.*

Bequemlichkeit und Hilflosigkeit

Wenn das „Hotel Mama" sehr bequem war und Mutti letztlich immer doch alles weggeräumt hat, so ist es natürlich mühsam, wenn man plötzlich alles selbst erledigen muss. Wenn dann nach dem Auszug von zu Hause das „Hotel Mama" von Partner oder Partnerin weitergeführt wird, so ist dies zunächst äußerst bequem. Allerdings bleibt so Ihr „Selbstständigkeits-Muskel" schwach, da er bislang kaum notwendig war. Entsprechend schwer fällt es, die Dinge endlich selbst in die Hand zu nehmen. Schnell kann das Gefühl entstehen, dem Chaos hilflos ausgeliefert zu sein und nichts dagegen ausrichten zu können.

Tipp: *Versuchen Sie sich klar darüber zu werden: Möchten Sie wirklich so unselbstständig und abhängig von anderen Menschen sein? Wenn ja, dann ist es so und Sie müssen das Durcheinander so lange ertragen, bis das „Hotel Mama" dies eventuell für Sie regelt. Wenn Sie diese Unselbstständigkeit nicht weiter fortführen möchten, hilft nur: selber machen – so umständlich, hilflos und stümperhaft* *die Anfänge sein mögen, versuchen Sie es! Betrachten Sie es als Training für Ihren „Selbstständigkeits-Muskel". Anfänglich vielleicht unangenehm, aber das Selbstbewusstsein und die Selbstsicherheit steigen mit jedem einzelnen Schritt in ein unabhängigeres Leben.*

Andere Prioritäten und Ungeduld

Manchmal liegen die Prioritäten einfach woanders. Aufräumen ist lästig und dauert nun mal eine gewisse Zeit. Karriere, Freizeit, Erlebnisse – alles ist wichtiger, als sich mit so profanen und zeitaufwendigen Dingen wie Aufräumen zu befassen.

Tipp: Schauen Sie einmal genau hin, was genau in Ihrem Leben wirklich wichtig ist. Achten Sie beispielsweise einmal darauf, wie viel Zeit damit verloren geht, sich die ständigen Benachrichtigungen im Handy anzuschauen. Wie viele Stunden versacken Sie vor dem Fernseher? Ist das wirklich alles so wichtig und vorrangig? Vereinfachen Sie Ihren Haushalt, minimieren Sie Ihren Besitz. Die Dinge, die nicht da sind, brauchen Sie nicht aufzuräumen, und so bleibt dann auch genügend Zeit, ohne dass die Wohnung im Chaos versinkt.

Soziale Gründe, Neid und Werthaltungen

Wir Menschen sind Gemeinschaftswesen. Nur die wenigsten von uns haben den dauerhaften Hang zum Eremiten. Gerade bei Teenagern – aber nicht nur dort – fällt auf, dass viele Dinge gekauft und angesammelt werden, um eine Gruppenzugehörigkeit auszudrücken. Alle haben diese Jeans und jenes Handy, also will man das auch. Als Gruppe kann man sich durch den Besitz bestimmter Dinge von anderen abgrenzen und so etwas wie

Gemeinschaftsgefühl entwickeln. Dies ist natürlich nicht nur bei Teenagern so. Der Nachbar hat vielleicht ein neues, viel schickeres Auto, den besseren Rasenmäher, den technisch aufgerüsteten Kühlschrank. Da geraten wir schnell in die Neidfalle. Vielleicht wollen wir aber auch nicht auffallen. So bilden sich Normen, Werthaltungen und unter Umständen ein Berg unnützes Zeug in der Wohnung.

Tipp: *Schauen Sie einmal, welche Menschen es sind, die Ihnen einfach guttun, ohne dass Sie deren Vorstellungen von Besitztümern übernehmen müssen. Schaffen Sie Ihren eigenen Trend, Ihre eigenen Werthaltungen. Im Kreis von E-Bikern kann es zum Beispiel durchaus imposant sein, wenn man selbst sportlich genug ist, um auf einem normalen Fahrrad mithalten zu können. Je klarer Sie sich über Ihre Bedürfnisse sind, je besser Sie sich damit fühlen, je selbstbewusster Sie dazu stehen, desto eher wird dies in aller Regel auch von den Menschen in Ihrer Umgebung akzeptiert.*

Das Leben ist nicht statisch

Die hier dargestellten Gründe für das Anhäufen von Dingen und das damit verbundene Durcheinander lassen bereits erkennen, dass viele Dinge eben nicht nur einfach viele Dinge sind und Durcheinander nicht einfach nur Durcheinander. Es sind zudem nicht nur die Lebenssituationen unterschiedlicher Menschen, die stark variieren. Auch das eigene, ganz persönliche Leben ist nichts Statisches, sondern es verändert sich immer wieder. Der Wunsch, seinen persönlichen Wohn- und Lebensraum neu auszurichten und neu zu gestalten, ist daher auch aus den Veränderungen des Lebens heraus verständlich. Es geht immer um diese jeweiligen ganz persönlichen Lebenswirklichkeiten.

Den persönlichen Besitztümern mit Achtsamkeit zu begegnen, heißt, sich bewusster darüber zu werden, mit welchen Besitztümern Sie sich umgeben und mit welchen es Ihnen wirklich gut geht. Gibt es Dinge, die Ihre Wohnung und Ihr Leben verstopfen? Was brauchen Sie wirklich? Wie ist Ihre Beziehung zu den Dingen, mit denen Sie sich umgeben? Wie kann es Ihnen gelingen, mehr Freiräume in der Wohnung und in Ihrem Leben zu schaffen, um so auch wieder Zeit und Raum für die vielen kleinen oder auch größeren Glücksmomente zu finden? Ich möchte Sie einladen, einmal mit der nachfolgenden Gehmeditation Ihren Wohnraum und die Sie umgebenden Dinge achtsam wahrzunehmen.

Übung

Die besondere Gehmeditation

Überlegen Sie sich einen Weg durch Ihre Wohnung. Öffnen Sie auch verschlossene Schranktüren. Gehen Sie nun für zehn Minuten die ausgewählte Strecke aufmerksam durch Ihre Wohnung und betrachten Sie Ihren Besitz einfach nur. Versuchen Sie, nicht zu urteilen, zu planen oder zu handeln, gehen Sie einfach immer wieder mit offenen Augen Ihren Weg. Haben Sie eine sehr große Wohnung oder ein Haus, wählen Sie zunächst nur eine Teilstrecke aus. Stellen Sie sich im Anschluss die folgenden Fragen: Gibt es etwas, was mir besonders aufgefallen ist? In welchen Situationen und zu welchen Anlässen sind die einzelnen Dinge in die Wohnung gekommen? Welche möglichen Gründe gibt es, warum sich zu viele Dinge angesammelt ha-

ben? Wie wohl oder unwohl fühlen Sie sich in Ihren Räumen? Gibt es Dinge, mit denen Sie sich besonders wohl oder unwohl fühlen?

Platzhalter für die wirklichen Bedürfnisse erkennen

In der Regel versuchen wir durch das Anhäufen von Besitz irgendeinen Mangel zu kompensieren. Wenn Sie schon 20 Jeanshosen im Schrank haben, welcher Mangel könnte hier noch bestehen, der Sie die 21. Jeans kaufen lässt? Wenn es nicht der Mangel an diesem oder jenem Ding ist, welcher Mangel ist es dann? Manchmal werden Dinge zu einer Art „Platzhalter“ für andere Bedürfnisse. Genau genommen sind solche Dinge dann „Platzwegnehmer“. Sie besetzen den Raum, der eigentlich für ein ganz anderes Bedürfnis frei sein sollte. Versuchen Sie ehrlich mit sich zu sein. Es geht nicht um Gründe, Rechtfertigung, Anklagen oder Ausreden, sondern darum, dass materielle Platzhalter Sie nicht mehr an der Erfüllung Ihrer wirklichen Bedürfnisse hindern.

Übung

Schauen Sie sich noch einmal in Ihrer Wohnung um: Welche Dinge entdecken Sie, die Sie irgendwann mal gekauft, aber nie wirklich genutzt haben? Was war das für eine Situation, in der Sie sich damals befunden haben? Gab es besondere Ereignisse? Wie haben Sie sich damals gefühlt? Was haben Sie sich von diesem Ding erhofft? Schauen Sie einmal, ob Sie rückblickend einige Ihrer tatsächlichen damaligen Bedürfnisse erkennen.

Der achtsame Umgang mit den Dingen

In einem gesellschaftlichen Umfeld, welches von einem großen Angebot an Möglichkeiten geprägt ist und wo Sie nahezu immer neue Dinge kaufen können, ist es besonders wichtig, achtsamer mit sich und den Dingen umzugehen. Achtsamkeit ist in diesem Fall das aufmerksame Beobachten, ob wir das, was wir besitzen oder neu erwerben wollen, wirklich das ist, was uns und auch der Welt um uns herum guttut.

Vielleicht kennen Sie eine vergleichbare Situation auch: Eigentlich wollten Sie im Möbelhaus nur dieses eine Regal kaufen, aber dann waren da in der Dekoabteilung die Kerzen, die dekorativen Blumentöpfe und diese vielen wunderschönen „Stehrümchen". Ehe Sie sich versehen, tummeln sich nun noch mehr Dinge auf Fensterbank, Regal und Kommode. Wenn dann das erste Glücksgefühl über den Neukauf vorüber ist, dann schauen Sie sich in einem Moment der Unabgelenktheit um und entdecken nun die unnötigen Dinge, die sich auf diese Weise in Ihrem Zuhause angesammelt haben. Ein Hintergrund für solche Käufe ist, dass wir dazu neigen, auf Reize spontan und unmittelbar zu reagieren. Die Werbeindustrie weiß dies geschickt zu nutzen, platziert uns die schönsten Sachen am liebsten direkt vor der Nase und so landet oft viel zu viel im Einkaufskorb.

Achtsamkeit bietet die Möglichkeit, auf die vielen Reize nicht spontan zu reagieren, sondern innezuhalten und zu schauen, welche Bedürfnisse wir wirklich haben. Wir können erspüren, welche Dinge unser Leben wirklich bereichern und welche Dinge unser Leben bei genauer Betrachtung nur mühsamer machen und uns unzufrieden zurücklassen. Mit Achtsamkeit verbinden wir in aller Regel die formalen Achtsamkeitsübungen, insbesondere die Sitz- und Gehmeditation, aber Achtsamkeit ist noch viel mehr. Achtsamkeit können wir in nahezu jeder Lebenssituation üben, auch beim Aufräumen und beim Erspüren, welche Dinge wirklich für uns gut sind oder aber welche uns belasten.

Achtsame Haltungen als Basis für Entrümpeln und Loslassen

Eine achtsame Lebenshaltung ist eine wichtige Grundlage, um uns bewusster darüber zu werden, was im gegenwärtigen Moment in und um uns herum geschieht. In einigen Grundhaltungen der formalen Achtsamkeitspraxis lässt sich vieles entdecken, was eine ideale Basis ist, um loslassen zu können, was wir nicht brauchen und was nicht wohltuend für uns ist.

Nicht-Urteilen
Das Nicht-Urteilen wird von Jon Kabat-Zinn als eine neutrale Position uns selbst gegenüber beschrieben. Üblicherweise sind wir schnell damit befasst, zu bewerten und sofort zu reagieren. Achtsamkeit heißt daher, die eigenen Urteile und Reaktionen mit Abstand zu betrachten.[1] Diese achtsame Haltung des Nicht-Urteilens einmal bewusst auf Ihren Alltag mit all Ihren Besitztümern zu übertragen, kann neue Perspektiven schaffen. Es geht darum, die persönliche Situation so zu sehen, wie sie nun mal gerade ist, ohne

---

[1] vgl. Jon Kabat-Zinn, Gesund durch Meditation, Fischer Verlag 2006, S. 46-55

sich deshalb gleich zu verurteilen. Schaffen Sie daher zunächst einigen Abstand – innerlich und äußerlich – und beachten Sie, was Ihnen dabei bewusster wird. Achten Sie daher darauf, nicht gleich zu reagieren, sondern wirklich erst einmal nur wahrzunehmen.

Geduld

„Geduld bedeutet, den Dingen Zeit zu geben, die sie wirklich benötigen."[2] Entrümpeln, aufräumen und wieder mehr Klarheit ins eigene Leben bringen ist in aller Regel keine einfache und kurzfristige Hauruck-Aktion. Manches braucht einfach Zeit, oft ist Ausmisten und Ordnung Schaffen ein längerer Prozess. Dies ist nicht weiter tragisch. Manches eigentlich überflüssige Ding bleibt beim ersten Anlauf noch im Regal, beim zweiten, dritten oder vierten Anlauf gelingt es dann oft doch noch, diesen überflüssigen Gegenstand loszulassen.

Anfängergeist

Der Anfängergeist liegt in der Achtsamkeit selbst begründet. Jede Situation, jeder Atemzug ist eine neue Situation. Dieser eine, jetzige Atemzug ist beim nächsten Atemzug bereits Vergangenheit. Zu versuchen, jeden Atemzug, jede Situation neu zu entdecken, bedeutet auch, ausgetretene Pfade zu verlassen und sich dem Neuen zu öffnen. „Und jedem Anfang wohnt ein Zauber inne, der uns beschützt und der uns hilft, zu leben."[3] So schrieb es Hermann Hesse. Vielleicht können Sie sich noch an Situationen erinnern, wo Sie diesen Zauber des Anfangs gespürt haben, wo Sie voller Enthusiasmus und Freude mit diesem An-

---

[2] Maren Schneider, Der Weg der Achtsamkeit, Knaur-Verlag 2009, S. 49

[3] Hermann Hesse, „Stufen", in: Ders., Stufen – Ausgewählte Gedichte, insel taschenbuch 2011

fängergeist einen Schritt in einen neuen Lebensabschnitt gegangen sind. Erspüren Sie diesen Zauber des Anfangs auch in Ihrem Wunsch, endlich einen Neustart in Ihrer Wohnung und mit Ihren Habseligkeiten zu finden. Wie frei und befreit soll es einmal sein? Versuchen Sie, die Dinge in Ihrer Umgebung neu zu entdecken und auf ihre wirkliche Verwendbarkeit zu überprüfen. Machen Sie sich immer wieder bewusst: Jede noch so kleine ausgeleerte und aufgeräumte Schublade ist immer auch ein neuer Anfang.

Vertrauen

Vertrauen in der Achtsamkeit bedeutet auch, den eigenen Regungen von Körper, Geist und Gefühlen wieder mehr Gehör zu schenken und ihnen als Signalgeber zu vertrauen. Was sagen diese Signale über mich und mein Leben aus? Beim achtsamen Entrümpeln können Sie auf die Signale achten, die Ihnen Körper, Geist und Seele senden. Vertrauen Sie darauf, dass diese Signale Ihnen irgendetwas erzählen wollen. Selbst wenn Sie entdecken, dass Sie an alten, eigentlich längst überflüssigen Dingen festhalten, können Sie dies als Signal verstehen und diesem Signal vertrauen. „Festhalten oder ‚Klammern' ist das Gegenteil von Loslassen und die Art und Weise, wie wir etwas festhalten, lehrt uns eine Menge über das Loslassen", so lehrt Jon Kabat Zinn.[4]

Selbst dann, wenn Sie spüren, dass das Festhalten unsinnig ist, ist dies kein Fehler oder Mangel, sondern Sie können erspüren, was dieses Festhalten über Sie selbst und Ihre Gedanken und Empfindungen aussagt. Manchmal braucht es Zeit, um zu einer Entscheidung zu finden, manchmal ist es wichtig, hier und jetzt zu handeln. Vertrauen Sie Ihrem Gespür, was gerade zu tun ist.

---

[4] Jon Kabat Zinn, a. a. O., S. 55

Akzeptanz

Akzeptanz bedeutet, zunächst einmal anzuerkennen, was *da* ist. Der chaotische Stapel Papier auf dem Schreibtisch ist da und er ist, was er ist: ein chaotischer Stapel Papier. Die nicht weggeräumten Schuhe, über die Sie vielleicht gestolpert sind, sind auch das, was sie sind: Schuhe, die nicht weggeräumt sind, weshalb Sie darüber gestolpert sind. Eine akzeptierende Haltung beim achtsamen Aufräumen ist das Gegenteil von Resignation, es ist der Beginn und die Voraussetzung für Veränderung. Um die chaotischen Stellen im Leben zu verändern, müssen wir erst akzeptieren, dass dieses Chaos da ist. Verdrängen, wegschauen, harmlos reden hilft uns nicht weiter.

Loslassen

Freie Räume und Freiräume im eigenen Leben zu schaffen, bedeutet immer auch, loslassen zu können, was zu viel ist. Loslassen oder auch nicht an etwas haften zu bleiben ist die Grundvoraussetzung, dass wir überhaupt existieren und leben können. Warum dies so ist, wird in der Meditation besonders deutlich. Wenn alle äußeren und inneren Ablenkungen mal einen Augenblick lang wegfallen und wir uns nur auf Ein- und Ausatmen konzentrieren, wird deutlich, dass wir nur einatmen können, wenn wir zuvor ausgeatmet haben. Versuchen Sie einmal einzuatmen, ohne auszuatmen. Sie werden schnell an Grenzen kommen und maximal hyperventilieren. Es funktioniert einfach nicht. Es mag sich vielleicht profan anhören, aber wir müssen die Luft, die wir eingeatmet haben, wieder loslassen, um erneut einatmen zu können. Dies ist nicht nur beim Atmen so, sondern auch bei den konkreten Dingen, mit denen wir uns umgeben. Hat unser Besitz ein Ausmaß erreicht, welches an Hyperventilation erinnert (also einfach viel zu viel), so wird es Zeit, loszulassen.

In der Regel verbinden wir mit bestimmten Dingen immer auch bestimmte Gedanken, Erinnerungen und Gefühle. Warum halten wir dieses oder jenes Teil noch immer fest? Macht uns dieses Festhalten glücklicher, zufriedener oder engt es uns ein? „An etwas festzuhalten, ob es noch passt oder nicht, bedeutet immer, dass man diese energetische Spur weiterhin vertieft."[5] Wie eine solche energetische Spur aussehen kann, lässt sich daran erkennen, wie viel Zeit und Aufwand erforderlich ist, wenn man morgens bei Zeitknappheit im überfüllten Kleiderschrank nach einem passenden Teil sucht, dann erst mal die T-Shirt-Stapel umkippen und sich auf dem Fußboden verteilen. An zu vielen Dingen festzuhalten bedeutet, sich mit diesen vielen Dingen auch in irgendeiner Form beschäftigen zu müssen. Dies bindet natürlich immer auch Energie. Führt diese Art der Beschäftigung zu Zeitdruck, Unzufriedenheit, Unwohlsein oder dem Gefühl, dass „irgendwas nicht stimmt", wird es Zeit, etwas zu verändern und zu schauen, welche Dinge Sie loslassen können, damit mehr Raum für Zufriedenheit und Entspannung in Ihrem Leben entstehen kann, um so mit weniger Dingen glücklich werden zu können.

Aus dem „Autopiloten" aussteigen

Bei Achtsamkeit und Meditation geht es darum, aufmerksam wahrzunehmen, was im gerade stattfindenden Moment geschieht. Der in Zusammenhang mit Achtsamkeit so oft erwähnte „Autopilot" meint nichts anderes als „automatisch, wie ein Autopilot reagieren, anstatt bewusst zu agieren".[6] Sitzen wir abends gemütlich im „Autopiloten" vor dem Fernseher, ist urplötzlich wie durch

[5] Jutta Vogt-Tegen, Achtsamkeit, Der Weg zur eigenen Wertschätzung, Lingen Verlag 2015, S. 109
[6] Jon Kabat-Zinn, a. a. O., S. 37

Geisterhand die Tüte Chips leer und auch die letzte Schokolade weg. Die waren doch vorhin noch da … Aus dem „Autopiloten“ auszusteigen, kann uns gerade auch in solchen und ähnlichen Alltagssituationen viele letztlich unangenehme Situationen ersparen.

Zwischen Reiz und Reaktion eine Pause einlegen

Üblicherweise sind wir es gewohnt, auf einen Reiz oder Impuls sofort zu reagieren. „Wir sehen die Praline, im nächsten Moment schmilzt sie schon auf unserer Zunge. Wir lesen die Überschrift einer Zeitung und haben sie schon in der Hand.“[7] Achtsamkeit lebt vom bewussten Wahrnehmen des jeweiligen Augenblicks. Den Reiz erkennen, aber nicht sofort zu reagieren, schafft Abstand. Es ist genau dieser Abstand, den wir nutzen können, um klarer zu erkennen, was gerade geschieht, und dann in Ruhe abzuwägen, wie wir uns entscheiden wollen.

Zeit für die wichtigen Dinge

Der achtsame Umgang mit den Dingen ist immer auch der achtsame Umgang mit uns selbst und der Welt um uns herum. „Nimm dir für die Dinge, die dir wichtig erscheinen, Zeit. Verschiebe nicht alles auf morgen oder einen späteren Zeitpunkt. Niemand garantiert dir, dass du dazu noch in der Lage sein wirst. Wenn du von etwas träumst, dann warte nicht, diesen Traum zu realisieren, sondern verwende deine Aufmerksamkeit darauf, genau dort hinzugelangen, den Traum jetzt wahr zu machen“ (Buddhistische Weisheit).

---

[7] Marie Mannschatz, Buddhas Anleitung zum Glücklichsein, Gräfe und Unzer Verlag 2007, S. 93/94

Die Zeit, etwas zu verändern, ist also genau jetzt. Wagen Sie daher einen Anfang mit untenstehender Übung!

Übung

Aktivieren Sie Ihren Anfängergeist

Nutzen Sie einen ausgedehnten Spaziergang, einen Wochenendausflug, Urlaub oder eine formelle Achtsamkeitsübung wie Sitzmeditation oder Bodyscan und versuchen Sie dann nach Ihrer „Rückkehr" Ihre Wohnung so zu betrachten, als sei dies eine fremde Wohnung und Sie sähen diese zum ersten Mal: Was sehen Sie? Was empfinden Sie? Was denken Sie? Was sagt diese Wohnung über den oder die Bewohner aus? Versuchen Sie wirklich nur darauf zu achten, was Sie sehen, und versuchen Sie wahrzunehmen, wie Sie sich in diesem Augenblick fühlen: Wie geht es Ihnen in Ihrem Körper, welche Empfindungen und Gedanken haben Sie?

Sie können natürlich auch ergänzend einige Fotos von der Wohnung machen, so wie sie jetzt gerade ist, einschließlich des Chaos, welches hier oder da herrschen mag. Keine Sorge, diese Fotos sind ja nicht für eine Ausstellung bestimmt. Die Fotos sind nur für Ihre persönlichen Zwecke, um Ihre jetzige Situation mit einigem Abstand besser betrachten zu können. Solche Fotos können Sie auch gut nutzen, um nach dem Entrümpeln und Aufräumen Ihre Wohnsituation vorher und nachher noch einmal zu vergleichen. Erfreuen Sie sich an Ihren kleinen und großen Fortschritten. Genießen und würdigen Sie jeden noch so kleinen Erfolg.

Freiräume schaffen: Loslassen und Entrümpeln

Das persönliche Leben neu zu gestalten und glücklicher mit weniger Dingen zu sein bedeutet, ganz konkret und praktisch etwas zu unternehmen und tätig zu werden. Der Wunsch nach mehr Freiraum und Ordnung bedeutet immer auch, diese Freiräume nun konkret und praktisch auch zu erschaffen. Dinge und Besitztümer sind sehr geduldige und hartnäckige Mitbewohner. Sie bewegen sich keinen Zentimeter von alleine, nicht einmal das ganze überflüssige und zu viel gewordene Zeug. Daher gehört das Loslassen überflüssiger Dinge wesentlich zum achtsamen Aufräumen dazu. Aufzuräumen, ohne überflüssig gewordene Dinge loszulassen, würde ansonsten dazu führen, zum Lagerverwalter der persönlichen Besitztümer zu werden, anstatt das eigene Leben bewusst zu gestalten.

„Die Basis einer gesunden Ordnung ist ein großer Papierkorb" (Kurt Tucholsky). Wer kennt ihn nicht, diesen einfachen, aber so prägnanten und entscheidenden Satz. Die Dinge, die nicht da sind, müssen auch nicht aufgeräumt werden. Im Bürobereich wird der Papierkorb auch gerne „Rundordner" genannt. In der Tat ist es ein erster wichtiger Schritt für mehr Freiraum im eigenen Leben, einmal gründlich zu sichten und zu überprüfen, was und welche Dinge überflüssig geworden sind und wo es an der Zeit ist, diese loszulassen. Beim Loslassen von überflüssig gewordenen Dingen gibt es einige grundsätzliche Überlegungen, die es Ihnen anschließend leichter machen, die richtigen Entscheidungen zu treffen.

Persönlicher und gemeinsamer Besitz

Entrümpeln Sie nicht heimlich den Besitz anderer Menschen und einigen Sie sich gemeinsam auf die Dinge, die Sie gemeinsam nutzen und besitzen. Gerade dann, wenn Sie mit anderen Menschen zusammenwohnen, achten Sie bitte darauf, dass Sie zunächst bei sich selbst anfangen. Sosehr Sie vielleicht die Dinge der anderen Familienmitglieder oder Mitbewohner stören mögen, so sind es doch deren persönliche Gegenstände, so unsinnig und überflüssig Sie diese auch finden mögen. Beginnen Sie daher bei Ihren ganz persönlichen Gegenständen und konzentrieren Sie sich darauf. Es ist oft erstaunlich, wie viel sich hier finden lässt, was seit Langem irgendwo vergraben liegt und längst losgelassen werden kann. In der Regel wirkt dieser Akt bereits sehr befreiend.

Geht es um die Spielzeuge Ihrer Kinder, so orientieren Sie sich an Alter und Entwicklungsstand und beziehen Sie die Kinder entsprechend mit ein. Beobachten Sie, womit Ihre Kinder wirklich ausdauernd spielen, woran sie hängen, welche Spielzeuge eine besondere Bedeutung haben und welche nicht. In der Regel können bereits Kinder im Kindergartenalter sehr gut benennen, für welche Spielzeuge sie jetzt bereits „zu groß“ sind.

Einige gut erhaltene Spielzeuge auf einem Flohmarkt zu verkaufen und von dem Erlös eventuell ein neues, lang ersehntes, anderes Spielzeug zu bekommen, kann auf Kinder zusätzlich motivierend wirken. Gerade wenn Kinder noch kleiner sind, kann man auch gut einige Spielzeuge zunächst mal „in den Urlaub“ schicken, indem man sie für vier Wochen in den Keller oder auf den Dachboden stellt. Wieder hervorgeholt, werden diese Spielzeuge oft erlebt, als seien sie neu. Ist dies nicht der Fall, dann passt dieses Spielzeug einfach nicht mehr zu Ihrem Kind.

Entscheidungen treffen: Kann das weg oder möchte ich das behalten?

Wenn Sie sich entscheiden, ob Sie etwas behalten oder entrümpeln, fragen Sie sich:

- Ist der Gegenstand praktisch oder nützlich?
- Brauche und benutze ich diesen Gegenstand oder will ich ihn nur besitzen?
- Macht mich der Gegenstand glücklich?
- Würde ich diesen Gegenstand noch einmal kaufen, wenn er jetzt defekt wäre?
- Habe ich diesen Gegenstand im letzten Jahr benutzt und werde ich ihn absehbar im nächsten Jahr benutzen?
- Warum will ich diesen Gegenstand haben und behalten?
- Ist der Gegenstand unwiderruflich defekt?

Hinweise auf überflüssige Dinge

- Defekte, nicht mehr reparierbare Gegenstände und all das, was einfach komplett hinüber ist.
- Nicht getragene und unpassende Kleidung und Schuhe
- Zeitungen, die älter als 2–3 Tage sind, Zeitschriften, die älter als 1 Monat sind
- Unidentifizierbares: Dies ist alles, von dem nicht klar ist, warum es noch da ist oder wo es überhaupt einmal hergekommen ist – z. B. Kabel von längst entsorgten Geräten …
- Einzelne Teile, wo eigentlich immer zwei zusammengehören, wie der fehlende Schuh, Handschuhe, Socken etc.
- Angefangene, aber nicht beendete Projekte und nicht mehr ausgeübte Hobbys. Es kann sehr befreiend sein, sich endlich davon zu verabschieden.
- Überflüssiges Küchenzubehör und Dinge, die Sie mehrfach

haben, aber nicht so oft benötigen: Sind die 4 Kaffeeservice im Schrank wirklich nötig? Und was ist mit den 7 Pfannen, 10 Töpfen, dem seit Jahren nicht genutzten Entsafter, wozu 2 Kaffeemaschinen, 10 Küchenmesser? Wie oft werden all diese Dinge genutzt? Werden sie überhaupt genutzt?

- Alles, wovon Sie bereits neuere Varianten haben (neuere Küchengeräte, Unterhaltungselektronik usw.)
- Spielzeug, aus dem der Nachwuchs längst rausgewachsen ist.
- Alles, was Sie seit ca. 1 Jahr nicht mehr benutzt haben. Wenn Sie üblicherweise alle 2 Jahre in den Skiurlaub fahren, macht es natürlich keinen Sinn, die Skiausrüstung zu entsorgen, um dann im nächsten Jahr alles neu zu kaufen. Aber wenn wir ehrlich sind, liegen viele Dinge irgendwo ungenutzt und versteckt herum. Wären sie irgendwie bedeutsam, hätten wir sie längst hervorgekramt und in Gebrauch genommen.

Übung

Die 5-Minuten-Mini-Entrümpelung

Nehmen Sie sich einmal fünf Minuten Zeit und gehen mit einem Behälter, einer Tüte oder Tasche durch Ihre Wohnung. Wie viele nach den zuvor genannten Kriterien überflüssige Dinge entdecken Sie spontan? Welche rumliegenden Dinge gehen Ihnen schon lange auf die Nerven? Als Paar oder Familie können Sie ein Spiel beziehungsweise einen Wettbewerb daraus machen. Achten Sie dann darauf, dass es wirklich die persönlichen Dinge sind – nicht die der anderen MitbewohnerInnen.

Effektiv entrümpeln – Tipps zum Ablauf

Wer kennt das nicht? Man räumt auf, will einige Dinge entrümpeln und hängt dann bei irgendwelchen Kleinigkeiten fest. Irgendwann Stunden später sitzt man immer noch an dem Inhalt derselben Kommode, weil man sich in alten Büchern, Schulunterlagen oder Fotos verloren hat. Dies muss aber nicht sein, wenn Sie sich an der 80:20-Regel des „Pareto-Prinzips" orientieren. Pareto-Prinzip bedeutet, „dass 80 % der Ergebnisse mit 20 % des Gesamtaufwandes erreicht werden. Die verbleibenden 20 % der Ergebnisse benötigen mit 80 % die meiste Arbeit."[8] Dies lässt sich als Orientierungshilfe auch prima beim Entrümpeln anwenden:

Schauen Sie sich daher genau in Ihrer Wohnung um und machen Sie sich auf die Suche, wo und bei welchen Dingen das Pareto-Prinzip bei Ihnen gut funktionieren könnte. Wo sind die Bereiche, wo Sie vermutlich nicht stundenlang „hängen bleiben" und wo Sie mit dem verhältnismäßig geringsten Aufwand das beste Ergebnis erzielen?

Einige Tipps hierzu:

- Lassen Sie sich nicht von anderen Menschen reinreden, welche Dinge Sie behalten sollten oder nicht – schon gar nicht von überzeugten Sammlern.
- Lassen Sie sich dann helfen, wenn Sie große Probleme haben, selbst völlig überflüssige Dinge loszulassen, oder einfach mit Ihrer Situation überlastet sind. Manchmal macht es auch schlichtweg mehr Spaß, gemeinsam tätig zu werden, als vor dem Berg von Dingen alleine zu stehen. Ein guter Freund oder eine

[8] vgl. https://de.wikipedia.org/wiki/Paretoprinzip

Freundin, gegebenenfalls auch ein professionelles Aufräum-Coaching kann Sie ermutigen und tatkräftig unterstützen.
- Befreien Sie sich zu Beginn gleich von den Dingen, die Sie ohnehin schon lange stören, die Sie nicht mehr mögen oder die unwiderruflich unbrauchbar geworden sind.
- Verschaffen Sie sich zu Beginn erst einmal ein sichtbares Erfolgserlebnis. Das motiviert für die weiteren Schritte.
- Verlieren Sie sich nicht in Details. Entscheiden, wohin Sie noch brauchbare Dinge abgeben, können Sie später.
- Kümmern Sie sich zuerst um die einfacheren Dinge, an denen Sie nicht emotional hängen. Beginnen Sie auch nicht mit irgendeinem Kleinkram wie Schrauben, Nägeln oder dem Kleinzeug aus der Büroschublade – es sei denn, genau so etwas macht Ihnen unglaublich viel Spaß und motiviert Sie für spätere Aktionen.
- Fangen Sie bei einem (!) Bereich beziehungsweise einer Kategorie von Dingen an und arbeiten Sie diese/n konsequent bis zum Ende durch. Wer an mehreren Ecken gleichzeitig anfängt, kann schnell im totalen Chaos landen und wird Mühe haben, zu einem sichtbaren Ergebnis zu kommen.

Entrümpeln nach Kategorien

Das Entrümpeln nach Kategorien ist in den letzten Jahren insbesondere durch Marie Kondo bekannt geworden.[9] Das Besondere an dieser Vorgehensweise ist, dass nicht nach Räumen, sondern nach Kategorien entrümpelt wird. Nach Kategorien zu entrümpeln bedeutet, wirklich in der gesamten Wohnung nachzusehen, wo sich beispielsweise überall Kleidung befindet. All die Dinge einer Kategorie werden nun aus allen Schränken und Ecken der

---

[9] Marie Kondo, Magic Cleaning, Wie richtiges Aufräumen Ihr Leben verändert, Rowohlt-Verlag 2013

Wohnung hervorgeholt und an einem einzigen Ort, wie zum Beispiel auf dem Fußboden des Wohnzimmers, gesammelt. Wichtig hierbei ist, wirklich alle Dinge einer Kategorie zusammenzusuchen. Liegen all diese Gegenstände nun vor Ihnen, wird jedes einzelne Teil in die Hand genommen und darauf überprüft, ob es behalten oder aber abgegeben wird.

Marie Kondo empfiehlt beim Entrümpeln nach Kategorien mit den einfacheren Dingen zu beginnen und sich zum Ende hin mit den schwierigeren Bereichen, wie Kleinteilen und zuletzt den Erinnerungsstücken, zu befassen. Die japanische Autorin rät nach dem folgenden Ablauf vorzugehen:

- Kleidung
- Bücher
- Schriftstücke und Unterlagen
- Kleinkram (CDs, DVDs, Körperpflegeprodukte und Kosmetik, Accessoires, Wertsachen, elektrische Geräte, Haushaltsartikel, Artikel aus Apotheke und Drogerie, Küchenutensilien, Diverses)[10]

Meine Einschätzung der Entrümpelungsstrategie nach Kategorien: Ein großer Vorteil dieser Vorgehensweise ist, dass Sie einen sehr guten Überblick darüber bekommen, was Sie überhaupt besitzen. Meistens unterschätzen wir dies ganz erheblich. Schauen wir dann wirklich mal in jede Ecke, wo sich noch Kleidungsstücke, Bücher, Unterlagen usw. befinden, wird schnell klar, ob wir nun wirklich zu viel haben oder nicht. Ein weiterer Vorteil ist, dass dann irgendwann auch mal die Bereiche dran sind, vor denen man sich sonst gerne drückt, wenn Sie wirklich im Laufe der Zeit alle oben vorgeschlagenen Kategorien einmal durchforsten.

---

[10] Marie Kondo, Magic Cleaning, a. a. O., S. 79–120

Prüfen Sie trotzdem kritisch, ob das Entrümpeln nach Kategorien für Sie wirklich hilfreich ist. Zunächst einmal wird – scheinbar – das Chaos erst mal größer. Und ist all das Zeug erst mal aus sämtlichen Schränken hervorgekramt, geht es nicht anders, als wirklich jedes Teil, welches Sie behalten wollen, auch wieder einzuräumen. Das bedeutet, Sie benötigen hierfür eine längere Zeit an einem Stück. Nun jeden Tag zehn Minuten lang all die Dinge wieder wegzuräumen, ist völlig unrealistisch und fehl am Platz. Wenn Sie daher im Moment das Gefühl haben, dass Ihnen sowohl die nötige Zeit als auch die Nerven fehlen, fangen Sie lieber mit kleinen Bereichen an. Sie können auch erst mal einfach all Ihre Jeans sortieren oder die Jacken im Flur inspizieren, wenn Sie damit besser zurechtkommen. Wenn es viele Dinge sind, die aufzuräumen und zu entrümpeln sind, und der Anfang schwierig ist, dann ist es auch ein Fortschritt, sich einfach mal die ganzen nicht mehr funktionierenden Kugelschreiber und Stifte vorzunehmen oder endlich das Altpapier zu entsorgen.

Ob die oben vorgeschlagene Reihenfolge tatsächlich die für Sie passende ist, sollten Sie ebenfalls überprüfen. Wenn Kleidung genau die Kategorie ist, die Ihnen absehbar am schwersten fallen wird, macht es keinen Sinn, ausgerechnet damit anzufangen. Der Büchernarr wird sich möglicherweise auch sehr viel leichter tun, erst mal den ganzen Kleinkram in der Küche zu sortieren.

Tipps für das Entrümpeln einzelner Kategorien

Die Erfahrung zeigt, dass vielen Menschen bestimmte Bereiche immer besondere Probleme beim Entrümpeln bereiten. Dies sind insbesondere die überfüllten Kleiderschränke, die vielen Kleinteile in der Küche sowie der Papierkram. Daher habe ich nachfolgend einige Tipps und Anregungen für diese Kategorien noch mal gesondert zusammengestellt.

Der Kleiderschrank

Die Menge an Kleidung, die wir besitzen, hat in den letzten Jahren bei vielen Menschen deutlich zugenommen. Daher ist die Entrümpelung des Kleiderschrankes für manche eine besondere Herausforderung. Gehen Sie nach dem folgenden Ablauf vor, um sich das Entrümpeln ein wenig zu erleichtern:

1. Kleidung aussortieren
Sortieren Sie alle Kleidungsstücke aus, die defekt sind und die Sie nicht reparieren können oder wollen. Dann gehen Sie alle Kleidungsstücke durch und misten Sie die Teile aus, die Ihnen nicht mehr gefallen. In einem dritten Schritt probieren Sie dann die noch vorhandenen Kleidungsstücke an und sortieren die Teile aus, die Ihnen nicht mehr passen.

Wenn Sie Kleidung im Kleiderschrank haben, die Sie wieder tragen wollen, wenn sie endlich abgenommen haben: Ziehen Sie diese Kleidungsstücke dann wirklich noch an? Gefallen Ihnen die Kleidungsstücke wirklich noch? Können und wollen Sie es sich dann leisten, wenn Sie wirklich abgenommen haben, auch neue Kleidung zu kaufen? Ein weiterer Aspekt ist, sich zu überlegen, ob Sie sich wirklich weiter mühsam mit dem Gedanken ans Abnehmen quälen wollen und bei jedem Blick in den Kleiderschrank dran erinnert werden wollen. Manchmal ist es besser, bewusst die zu kleine Kleidung auszusortieren, gerade dann, wenn dadurch der Druck des Abnehmen-Müssens endlich beendet werden kann.

2. Kleidung auswählen

Schauen Sie nun die noch übrig gebliebene Kleidung an. Welche davon möchten Sie behalten, welche möchten Sie noch loslassen? Bei dieser Überlegung gibt es einige Aspekte, die berücksichtigt werden können.

Eine erste wichtige Frage: Für welche Gelegenheiten benötigen Sie welche Kleidung?

Kleidung im Beruf und für „offizielle Gelegenheiten"

Macht Ihr Beruf eine besondere Businesskleidung notwendig? Haben Sie gelegentlich „offizielle" Termine und Feiern, die besondere Kleidung notwendig macht? Welche Kleidung können Sie hierfür nutzen? Welche Teile lassen sich gut kombinieren? Welche Teile sind nicht so modeabhängig und auch über einen längeren Zeitraum tragbar?

Arbeiten Sie eher von zu Hause aus oder ist Ihre Kleidung in beruflichen Zusammenhängen weniger wichtig? Dann sind Sie flexibler und können abwägen, wie viel und welche „schicke" oder „offizielle" Kleidung Sie wirklich benötigen und ob sehr viel weniger nicht auch ausreicht.

Kleidung in der Freizeit und beim Hobby

Wer kennt das nicht: Endlich will man sich mehr bewegen, endlich Sport machen. Also ab in das nächste Geschäft und die Ausrüstung kaufen für Jogging, Schwimmen, Tennis, Radfahren usw. Leider hält die Sportkleidung oft länger als der Vorsatz, endlich Sport machen zu wollen. Welche Sportkleidung liegt im Schrank, die Sie seit Ewigkeiten nicht genutzt haben? Wovon können Sie sich endlich verabschieden? Geben Sie sich gegebenenfalls eine Nachdenkfrist: Notieren Sie sich ein Datum im Kalender, bis wann Sie endlich den Sport wieder aufgenommen haben beziehungsweise das Vorhaben zu diesem Zeitpunkt endlich auch begraben können. Ich empfehle hierfür maximal einen Zeitraum von sechs Monaten zu veranschlagen. Die Sportkleidung, die Sie dann noch immer nicht genutzt haben, benötigen Sie nicht mehr.

Mein Tipp für mehr Bewegung: Achten Sie auf Bewegung im Alltag. Gehen Sie zumindest ein Stück des Weges zu Fuß zur Arbeit oder nehmen Sie das Fahrrad. Welche Einkäufe lassen sich zu Fuß erledigen? Eine einfache Grundregel ist, möglichst alle Wege innerhalb eines Umkreises von zwei Kilometern nach Möglichkeit zu Fuß zu erledigen und alle Wege im Umkreis von fünf Kilometern mit dem Fahrrad. Lassen Sie dann noch den Aufzug links liegen und nehmen die Treppe, so haben Sie bereits sehr viel Bewegung in den Alltag integriert – ganz ohne besondere Sportkleidung zu benötigen.

Kombinierbarkeit von Kleidung

Wenn Sie Abwechslung bei Ihrer Bekleidung lieben, dann achten Sie bei den Kleidungsstücken, die Sie behalten wollen, darauf, dass diese möglichst miteinander kombinierbar sind. Schauen Sie, welche Lieblingsfarben Sie haben, welche Farben Ihnen am besten stehen. Welche Kleidungsstücke sind vom Stil her so, dass Sie diese auch länger als nur eine Saison tragen können? Kleidung mit sehr auffälligem Design oder auffälligen Mustern ist naturgemäß weniger geeignet, um sie miteinander zu kombinieren oder auch über eine etwas längere Zeit tragen zu können.

3. Wie viel Kleidung soll es sein?

Neben den oben erwähnten beruflichen Aspekten, die vielleicht berücksichtigt werden müssen, ist die allgemeine Frage, wie viel Kleidung üblicherweise ausreichen müsste. Orientieren Sie sich hier einfach daran, wie häufig Sie waschen, und Sie haben einen ersten Anhaltspunkt. Wenn Sie üblicherweise einmal pro Woche waschen und haben für die aktuelle Jahreszeit genügend Kleidung für zwei Wochen, so ist das bereits mehr als genug. Wenn Sie unsicher sind, so räumen Sie einfach mal Ihren Kleiderschrank komplett leer, packen alles in Kisten oder Koffer und nehmen sich zwei Wochen lang immer nur die Dinge heraus, die Sie wirklich tragen – diese werden nach dem Waschen dann in den Kleiderschrank geräumt. Wenn dies vielleicht sogar eine Zeit im Hochsommer ist, wo Kleidung durch häufiges Schwitzen oft gewechselt wird, haben Sie so schnell eine Maximalzahl an notwendiger Kleidung.

Wenn Sie noch genauer für sich herausfinden wollen, wie viel und welche Kleidung Sie benötigen, können Sie einmal die beiden folgenden Projekte und Aktionen ausprobieren. Sie werden erstaunt sein, mit wie wenigen Teilen Sie prima durch den Alltag kommen:

„Projekt 333"

Im von Courtney Carver entwickelten „Projekt 333" wählt man in einem Zeitraum von 3 Monaten 33 Teile aus, die dann ausschließlich getragen werden. Zu diesen 33 Teilen gehören Kleidung, Accessoires, Schmuck, Oberbekleidung und Schuhe. Nicht dazu gehören Ehering oder andere sentimentale Schmuckstücke, die Sie nie ausziehen. Auch nicht zu den ausgewählten 33 Teilen zählen Unterwäsche, Schlafanzüge, Kleidung, die Sie nur und ausschließlich zu Hause tragen, und Sportkleidung, die Sie nur und ausschließlich beim Sport tragen. Demnach behalten Sie genau genommen etliches mehr als nur 33 Teile. Bei der Auswahl berücksichtigen Sie, dass Sie eine Garderobe zusammenstellen, mit der Sie die kommenden drei Monate lang gut leben und arbeiten können. Räumen Sie am besten die nicht zum Projekt 333 gehörende Kleidung außer Sichtweite. Natürlich geht es nicht darum, sich zu quälen, wählen Sie daher mit Bedacht aus und ersetzen Sie Kleidung, die zerschlissen oder kaputt ist.[11]

„Aktion Klamottenkur"
Immer im Frühjahr zur Fastenzeit ruft die „Aktion Modeprotest" Ihre Klamottenkur aus.[12] Ein Ziel ist es, die Fastenzeit zu nutzen, um die Nutzung einer reduzierten Garderobe einzuüben. Neben Aspekten von nachhaltigem Konsum geht es auch um die persönliche Bereicherung durch weniger Dinge, aber mehr Zufriedenheit, Glück oder einfach Geldeinsparung. Darüber hinaus spielen auch Aspekte der Solidarisierung mit den Näherinnen eine Rolle.[13] 7 Wochen lang wird die sogenannte „Kurgarderobe" auf 50 Teile begrenzt. Anders als im Project 333 werden hierbei wirklich alle Kleidungsstücke gezählt. Für die Auswahl der 50 Teile gibt es Tipps. So werden unter anderem 8 T-Shirts beziehungsweise Tops empfohlen, 5 Pullover beziehungsweise Longsleeves, 4 Hosen, 2 Paar Schuhe, 2 Jacken usw. Auf www.klamottenkur.de/kurgarderobe erhalten Sie dazu eine genaue Übersicht.

Mit diesen beiden Projekten bekommen Sie einen wirklich neuen Zugang zu den eigenen Kleidungsstücken. Auch verbessert sich eindeutig das Gefühl dafür, wie viel Kleidung im eigenen Alltag überhaupt notwendig ist. Falls Sie den Eindruck haben, einfach auch zu gerne und zu viel Kleidung zu kaufen, können Sie diese Projekte nutzen, um bewusst eine Konsumpause beim Shoppen und Kleidungskauf einzulegen und wahrzunehmen, wie es Ihnen damit ergeht. Achten Sie dann einmal darauf, wann

[11] vgl. www.bemorewithless.com/project-333
[12] vgl. www.klamottenkur.de
[13] vgl. www.klamottenkur.de/ziel

Sie Kaufimpulse verspüren und welche möglichen anderen Bedürfnisse noch ein Grund für den Kauf sein könnten. Was sind diese anderen Bedürfnisse und was brauchen Sie anstelle eines überfüllten Kleiderschrankes wirklich?

4. Das richtige Maß im Blick behalten

Achten Sie bei Ihrer Bekleidung auf das richtige Maß, anstatt nur auf Masse von Dingen zu achten. Das Entrümpeln eines Kleiderschrankes ist in der Regel sehr befreiend, aber nicht so gedacht, dass anschließend alles wieder mit Neukäufen vollgestopft wird. Achten Sie darauf, welches Maß für Sie passend ist. Statt vieler Kleidung können Sie sich beispielsweise für Qualität statt Quantität entscheiden und darauf achten, dass die Kleidung fair produziert wurde. So können Sie etwas Gutes für sich und die Umwelt tun, insbesondere aber auch für eine bessere Bezahlung der vielen Näherinnen überall in der Welt.
Wenn Sie noch sehr viel Kleidung im Kleiderschrank haben, können Sie auch entscheiden, auf Neukäufe vorerst zu verzichten und erst mal die Kleidung aufzutragen, die sowieso noch vorhanden ist. Auch dies ist eine Möglichkeit, den Kleiderschrank langsam, aber effektiv zu entrümpeln.

Der Kleinkram in der Küche

Gibt es eigentlich Menschen, die sagen, in ihrer Küche gäbe es viel zu viel Platz und sie wüssten gar nicht, was sie in die Schränke räumen sollen? Mir sind solche Menschen bislang noch nie begegnet. Das Gegenteil ist eher der Fall. Die Küche ist der Ort, an dem es meistens eher zu wenig Platz gibt. Die Schränke sind voll, auf der Arbeitsplatte stehen Dinge, die beim Kochen immer wieder hin- und hergeschoben werden müssen, weil zu wenig Platz ist. Zeit also, um einmal zu schauen, welche Dinge in der

Küche denn wirklich genutzt und gebraucht werden und von welchen Dingen es Zeit ist, sich zu verabschieden. Sinnvoll ist es, wirklich einen Schrank nach dem anderen einmal komplett leer zu räumen und auch die Dinge hervorzuholen, die sich in den hintersten Ecken versteckt haben.

Wenn Sie Ihre Küche mal wieder auf Vordermann bringen wollen, gibt es einige typische Aspekte, wo sich Dinge anhäufen können, die wertvollen Platz in der Küche wegnehmen und für unnötiges Auf- und Umräumen sorgen:

Elektrische Küchengeräte
Sehr häufig sorgen selten oder nie genutzte elektrische Küchengeräte für Enge in der Küche. Eierkocher, die nicht genutzt werden, da sich Eier nun mal auch einfach auf dem Herd kochen lassen, Küchenmaschinen, die nicht in Verwendung sind, weil das Reinigen zu mühsam ist, ungenutzte Brotbackautomaten, Waffeleisen und vieles mehr. Schauen Sie wirklich einmal durch, welche elektrischen Küchengeräte Sie selten oder nie benutzen, und haben Sie den Mut, sich davon zu verabschieden. Geräte, die Sie nur selten nutzen, können Sie auch auslagern.

Aufbewahrungsbehälter
Ein weiterer Schwerpunkt von zu viel angesammelten Dingen sind häufig die zahllosen Aufbewahrungsbehälter in jeglicher Form. Wie viele der Plastikbehälter sind defekt, unvollständig wegen fehlender Deckel, verfärbt oder aus der Form geraten? Wie viele dieser Aufbewahrungsbehälter nutzen Sie überhaupt? Wenn Sie unsicher sind, was Sie wirklich benötigen, dann machen Sie einmal die „Packing-Party“ für diese Aufbewahrungsbehälter: Alles kommt in einen Karton und Sie holen die nächsten drei oder vier Wochen immer nur die Dinge heraus, die Sie je-

weils benötigen. Wenn Sie nicht gerade zu den Menschen gehören, die einmal im Jahr ihre Ernte aus dem eigenen Garten einfrieren, können Sie den Rest der Behälter entweder entsorgen, verschenken oder gegebenenfalls umfunktionieren, indem Sie diese für die Aufbewahrung anderer Dinge benutzen.

Geschirr und Besteck

Dann ist da noch das Geschirr. Da ist einmal das Geschirr, welches man irgendwie seit Jahren aus Gewohnheit im Schrank hat, obwohl es selten oder nie genutzt wird. Dann gibt es das geschenkte Service von Tante Hilde, welches noch verpackt im Karton steht, weil es ohnehin nicht gefällt. Hinzu kommt das Sammelsurium aus angeschlagenen und nur noch halbintakten Tellern, Tassen und Schüsseln. Entsorgen Sie die Dinge, die wirklich defekt und hinüber sind. Es macht keinen Spaß, sich mit einer angeschlagenen Tasse irgendwann die Lippe aufzureißen. Verschenken Sie das, was noch gut ist, aber von Ihnen nicht genutzt wird. Achten Sie darauf, welches Geschirr Sie im Alltag wirklich nutzen und wie viel davon. Halten Sie genau diese Dinge in der Küche griffbereit und verabschieden Sie den Rest.

Wenn Sie sehr regelmäßig Besucher haben, macht es natürlich Sinn, dann auch etwas Geschirr für diese Besucher griffbereit im Schrank zu haben. Aber muss es gleich das 24-teilige Service in doppelter Ausführung sein, wenn so viele Personen eigentlich selten oder nie zu Besuch kommen? Eine Möglichkeit ist, einfach einen Satz Besuchergeschirr extra zu lagern. Dies macht insbesondere dann Sinn, wenn Sie dieses Geschirr ohnehin nur zwei- oder dreimal im Jahr benutzen. Solche Dinge müssen nicht zwingend in der Küche aufbewahrt werden, wenn Sie anderswo dafür viel mehr Platz haben. Ein Tipp: Tun Sie sich für selten genutztes Geschirr mit Verwandten, Freunden oder Nachbarn zusammen.

Sie können einfach einen größeren Satz Besuchergeschirr gemeinsam verwenden. So häufig wird es nicht passieren, dass nun alle Beteiligten gleichzeitig eine größere Feier planen, sodass das Geschirr nun von allen tatsächlich am selben Tag benötigt wird.

Genauso können Sie auch mit Besteck verfahren. Eine Besteckschublade, die überfüllt ist mit einem meistens ungenutzten Sammelsurium von Messern, Löffeln und Gabeln ist unnötig. Entscheiden Sie sich für das Besteck, welches Sie wirklich mögen und auch benutzen.

Lebensmittel

Lebensmittel können verderben, leider auch die, die längere Zeit haltbar sind. Es macht daher Sinn, den Vorratsschrank regelmäßig zu durchforsten und das Mindesthaltbarkeitsdatum zu kontrollieren. Schauen Sie jedoch genau hin. Nicht alles, was erst kürzlich abgelaufen ist, ist schlecht. Es heißt ja „mindestens haltbar", nicht „maximal haltbar". Aufpassen sollte man insbesondere bei Fleisch, Milch und Co., auch wenn das Datum mit dem Aufdruck „nicht verwenden nach ..." überschritten ist. Dieses Produkt muss dann entsorgt werden. Genauere Informationen zur Haltbarkeit und Verwendung von Lebensmitteln über das Mindesthaltbarkeitsdatum hinaus finden Sie unter anderem bei www.foodsharing.de

Verdorbene Lebensmittel sollten auf jeden Fall zügig entsorgt werden. Behälter und Gegenstände, die mit Schimmel in Berührung gekommen sind, sollten gründlich gereinigt werden. Einfacher Haushaltsessig wirkt hier wahre Wunder.

Meine Empfehlung ist: Schauen Sie wirklich sehr regelmäßig Ihre Vorräte durch und achten Sie darauf, diese einfach auch regelmäßig aufzuessen. Dies ist die beste Methode, um das Verderben von Lebensmitteln zu verhindern! Haben Sie viele Lebensmittel auf Vorrat, dann machen Sie ein Entrümpeln der besonderen Sorte: Nehmen Sie sich ein oder zwei Wochen lang vor, wirklich vorrangig nur die bereits vorhandenen Lebensmittel zu verbrauchen, und kaufen Sie in dieser Zeit konsequent nur die Lebensmittel ein, die Sie ergänzend benötigen, aber wirklich nicht im Haus haben, wie beispielsweise frisches Obst oder Gemüse.

Zu viel gleiche Dinge

Wertvollen Platz nehmen auch alle Dinge weg, die Sie einfach zu viel haben. Schauen Sie nach, welche und wie viel Pfannen und Töpfe wirklich nötig sind. Üblicherweise kommt man im Küchenalltag mit einer großen und einer kleinen Pfanne prima zurecht. Da können für die anderen drei bis fünf Pfannen getrost neue Besitzer gesucht werden. Wenn Sie den üblichen Vier-Platten-Herd haben, bedeutet dies, dass Sie beim Kochen maximal vier Töpfe gleichzeitig verwenden können. Wozu benötigen Sie die Töpfe, die darüber hinaus im Schrank stehen? Haben Sie irgendwelche Töpfe mit irgendwelchen Spezialfunktionen, die Sie entsprechend nie nutzen, oder sind es einfach zu viele, dann geben Sie diese Töpfe ab.

Schauen Sie auch Ihre Messersammlung an. Welche Messer sind unansehnlich geworden, welche sind stumpf und nicht mehr zu schärfen? Verabschieden Sie sich hiervon, ebenso wie von Kochlöffeln und all den tausend Küchenhelfern, die unpraktisch und umständlich sind oder nie genutzt werden. Entscheiden Sie sich bei eventuell notwendigen Neukäufen lieber für wenige, aber qualitativ gute Messer und Küchenhelfer. So haben Sie nicht nur mehr Übersicht in der Küche, sondern das Kochen macht so gleich mehr Spaß als mit irgendwelchen qualitativ schlecht funktionierenden Gegenständen.

Private Dokumente und Unterlagen entrümpeln

Beim Entrümpeln der privaten Dokumente lassen sich die Unterlagen, für die es gesetzliche Aufbewahrungsfristen gibt, von den Unterlagen unterscheiden, bei denen Sie selbst die Zeitdauer der Aufbewahrung entscheiden können.

Schauen Sie sich zunächst einmal jene Dokumente an, bei denen Sie selbst entscheiden können, ob und was Sie behalten möchten. Sammeln Sie zunächst einmal alle losen Zettel, Notizen, Belege und Briefe vom Schreibtisch und aus Schubladen und Schränken ein. Sortieren Sie dann noch weitere vorhandene Papier- und Dokumentenstapel nach dem selben Prinzip. Dazu reicht es auch, einfach wieder 4 Kisten zu nutzen, in Sie die Unterlagen vorerst vorsortieren können.

1. Einheften, einsortieren:
Hierhin gehören alle Unterlagen, die nicht mehr bearbeitet, sondern nur noch abgeheftet und einsortiert werden müssen.

2. Unsicher:
Wenn Sie unsicher sind, ob Sie Unterlagen wegen der gesetzlichen Aufbewahrungsfristen noch aufheben müssen, ordnen Sie diese Papiere erst mal in die Rubrik „Unsicher“ und schauen Sie später durch, welche Unterlagen vielleicht doch noch ins Altpapier können. Ebenso in diesen Bereich fallen besondere Erinnerungsstücke, von denen Sie noch nicht wissen, ob Sie diese behalten oder wegwerfen wollen.

3. Erledigen:
Fallen Ihnen Briefe oder Dokumente in die Hände, mit denen Sie noch etwas erledigen müssen, schaffen Sie hierfür eine Ablage.

Das, was sich in ein bis zwei Minuten erledigen lässt, können Sie auch sofort abarbeiten. Alles andere kommt auf einen zeitlich befristeten Stapel, um den Sie sich anschließend kümmern.

4. Kann weg:
In diese Kategorie gehört alles, was nicht mehr benötigt wird oder nicht mehr aktuell ist. Werbung entsorgen Sie sofort, Notizen, die sich längst erledigt haben, können ebenso weg. Auch Zeitungen, die Sie bereits gelesen haben, gehören in den Altpapiercontainer. Zeitschriften, die Sie nach einem Monat noch nicht durchgesehen haben, können ebenfalls entsorgt werden. Auch Kataloge und Landkarten sind recht schnell nicht mehr aktuell. Entsorgen Sie diese spätestens, wenn eine neue Auflage da ist. Anleitungen für Geräte sind oft auch als PDF-Dokument auf der Herstellerseite verfügbar. Sie können daher im Internet nachschauen, für welche Anleitungen Sie im Internet auch die digitale Version finden, diese entweder als Link speichern oder aber auf den Computer herunterladen und im Bedarfsfall dann dort nachschauen. Entsorgen Sie solche Papiere und Unterlagen konsequent, so haben Sie gleich sehr viel mehr Platz.

Nachdem Sie Ihre Sammlung von losen Blättern vorsortiert haben, entsorgen Sie alles im Altpapier, was Sie nicht mehr benötigen. Denken Sie daran, Papiere mit persönlich relevanten Informationen zu schreddern oder entsprechend klein zu reißen. Heften Sie ab, was Sie aufbewahren wollen oder müssen.

Heften Sie danach alles ab, was Sie noch aufbewahren wollen. Die Papiere, die in der „Unsicher-Kiste“ liegen, prüfen Sie danach, ob Sie sich hier noch über gesetzliche Aufbewahrungsfristen informieren müssen. Je nach Land, in dem Sie wohnen, gibt es auch immer einige länderspezifische Fristen. Informieren Sie sich daher noch einmal ergänzend über die für Sie geltenden Regelungen. Eine Übersicht mit Informationen über wichtige Aufbewahrungsfristen finden Sie im Internet für Deutschland, Österreich und die Schweiz unter anderem bei Wikipedia unter https://de.wikipedia.org/wiki/Aufbewahrungsfrist. Eine weitere Quelle mit ausführlichen Informationen über Aufbewahrungsfristen in Deutschland finden Sie auch auf der Website: www.aufbewahrungsfristen.org

Ganz allgemein lässt sich sagen, dass ein langfristiges Aufbewahren insbesondere für die Unterlagen gilt, die für die spätere Rentenberechnung wichtig sind, ebenso Zeugnisse, Berufsabschlüsse, Heirats- oder Sterbeurkunden von Angehörigen. Haben Sie gerichtliche Prozesse geführt, so sollten diese Unterlagen ebenfalls langfristig aufbewahrt werden. Auch bei Rechnungen, Steuer- und Versicherungsunterlagen gibt es Aufbewahrungsfristen. Haben Sie wertvolle Haushaltsgegenstände, so macht es Sinn, die Rechnungen aufzubewahren, wenn Sie bei eventueller Inanspruchnahme Ihrer Hausratversicherung die Anschaffungskosten nachweisen möchten. Auch für eine mögliche Produkthaftung des Herstellers ist es sinnvoll, Kaufbelege über einen längeren Zeitraum aufzubewahren, insbesondere bei Werkzeug, Elektro- oder Sportgeräten. Bei anderen gekauften Dingen gilt üblicherweise die zweijährige Gewährleistung, daher sollten die Kaufbelege auch so lange aufbewahrt werden.

Spätestens an dieser Stelle wird deutlich: Die Dinge, die Sie entrümpelt haben, schaffen nicht nur Platz in der Wohnung, sondern auch in Ihren Aktenordnern. Für die Geräte, die Sie nicht mehr besitzen, brauchen Sie auch keine Kaufbelege und Bedienungsanleitungen mehr.

In einem zweiten Schritt können Sie nun auch noch mal alle abgehefteten Unterlagen danach durchsuchen, was davon nicht mehr relevant ist. Irgendwas lässt sich immer finden, was nicht mehr benötigt wird. Üblicherweise sind es ja die alten und nicht mehr relevanten Unterlagen, die Ordner und Regale verstopfen. Benötigen Sie beispielsweise wirklich noch all die Hefte aus Ihrer Schulzeit? Das meiste Wissen ist doch heute online verfügbar. Welche Unterlagen sind wirklich noch heute und in Zukunft relevant für Sie? Verabschieden Sie alles, was endgültig unwichtig geworden ist.

Umgang mit besonderen Erinnerungsstücken

Auch der Umgang mit besonderen Erinnerungsstücken und Dingen, an denen Sie emotional besonders hängen, stellt Sie beim Entrümpeln vor besondere Herausforderungen. Entscheiden Sie sich bei besonderen Erinnerungsstücken und allen Dingen, an denen Sie hängen und die mit vielen Emotionen verbunden sind, erst zum Schluss, was damit geschehen soll. Sie haben dann schon einige Übung im Loslassen und können daher dann leichter entscheiden, wie Sie mit den besonderen Erinnerungsstücken umgehen wollen.

Versuchen Sie, sich bewusster zu werden, was Sie genau mit diesem Gegenstand verbinden:

- Ist er eine schöne Erinnerung an besondere Situationen oder Personen?
- Macht mich der Gegenstand auch jetzt und heute noch glücklich?
- Engt dieser Gegenstand mein Leben und meine Wohnung hier, jetzt und heute ein?
- Ist die Erinnerung an einen besonderen Menschen oder

besondere Situationen zwingend an diesen Gegenstand gebunden oder könnte ich mich auch anders erinnern, zum Beispiel durch ein Foto, welches ich von diesem Gegenstand als Erinnerung machen könnte?

- Würde das Behalten dieses Gegenstandes eine belastende Verpflichtung bedeuten?
- Gibt es Menschen, die diesen Gegenstand sehr viel besser verwenden und damit auch mehr wertschätzen könnten als ich?
- Bleiben Sie locker und zwingen Sie sich zu nichts, was nicht dringend nötig ist. Oft kann man sich zu einem bestimmten Zeitpunkt noch nicht entscheiden und sich schon gar nicht von einem bestimmten Gegenstand trennen. Zu einem späteren Zeitpunkt gelingt dies dann aber doch oft.

Bedenken Sie: Ein Gegenstand ist letztlich immer nur ein Gegenstand. Es ist nicht der Gegenstand selbst, sondern unser Gefühl, welches wir mit diesem Gegenstand verbinden. Versuchen Sie sich dieses Unterschiedes bewusst zu sein – egal, ob sie diesen einen Gegenstand behalten oder auch loslassen möchten.

Umgang mit ehemals teuren Dingen

Was tun mit den Dingen, die zwar eigentlich überflüssig sind, nur herumstehen, aber mal teuer waren? Hier haben Sie es mit dem sogenannten „Endowment-Effekt“ zu tun. Dieser Endowment-Effekt besagt, dass wir dazu neigen, unseren persönlichen Besitz wertvoller einzuschätzen, als wenn wir diesen Gegenstand nicht besäßen.[14] Fakt ist, dass der Wert der meisten Gegenstände

[14] vgl. https://de.wikipedia.org/wiki/Besitztumseffekt

im Laufe der Zeit sinkt und meistens viel mehr, als wir persönlich es wahrhaben wollen. Nicht nur Autos haben einen deutlichen Preisverfall, sondern auch elektronische Geräte, Möbel, Bücher und andere Dinge.

Einige praktische Tipps zum Umgang mit ehemals teuren Dingen:
Verschaffen Sie sich einen neutralen Überblick. Recherchieren Sie die aktuellen Gebrauchtpreise. Sie können bei Second-Hand-Geschäften vor Ort nachfragen oder sich auch im Internet bei Kleinanzeigen- und Auktionsportalen kundig machen.

Machen Sie sich klar, dass dieser Gegenstand einmal teuer war. Das Geld, welches Sie dafür ausgegeben haben, ist längst weg. Nichts macht weniger Sinn, als Dinge, die nur irgendwo herumstehen, verstauben zu lassen und sie nicht zu nutzen. Erst recht nicht, wenn diese ursprünglich teuren Dinge vielleicht auch noch regelmäßig das eigene schlechte Gewissen aktivieren, weil man seit Jahren das Fitnessgerät, Klavier etc. nicht genutzt hat. Besser ist es, alte Träume zu begraben, als sich weiterhin damit zu belasten und sie vielleicht sogar zum Albtraum mutieren zu lassen.

Der ehemals hohe Preis lässt sich oft besser verschmerzen, wenn ein anderer Mensch sich genau über diesen Gegenstand sehr freut und ihn dann auch wirklich nutzt.

Bei schwierigen Entscheidungen: Entrümpeln auf Probe

Wenn Sie sich bei einigen Dingen unsicher sind, ob Sie diese nun loslassen wollen oder nicht, entrümpeln Sie doch einfach mal probeweise. Packen Sie diese Dinge in eine Kiste. Stellen Sie diese Kiste irgendwo außer Sicht- und Reichweite, zum Beispiel auf den Dachboden oder in den Keller. Markieren Sie sich dann einen Termin im Kalender und schauen Sie spätestens nach einem Jahr nach, ob und welche dieser Dinge Sie im Jahresverlauf wieder hervorgeholt und genutzt haben. Die Dinge, die Sie während dieses gesamten Zeitraums nicht benutzt haben, sind in der Regel wirklich überflüssig.

Entrümpelungsmethoden

Den Einstieg erleichtern: Welcher Entrümpelungstyp sind Sie?
Entrümpeln ist in den seltensten Fällen an einem Tag erledigt. Wer seine Besitztümer wirklich gründlich durchforsten will, benötigt hierfür einen längeren Zeitraum. Trotzdem gibt es unterschiedliche Vorlieben, wie genau das Entrümpeln durchgeführt werden soll. Manche Menschen entrümpeln lieber in einem ganz- oder mehrtägigen Durchgang. Andere halten davon nichts und wollen lieber in kleinen und überschaubaren Etappen nach und nach entrümpeln. Welcher Entrümpelungstyp sind Sie? Orientieren Sie sich am besten daran, was Ihnen spontan mehr zusagt!

In einem Durchgang entrümpeln:
Möchten Sie gleich in einer größeren Aktion viele Dinge entrümpeln, halten Sie ein verlängertes Wochenende oder mindestens einen kompletten Tag hierfür frei, an dem Sie sonst keine weiteren Termine und Verpflichtungen haben. Idealerweise schreiben Sie sich diesen Termin in den Kalender. Gibt es vieles zu entrümpeln, kann dies auch bedeuten, sich im Verlauf einiger Monate immer wieder ganze Tage hierfür frei zu halten.

Schrittweise entrümpeln:
Wenn Sie nach und nach entrümpeln möchten, gibt es hierfür mehrere Möglichkeiten, beispielsweise:

Pomodoro-Technik:
Vereinfacht gesagt bedeutet dieses Vorgehen, jeden Tag einen zuvor fest definierten Zeitraum zu verwenden.[15]

- Legen Sie einen Zeitraum fest (zum Beispiel 15 Minuten an 5 von 7 Tagen über einen Zeitraum von 2 Wochen).
- Stellen Sie sich dann einen Kurzzeitwecker oder nutzen Sie die Alarmfunktion Ihres Handys.
- Konzentrieren Sie sich in dieser Zeit konsequent auf das Entrümpeln und lassen Sie sich durch nichts ablenken.
- Bleiben Sie gegebenenfalls auch über mehrere Tage hinweg beim Entrümpeln und Aufräumen eines Bereiches, einer Kategorie, bis diese wirklich abgearbeitet ist.

30 Tage – 30 Dinge:
Wählen Sie 30 Tage lang täglich 1 Ding aus, welches Sie abgeben möchten. Legen Sie dies in die „Kann-weg-Kiste" oder, falls unbrauchbar: Entsorgen Sie dieses Teil. Natürlich können Sie hier zahllose Varianten entwickeln, zum Beispiel 30 Tage – 60 Dinge oder sogar 30 Tage – 30 Kisten.

Das „Minimalismus-Spiel"
Dieses Spiel wurde entwickelt von Joshua Fields Millburn & Ryan Nicodemus:[16] Besonders geeignet ist es, wenn Sie viele Dinge besitzen und diese über einen bestimmten Zeitraum ent-

[15] vgl. https://de.wikipedia.org/wiki/Pomodoro-Technik
[16] vgl. www.theminimalists.com/game

rümpeln möchten. Dauer: 30 Tage. Am Tag 1 wird ein Teil entrümpelt. Am Tag 2 dann zwei Teile, Tag 3 drei Teile usw., bis an Tag 30 dann 30 Teile entrümpelt werden. Am Ende kommen Sie so auf 465 Gegenstände. Suchen Sie gegebenenfalls nach einem „Spielpartner", der ebenfalls entrümpeln will, und motivieren Sie sich gegenseitig.

Die „Packing-Party"[17]
Ebenfalls von Joshua Fields Millburn & Ryan Nicodemus wurde diese Methode des effektiven, aber auch radikalen Entrümpelns entwickelt. Ideal ist sie auch, wenn Sie ohnehin einen Umzug planen oder die Wohnung renovieren wollen. Auch wenn Sie den Eindruck haben, den Überblick ganz verloren zu haben, und kein wirkliches Gefühl dafür entwickeln können, welche Dinge Sie wirklich benötigen:

- Besorgen Sie sich Umzugskartons.
- Alle Dinge (wirklich alle!) werden eingepackt wie bei einem Umzug.
- Die Kartons werden beschriftet (also zum Beispiel Sachen aus der Küchenschublade, undefinierbarer Kram vom Schreibtisch usw.).
- Holen Sie in den folgenden drei Wochen immer nur die Dinge aus den Kisten heraus, die Sie aktuell benötigen, also zum Beispiel die Zahnbürste, Kaffeetasse usw.

Alle Dinge, die nach drei bis vier Wochen noch in den Kisten sind, waren nicht wirklich nötig und sind somit Kandidaten für die Entrümpelung – abgesehen von Winterkleidung, wenn Sommer ist, wichtigen Unterlagen oder Saisonware, die Sie nur hin und wieder benötigen.

[17] vgl.: www.theminimalists.com/packing

Packing-Party – Variante:

Sie können eine Variante der zuvor vorgestellten „Packing-Party“ nutzen: Wählen Sie einfach nur einen ganz bestimmten Bereich, einen bestimmten Raum oder eine bestimmte Kategorie von Dingen aus. Wo gibt es den größten Entrümpelungsbedarf bei Ihnen? Küche, Kleiderschrank, Badezimmer, Arbeitszimmer? Wählen Sie einen Bereich, eine Kategorie oder einen Raum aus, gehen Sie dann genauso vor wie im Abschnitt zur „Packing-Party“ auf Seite 56 beschrieben.

Sortieren leicht gemacht: Die 4-Kisten-Methode

Noch eine einfache und praktikable Möglichkeit, effektiv zu entrümpeln, ist, sich der 4-Kisten-Methode zu bedienen. Hier treffen Sie zunächst nur eine grobe Entscheidung, um vorwärtszukommen, und es besteht nicht die Gefahr, dass Sie sich gerade zu Beginn in zeitaufwendigen Details verzetteln. Nutzen Sie also einige Kisten (oder auch Mülltüten beziehungsweise sonstigen Behälter) und gruppieren Sie diese nach den folgenden Kriterien. Dabei ist es hilfreich, wenn Sie die Kisten beschriften oder farblich markieren:

- Kiste 1: Behalten → diese Dinge werden später wieder eingeräumt.
- Kiste 2: Unklar → Behalten oder loslassen – darüber wird später entschieden. Dieser Bereich ist prima für das zuvor erwähnte Entrümpeln auf Probe geeignet.
- Kiste 3: Kann weg → Verschenken, spenden, verkaufen (entscheiden Sie diese Details später!)
- Kiste 4: Komplett unbrauchbar → Müll

Der praktische Ablauf des Entrümpelns

1. Legen Sie einen Termin beziehungsweise einen Entrümpelungszeitraum fest.
2. Entscheiden Sie sich, nach welcher Methode Sie vorgehen wollen.
3. Verschaffen Sie sich, insbesondere wenn Sie größere Mengen an Dingen durchsehen wollen, einige Behälter, Kisten oder Abfallsäcke für die 4-Kisten-Methode (siehe dazu seite 57).
4. Entrümpeln Sie nach Kategorien. Das Entrümpeln nach Kategorien verhindert, dass nachträglich doch noch dieses oder jenes in einen eigentlich bereits vollen Schrank gestopft werden muss, und gewährleistet, dass Sie zudem einen wirklichen Überblick über Ihre Besitztümer erhalten.
5. Entleeren Sie einzelne Bereiche (Schublade, Schrank etc.) jeweils vollständig und suchen Sie wirklich alles, was zu einer Kategorie gehört, zusammen.
6. Nehmen Sie jedes Teil in die Hand und entscheiden Sie zügig, was mit dem jeweiligen Teil geschehen soll.

Wohin mit all den überflüssigen und entrümpelten Dingen?

Nun stehen irgendwann all die Kisten mit dem entrümpelten Kram herum. Doch wohin damit?

Müll
Wenn etwas bei ehrlicher Betrachtung einfach nur noch Müll ist, dann ist es auch Müll! Tun Sie dann etwas Gutes, indem Sie auf das richtige Recycling achten. Eine Ausnahme bilden einzelne

Dinge, die interessierte Bastler wieder zum Leben erwecken oder als „Ersatzteillager“ benötigen können. Weisen Sie dann aber unbedingt auf den Defekt hin.

Verkaufen

Um zu einer Einschätzung zu kommen, welcher Verkaufspreis realistisch ist, ist es hilfreich, vorher die aktuellen Gebrauchtpreise zu recherchieren:

- Eine Möglichkeit, ist Gebrauchthändler vor Ort (Secondhand-Läden) zu fragen oder sich auf Flohmärkten umzuschauen.
- Auf vielen Kleinanzeigen- und Internet-Auktionsportalen werden oft vergleichbare Gegenstände zum Verkauf angeboten.
- Sie können auch im Internet nach Ankaufsportalen schauen, die dort inzwischen zahlreich zu finden sind. Auch dort erhalten Sie recht schnell eine grobe Einschätzung. Es gibt zudem inzwischen etliche besondere Websites, die sich auf den Ankauf von bestimmten Dingen, insbesondere digitale Geräte und Bücher, spezialisiert haben.

Den Aufwand des Verkaufens einschätzen: Dinge zu verkaufen macht Arbeit und dauert. Welchen zeitlichen Aufwand wollen Sie dafür betreiben? Wie lange halten Sie es aus und wie fühlt es sich für Sie an, wenn die noch nicht verkauften Dinge eventuell noch länger in Ihrer Wohnung bleiben müssen?

Verkaufsmöglichkeiten: Vor Ort sind zunächst die naheliegendsten Lösungen im privaten Freundes- und Bekanntenkreis nachzufragen. Auch gibt es in vielen Supermärkten schwarze Bretter. Secondhand-Geschäfte kaufen manchmal Dinge auf oder Sie können dort auch Dinge auf Kommission loswerden. Ganz klassisch gibt es auch immer noch die Möglichkeit, einen Stand auf einem Flohmarkt aufzubauen. Eine Liste mit Flohmarktterminen gibt es hier: www.meine-flohmarkt-termine.de Im Internet finden Sie außerdem wie schon erwähnt die unterschiedlichsten Kleinanzeigen-, Auktions- und diverse Ankaufsportale. Teilweise ist der Verkauf kostenlos, teilweise wird eine Gebühr fällig.

Verschenken oder spenden

Das persönliche Glücksgefühl lässt sich oft enorm steigern, wenn Sie überlegen, ob und wem Sie Dinge schenken können. Aber denken Sie genau nach, ob diese Person den Gegenstand auch wirklich möchte und ihn nicht nur aus einem Gefühl der Verpflichtung heraus annimmt. Viele Menschen freuen sich wirklich, wenn sie ein günstiges Schnäppchen ergattern können:

- Wollen Sie Dinge verschenken oder spenden, ist auch hier naheliegend, sich erst mal im privaten Familien-, Freundes- und Bekanntenkreis umzuhören.
- Darüber hinaus können Sie bei den sozialen Einrichtungen in Ihrer Umgebung nachfragen. Kleiderkammern oder Sozialkaufhäuser freuen sich in der Regel über gut erhaltene Dinge, die sie preisgünstig oder kostenlos an bedürftige Menschen weitergeben können. Entsprechende soziale Einrichtungen in Ihrer Nähe können Sie im Internet unter diesem Link suchen: www.wohindamit.org
- Umsonstläden freuen sich ebenfalls über gut erhaltene Gebrauchtgegenstände. Die Dinge werden, wie es der Name sagt, kostenlos weitergegeben. Adressen von Umsonstläden finden Sie unter diesem Link: www.umsonstladen.de
- In den letzten Jahren sind darüber hinaus auch sogenannte Giveboxen entstanden. Jede/r kann etwas dort kostenlos abgeben oder rausnehmen. Auch dort können Sie gut erhaltene Dinge abgeben. Listen mit Giveboxen finden Sie hier: www.coforum.de/?7988

- Kostenlose und öffentliche Bücherschränke sind ein guter Ort, um dort Bücher abzugeben. Listen mit Bücherschränken sind im Internet bei Wikipedia zu finden: https://de.wikipedia.org/wiki/Liste_öffentlicher_Bücherschränke_in_Deutschland

Übung
Innerliche Zwischenbilanz

Ich hoffe, es ist Ihnen bereits gelungen, das ein oder andere überflüssige Teil loszulassen. Wie geht es Ihnen jetzt? Nehmen Sie sich Zeit, dem einmal nachzuspüren. Machen Sie es sich auf dem Sofa, Sessel, Stuhl oder einfach in Ihrem Bett gemütlich. Vielleicht möchten Sie auch ein wenig Ihre Augen schließen, beobachten Sie für einige Augenblicke Ihren ein- und ausfließenden Atem …
Blicken Sie nun innerlich ein wenig auf Ihr Entrümpeln zurück: Wie hat sich das Loslassen von Dingen für Sie angefühlt? Gab es Gegenstände, die Sie gut loslassen konnten und wo Sie froh sind, diese nun endlich weggegeben zu haben? Gab es Gegenstände, wo Sie unsicher waren, ob Sie diese behalten oder weggeben möchten? Gab es schwierige oder schmerzhafte Momente? Gab es zwischenzeitlich das Gefühl von Befreiung, Entlastung oder Wohlbefinden?
Nun schauen Sie sich einmal um: Gibt es einen Bereich, in dem jetzt mehr Platz als vorher ist? Wie empfinden Sie diese Flächen? Wie fühlen Sie sich jetzt, hier, in genau diesem Moment?

Ein aufgeräumtes Zuhause für Ihr persönliches Wohlbefinden

Endlich ist viel überflüssiges Zeug entsorgt. Nun geht es ans Auf- und Einräumen. Wer hat nicht gerne ein einigermaßen aufgeräumtes Zuhause? Vermutlich die meisten von uns. Aber wer räumt schon gerne auf? Ehrlicherweise wohl die wenigsten. Ich auch nicht. Aufräumen ist kein Selbstzweck. Aufräumen sollte dem persönlichen Wohlgefühl dienen und den Alltag erleichtern. Wer läuft schon gerne im Halbdunkeln beim nächtlichen Gang zur Toilette, vielleicht auch noch barfuß, um dann erst mal über die Legosteinsammlung der Kinder zu stolpern? Auch ist es regelrecht ärgerlich, wenn man eine Mahnung samt Gebührenforderung erhält, nur weil die eigentliche Rechnung in dem Papierstapel einfach vergessen wurde. Damit sich so etwas nicht wiederholt, wollen Sie vielleicht dann doch noch mal die angesammelten Papierstapel auf dem Schreibtisch durchwühlen und prompt fällt erst mal alles herunter und verteilt sich auf dem Fußboden.

Wenig spaßig ist es weiterhin, wenn man sich auf den wöchentlichen Sporttermin freut, aber in Stress gerät, weil man das Sportzeug nicht findet. Den Klassiker des nicht auffindbaren Auto- oder Wohnungsschlüssels kennen viele von uns sowieso gut. Sind Ihnen auch schon mal die ganzen Plastikdosen in der Küche entgegengekommen, nur weil Sie einen einzigen kleinen Deckel gesucht haben? Und selbstverständlich passiert so etwas meistens genau dann, wenn Sie gerade überhaupt keine Zeit und Lust auf irgendwelche Such- und Aufräumaktionen haben. Solche Beispiele zeigen, dass Aufräumen durchaus dem eigenen Wohlbefinden dient und dienen sollte.

Die Grundregeln des achtsamen Aufräumens

Locker bleiben

Es geht beim Aufräumen vorrangig um das persönliche Wohlbefinden. Trotzdem oder gerade deshalb: Achten Sie darauf, ob und wann Sie besonders angespannt sind, und versuchen Sie diese Anspannung wieder loszulassen. Bleiben Sie entspannt, bleiben Sie locker. Ordnung hin oder her: Es geht mir nicht nur darum, Ihnen mit erhobenem Zeigefinger das ideale Ordnungssystem zu predigen. Die beste Ordnung ist immer noch die, mit der Sie selbst sich wohlfühlen und in der Sie alles problemlos finden, was Sie brauchen, ohne in unnötigen Stress zu geraten.

Immer wieder fällt mir auf, dass Ordnung noch immer eine wichtige Werthaltung in unserer Gesellschaft ist. Und gelegentlich frage ich mich schon, ob wohl immer noch alte preußische Ordnungstugenden in unseren Köpfen umhergeistern. Wer ein ordentliches Zuhause sein Eigen nennt, kann sich schnell als gesellschaftlich anerkannt und akzeptiert fühlen. Das Durcheinander wird üblicherweise maximal den kreativen Menschen und Künstlern zugestanden, einfach weil es immer wieder heißt, kreative Menschen bräuchten das Durcheinander für ihr kreatives Schaffen. Aber die restliche Bevölkerung sollte nach gesellschaftlichen Vorstellungen doch möglichst einen perfekt aufgeräumten Haushalt haben. Es geht aber letztlich nicht um perfekt, sondern darum, dass die bestehende Ordnung dem eigenen Wohlbefinden dient und das Leben erleichtert.

Es gibt beispielsweise durchaus kreative Menschen, die erst dann produktiv werden, wenn sie nicht mehr durch den sie umgebenden Kram abgelenkt werden, und die deshalb auf eine pedantische Ordnung achten. Manche Menschen, egal ob kreativ oder nicht, fühlen sich dagegen wohler, wenn sie sich mit vielen Dingen umgeben. Es gibt Menschen, für die sind leere Räume eine Oase des Wohlbefindens, für andere Menschen ist genau dies ein Ort zum Gruseln. Wohnen Sie mit mehreren Menschen zusammen, geht es nicht anders, als für die gemeinsamen Bereiche pragmatische Kompromisse und eindeutige Regelungen zu finden.

Welche und wie viel Ordnung passt zu mir?

Eine erste und vielleicht banal klingende, aber auch wichtige Grundlage ist: Wird die Unordnung zur möglichen Gesundheitsgefährdung, muss diese Unordnung beseitigt werden, und zwar sofort. Müll sollte nicht gehortet, sondern direkt entsorgt werden. Essensreste werden entweder zeitnah verbraucht oder können eventuell auch für spätere Mahlzeiten eingefroren werden. Insbesondere Küche und Bad sollten regelmäßig gereinigt werden. Das mag alles simpel klingen, ist aber die eigentlich lebenswichtigste Grundregel beim Aufräumen und auch unabhängig davon, mit welchem Maß an Ordnung Sie sich wohlfühlen oder nicht.

Darüber hinaus gilt: Schauen und spüren Sie auch beim Aufräumen und Ordnung halten genau in sich hinein und nutzen Sie auch diesen Bereich für die folgende kleine Achtsamkeitsübung in Ihrem Alltag.

Übung

Nehmen Sie sich mindestens eine Woche lang Zeit und beobachten Sie sich und Ihr Zuhause: Was und welche Dinge stören Sie in Ihrem Alltag? Wo sorgen die herumstehenden Dinge dafür, dass Sie sich nicht wohlfühlen? Mit welchen Dingen umgeben Sie sich gerne? Was ist zu umständlich? Was müssen Sie regelmäßig suchen? Wie fühlt es sich an, wenn Sie an Ihrem Schreibtisch sitzen? Ist er zu leer oder zu voll? Wie ist das morgendliche Wachwerden, wenn Sie auf einen Stapel der abgelegten Kleidung einer ganzen Woche schauen: Stört Sie das oder stört es Sie vielleicht auch überhaupt nicht? Wenn Sie morgens in das Wohnzimmer kommen und dort stehen noch benutzte Gläser und Tassen vom Vorabend: Ist dies wirklich unangenehm? Oder sehen Sie so etwas überhaupt nicht?

Schauen Sie sich um und erspüren Sie möglichst genau, wo die Bereiche sind, die Sie stören, die umständlich, arbeitsaufwendig oder stressig sind und wo Sie den Impuls verspüren, dort etwas zu verändern und zu verbessern.

Konzentrieren Sie sich bei den nachfolgenden Aufräumtipps vorrangig und zuerst genau auf die für Sie eher unangenehmen Bereiche. Und bleiben Sie locker. Es geht nicht vorrangig um irgendeinen perfekt, ideal aufgeräumten Haushalt, sondern es geht um Sie und darum, sich in den eigenen vier Wänden möglichst wohl zu fühlen.

Angenehmer aufräumen

Wenn das Aufräumen zu den Tätigkeiten gehört, an denen Sie nicht wirklich Freude haben, die lediglich ein notwendiges Übel für Sie darstellen, dann versuchen Sie einmal, das Aufräumen mit besonderen oder schönen Erlebnissen zu verbinden. Vielleicht haben Sie ein besonderes Lieblingsessen, welches Sie sich nur an besonderen Aufräumtagen oder nach aufwendigen Aufräumaktionen gönnen. Natürlich kann der Genuss auch in einer besonderen Tee- oder Kaffeesorte bestehen. Wenn Sie Musikliebhaber sind, hören Sie regelmäßig Ihre schönsten Lieblingssongs immer zu diesem Zeitpunkt. Natürlich können Sie auch Ihr Bad für eine anschließende entspannende Wellness-Stunde nutzen. Werden Sie hier einfallsreich und kreativ. Gönnen Sie sich besondere Momente oder Vorlieben genau immer dann, wenn Sie die unangenehmen Aufräumarbeiten endlich erledigt haben. Diese Vorgehensweise ist nicht einfach nur ein schöner und praktikabler Tipp aus der pädagogischen Trickkiste, der – nebenbei erwähnt – natürlich auch gut bei Kindern funktioniert. Vielmehr können Sie dieses Vorgehen auch als Teil Ihrer Achtsamkeitspraxis im Alltag anwenden und gestalten.

Übung

Beobachten Sie zunächst, in welcher Stimmungslage und Situation Sie aufräumen. Wie geht es Ihnen vor, während und nach dem Aufräumen? Nutzen Sie dann die oben erwähnten besonderen Erlebnisse als spezielles Gestaltungselement des eigentlich unangenehmen Aufräumens und sehen Sie dies als achtsame Übung im Loslassen. In diesem Fall lassen Sie nämlich die ausschließliche Fixierung auf das unangenehme Aufräumen los, indem Sie diese Pflicht mit etwas Schönem und Besonderem verbinden.

Einfach und stressfreier aufräumen
Idealerweise gelingt es, dass das Aufräumen einfach ist und möglichst wenig Zeit und Aufwand in Anspruch nimmt. Die beste Ordnung ist immer noch die, die man nicht erst aufwendig herstellen muss. Doch wie lässt sich das im Alltag umsetzen? Dazu nachfolgend einige Anregungen. Eine erste einfache Grundlage ist das, was ich im Folgenden als das „magische Aufräumtrio“ bezeichne. Darüber hinaus gebe ich in einem weiteren Schritt auch noch Hinweise für das Aufräumen einzelner Räume und Bereiche.

Das „magische Aufräum-Trio“: Menge – Ort – Zeit

Wenn es um das einfache und praktikable Aufräumen geht, so gibt es einige recht einfache Grundregeln, die ich das „magische Aufräum-Trio“ genannt habe. Damit meine ich, dass wir das Aufräumen vereinfachen können, indem wir das Verhältnis von Menge, Ort und Zeit im Blick behalten:

- Je mehr Dinge wir besitzen **(Menge)**, die mal hier und mal dort herumliegen **(Ort)**, desto höher ist der Aufwand **(Zeit)**, diese Dinge aufzuräumen oder überhaupt wiederzufinden. Oder umgekehrt:
- Je weniger unnötige Dinge ich besitze (Menge), je klarer der vordefinierte Platz für diese Dinge ist (Ort), desto weniger Aufwand (Zeit) ist notwendig, diese Dinge zu finden und wegzuräumen.
- Also: **Weniger Dinge + fest definierte Orte = wenig Zeit fürs Aufräumen**

Nachfolgend nun einige praktische Beispiele und Anregungen, wie sich das Verhältnis von Menge, Zeit und Ort optimieren und der Aufwand des Aufräumens reduzieren lässt:

Menge reduzieren

Um die Reduzierung der Menge durch Entrümpeln ging es bereits im letzten Kapitel. Ergänzend ist es sinnvoll, wirklich regelmäßig die Menge der vorhandenen Dinge zu überprüfen:

- Defektes entweder reparieren oder entsorgen
- Altpapier, Altglas und Co. nicht sammeln, sondern regelmäßig und zeitnah zu den entsprechenden Containern bringen.
- Ihr Zuhause ist kein Technikmuseum! Werden alte durch neue Geräte ersetzt, können die alten Geräte entweder entsorgt oder aber verkauft, verschenkt oder gespendet werden.
- 1 Ding rein – 1 Ding raus: Für ein Ding, welches neu in die Wohnung kommt, sollte ein Ding auch die Wohnung verlassen. So werden die Besitztümer zumindest zahlenmäßig nicht mehr. Haben Sie ohnehin noch zu viele Dinge, können Sie auch sagen: 1 Ding rein, 2 Dinge raus.

Orte organisieren

Achten Sie darauf, die Flächen frei zu lassen, die Sie regelmäßig nutzen. Gerade in der Küche ist es sinnvoll, wenn die Arbeitsfläche möglichst frei ist. Räumen Sie daher alles in Schränke, was nicht in ständiger Benutzung ist. Ist die Arbeitsfläche in der Küche frei, so müssen Sie nicht jedes Mal beim Zubereiten des Essens alle möglichen Dinge zur Seite räumen. Ähnlich verhält es sich beim Schreibtisch. Bringen Sie möglichst viele Dinge in Schubladen oder Schränken unter, so dass Sie nicht erst mühsam vor jeder Nutzung alle möglichen Materialien zur Seite räumen müssen. Auch auf dem Esstisch ist es umständlich, wenn dort erst alle möglichen Dinge zur Seite geräumt werden müssen, bevor man dort essen kann.

Ebenso sollten der Fußboden und speziell dort die Laufwege so weit wie möglich frei sein. So geht weniger zu Bruch und das

Staubsaugen ist schneller erledigt. Reinigungsgeräte wie Staubsauger oder Besen lassen Sie am besten entweder in einem Besenschrank verschwinden oder Sie nutzen gegebenenfalls Aufhängevorrichtungen, die Sie an der Wand befestigen können.

Feste Orte schaffen
Schaffen Sie feste Orte für Ihre Dinge. Um beim zuvor genannten Flur-Beispiel zu bleiben: Sie können als Familie oder Wohngemeinschaft zum Beispiel auch festlegen, welcher Garderobenhaken für wen ist. Kindergärten sind hier übrigens wahre Fundgruben für solche festen Orte. Die Erzieherinnen würden ansonsten in solch großen Gruppen mit Kleinkindern schlichtweg verrückt und wären den halben Tag mit Suchen beschäftigt. Jedes Kind hat dort einen festen Garderobenhaken. In der Regel befindet sich eine Sitzbank direkt an der Garderobe, die unten noch eine Ablagefläche für die Schuhe beziehungsweise Hausschuhe hat. Einfacher geht es nicht. Wenn das selbst Kinder im Vorschulalter schaffen, müssten das doch eigentlich auch die Erwachsenen zu Hause hinbekommen. Haben die Familienmitglieder Mitbewohner jeweils einen festen Garderobenhaken und gibt es dann auch noch ein bis zwei Garderobenhaken für Besucher, ist das Chaos gleich minimiert. Alles, was keinen Platz an der Garderobe findet, gehört dann einfach in den Kleiderschrank.

Schaffen Sie auch für Ihre sonstigen Dinge wie Kleidung, Bücher, Unterlagen und Küchenmaterialien feste Orte. Je klarer diese Orte definiert sind, desto einfacher ist es, etwas wieder dorthin zu räumen. Auch Dingen, die sich nur vorübergehend bei Ihnen zu Hause befinden (geliehene Dinge, Pfandgläser usw.) sollten Sie einen festen Ort zuweisen. Reservieren Sie ein Schrank- oder Regalfach für solche vorübergehenden „Bewohner“.

Gleichartige Dinge an einem Ort

Gleichartige Dinge, die zusammengehören, sollten auch am selben Ort aufbewahrt werden. Einige Bücher hier, andere Bücher dort zu lagern, schafft ebenso Chaos, wie einen Teil Ihrer Bürounterlagen im Wohnzimmer, den anderen Teil im Schlafzimmer unterzubringen. Häufig entsteht auch Durcheinander im Schlafzimmer, weil sich dort Kleidung sammelt, die zwar getragen wurde, aber noch nicht gewaschen werden muss. In den Schrank zurücklegen will man sie nicht, also liegen die Sachen über einem Stuhl, auf der Bettkante oder sonst wo. Es gibt einfache Klapphaken, sogenannte Kleiderlüfter, die Sie an der Wand befestigen und an denen Sie die getragene Kleidung auf Bügeln aufhängen können. So kann die Kleidung auch gleich auslüften. Eine ähnliche Funktion haben Türgarderoben.

Haben Sie ausreichend Platz, dann können Sie auch einen Kleiderwagen verwenden. Wer es gerne unkonventionell mag, kann einfach Seile oder Ketten an eine Stange (Besenstiel oder Ähnliches) binden und diese Konstruktion als Garderobe an der Decke befestigen. Eltern von Kleinkindern seien jedoch gewarnt, dass Kinder dies als Schaukel oder Turnstange umfunktionieren könnten.

Vermeiden Sie Stapel

Versuchen Sie möglichst, größere Stapel zu vermeiden. Einige Beispiele:

Kleidung: Wenn Sie aus dem Stapel von 20 T-Shirts ausgerechnet das untere wollen, funktioniert dies gerade morgens kaum, ohne dass irgendeins der anderen 19 T-Shirts runterfällt. Wie selbst Kleidung aufrecht eingeräumt werden kann, hat Marie Kondo gezeigt: „Wenn Sie es schaffen, ein Kleidungsstück so zusammenzulegen, dass daraus ein rechteckiges Paket wird, dann haben Sie die Technik schon fast gemeistert …“[18] Vereinfacht gesagt werden die Kleidungsstücke zunächst zu einem Rechteck gefaltet, dann das Rechteck zur Hälfte falten, dann noch zwei- oder dreimal. So entsteht ein kleines, festes Päckchen. Im Internet gibt es zahlreiche detaillierte Anleitungen, wie auch schwierigere Kleidungsstücke nach der Methode von Marie Kondo gefaltet werden können. Wenn Ihnen diese Vorgehensweise jedoch zu mühsam ist und Sie nach dem Entrümpeln noch Platz und Kleiderbügel im Kleiderschrank frei haben, können Sie nicht nur Blusen und Hosen, sondern auch T-Shirts aufhängen. So entfallen dann auch die Knickfalten.

<u>Küche:</u> Achten Sie auch in der Küche darauf, dass Sie nur so viel Teller übereinander platzieren, dass Sie diese noch problemlos und einfach hochheben können. Gleiches gilt für Töpfe, Topfdeckel, Vorratsbehälter. Alle Dinge, die Sie aufrecht hinstellen, sehen Sie schneller und Sie müssen nicht erst umständlich die oberen Teile wegräumen, um an die unteren Teile zu gelangen.

<u>Schreibtisch:</u> Verzichten Sie insbesondere auf Papierstapel. Irgendwelche Prospekte können Sie gleich entsorgen. Stapel von Unterlagen, die einfach nur abgeheftet werden müssten, sind genau genommen überflüssig. Einfach diese Unterlagen sofort abheften und schon ist mehr Platz gewonnen und weniger Chaos entstanden.

[18] Marie Kondo, Magic Cleaning 2: Wie Wohnung und Seele aufgeräumt bleiben, Rowohlt-Verlag 2014, E-Book, Kapitel: „Das Zusammenlegen von Kleidung nach der KonMarie-Methode“

Wohnzimmer: Bücher im Bücherregal zweireihig hintereinander zu stellen oder gar übereinander zu stapeln, ist platzsparend, aber wenn Sie an Bücher ganz hinten oder unten wollen, müssen Sie erst die vorderen wegräumen. Gleiches gilt für CDs, DVDs und ähnliche Dinge. Verzichten Sie daher besser darauf und stellen Sie diese Dinge möglichst nur einreihig nebeneinander.

Bad: Stellen Sie nur das hin, was Sie wirklich aktuell benutzen, und versuchen Sie möglichst viel in Schränken unterzubringen. Alles, was offen herumsteht, kann feucht werden, zustauben, runterfallen usw. Ob Sie zum Verstauen dann den üblichen Badezimmerschrank nutzen oder einen anderen Ort, ist zweitrangig. Wichtig ist, dass alles beieinander ist und im Bedarfsfall gut und einfach erreichbar.

Orte für Kleinteile

Um Kleinteile zu organisieren und aufzuräumen, bietet es sich an, hierfür Schachteln, Kisten oder Boxen zu nutzen. Am besten laufen Sie nicht gleich los und kaufen welche, sondern schauen erst mal, was Sie ohnehin noch zu Hause haben. Manchmal ist irgendein Plastikbehälter nicht mehr so ideal, um darin Lebensmittel zu verwenden, aber für ein paar Schrauben oder Bürozubehör lässt er sich noch gut verwenden.

Wichtig ist auch hier: Gleiche Dinge gehören zusammen!
In der Küche finden Sie Ihre Gewürze beispielsweise leichter, wenn Sie diese einfach alle zusammen in einen Behälter stellen und diesen im Schrank deponieren. Beim Kochen holen Sie diesen Behälter hervor, nach dem Kochen wieder wegräumen – fertig. So vermeiden Sie Gekrame im Schrank nach dem Pfeffer, oder Staub-Fett-Gemisch auf dem Gewürzregal an der Küchenwand. Auch mit dem ganzen kleinteiligen Bürozubehör oder

mit den Kleinteilen aus dem Werkzeugschrank lässt sich vergleichsweise so verfahren. Sehr platzsparend sind eckige Behälter, da diese die vorhandene Fläche besser ausnutzen können, als dies bei runden Behältern der Fall ist. Allerdings sind auch runde Behälter durchaus praktisch zu verwenden. So können Sie Schraubgläser prima nutzen, um einige Trockenvorräte an Lebensmitteln (Reis, Nudeln etc.) zu lagern. Kleinere Gläser sind auch prima geeignet, um darin Nägel, Schrauben, Heftzwecken und Co. aufzubewahren.

Zeitaufwand reduzieren

Der Zeitaufwand lässt sich bereits durch die Reduzierung der vorhandenen Dinge (entrümpeln) sowie durch eine klare Zuweisung eines festen Ortes für die verbleibenden Dinge deutlich reduzieren. Einige weitere Tipps, wie Sie sich langatmiges Aufräumen ersparen können:

<u>Die 2-Minuten-Regel</u>

Alles, was sich in einem Maximalaufwand von zwei Minuten erledigen lässt, sollten Sie sofort erledigen. Muss eine Rechnung oder ein Versicherungsbeleg beispielsweise nur abgeheftet werden, machen Sie dies sofort. Die Schuhe nach dem Ausziehen kurz ins Schuhregal zu stellen oder den Mantel an die Garderobe zu hängen, ist eine Sache von Sekunden. Auch das genutzte Glas oder das ausgelesene Buch wegzuräumen, ist kein großer Aufwand. Sammeln sich solche Dinge stattdessen unaufgeräumt in der ganzen Wohnung an, haben Sie irgendwann einen erheblichen Aufwand, all dies wieder aufzuräumen.

<u>Sofort wegräumen – Menge der aktuell genutzten Dinge reduzieren</u>

Eine einfache Möglichkeit für schnelle Ordnung ist, die nicht genutzten Dinge immer wieder sofort wegzuräumen. Ob dies die genutzte Kaffeetasse, die gelesene Zeitung, das Buch oder die Hobbyutensilien sind, ist egal. Räumen Sie genutzte Dinge daher möglichst immer sofort weg. Das ist mitunter lästig, aber sehr entlastend und erspart längere Aufräumaktionen.

Für Kinder ist dies natürlich besonders schwierig. Gerade kleinere Kinder spielen beispielsweise noch gerne in der Nähe der Erwachsenen und denken gar nicht daran, nur in ihrem Kinderzimmer zu bleiben. Also holen die lieben Kleinen alle erdenklichen Spielzeuge ins Wohnzimmer oder verteilen diese sogar in der ganzen Wohnung. Auch diese Menge können Sie sehr einfach reduzieren, indem Sie beispielsweise dafür eine extra Kiste verwenden – idealerweise hat diese sogar Rollen. Das Kind kann sich nun aussuchen, welche Spielzeuge aus dem Kinderzimmer beispielsweise mit ins Wohnzimmer wandern. Wenn Sie dort dann noch für einen Spielteppich Platz schaffen, ist auch gleich der feste Ort geschaffen, wo sich die Spielzeugkiste befindet. Es dürfen maximal so viele Spielzeuge sein, wie in diese Kiste hineinpassen.

Soll es dann doch noch ein *anderes* Spielzeug sein, wird dies gegen ein Spielzeug aus der Kiste ausgetauscht. Die Menge an herumliegenden Spielzeugen ist auf diese Weise begrenzt und der Aufwand des Aufräumens ebenfalls. Kinder spielen mit einer großen Auswahl an Spielzeugen nicht besser oder konzentrierter, das Gegenteil ist der Fall! Auch das Erlernen des Aufräumens ist so deutlich einfacher.

Menge organisieren

Achten Sie beim Einräumen Ihrer Schränke und Regale darauf, dass Sie diese nicht zu voll stellen, schon gar nicht vollstopfen. Recht einfach und überschaubar ist die folgende 70-50-10-Regel von Hideko Yamashita:

70: Verschlossene Stauräume (Schränke, Schubladen) werden zu höchstens 70 % gefüllt.
50: Sichtbare Stauräume (Regal, Vitrine) werden zu 50 % gefüllt.
10: Maximal 10 % der Fläche sollten von Dekoartikeln und Kunstwerken belegt sein.[19]

Natürlich braucht nun niemand mit Taschenrechner und Zentimetermaß zu hantieren, um die richtige Prozentzahl zu ermitteln. Es handelt sich um einen ungefähren Maßstab. Sie erreichen so, dass sie bequem an die Dinge herankommen, ohne dass gleich die Hälfte herausfällt, wenn Sie gerade irgendwas hervorholen wollen. Gerade bei offenen Möbelsystemen, wie Regalen, Vitrinen, sowie durch die reduzierte, aber bewusste Nutzung von Deko- und Kunstartikeln können Sie sich so mit wenig Aufwand eine angenehme Atmosphäre und aufgeräumte Gemütlichkeit schaffen.

Probieren Sie es im Bedarfsfall einfach mal aus: Packen Sie eine Hälfte des Kleiderschrankes voll, die andere Hälfte nur zu etwa 70 %. Oder stellen Sie ein Regalteil wie üblich komplett voll, das andere füllen Sie nur zur Hälfte. Leben und wohnen Sie einige Zeit damit und schauen Sie, wie es Ihnen mit diesen Unterschieden geht und mit welcher Variante Sie sich mehr wohlfühlen.

Aufräumroutinen
Entwickeln Sie Gewohnheiten und Aufräumroutinen. Dies spart Zeit, Nerven und verhindert Durcheinander. Entwickeln

---

[19] vgl.: Hideko Yamashita, Dan-Sha-Ri, Das Leben entrümpeln, die Seele befreien, Integral-Verlag, 2007, E-Book, Kapitel: „Die 70-50-10-Regel“

Sie entsprechende Routinen und Gewohnheiten, die sich in Ihren Tagesablauf integrieren lassen.

Schauen Sie sich abends beispielsweise noch mal um und überlegen Sie, wie Sie ihr Wohnzimmer oder die Küche am nächsten Tag vorfinden möchten. Meistens handelt es sich um eine Sache von wenigen Minuten, beispielsweise im Wohnzimmer die herumstehenden Getränke, leeren Gläser, Chipstüten und sonstigen Dinge kurz wieder wegzuräumen.

Morgens und im Tagesverlauf können Sie ähnlich vorgehen. Gewöhnen Sie sich an, das Geschirr nach dem Essen gleich in die Spülmaschine zu räumen oder kurz abzuspülen und planen Sie diese Zeit bewusst ein. Im Bedarfsfall können Sie schon am Abend vorher einige Vorbereitungen für den nächsten Tag treffen, um morgens keine Hektik entstehen zu lassen. Auch Kinder kann man schon im Vorschulalter anleiten, wie sie die Tasse und den Teller in die Spülmaschine räumen oder zumindest in die Küche tragen können. Gerade jüngere Kinder sind oft sogar stolz, wenn sie dies alleine machen dürfen.

Aufräumtipps für einzelne Bereiche

Beispielhaft greife ich nun einige Zimmer heraus, wie dort mithilfe des „magischen Aufräum-Trios“ eine einfache Grundordnung hergestellt werden kann.

Mehr Übersicht in der Küche

Menge reduzieren

- Überprüfen Sie den Bestand an Gegenständen regelmäßig auf defekte oder unvollständige Dinge, die Sie weder reparieren noch ergänzen können und auch nicht mehr haben wollen.

- Nicht jedes neue Trendküchengerät macht auch wirklich Sinn. Halten Sie daher den Umfang an Küchengeräten begrenzt.
- Verkaufen beziehungsweise verschenken:
- Lassen Sie los, was Sie seit jeweils circa einem Jahr nicht mehr genutzt haben. Wenn Sie unsicher sind, packen Sie diese Dinge in eine Kiste in den Keller und schauen Sie, ob Sie irgendwas davon im kommenden Jahr tatsächlich wieder benötigen und nutzen. Alles, was dann noch übrig ist, können Sie dann ruhigen Gewissens abgeben.
- Fehlkäufe technischer Küchengeräte, weiterer Küchenutensilien, von Lebensmitteln oder Geschirr werden nicht weniger zu einem Fehlkauf, wenn Sie diese einfach nur horten, aber nicht nutzen.
- Verzichten Sie auf all das, was Sie mehrfach besitzen. Töpfe, Pfannen, Küchenhelfer, Küchenmesser, Plastikbehälter, die ungenutzt sind, benötigen Sie nicht.

Orte organisieren

- Denken Sie daran, auch die Schränke in der Küche nicht bis zum Rand vollzustopfen.
- Dinge, die Sie häufig nutzen, gehören in greifbare Reichweite.
- Selten genutzte Dinge können Sie weiter hinten im Schrank platzieren.
- Halten Sie Ihre Küchenarbeitsfläche möglichst frei, so dass Sie diese komfortabel nutzen können. Was befindet sich auf der Küchenarbeitsfläche, was auch wunderbar in einem Schrank aufbewahrt werden könnte?
- Die kleinteilige Organisation in kleinen Behältern, Schachteln, Kisten bietet sich insbesondere bei Gewürzen an. Sie können beim Kochen dann gleich die ganze Schachtel bereitstellen und müssen sich nicht mühsam durch den Küchenschrank wühlen.

- Verwenden Sie für das Aufbewahren von Lebensmitteln möglichst entsprechende Behälter. Dies können beispielsweise auch die leeren und gesäuberten Gurkengläser oder entsprechende andere Behälter sein. Schraubgläser sind praktisch, da Sie dort sofort sehen können, was sich darin befindet. Wenn stattdessen Reis, Nudeln, Müsli und Co. in einer angebrochenen Tüte aufbewahrt werden, sind sie ideale Kandidaten für schnelles Chaos in der Küche. Ein unbedachter Moment und sie verteilen sich im Schrank und auf dem Fußboden. Auch hier gilt: Das beste Aufräumen ist es, erst gar nicht aufräumen zu müssen.

Zeitaufwand reduzieren

- Sie ersparen sich viel Zeit beim Aufräumen und Putzen, wenn Sie möglichst zeitnah und idealerweise sofort alles, was nass ist, wieder trocknen.
- Ebenfalls viel Putz- und Aufräumaufwand ersparen Sie sich, wenn Sie alles, was fettig geworden ist, sofort reinigen.
- Nutzen Sie die Pomodoro-Technik, indem Sie täglich eine festgelegte Zeit für das Aufräumen der Küche verwenden. Je nach Größe der Küche haben Sie mit 10 oder 20 Minuten täglichen Aufräumens die meisten Arbeiten erledigt.
- Die 2-Minuten-Regel können Sie in der Küche genau genommen sogar noch verkürzen. Lassen Sie leere Verpackungen, Kartoffelschalen usw. nicht irgendwo liegen, werfen Sie diese gleich in die entsprechenden Abfallbehälter. Lebensmittel, die Sie nicht mehr benötigen, können zurück in den Vorrats- oder Kühlschrank. Dieser Vorgang ist eine Sache von Sekunden. Nutzen Sie Zeiten, in denen etwas auf dem Herd gart, um kurz einige Dinge wieder wegzuräumen. Vielleicht schaffen Sie es sogar, dass ein oder andere Teil kurz wegzuspülen beziehungsweise in die Spülmaschine zu räumen.

Mehr Übersicht im Wohnzimmer

Menge reduzieren

Wohnzimmer sind keine Ausstellungsräume oder Museen für eine endlos anmutende Sammlung von Andenken, Nippes und Stehrümchen aus vergangenen Zeiten. Auch für Gegenwart und Zukunft sollte noch Platz sein. Beschränken Sie sich daher bei der Dekoration auf circa 10 % der Fläche.

Welche Erinnerungsstücke und Dekoartikel sind Ihnen wirklich wichtig? Schauen Sie regelmäßig, mindestens ein- oder zweimal im Jahr, die angesammelten Deko- und Erinnerungsstücke in Ihrem Wohnzimmer an. Im Laufe der Zeit relativiert sich die Bedeutung vieler Dinge und die Wertschätzung, die wir ihnen beimessen. Konzentrieren Sie sich auf die Ihnen wirklich wichtigen Deko-Gegenstände und reduzieren Sie alle anderen.

Lassen Sie sich nicht von vermeintlich wohlmeinenden Schenkern drängen, alle Dekogeschenke auch ausstellen zu müssen. Weisen Sie jene besser auf sinnvolle Geschenkalternativen hin. Geschenke, die sich im Laufe der Zeit verbrauchen, sind in solchen Fällen die bessere Wahl. Lassen Sie sich daher beispielsweise ausgewählte Produkte zur Körperpflege oder auch besondere Lebensmittel schenken. Auch gemeinsame Erlebnisse und Ausflüge sind eine prima Alternative für die abgestaubte Geschenkesammlung in der Wohnzimmervitrine.

Reduzieren Sie Ihren Kabelsalat und entsorgen Sie defekte Kabel und Elektronik zeitnah. Welche undefinierbaren Kabel, Adapter und welches sonstige Zubehör lagern sonst noch in Ihren Schubladen, zu denen es nicht mehr die eigentlich dazugehörige Unterhaltungselektronik gibt?

Zeitschriften, die Sie in den letzten vier Wochen nicht gelesen haben, werden Sie vermutlich auch in den nächsten Wochen nicht anschauen. Entsorgen Sie sie daher. Sind Sie unsicher, ob das der richtige Schritt ist, geben Sie sich und den Zeitschriften eine 14-tägige Frist. Markieren Sie diese Zeitschriften mit dem entsprechenden Ablaufdatum. Alternativ schneiden Sie sich die noch interessanten Artikel aus der Zeitschrift heraus und legen einen Leseordner an. Beschränken Sie sich dann aber auf einen Leseordner. Ist dieser Leseordner voll, entsorgen Sie die ältesten Artikel darin, um Platz für Neues zu schaffen.
Durchforsten Sie regelmäßig Bücher, CDs, DVDs, Gesellschaftsspiele, Spielesammlungen und sonstige Dinge, die Sie in Wohnzimmerschränken und -regalen angesammelt haben. Was davon nutzen Sie nicht mehr? Auf was können Sie künftig gut verzichten?

Ort organisieren
Was liegt auf, neben, unter, hinter dem Sofa, was dort nicht hingehört? Reichen auch weniger Kissen und Decken? Schaffen Sie feste Orte für Fernbedienungen, Spielekonsolen, Tablet usw. Räumen Sie spätestens abends alles vom Sofatisch, was dort nicht hingehört, das heißt, bringen Sie das schmutzige Geschirr in die Küche, räumen Sie Zeitungen und Zeitschriften wieder zusammen oder entsorgen Sie diese, wenn sie ausgelesen sind. Chipstüten und Bonbonpapierchen sind ein Fall für den Mülleimer. Schauen Sie sich auch spätestens abends, bei Bedarf auch zu einer anderen Tageszeit um, welche Dinge sich nicht an ihrem Platz befinden.

Zeitaufwand minimieren
Sparen Sie unnötigen Zeitaufwand für das Aufräumen, indem Sie einmal genutzte, aber nun nicht mehr benötigte Dinge sofort wieder wegräumen. Das ausgelesene Buch kann wieder ins Bü-

cherregal. Die CD oder DVD können Sie ebenfalls direkt wieder an Ort und Stelle wegräumen. Spätestens abends ist es auch schnell erledigt, die Wolldecke auf dem Sofa zusammenzufalten. Der zeitliche Aufwand für solches Wegräumen ist minimal, wenn Sie dies sofort erledigen. Haben sich erst Chaos-Stapel gebildet, ist es ein mühsamer Weg, diese Stapel wieder zu beseitigen.

Mehr Übersicht im Schlafzimmer

Schlafzimmer sollten der Erholung und Entspannung dienen. Orientieren Sie sich daher beim Aufräumen auch daran, was Ihnen hilft, zu einem erholsamen Schlaf zu finden.

Menge reduzieren

- Schauen Sie sich daher als Erstes um, was sich alles in Ihrem Schlafzimmer in Ecken, unter dem Bett und sonst wo befindet, was Sie an Ihrer Erholung hindern könnte. Vielleicht ist nach dem Entrümpeln von Kleiderschrank, Flur, Küche, Dachboden oder Keller jetzt dort Platz für all die umherstehenden Dinge, die Sie im Schlafzimmer an der Erholung hindern könnten?
- Entrümpeln Sie regelmäßig Ihren „Klamottenstuhl". Verschmutzte Wäsche können Sie auch direkt in den Behälter für Schmutzwäsche beziehungsweise gleich in die Waschmaschine stecken. Nutzen Sie zum Auslüften der Kleidung Garderobenhaken an der Wand, eine Türgarderobe oder einen Kleiderwagen.
- Schauen Sie mindestens ein- oder zweimal im Jahr Ihre Schränke durch. Wie viel Garnituren Bettwäsche, Handtücher etc. nutzen Sie nicht mehr? Wenn Sie Sorgen haben, Sie könnten vielleicht zu viel dieser Dinge entsorgen, nutzen Sie die bewährte Methode, dass Sie diese Dinge in eine Kiste räu-

men und für circa ein halbes bis ein Jahr aufbewahren. Nach Ablauf dieser Frist wissen Sie, ob Sie die darin enthaltenen Dinge wieder hervorholen mussten. Wenn nicht, finden Sie sicher jemanden, der diese Dinge viel dringender als Sie selbst benötigt.

- Reduzieren Sie Ihre elektronischen Medien im Schlafzimmer, verzichten Sie so weit wie möglich darauf. Wir sind heute nahezu rund um die Uhr von Bildern, Tönen, Informationen und Unterhaltungsangeboten umgeben. Dies führt nicht selten zu einer völligen Reizüberflutung, die irgendwann auch einen erholsamen Schlaf verhindert. Abends noch etwas zu lesen oder sich einfach mal noch ein wenig zu unterhalten, ist auf Dauer erholsamer und gesünder, als wenn Sie bis zuletzt Fernsehen und Internet nutzen. Benötigen Sie das Smartphone als Wecker, dann stellen Sie das Smartphone nachts möglichst in den Flugzeugmodus.

Orte organisieren

- Was liegt auf, neben, unter dem Bett? Was kann weg? Welche Dinge gehören woandershin?
- Was liegt alles auf dem Nachttisch, was dort nicht hingehört?
- Halten Sie den Fußboden frei! Es kann äußerst unangenehm sein, beim Aufstehen als Erstes barfuß auf Stecker oder Kabel zu treten oder auf der herumliegenden Kleidung auszurutschen.
- Achten Sie auf gute Abdunklungsmöglichkeiten im Schlafzimmer. Zu viel Licht verhindert guten Schlaf. Statt in die 10. Jeans oder das 20. T-Shirt investieren Sie lieber in gute Rollos oder Vorhänge.

Zeiten sinnvoll gestalten

- Gerade im Schlafzimmer können Sie in recht kurzer Zeit eine

brauchbare Ordnung herstellen. Befreien Sie den Fußboden regelmäßig von Dingen, machen Sie das Bett und räumen Sie die herumliegenden Dinge kurz an ihren Platz. So haben Sie schnell eine gute Grundordnung.
- Wenn Sie in einer Beziehung leben, berücksichtigen Sie besonders die unterschiedlichen Biorhythmen ihres Partners/ihrer Partnerin, Arbeitszeiten, Schichtdienste usw. ... Ist das Schlafzimmer gleichzeitig Bügelzimmer oder Arbeitsraum, so kommt es fast unausweichlich zu Problemen. Überprüfen Sie immer mögliche Alternativen und passende Zeiträume, wann und wie Sie den Schlafraum nutzen, wann Sie ihn aufräumen oder wann auch besser nicht.

Mehr Übersicht im Kinderzimmer

Je jünger Kinder sind, desto weniger können sie mit unseren Ordnungssystemen etwas anfangen. Denn Kinder wollen die Welt entdecken, sie erkunden und sich ausprobieren. Nach welchen Kriterien wir Ordnung schaffen möchten, erschließt sich nicht so eben von alleine, da Kinder das Kategorisieren von Dingen erst nach und nach erlernen. Kinder benötigen daher die Unterstützung und das Vorbild von uns Erwachsenen.

Achten Sie besonders auf die Entwicklungsphase, in der das Kind beginnt, Sie nachzuahmen, und Ihnen bei allen möglichen Dingen helfen will. In dieser Zeit können Sie gut einige Aufräumspiele erfinden und das Aufräumenlernen spielerisch gestalten. Planen Sie hierfür die nötige Zeit und starke Nerven ein. Erwarten Sie keine Weltwunder. Es ist ganz normal, dass vieles lange dauert und dann noch lange nicht nach Ihren Vorstellungen aufgeräumt ist. Erlebt das Kind dieses erste Aufräumen durchgängig als Negativerlebnis, Drama oder unwichtiges Ereignis, ist ihm schnell der Sinn für das Aufräumen vergangen. Entsprechend schwieriger gestaltet sich die Zeit danach.

Erwarten Sie von Ihrem Kind nichts, was Sie nicht auch selbst vorleben! Erziehung besteht vorrangig und zuerst aus dem gelebten Beispiel der Eltern. Das, was Sie als Eltern an Durcheinander, Chaos und Übersichtlichkeit produzieren, und alles, was Sie an Verhaltensweisen zeigen, wird Ihr Kind zunächst für richtig empfinden und übernehmen.

Nachfolgend nun einige Beispiele, wie das Aufräumen im Kinderzimmer einfacher und stressfreier gestaltet werden kann:

Das richtige Maß finden
Als Sozialpädagogin habe ich in meinem Berufsleben schon viele und ganz unterschiedliche Kinderzimmer gesehen. Als die beiden Problemklassiker heutiger Kinderzimmer habe ich durchgängig eine zu große Auswahl an Spielzeug sowie Kleiderschränke mit zu viel unpassender Kleidung ausgemacht. Ist ein Kinderzimmer fast immer chaotisch, findet sich immer eines dieser beiden Probleme oder auch beide gleichzeitig wieder.
Alle Lebensbereiche und Entwicklungsphasen von Kindern zu berücksichtigen, würde an dieser Stelle zu weit führen. Aber der wichtigste ganz allgemeine Aufräumtipp fürs Kinderzimmer ist: Achten Sie auf die richtige Menge und das passende Maß. Natürlich ist dies je nach Alter und Entwicklungsphase immer ein wenig unterschiedlich, immer aber geht es um das passende Maß und nicht um Masse.

Menge des Spielzeuges
- Überfordern Sie Ihr Kind nicht mit einer zu großen Auswahl

an Spielzeug. Viele Spielzeuge führen nicht dazu, dass sich Ihr Kind auch ausdauernd damit beschäftigt. Im Gegenteil: Je jünger Kinder sind, desto mehr sind sie mit einer zu großen Auswahl an Spielzeugen überfordert.

- Alle Spielzeuge, die unvollständig und defekt sind, können Sie regelmäßig aussortieren. Spielzeug, für das das Kind zu groß geworden ist, kann verschenkt, gespendet oder verkauft werden.
- Schenken Sie ausgewähltes Spielzeug, welches das Kind vielfältig benutzen kann. Das 50. Spielzeugauto und die 20. Puppe sind einfach nur langweilig. Die Freude darüber überdauert kaum einen Tag. Kann beispielsweise aus den vorhandenen Bausteinen nur ein ganz bestimmtes Auto oder Haus gebaut werden, mag dies vielleicht eine Herausforderung für ältere Kinder oder Jugendliche sein, aber für kleinere Kinder ist es eine Überforderung und wird zudem schnell langweilig.
- Spielzeug sollte vielfältig nutzbar sein und Spielfreude sowie Fantasie und Kreativität anregen. Bei Kindern im Vorschulalter können Sie sich insbesondere im Kindergarten inspirieren und informieren lassen. Schlagen Sie doch mal einen Elternabend zu diesem Thema vor. Ich bin davon überzeugt, die Erzieherinnen werden Ihnen eine Fülle einfacher Tipps geben können.

Menge der Kleidung

- Auch die Kleiderschränke von Kindern sollten nicht vor lauter Kram überfluten. Meistens führt dies dazu, dass entweder ständig der ganze Kleiderschrank durchwühlt und ausgeräumt wird oder das Kind immer dieselben Kleidungsstücke anzieht und unter Umständen einen „wilden Tanz“ aufführt, wenn diese Kleidungsstücke dann einmal gewaschen werden müssen.

- Kinder wachsen schnell. Schauen Sie regelmäßig die Kleidung durch, was davon überhaupt noch die richtige Größe hat.
- Was unwiderruflich kaputt ist, kann entsorgt werden.
- Wie oft waschen Sie und wie viel Kleidung benötigt Ihr Kind wirklich? Wenn Sie beispielsweise zwei Mal in der Woche waschen, Ihr Kind aber Kleidung besitzt, mit der man locker sechs Wochen lang auskommen könnte, ohne dass Sie auch nur ein einziges Mal die Waschmaschine anwerfen müssen, dann deutet dies darauf hin, dass mehr als nötig vorhanden ist.

Orte organisieren

Spielzeuge

- Schaffen Sie feste Orte für das Spielzeug.
- Berücksichtigen Sie, dass es einfacher für ein Kind ist, eine Kiste wieder einzuräumen, als pedantisch Kleinteile in ein Regal wieder genau einsortieren zu müssen.
- Je älter die Kinder werden, desto mehr können sie in die Überlegungen zum Aufräumen und Einsortieren miteinbezogen werden und irgendwann selbst entscheiden.

Schulsachen

- Bestimmen Sie feste Orte für alle Dinge, die mit der Schule zusammenhängen. Dies sind ein Schreibtisch mit passendem Stuhl sowie ein Regal oder Schrank für die Utensilien, die für die Schule nötig sind.
- Sofern der Platz reicht, sollte sich auf dem Schreibtisch wirklich nur das befinden, was für die Schule und Hausaufgaben nötig ist. Ohne Ablenkung lernt es sich besser.
- Der Schulranzen sollte während der Schulzeit täglich aufgeräumt und sortiert werden. Arbeitsblätter abheften, Stifte ins Etui, Butterbrotdosen ausräumen usw. Allein durch dieses

tägliche Aufräumen des Schulranzens können Sie den Stress mit Lehrern, Schule und Kind deutlich reduzieren.

Kleidung
- Schaffen Sie im Kleiderschrank und in der Kommode feste Orte für die unterschiedlichen Kleidungsstücke.
- Achten Sie auch hier darauf, dass Schränke und Kommoden nicht vollgestopft werden und sich die einzelnen Kleidungsstücke gut ein- und wieder aufräumen lassen.

Zeiten festlegen
- Vereinbaren Sie feste Zeiten fürs Aufräumen. Erinnern Sie Ihre Kinder vorher noch mal. Es ist schwer, ein Spiel mittendrin einfach abzubrechen. Älteren Kindern können Sie eine Uhrzeit nennen, jüngeren Kindern helfen einfachere Angaben wie „wenn die nächste Memory-Runde zu Ende ist“ oder: „Ich trinke noch meinen Tee zu Ende, danach räumen wir zusammen auf.“
- Achten Sie wirklich genau darauf, was Ihr Kind tatsächlich alleine bewältigen kann. Vermeiden Sie gerade bei jüngeren Kindern allgemeine Aussagen, wie „Räum jetzt mal auf“, sondern werden Sie im Bedarfsfall konkret, also zum Beispiel die Bücher in das Bücherregal, die Bausteine in die Bausteinkiste usw. ...
  Ihr Kind ist selbstverständlich sehr viel motivierter, wenn solche Aufräum-Aufforderungen von Ihnen nicht wie von einem „Feldmarschall“ klingen, sondern freundlich, aber konkret – mit der nötigen Unterstützung und dem berechtigten Lob, wenn es geklappt hat.
- Wenn Sie auf regelmäßige, wiederkehrende Aufräumzeiten achten, werden diese irgendwann zur Aufräumgewohnheit, über die dann nicht täglich neu verhandelt werden muss.

Mehr Übersicht im Badezimmer

Menge reduzieren

- Ordnung im Badezimmer lässt sich am einfachsten herstellen, indem genau überprüft wird, welche Produkte sich dort befinden und in welcher Menge. Wie viel unterschiedliche Shampoos, Duschgels, Körperlotionen sind bei Ihnen derzeit im Einsatz? Wie viele dieser Körperpflegeprodukte haben Sie unter Umständen noch gar nicht genutzt? Eine zugegeben etwas längerfristige, aber effektive Aufräummethode ist es, erst mal nacheinander alle vorhandenen Produkte zu verbrauchen.
  Kaufen Sie frühestens dann etwas Neues, wenn Sie bei der letzten vorhandenen Shampooflasche, dem letzten Duschgel etc. angelangt sind. Sie erreichen so den simplen Effekt, dass Dinge, die nicht mehr unnötig herumstehen, dann auch nicht aufgeräumt werden müssen.
- Schauen Sie einmal genau nach, welche Dinge vielleicht inzwischen nicht mehr verwendbar sind. Stumpfe Rasierklingen müssen ebenso wenig aufbewahrt werden wie unbrauchbar gewordene Kosmetika. Haben Sie ein Sammelsurium von stumpfen Scheren oder Haarbürsten, die ihre beste Zeit hinter sich haben, dann prüfen Sie, ob sich die Scheren noch schleifen und die Haarbürsten reinigen lassen. Ist dies nicht möglich, so müssen solche Dinge auch nicht weiter aufbewahrt werden.
- Welche Dinge haben Sie vielleicht doppelt, dreifach und mehrfach, obwohl es völlig ausreichen würde, wenn Sie jeweils nur ein Teil davon hätten? Auch solche überflüssigen Dinge sorgen für schnelles Durcheinander und dafür, dass Sie diese immer wieder unnötig von rechts nach links und wieder zurück räumen müssen.

Orte organisieren

- Badezimmer haben von Natur aus die Eigenschaft, dass es dort öfter feucht ist. Das bedeutet auch, dass alle Dinge, die Sie offen dort stehen haben, ebenfalls feucht werden können. Wollen Sie sich das Leben vereinfachen, so gewährleisten Sie, dass Sie möglichst viele Utensilien in verschlossenen Schränken und Behältern aufbewahren. Ist das Badezimmer klein, so können Sie überlegen, ob Vorräte auch anderswo untergebracht werden können.
- Nutzen Sie auch im Badezimmer die Möglichkeit, die Kleinteile effektiv zu organisieren, indem Sie diese in passenderen Behältern aufbewahren. Liegen Dinge wie Nagelscheren, Pinzetten, Haarklammern, Haargummis usw. jeweils einzeln herum, ist es natürlich sehr viel mehr Aufwand, diese wieder aufzuräumen und jedes Teil einzeln hochzuheben, um darunter zu putzen, als wenn Sie diese in passenden, verschließbaren Behältern aufbewahren.

Zeiten für das Putzen reduzieren

- Wenn Sie die Anzahl der vorhandenen Dinge im Badezimmer bereits reduziert und damit optimiert und dann darauf geachtet haben, dass insbesondere Kleinteile effektiv untergebracht sind, haben Sie schon etliche Zeit für das Aufräumen eingespart und Ihr Badezimmer sieht fast von alleine viel aufgeräumter aus.
- Wollen Sie neben einfachem Aufräumen auch noch den Aufwand für das Putzen reduzieren, dann versuchen Sie es einmal mit Mini-Putzroutinen. Damit meine ich natürlich nicht, dass Sie nicht mehr gründlich sauber machen sollen, sondern dass Sie täglich kurz die Oberflächen von Waschbecken, Dusche etc. abwischen. Entfernen Sie kurz die Wassertropfen, erspart Ihnen dies einige aufwendige und langatmige Putzak-

tionen, um die Verkalkungen wieder zu entfernen. Solche Mini-Putzroutinen sind eine Sache von nur sehr wenigen Minuten. Das Badezimmer sieht aber so viel gepflegter aus und der Wochenputz ist deutlich schneller erledigt.

Mehr Übersicht im Flur

Menge reduzieren

Der Flur ist der ideale Ort, wo sich gerne und oft irgendein Zeug ansammelt. Jacken, Mäntel, Schuhe, das Sportzeug, die Einkaufstaschen, Schulranzen und vieles mehr werden erst mal irgendwie im Flur abgestellt und binnen kurzer Zeit herrscht dort das Chaos. Daher ist auch hier die Grundregel, erst mal alles zu entfernen, was dort nicht hingehört:

- Welche Jacken und Mäntel hängen dort gewohnheitsmäßig, die defekt sind oder nicht mehr passen?
- Haben Sie einen Aufbewahrungsort für Winterjacken, Mützen und Schals im Sommer? Könnten die Sonnenkappe und die Badeschlappen im Winter nicht auch anderswo aufbewahrt werden?
- Hängen Sie nur die Bekleidung an die Garderobe, die Sie aktuell auch tatsächlich regelmäßig tragen. Schaffen Sie für die anderen, selten genutzten Kleidungsstücke Platz im Kleiderschrank.
- Welche Schuhe passen nicht mehr oder werden seit Monaten nicht mehr getragen und könnten daher entsorgt werden?
- Was befindet sich noch im Flur, was einfach zu viel ist?

Orte organisieren

- Schaffen Sie auch im Flur feste Orte für die Dinge. Wohin genau gehören Kleidung, Schuhe, Taschen?

- Nutzen Sie im Flur die Kleinteilorganisation insbesondere für Mützen, Schals, Handschuhe, Schlüssel. Schauen Sie, in welchen Kisten, Behältern oder Schubladen diese Dinge aufbewahrt werden können.
- Schaffen Sie einen festen Platz für die Schlüssel. Dies erspart morgendlichen Stress beim Suchen.

Aufräumzeiten reduzieren

- Den Aufwand für das Aufräumen reduzieren Sie am einfachsten durch fest zugewiesene Orte für die Dinge.
- Achten Sie auch in diesem Bereich auf einfache und wenig zeitaufwendige Aufräumgewohnheiten. Es dauert nicht lange, die Jacke kurz richtig an die Garderobe zu hängen und die Schuhe ordentlich hinzustellen. Auch Kinder können dies lernen, wenn die Erwachsenen ihnen dies entsprechend auch vorleben.

Mehr Übersicht auf dem Schreibtisch und im Büro

Menge reduzieren

- Entsorgen Sie regelmäßig alles, was defekt ist oder in den Müll gehört. Testen Sie mindestens ein oder zwei Mal im Jahr all Ihre Stifte. Welche davon funktionieren überhaupt noch? Radiergummi-Stummel, die nur noch das Papier verschmieren, nicht mehr funktionierende Locher und Klammeraffen können ebenfalls entsorgt werden. Druckerpatronen von Druckern, unbenötigte Kabel von Geräten, die Sie überhaupt nicht mehr besitzen, sind ebenfalls überflüssig und können verkauft oder verschenkt werden. Prüfen Sie wirklich jedes einzelne Teil auf Ihrem Schreibtisch beziehungsweise in Ihrem Büro, ob es noch funktioniert und verwendet wird.

- Entsorgen Sie regelmäßig alle Werbeprospekte, nicht mehr benötigte Notizzettel, ungelesene Zeitschriften und was immer sich an weiteren unnötigen Papieren auf dem Schreibtisch und in Büroschubladen beziehungsweise Aktenschränken finden lässt.
- Nicht mehr benötigte Papiere und Unterlagen: Gehen Sie Ihre Unterlagen durch, welche davon längst entsorgt werden können. Hierzu gehören beispielsweise Bedienungsanleitungen von Geräten, die Sie längst entsorgt haben. Rechnungen und Belege von Anschaffungen können Sie nach Ablauf der Garantie beziehungsweise Gewährleistung danach durchsuchen, ob und welche davon entsorgt werden können.
- Der Schreibtisch sollte kein Sammelort für Kaffeetassen, Pizzaschachteln, Bonbonpapierchen sein.
- Haben Sie bereits ein gut funktionierendes Ablagesystem, so heften Sie alle Unterlagen ab, bei denen Sie nichts mehr tun müssen, die aber aufbewahrt werden müssen. Ist dieses Ablagesystem noch nicht geschaffen oder soll es noch überarbeitet werden, so legen Sie alle diese Unterlagen einfach erst mal in eine Kiste mit der Beschriftung „abheften“.

Weniger ist mehr – Qualität statt Quantität

- Achten Sie beim Reduzieren Ihres Bürobedarfes darauf, dass Sie die Dinge behalten und weiternutzen, die auch wirklich gut funktionieren. Bei Neuanschaffungen entscheiden Sie sich lieber für wenige Dinge von guter Qualität als für das Horten schlecht funktionierender Massenware. Lieber zwei oder drei Lieblingskugelschreiber als eine Sammlung von schlecht funktionierendem Kugelschreiber-Müll.
- Statt der endlosen Notizzettel, die sich überall auf Ihrem Schreibtisch verteilen, können Sie besser ein einziges Notizbuch nutzen. Alles, was irgendwie kurz vermerkt werden

muss, was noch zu erledigen ist, kann hier notiert werden. Wenn etwas davon unwichtig geworden ist, streichen Sie es einfach durch. Natürlich können Sie dieses Notizbuch nach Lust und Laune schön gestalten und Ihre Einträge systematisch und nach einem bestimmten Schema vornehmen. Manche Notizbücher haben hierfür farbliche Unterteilungen oder sogar vorgegebene Rubriken. Dies ist letztlich eine Frage der persönlichen Vorlieben. Fügen Sie im Bedarfsfall ein Datum hinzu und streichen Sie alles durch, was erledigt oder nicht mehr nötig ist. Lediglich bei allem, wo Sie eine besondere zeitliche Frist beachten müssen, ist es wichtig, dies besonders zu kennzeichnen oder dies ergänzend als Termin in den Kalender einzutragen. Wer mag, kann dafür natürlich auch eine der vielen verfügbaren Apps auf dem Smartphone nutzen.

Orte organisieren

Erschaffen Sie sich ein einfaches, aber effektives Ablagesystem. Ordnen Sie zunächst die herumliegenden Unterlagen in Kategorien:

Abheften:

- Unterlagen, bezüglich derer Sie nichts mehr erledigen müssen, die aber aufbewahrt werden sollen. Hierzu gehören beispielsweise Rechnungen, Garantien, Versicherungsunterlagen usw. Ob Sie Ihre Unterlagen in klassischen Ordnern oder Hängeregistern unterbringen wollen, ist eine Frage des persönlichen Geschmacks. Beide Varianten haben Vor- und Nachteile.
- Entscheidend ist die Einordnung der Unterlagen nach Sachthemen, wie zum Beispiel Versicherung, Arbeit/Beruf, Bank, steuerrelevante Unterlagen, Unterlagen zu laufenden Verträgen (Handy, Internet, Strom, Vereinsbeiträge usw.).
- Lassen Sie genügend Platz in den einzelnen Ordnern. Es gibt zahlreiche und gut funktionierende Trennregister, die Ihnen

helfen, die entsprechenden Unterlagen schnell wiederzufinden. Hängeregister müssen nur befüllt und beschriftet werden. Füllen Sie Ordner und Hängeregister zu maximal 70 oder 80 %. Ansonsten dauert es nicht lange, bis Sie wieder alles neu organisieren und abheften müssen.
- Verwenden Sie Stehsammler für Unterlagen, die wegen der Größe oder Dicke nicht in normale Ordner oder Hängeregister passen.

Erledigen:
In diese Kategorie gehören alle Dinge und Unterlagen, in Hinblick auf die Sie noch etwas tun müssen, wie beispielsweise eine Rechnung bezahlen usw.
- Ordnen Sie Unterlagen nach Priorität und kümmern Sie sich um Dringendes möglichst zeitnah.
- Kümmern Sie sich um diese Ablage regelmäßig, mindestens einmal in der Woche, und achten Sie darauf, dass diese Ablage so reduziert wie möglich ist.

Orte für den „Kleinkram“:
Gerade für die vielen Kleinteile, die sich auf Schreibtisch und im Büro so ansammeln, können Sie einfache Ordnungssysteme schaffen, indem Sie grundsätzlich für alle Kleinteile wie Büroklammern, Radiergummi usw. entsprechend passende Schachteln, Boxen oder Behälter verwenden. Im Bedarfsfall reicht auch ein passendes leeres Schraubglas. Haben Sie keinen festen Schreibtisch, sondern nutzen einfach Ihren Esstisch für die gelegentlichen Büroarbeiten, so können Sie auch einfach eine Box zusammenstellen, in der sich die wichtigsten Büromaterialien befinden, die sonst üblicherweise auf dem Schreibtisch stehen. Diese Box verstauen Sie dann in einem Schrank oder einer Schublade und holen sie nur dann hervor, wenn Sie die Dinge

auch benötigen. Danach verschwindet die Box dann wieder. Der Vorteil besteht hier darin, dass Sie nicht einen Platz für den Radiergummi, einen Platz für die Büroklammern, einen Platz für Stifte, Schere usw. schaffen müssen. Ob diese letztlich überschaubare Anzahl von Dingen innerhalb dieser Box nun noch mal genauer sortiert und eingeordnet ist oder ob Sie jene einfach hineinpacken, ist letztlich egal. Alles ist an einem Ort, alles kommt in diese Box – und fertig ist Ihre einfache und simple Büroordnung für zu Hause.

Zeitaufwand reduzieren:

- Die bereits erwähnte 2-Minuten-Regel lässt sich ganz besonders bei der Erledigung der Büroarbeit nutzen. Alles, was in maximal zwei Minuten zu erledigen ist, wird sofort erledigt. Sehr einfach ist dies insbesondere bei eingehenden Briefen und Unterlagen, die einfach nur abgeheftet werden müssen. Ist beispielsweise die Kündigungsbestätigung von Handyvertrag oder Versicherung endlich eingegangen, so muss sie einfach nur abgeheftet werden und vielleicht noch ein eventuell zu berücksichtigender Termin in den Kalender eingetragen werden, wie der Abschluss einer neuen Versicherung oder das Besorgen einer Handykarte oder ein neuer Handyvertrag. Der Aufwand, einen einmal benutzten Ordner oder ein Buch wieder in den Schrank zurückzustellen, anstatt den Gegenstand auf dem Schreibtisch liegen zu lassen, ist ebenfalls gering. Probieren geht bekanntlich über Studieren. Probieren Sie die 2-Minuten-Regel einfach einmal einige Zeit aus. Der Aufwand ist manchmal ein wenig lästig, aber zeitlich wirklich minimal, das Ergebnis aber maximal.
- Die Ablage zeitlich befristen: Gewöhnen Sie sich an, alles, was nicht mit der 2-Minuten-Regel zu erledigen ist, zeitlich zu befristen. Am einfachsten gelingt Ihnen dies, indem Sie sich

feste Termine und Fristen setzen und diese zur Gewohnheit werden lassen. Hier einige Beispiele für mögliche Büro-Aufräumarbeiten. Probieren Sie aus, welche Zeiten für Sie am besten passen oder ob Ihnen noch ganz andere Varianten einfallen:

→ Nutzen Sie regelmäßig den Freitag. Als letzter Akt vor dem nahenden Wochenende wird noch die Ablage abgearbeitet. Danach ist endlich frei und Zeit zum Faulenzen, für Unternehmungen, Party, Ausflüge oder was immer Ihnen einfällt und Spaß macht. Irgendwann verbinden Sie mit der unangenehmen Ablage auch den darauffolgenden schönen Teil des beginnenden Wochenendes.
→ Nutzen Sie regelmäßig den Mittwoch. Wie der Name des Tages schon sagt, ist dies die Mitte der Woche. Genau in die Wochenmitte können Sie ebenfalls Ihren Aufräumtermin legen. Ist alles abgearbeitet, ist danach sozusagen Bergfest. Arbeiten Sie aber Ihre Ablage nicht einfach nur ab, sondern genießen Sie anschließend die nun frei gewordene Fläche und dass Sie diesen Ablageberg nicht weiter vor sich herschieben müssen.
→ Ein anderer geeigneter Tag kann der Montag sein. Ist es sehr unangenehm, die Ablage abzuarbeiten, haben Sie gleich zu Wochenbeginn einen ganz schwierigen Teil der Woche bewältigt. „Eat the frog first“ – Iss den Frosch zuerst (was bedeutet: Erledige den schwersten Brocken zu Beginn, dann ist das Schlimmste weg. Danach wird es einfacher). Sie können es nun genießen, die restliche Woche nicht mit dem alten, unerledigten Kram der Vorwoche zu beginnen.

Zwischenresümee: Die vier Grundpfeiler des Aufräumens

Aufräumen darf natürlich Spaß machen, es kann und darf Sie begeistern. Das muss es aber nicht. Es ist auch völlig in Ordnung, wenn Aufräumen für Sie einfach nur Mittel zum Zweck ist. Egal, ob Sie zu den begeisterten oder genervten Aufräumern gehören: Behalten Sie immer im Blick, dass das Aufräumen Ihr Leben erleichtern und verschönern soll. Aufräumen ist kein Selbstzweck. Es geht nicht um Pedanterie oder Perfektion. Orientieren Sie sich an Ihrem Bedarf und versuchen Sie, es sich leicht zu machen. Es sind letztlich nur die vier folgenden Grundpfeiler, an denen Sie sich orientieren können und die Ihnen ein einfaches und wirksames Aufräumen ermöglichen:

1. Entfernen Sie alles, was
- Müll ist
- sei einem Jahr nicht benutzt wurde
- mehrfach und zu viel vorhanden ist
- runterzieht, belastet, einengt

2. Behalten Sie alles, was
- nützlich ist
- regelmäßig in Gebrauch ist
- wirklich glücklich macht

3. Gruppieren Sie
- alle Dinge, die zusammengehören

4. Sortieren Sie
- alle Dinge, die zusammengehören, und bewahren Sie diese an einem festen Ort auf
- Kleinkram in Schachteln, Boxen
- nach Möglichkeit eher nebeneinander als übereinander oder hintereinander

Aufräumgewohnheiten ändern

Nichts scheint hartnäckiger zu sein als Gewohnheiten. Endlich zu Hause angekommen, fliegt die Jacke seit Jahren auf den Stuhl, anstatt dass Sie diese gleich an die Garderobe hängen. Die nicht mehr benötigte Kaffeetasse wird irgendwo in der Küche abgestellt, anstatt sie gleich in die Spülmaschine zu stellen oder kurz abzuspülen. Natürlich, so etwas ist Kleinkram. Aber schauen Sie sich einmal genau um, wie viel Arbeit solcher Kleinkram produziert. Der Zeitaufwand, um solchen Kleinkram gleich richtig aufzuräumen, ist minimal, trotzdem hängen wir oft an solchen Gewohnheiten fest. So sammeln sich diese vielen kleinen Minuten und unaufgeräumten Dinge an, bis sie sich schließlich zu einem aufwendigen Aufräumberg aufgetürmt haben. Genießen Sie lieber möglichst viel von Ihrem freien Wochenende, anstatt sich an diesen wertvollen freien Tagen mühsam durch all das Chaos zu wühlen, welches sich unter der Woche so angesammelt hat. Am einfachsten gelingt dies, indem Sie kleine Mini-Aufräumgewohnheiten in Ihrem Alltag schaffen. Solche Aufräumgewohnheiten gelingen Ihnen am besten durch ein „Weniger ist mehr“. Das bedeutet: Konzentrieren Sie sich immer zunächst nur auf einen einzelnen Bereich, in dem Sie eine kleine Aufräumgewohnheit einführen wollen, und bleiben Sie dann konsequent und hartnäckig dabei.

Übung

Schauen Sie sich noch einmal genau Ihre Alltagsabläufe an. Wo gibt es Bereiche, in denen Sie auf einfache Weise mehr Ordnung schaffen wollen? Suchen Sie sich einen Bereich aus, den Sie gerne verändern möchten. Orientieren Sie sich daran, was Ihnen gleichermaßen wichtig wie als erste Aufräumgewohnheit auch gut umsetzbar erscheint. Eine solche Aufräumgewohnheit kann beispielsweise sein, die Jacke sofort an die Garderobe zu hängen, anstatt Sie irgendwo über den Stuhl zu werfen. Oder Sie können das Ende eines Arbeitstages zum Aufräumen des Arbeitsplatzes nutzen, um auch innerlich den Arbeitstag bewusster abzuschließen.

Der Ablauf der Aufräumgewohnheit:

- *Notieren Sie sich, was Sie verändern möchten.*
- *Bleiben Sie bei dieser einzelnen Aufräumgewohnheit möglichst über mindestens vier Wochen am Ball. Üben Sie eine zweite Aufräumgewohnheit erst dann ein, wenn Ihnen die erste Aufräumgewohnheit dann wirklich zur Gewohnheit geworden ist und Sie diese kaum noch als aufwendig wahrnehmen.*
- *Spüren Sie im Verlauf dieser vier Wochen immer wieder nach, wie es Ihnen mit Ihrer Aufräumgewohnheit ergeht. Achten Sie hierbei insbesondere auf die Erleichterung und Entlastung durch diese Gewohnheiten und beobachten Sie, ob und welche Optimierungsmöglichkeiten es gibt.*

Irgendwann gehen Ihnen diese Abläufe so in Fleisch und Blut über, dass Sie erst gar nicht mehr darüber nachdenken und sich nicht extra aufraffen müssen. Schauen Sie sich daher immer wieder in Ihrem Zuhause um und gehen Sie auf die Suche, wo und was genau sich mit einfachen, aber effektiven Gewohnheiten ändern lässt.

Zeitfresser entrümpeln

Leider keine Zeit

„Leider keine Zeit.“ Wie oft hören wir diesen Satz und wie oft sagen wir ihn selbst? Und wie oft denken wir: „Wenn ich mal Zeit habe, dann …“ So verschieben wir dann Pläne, Gedanken, Träume auf irgendwann. Einen Grund, warum man irgendwas auf später verschiebt, gibt es immer. Erst mal Schule, Ausbildung, Studium beenden, einen Job finden, heiraten, Kinder bekommen, Haus bauen, Karriere machen, in Rente gehen …

Haben Sie umgekehrt einmal versucht, bewusst etwas *nicht* zu tun? Wie geht es Ihnen, wenn Sie vom letzten Wochenende berichten, dass Sie dort schlichtweg nichts gemacht haben und Ihre Zeit ganz ohne irgendwelche Pläne, Unternehmungen und Termine verbracht haben?

Übung

Beobachten Sie an sich selbst einmal in den nächsten zwei bis vier Wochen in Ihrem Alltag, wie oft Sie Wünsche, Bedürfnisse und Träume entdecken, die Sie zur Seite oder in die Zukunft verschieben.
In der Achtsamkeit spricht man oft davon, vom Tun-Modus in den Sein-Modus zu finden. Gibt es in Ihrem Leben Situationen, in denen es Ihnen gut gelingt, einfach mal abzuschalten, beispielsweise

einfach die Natur zu genießen, mit den Kindern zu spielen oder Löcher in die Luft zu gucken – einfach so, ohne Plan, ohne zielgerichteten Zweck? Machen Sie sich einige Notizen und schauen Sie einmal genauer hin: Was genau ist jeweils passiert? Was war wichtiger, dringlicher, als sich Zeit zu nehmen? Gibt es wiederkehrende Situationen, wo Sie Ihre wirklichen Bedürfnisse zwar spüren, aber diesen nicht nachgehen können? Wann ist es Ihnen gut gelungen, sich Zeit zu lassen oder Zeit zu nehmen?

Wir leben in einer Gesellschaft, die voll ist von vielen praktischen Zeithelfern. Um morgens Kaffee zu kochen, genügt der Druck auf den Knopf der Kaffeemaschine. Den Weg zum Bäcker sparen wir uns, weil wir die Brötchen nur kurz aus dem Tiefkühlschrank holen und aufbacken. Vorbei die Zeiten, in denen ein ganzer Waschtag eingelegt werden musste: Schmutzige Wäsche kommt einfach in die Waschmaschine und anschließend in den Trockner. Auch das Auto braucht nur eine kurze Fahrt in die nächste Waschanlage. Inzwischen können wir selbst das Staubsaugen einem entsprechenden Roboter überlassen.

Warum also um alles in der Welt ist die Zeit dann trotzdem oft so knapp? Wir hetzen durch den Tag, schaffen kaum unseren Terminkalender abzuarbeiten und fallen abends mit dem Gefühl ins Bett, doch wieder nicht alles geschafft zu haben. Wie können wir all das, was es privat und beruflich zu tun gibt, in einer offensichtlich begrenzten Zeit schaffen? Zeitknappheit grassiert und greift um sich wie ein Grippevirus.

Sehen wir einmal genauer hin, wo und warum die Zeit knapp ist, fällt auf, dass es beispielsweise nicht nur die Berufstätigkeit alleine ist. Viele Berufstätige pendeln und stehen oft zusätzlich vor und nach der Arbeit im Stau. Familien müssen oft noch die

Kinder aus dem Kindergarten oder der Schulbetreuung abholen, manchmal geht es für den Nachwuchs dann noch zur Musikschule oder zum Sporttraining. Einkäufe sind zu erledigen und der Haushalt ist auch noch nicht gemacht. Nach dem vielen Sitzen im Büro will man vielleicht noch was für die Bewegung tun und geht ins Fitnessstudio. Solche und ähnliche Dinge benötigen natürlich Zeit.

Typischerweise sind es oft gerade die besonders engagierten Menschen, die wirklich bei jedem Kindergartenflohmarkt dabei sind, im Verein zum x-ten Mal den Vorsitz übernehmen, zu grundsätzlich jeder Feier immer einen Kuchen mitbringen und bei der Party stundenlang am Grill stehen. Multibegabte Hobbybastler sind gern und viel gesehene Gäste, um beim Tapezieren oder Renovieren zu helfen, den alten Computer wieder ans Laufen zu bringen oder die Programme im Fernseher neu einzustellen. Wenn die Oma immer noch am besten kocht, ist sie vermutlich auch diejenige, die vor jeder Familienfeier stundenlang am Herd steht.

Ohne solche fantastischen Helfer würde vieles nicht laufen, aber auch ein solches Engagement braucht Zeit. Wenn Sie auch zu diesen engagierten Menschen gehören, dann achten Sie daher darauf, ob und wann Ihnen etwas zu viel wird. Gerade sehr engagierten Menschen fällt es oftmals schwer, sich auch einmal zurückzunehmen, versuchen Sie es trotzdem. Sie schaffen so mehr Freiräume für sich und geben anderen Menschen eher die Chance, selber aktiver zu werden.

Ein weiterer Zeitfresser ist die Welt der Medien. Computer, Smartphone und Internet bieten uns unendliche Möglichkeiten, die wir uns früher nie hätten träumen lassen. Ohne großen Aufwand können wir uns informieren, vernetzen und Kontakte zu

Menschen an ganz anderen Orten in der Welt pflegen. Aber Fernsehen, Filme, Smartphone und Computer nehmen uns auch sehr viel Zeit. Oft sind sie Zeitfresser erster Güte. Wenn Sie das Gefühl haben, keine Zeit zu haben, dann verbannen Sie doch mal für einige Tage möglichst viele Ihrer digitalen Unterhaltungsgeräte. Schauen Sie bei der Fahrt mit dem Zug einfach mal aus dem Fenster, hängen Sie Ihren Gedanken nach, anstatt sich ins Smartphone zu vertiefen.

Letztlich gibt es nicht mehr oder weniger Zeit. Zeit ist immer gleich. Eine Stunde hat 60 Minuten, ein Tag 24 Stunden. Zeitnot entsteht dann, wenn wir zu viele Tätigkeiten in einen bestimmten Zeitraum hineinquetschen wollen. Es ist daher wichtig, genauer in den Blick zu nehmen, was wir in der uns zur Verfügung stehenden Zeit tun und ob dies nur unseren Terminkalender füllt oder auch uns innerlich *er*füllt. Welche Aktivitäten und welche Zeitgestaltung lässt uns glücklicher werden?

Übung

Achten Sie einmal über den Zeitraum einer Woche auf Ihren Tagesablauf. Was genau packen Sie alles in Ihren Tag hinein?

- *Wie viele Termine haben Sie?*
- *Welche Termine haben Priorität?*
- *Welche Termine könnten Sie weglassen?*
- *Passt die Anzahl der Termine zu der Anzahl an zur Verfügung stehenden Stunden?*

Mehr Zeit und Raum für sich selbst

Wir können dem Tag nicht mehr Stunden hinzufügen, aber wir können planen, wie und mit was wir diese Stunden füllen. Anstatt zu versuchen, mit einem optimierten Zeitmanagement alles in einen Tag hineinzustopfen, räumen Sie auch in Ihrem Terminplaner auf.

Entrümpeln Sie Ihren Terminkalender

- Welche Aktivitäten müssen nicht sein?
- Achten Sie in Ihrem Tagesverlauf einmal auf Ihren privaten und beruflichen Terminkalender. Was davon ist wirklich nötig? Welche Termine und Aktivitäten könnten Sie weglassen?
- Planen Sie zeitlich großzügig und nicht zu eng. Wenn die Autobahn immer voll ist oder der Elternabend grundsätzlich länger als angekündigt: Planen Sie diese Zeiten mit ein und freuen Sie sich einfach, wenn Sie diese Zeit nicht benötigen. Gehen Sie dann spazieren, atmen Sie durch und genießen Sie diesen freien Zeitraum.

Reduzieren Sie mediale Ablenkungen

Insbesondere die ständigen Ablenkungen durch Medien sind zu einem großen Zeitfresser geworden. Wir sind nahezu immer und überall erreichbar, ständig gehen neue Benachrichtigungen auf dem Smartphone ein, über TV und Internet strömt eine Fülle von Informationen und Ablenkungen auf uns ein. Längst ist erwiesen, dass Multitasking nicht funktioniert, und die Geräte mögen digital sein, wir selbst und unsere Gehirne sind nun mal analog. „Entrümpeln“ und reduzieren Sie daher die vielen medialen Ablenkungen, um wieder mehr Zeit und Raum für sich selbst zu haben. Dazu einige Anregungen:

- Deaktivieren Sie in Ihrem Handy all die eingehenden Push-

Nachrichten. Schauen Sie stattdessen nur ganz gezielt zu ausgewählten Zeiten und dann, wenn Zeit und Raum da ist, aufs Handy.
- Gönnen Sie sich Offline-Zeiten. Schalten Sie das Internet aus, gehen Sie mal ohne Ihr Smartphone spazieren.
- Schalten Sie Ihr Diensthandy nach Feierabend aus!
- Müssen Sie für einige Personen (Kinder, pflegebedürftige Eltern ...) zwingend erreichbar sein, gibt es in Smartphones meistens einen „Nicht-stören-Modus" mit der Möglichkeit, dass nur ausgewählte Personen Sie zu gewissen Zeiten erreichen können, alle anderen nicht.
- Verbannen Sie den Fernseher mal einige Zeit auf den Dachboden oder in den Keller.
- Führen Sie insbesondere für Ihre Kinder, aber auch für sich selbst feste Internetzeiten ein. Bei manchen WLAN-Boxen lassen sich sogar Zeiten einprogrammieren. Anregungen für Eltern gibt es bei www.schau-hin.info/service/downloads

Setzen Sie Prioritäten
- Achten Sie einmal darauf, welche Termine und Aktivitäten Ihnen guttun und was Sie belastet oder gestresst hat.
- Können Sie sich erlauben, einmal nichts zu tun zu haben?
- Wie erleben Sie es, wenn Sie nicht alle Zeit verplanen?

Die Zeit achtsam gestalten

Wir neigen dazu, immer mehr zu wollen. Mehr Zeit gibt es aber nicht, die Anzahl der Stunden pro Tag variiert leider nicht. Manchmal macht uns das unzufrieden und wir fangen an, mehr Aktivitäten in diesen Tag hineinzuquetschen.
- Nehmen Sie bewusst wahr, wie es Ihnen mit Ihrer Zeit gerade ergeht und ob Sie besonders zufrieden oder unzufrieden sind.

- Hinterfragen Sie mal kritisch, was Sie durch Aktionismus und volle Terminkalender erreichen möchten.
- Monotasking: Üben Sie sich darin, wo immer es möglich ist, sich auf genau *eine* Aktivität zu konzentrieren. Beim Staubsaugen wirklich nur staubsaugen. Beim Teetrinken wirklich nur Tee trinken. Beim Spiel mit den Kindern wirklich nur mit den Kindern spielen – ohne auf das Handy zu schielen oder bereits den nächsten Tag zu planen.
- Genießen Sie die Augenblicke ungeplanter Zeit. Schon wieder eine rote Ampel oder der zweite Stau an diesem Tag: Gönnen Sie sich solche Momente als Achtsamkeitswecker: den Ärger wahrnehmen, beobachten, was dieser Ärger mit Ihnen macht und wie Sie einen Ausgleich schaffen können. Atmen Sie in solchen Situationen einmal ein und insbesondere wieder aus – schön lange und ruhig ausatmen. Nehmen Sie Ihre hochgezogenen Schultern wahr und lassen Sie diese wieder nach unten fallen.

Letztlich können wir nur eins nach dem anderen tun. Längst ist nachgewiesen, dass Multitasking nicht funktioniert. Alles, was wir haben, ist immer nur dieser eine Moment, dieser eine Augenblick in diesem unseren Leben. Sich die persönliche Zeit vollzustopfen, ist nichts anderes als ein vollgestopftes Zimmer: Irgendwann wird es zu eng, ungemütlich, dann fehlt uns die Luft zum Atmen.

Unser Leben ist oftmals völlig durchgetaktet. Wir bemerken dies schon oft gar nicht mehr. Daher ist es manchmal gar nicht so einfach, aber trotzdem wichtig, sich nur mal Zeit zu nehmen – ohne Plan, ohne To-do-Liste oder Zeitmanagement, ungeplant, einfach so. Vielleicht einfach mal auf Sofa oder Balkon faulenzen, dem Flackern der Kerze zuschauen, die vorüberziehenden

Wolken beobachten oder die Lieblingsmusik gleich zehnmal hintereinander hören – einfach mal so.

Auch für die Zeit gilt:
- Wann und wie viel ist genug?
- Wann ist der Punkt erreicht, wo zu viele Termine und Aktivitäten Sie eher belasten, als dass sie Ihnen guttun?
- Gibt es genügend Raum, um freie Zeiten zu genießen?

Übung

Der Offline-Tag

Suchen Sie sich einen Tag aus, an dem Sie einmal einen Tag – wenn es Ihnen sehr schwerfällt, einen halben Tag lang – bewusst digitalen Zeitfressern aus dem Weg gehen. Schalten Sie den Fernseher aus und verbannen Sie die Fernbedienung, deaktivieren Sie die ständigen Nachrichten auf Ihrem Smartphone, schalten Sie Ihr Internet ab. Wie ist nun das Erleben Ihrer jetzt zur Verfügung stehenden Zeit? Was geschieht jetzt mit Ihnen? Wie fühlen Sie sich in dieser freien Zeit? Können Sie eine solche Zeit genießen? Sind Sie unruhig, gelangweilt? Welche möglichen Konsequenzen könnte das Erleben dieses medienfreien Tages für Ihre künftige Zeitplanung haben?

Begegnungs- und Beziehungsräume gestalten

So schwierig es mitunter sein kann, die persönlichen Dinge zu entrümpeln und aufzuräumen, noch komplizierter ist es oftmals, sich dann auch noch mit den Menschen einig zu werden, mit denen man zusammenlebt, also Partner oder Partnerin, Familie oder auch WG-Mitbewohnern. Hierzu gehört die Klärung der Frage, welche gemeinsam genutzten Dinge Sie loswerden möchten. Darüber hinaus ist es auch von Bedeutung, einmal bewusst darauf zu achten, welche zwischenmenschlichen Beziehungen wohltuend oder auch nicht wohltuend für Sie sind.

Gemeinsame Dinge und die Dinge der anderen

Kümmern Sie sich zuerst um „Ihren Kram“

Man kann sich natürlich immer gut über die Unordnung der anderen Menschen und deren überflüssigen Kram aufregen, aber viel effektiver ist es, gerade beim Entrümpeln und Aufräumen zunächst konsequent bei sich selbst zu beginnen:

- Welche Dinge sind meine persönlichen Besitztümer?
- Wo in der ganzen Wohnung befinden sich diese?
- Was verwende nur ich?
- Welche meiner persönlichen Dinge stehen eigentlich nur herum und sind überflüssig?

Die Besitztümer der anderen

Auch in der engsten und liebevollsten Beziehung: Entsorgen Sie nicht eigenmächtig die Dinge der anderen. Über die Dinge, die von allen genutzt werden, sollte grundsätzlich gemeinsam entschieden werden. Kinder sollten Ihrem Alter und Entwicklungsstand an entsprechend Aufräumaktionen beteiligt werden.

Gemeinsame Besitztümer – Interessensbalance herstellen
Entscheiden Sie über gemeinsame Besitztümer grundsätzlich gemeinsam. Im Bedarfsfall können Sie sich auch darauf verständigen, erst mal auf Probe zu entrümpeln, also einige Dinge erst mal aus dem Blickfeld zu räumen (Keller, Dachboden ...) und nach einem vorher festgelegten Zeitraum zu überlegen, was damit werden soll.

Achten Sie auf eine Balance der Interessen. Stellen Sie sich als Gedankenhilfe vor, Sie und die anderen Mitbewohner (also Familie, Partner, WG-Mitglieder ...) stünden auf einem schwankenden Untergrund. Dieser schwankende Untergrund wird dann stabil, wenn Sie eine Balance herstellen. In diesem Fall eine Interessensbalance. Jede/r sollte die Möglichkeit haben, seine Individualität auszuleben, aber so, dass die anderen dazu dieselbe Möglichkeit haben. Achten Sie darauf, dass Sie immer wieder Interessensbalancen herstellen und machen Sie sich nichts vor: Es geht nicht ohne Kompromisse aller Mitbewohner.

Gemeinsamkeit und Individualität
Schaffen Sie Klarheit untereinander. Zusammen zu wohnen bedeutet immer auch, gemeinsame Regeln und auch Kompromisse zu finden. Setzen Sie sich daher zusammen und versuchen Sie gemeinsame Lösungen zu finden:

- Welche Dinge und Räume werden gemeinsam genutzt?
- Wie viele gemeinsam genutzte Gegenstände sind nötig?
- Auf welche gemeinsamen Dinge können wir verzichten?
- Welche Dinge können, dürfen und sollten sich in den gemeinsam genutzten Bereichen befinden und welche nicht?

Persönliche Bereiche und Rückzugsräume schaffen

Je mehr Personen zusammenwohnen, umso wichtiger ist es, dass auch persönliche Rückzugsräume geschaffen werden und die persönlichen Dinge einen bestimmten Ort haben. So kann verhindert werden, dass sich zum Beispiel die persönlichen Dinge einer einzelnen Person in der ganzen Wohnung verteilen, während kaum noch Raum für die Dinge von Partner/-in, Kindern oder WG-Mitgliedern bleibt.

Wenn sich in Ihrem Zuhause die Mengen der jeweiligen persönlichen Dinge gravierend voneinander unterscheiden, oder auch dann, wenn Kinder älter werden, ist es besonders wichtig, auf persönliche Bereiche zu achten. Bei ausreichend Platz können Sie persönliche, eigene Zimmer gestalten. Wenn nicht ganz so viel Platz vorhanden ist, kann dies jeweils auch ein Teil eines Raumes sein, wie der persönliche Arbeitsplatz oder die Hobby- oder Leseecke. Wohnzimmer sind in Wohnungen meistens die größten Räume. Daher könnten Sie hier auch überlegen, welcher Teil des Wohnzimmers von wem gestaltet wird. Sie können die Gestaltung auch nach Zimmern aufteilen: „Ich gestalte das Wohnzimmer, du das Schlafzimmer" (oder umgekehrt).

Ordnung halten mit Kindern

Wie ich in dem Kapitel „Ein aufgeräumtes Zuhause …" (Seite 62ff.) bereits geschrieben habe, lernen Kinder am besten durch das Vorbild der Erwachsenen. Konkret gesagt, durch das, was die Erwachsenen ihnen vorleben. Sie können beispielsweise kaum erwarten, dass Ihre Kinder aufräumen lernen, wenn Sie als Eltern selbst alles Mögliche liegen lassen. Allein durch Ermahnungen werden Sie daran nicht sonderlich viel ändern. Achten sie darüber hinaus darauf, dass Sie Ihre Kinder nicht mit Geschenken überschütten, also auf das richtige Maß. Meistens sind wir

Erwachsenen es, die so gerne die strahlenden Kinderaugen sehen, wenn die Geschenke ausgepackt werden. Der *eine* Lieblingsteddy ist aber letztlich für das Kind wichtiger als das dreißigte Stofftier im Regal. Achten Sie eher auf Qualität und auf das, womit sich Ihre Kinder wirklich beständig beschäftigen. Auch können Sie sich beim Beschenken mit Oma, Opa oder anderen Verwandten zusammentun. Besser ein passendes Spielzeug als ein Kinderzimmer voller überflüssigem Kram. Schenken Sie Ihren Kindern statt tausenderlei Dingen lieber Zeit, Aufmerksamkeit, gemeinsame Erlebnisse und Aktivitäten.

Grundsätzlich ist es völlig normal für die meisten Kinder, dass sie gerne Dinge sammeln. Diese persönlichen Besitztümer sollten dann aber im eigenen Zimmer aufbewahrt werden und sich nicht dauerhaft in der gesamten Wohnung verteilen. Je kleiner die Kinder, desto eher suchen und benötigen sie aber die Nähe der Erwachsenen. Daher wollen Kinder oft auch lieber in Küche oder Wohnzimmer als im eigenen Kinderzimmer spielen. Planen Sie dies bewusst in Ihre Alltagsgestaltung mit ein und schaffen Sie nachvollziehbare Klarheit, wie viele Dinge die Kinder in der Wohnung verteilen dürfen und wo es Grenzen gibt.

Wie geht es mir in der Beziehung mit anderen Menschen?

Angenehme und unangenehme Begegnungen und Beziehungen

Wo Menschen sind, „menschelt" es. Natürlich haben wir normalerweise am liebsten Friede, Freude, Sonnenschein. Leider gibt es aber auch in der Beziehung zueinander „Regentage". Das geht uns allen so, nicht nur mit Partner oder Partnerin, sondern auch mit den eigenen Kindern, Verwandten, Freunden, Nachbarn, Kollegen. Immer wieder kann es zu Konflikten, Streit, Missverständnissen, unterschiedlichen Interessen, Machtkämpfen, Neid oder Konkurrenz kommen, was das Miteinander schwierig werden lässt.

Hilfreich ist es, wenn Sie sich auch hier die Zeit und den Raum nehmen, um die unterschiedlichsten Begegnungen aufmerksam wahrzunehmen und zu versuchen, sich und das jeweilige Gegenüber achtsamer in den Blick zu nehmen. Achten Sie daher einmal auf die unterschiedlichen Begegnungen im Verlaufe eines Tages oder einer Woche und spüren Sie einmal genau hin, wie Sie die unterschiedlichen Begegnungen, Menschen und Situationen erleben, achten Sie auf Ihre eigenen Reaktionen, auf Ihre Befindlichkeit. Welche Situationen und Begegnungen erleben Sie als angenehm und welche als unangenehm? Welchen Anteil und Einfluss haben Sie selbst daran?

Achtsame Kommunikation – das Miteinander gestalten

Oft neigen wir dazu, in Gesprächen und erst recht in Diskussionen bereits über das eigene Gegenargument nachzudenken, während das Gegenüber noch spricht. Üben Sie sich daher sowohl in Ihrer Partnerschaft als auch generell im Zusammensein mit anderen Menschen in achtsamer Kommunikation:

- Es redet möglichst immer nur einer gleichzeitig.
- Üben Sie sich im aktiven Zuhören: Einander zuhören ist die Grundlage jeder Kommunikation. Wer nicht zuhört, führt Monologe. Eine Überprüfung des aktiven Zuhörens ist beispielsweise, sich beim Gegenüber zu vergewissern, ob man dessen Aussage auch wirklich richtig verstanden hat, indem man das Gesagte noch mal kurz zusammenfasst oder noch mal nachhakt, wie zum Beispiel: „Habe ich das richtig verstanden, dass ...?“

- Sprechen Sie, soweit möglich und zur Situation passend, über Ihr Befinden, Ihre Gefühle, Ihre Bedürfnisse. Kommunikation gelingt besser, wenn Ihr Gegenüber weiß, wie es Ihnen gerade geht.
- Sprechen Sie von sich, anstatt nur Vorhaltungen zu machen. Statt Vorwürfen und Vorhaltungen („Du räumst ja nie auf …"), sprechen Sie darüber, wie es Ihnen geht und wie Sie sich fühlen („Ich bin müde/ärgerlich/sauer, weil ich alles alleine aufgeräumt habe") und was Sie sich wünschen und erwarten („Ich möchte, dass wir eine gemeinsame Lösung und Regeln für das Aufräumen finden und ich dies nicht alles alleine machen muss").
- Formulieren Sie klare Erwartungen nicht als Frage. Wenn Sie beispielsweise erwarten, dass Ihr Kind endlich das Zimmer aufräumt, so formulieren Sie dies auch als unmissverständliche Aufforderung. Fragen wie: „Räumst du jetzt mal endlich dein Zimmer auf?" kann das Kind mit „Ja" oder „Nein" beantworten. Eigentlich wollten Sie das „Nein" aber gar nicht hören …
- Gönnen Sie Ihrem Gegenüber Zeit. Nicht nur für Sie selbst, auch für Ihr Gegenüber ist es hilfreich, wenn ein wenig Zeit und Raum zum Nachdenken und Nachspüren bleibt. Kindern gelingt das Aufräumen beispielsweise viel besser, wenn darauf mit einer gewissen zeitlichen Vorankündigung vorbereitet wird, also beispielsweise der Hinweis, wie lange noch Zeit zum Spielen bleibt, bis dann aufgeräumt werden muss.
- Versuchen Sie, wichtige Inhalte und Themen in einer ruhigen und eher entspannten Atmosphäre zu besprechen. In aufgeheizter Atmosphäre können Sie zwar Ihrem Ärger Luft machen, Lösungen lassen sich aber in solchen Situationen selten finden.
- Orientieren Sie sich an Lösungen, nicht daran, wer am meisten Recht, Macht und Einfluss hat.

Gelingende Beziehung zu sich und anderen

Denken Sie auch noch mal darüber nach, ob und welche neuen Impulse gut für Sie sind. Bringen Sie frischen Wind in Ihr Leben und in die Beziehung zu sich und anderen Menschen. Dies können besondere Aktivitäten, Erlebnisse oder Hobbys sein. Verändern Sie einige Ihrer Gewohnheiten und Tagesabläufe und horchen Sie achtsam in sich hinein, wie es Ihnen damit geht. Gerade für Eltern ist es wichtig, dass Sie immer mal wieder eine Möglichkeit und Zeiten für sich selbst schaffen, wo sie sich einfach erholen und Energie auftanken können. Suchen Sie sich daher jemanden, der mal einen Tag oder zumindest mal einen Abend lang auf die Kinder aufpassen kann, und erleben Sie sich einfach auch mal wieder nur als Paar.

Behalten Sie im Blick, dass sich Bedürfnisse, Beziehungen und Lebenssituationen verändern. Sie sind nie statisch. Was ist vielleicht anders geworden? Gibt es eine Möglichkeit, die Partnerschaft, Freundschaften und Begegnungen neu zu beleben, zu verändern? Oder ist es an der Zeit, Beziehungen auch wieder zu lockern oder sogar zu lösen?

Werden Sie sich darüber bewusst, welche Hoffnungen, Erwartungen und Vorstellungen Sie an sich und Ihre Mitmenschen haben. Welche dieser Hoffnungen und Erwartungen müssen Sie vielleicht loslassen? Wo erwarten Sie vielleicht zu wenig? Gibt es positive Entwicklungen und Perspektiven? Achten Sie immer wieder darauf, wie Sie Beziehungen und Begegnungen erleben und wie angenehm oder unangenehm Sie diese empfinden.

Übung

Zwischenmenschliche Beziehungen und Begegnungen erleben

Achten Sie im Verlauf einer Woche einmal auf angenehme und eher unangenehme Begegnungs- und Beziehungsmomente. Dies kann das Gespräch mit Partner oder Partnerin sein, der Ausflug mit der Freundin, der Smalltalk mit der Nachbarin oder das Pausengespräch am Arbeitsplatz. Welche dieser Begegnungen erleben Sie als angenehm und welche als unangenehm? Was genau ist angenehm für Sie und was genau erleben Sie unangenehm?

- *Wie sehe und höre ich von dieser/n Person/en?*
- *Wie erlebe und empfinde ich diese/n Person/en?*
- *Wie erlebe und empfinde ich mich dabei?*
- *Ist unsere Begegnung/Beziehung von Miteinander geprägt?*
- *Ist unsere Begegnung/Beziehung von Gegeneinander geprägt?*
- *Gibt oder raubt mir diese Begegnung/Beziehung Energie?*
- *Entsteht ein gegenseitiges Geben und Nehmen?*
- *Was ent- oder belastet mich?*
- *Welche Zukunft hat diese Begegnung/Beziehung? Möchte ich mehr, weniger oder sogar keinen Kontakt mehr?*

Machen Sie sich dazu abends einige Notizen und reflektieren Sie nach einer Woche, wie es Ihnen ergangen ist.

Achtsames Konsumieren

Mehr Platz in der Wohnung, mehr Raum für wohltuende Begegnungen – Ich hoffe, Sie haben sich dies in der Zwischenzeit schon ein wenig erarbeiten können. Oft ist es ein befreiendes Erlebnis, endlich wieder mehr Platz und Übersicht geschaffen zu haben. Doch irgendwann, wenn wir nicht genau aufpassen, finden wie durch Geisterhand und auf scheinbar geheimnisvolle Weise doch wieder zahlreiche T-Shirts, Hosen und Schuhe auf verschlungenen Pfaden ein Plätzchen im eigentlich entrümpelten Kleiderschrank. Und irgendwann stehen da die Einkaufstüten mit all den neuen Sachen drin und erneut drängt sich die Frage auf: Okay, wohin nun damit? Beim neuen Smartphone ist die Frage der Unterbringung leichter, es ist ja recht klein.

Aber dann sammeln sich da doch wieder diverse Handys zusammen mit den diversen Ladekabeln, Adaptern und was der moderne Mensch halt noch so in seiner Schublade hortet. Der Bücherfreund wird sehr schnell wieder zahlreiche spannende Literatur finden, die Musikliebhaber interessante Musik-CDs, während sich im Keller des Hobbybastlers irgendwann wieder zahlreiche Werkzeuge und Bastelzubehör bis unter die Decke stapeln.

Wir Menschen neigen dazu, leere Flächen und Räume wieder zu füllen. All die Schränke und Räume lassen sich ja so unglaublich schnell wieder mit vielerlei Dingen vollstopfen. Was außerdem tun mit der freien Zeit, die im nun frei geschaufelten Terminkalender als weiße Flächen erkennbar ist? Schnell finden Sie sich dann bei der nächsten Shoppingtour oder im Freizeitstress wieder und irgendwann ist es dann doch wieder chaotisch und unübersichtlich.

Sehr schnell kann die Freude über ein neu erworbenes Produkt dann wieder verblassen und vielleicht macht sich irgendwann ein Gefühl der Unzufriedenheit breit oder aber es bleibt der schale Nachgeschmack nach einer – möglicherweise unsinnigen – Shoppingtour. Die Gedanken kreisen dann darum, ob das neue Smartphone wirklich so viel besser ist als das alte Gerät und wann der größer werdende Stapel ungelesener Bücher eigentlich gelesen werden soll. Sie können dies verdrängen, eine neue Entrümpelungsaktion starten oder aber sich fragen, was das soll. Warum passiert so etwas immer wieder? Es gibt viele Situationen, wo es schwierig ist, und manchmal scheint es fast unmöglich, nicht wieder dem Kaufrausch zu erliegen. Da nützen dann die vielen guten Vorsätze und vorherigen strategischen Überlegungen mitunter auch nicht mehr viel. Ehe Sie sich versehen, landet wieder dieses und jenes Ding im Einkaufswagen und irgendwann ist die vielleicht gerade entrümpelte Wohnung doch wieder mit all diesen Dingen vollgestellt und zugerümpelt.

Zurümpeln – warum passiert das so oft?

Wie ich bereits erwähnte, neigen wir Menschen dazu, freie Flächen wieder zu befüllen, und auch der uralte Überlebenstrieb in uns, der für unsere Vorfahren existenziell war, fordert uns auf, uns mit vielerlei Dingen unser Überleben zu sichern. Nun leben wir aber in einer Gesellschaft, in der es eigentlich mehr als genug gibt. Inzwischen sind sogar schon externe Lagerhallen entstanden, die keinem anderen Zweck dienen, als dass auch wir normalen Privatpersonen all unsere Dinge dort unterstellen können, die wir nicht mehr in die Wohnung bekommen. Und immer wieder gibt es neuen Nachschub. Kaum ist ein neues Handymodell auf dem Markt, ist es bald schon wieder veraltet. In der Bekleidungsmode macht der Begriff „Fast Fashion“ die Runde.

Schnelle Mode wird auf den Markt geworfen mit dem einzigen Ziel, schon bald von der nächsten Modewelle abgelöst zu werden. Billige Wegwerfkleidung soll zum Kaufen animieren. Teilweise sind die Kleidungsstücke so schlecht verarbeitet, dass sie schon nach wenigen Wäschen nur noch in den Müll geworfen werden können. Im Supermarkt sind wir mit einer endlosen Auswahl an Joghurts und Kaffeesorten konfrontiert. Das Gemüse ist oft so eingepackt und eingeschweißt, dass wir manchmal kaum die Chance haben, einfach nur mal einen oder zwei Äpfel zu kaufen, sondern gleich einen Sechser-Pack. Wir haben also definitiv keinen Notstand an zu wenig Dingen, sondern eher schon fast einen Notstand an zu vielen Dingen. Wir sind konfrontiert mit einer Überfülle von Angeboten und Auswahlmöglichkeiten.

Neben der Fülle der vorhandenen Dinge kommt ergänzend die Bewerbung und Präsentation dieser Dinge hinzu. Ganze Berufszweige wie Marketingstrategen und Werbepsychologen arbeiten intensiv daran, uns all die schönen Dinge schmackhaft zu machen. In einem Geschäft bleibt nichts dem Zufall überlassen. Die Art und Weise, wie wir durch den Laden geführt werden, das Licht, leises Musikgesäusel, die Anordnung der Waren – nichts bleibt dem Zufall überlassen. Ein einfaches Beispiel ist hier das rötliche Licht an der Fleischtheke im Supermarkt, um das Fleisch schöner und ansehnlicher aussehen zu lassen. Und spätestens, wenn Sie schon mal mit einem Kind in der Kassenschlange gestanden haben, dann entdecken Sie (oder Ihr Kind) dort die sogenannte „Quengelware". Während Sie warten, nun endlich bezahlen zu können, befinden sich in Greifhöhe des Kindes die wunderschönsten Süßigkeiten. Die meisten Eltern kennen vermutlich die Dramen, die sich dann in den Kassenzonen abspielen können. Geschickt wissen die lieben Kleinen alle wesentlichen Hebel und Schalter in Bewegung zu setzen. Es kommt je nach Temperament des Kindes zu Gezeter, Geschrei, Gejammer. Selbst dann, wenn Sie als Eltern standhaft genug sind und die „Quengelware“ im Regal bleibt, findet sich garantiert jemand in der Kassenschlange, der Sie auffordert, dem Kind doch nun den Lutscher zu gönnen. Oder irgendwer, der es besonders nett meint, kauft die Süßigkeiten selbst, um dem armen Kind endlich was zu gönnen. Ihr Kind hat aber vermutlich ausreichend gegessen und steht auch nicht kurz vor dem Verhungern. Es gibt keinerlei wirklich ernsthafte existenzielle Notlage des Kindes. Die einzige Notlage besteht aus den blank liegenden Nerven der Erwachsenen. Aber natürlich liegt auch für uns Erwachsene oft diverse Quengelware in der Kassenzone. Auch jene ist in den seltensten Fällen dazu da, unser Überleben zu sichern. Da finden sich an oder vor der Kassenzone beispielsweise Zigaretten, manchmal Zeitschriften, Batterien, Ladekarten fürs Handy, Gutscheinkarten, manchmal „Grabbelkörbe“ mit reduzierten Waren usw. Zum Teil scheint sogar eine vermeintliche Verwirrung und Unübersichtlichkeit beim Einkaufen geplant zu sein.

Auffallend ist dies beispielsweise in den großen Shoppingcentern. Über mehrere Etagen schlängeln sich die Geschäfte. Wenn Sie mal eben von A in Etage 1 nach B in Etage 3 wollen, geht es nicht anders, als dass Sie nun an den vielerlei anderen Geschäften vorbeigehen müssen, die Sie immer wieder zum Einkauf animieren. Dort müssen Sie zunächst einmal vorbei, wenn Sie zum Aufzug oder zur Rolltreppe wollen. Manchmal finden Sie dann nicht einmal eine Rolltreppe nach der anderen, sondern in Etage 2 müssen Sie erst wieder ein Stück laufen, um zur Rolltreppe nach Etage 3 zu kommen. Wenn Sie dann mit Kind unterwegs und froh sind, endlich in Etage 3 angekommen zu sein, dann kann es passieren, dass das Kind jetzt sofort und dringend zur Toilette muss. So etwas passiert ja immer zur unpassendsten Gelegenheit. Das WC befindet sich dann möglicherweise nur und ausschließlich im Kellergeschoss. Also alles noch mal zurück. In solchen Situationen artet die Shoppingtour durchaus schon einmal in Stress aus und was liegt da näher, als diesen Stress wieder auszugleichen und sich mit irgendeinem Kauf eines irgendwie doch unnötigen Schnickschnacks zu trösten und zu belohnen? Das Kind bekommt endlich seinen Dauerlutscher oder das Lieblingsspielzeug und Sie die neue Bluse oder den praktischen Schraubenzieher.

Wenn ich an dieser Stelle etwas ausführlicher ausgeholt und die obigen Beispiele dargestellt habe, dann deshalb, weil ich verdeutlichen möchte, wie schnell es passieren kann, dass Sie am Ende wieder in genau dem zugerümpelten Zustand ankommen, den Sie doch gerade erst durch mühsames Entrümpeln und Aufräumen behoben haben. Unser Alltag verläuft nun mal nicht immer nur gerade und glatt. Wir gehen nicht nur einfach mal einkaufen, sondern uns begegnet eine große Auswahl an verlockenden Produkten. Diese werden uns sehr geschickt direkt vor die Nase gesetzt. Wir werden abgelenkt und zum Kaufen animiert. Nicht nur im Fernsehen, auch an Bushaltestellen, U-Bahn-Stationen, auf Plakaten an Autobahnen. Überall gibt es Werbung.

Vorsätze und Pläne, sich nicht wieder neu zuzurümpeln, sind dann schwierig. Denn diese funktionieren meistens, wenn es uns gut geht, wir entspannt und konzentriert bei der Sache sind und im Alltag alles nach Plan läuft. Aber was ist, wenn all das gerade mal nicht zutrifft? Also beispielsweise in Situationen, wo die Ablenkung hoch oder die Stimmung besonders gut oder schlecht ist? Der prima Stimmung im Urlaub sind die vernünftigen Vorsätze manchmal eben völlig egal, ebenso wie der schlechten Stimmung nach einem vielleicht besonders anstrengenden Arbeitstag. Es sind eben doch nicht irgendwelche geheimnisvollen, verschlungenen Pfade, auf denen Dinge unser Zuhause neu zurümpeln. Der Sammeltrieb in uns trifft auf eine schier endlose Auswahl an Angeboten und je nach aktueller persönlicher Verfassung greifen wir öfter zu, als es eigentlich gut ist. Kurz vor und bei einem Kauf sorgt unser Glückshormon Dopamin dann noch für gute Stimmung. Leider hält diese gute Stimmung nicht lange an. Also haben Sie spätestens an dieser Stelle die Wahl, ob Sie einfach wieder neue Dinge kaufen und Ihr erneut zugerümpeltes Zuhause akzeptieren oder aber versuchen, neue Wege des achtsamen Konsumierens auszuprobieren, die Ihnen auch längerfristig zu mehr Zufriedenheit verhelfen können.

Strategien gegen das Zurümpeln

Achtsames Konsumieren meint nichts anderes, als Achtsamkeit im Alltag auch auf das Kaufen und Konsumieren auszuweiten. Der erste Schritt hierzu ist, immer wieder aus dem bereits an anderer Stelle beschriebenen „Autopiloten“ auszusteigen. Versuchen Sie daher, sich vor, beim und nach dem Einkaufen bewusst zu machen, was genau da in und um Sie herum geschieht.

Wie bewegen Sie sich durch all das hindurch, was um Sie herum geschieht? Beispielsweise in einem Geschäft: Von welchen Angeboten lassen Sie sich locken? Und warum? Wovon lassen Sie sich ablenken? Wie angespannt, entspannt, gestresst, gereizt oder erholt sind Sie in dem Moment, wo sie einen Kaufimpuls in sich verspüren? Was ist überhaupt vorher passiert? Solche Fragen lassen sich gerade unterwegs beim Einkaufen, aber auch nach dem anstrengenden Arbeitstag, beim Warten auf den verspäteten Zug oder bereits beim Gang in das Geschäft stellen. Auch wenn Sie vor dem Computer sitzen und im Onlineshop stöbern, können Sie in sich hinein spüren, wie Sie auf all die Angebote reagieren, was Sie anspricht, ablenkt und zum Kaufen animiert. Es geht darum, in sich hinein zu horchen und wahrzunehmen, wie gerade die eigene Befindlichkeit ist. Versuchen Sie zu erspüren, ob Sie einen spontanen Kaufwunsch haben oder einen wirklichen Bedarf. Dazu gleich noch einige weitere Anregungen und Hilfestellungen.

Wollen Sie das Produkt oder aber die damit verbundene Illusion kaufen? Wenn Sie sich einmal ganz genau und ehrlich hinterfragen und sich beobachten, fällt Ihnen bestimmt auf, dass Sie, wie eigentlich wir alle irgendwann einmal, nicht nur die Dinge, sondern die damit verbundenen Illusionen und vorgegaukelten Lebensgefühle kaufen. Bei der Margarine- oder Spaghetti-Werbung im Fernsehen ist beispielsweise immer gutes Wetter. Alle Menschen sitzen glücklich und strahlend um den Tisch, alle sind zufrieden. Keine nörgelnden Kinder, denen das Essen nicht schmeckt, kein umgekippter Kakao, kein Regenwetter, kein Streit mit dem Partner. Solche Bilder beeinflussen uns mehr, als wir vermeintlich vernunftgeleiteten Wesen uns dies manchmal so vorstellen können. Oder es wird das neueste Küchengerät oder irgendeine Unterhaltungselektronik vorgeführt und zunächst denken Sie vielleicht: „Juchuh, dieses eine tolle Gerät, das ist es…“ Vorfreude, Zufriedenheit, Neugier breitet sich wohlig in Ihnen aus. Aber ist dieses oder jenes Gerät erst mal einige Tage und Wochen alt, dann sind es eben nicht mehr diese meistens unbewusst wirkenden Gute-Laune-Werbungen, die Sie bewusst oder unbewusst mit dem Produkt verbinden, sondern die eigene, ganz gewöhnliche Alltäglichkeit im Umgang mit diesen Dingen. Meistens hat sich das Glücksgefühl schnell verflüchtigt und wir wollen schon wieder etwas Neues. Aber auch der Reiz des nächsten Produkts hält nicht lange an – und dann schon wieder etwas Neues kaufen?

Prüfen Sie genau, ob Sie wirklich das Produkt oder nur die Illusionen, das Versprechen und kurzfristige Einkaufs-Glücksgefühle kaufen wollen. Wenn Sie aus dem von Illusionen und Versprechen gesteuerten „Konsum-Autopiloten" aussteigen möchten und sich stattdessen über Ihren wirklichen Bedarf, Ihre tatsächlichen Bedürfnisse klarer werden möchten, so ist dies ein mitunter nicht einfacher, aber ein lohnenswerter Prozess. Ich stelle Ihnen daher nachfolgend einige praktische Anregungen und Fragen zum achtsamen Konsumieren vor. Überprüfen Sie, welche Vorgehensweisen und Strategien Sie am ehesten ansprechen und was am besten zu Ihnen und Ihrer Situation passt. Probieren Sie gegebenenfalls auch mehrere Varianten in Ihrem Alltag aus!

Die Achtsamkeitstreppe

Gerade vor größeren Einkäufen, aber auch bei den täglichen kleinen „Konsumfallen" und um Fehlentscheidungen und später bereute Spontankäufe zu vermeiden, habe ich vor einiger Zeit eine kleine „Achtsamkeitstreppe" für das achtsame Konsumieren entwickelt. Gedacht ist sie, um auf eine möglichst einfache Weise, gerade dann, wenn Sie sich mitten im Einkaufszentrum befinden oder vor dem nächsten unbedachten Klick im Internet-Shop stehen, einen kurzen Stopp des Konsum-Autopiloten vorzunehmen. Denn natürlich ist mir klar, dass es ein wenig viel verlangt und unrealistisch ist, mitten im Einkaufszentrum erst das Meditationskissen auszupacken und vor dem Gang zur Kasse erst mal eine halbe Stunde lang zu meditieren. Daher nutzen Sie gedanklich diese sechs Stufen der Achtsamkeitstreppe, die Sie auch einen kurzen Moment lang innerlich gehen können (als Grafik auf S. 130/131). Dies verschafft Ihnen ein wenig Abstand von den Dingen um Sie herum und einen Zugang zu Ihrer aktuellen Befindlichkeit. Vor diesem Hintergrund lassen sich Kaufentscheidungen einfacher treffen und der ein oder andere Fehlkauf vielleicht auch vermeiden.

Die 6 Stufen der Achtsamkeitstreppe

Stufe 1 Achtsamkeit von Zeit und Raum: Wo befinde ich mich jetzt? Was ist zuvor passiert?
Stufe 2 Achtsamkeit des Körpers: Welche körperlichen Reaktionen spüre ich in mir? (Anspannung, Entspannung, Wärme, Kälte, Schmerzen, Hunger, Durst ...)
Stufe 3 Achtsamkeit der Sinne: Was sehe und höre ich um mich herum? Welche Gerüche steigen mir in die Nase?
Stufe 4 Achtsamkeit der Gefühle: Wie fühle ich mich hier und jetzt? In welcher Stimmung bin ich jetzt?
Stufe 5 Achtsamkeit der Gedanken: Welche Überlegungen gehen mir gerade durch den Kopf?
Stufe 6 Einatmen – Ausatmen: Ist das Produkt wirklich das, was ich möchte und brauche?

Die 10-Punkteliste des achtsamen Konsumierens

Die folgenden 10 Fragen sind eine etwas ausführlichere Variante und Ergänzung der Achtsamkeitstreppe. Sie können sie insbesondere nutzen, wenn Sie größere Kaufentscheidungen treffen möchten oder aber auch, wenn Sie einen intensiveren Zugang zum achtsamen Konsumieren finden möchten.

Achtsamkeit beim Einkauf oder bei Kaufwünschen bedeutet, eine Art ganz bewussten Zwischenstopp einzulegen zwischen dem Impuls „Möchte ich kaufen“ und dem Umsetzen „Kaufe ich jetzt“, aber auch bei dem „Schnell-weiter-Impuls“ („Nein, ich wollte ja nichts kaufen, deshalb gehe ich schnell vorbei“). Es geht darum, einmal genau zu fühlen, was da gerade passiert.

1. Wahrnehmung von Zeit und Raum

- Sitzen sie gerade vor dem Computer und stöbern in einem Internetshop?
- Oder laufen Sie durch eine Einkaufszone?
- Befinden Sie sich in einem Geschäft?
- Gehen Sie dort durch einzelne Gänge?
- Schauen Sie sich einzelne Auslagen an?
- Oder stehen Sie bereits in der Kassenschlange?

2. Achtsamkeit des Körpers

- Während Sie sitzen, gehen, stehen, richten Sie Ihren Fokus einmal einen kleinen Moment lang auf den eigenen Körper: Spüren Sie Füße, Beine, Bauch, Rücken, Arme, Schulter, Nacken, Kopf.
- Wie fühlt sich Ihr Körper jetzt an?
- Sind Sie vielleicht verspannt?
- Können Sie Ihren Atem spüren?
- Wie atmen Sie gerade?
- Können Sie den Boden unter Ihren Füßen spüren oder die Sitzfläche, auf der Sie vielleicht sitzen?

3. Achtsamkeit der Sinne

- Was genau sehen Sie?
- Was genau hören Sie?
- Gibt es besondere Gerüche?
- Wie fühlen sich die Waren an, die Sie vielleicht gerade berühren?
- Wie erleben Sie das, was Sie jetzt sehen, hören, riechen, spüren?

4. Achtsamkeit der Gefühle
Wie fühlen Sie sich jetzt: Sind Sie
- müde?
- hellwach?
- freudig erregt?
- gelangweilt?
- fasziniert?
- verärgert?
- ...?

5. Achtsamkeit der Gedanken
- Welche Gedanken gehen Ihnen durch den Kopf?
- Diskutieren Sie innerlich mit sich?
- Gibt es Gedanken zu einem Für und Wider für dieses Produkt?

6. Gedankenexperiment: Nicht-Kaufen
Wenn Sie sich jetzt vornehmen, dieses eine Teil, welches Sie kaufen wollen, jetzt nicht zu kaufen (entweder überhaupt nicht oder den Kauf auf einen späteren Zeitpunkt zu verschieben) – was passiert dann?
- Wie geht es dann Ihrem Atem?
- Wie fühlen Sie sich in Ihrem Körper?
- Sind Sie entspannt, angespannt?
- Verärgert?
- Enttäuscht?
- Wütend?
- Oder erleichtert, weil Sie das Teil vielleicht ohnehin nicht so dringend brauchen oder etwas anderes viel wichtiger ist?

7. Gedankenexperiment: Kaufen
Nehmen Sie an, Sie hätten dieses Teil gekauft.

- Wie wird es sein, wenn dieses eine Teil zu Hause ist, ausgepackt und ausprobiert (beziehungsweise bei Kleidung: anprobiert)?
- Wird es genau das sein, womit es Ihnen gut gehen wird?
- Erfüllt das Produkt Ihre Bedürfnisse?
- Welche Bedürfnisse sind das?
- Und wie wird es dann zwei Wochen später sein, wenn das neue Teil zu einem Bestandteil Ihres Besitzes geworden ist?
- Wo wird sich dieses Teil dann befinden?
- Wird es Ihre Bedürfnisse erfüllen?
- Wie fühlt sich dies an?
- Wird noch genug Geld für den restlichen Monat da sein?
- Oder werden Sie sich vielleicht finanziell übernommen haben?

8. Der Kauf im Alltagstest
Wenn Sie sich entschließen, dieses eine Produkt zu kaufen, überprüfen Sie zu einem späteren Zeitpunkt noch einmal, wie es Ihnen mit dem neuen Produkt geht.
- Ist es nach zwei Wochen noch so, wie Sie es sich vorgestellt haben?
- Was ist jetzt besser?
- Was ist schlechter?
- Wie zufrieden sind Sie jetzt?
- Haben sich Ihre Erwartungen erfüllt?

9. Die sozialen Aspekte
Möglicherweise besitzen schon viele Freunde, Nachbarn, Familienmitglieder dieses oder ein ähnliches Produkt. Wie ist das, wenn Sie sich vorstellen, dass Sie dieses Teil jetzt trotzdem nicht kaufen würden? Wie geht es Ihnen damit?
- Wie fühlen Sie sich vielleicht ohne dieses Teil in der Beziehung zu anderen Menschen? Fehlt etwas?

- Was würde sich in der Beziehung zu anderen Menschen ändern, wenn Sie dieses Produkt jetzt kaufen?
- Würde der Kauf die Beziehung zu anderen Menschen verbessern?
- Welchen Anteil am Kauf hat das Produkt selbst und welchen Anteil hat Ihr Wunsch nach Zugehörigkeit, Aufmerksamkeit und Kontaktpflege?

10. Wenn Sie Ihr Konsumverhalten genauer kennenlernen wollen

- Notieren Sie sich über einen längeren Zeitraum Ihre Eindrücke von dem, was vor, während und nach dem Kauf beziehungsweise Nicht-Kauf passierte und wie es Ihnen ergangen ist. Wiederholen Sie dies dann bei anderen Käufen beziehungsweise Nicht-Käufen und schauen Sie sich Ihre Notizen nach einer gewissen Zeit einmal genauer an:
- Gibt es Befindlichkeiten, die sich wiederholen?
- Vielleicht Gewohnheiten?
- Verhaltensmuster?
- Was ändert sich durch mehr Achtsamkeit beim Einkaufen?
- Gerade bei größeren Anschaffungen oder wenn Sie den Hang zu Fehlkäufen haben, setzen Sie Ihre Konsumwünsche auf eine 30-Tage-Warteliste. Schauen Sie dann nach 30 Tagen, was aus Ihren Konsumwünschen geworden ist. Sind diese noch aktuell?

7 Fragen vor dem und beim Einkaufen

Eine weitere Möglichkeit des achtsamen Konsumierens sind die folgenden sieben Fragen, anhand derer Sie Ihre Kaufimpulse überprüfen und reflektieren können:

1. Brauche ich dieses Ding wirklich oder will ich es nur besitzen?
2. Kaufe ich dieses Ding oder die damit verbundenen Illusionen, Hoffnungen oder nur ein kurzfristiges Glücksgefühl?
3. Welchen Anteil am Kauf haben Status, Trend, Mode …?
4. Löst das Ding ein Problem, das mich belastet?
5. Vereinfacht der Gegenstand mein Leben?
6. Will ich mich wegen größerer Anschaffungen und Investitionen wirklich mit jahrelangen Rückzahlungsverpflichtungen an Kreditinstitute belasten?
7. Gibt es eine Alternative zu dem, was ich anzuschaffen plane?

Wenn Sie achtsam konsumieren und somit auch Ihre wirklichen Bedürfnisse besser in Ihr Leben integrieren möchten, ohne dass Ihr Zuhause erneut zurümpelt wird, so machen Sie sich immer wieder bewusst: „Zwischen Reiz und Reaktion gibt es einen Raum. In diesem Raum haben wir die Freiheit und die Macht, unsere Reaktion zu wählen. In unserer Reaktion liegen unser Wachstum und unsere Freiheit.“[20]

[20] Alex Pattakos, Gefangene unserer Gedanken: Viktor Frankls 7 Prinzipien, die Leben und Sinn geben, Verlag Linde International, 2. Auflage 2011, S. 8

Die Achtsamkeitstreppe

Die 6 Stufen des achtsamen Konsumierens

Anleitung:

Insbesondere vor größeren Käufen, aber auch bei den täglichen kleinen „Konsumfallen“, können Sie diese Achtsamkeitstreppe nutzen, um zu einer bewussten Entscheidung zu kommen und mögliche Fehlentscheidungen und Spontankäufe zu vermeiden.

6 **Einatmen – Ausatmen:**

Ist es wirklich das, was ich mag und brauche?

5 **Achtsamkeit der Gedanken:**

Welche Gedanken gehen mir durch den Kopf?

Achtsamkeit der Gefühle:

Wie fühle ich mich hier und jetzt?
In welcher Stimmung bin ich?

Achtsamkeit der Sinne:

Was sehe und höre ich um mich herum?
Welche Gerüche steigen mir in die Nase?

Achtsamkeit des Körpers:

Welche körperlichen Reaktionen spüre ich? (z. B. Anspannung, Entspannung, Wärme, Kälte, Schmerzen, ...)

Achtsamkeit von Zeit und Raum:

Wo befinde ich mich jetzt?
Was ist zuvor passiert?

Entspannter und glücklicher leben

Die Wohnung und das eigene Leben endlich entrümpelt und aufgeräumt, Neukäufe und Konsum endlich besser im Griff. Wenn neues Zurümpeln nicht die Lösung ist, was dann? Was tun mit der plötzlich verfügbaren Zeit und den freien Flächen und Räumen in der Wohnung? Was macht Lebensqualität jenseits von überflüssigem Konsumgerümpel aus? Was hält in Bewegung? Was motiviert?

Vielleicht entdecken Sie bereits alte Hobbys und Leidenschaften, pflegen alte oder neue Freundschaften. Gerade dann, wenn Sie möglicherweise in der Vergangenheit viel Energie und Lebenszeit damit verbracht haben, viele Dinge anzuhäufen, anschließend auch viel Zeit und Energie notwendig war, um diese Dinge wieder auf ein gesundes Maß zu reduzieren, dann ist es durchaus natürlich, wenn man irgendwann in eine Art Loch fällt. Überflüssiger Konsum ist oftmals wie das Glück, dass immer hinter der nächsten Straßenbiegung erwartet wird „Wenn ich das gekauft habe, dann …“ So gerät das Leben zu einer rastlosen Suche nach Glück, Harmonie und Zufriedenheit. Fällt nun diese rastlose Suche weg oder reduziert sich deutlich, dann kann es wichtig sein, sich wieder neu auszurichten. Dazu nun noch einige Anregungen:

Im Rhythmus der Natur

Wir können uns mit vielen Dingen umgeben, im Internet Informationen und Unterhaltung aus aller Welt finden und selbst

Haushaltsgeräte werden nun vernetzt. Aber auch das digitale Zeitalter ändert nichts daran, dass wir Menschen am Ende dann doch eher „analoge Wesen“ und ein Teil der uns umgebenden Natur sind.

Die Natur bringt einige typische Merkmale mit sich, die wir nicht so eben „wegkonsumieren“ und „wegdigitalisieren“ können. So gibt es in der Natur immer einen natürlichen Rhythmus. Dies ist beispielsweise der Rhythmus der Jahreszeiten. Irgendwann nach der kalten Jahreszeit des Winters beginnt wieder der Frühling, dem heißen Sommer folgt der bunte und kühler werdende Herbst. Am Meer stehend und die Wellen beobachtend können wir Ebbe und Flut beobachten. Mal ist das Wasser aufschäumend und steigt, mal ist es ruhig und zieht sich wieder zurück. Auf den Tag folgt die Nacht und auch nach einer Nacht, die zeitweise endlos erscheinen kann, folgt irgendwann der Morgen. Wir Menschen sind ebenso natürliche Wesen, auch wir haben unsere Lebensrhythmen. So brauchen wir Anregungen, Erlebnisse und aktive Zeiten, aber ebenso benötigen wir Zeiten, in denen wir wieder zur Ruhe kommen.

Übung

Nutzen Sie die nun verfügbare Zeit und den Freiraum, den Sie sich geschaffen haben, um diese natürlichen Lebensrhythmen in sich zu spüren. Spüren Sie, wann Sie Zeiten der Ruhe und Zurückgezogen-

heit benötigen und wann Sie den Wunsch nach Begegnungen, Erlebnissen und Aktivitäten in sich spüren. Was ist hier und jetzt in Ihrer aktuellen Lebenssituation vorrangig?

Den eigenen Lebensrhythmus gestalten

So ganz einfach ist es natürlich nicht, unseren persönlichen, inneren Rhythmus mit den Erfordernissen und Realitäten des Alltages zusammenzubringen. Damit dies besser gelingen kann, ist es gut, einmal zu beobachten, was es uns schwermacht, diesem eigenen, inneren Rhythmus besser folgen zu können und wie uns dies trotzdem gelingen kann:

Reizüberflutung
Wir leben in einem Zeitalter, in dem wir uns fast immer und überall ablenken und informieren können. Unsere Augen und Ohren kommen kaum zur Ruhe. Wir warten beispielsweise nicht einfach auf die nächste U-Bahn oder den nächsten Bus, sondern rufen die neuesten Nachrichten im Smartphone ab. An manchen Haltestellen können wir uns die Zeit mit Werbevideos vertreiben. Selbst den Weg zu solchen Haltestellen hin gehen wir nicht einfach nur, sondern können uns währenddessen über Kopfhörer mit Musik beschallen lassen.

Autos haben schon lange Radios und Musikanlagen integriert, so dass wir auch dort nicht einfach nur Auto fahren, sondern uns ebenfalls von Musik besäuseln lassen. Gehen wir einkaufen, kaufen wir nicht einfach nur ein, sondern es empfängt uns ein akustisches Durcheinander von Einkaufswagengeklapper, Lautsprecherdurchsagen, ständiges Gepiepe an den Kassen, alles untermalt von irgendeiner Musik. Zu Hause angekommen gibt es neben dem Fernseher inzwischen zahllose Videos, mit denen wir uns stundenlang unterhalten und ablenken können. Natürlich ist dies auch wunderbar und faszinierend, aber wo sind Ihre Grenzen?

Übung

Achten Sie darauf, dass der eher leise Klang Ihres persönlichen Lebensrhythmus nicht vom lauten Gedröhne unserer oft so lauten Unterhaltungs- und Ablenkungsindustrie übertönt wird. Spüren und fühlen Sie genau hin, was Sie brauchen, und erlauben Sie sich den Luxus von akustisch wie visuell ruhigen und unabgelenkten Zeiten. Gehen Sie einmal einige Tage gezielt auf die Suche, wo und wann Sie solche Zeiten und Momente finden können. Gehen Sie auf Ihre persönliche Entdeckungsreise in den vielen kleinen Momenten Ihres Alltages. Vielleicht geht es auch darum, diese Art von Luxus schrittweise neu genießen zu lernen.

Multitasking

Eng in Verbindung mit Reizüberflutung steht auch Multitasking. Viele Dinge gleichzeitig machen wollen. In Freizeit und Beruf passiert manchmal vieles gleichzeitig: das Telefon klingelt, eine E-Mail geht ein, jemand hat eine Frage, im Kopf oder auf dem Papier eine lange To-do-Liste. Vielleicht überlegen wir der Einfachheit halber, beim Telefonieren das Headset zu nutzen, um dann gleich das Mittagessen vorzubereiten. Immerhin sind dann ja beide Hände frei. Nebenbei fällt der Blick auf den dann doch leiser gestellten Fernseher. Dort flimmern die neuesten Nachrichten aus aller Welt über den Bildschirm, während gedanklich gleich die Pläne für den Nachmittag geschmiedet werden. Was hat jetzt der Anrufer noch gleich gesagt …?

Es sind eben nicht nur die zu vielen Dinge, die wir in Wohnungen angehäuft haben, wir umgeben uns auch mit einer Fülle von Ablenkungen, Gedanken, Plänen und Aktionen gleichzeitig. Dabei ist längst erwiesen, dass Multitasking genau genommen gar nicht funktioniert, wir springen in Sekundenbruchteilen ständig hin und her.

Übung

Nur eine Sache gleichzeitig tun

Schauen Sie einmal in Ihrem Alltag, wo und wann Sie auf Multitasking bewusst verzichten können. Erlauben Sie sich bewusst, mindestens eine einzelne Handlung zu tun und nichts anderes. Lassen Sie diese Handlung zu einer Übung in Alltagsachtsamkeit werden. Wenn Sie beispielsweise Essen kochen, dann kochen Sie Ihr Essen. Sonst nichts. Legen Sie Ihr Telefon zur Seite, schalten Sie Fernseher oder Musikanlage aus, planen Sie Ihre Nachmittagsaktivitäten später und tun Sie nur eins: kochen.

Wertschätzung

Viele oder wenige Dinge, viel oder wenig Aktivität, darum geht es nicht. Wichtiger und vorrangiger ist es, all den Begegnungen, Aktivitäten, Ruhephasen und auch Dingen achtsam zu begegnen und dies wertschätzen und genießen zu können. Glück und Zufriedenheit entstehen nicht durch die Dinge selbst, sondern durch unsere persönliche wertschätzende Haltung und die Offenheit, dies wirklich auch sehen, hören und fühlen zu wollen.

Einfach mal anders ...

Sie können beispielsweise versuchen, einfach mal Ihre üblichen Abläufe anders und neu zu gestalten. Achten Sie darauf, was eigentlich immer gleich bei Ihnen abläuft, und überlegen Sie, was genau davon Sie einfach mal anders machen wollen. Wenn die Flugreise des letzten Urlaubes anstrengend gewesen ist, planen Sie einfach ein paar Wandertage in der Nähe. Wenn der Weg zur Arbeit stressig ist, fahren Sie früher los, parken Sie das Auto etwas weiter vom Arbeitsort entfernt und laufen Sie noch eine längere Strecke zu Fuß. Wenn der Morgen bei Ihnen hektisch beginnt, bereiten Sie am Vorabend alles Wichtige vor, stellen Sie sich Ihren Wecker zehn Minuten früher und lassen dafür das Handy mindestens zehn Minuten länger aus.

Kreative Freiräume entdecken

In einer von zu vielen Dingen und Reizen überfluteten Welt ist es schwierig, noch kreative Freiräume zu entwickeln. Kreativität braucht Zeit und sie braucht inneren und äußeren Raum. Kreativität meine ich hier nicht alleine als „Bastel-Aktivität“, sondern Kreativität als das Entdecken neuer und vielleicht ungewöhnlicher Ideen und Lösungswege. Welche neuen Möglichkeiten und vielleicht ungewohnten Wege spüren Sie in sich? Was macht Sie neugierig? Was möchten Sie einfach mal ausprobieren? Wie viel

Freiräume zum Experimentieren, Probieren, Scheitern und Neuprobieren können und wollen Sie riskieren? Gibt es Interessen, Fähigkeiten und Talente, die seit Langem brach liegen, die in Ihnen schlummern und von denen Sie vielleicht im Moment noch nichts wissen?

Miteinander statt gegeneinander

Wir Menschen sind in aller Regel keine Einzelwesen. Nur die wenigsten von uns haben das Talent und die Neigung zum Eremiten. Wir wollen und suchen Begegnung. Gehen Sie auf die Suche oder werden Sie selbst aktiv. Wo, in welchen Situationen und mit welchen Menschen gelingt es, gegenseitige Konkurrenz und Mehr-haben-Wollen zu überwinden? Es gibt wunderbare Beispiele des Miteinanders, des Teilens, des gemeinsamen Feierns und Genießens. Darüber hinaus können wir auch miteinander nach mehr gemeinsamer Lebensqualität suchen, statt jede/r für sich alleine. Wir können auch miteinander arbeiten, uns unterstützen, in schwierigen Lebenssituationen gegenseitig Mut machen. Unser Leben kann so viel reichhaltiger, lebendiger und entspannter zugleich werden, als dies ein mit Besitz vollgestopftes Haus je ermöglichen kann.

Lebensfülle

Genießen und entdecken Sie die Lebensfülle jeden Tag neu: die aufgehende Sonne am Morgen, der stille Beginn eines Tages, das Vogelgezwitscher, das Rascheln der Blätter an den Bäumen. Genießen Sie „Balkonien“, das Abhängen auf dem Sofa, das Hochlegen der Füße, Gespräche und Begegnungen, Sport und Aktivität oder einfach mal ihre Ruhe.

Es braucht Achtsamkeit, um auch den leisen Klang des Lebens, die kleinen Momente von Zufriedenheit und Glück immer wieder neu zu spüren und täglich neu zu entdecken.

Gedankenwelt entrümpeln

> **Die innere Welt aufräumen!**
> **Da gibt es noch viele falsche Wesen!**
>
> Friedrich Wilhelm Nietzsche

Sie haben bis hierhin viel darüber erfahren, wie Sie sich in Ihrem Zuhause, Ihrer Freizeit und in Ihren Beziehungen mehr Freiräume erschaffen und wie Sie diese gestalten können. Dies sind alles äußere Faktoren. Manchmal sitzt der Quell des Chaos und der inneren Unruhe aber auch in uns drin – im eigenen Kopf.

Denken ist eigentlich eine fantastische Fähigkeit. Wir können über unsere Situation nachdenken, die Lösung für ein Problem suchen, wir können uns gedanklich mit mathematischen, praktischen oder sozialen Themen befassen oder einfach unseren Gedanken nachhängen und uns so entspannen und neue Energien sammeln. Großartige Denker haben es im Laufe der Jahrhunderte geschafft, uns in vielen Bereichen das Leben zu erleichtern. Sei es durch die Erfindung der Glühbirne, die umweltfreundlichere Produktion von Strom oder die Konstruktion von Häusern, die uns Schutz bieten. In diesen und in vielen anderen Bereichen haben sich Menschen sehr viele Gedanken gemacht, um für komplizierte Probleme neue Lösungen zu finden.

Raus aus dem Gedankenkarussell

Mitunter machen wir uns aber auch zu viele Gedanken. Wir geraten in eine Art Gedankenkarussell und stehen uns damit selbst im

Weg. In schlaflosen Nächten kreisen die Gedanken, ohne wirklich zu Lösungen zu finden. Unerledigte Themen und Sorgen rauben uns den Schlaf. In der Meditation begegnet uns unser Gedankenkarussell ebenfalls immer wieder. Kaum haben wir uns beispielsweise auf die Wahrnehmung des Atems konzentriert, schon schweifen wir ab und befinden uns gedanklich in der Zukunft, der Vergangenheit oder sonstwo. Gedanken, Sorgen, Pläne und Wünsche geistern uns immer wieder durch den Kopf und immer müssen wir neu den Weg zur Achtsamkeit des Atems finden. Letztlich ist dies nicht tragisch oder problematisch, sondern einfach nur menschlich.

Zum Problem werden die eigenen Gedanken erst dann, wenn wir uns damit nicht mehr wohlfühlen. Dies kann passieren, wenn wir vor lauter Grübelei nicht mehr zum Handeln kommen. Vom Denken wird der Keller beispielsweise nicht entrümpelt, sondern nur vom Tun. Mitunter stellen wir uns mit unseren Gedanken auch selbst eine Falle, indem wir negative Gedanken wie automatisch wiederholen, ohne zu prüfen, ob sie wirklich in die augenblickliche Situation passen. Gedanken können zu Hindernissen werden, die wir uns selber erschaffen haben. Ob dies Gedanken sind wie „Ich schaffe das ja sowieso nicht“ oder „Die Nachbarn sind immer und grundsätzlich unfreundlich“ oder ganz andere Hirngespinste: Auch mit unseren Gedanken können wir unser Leben verstopfen, so dass es Zeit wird, auch einmal einige Knäuel zu entwirren und aus dem Gedankenkarussell auszusteigen.

Übung

„Gedankengerümpel" loswerden

Machen Sie sich im Verlauf einer Woche einmal einige Notizen, welche Gedanken immer wieder auftauchen. Gibt es in Ihrem Leben Gedanken, die Sie blockieren, ablenken oder schlichtweg stören? Schauen Sie einmal, ob Sie Gedanken entdecken, auf die Sie gerne verzichten würden. Welche Ihrer Gedanken würden Sie gerne zuerst loswerden?

Konzentrieren Sie sich dann ab der zweiten Woche auf dieses eine „Gedankengerümpel". Wann immer es auftaucht, schieben Sie es nicht weg, versuchen Sie aber auch, sich nicht darin zu verwickeln. Schaffen Sie stattdessen ein wenig Distanz. Dieser Abstand kann gelingen, indem Sie beispielsweise versuchen, sich circa drei Atemzüge lang wirklich nur auf Ihren Atem zu konzentrieren. Eine weitere gute Möglichkeit ist es, dass Sie die Wahrnehmung Ihres Körpers immer als Anker benutzen. Beim Gehen können Sie den Boden unter Ihren Füßen spüren, dehnen, räkeln Sie sich, wenn es möglich ist, machen Sie einige Yogaübungen oder versuchen Sie kleine Sporteinheiten im Tagesablauf unterzubringen. Während Gedanken in Zukunft oder Vergangenheit wandern können, befinden sich Ihr Körper und dessen Reaktionen ja im Hier und Jetzt.

Nachwort

Glück lässt sich bekanntlich nicht kaufen, Glück lässt sich auch nicht erzwingen. Mit weniger Dingen glücklich zu sein heißt, den kleinen und großen Glücksmomenten im Leben mehr Raum zur Entfaltung zu geben. Statt in überfüllten Kaufhäusern shoppen zu gehen und von einem Termin zum anderen zu hetzen, können Sie Ihre Zeit auch anders gestalten. Genießen Sie daher Ihre Tasse Tee oder Kaffee, lauschen Sie dem Gezwitscher der Vögel und entdecken Sie, was Sie wirklich glücklich macht. Ist die Wohnung entrümpelt und aufgeräumt, ist es viel entspannter, Freunde auch ohne den üblichen Aufräumstress einzuladen – und der Wochenputz ist ebenfalls viel schneller erledigt.

Lassen Sie den Stress und den Sog los, der entsteht, wenn wir immer mehr und mehr haben wollen. Konzentrieren Sie sich stattdessen auf das, was Ihnen wirklich wichtig ist. Entdecken Sie die vielen schönen Situationen und Vereinfachungen, die ein entrümpeltes und aufgeräumteres Leben mit sich bringt, und genießen Sie es.

Ich hoffe und wünsche mir für Sie, dass Sie – vermutlich dann, wenn Sie gerade nicht darüber nachdenken – die kleinen und großen Glücksmomente entdecken, die ein von überflüssigen Dingen befreites Leben mit sich bringt.

Wenn Sie darüber hinaus weitere Anregungen suchen oder sich dafür interessieren, was ich selbst in meinem Alltag verändert habe, dann besuchen Sie mich einfach auf meiner Website: www.achtsame-lebenskunst.de

Gabi Raeggel

Wer die Welt
in Ordnung bringen will,
gehe zuerst
durchs eigene Haus.

Chinesisches Sprichwort

Autorin: Gabi Raeggel

Brügelmannstr. 3, 50679 Köln
Titelfoto: Colourbox
Projektleitung und Redaktion: David Bergedieck

Redaktionsschluss: Juni 2018.

Printed in EU

www.lingenverlag.de
www.dastutmirgut.net
www.achtsame-lebenskunst.de

FSC
www.fsc.org
MIX
Papier aus verantwortungsvollen Quellen
FSC® C104350

La cuisine classique du Sud

ISBN : 978-2-7339-1233-1

98, rue de Vaugirard, 75006 Paris
Tél. : 01 42 22 64 80 – Fax : 01 45 48 25 03
www.grancher.com – pg@grancher.com

Ivana Losco

La cuisine classique du Sud

Espagne ~ France ~ Grêce
Italie ~ Portugal

GRANCHER
ÉDITIONS

Manche
Rouen
Seine
PARIS
Strasbourg
Rhin
Loire
Nantes
FRANCE
Lyon
Bordeaux
Garonne
Rhône
Toulouse
Bilbao
Porto
Douro
Ebre
ANDORRE
Marseille
Nice
MONACO
PORTUGAL
ESPAGNE
MADRID
LISBONNE
Tage
Guadiana
Barcelone
Valence
Iˢ Baléares (Esp.)
MER
Séville
Grenade
Malaga
Gibraltar
Turin
Milan
Trieste
Venise
Gênes
ITALIE
ST-MARIN
MER ADRIATIQUE
Corse
Ajaccio
ROME
Naples
Bari
Sardaigne
Cagliari
MER TYRRHENIENNE
Palerme
Sicile
Catane
MER IONIENNE
MALTE
Salonique
GRÈCE
Mer Égée
ATHÈNES
Crète (Grèce)

AVANT-PROPOS

Le sujet que nous avons l'ambition de traiter est très vaste. Décrire la cuisine et les mœurs d'un pays, et *a fortiori* de plusieurs pays, ressemble quelque peu à la conquête du Graal.

Voici pourquoi nous avons procédé à une sélection – certes assez large – de plats parmi des centaines d'autres, tant il aurait été impossible de les faire tous figurer ici. Nous sommes arrivés, tout de même, aux deux cent soixante-dix recettes différentes qui composent ce livre. Quels ont été nos critères de choix ?

1) Ces recettes sont les plus emblématiques et représentatives selon nous.

2) Elles sont goûteuses et apportent réellement quelque chose de nouveau sur votre table, et dans votre palais.

3) Elles sont réalisables, c'est-à-dire que vous trouverez les ingrédients qui en composent la substance sans aller chercher très loin.

Voilà. Bon appétit !

Indications techniques et symboles

temps de préparation
temps de cuisson
réfrigération
marinade
dessalage

*	=	simple
**	=	un peu délicat
***	=	plutôt difficile
$	=	bon marché
$$	=	un peu cher
$$$	=	cher

Abréviations utilisées dans l'ouvrage

cl	= centilitre		s	= seconde
l	= litre		h	= heure
g	= gramme		C.	= cuill. à soupe
kg	= kilogramme		c.	= cuill. à café
mn	= minute			

Températures, équivalences pour une cuisson au four.

Pour préchauffer le four, allumez-le 15 mn à l'avance à la température voulue.

CUISSON	THERMOSTAT	TEMPÉRATURE
Four tiède	1	50°C
Four doux	2	120°C
Four modéré	3-4-5	140-160-180°C
Four chaud	6	200°C
Four très chaud	7-8-9	220-240-260°C
Four brûlant	10 (gril)	280-300°C

Equivalence des poids et mesures

1 cuill. à soupe	= 1,5 cl
ou	= 3 cuill. à café
ou	= 15 g de beurre
ou	= 15 g de crème fraîche
ou	= 15 g de riz
ou	= 15 g de sucre semoule
ou	= 5 g de fromage râpé
1 cuill. à café	= 0,5 cl
	= 5 g de sel
	= 3 g de fécule
	= de 3 à 5 g
1 verre à eau	= 20 cl de liquide
ou	= 200 g de crème fraîche
ou	= 200 g de riz
ou	= 200 g de sucre semoule
ou	= 100 g de farine
1 verre à liqueur	= 3 cl de liquide
1 verre à porto	= 6 cl
1 tasse à déjeuner	= 25 cl env.
1 bol à déjeuner	= 40 cl
1 tasse à café	= 10 cl
1 pot de yaourt	= 15 cl

LES INGRÉDIENTS INDISPENSABLES À LA CUISINE DU SOLEIL

Profitez de vos voyages à l'étranger pour acheter le maximum de produits locaux, ils ont un tout autre goût que ceux que l'on trouve sous nos latitudes.

Fromages

Les véritables fromages d'origine sont de plus en plus exportés et, donc, relativement faciles à se procurer.

Brocciu : corse, le nom signifie « battre ». Chauffé et battu, il est le fruit du petit-lait de brebis ou de chèvre mélangé à du lait frais. Mûri en caves naturelles, il entre, entre autres, dans la composition d'un moelleux gâteau, le *fiadone*.

Feta : incontournable dans la cuisine grecque, elle se marie avec toutes les crudités et agrémente salades et feuilletés.
Feta signifie « tranche » ! Le plus célèbre des fromages grecs est fabriqué depuis l'Antiquité avec du lait de brebis ou de chèvre.

Halumi : assez semblable à la *feta*, l'*halumi* est en général moins salé. Bien blanc il doit être ferme et crémeux.

Kefalotiri : fromage sec, de chèvre ou de brebis, à râper ou à cuire ; on peut lui substituer du parmesan.

Manchego : le plus connu des fromages espagnols, au lait de brebis, offre de nombreuses variétés. Le seul, le vrai, provient toutefois de la Manche (comme son nom l'indique), qu'il soit *curado* (sec) ou *semi curado* (demi-sec).

Mozzarella au lait de bufflonne : la véritable *mozzarella*, préparée à partir de lait de bufflonne, est bien supérieure à la *mozzarella* au lait de vache, beaucoup plus commune.

Queijo da serra : un fromage à base de lait de chèvre, le meilleur sans aucun doute des fromages portugais.

Ricotta : préparée à partir du petit-lait, la *ricotta*, lorsqu'elle est bien fraîche, est un fromage savoureux et très délicat. En vieillissant, elle développe rapidement un goût acide.

Herbes

A l'exception de l'origan, utilisez autant que possible des herbes fraîches, elles sont toujours plus parfumées que les herbes séchées.

Basilic : en sauce, macéré, en pistou, ou en assaisonnement il est indispensable à toute cuisine du Sud.

Safran : les pistils de safran sont meilleurs que la poudre, celle-ci étant la plupart du temps édulcorée. Bien que cette épice soit vendue au prix de l'or, elle n'est pas si onéreuse, dans le mesure où une pincée de pistils suffit à parer un plat pour 6 personnes. Pour mieux faire ressortir son parfum, faites griller très légèrement les pistils dans une poêle – sans matière grasse – et pilez-les avant de les ajouter au plat.

Menthe : la variété la plus utilisée dans le monde entier est la menthe verte.

Origan ou Rigani : ils sont récoltés quand les fleurs sont en bourgeons, puis séchés. Le meilleur origan vient de Grèce, parce que le climat chaud et sec lui donne une saveur plus marquée : essayez donc de vous en procurer.

Persil : n'utilisez que du persil plat bien plus parfumé que le frisé.

HUILE D'OLIVE

Si la cuisine méditerranéenne est diététique, c'est en grande partie grâce à cet ingrédient. L'huile d'olive supporte en effet des températures très élevées, et la couche protectrice qui se forme dès le début de la cuisson permet aux aliments d'absorber beaucoup moins d'huile.

L'huile d'olive peut être fine et pâle, de goût délicat, ou au contraire sombre et très fruitée. Son caractère varie considérablement selon le pays, voire la région, d'où elle provient. La couleur n'est pas une indication de qualité, mais plutôt de fruité : une huile d'un beau vert foncé n'est pas forcément la meilleure, mais certainement la plus marquée en goût.

Conservez l'huile au frais, mais pas au réfrigérateur, et surtout à l'abri de la lumière.

Aujourd'hui, on trouve toutes sortes d'huiles d'olive, des plus ordinaires aux plus onéreuses ; leur saveur et leur pureté varient considérablement. Dans un ordre décroissant de qualité, voici les différentes appellations :

Huile d'olive vierge extra : issue de première pression des olives à froid, elle a un taux d'acidité minimal et une saveur douce et parfumée. Les huiles vierges extra des grandes marques sont des assemblages destinés à donner un produit homogène, dont le goût reste constant. Les huiles des coopératives et des moulins ont chacune leur caractère propre, qui varie en fonction des conditions climatiques : les huiles possèdent leurs crus et leurs millésimes tout comme les vins...

Huile d'olive vierge : elle provient de la deuxième pression des olives, toujours à froid.

Huile d'olive (ou huile d'olive pure) : c'est un mélange d'huile d'olive vierge et d'huile d'olive raffinées obtenues par extraction à chaud.

Pour les salades, et d'une manière générale pour les recettes où l'huile est utilisée crue, choisissez la qualité vierge extra. Pour les cuissons, l'huile d'olive vierge, ou ordinaire, suffira.

Vinaigre balsamique : précieux et incomparable, il est le couronnement de tout déglaçage, caramélisation de viandes, assaisonnement de légumes... Quelques gouttes confèrent une saveur douce et fruitée et une touche de magie. Le seul, le vrai, est produit à Modène, méfiez-vous des mauvaises imitations !

Olives : on en trouve de toutes les tailles et de toutes les couleurs – c'est un plaisir de choisir ses olives sur les marchés méditerranéens. A l'huile, en saumure, aux herbes, aux piments, au citron, il y en a pour tous les goûts. Les couleurs varient, selon les olives et leur maturité.

Poivrons : le fait de griller les poivrons et de les éplucher les transforme totalement : ils sont non seulement bien plus savoureux, mais également parfaitement digestes. Faites-les griller au barbecue, ou sous le gril du four, coupés en deux ; laissez-les refroidir en les mettant dans un sachet en plastique et épluchez-les avec un petit couteau (la peau s'enlève alors très facilement).

Jambon cru : c'est une spécialité italienne. Le simple *prosciutto crudo* est produit dans toute la péninsule, et sa qualité peut varier considérablement. Le jambon de Parme, qui obéit à des normes très strictes, est célèbre à juste titre, encore que certains amateurs jugent celui de *San Daniele* supérieur.

Tomates séchées : choisissez des tomates bien charnues, séchées au soleil. On les trouve surtout sur les marchés de la région niçoise et en Italie. Celles qui sont conservées dans l'huile sont meilleures et prêtes à l'emploi, mais elles sont plus onéreuses ; vous pouvez faire tremper des tomates séchées 1 heure dans de l'eau chaude, puis les essuyer et les mettre dans l'huile d'olive : elles se conserveront très bien.

L'huile dans laquelle ont macéré les tomates séchées assaisonnera délicieusement les salades, les *pizzas* et les *crostini.*

Tomates : les variétés de serre, sans goût, disparaissent peu à peu de nos étals, au profit des tomates mûres et parfumées, importées des pays méditerranéens.
Pour éplucher des tomates, incisez légèrement leur peau, plongez-les 30 secondes dans de l'eau bouillante, égouttez-les et ôtez la peau dès qu'elles auront suffisamment refroidi pour être manipulables.

Yaourt : produit typique de la Méditerranée, le yaourt grec au lait de brebis, légèrement égoutté, se trouve aujourd'hui facilement. Il a un goût et une consistance uniques, respectivement doux et onctueux, avec une pointe d'acidité tout à fait caractéristique que n'a pas le yaourt de lait de vache.

Anchois : les anchois entiers au sel sont bien meilleurs que les filets conservés dans l'huile. Avant d'utiliser des anchois au sel, il faut les laver longuement à l'eau froide, les écailler si nécessaire et ôter l'arête centrale (c'est une opération très facile). Il faut ensuite les sécher ; s'ils sont encore trop salés, mettez-les à tremper dans du lait pendant 30 minutes.

Câpres : les câpres au sel sont une spécialité italienne que l'on trouve dans certaines épiceries fines. Elles sont meilleures que les câpres au vinaigre, et plus présentables également. Il faut juste les rincer avant de les utiliser.

LES HERBES : QUOI AVEC QUOI	
Ail	gigot, salades, vinaigrettes, pistou...
Aneth	poissons au four ou en sauce, marinade pour saumon
Anis	poissons blancs (lotte, cabillaud), pains d'épices
Basilic	l'incontournable de la cuisine du soleil : pâtes, salades, sauces tomates, sauce au pistou...
Bouquet garni	marinades, veau, légumes, pot-au-feu
Cerfeuil	macédoine de légumes, potages, sauce blanche
Ciboulette	salade de betteraves, œufs brouillés, fromage blanc
Echalote	magret de canard, salade verte, sauce au beurre blanc, entrecôte, sauce au vin
Estragon	volailles rôties, salades, poissons
Fines herbes	omelette, salades

ESPAGNE

Alcázar, Ségovie

INTRODUCTION

Si tu veux savoir ce qui mijote
dans la marmite du voisin,
n'hésite pas à dévoiler
ce que la tienne contient.
(proverbe espagnol)

La cuisine espagnole est une cuisine de tradition rurale, simple et généreuse, qui s'est transmise de génération en génération.

Bénéficiant d'une quantité incalculable de produits savoureux et parfumés qui n'exigent aucune élaboration compliquée, elle a su respecter la saveur de l'aliment. Une simplicité que l'on retrouve dans la composition des menus, mais aussi dans les épices et les ingrédients utilisés – safran, cannelle, ail, oignon, persil, huile d'olive (qui remplace le beurre). Contrairement à une idée répandue, les Espagnols utilisent assez peu le poivre.

Baignée de lumière, de soleil, multicolore à l'automne, enneigée et froide dans certaines régions en hiver, avec un printemps magnifique mais fugitif et un été aux périodes de chaleur insupportable qui fait vivre le pays au rythme ralenti, telle est l'Espagne.

Terre pleine de contrastes. Contrastes dans son histoire, sa géographie et dans sa cuisine, dont vous trouverez ci-après un aperçu haut en couleurs car rouge et or est la cuisine espagnole : le rouge du piment et l'or du safran et du soleil.

Tout comme son voisin le Portugal, l'Espagne puise ses richesses alimentaires dans les produits des mers qui l'entourent et dans ceux de ses terres.

L'étendue même du pays fait qu'il n'existe pas une seule et unique cuisine espagnole, mais un large éventail de cuisines régionales.

Dans le Nord, au Pays Basque et en Catalogne, l'influence de la France sur la gastronomie est importante. Mais toutes les régions, savent tirer le meilleur parti de leurs produits locaux : sur les côtes, savoureux poissons et fruits de mer. Dans les grandes plaines, volailles et porc nourris aux glands, donnent des chorizos et un jambon, le *serrano*, qui sont fort réputés.

Les occupations successives ont bien entendu modifié les habitudes alimentaires. Les Romains ont introduit l'olivier, l'ail... les Maures les épices, les plantes aromatiques, les agrumes, les amandes et le riz, l'ingrédient de base de l'un des plats espagnols les plus connus : la *paëlla*.

D'autres spécialités espagnoles ont bien-sûr fait le tour du monde : les *tortillas* (omelettes), les œufs *a la flamenca*, le *gazpacho*... Sans oublier les merveilleux et traditionnels *tapas*, et les nombreuses douceurs dont les espagnols sont si friands.

QUELQUES INCONTOURNABLES

Le gazpacho andaluz : potage andalou par excellence.
Nom probablement dérivé de l'arabe et signifiant « pain trempé ». Dans les régions plus froides, en hiver on le prépare souvent chaud, à Jerez on y ajoute des rondelles d'oignons, mais le vrai, le seul, l'unique, est andalou.

Sopa del duelo (soupe de deuil) : la coutume de se réunir, une fois l'enterrement achevé, afin de boire un verre et manger un morceau entre intimes existe toujours. Et les recettes « mortuaires » typiques sont souvent délicieuses.

La *sopa del duelo* était (et est encore) traditionnellement servie à ceux qui veillent les morts, avant l'enterrement.
Un régal et, contrairement à son nom, un appel à la vie !

La langouste au chocolat: ne poussez pas de hauts cris. C'est divin !

La paëlla ou *Riz à la Valencienne*: un plat de fête.

Poulet à la chilindron : la sauce *chilindron* est l'une des plus parfumées des sauces espagnoles.

Turrones : nés à Alicante, ils sont avant tout une tradition pour Noël et le jour de l'An, tout comme les *churros.* A toute heure et à tous les coins des rues on peut en déguster.

Anguille: plat traditionnellement sur toutes les tables le jour de l'An.

Chocolat à la cannelle (pour la langouste au chocolat). Le cacao dont il a été dit : « *on ne trouvera jamais autant de qualités réunies dans un aussi petit fruit* ». Voilà donc un mariage heureux imaginé par les espagnols. Dégustez une tasse fumante de ce breuvage, fermez les yeux et donnez libre cours à votre imagination...

Les pâtisseries: aujourd'hui encore, dans la région de Séville, une vingtaine de couvents d'ordres non mendiants perpétuent une tradition très ancienne en préparant et en vendant quelques spécialités pâtissières. La plus réputée d'entre elles est celle des *« yemas »* du Couvent sévillan de San Leandro.

LA TRINITÉ D'UN MÊME VIN : *JEREZ, XÉRES, SHERRY*

L'Espagne, la France et la Grande Bretagne lui donnent trois noms différents mais ce vin culte n'en finit pas d'étonner.

En Andalousie, on le boit surtout avant les repas, mais il est injuste de le considérer seulement comme un vin d'apéritif. Les fameux *« tapas »* qui l'escortent valant quasiment un repas, on pourrait également l'assimiler à un vin de table... et c'est une erreur car, comme l'Espagne et l'Andalousie, le Jerez est lui aussi compliqué et se distingue comme suit :

Fino : or paillé, pâle, délicat, goût d'amande, léger, sec, peu acide, se boit avec jambons crus, fritures, olives, fruits de mer, fruits secs

Amontillado : ambré, petit goût de noisette, suave et plein au palais mais sec, se boit en accompagnement de ragoûts de poissons.

Oloroso : or sombre, très aromatique, avec du corps, sec et très suave, du bouquet, à boire avec des charcuteries.

Manzanilla : jaune pâle, fin, très typé, sec, un peu acide et généreux. Sa saveur légèrement amère mais très agréable, permet d'accompagner divinement les tapas.

24 HEURES DANS LA VIE D'UN ESPAGNOL

La journée d'un espagnol commence par le *desayuno* (petit déjeuner) très simple, composé d'une tasse de café et d'un biscuit ou d'une galette vite avalés, suivis vers onze heures d'un deuxième petit-déjeuner plus copieux (café ou chocolat au lait accompagné de *churros*, beignets de forme cannelée au sucre, *porras, bollos, suizos* – brioches diverses – tranches de pain ou croissants grillés avec de la confiture, etc.), généralement consommés au bar.

Vers quatorze heures, c'est le moment de l'apéritif et des *tapas.*

Le déjeuner (*almuero*) lui-même débute vers vers quinze heures. Celui-ci se compose habituellement de trois plats :

- *un plato de cuchara* (plat que l'on mange à la cuillère) : soupe, plat de riz, jardinière de légumes, salade composée, gazpacho, civelles à l'ail, etc.
- Une viande ou un poisson grillé à la *plancha* (sur une plaque)

ou au four et un dessert : crème renversée, flan, riz au lait, fruit (les Espagnols sont de très grands consommateurs de fruits).

• Les œufs (*huevos*) sont la base de nombreux plats, frits (*fritos*) soit en omelette (*tortilla*) ou un bouillon (*caldo*), potage (*sopa*) ou consommé (*consomé*) font partie des hors-d'œuvres classiques.

Vers dix-neuf heures, c'est la *merienda* ou goûter (café, chocolat, boisson froide, jus de fruits, accompagné de pâtisserie... ou même d'un *bocadillo* : sandwich au chorizo, jambon, fromage, etc.

Vers vingt et une heures les *tapas* recommencent, tandis qu'au dîner *(cena)*, situé vers vingt-deux heures, l'Espagnol se voit servir trois plats plus légers, et moins copieux, qu'au déjeuner.

Parfois le goûter et le dîner se confondent. C'est alors une *merienda-cena*, un goûter-dîner servi sur une table basse.

Les Espagnols commencent leur journée la nuit : ils aiment se coucher tard (*trasnochadores*). Ce n'est jamais avant 21 h que l'on commence à servir le dîner (*cena*), et celui-ci se poursuit jusqu'à 23 h ou minuit (*medianoche*), voire plus tard.

Les Espagnols aiment donc sortir, mais s'ils restent chez eux, ils se contenteront d'une cuisine (*cocina*) assez succincte.

LA TABLE ET LES ESPAGNOLS

L'acte de manger joue un rôle très important dans la vie quotidienne des Espagnols si l'on en juge par la diversité des repas qui rythment leur journée.

Tout d'abord les *tapas*, dont le seul nom évoque les vacances.

Les *tapas* (couvercles) qui, à l'origine désignaient les tranches de pain utilisées pour recouvrir les verres de vin et les protéger des mouches, est une des coutumes sociales les plus importantes du peuple espagnol. Elle permet de se rencontrer tout en dégustant de délicieux apéritifs, vins, bières ou xérès.

Traditionnellement, on les déguste autour d'un verre de vin ou d'un apéritif. Ils peuvent également composer tout un repas : olives, charcuterie, poissons, légumes – cuits, crus ou marinés, farcis, poêlés...

LES PRODUITS DES MERS

Voici quelques spécialités que vous trouverez un peu partout suivant les arrivages : anchois frais (*boquerones)*, sardines grillées (*sardinas*), friture de poissons (*pescadillo frito*), pouces pieds (*percebes* : crustacés dont le pédoncule est comestible et que l'on trouve en Galice).

Si vous en avez les moyens, car le prix de ces minuscules anguilles est inversement proportionnel à leur taille, offrez-vous des civelles ou pibales *(angulas*) du Pays basque, ou encore des crevettes grillées (*gambas a la plancha*).

La *plancha* est une plaque de métal sur laquelle on met un filet d'huile d'olive (*chorreoncito de aceite*) et une pincée de sel (*pizca de sal*) pour griller les crevettes. Cette cuisson donne un goût tout à fait particulier. Parfois, les gambas sont à l'ail (*al ajillo*). Sachez que les langoustines se disent *cigales* et non *langostinos.* Les *quisquillas* correspondent aux crevettes grises, les *gambas* aux crevettes roses et les *langostin* au gros bouquet. Les praires (*almejas*), coquilles Saint-Jacques (*vieiras*), huîtres (*ostras)*, tourteaux (*maseras*) font aussi partie de la gamme des fruits de mer (*mariscos*).

VIANDES ET CHARCUTERIES

Si vous voulez rester classique, prenez des tranches de jambon de montagne (*lonjas de jamén Serrano*) ou de *Jabugo* (Andalousie), mondialement connu pour son jambon noir de porc ibérique séché à l'air libre ; du boudin (*morcilla*), des boulettes de viande *(albondigas)*, du filet de porc (*solomillo de cerdo)*, des tripes à la madrilène (*tripas a la madrilena*). Il y a 48 variétés de jambons et *embutidos* (saucisses, saucissons, boudins) en Espagne.

LES ŒUFS

S'il existe un plat universel c'est bien l'omelette *(tortilla)*. Chaque Espagnol dépense en moyenne et par an 4 000 pesetas en œufs *(huevos)*.

L'omelette espagnole est servie chaude ou froide et contient en principe des pommes de terre *(patatas)*. Elle ressemble à une tarte que l'on découpe en tranches ou en dés. Chaque maîtresse de maison a sa recette et accommode la *tortilla* à sa façon. Il existe donc de nombreuses variantes : omelettes aux champignons, aux pointes d'asperges, au chorizo avec tomates, aux coques (*berberechos)...*

LES FROMAGES

Les Espagnols apprécient de plus en plus les repas de fromages, accompagnés d'un bon petit vin (*un buen vinillo)*. Un nouveau mot fait depuis quelque temps son apparition dans la liste, déjà longue, des lieux de restauration : les *queserias* (littéralement : fromageries).

Parmi les fromages espagnols, et il y en a beaucoup contrairement aux idées reçues, citons :

L'*Afuegal Pitu* (région des Asfuries, fromage de lait de vache se présentant sous forme conique) ; l'*ahumado de Aliva* (au lait de vache et de chèvre caillé).

Le *Cabrales-Picón* (fromage à pâte bleue, fabriqué dans les Picos de Europa, mélange de lait de vache, chèvre et brebis). Les fromages de chèvre frais macérés dans l'huile d'olive font les délices des amateurs de fromage (*quesomanos)*. La ferme

Los Balanchares (Cordoue) est réputée pour la fabrication de ses crottins.

Un plateau ne peut pas être complet sans un *Castellano* (fromage de brebis de la vallée d'Esgueva, repérer la marque *Flor de Esgueva*) ou un *manchego*. Ce dernier, le plus connu et le plus imité du marché, offre de multiples variétés, mais le vrai *manchego* vient, comme son nom l'indique, de la Manche et, qu'il soit *curado* (sec) ou *semicurado* (demi-sec), il est fait avec du lait de brebis.

A découvrir aussi : le *Flor de Guia* (à la pressure de chevreau des Canaries), le *Garrotxa* (fromage de chèvre de Catalogne), le *Gaztazarra* (fromage fermenté au goût relevé) l'*Ibores* (de la région de Trujillo), l'*Idiaztibal* (appellation d'origine, fromage basque au lait entier de brebis), le *Mato* (fromage blanc de la Catalogne), le *Peral* (imitation du roquefort, fromage au vin de la région de Murcie) et la *Torta del Casar*, le fromage le plus cher d'Espagne fait dans la région de Càceres à base de lait cru de mérinos, que l'on mange à la cuiller.

LES DESSERTS

Les Espagnols sont gourmands de desserts, le nombre de glaciers (*neladerias*) ayant pignon sur rue dans les villes le prouve bien.

Mais l'on vous proposera également une *fruta del tiempo* (fruit de saison), *melocoton, pilla en almibar* (pêche, ananas au sirop), *tarta helada* (gâteau glacé), *flan de la casa* (flan fait maison), *natillas* (crème renversée), *macedonia de frutas* (salade de fruits). Ou alors une *tarta con yema* (gâteau aux jaunes d'œufs), un *tocino del cielo* (tarte au sucre qui a la consistance d'un flan), des biscuits aux prunes avec une sauce à la cannelle (spécialité des Baléares), des sorbets (*sorbetes)*, des beignets (*buiuelos*), ou des *rosquillas* (petits gâteaux à l'anis)...

LES FESTIVITÉS

Tout au long de l'année, fêtes, manifestations culturelles et gastronomiques, foires-expositions (*ferias de muestras*) sont foison. La vie est marquée par une multitude de réjouissances propres aux dix-sept communautés autonomes.

Le mot « fête » peut recouvrir différents types de manifestations. Les *verbenas* sont de grandes fêtes foraines populaires, les *romerias* des réjouissances plus rustiques à rapprocher des pardons bretons. Quant aux *ferias*, elles coïncident avec les fêtes du Saint Patron de la région.

Les Espagnols aiment donc beaucoup s'amuser, le sens de la fête semble inné chez eux. L'Espagne détient d'ailleurs le record en matière de jours fériés parmi tous les pays de la CEE.

Le Nouvel An : à Madrid, par exemple, l'on passe une bonne partie de la nuit du 31 décembre (*Nochevieja*) dans la rue : la foule massée à la Puerta del Sol déguste – selon une très vieille coutume – les douze grains de raisin qui portent bonheur (*la uva de la suerte*) au rythme des douze coups de minuit. Chaque foyer espagnol fait de même devant son poste de télévision : la retransmission est assurée dans toute l'Espagne. Aux abords de la Puerta del Sol, bien entendu, des étals proposent des sachets de douze grains.

L'Épiphanie : c'est le 6 janvier et non à Noël que les enfants reçoivent leurs cadeaux (*regalos*), apportés par les Rois Mages (*Reyes Magos*) en fonction des demandes faites par écrit. La cavalcade des Rois Mages parcourt les rues des villes. C'est ce jour-là aussi que l'on partage en famille le gâteau des Rois (*roscén*), une sorte de brioche : celui qui trouve la fève aura une surprise dans la journée !

17 janvier - San Antonio Abad : bénédiction des animaux domestiques. En Andalousie, on châtie, en la mettant sous une chaise ou dans le grenier, la statue (*imagen*) de saint Antoine tant que les vœux n'ont pas été exaucés et qu'il n'y a pas d'homme à la maison. Saint Antoine a en effet la réputation de permettre aux femmes seules de trouver un mari. L'expression espagnole *« Quedarse para vestir imtigenes »* signifie « rester vieille fille ».

5 février - Santa Agueda : à Ségovie, les femmes remplacent dans leurs fonctions les membres des gouvernements provinciaux jusqu'au moment bal qui se déroule autour d'un gigantesque *rosco* (pièce montée) au cours duquel sera désigné le meilleur couple de danseurs.

La Saint-Joseph : à Valence, les *fallas* ont lieu du 12 au 19 mars. La coutume date du Moyen Age ; la veille du 19 mars, fête de Saint Joseph, patron des charpentiers, tous les menuisiers allumaient de gigantesques feux de joie avec les copeaux accumulés pendant l'année. Au cours des siècles, les copeaux furent remplacés par des monuments (*fallas*) de carton-pâte brocardant des politiciens ou des événements d'actualité. Les *fallas* sont brûlées le 19 mars (*cremti*) avec leurs *ninos* pantins de paille et de bois, accoutrés de façon grotesque dans un vacarme assourdissant. Toute la ville semble être la proie des flammes auxquelles s'ajoutent les éclairs des chapelets de pétards et des jeux pyrotechniques.
Chaque quartier est représenté au travers des *fallas* qu'il met beaucoup de cœur à confectionner.
Certains *ninos* sont de vrais chefs-d'œuvre, on vote pour désigner le plus beau – que les flammes épargneront.

La Semaine Sainte : de grandioses cérémonies marquent l'ouverture de la Semaine Sainte (*Semana Santa*). A Séville, Grenade, Madrid, Murcie, Malaga, Jerez, défilent des confréries de pénitents dans une ambiance de profond recueillement.

La Foire de Séville : la *Feria* a lieu quelques semaines après la Semaine Sainte. Sur un vaste emplacement (quartier des Remedios), on dresse des *caseras* (loges en bois) qui sont louées à des familles ou des groupes d'amis. Ceux-ci font bombance huit jours durant, tout en traitant des affaires dans ce village de toile et de bois. Il y a des défilés, de splendides cavaliers emmènent sur la croupe de leur cheval des jeunes filles parées du costume andalou à pois et à volants (*vestido con lunares y volantes*) ou encore des attelages de chevaux tout pomponnés. Les grandes *corridas* aux arènes de La Maestranza. ont également lieu durant la *feria*. Une atmosphère de liesse règne dans la ville et vous transporte dans un monde féerique au rythme des *sevillanas* (sorte de séguedilles).

Le festival des Patios : du 5 au 11 mai, si vous aimez les couleurs des géraniums (*geranios*), vous vous régalerez. Chaque année, le plus beau patio cordouan est récompensé, dans le cadre du Festival de Patios Cordobeses.

San Isidro : à l'occasion de la fête de San Isidro (15 mai), patron de Madrid, la ville se surpasse. La tradition veut que l'on se rende sur la *Pradera* (prairie) du saint, près du fleuve Manzanares, pour y boire l'eau de la fontaine jouxtant la chapelle (ermite). Une grande fête foraine se tient là.

Le 13 juin Saint Antoine de Padoue : ce jour là une grande fête foraine se tient à Madrid à San Antonio de la Floride, chapelle située près du Manzanares. La tradition veut que les jeunes filles jettent des aiguilles (*alfileres*) dans un bénitier, puis les retirent afin de « décrocher » un fiancé. Coutume qui perpétue celle des cousettes (*modistillas*).

24 juin - San Juan : des feux de joie (*hogueras*) sont allumés un peu partout, notamment aux carrefours et sur les collines autour des villages (*aldea*). Les fêtes de la Saint-Jean revêtent un faste tout particulier à Alicante. Ce jour marque aussi la fête du roi Juan Carlos Ier.

29 juin - San Pedro y San Pablo : la fête des saints patrons de la ville de Burgos est prétexte à deux semaines de festivités au cours desquelles a lieu le Festival international de folklore, un concours de bonne chère (*buen yantar*) ainsi que la *Romeria de Fuentes Blancas.*

2 juillet - Santiago (Saint Jacques de Compostelle) : c'est le Saint patron de l'Espagne. Le 2 juillet à minuit, un formidable feu d'artifice inaugure une période de festivités où le folklore galicien n'est pas en reste.

25 juillet : on célèbre la victoire sur l'infidèle. Pour commémorer le départ des *moros*, on brûle une pièce d'artifice (*castillo de fuego)* devant la cathédrale que des milliers de pèlerins envahissent. Dans de nombreuses villes, les participants se déguisent et simulent une bataille en exécutant des figures empruntées à la danse. L'expression « *Haber moros y cristianos* » a pris le sens de « y avoir de la bagarre ».

7 juillet - San Fermin : qui n'a entendu parler de *Los sanfermines* à Pampelune ? Le 7 juillet, pendant 7 jours dédiés au Saint Patron, les habitants pamplonicas se déchaînent. Le vin donne du courage aux participants à l'*encierro* (lâcher de taureaux dans la ville). Le *chupinazo* (fusée) tiré à midi du balcon de la mairie annonce le début des fêtes qui vont permettre aux jeunes et moins jeunes de démontrer leur courage.

20 août : dans la province de Castellon de la Plana, à Morella, les *Fiestas Sexenales de la Virgen de Vallivana* se tiennent, comme, leur nom l'indique, tous les six ans. Les habitants décorent leur village de tableaux en papier plissé (*papel rizado*) de toutes les couleurs. Les prochaines auront lieu en 2000 !

23 septembre - Santa Tecla (Sainte-Thècle) : vous pourrez admirer d'étonnantes pyramides humaines (*castellers*) devant l'hôtel de ville (*casa consistorial*) tout en découvrant la danse populaire ancestrale de la Catalogne : la sardane.

La Fête des vendanges : les « *Fiestas de la Vendimia* », en septembre, sont les plus réputées d'Espagne. Une reine du vin préside aux festivités qui incluent des ventes aux enchères de chevaux, des foires aux bestiaux. Devant la façade de la cathédrale a lieu la *Pisa de la uva* (pressurage du raisin), point culminant de ces réjouissances. C'est évidemment dans une des villes les plus séduisantes de l'Andalousie, renommée mondialement pour son vin, qu'a lieu cette manifestation : Jerez de la Frontera.

28 décembre : la *Inocentada* équivaut à notre 1er avril. Ce jour-là, on fait des farces de tous genres, d'où l'expression « *dar una inocentada* » (faire une farce).

SOUPES

Gazpacho, son nom probablement dérivé de l'arabe, signifie pain trempé.
Sous le soleil de plomb, il est dégusté froid. L'hiver très chaud.
Ici, on ajoute des raisins et des amandes, là des oignons, ailleurs...
A chaque région sa recette, mais l'authentique est andalou, de Séville !

GAZPACHO

6 PERS. ♦ PRÉPA. : 30 MN ♦ RÉFRIGÉRATION : 2 H ♦ * $

5 tomates • 1 concombre • 2 oignons • 1 poivron vert • 1 gousse d'ail • 3 bols de pain émietté • 1 l d'eau froide • 4 C. de vinaigre de vin rouge • 3 c. de sel • 4 C. d'huile d'olive • 1 C. de concentré de tomate

Pour la garniture : **1 bol de croûtons de pain • 1 oignon moyen • 2 dl de concombre • 2 dl de poivron vert**

• Ebouillantez 30 secondes les tomates afin de les peler plus facilement, puis hachez-les grossièrement.

• Pelez et hachez les oignons. Lavez, essuyez puis épépinez et débarrassez le poivron de ses graines et des ses côtes. Hachez-le grossièrement. Pelez, dégermez et hachez l'ail.

• Dans un grand saladier mélangez concombre, oignons, poivron, ail et mie de pain. Ajoutez l'eau, le vinaigre et salez tout en remuant soigneusement.

• Avec une louche, versez le mélange dans un mixer (un bol à la fois). Faites tourner à grande vitesse pendant 1 mn de manière à obtenir une purée lisse. Lorsque tous les ingrédients ont été réduits en purée, versez

cette dernière dans un saladier, incorporez-y l'huile et le concentré de tomate en battant avec un fouet.

• *Couvrez le saladier avec une feuille d'aluminium et mettez au réfrigérateur pour 2 heures de manière à servir un potage bien glacé.*

• *Au dernier moment donnez un léger coup de fouet pour le rendre homogène puis versez le potage à l'aide d'une louche dans une soupière glacée.*

• *Servez le* gazpacho *en présentant les croûtons frits (ou non, selon votre goût) ainsi que les légumes (oignon, concombre et poivron vert) finement hachés dans différents récipients. Chaque convive se servira à son goût.*

CONSOMMÉ À LA MADRILÈNE

6 PERS. ♦ PRÉPA. : 10 MN ♦ CUISSON : 2 H 30 ♦ * $

300 g de viande à pot-au-feu maigre • 1/4 poulet • 2 os de veau • 2 œufs + 1 blanc d'œuf • 1 verre de Xérès • 1 poireau • 1 oignon • 2 tomates • 1 navet • 2 branches de persil • sel

• *Épluchez tous les légumes.*

• *Dépiautez le poulet, et coupez la chair en tout petits cubes ainsi que la viande à pot-au-feu. Lavez le poireau, les tomates et le navet.*

• *Mettez les viandes, les 2 os, et les légumes dans une grand faitout, ajoutez 3 litres d'eau froide salée. Portez à ébullition, écumez et laissez cuire 2 h.*

• *Dans un saladier, battez le blanc d'œuf en neige, incorporez-le au bouillon. Laissez cuire encore 30 mn.*

• *Pendant ce temps, cuisez les œufs durs : plongez les œufs dans l'eau bouillante salée et laissez-les cuire pendant 10 mn. Puis passez-les sous l'eau froide, écalez-les, et coupez-les en rondelles.*

• *Lavez et hachez le persil.*

• *Au bout de 2 h 30 de cuisson, le bouillon doit avoir réduit de moitié. Dégraissez-le soigneusement et passez le tout au chinois.*

• *Au moment de servir, versez le consommé dans des assiettes creuses individuelles, ajoutez un peu de Xérès, quelques petits morceaux de poulet et des rondelles d'œufs durs, puis parsemez de persil haché.*

POT-AU-FEU MADRILÈNE

6-8 PERS. ♦ TREMPAGE : 12 H ♦ PRÉPA. : 20 MN ♦ CUISSON 3 H 40 ♦ ** $$$

750 g de viande de bœuf (plat de côtes, gîte, flanchet) • 1/2 poule • 1 os de veau • 250 g de lard maigre • 2 morceaux d'os de jambon • 2 chorizos • 2 boudins • 500 g de pois chiches • 400 g de pommes de terre • 1 carotte • 1 navet • 1 oignon • 1 gousse d'ail • 1 bouquet garni • 1 feuille de chou • 1 poireau • 150 g de vermicelles • sel

• *La veille, mettez les pois chiches à tremper pendant 12 h, dans de l'eau tiède salée.*

• *Le lendemain, épluchez tous les légumes à l'exception de la tête d'ail, et lavez et coupez le poireau en gros tronçons de 10 cm.*

• *Versez 2 litres d'eau dans un faitout. Aux premiers bouillonnements, ajoutez les pois chiches égouttés et rangés dans un petit filet (afin qu'ils ne s'éparpillent pas au fond du récipient), les viandes de bœuf et de porc, tous les os et le bouquet garni.*

• *Lorsque le tout commence à écumer, retirez l'écume avec une passoire fine, et ajoutez la demi-poule, la carotte, l'oignon, le poireau, le navet, la tête d'ail et la feuille de chou lavée.*

• *Laissez cuire le* cocido *à feu moyen et à couvert, pendant 3 h (ou 1 h en cocotte minute à partir de la mise en rotation de la soupape).*

• *Ajoutez ensuite les pommes de terre, le chorizo, le boudin et laissez cuire encore 30 mn (12 mn en cocotte minute).*

• *Prélevez 1 louche de bouillon par personne, versez-les dans une casserole, et jetez-y les vermicelles. Laissez cuire 10 mn.*

• *Servez.*

Note : vous devrez présenter sur la table le *cocido* dans l'ordre suivant : la soupe de vermicelles, les pois chiches et les pommes de terre dans un grand plat. Toutes les viandes coupées en morceaux et disposées dans un autre plat.

La viande et les légumes peuvent également se manger accompagnés d'une vinaigrette un peu relevée.

SOUPE À L'AIL

4 PERS. ♦ PRÉPA. : 15 MN ♦ CUISSON : 25 MN ♦ * $

4 gousses d'ail • 1 c. de piment en poudre • 250 g de pain rassis • 4 C. d'huile d'olive • 4 œufs • 2 tablettes de bouillon de volaille • sel

• *Découpez le pain en tranches.*

• *Épluchez et dégermez les gousses d'ail.*

• *Chauffez l'huile dans une cocotte en terre et faites frire l'ail. Lorsqu'il est doré, retirez-le et mettez à frire, dans la même huile, les tranches de pain.*

• *Lorsque le pain est doré, mouillez avec 1,5 litre d'eau et ajoutez les tablettes de bouillon. Hors du feu, saupoudrez avec le piment en poudre. Remuez bien et remettez à cuire à feu doux pendant 10 mn.*

• *Battez très légèrement les œufs puis versez-les dans la cocotte. Laissez cuire le tout encore pendant 5 mn, puis servez.*

Note : cette soupe se sert directement dans le plat de cuisson. On peut également la préparer dans des terrines individuelles.

POTAJES DE GARBANZOS

Autrefois, cette soupe, très consistante, figurait traditionnellement au menu du Vendredi Saint, jour où aucun catholique qui se respecte n'est censé manger de la viande.

6 PERS. ♦ TREMPAGE : 12 H ♦ PRÉPA. : 30 MN ♦ CUISSON : 1 H 30 ♦ ** $$

500 g de pois chiches • sel • 250 g de morue salée sèche • 2,5 l d'eau • 1 feuille de laurier • 250 g de pommes de terre • 500 g d'épinards • 2 gousses d'ail • 2 brins de persil • 1 c. de cumin en en poudre • 1 pincée de paprika • 1 gros oignon • 3 C. d'huile d'olive • $^1/_2$ C. de farine • 1 œuf dur

• *La veille, mettez les pois chiches à tremper dans une grande quantité d'eau tiède avec une pincée de sel.*

• *Mettez également la morue à dessaler dans de l'eau froide, en changeant celle-ci au moins deux fois.*

• *Epluchez et hachez finement les pommes de terre. Equeutez, lavez et égouttez les épinards. Pelez, dégermez et hachez l'ail ainsi que l'oignon. Lavez, essuyez et hachez le persil. Faites cuire l'œuf, écalez-le et hachez-le menu.*

• *Egouttez les pois chiches, puis mettez-les dans une grande casserole. Ajoutez 2,5 litres d'eau et le laurier. A compter des premiers bouillonnements, laissez cuire 1 heure 30 minimum (le temps de cuisson dépend de la variété des pois chiches). Au bout de 45 mn, ajoutez la morue, dessalée, rincée et égouttée.*

• *5 minutes environ avant la fin de la cuisson, ajoutez les pommes de terre et les épinards.*

• *Pendant ce temps, écrasez dans un mortier l'ail et le persil avec le cumin et un peu de paprika. Ajoutez 1 C. de bouillon et mélangez.*

• *Dans une poêle chauffez l'huile, et faites revenir l'oignon haché à feu doux ; incorporez la farine et la préparation contenue dans le mortier. Laissez cuire 1 à 2 minutes en mélangeant, puis versez dans la casserole de cuisson. Goûtez, salez si nécessaire et ôtez la feuille de laurier.*

• *Servez dans une soupière et parsemez d'œuf dur haché.*

TAPAS ET HORS-D'ŒUVRES

LES TAPAS À L'HEURE DE L'APÉRITIF

Les *tapas* sont nés en Andalousie afin de mieux accompagner le Xérès au moment de l'apéritif. L'Espagne compte aujourd'hui des centaines de recettes des plus simples aux plus sophistiquées.

Quelques tapas classiques, qui sont présentés sur des piques en bois :

- *Des anchois enroulés dans du poivron rouge ou jaune avec des câpres.*
- *Un cube de poivron rouge, un oignon au vinaigre, un cornichon, une olive, un petit piment vert.*
- *Une rondelle de chorizo frit entre deux cubes de poivron.*
- *Des cubes de fromages marinés dans l'huile d'olive entre deux olives.*

Des tapas plus sophistiqués :

- *Faites cuire des gambas, puis plongez-les dans une sauce Béchamel. Passez-les dans la chapelure et faites-les frire dans une huile chaude.*
- *Décortiquez des langoustines en conservant leur queue. Plongez-les dans une pâte à beignets puis faites-les frire dans l'huile d'olive chaude. Servez les beignets bien chauds saupoudrés de safran.*
- *Nettoyez soigneusement de toutes petites seiches. Faites-les revenir de tous côtés pendant 5 bonnes minutes, dans l'huile bien chaude avec de l'ail et du persil hachés. Salez, poivrez abondamment et servez bien chaud.*

ANCHOIS MARINÉS

6 PERS. ♦ PRÉPA. : 30 MN ♦ MARINADE : 12 H ♦ ** $

350 g d'anchois frais • 4 gousses d'ail • 9 C. d'huile d'olive • 30 cl de vinaigre de vin • 8 cl d'eau • 4 branches de persil • 15 g de sel • poivre moulu

- *Videz, écaillez et ôtez la tête des anchois. Retirez ensuite l'arête centrale et prélevez des filets.*
- *Rincez-les soigneusement, essuyez-les avec du papier absorbant.*
- *Epluchez les gousses d'ail, coupez-les en lamelles. Lavez, essuyez et hachez le persil.*
- *Dans un plat en terre, disposez une couche de filets d'anchois. Recouvrez-les de lamelles d'ail. Poivrez. Formez ainsi plusieurs couches jusqu'à épuisement des filets.*
- *Recouvrez de vinaigre et d'eau. Laissez mariner 12 heures.*
- *Egouttez soigneusement les filets d'anchois, salez-les très légèrement, puis remettez-les dans le plat. Arrosez-les d'huile, parsemez avec le hachis de persil et l'ail restant.*
- *Servez.*

CREVETTES À L'AIL

4 PERS. ♦ PRÉPA. : 10 MN ♦ CUISSON : 15 MN ♦ * $

24 grosses crevettes roses • 4 gousses d'ail • 2 C. de persil haché • 4 cl d'huile d'olive • sel • poivre

- *Epluchez, dégermez et hachez l'ail puis mélangez-le au persil haché.*
- *Dans une poêle, faites chauffer l'huile, et faites colorer les crevettes sur les deux faces. Salez et poivrez.*
- *Saupoudrez-les d'ail et de persil hachés et faites-les sauter une à deux minutes. Servez chaud.*

BROCHETTES DE MOULES SAUCE PIQUANTE

4 PERS. ♦ PRÉPA. : 20 MN ♦ CUISSON : 10 MN ♦ * $$

16 grosses moules d'Espagne • 16 tranches de *chorizo* • 1 boîte de coulis de tomates • 1 C. de vinaigre de Xerez • 1 C. d'huile d'olive • 1 C. de persil haché • 1 dl de vin blanc • sel • poivre

• *Lavez et grattez soigneusement les moules, puis mettez-les à ouvrir avec le vin blanc, pendant 3 mn. Jetez celles qui ne se sont pas ouvertes.*

• *Découpez le chorizo en rondelles.*

• *Décortiquez les moules et montez les brochettes en intercalant moules et chorizo.*

• ***Sauce piquante**: mélangez le coulis de tomates, le vinaigre, le sel, le poivre, l'huile d'olive et le persil haché. Faites tiédir et servez en accompagnement des brochettes.*

TORTILLA AUX LÉGUMES ET AU CHORIZO

4 PERS. ♦ PRÉPA.: 30 MN ♦ CUISSON: 25 MN ♦ * $

8 œufs • 100 g de *chorizo* • 100 g de jambon cru • 100 g de saucisse sèche en morceaux • 50 g de petits pois frais • 4 asperges • 4 champignons de Paris • 1 cœur d'artichaut • 2 pommes de terre • 1 poivron • 1 oignon • 1 gousse d'ail • huile d'olive • sel • poivre

• *Pelez les pommes de terre, coupez-les en rondelles et faites-les bouillir pendant 10 mn.*

• *Epluchez et émincez l'oignon. Lavez, ôtez les graines et les filaments du poivron, puis coupez-le en petits dés. Pelez, dégermez et hachez l'ail.*

• *Lavez et coupez les champignons en lamelles.*

• *Faites blanchir les petits pois, les pointes d'asperges et le cœur d'artichaut coupé en quartiers.*

• *Dans une poêle, faites revenir l'oignon émincé et les dés de poivron dans l'huile chaude. Mélangez avec une spatule en bois.*

• *Ajoutez les lamelles de champignons et laissez cuire 10 mn.*

• *En fin de cuisson, ajoutez l'ail haché, salez, poivrez.*

• *Dans une jatte, cassez les œufs, fouettez-les avec sel et poivre. Versez dans la jatte, les ingrédients contenus dans la poêle, puis ajoutez les légumes blanchis, les rondelles de chorizo et de saucisse ainsi que le jambon Serrano coupé en lamelles. Mélangez le tout.*

• *Dans une grande poêle faites chauffer 2 C. d'huile d'olive. Versez dans la poêle le contenu de la jatte et faites prendre l'omelette.*

• *Lorsqu'elle est cuite d'un côté, posez dessus une grande assiette et retournez-la. Faites-la ensuite glisser dans la poêle, du côté non cuit et terminez la cuisson.*

• *Servez chaud ou froid.*

CROQUETTES D'ŒUFS

3 PERS. ♦ PRÉPA.: 20 MN ♦ CUISSON: 15 MN ♦ * $

7 œufs • chapelure • 1/4 litre d'huile d'olive
Pour la béchamel: **1/4 litre de lait • 2 C. de farine • 2 C. de beurre • 1 pincée de noix muscade • sel**

• *Dans une poêle, faites chauffer l'huile et faites-y frire 6 œufs, un par un.*

• *Disposez-les ensuite sur un plat et laissez-les refroidir. Réservez l'huile de friture.*

• *Pendant ce temps, préparez une sauce béchamel épaisse selon la recette indiquée p. 152.*

• *Enrobez chaque œuf avec la béchamel.*

• *Battez le dernier œuf dans une assiette creuse. Étalez la chapelure dans une autre assiette, et passez successivement les œufs enrobés de béchamel dans l'œuf battu, puis dans la chapelure.*

• *Faites chauffer une nouvelle fois l'huile de la poêle que vous avez réservée. Lorsqu'elle est très chaude, plongez-y les croquettes et laissez-les frire à peine 1 mn. Egouttez-les sur du papier absorbant.*

• *Servez aussitôt.*

OMELETTE DE POMMES DE TERRE

4-6 PERS. ♦ PRÉPA. : 15 MN ♦ CUISSON : 20 MN ♦ ** $

8 œufs • 1/4 de l d'huile d'olive • 1 kg de pommes de terre • 1 oignon • sel

• *Épluchez les pommes de terre, puis coupez-les en lamelles très fines, lavez-les et laissez-les dans un peu d'eau froide.*

• *Epluchez l'oignon, émincez-le.*

• *Dans une poêle à haut bord, faites chauffer l'huile.*

• *Lorsque l'huile est bien chaude, jetez-y les lamelles de pommes de terre, après les avoir égouttées – mais non essuyées – et laissez-les cuire à feu doux, en mélangeant délicatement avec une spatule en bois. Elles doivent se défaire et surtout pas dorer. Salez.*

• *Un peu avant la fin de leur cuisson, ajoutez l'oignon émincé. Mélangez.*

• *Dans un saladier, battez les œufs. Retirez les pommes de terre avec une écumoire et mettez-les dans le saladier. Mélangez.*

• *Réservez l'huile excédentaire de la poêle et remettez le mélange pommes de terre-œufs. Laissez cuire à feu moyen 7 mn.*

• *Lorsque les œufs sont cuits, faites glisser la* tortilla *sur une assiette. Remettez l'huile excédentaire réservée dans la poêle, faites-la chauffer puis, en vous aidant d'une autre assiette, retournez l'omelette et remettez-la dans la poêle. Laissez cuire l'autre face 5 mn.*

• *Glissez l'omelette dans le plat de service et servez chaud.*

Note : accompagnez d'une salade, ou découpez la *tortilla* pour la déguster à l'heure de l'apéritif.

HUEVOS A LA FLAMENCA

L'une des recettes espagnoles les plus connues à l'étranger. C'est un plat très coloré d'origine andalouse, de Séville, disent certains.

Les ingrédients peuvent varier : si vous n'avez pas d'asperges, utilisez des cœurs d'artichauts ou même des haricots, genre mange-tout, hachés.

4 PERS. ♦ PRÉPA. : 25 MN ♦ CUISSON : 7 MN ♦ ** $

150 g de jambon cru en dés • 8 tranches fines de *chorizo* • 8 œufs • 8 pointes d'asperges en boîte • 1 poivron rouge • sel et poivre • 1 pincée de paprika • 1 C. de persil haché

***Sauce tomate :* 2 C. d'huile d'olive • 1 oignon moyen • 500 g de tomates • 3 C. de petits pois cuits • 1 gousse d'ail**

• *Commencez par la préparation de la sauce tomate.*

• *Epluchez et hachez menu l'oignon. Ebouillantez 30 s. les tomates, pelez-les, épépinez-les puis hachez-les. Pelez et hachez menu l'ail.*

• *Dans une poêle, chauffez l'huile et faites-y revenir l'oignon jusqu'à ce qu'il soit translucide. Ajoutez les tomates, l'ail, un peu de sel et de poivre. Couvrez et laissez cuire 10 mn environ.*

• *Ajoutez les petits pois à la sauce tomate, mélangez, puis versez dans quatre plats à œufs.*

• *Dans une autre poêle, faites revenir quelques minutes dans un peu d'huile, à feu doux, le jambon et le chorizo.*

• *Préchauffez le four (therm. 6).*

• *Cassez deux œufs dans chacun plat. Disposez les pointes d'asperges, le mélange jambon-chorizo et le poivron rouge autour des œufs. Salez, poivrez, saupoudrez de paprika et de persil.*

• *Mettez les plats au four chaud. Laissez cuire pendant 7 minutes environ : les blancs doivent être fermes, mais pas les jaunes !*

BEIGNETS AU MANCHEGO

Préparés avec du *manchego*, bien croustillants, ces beignets sont vraiment un délice, et il est difficile d'y résister.

4 PERS. ♦ PRÉPA. : 30 MN ♦ CUISSON : 6-9 MN ♦ * $

125 g de *manchego* • 2 blancs d'œufs • 50 g de chapelure • huile d'olive • 3 feuilles de persil • 2 branches de ciboulette • 1 c. de thym • 1 c. de paprika • sel • poivre moulu

• *Remplissez une friteuse aux deux tiers d'huile d'olive et faites-la chauffer.*

• *Râpez le fromage. Lavez et hachez très finement persil et ciboulette.*

• *Séparez les jaunes des blancs d'œufs. Dans un saladier, battez les blancs d'œufs en neige bien ferme.*

• *Incorporez aux blancs en neige très délicatement le fromage râpé, la chapelure et les herbes, avec une grande cuillère, en soulevant doucement la masse. Salez, poivrez et ajoutez le paprika.*

• *Formez des boulettes de la taille d'une noix et plongez-les dans la friture, par petites quantités, afin qu'elles ne collent pas entre elles.*

• *Laissez frire 3 minutes environ, jusqu'à ce qu'elles soient bien dorées.*

• *Sortez les petits beignets de la friture au fur et à mesure, avec une écumoire, et posez-les sur du papier absorbant.*

• *Servez très chaud.*

CASSOLETTE DE MOULES

PRÉPA. : 15 MN ♦ CUISSON : 10 MN ♦ * $

1 l de moules d'Espagne • 1 poivron rouge • 1 gousse d'ail • 1 oignon • 1 C. de persil ciselé • 2 C. d'huile d'olive • poivre

• *Grattez les moules, passez-les dans plusieurs eaux. Egouttez-les. Pelez la gousse d'ail et l'oignon. Emincez-les finement. Partagez le poivron en quatre, retirez les graines et coupez la pulpe en très fines lamelles.*

• *Mettez l'huile d'olive à chauffer dans une cocotte, faites-y rissoler pendant 1 mn l'émincé d'ail et d'oignon. Ajoutez les lamelles de poivron et laissez cuire 5 mn sur feu modéré en mélangeant de temps en temps.*

• *Versez les moules dans la cocotte. Parsemez de persil, mélangez. Cuisez à feu vif en mélangeant souvent, jusqu'à ce que tous les coquillages soient ouverts (il faut compter 4 à 5 mn environ). Poivrez et servez aussitôt.*

Note: on peut également préparer des palourdes en procédant de la même manière.

FÈVES EN SALADE AU CHORIZO

PRÉPA.: 10 MN ♦ CUISSON: 30 MN ENV. ♦ * $

1 kg de fèves fraîches • 100 g de *chorizo* • 1 oignon • 2 gousses d'ail • 2 tomates • 10 cl de vin blanc • 1 C. d'huile • sel • poivre

• *Ebouillantez les fèves 1 mn. Rafraîchissez-les à l'eau froide. Epluchez-les. Pelez et hachez finement l'oignon et les gousses d'ail. Partagez les tomates en deux, épépinez-les. Découpez la pulpe en petits morceaux.*

• *Coupez le chorizo en fines tranches. Faites-les dorer à l'huile dans une petite cocotte, puis retirez-les. A leur place, mettez l'oignon et l'ail, mélangez. Ajoutez la pulpe de tomates, laissez cuire pendant 5 mn. Joignez les fèves, remuez. Versez le vin, salez, couvrez. Cuisez encore 20 mn. Posez ensuite les tranches de chorizo sur les fèves et laissez cuire 5 mn de plus.*

• *Servez tiède ou froid.*

SARDINES MARINÉES

PRÉPA. : 25 MN ♦ * $

500 g de sardines fraîches • 1 citron jaune • 2 C. d'huile d'olive • 1 petit piment • sel • poivre • salade verte • oignons frais • citron

• *Ecaillez les sardines. Posez-les à plat sur le plan de travail. Incisez-les le long du dos à l'aide d'un couteau tranchant. Dégagez les filets. Jetez les têtes et les arêtes.*

• *Lavez et épongez les filets de sardines. Rangez-les dans un plat. Arrosez-les du jus de citron pressé, salez-les. Laissez-les mariner 1 h en les retournant 2 ou 3 fois.*

• *Egouttez-les. Mettez-les dans un grand ramequin, arrosez-les d'huile. Ajoutez le piment coupé en fines rondelles. Réservez au frais.*

• *Au moment de servir : répartissez les salades sur une assiette, disposez-y les filets de sardines et des quartiers de citron. Poivrez. Servez avec des oignons frais et du pain grillé.*

POISSONS ET FRUITS DE MER

Mélange des saveurs océanes et terrestres, la *paëlla* tire son nom de la poêle dans laquelle elle cuit. Considérée comme le plat national espagnol, elle est en fait originaire du Levant, le pays du riz et des orangers.
Les trois ingrédients essentiels de la *paëlla* sont : le riz, le safran et l'huile d'olive. Pour le reste, suivez votre inspiration, ajoutez votre touche personnelle qui en fera un plat unique.

PAELLA CASTELLANA

6-8 PERS. ♦ DÉGORG. : 30MN ♦ PRÉPA. : 50 MN ♦ CUISSON : 35 MN ♦ *** $$$

1 poulet de 1 kg prêt à cuire • 500 g de riz • 100 g de jambon Serrano • 1 *chorizo* • 12 petits crabes rouges (étrilles) • 200 g de palourdes • 2 poivrons rouges en boîte • 1 dl de sauce tomate en boîte • 100 g de petits pois en boîte • 1 sachet de safran en poudre • 4 gousses d'ail • 1 citron • 1 oignon • 2 C. de persil haché • 1/4 de litre d'huile d'olive • 1/4 de litre de bouillon de viande

• Faites dégorger les palourdes dans une grande bassine d'eau froide salée pendant 30 mn.
• Lavez soigneusement les étrilles à l'eau courante.
• Coupez le poulet, le jambon et le chorizo en petits morceaux.
• Pelez l'oignon et hachez-le.
• Faites chauffer 2 cuillères d'huile dans une sauteuse. Jetez-y l'oignon, les morceaux de poulet, de jambon et de chorizo et faites revenir le tout pendant 5 mn.

• *Mouillez avec 1/4 de litre de bouillon et laissez cuire encore 15 mn à feu moyen.*

• *Pendant ce temps, faites chauffer l'huile restante dans un plat à paëlla de 38 à 40 cm de diamètre, et faites-y revenir les gousses d'ail non épluchées.*

• *Dès que l'ail commence à brunir, retirez-le et versez le riz. Mélangez, puis ajoutez les étrilles, les palourdes, la sauce tomate et laissez revenir pendant 5 mn.*

• *Lavez les poivrons, ôtez les graines et les filaments puis coupez-les en lamelles.*

• *Ajoutez le contenu de la sauteuse dans le plat à paëlla, ainsi que les petits pois, les poivrons et le safran.*

• *Remuez bien le tout en veillant à ce que tous les ingrédients soient bien répartis dans le plat. Si le jus de cuisson ne recouvre pas totalement les ingrédients, ajoutez un peu d'eau. Laissez cuire 25 mn sans toucher au plat.*

• *Lorsque la paëlla est cuite, éteignez le feu, parsemez de persil haché, recouvrez avec un linge ou un papier (type absorbant) et laissez reposer 5 mn.*

• *Coupez le citron en quartiers et décorez le plat.*

• *Servez directement dans le plat de cuisson.*

PALOURDES AU VIN BLANC

6 PERS. ♦ PRÉPA. : 30 MN ♦ CUISSON : 1 H ♦ ** $$

6 douzaines de petites palourdes • $^3/_4$ l de vin blanc sec • 9 C. d'huile d'olive • 3 oignons • 1 gousse d'ail • 4 tomates • 3 œufs durs • 6 C. de persil ciselé • 3 citrons • sel • poivre noir moulu

• *Lavez et brossez soigneusement les palourdes. Pelez et hachez finement les oignons et l'ail.*

• *Dans une poêle à fond épais, faites chauffer l'huile. Lorsqu'elle est chaude, jetez-y les oignons pelés finement hachés et l'ail. Laissez cuire en remuant souvent avec une cuillère en bois pendant 5 mn (jusqu'à ce que les oignons soient tendres mais non dorés).*

- *Faites cuire les œufs.*
- *Lavez, épépinez et hachez finement les tomates. Passez les jaunes d'œufs au tamis.*
- *Ajoutez aux oignons les tomates et les jaunes d'œuf. Laissez cuire 5 mn en remuant et en écrasant avec la cuillère en bois. Laissez réduire jusqu'à obtention d'une purée épaisse mais lisse. Réservez.*
- *Mettez les palourdes dans le fond d'un poêlon. Mouillez avec le vin blanc et portez à ébullition sur feu vif. Couvrez hermétiquement, réduisez la flamme et laissez étuver jusqu'à ouverture des coquillages (10 mn environ).*
- *Retirez les palourdes et dressez-les sur un grand plat chaud (jetez les coquillages qui ne se sont pas ouverts).*
- *Passez l'eau de cuisson des palourdes au chinois et versez-la sur la sauce aux oignons. Portez à ébullition en remuant. Goûtez, salez, poivrez avec du poivre fraîchement moulu. Versez la sauce sur les coquillages, parsemez de persil et de blancs d'œufs hachés.*
- *Décorez avec les citrons coupés en quartiers et servez aussitôt.*

DORADE AU SEL

6 PERS. ♦ PRÉPA. : 20 MN ♦ CUISSON : 45 MN ♦ *** $$$

1 très belle dorade (+ 2 kg) • 1 bol de farine • 4-5 kg de gros sel marin • quelques brins de romarin • sel • poivre
***Sauce :* huile d'olive • 1 citron • persil**

- *Faites préparer la dorade par votre poissonnier. Lavez-la, puis frottez-la avec le sel et le poivre. Farcissez-la de romarin.*
- *Préparez la pâte à frire avec la farine, un peu d'eau et le gros sel.*
- *Préchauffez le four (therm. 7). Etalez une couche de cette pâte sur la plaque du four. Placez dessus la dorade puis recouvrez-la entièrement avec la pâte restante.*
- *Faites cuire au four 45 mn.*

• *Présentez à vos convives la dorade dans sa croûte et rompez-la devant eux.*

• *Servez avec une sauce faite avec de l'huile d'olive, du jus de citron et du persil haché.*

PICADA DE SEICHE ET DE LOTTE

6 PERS. ♦ PRÉPA. : 30 MN ♦ CUISSON : 40 MN ♦ *** $$$

250 g de seiches • 200 g de lotte • 350 g de riz • 3 oignons • 3 tomates • 1 poivron rouge • 1,5 l de fumet de poisson • 2 cœurs de petits artichauts • huile • sel • poivre moulu
Picada : **voir recette page 51**

• *Demandez à votre poissonnier de préparer les seiches en vous gardant les poches d'encre.*

• *Préparez la* picada *(recette page 51).*

• *Epluchez et coupez les oignons en dés. Ebouillantez 30 s. les tomates, pelez-les et épépinez-les.*

• *Lavez, ôtez graines et filaments et coupez en morceaux le poivron.*

• *Lavez les cœurs d'artichauts et coupez-les en gros dés.*

• *Découpez les seiches en dés et la lotte en petits morceaux.*

• *Dans une poêlon pouvant aller au four, faites chauffer un peu d'huile et faites rissoler pendant 5 mn, les oignons, puis les morceaux de poivron, les tomates et enfin les dés de cœurs d'artichauts. Ajoutez les dés de seiches et les morceaux de lotte. Laissez cuire 3 mn en remuant sans interruption avec une spatule en bois. Ajoutez le riz et la « picada » que vous aurez mélangée avec environ 1/8 du fumet. Mouillez avec un peu de fumet. Laissez cuire 14 mn à feu moyen.*

• *Préchauffez le four (therm. 6).*

• *Passez l'encre des seiches à travers un chinois, puis mélangez-la à 1/8 de fumet. Versez-la ensuite sur le riz. Mélangez soigneusement et mettez au four quelques minutes.*

• *Servez très chaud.*

CIVELLES À L'AIL

6 PERS. ♦ PRÉPA. : 5 MN ♦ CUISSON : 12 MN ♦ ** $$

900 g de civelles déjà cuites • 4 gousses d'ail • 2 C. d'huile d'olive • 2 piments rouges • sel

• *Dans une cocotte en terre (de 15 à 16 cm de diamètre), faites chauffer l'huile d'olive. Jetez-y les gousses d'ail entières et non épluchées, les piments, et laissez dorer le tout pendant 5 mn.*

• *Retirez les gousses d'ail et les piments de la cocotte, remplacez-les par les civelles. Salez et laissez cuire à feu vif pendant 5 mn, en remuant constamment avec une cuillère en bois, avec un mouvement allant du centre vers les bords.*

• *Lorsque les civelles sont devenues blanches, éteignez le feu, couvrez la cocotte avec un couvercle en terre et laissez reposer 2 mn, puis servez.*

Note : les civelles se servent directement dans le plat de cuisson, et chacun « pioche » avec une petite fourchette ou pique en bois.

ZARZUELA

6-8 PERS. ♦ PRÉPA. : 1 H ♦ CUISSON : 50 MN ♦ *** $$$

1 homard (facultatif) • 8 langoustines • 300 g de gambas • 500 g de moules • 500 g de palourdes • 300 g de calmars • 300 g de lotte • $^1/_4$ de litre d'huile d'olive • 1 grand verre de vin blanc sec • 1 petit verre de cognac • 1 citron • 2 C. de purée de tomates • 1 poivron rouge • 1 poivron vert • 1 branche de persil • 1 oignon • 2 gousses d'ail • 1 feuille de laurier • 1 c. de piment doux • 1 piment chili • 2 œufs durs • farine • sel

• *Fendez le homard en deux. Nettoyez-le soigneusement et détachez les pattes. Coupez tous les poissons en lamelles.*

• *Pelez l'oignon et émincez-le. Lavez, essuyez puis hachez les poivrons très finement. Cuisez les œufs, écalez-les puis coupez-les en lamelles. Lavez et ciselez le persil. Passez les lamelles de poissons dans la farine.*

• *Faites chauffer l'huile dans une grande poêle et faites-y frire les lamelles de poissons farinées. Dès qu'elles sont frites, disposez-les dans une grande terrine en terre.*

• *Puis, faites cuire dans la même poêle, tous les crustacés et coquillages. Lorsque les crustacés sont revenus et les coquillages ouverts, versez-les également dans la terrine.*

• *Toujours dans la même huile de cuisson, faites ensuite revenir l'ail, l'oignon et les poivrons. Ajoutez la purée de tomates, le piment chili, le piment doux, la feuille de laurier, salez, et versez le tout dans la terrine.*

• *Versez 1 verre d'eau dans la terrine, puis le vin blanc, le cognac et le jus de citron. Laissez mijoter 15 mn, à couvert et à feu très doux,.*

• *Au moment de servir décorez la* zarzuela *avec les œufs coupés en lamelles et le persil haché.*

Note : la *zarzuela* se sert directement dans la terrine de cuisson.

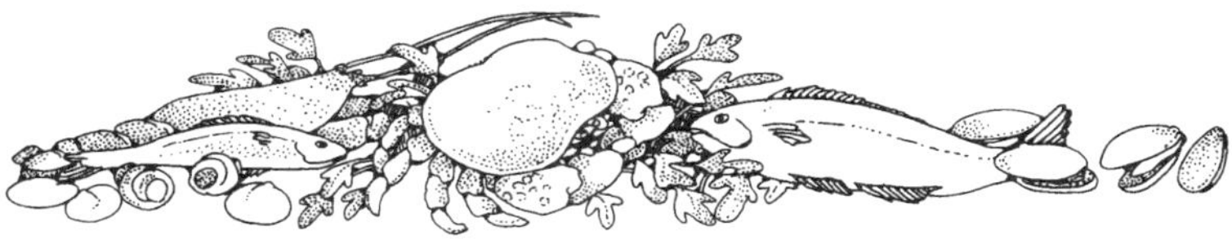

VIANDES, VOLAILLES, GIBIERS

POT-AU-FEU MADRILÈNE

6 PERS. ♦ TREMPAGE : 12 H ♦ PRÉPA. : 45 MN ♦ CUISSON : 2 H 45 ♦ ** $$

750 g d'épaule d'agneau • 450 g d'échine demi-sel • 1 poule • 1 bel os à moelle • 400 g de pois chiches • 4 oignons • 1 chou vert frisé • 12 petites pommes de terre • 6 carottes • 6 petits navets • 2 gousses d'ail • 1 bouquet garni • 1 bouquet de persil plat • sel • poivre noir moulu

• *Faites préparer ou achetez la volaille prête à cuire.*

• *La veille, mettez à tremper les pois chiches dans de l'eau froide.*

• *Faites dessaler l'échine de porc également dans l'eau froide pendant 6 heures, en renouvelant l'eau 3 fois.*

• *Pelez et coupez en petits quartiers les oignons et l'ail. Lavez et essuyez le persil.*

• *Epluchez les carottes et les navets. Epluchez les pommes de terre.*

• *Remplissez d'eau aux 2/3 un grand faitout, ajoutez les pois chiches égouttés, les oignons, l'ail, le bouquet garni et 3 branches de persil. Portez à ébullition.*

• *Une fois l'ébullition atteinte ajoutez le porc et la poule. Salez, poivrez et dès la reprise de l'ébullition laissez frémir pendant 2 heures en écumant régulièrement.*

• *Pendant la cuisson des viandes, nettoyez soigneusement le chou, découpez-le en quartiers et faites-le blanchir 12 mn dans de l'eau bouillante salée. Egouttez et réservez.*

• *Hachez finement le persil restant.*

• *Frottez les deux extrémités de l'os à moelle avec du gros sel, puis ajoutez-le dans le faitout avec tous les légumes et la viande d'agneau. Laissez cuire encore 30 mn.*

• *Egouttez les viandes, tranchez-les et disposez-les dans un grand plat chaud. Placez les légumes sur un autre plat et le bouillon, saupoudré de persil haché, dans une soupière.*

• *Servez bien chaud.*

ROGNONS DE VEAU AU XÉRÈS

6 PERS. ♦ PRÉPA. : 25 MN ♦ CUISSON : 35 MN ♦ ** $$

1 kg de rognons de veau dégraissés • 2 oignons • 6 C. d'huile d'olive • 1 c. d'ail en poudre • 1 feuille de laurier • 2 C. de farine • 1 dl de bouillon de bœuf (en tablette) • 2 C. de persil • 1 dl de Xérès • sel • poivre moulu

• *Dégraissez et fendez en deux les rognons, puis détaillez-les en cubes de 2,5 cm environ.*

• *Pelez et hachez finement les oignons. Lavez et ciselez le persil.*

• *Dans une poêle à fond épais, faites chauffer 4 C. d'huile. Dès que celle-ci est chaude ajoutez les oignons hachés, l'ail et le laurier. Laissez cuire 5 mn sur feu doux en remuant souvent avec une cuillère en bois jusqu'à ce que les oignons soient tendres – mais ne les laissez pas dorer.*

• *Versez la farine en pluie et mélangez soigneusement. Ajoutez le bouillon et portez à ébullition en augmentant le feu et en remuant constamment. Lorsque le mélange a bien épaissi et commence à bouillonner, ajoutez le persil ciselé, réduisez la flamme et laissez doucement mijoter 3 mn. Réservez.*

• *Dans une autre poêle, à fond épais, faites chauffer l'huile restante. Saupoudrez les dés de rognons de sel et de poivre fraîchement moulu et faites-les cuire dans l'huile très chaude 4 à 5 mn en les retournant souvent afin qu'ils dorent uniformément.*

• *Disposez les rognons sur une assiette.*

• *Versez le Xérès dans la poêle, portez à ébullition et déglacez. Remettez les rognons dans la poêle et ajoutez, en remuant, la sauce à l'oignon réservée. Portez doucement à ébullition et laissez mijoter 1 à 2 mn en remuant délicatement. Rectifiez l'assaisonnement si nécessaire.*

- *Servez aussitôt en accompagnant de riz au safran.*

SAUTÉ DE POULET AUX POIVRONS

6 PERS. ♦ PRÉPA.: 30 MN ♦ CUISSON: 1 H 05 ♦ ** $$

1 poulet de 1,750 kg • 3 oignons • 2 poivrons rouges • 2 poivrons • 2 gousses d'ail • 3 tranches de jambon fumé • 8 tomates • 8 olives vertes • 8 olives noires • 6 C. d'huile d'olive • sel • poivre noir moulu

- *Découpez le poulet en 6 ou 8 morceaux.*
- *Essuyez les morceaux avec du papier absorbant puis saupoudrez-les généreusement de sel et de poivre fraîchement moulu.*
- *Dans un poêlon chauffez l'huile sur feu doux. Lorsqu'elle est chaude, faites rissoler les morceaux de poulet en commençant par le côté couvert de peau et en les retournant délicatement afin qu'ils dorent uniformément de tous côtés. Sortez les morceaux de poulet et réservez.*
- *Epluchez, coupez en deux les oignons, puis faites des lamelles de 5 mm environ d'épaisseur.*
- *Pelez, dégermez et hachez finement l'ail. Lavez, essuyez, ôtez les graines et les filaments des poivrons puis découpez-les en lanières d'1/2 cm.*
- *Découpez le jambon en larges lanières.*
- *Ajoutez les légumes dans le poêlon, faites cuire 10 mn, sur feu doux en remuant fréquemment, jusqu'à ce que les légumes soient tendres (mais non dorés).*
- *Après 5 mn de cuisson, ajoutez les lanières de jambon.*
- *Ebouillantez les tomates, pelez-les, épépinez-les et hachez-les finement. Ajoutez-les aux autres légumes et faites cuire sur feu vif, en remuant, jusqu'à obtention d'une purée consistante.*
- *Remettez les morceaux de poulet dans le poêlon. Retournez-les afin*

qu'ils s'imbibent parfaitement de sauce. Couvrez et laissez mijoter jusqu'à ce que le poulet soit tendre (25 à 30 mn).

• *Dénoyautez et coupez en deux les olives. Ajoutez-les à la viande. Rectifiez l'assaisonnement.*

• *Versez le contenu du poêlon dans un grand plat creux chaud et servez aussitôt.*

ROMESCO DE LAPIN

6 PERS. ♦ JEÛNE DES ESCARGOTS : 3 JOURS + 4 H ♦ TREMPAGE DES POIVRONS : 3 H ♦ PRÉPA. : 45 MN ♦ CUISSON : 1 H 30 ♦ *** $$$

1 lapin d'1,5 kg • 1 kg d'escargots « petits gris » vivants • huile d'olive • quelques gouttes de vinaigre de Xérès • 2 oignons • 3 tomates • 2 petits poivrons doux séchés • 300 g de très petites pommes de terre • bouillon (en tablette) • 2 C. de farine • 1 grand verre de vin rouge corsé • 2 gousses d'ail • 1 petit piment sec • 12 amandes • quelques pignons • 10 pistils de safran • 1 pincée de noix de muscade • 2 brindilles de thym • 2 brindilles de romarin • 1 feuille de laurier • quelques branches de persil • sel • poivre moulu

• ***Important :*** *prévoir de laisser jeûner les escargots quelques jours. Laissez-les ensuite dégorger 3-4 heures dans un mélange de sel et de vinaigre.*

• *Rincez les escargots à grande eau, puis faites-les cuire dans un court-bouillon corsé et riche en herbes aromatiques.*

• *Mettez les poivrons doux à gonfler dans de l'eau pendant 3 heures.*

• ***Picada*** *: faites légèrement griller les pistils de safran, les amandes et les pignons. Epluchez l'ail, dégermez-le. Grattez la pulpe des poivrons. Lavez et essuyez le persil.*

• *Pilez tous ces ingrédients avec le foie du lapin, les pignons et les amandes. Ajoutez la farine, quelques gouttes de vinaigre et un peu de persil haché. Mélangez. Vous devez obtenir une pâte très fine : la* picada.

• *Epluchez et émincez les oignons. Pelez, épépinez et coupez en petits cubes les tomates. Epluchez les pommes de terre et laissez-les dans l'eau.*

• *Coupez le lapin en morceaux et faites-les revenir dans une cocotte avec un peu d'huile. Tournez-les afin qu'ils prennent un belle couleur de tous côtés, ajoutez les herbes, les oignons émincés, les cubes de tomates, le piment. Salez, poivrez. Mélangez bien, puis ajoutez le vin et la noix de muscade. Remélangez.*

• *Faites cuire jusqu'à réduction de la moitié du jus. Ensuite couvrez avec le bouillon chaud et laissez mijoter à couvert.*

• *Lorsque le lapin est presque cuit, ajoutez la* picada, *mélangez soigneusement, puis ajoutez les petites pommes de terre et les escargots.*

• *Goûtez et rectifiez l'assaisonnement si besoin. Laissez mijoter encore 15 mn, puis saupoudrez de persil et servez.*

Note : si les pommes de terre sont grosses, coupez-les en cubes.

TORTILLA D'AGNEAU AU CURRY

6 PERS. ♦ PRÉPA. : 15 MN ♦ CUISSON : 25 MN ♦ ** $$

350 g de viande d'agneau maigre (épaule, souris) • 4 œufs • 175 g de petits pois frais ou surgelés • 1 gros oignon haché fin • 1 gousse d'ail hachée • 3 c. de pâte de curry doux • 2 C. d'huile d'olive • sel • poivre moulu

• *Hachez la viande. Pelez et hachez l'oignon et l'ail.*

• *Dans une poêle chauffez l'huile et faites fondre l'oignon à feu doux 4-5 mn, sans le laisser dorer. Ajoutez l'ail et le curry, et cuisez encore 1 mn en remuant. Ajoutez les petits pois (gelés s'ils sont surgelés) et l'agneau haché. Salez. Mélangez. Couvrez. Cuisez 10 mn. Otez le couvercle. Cuisez encore 3-4 mn afin que tout le jus s'évapore.*

• *Pendant ce temps, battez les œufs à la fourchette avec 2 C. d'eau, sel et poivre. Versez sur le hachis dans la poêle. Cuisez 2-3 mn, le temps que le dessous soit pris.*

- *Préchauffez le gril du four.*
- *Enfournez la poêle tout près du gril, queue vers l'extérieur, en laissant la porte entrouverte. Dès que le dessus est bien doré et gonflé, sortez la* tortilla, *faites-la glisser sur un plat chaud et servez aussitôt.*

POULET AU JAMBON DE SERRANO

4 PERS. ♦ PRÉPA. : 20 MN ♦ CUISSON : 45 MN ♦ ** $$

1 poulet • 2 tranches épaisses de jambon de *Serrano* • 1 poivron vert • 1 poivron rouge • 4 tomates • 2 gros oignons • 5 cl d'huile d'olive • 6 gousses d'ail • 1 bouquet garni • sel • poivre

- *Découpez le poulet en 8 morceaux. Salez-les, poivrez-les puis, dans une cocotte, faites-les revenir sur les deux faces afin de leur donner une belle couleur dans l'huile d'olive chaude.*
- *Epépinez les poivrons, ôtez les filaments et coupez-les en lanières puis en petits dés. Epluchez les oignons et émincez-les. Lavez, puis coupez les tomates en quartiers. Epluchez, ôtez le germe et écrasez les gousses d'ail. Découpez le jambon en lanières.*
- *Retirez les morceaux de poulet de la cocotte, réservez-les au chaud.*
- *Dans l'huile de cuisson, faites revenir les poivrons et les oignons, ajoutez les quartiers de tomates, et enfin, les morceaux de poulet, le bouquet garni, l'ail écrasé et les lanières de jambon.*
- *Laissez mijoter tout doucement à couvert pendant 40 minutes en remuant assez souvent en cours de cuisson.*
- *Servez bien chaud en entourant les morceaux de poulet de leur garniture.*

Note : l'accompagnement idéal est un riz pilaf.

MOUTON VERT

4 PERS. ♦ PRÉPA. : 15 MN ♦ CUISSON : 1 H 20 ♦ ** $$

1 kg de mouton dans les bas morceaux • 150 g de lard maigre • 2 oignons • 4 gousses d'ail • 8 cœurs de laitue • 1 branche de persil • 1 branche de menthe • 1 pincée de cannelle en poudre • 1 pincée de noix muscade • 1 c. d'huile d'olive • 1 citron • 1/2 litre de bouillon de bœuf (tablette) • sel • poivre

• *Coupez la viande et le lard en petits morceaux.*

• *Épluchez les oignons et coupez-les en lamelles. Epluchez les gousses d'ail et laissez-les entières.*

• *Dans un faitout, chauffez l'huile, puis ajoutez les morceaux de viande et faites-les revenir pendant 5 mn. Ajoutez les morceaux de lard et les oignons, et laissez mijoter à feu doux pendant 30 mn, en remuant de temps en temps avec une spatule en bois.*

• *Ajoutez les gousses d'ail, salez et mouillez avec suffisamment de bouillon pour recouvrir la viande. Laissez cuire encore 30 mn.*

• *Lavez et essuyez les cœurs de laitue, puis ajoutez-les dans le faitout avec le persil lavé et la menthe, la cannelle, et le jus de citron. Poivrez, râpez un peu de noix muscade, et laissez cuire encore 20 mn environ.*

• *Servez très chaud.*

ROGNONS AU XÉRÈS

6 PERS. ♦ TREMPAGE : 1 H ♦ PRÉPA. : 15 MN ♦ CUISSON : 30 MN ♦ ** $$

1,400 kg de rognons de veau ou d'agneau • 2 dl d'huile d'olive • 2 oignons • 5 dl de Xérès sec • 2 dl d'eau • sel • poivre • maïzena (facultatif)

• *Mettez à tremper les rognons dans un peu d'eau citronnée pendant 1 h afin d'ôter un éventuel goût peu agréable. Changez l'eau au moins deux fois.*

• *Dégraissez, débarrassez les rognons de leur peau, de leurs filaments nerveux et de leur graisse (surtout celle qui se trouve à l'intérieur). Rincez-les quelques minutes sous l'eau courante, essuyez-les puis coupez-les en petits morceaux.*

• *Pelez et coupez en dés les oignons.*

• *Dans une cocotte chauffez l'huile et faites revenir l'oignon. Dès qu'il devient brillant, ajoutez les rognons laissez cuire, en remuant, 5 minutes à feu moyen. Ajouter les 3/4 du Xérès et l'eau, salez et poivrez. Augmentez le feu. Dès que le liquide bout, réduisez le feu, couvrez et laissez mijoter 15 mn. Rectifiez l'assaisonnement si nécessaire et ajoutez le Xérès restant.*

• *Si vous souhaitez obtenir une sauce plus épaisse, faites dissoudre un peu de maïzena dans un peu d'eau et ajoutez-la à la préparation en mélangeant et en continuant la cuisson sans cesser de remuer, jusqu'à la consistance voulue. Servez avec un riz blanc.*

Note : afin de vous faciliter la tâche, demandez à votre boucher de dégraisser et de couper les rognons en menus morceaux. Évitez de trop les cuire, ils deviendraient durs.

PERDRIX AU CHOCOLAT

L'ouverture de la chasse à la perdrix a lieu le deuxième dimanche d'octobre. Celle que l'on trouve un peu partout en Espagne est la perdrix rouge ; les meilleures sont celles des plaines de la Manche. On peut les cuisiner de nombreuses façons : rôties, à la cocotte, avec toutes sortes de sauces ; tout dépend si elles sont jeunes ou vieilles. En Espagne, on fait rarement faisander le gibier et on le vide de suite. Si votre perdrix vient directement du marché, elle est en général plutôt dure et il vaut mieux la faire en cocotte.

Cette sauce au chocolat est plutôt inattendue, mais elle est délicieuse.

4 PERS. ♦ PRÉPA. : 25 MN ♦ CUISSON : 2 H ♦ ** $$

4 perdrix prêtes à cuire • 12 châtaignes • 4 C. d'huile d'olive • 3 gousses d'ail • 1 C. de vinaigre de vin • 5 dl de bouillon de volaille • 1 dl de vin blanc • 2 oignons moyens • 2 poires pelées • 90 g de chocolat (amer) • 4 rondelles de pain • 1 poignée de raisins secs • persil • sel • poivre moulu

• *Pelez, dégermez et hachez les gousses d'ail ainsi que les oignons.*

• *Epluchez, ôtez le cœur et coupez en deux les poires.*

• *Lavez, essuyez et hachez le persil. Pelez les châtaignes.*

• *Râpez le chocolat.*

• *Salez et poivrez les perdrix.*

• *Ébouillantez quelques minutes les châtaignes afin de les peler plus facilement.*

• *Dans une cocotte faites chauffer l'huile, ajoutez les oignons hachés, puis les perdrix et faites-les dorer sur tous les côtés. Ajoutez le vinaigre, le bouillon, le vin et portez à ébullition. Aux premiers bouillonnements, baissez le feu, couvrez et laissez cuire à feu doux jusqu'à ce que la viande soit tendre (1 à 2 heures selon la qualité des perdrix). Ajoutez alors, si nécessaire, un peu de vin.*

• *Dans une casserole faites cuire les châtaignes pelées dans un peu de bouillon. Lorsqu'elles sont presque cuites (20 minutes environ), ajoutez les poires pelées et coupées en deux.*

• *Retirez les perdrix de la cocotte, découpez-les et dressez-les sur un grand plat de service. Entourez avec des morceaux de poires pas trop cuites et de châtaignes. Réservez au chaud.*

• *Tamisez la sauce de cuisson des perdrix, remettez-la sur le feu et versez le chocolat râpé. Laissez prendre consistance quelques minutes, sans cesser de tourner, puis versez la sauce sur les perdrix.*

• *Toastez le pain.*

• *Parsemez la viande de raisins secs et de persil haché et servez bien chaud avec des toasts de pain.*

• *Vous pouvez accompagner d'une purée de pommes de terre.*

DESSERTS

BEIGNETS MADRILÈNES

4 PERS. ♦ PRÉPA.: 15 MN ♦ + ATTENTE: 20 MN ♦ CUISSON: 10 MN ♦ ** $$

3 œufs battus • 125 g de beurre en morceaux • 75 g de sucre en poudre • 150 g de farine tamisée • 1 c. de cannelle en poudre • 1 grosse pincée de sel
Pour la sauce: **200 g de bon chocolat noir • 75 g de beurre en morceaux • 75 g de sirop de sucre • huile de friture**

• *Dans une casserole et à feu doux, chauffez le beurre avec 22 cl d'eau et le sel. Dès que le beurre est fondu, augmentez le feu et portez à ébullition, puis baissez le feu.*

• *Au premier bouillonnement, ajoutez d'un sel coup la farine en tournant énergiquement avec une cuillère en bois pendant 1 mn. Vous devez obtenir une boule de pâte qui se détache toute seule des parois. Laissez refroidir.*

• ***La sauce:*** *cassez le chocolat en petits morceaux. Mettez-le dans une casserole avec le beurre et le sirop de sucre. Tournez à feu doux jusqu'à ce que le beurre et le chocolat soient fondus. Réservez.*

• *Chauffez l'huile dans une friteuse.*

• *Ajoutez 1/3 des œufs à la pâte, en tournant à la cuillère en bois. Lorsque tout est bien amalgamé, ajoutez les œufs restants en deux fois. La pâte doit devenir épaisse et brillante.*

• *Emplissez une poche munie d'une grosse douille cannelée. Laissez tomber, en la coupant, la pâte dans l'huile chaude. Laissez cuire 2-3 mn: les beignets montent à la surface, gonflent et dorent. Otez-les à l'écumoire, séchez-les sur du papier absorbant.*

• *Procédez en plusieurs fois afin d'éviter que les beignets ne se touchent dans la friteuse.*

• *Dans une assiette, mélangez la cannelle et le sucre. Roulez-y les beignets, puis disposez-les dans un grand plat creux chaud.*

• *Servez la sauce chocolat tiède dans la chocolatière.*

YEMAS COUVENT DE SAN LEANDRO

6 PERS. ♦ PRÉPA. : 15 MN ♦ CUISSON : 10 MN ♦ SÉCHAGE : 12 H ♦ * $

6 jaunes d'œufs + 1 blanc d'œuf
• 25 g de sucre

• *Dans une casserole mettez 15 g de sucre et 15 cl d'eau. Faites chauffer sur feu doux jusqu'à ce le sucre soit dissous et que liquide devienne sirupeux et légèrement coloré.*

• *Dans une jatte, battez longuement les jaunes et le blanc d'œufs jusqu'à ce que la préparation mousse et double, puis mettez la jatte dans un bainmarie frémissant.*

• *Incorporez délicatement au sirop, en tout petits filets, les œufs battus. Fouettez au fur et à mesure, jusqu'à ce que tous les œufs soient complètement incorporés au sirop.*

• *Versez la préparation dans un plat rectangulaire et laissez refroidir.*

• *Préparez encore un sirop avec le sucre restant et 5 cl d'eau.*

• *Lorsque la préparation œufs-sirop est froide, formez avec les mains, des boulettes auxquelles vous donnerez la forme d'une pyramide (« yema »).*

• *Trempez les « yemas » dans le sirop, égouttez-les et déposez-les sur une plaque farinée.*

• *Laissez sécher pendant 12 heures avant de déguster.*

SOUPE D'AMANDES

6 PERS. ♦ PRÉPA. : 10 MN ♦ CUISSON : 20 MN ♦ * $

1,5 l de lait • 185 g d'amandes pilées • 6 C. de sucre en poudre • 2 c. de cannelle en poudre • 6 biscuits

• *Pilez les amandes.*

• *Dans une casserole, portez le lait à ébullition. Au premier frémissement, ajoutez les amandes pilées, le sucre et les biscuits.*

• *Laissez cuire à feu doux pendant 10 mn en remuant souvent avec une cuillère en bois.*

• *Otez du feu et versez le tout dans une petite jatte. Saupoudrez de cannelle.*

Note : à déguster chaud ou froid.

FLAN MADRILÈNE

6 PERS. ♦ PRÉPA. : 15 MN ♦ CUISSON : 30 MN ♦ * $

180 g de sucre • 14 jaunes d'œufs • 1/2 litre de lait

• *Portez à ébullition le lait dans une casserole.*

• *Pendant que le lait chauffe, préparez le caramel dans un moule à flan en faisant fondre 30 g de sucre avec 3 C. d'eau. Attention : il ne doit pas brûler.*

• *Dans un bol, battez au mixeur les jaunes d'œufs avec les 150 g de sucre. Puis ajoutez, peu à peu, le lait très chaud en mélangent bien.*

• *Versez le tout dans le moule à flan et faites cuire au bain-marie pendant environ 30 mn.*

• *Laissez refroidir, puis retournez le flan sur une assiette et servez.*

SABLÉS AUX AMANDES

POUR ENVIRON 36 SABLÉS ♦ PRÉPA.: 20 MN ♦ CUISSON: 30 MN ♦ ** $

250 g de saindoux • 250 g de farine • 250 g de sucre • 100 g d'amandes • 1 œuf • 1 c. de cannelle • 1 C. de sucre glace • 1 pincée de sel

• *Dans une poêle anti-adhésive, faites chauffer la farine en remuant sans cesse avec une cuillère en bois pendant 5-10 minutes. Attention, elle ne doit pas foncer.*

• *Préchauffez le four (therm. 4).*

• *Faites griller les amandes, puis hachez-les au mixer.*

• *Versez la farine sur le plan de travail. Faites un puits au centre et mettez-y le saindoux, le sucre, les amandes mixées, la cannelle, le sel et l'œuf.*

• *Pétrissez cette pâte avec les mains en mélangeant bien le tout. Confectionnez ensuite des petites boulettes de pâte de la grosseur d'une noix. Aplatissez-les.*

• *Disposez les* «polvorones» *sur la plaque du four (non graissée) et laissez-les cuire entre 20 et 30 mn.*

• *Retirez-les du four, laissez-les refroidir sur la plaque de cuisson et saupoudrez-les de sucre glace.*

• *Lorsqu'ils sont froids, enveloppez-les joliment un à un dans un papier de soie avant de les offrir.*

TARTE AUX JAUNES D'ŒUFS

6/8 PERS. ♦ PRÉPA.: 30 MN ♦ REPOS: 30 MN ♦ CUISSON: 30 MN ♦ ** $

***Pour la pâte:* 100 g de beurre • 250 g de farine • 2 jaunes d'œufs • 20 g de levure de boulanger • 3 C. de lait tiède • 3 C. de sucre • 1 pincée de sel**
***Pour la garniture:* 3 œufs • 6 C. de sucre • 30 g de poudre d'amandes • 2 C. de beurre**

• ***Pour la pâte*** *: versez le lait dans un saladier, Ajoutez la levure, les jaunes d'œufs et le beurre. Mélangez soigneusement, puis incorporez la farine, salez et pétrissez la pâte avec les mains.*

• *Lorsqu'elle est prête, beurrez un moule de 25 cm de diamètre, et déposez-y la boule de pâte. Recouvrez d'un linge et laissez-la reposer pendant 30 mn.*

• *Étalez la pâte dans le moule, piquez-la avec une fourchette et saupoudrez-la de sucre.*

• *Préchauffez le four (therm. 4).*

• ***Garniture*** *: dans un saladier, battez les œufs avec le sucre et les amandes, mélangez, puis versez le mélange sur la pâte. Parsemez de noisettes de beurre et glissez au four.*

• *Laissez cuire 20 à 25 mn.*

• *Servez froid.*

NOS RESTAURANTS
À PARIS ET ENVIRONS

LA MOVIDA, 12, rue Marie-Stuart (2e) - (1) 42 21 98 60

L'AUBERGE ESPAGNOLE, 20, rue Daval, (11e) - (1) 47 00 31 17

CASA ALCALDE, 117, bld de Grenelle (15e) - (1) 47 83 39 71

CANDIDO, 40, av. de Versailles (16e) - (1) 45 27 86 68

CASA TINA, 18, rue Lauriston (16e) - (1) 40 67 19 24

SAN VALERO, 209 ter, av. Charles-de-Gaulle - Neuilly-sur-Seine (92) - (1) 46 24 07 87

GALLEGO FATIGUÉ, 132, av. Galliéni, Bagnolet (93) - (1) 46 24 07 87

FRANCE

Tour Eiffel, Paris

INTRODUCTION

Les animaux se repaissent,
l'homme mange,
l'homme d'esprit seul sait manger.
(Brillat-Savarin)

C'est au IIe millénaire «(l'âge du bronze»), lorsque les Celtes sont arrivés, venus de la vallée du Danube, que naît le peuple gaulois.
Le pays est riche et offre plein de ressources: chasse, pêche, cueillette et cultures qui permettent une nourriture variée et généreuse. D'où peut-être la réputation des Gaulois: gros mangeurs, grands buveurs... et gens d'esprit.

Avec l'occupation romaine (Jules César conquit la Gaule en 50 av. J.-C.) les deux cultures se fondent pour en former une seule. Les Gaulois toutefois conservèrent certaines de leurs coutumes, comme celles de manger assis à table et de prendre deux repas copieux par jour.

Les Romains toutefois éveillèrent leur intérêt, pour la culture de la vigne et la fabrication du vin.

Effectivement, tout comme les Grecs avant eux, les Romains conservaient le vin dans des amphores. Les Gaulois apportèrent l'invention décisive du tonneau et le vin devint bientôt leur boisson préférée – tradition qui ne s'est jamais démentie depuis.

Mais la période de stabilité et de prospérité gallo-romaine prend fin avec l'invasion des Francs.

D'autres peuples, d'autres mœurs : les nomades et les guerriers ne s'intéressent ni à la culture, ni à l'élevage et la période des vaches maigres fait son apparition pour les habitants de la Gaule.

A la fin du VIIIe siècle la civilisation reprend peu à peu ses droits. Entre-temps, la Gaule est devenue la France avec pour capitale, Paris.
La France est également un pays chrétien, et les monastères vont donner l'impulsion nécessaire au redémarrage de l'agriculture et de la viticulture...

A cette époque, les périodes d'abstinence et de jeûne prescrites par la religion sont strictement observées. La viande est interdite environ 150 jours par an... et il faut attendre le XIIIe siècle pour que la consommation des fromages et des œufs soit autorisée les jours d'abstinence.

Au Moyen Age, le pain constitue la base de l'alimentation. Du pain blanc, fait de blé, pour les plus riches. Du pain noir, fait de seigle ou de sarrasin pour les autres.

Le rôle du sel dans l'histoire de France est primordial car il a permis la conservation de la viande, du poisson, du beurre... Un impôt sur le sel est d'ailleurs instauré en 1246, à « titre temporaire » : la gabelle (du provençal *« gabela »*). Il ne sera supprimé définitivement qu'en 1789...

Les seigneurs mangent beaucoup de gibier. La viande est très fortement aromatisée et la consommation d'épices est telle qu'elle déclenche un commerce très important avec l'Orient et qu'elle motive les premières grandes explorations.

S'il fallait une date de naissance à la « vraie cuisine française », on pourrait choisir le siècle de Taillevent. C'est d'ailleurs en 1306 que le premier traité de cuisine rédigé en français est publié, mais c'est Le Viandier de Taillevent (Guillaume Tirel de son vrai nom), le célèbre cuisinier des rois Charles V et Charles VI, qui a inspiré des générations de cuisiniers.

Dans les campagnes toutefois, mijotent des soupes : la potée (avec choux, navets et porc), la « porée », à base de poireaux, la soupe au lard avec tous les légumes du jardin... et un morceau de lard...

Au XVIIe siècle de nouveaux légumes font leur apparition : petits pois, choux-fleurs, cardons... avec le thé, le café et le chocolat qui deviennent les boissons à la mode à la cour du roi Louis XIV.

La grande innovation du siècle suivant sera bien sûr la pomme de terre, grâce à l'obstination d'Antoine-Augustin Parmentier.

C'est aussi l'époque du retour du foie gras : célèbre à l'époque romaine, le foie gras n'était plus connu que de quelques initiés de la région de Strasbourg. L'alliance de la truffe du Périgord et du foie gras, quelques années avant la Révolution fait toujours parler d'elle !

C'est au début du XIXe siècle que, dans les villes et à Paris d'abord, que les heures des repas seront fixées : petit déjeuner au réveil, déjeuner à midi, dîner entre 7 et 8 heures, souper après minuit pour les noctambules...

Les soldats rapportent en France des spécialités jusqu'alors inconnues : oranges, citrons, grenades d'Espagne, macaroni et pizzas d'Italie, pâtisseries d'Autriche...

A la fin du XIXe siècle le phylloxéra provoque un véritable désastre. Les vignes seront arrachées sur plus de 900 000 hectares.

Le XIXe siècle est aussi en France le siècle des banquets, à l'occasion desquels les grands cuisiniers peuvent donner libre cours à leur savoir-faire. Toutes les occasions sont bonnes pour banqueter : réunions politiques, fêtes familiales, assemblées d'associations, etc.

Au XXe siècle, la conservation par le froid et l'accélération foudroyante des transports révolutionnent la cuisine.

Les migrations ont également ouvert la France à des influences extérieures cuisine russe, arabe, chinoise, qui ont apporté des notes fleuries, d'autres saveurs et de l'exotisme.

Il ne faut surtout pas négliger l'influence des mers qui est prépondérante. Mais les différences régionales sont très marquées : régions montagneuses au climat rude, midi méditerranéen, régions de l'Est soumises à l'influence continentale...

À TRAVERS LES RÉGIONS

Il est impossible de résumer brièvement l'extraordinaire diversité de la cuisine française. En fait elle est une addition de multiples cuisines locales et de traditions régionales qui reflètent l'histoire et la géographie.

A Paris se retrouvent bien-sûr toutes ces influences. Mélangées, mixées, repensées, elles sont devenues la « grande » cuisine française.

Certains plats se retrouvent, avec des variantes, d'une province à l'autre : la poule au pot, le pot-au-feu, les potées en général. Les volailles, les lapins, les soupes, les tartes, les confitures mijotent ou rôtissent du Nord au Sud et de l'Est à l'Ouest.

À TABLE !

Les Français invitent assez facilement à dîner pour mieux faire connaissance. Si l'invitation est improvisée, « à la bonne franquette », la maîtresse de maison s'arrange pour ajouter ou améliorer un plat au menu familial.

Lorsqu'il y a des invités, les plats sont plus nombreux et l'on prend garde au raffinement des recettes et des produits.

Avant de passer à table, on boit l'apéritif : porto, kir, whisky, champagne, pastis... accompagné de petits biscuits salés, d'olives, d'amandes, de chips ou, pour un dîner plus formel, de petites bouchées chaudes (mini-pizza, quiches, feuilletés, etc.).

Le menu comportera une entrée cuisinée, un plat de viande ou de poisson, une salade, un plateau de fromage et un dessert.

Autrefois, on servait toujours deux plats, un poisson et une viande, mais la tendance actuelle est plutôt à l'allégement du menu.

24 HEURES DANS LA VIE D'UN FRANÇAIS

Il existe un réel décalage entre le mode de vie de la région parisienne et celui du reste du pays. C'est ainsi que les horaires des parisiens sont décalés par rapport à ceux des régions.

Lorsque sonne midi, en province, on quitte son travail pour rentrer déjeuner chez soi avant de reprendre de 14 h à 18 h. Le dîner du soir est souvent servi vers 19 h. A Paris, les rendez-vous pour déjeuner se prennent à 13 h et, le soir, le dîner est à 20 h. Lorsque les Parisiens reçoivent des amis, il est bien rare de voir tous les convives rassemblés avant 21 h.

Le petit déjeuner : se compose de café (souvent au lait) et du trio pain-beurre-confiture. Une évolution se fait actuellement sentir, surtout pour les enfants. Ceux-ci boivent souvent un jus de fruit, du chocolat et mangent des céréales.

Le déjeuner est un repas complet : entrée (souvent des crudités), plat de viande ou de poisson avec des légumes, fromage et dessert. Mais les mœurs sont en train de changer, notamment dans les grandes villes où beaucoup d'entreprises pratiquent la journée continue ; les horaires à la carte ont ramené la pause du déjeuner à une heure, on prend un croque-monsieur, une pizza, un steak-frites, une salade, un sandwich et un café.

Le dîner en famille est généralement plus léger que le déjeuner et ne comporte pas systématiquement de plat de viande. Il débute parfois par une soupe, suivie d'un plat (omelette, tourte, gratin, soufflé...), se poursuit par une salade, parfois du fromage et toujours un dessert : crème, glace, fruit.

LES FESTIVITÉS

Noël est certainement la fête la plus importante de l'année. C'est essentiellement une fête familiale, la maison est décorée plusieurs jours auparavant avec un sapin orné de boules et de guirlandes. Les familles qui sont attachées à la tradition installent aussi une crèche dans laquelle le petit Jésus est déposé le soir de Noël. Les santons de Provence qui illustrent tous les personnages de la vie quotidienne, entourent la crèche.
Selon l'âge des enfants et la tradition familiale, le repas principal se situe le soir du 24 décembre ou au déjeuner du 25.
Quoi qu'il en soit, le menu est copieux et dinde farcie aux marrons ou chapon, tout comme la bûche en dessert, sont de rigueur.
Les provençaux ont une jolie coutume, celle des treize desserts de Noël. Ce sont des fruits secs et confits.

Le réveillon du **Nouvel An** se fête plutôt entre amis et le menu est à nouveau très riche.

La **fête des rois se fête le 6 janvier** en souvenir de l'arrivée des rois mages à Bethléem. C'est l'occasion de déguster la galette des rois.
La recette varie selon les régions : au Nord, c'est une galette

feuilletée fourrée à la frangipane (beurre, sucre et poudre d'amandes); dans le Bordelais et au sud de Lyon c'est une brioche en forme de couronne, garnie de fruits confits; en Normandie, c'est le «fallue», une sorte de pain brioché sur lequel on dessine les parts, etc.
Le point commun entre tous ces gâteaux, c'est qu'on glisse une fève dedans. En fait, ce n'est pas une fève mais un petit sujet en porcelaine représentant un poupon, une lune, une montgolfière, etc.
La galette est découpée en autant de parts qu'il y a de convives et celui qui trouve la fève est sacré Roi (ou Reine).

La Chandeleur ou Mardi-Gras est le jour des crêpes et des beignets. C'est en effet le dernier jour avant le Carême qui, dans la tradition catholique, est une période de quarante jours précédant Pâques et au cours de laquelle les chrétiens sont invités à jeûner.
Dans certains régions, on soutient que pour devenir riche dans l'année, il «suffit» de retourner une crêpe en tenant, une pièce d'or dans la main... Aujourd'hui les pièces d'or se faisant rares, une pièce de monnaie ordinaire fera l'affaire!

Pâques est la fête la plus importante après Noël. Les «cloches de Pâques», reviennent de Rome où elles avaient passé la Semaine Sainte et survolent les jardins où elles déposent des œufs en sucre ou en chocolat, des poussins, des poules, des poissons en chocolat... Les enfants vont les chercher. Le symbolisme des œufs renvoie au renouveau du printemps, celui des poissons au christianisme.
L'agneau pascal est présent sur toutes les tables sous la forme d'un gigot.

Le **14 Juillet** est le jour de la fête nationale, mais n'est relié à aucune tradition culinaire particulière.

Et bien entendu, dans les provinces, il y a les fêtes des Saints patrons, où l'on déguste les spécialités régionales.

FRANCE, PAYS DES FROMAGES

Selon la mythologie grecque, le fromage se serait déversé d'une des cornes de la chèvre Amalthée.

Le phénomène du caillage, aurait été découvert par l'homme des cavernes en conservant le lait dans une panse de jeune ruminant, ce qui provoquait sa coagulation, grâce à la présure qu'elle contient.

De nombreuses peintures prouvent l'existence d'un artisanat laitier ancestral. Les Egyptiens faisaient quant à eux, grand usage de lait et de crème, et ils connaissaient le fromage quelques siècles avant J.-C. (voire même plus tôt).

Le fromage était offert à de nombreuses divinités mythiques dans la Grèce antique et on lui attribuait certaines vertus : Aristote estimait les laits de chamelle, de jument et d'ânesse pour les meilleurs. Virgile, quant à lui, ressentait d'étranges émotions sensuelles après avoir mangé du fromage... Hippocrate prétendait que manger du vieux fromage engendrait la mélancolie...

Après les Grecs, les Romains. Leur engouement pour les fromages était tel qu'ils s'en faisaient livrer de l'étranger avec une nette préférence pour ceux de nos contrées.

Commence alors l'épopée du fromage français. Carolingiens et Capétiens y ont beaucoup contribué.

Quelques siècles plus tard, l'imagination des moines – pour qui le lait était l'aliment de base – a donné naissance aux : *munster, maroilles et port-salut...* De nombreux autres suivront.

Le Roussillon devient un centre fromager important.

Au XIVe siècle, les vaches paissent paisiblement sur l'île de Longchamp et l'on fabrique le fromage dans la capitale. Un siècle plus tard, une « vacherie » (étable) s'installe aux Champs Elysées.

Au XVIIIe siècle, la mode du fromage décline et il connaît alors de sombres années. Un dicton illustre fort bien la situation du moment : *Jamais homme sage ne mangera de fromage.* Mais nous n'avons pas dit notre dernier mot !

Le XIXe siècle marque son véritable essor et dès le début du siècle, des fromageries industrielles s'ouvrent notamment dans l'Est du pays.

Les différentes pâtes

Les pâtes molles : on les fabrique à partir de caillé mixte. *Camembert, Brie, Coulommiers* en sont les fleurons, sans oublier les *Livarot, Pont l'Évêque, Munster, Langres* et autres *Époisses.*
Les double et triple-crème viennent compléter l'éventail des pâtes molles : *Brillat-Savarin, Excelsior, Explorateur, Gratte-paille...* A bannir de tout régime car il titrent au minimum 60 % de matières grasses.

Les pâtes pressées : d'une saveur moins marquée, les pâtes pressées et non cuites font l'objet de plusieurs fermentations : *arnégui, iraty, laruns (brebis), chevrotin, fromage des Pyrénées, reblochon, Saint-nectaire, Saint-paulin, tomme, cantal...* Sans omettre les fromages fondus tel la *crème de gruyère...*

Les pâtes persillées : leur caillé est égoutté sans pressage ni cuisson, puis émietté. Il produit une pâte souple et grasse, légèrement humide et piquée de délicates veinures, qui s'épanouissent grâce à des trous d'aération percés à l'aide de grandes aiguilles.
Le *roquefort,* (à base de lait de brebis) et le *bleu des Aravis* (au lait de chèvre) sont l'exception, car toutes les autres pâtes persillées sont produites avec du lait de vache : *bleus de Gex, de Bresse, des Causses...*

Exigez l'authenticité

A ce jour, et aussi incroyable que cela puisse paraître, 32 fromages seulement bénéficient de l'Appellation d'Origine Contrôlée : *Cantal, laguiola, ossau-iraty, reblochon, Saint-nectaire, salers, Beaufort, comté, Brie de Meaux, Brie de Melun, Camembert de Normandie, chaource, Neufchâtel, époisses de Bourgogne, Langres, Livarot, maroilles, Munster-géromé, Pont-l'Évêque, Mont-d'or, chabichou du Poitou, chavignol, picodon de l'Ardèche, Pouligny saint-pierre, sainte-maure de Touraine, Selles-sur-cher, Bleu d'Auvergne, Bleu des Causses, Bleu de Gex, fourme d'Ambert, Roquefort.* Un sigle apposé sur la croûte, l'étiquette ou l'emballage atteste leur l'authenticité.

Petit tour de France des fromages

Normandie

Camembert : Marie Harel, fermière à Camembert, l'a créé en 1791 en s'inspirant de la recette d'un prêtre qu'elle avait hébergé durant la Révolution. Ainsi naquit le plus fameux des fromages au lait cru.

Livarot : originaire de Livarot, dans le Calvados. Ne manquez pas de le découvrir en parcourant la route gastronomique du fromage en pays d'Auge.

Pont l'Évêque : les moines le confectionnaient déjà au XIIe siècle et lui avaient donné le joli nom d'« angelot ».

Neufchâtel : le doyen des fromages Normands. Il séduit également par sa présentation en forme de cœur.

Ile de France

Brie : (de Meaux ou de Melun), il se présente sous forme de galette posée sur un paillon et sa pâte jaune et souple est recouverte d'un duvet blanc. Il est également le fromage français le plus vendu au monde. Ses qualités l'ont fait élire « roi des fromages ».

Coulommiers : aussi célèbre par sa pâte grasse et crémeuse, que son voisin le Brie, il est très bien placé au palmarès des fromages.

Le Nord

Maroilles : fromage millénaire inventé par les moines de la commune de Flandres. Son odeur et son goût sont forts. Jadis, il servait de dîme pour l'église.

Boulette d'Avesnes : autrefois confectionnée à partir du petit-lait du maroilles, et agrémentée d'aromates, elle mêle aujourd'hui herbes, paprika et chapelure.

Gris de Lille : de même fabrication que le maroilles, il doit sans doute son surnom de « *puant de Lille* » à la longue macération dans la saumure qui permettait autrefois de le transporter.

Dauphin : son nom fut emprunté au fils du roi Louis XIV, en l'honneur duquel il adopta la forme d'un poisson, emblème héraldique du dauphin.

Mimolette : le mystère demeure quant à son origine. Les français attribuent son invention à Colbert, ministre sous Louis XIV. Aujourd'hui on la produit surtout en Bretagne, Normandie et Bourgogne.
Les hollandais, eux, prétendent que ce fromage est issu d'une de leurs anciennes traditions fromagères remontant au Moyen Age, et que la mimolette a été « adoptée » par la France grâce à sa massive exportation.

L'Alsace

Munster : autrefois concocté dans le plus grand secret dans les monastères vosgiens, il dégage une forte odeur démentie par son goût plutôt doux.
Autrefois, il constituait une dîme au profit des religieuses.

La Champagne

Langres : originaire des plateaux de Langres, sa pâte souple recèle en son cœur une saveur proche du Munster et de l'époisses.

Poitou-Charentes

Chabichou : petit cône à base de lait de chèvre, à la croûte gris-bleutée et à la pâte ferme et fine. Sa dénomination vient de l'arabe « chabli », qui signifie chèvre, (certains Maures s'étant établis dans la région de Poitiers comme éleveurs de chèvre). Rabelais le sacra « meilleur fromage de France ».

Pays de Loire - Centre

Crottin de Chavignol, Pouligny Saint-Pierre, valençay : la gastronomie berrichonne accorde aux chèvres une place bien méritée.

Sainte-Maure : héritage probable des Sarrasins, produit en Touraine, sa bûchette à la pâte ferme est revêtue d'une fine neige bleutée ou d'un duvet blanc.

Entrammes : fromage que nous devons une fois encore aux religieux de l'abbaye de Port-du-Salut

Saint-Paulin : facilement repérable grâce à sa croûte orangée, son goût est léger. Il est fabriqué en Maine, Anjou et Bretagne.

Franche-Comté

Comté (ou gruyère de Comté) : millénaire, il se présente sous forme de meule et offre une pâte pressée cuite présentant des trous (ou yeux). Son goût de noisette et plutôt salé, est nettement plus prononcé que celui de son cousin l'Emmenthal. Un dicton de la région qualifie ainsi le meilleur comté : *« l'œil rare, petit et humide »*. Dans le Jura, il existe aussi, pour les touristes gourmets, une route du Comté.

Vacherin (ou mont d'or) : fin et délicat, il était autrefois confectionné durant l'hiver, dans les fermes de montagne et se déguste à la petite cuillère.

Morbier : onctueux et fondant, il est né dans une ferme du Jura.

Bleu de Gex (dit aussi du Haut-Jura ou de Septmoncel) : Charles Quint vouait une véritable passion à ce fromage persillé aux légères marbrures et à la croûte orangée.

Cancoillotte franc-comtoise : ce fromage était déjà mentionné par les envahisseurs romains en 58 avant J.-C. On l'aromatise souvent à l'ail ou au vin blanc. On l'adore ou on le déteste !

La Bourgogne

Epoisses : la Bourgogne revendique la paternité de son époisses qui était fabriqué dès le XVIe siècle par les moines cisterciens d'Epoisses. Exquis fromage à pâte molle, à la croûte rouge brique, il exhale un arôme puissant. Brillat-Savarin ne s'y était pas trompé, qui le consacra « roi des fromages ».

Soumaintrain : fromage à l'odeur et au goût très prononcés, il est produit dans l'Yonne.

L'Auvergne

Cantal (ou fourme de Cantal) : il a 2000 ans. Il faisait jadis office de monnaie d'échange entre les régions viticoles du Sud et l'Auvergne.

Saint-Nectaire : très apprécié des gourmets, il tient son arôme savoureux et sa légère odeur de champignon au lait enrichi sur les pâturages des Monts Dore.

Bleu d'Auvergne : il nous arrive directement des monts du Cantal.

Fourme d'Ambert : pâte persillée molle et pressée, elle s'enrobe d'une croûte grise piquée de moisissures orangées, recélant un goût fort et amer. Elle se découpe en rondelles.

ALPES - RHÔNE

Beaufortin : il est produit sur les terres du Beaufortin, de la Tarentaise et de la Maurienne. Fromage gras à la pâte pressée cuite, il est un des grands crus Savoyards.

Reblochon : posé sur son cercle de bois, avec une pâte tendre qui se love dans une croûte fine. Tout simplement exquis avec du sel, du poivre et des pommes de terre cuites à l'eau.

Tomme de Savoie : un des rares fromages légers (20 à 40 % de matières grasses). On l'affine parfois dans du marc de raisin.

Bleu de Bresse : originaire de l'Ain, pasteurisé, sa pâte souple est légèrement veinée de bleu. Il est plus doux que les autres bleus.

Saint-Marcellin : c'est la la région lyonnaise qui nous offre cet excellent et célèbre fromage, tout comme la **rigotte de Condrieu** ou le **mont d'or** moins connus, mais excellents.

PROVENCE - LANGUEDOC - ROUSSILLON

Poivre d'âne : à base de lait de vache, de chèvre ou de brebis, ce fromage à pâte molle présente une croûte bleutée parfois parsemée d'herbes aromatiques.

Picodon : fromage de chèvre, à pâte ferme et parfois cassante il est enveloppé sous une belle croûte blanche ou bleue. Plusieurs régions du sud-est de la France en font leur spécialité. En Ardèche, par exemple, on le « rince » à l'eau-de-vie, on l'enveloppe dans une feuille de vigne et on le conserve dans un pot en terre.

Pélardon des Cévennes : fromage de chèvre, sec et compact et parfois incrusté d'aromates.

Brousses de Provence : à base de petit-lait de vache, chèvre ou brebis bouilli, elles sont très utilisées en cuisine.

Corse

Brocciu : le nom signifie « battre, remuer » parce que chauffé et battu. Il est issu du petit-lait de brebis ou de chèvre mélangé à du lait frais. Comme sa cousine la Brousse de Provence, il est très utilisé en cuisine.
Venaco, calenzana, bastelicaccia, balaninu ou bleu de Corse... sont tout aussi appétissants et complètent l'éventail des fromages produits sur l'Ile de Beauté.

Aquitaine - Midi-Pyrénéees

Roquefort : la légende dit que, voilà 2000 ans, un berger de Roquefort ayant déposé son casse-croûte de pain de seigle tartiné de lait caillé dans un trou de roche, pour le conserver au frais, à son retour, bien plus tard, il aperçut de fines marbrures bleu-vert sur son pain, qui s'avérèrent délicieuses.
Ainsi serait né le roquefort, dont la renommée ne s'est jamais démentie.

Osez !

Si une fois dans votre vie vous voulez goûter à l'un de ces fameux fromages de brebis « qui marchent tout seuls », il vous suffit de les couper en deux et de les mettre au soleil sous une cloche de verre : asticots garantis !

LES VINS DE FRANCE

Dieu a fait la vigne,
L'homme a fait le vin.

La richesse et la diversité des vins français sont telles qu'il est impossible de les présenter en quelques lignes.

Alsace : les vins d'Alsace sont généralement blancs (une seule exception : le *« Pinot noir »* (qui est rouge ou rosé). Ils portent le nom de leur cépage d'origine, c'est-à-dire du plant dont ils sont issus. Les cépages nobles donnent les grands vins : *Muscat, Tokay-pinot gris, Pinot noir, Riesling* et *Gewurtztraminer.* Le *Chasseras,* le *Sylvaner,* le *Pinot blanc* et l'*Auxerrois* sont plus légers.

Le Bordelais : dont le vignoble couvre 140 000 hectares, produit certains des plus grands vins du monde.
Tous les vins ont droit à une appellation contrôlée. Elle peut être générale (Bordeaux ou Bordeaux supérieur), locale *(Médoc, Pomerol, Fronsac...)* ou de terroir *(Saint-Estèphe, Pauillac...).*
Il est assez difficile de se retrouver dans les classements : il faut bien distinguer le classement du Médoc (de 1855) et celui des saint-émilion.

En simplifiant on peut dire que parmi les Médocs se trouvent des crus exceptionnels et nombre de bonnes bouteilles. Ce sont des vins équilibrés et relativement peu alcoolisés. Les graves sont plus francs et moins complexes. Les Saint-Emilion sont généreux. Parmi les Pomerol se trouvent de remarquables vins.
Sauternes et *Barsac* demandent une mention particulière : le *Château Yquem,* un Sauternes classé premier grand cru en 1855, est sans doute le plus grand vin blanc liquoreux au monde dont les prix des bouteilles atteignent des sommets. Frais, il est délicieux à l'apéritif et accompagne parfaitement foie gras et viandes blanches.
Le Bordelais produit également des vins rosés et blancs dont certains, mais pas tous, ont une grande finesse.

La **Bourgogne** est célèbre par la variété et la qualité de ses vins.
Sous l'appellation générale (Bourgogne, sans mention particulière) on trouve des vins assez puissants mais manquant parfois de finesse.

Le terroir des Côtes-de-Nuits produit surtout des vins rouges parmi lesquels on trouve les plus grands. Souvent un peu rudes quand ils sont jeunes, ils vieillissent exceptionnellement bien.

Le célèbre *Romanée-Conti* qui est le vin le plus cher du monde est produit dans cette région. Les *Côtes-de-Beaune* sont racés et bouquetés. Les vins blancs sont merveilleux, dorés et fruités : *Montrachet* et *Meursault.*
Un certain nombre des meilleurs vins de ce terroir sont vendus chaque année le troisième dimanche de novembre lors de la célèbre vente des Hospices de Beaune.

Le Mâconnais est surtout connu pour un vin blanc sec, le *Pouilly-Fuissé.* Les Mâcons rouges se boivent frais.

Les **Chablis** sont des vins blancs réputés. Jeune et frais, c'est un délicieux vin de comptoir. Vieilli, doré, il est à la fois puissant, onctueux et délicat.

En **côte chalonnaise** on trouve quatre appellations communales (*Ruily*, *Mercurey*, *Givry* et *Montagny*) qui produisent des vins rouges et blancs très agréables.

Le **Beaujolais** a su se faire connaître dans le monde entier grâce à son vin nouveau. Aujourd'hui, le même jour, à Paris, Londres, Amsterdam, Tokyo ou New York on peut déguster le beaujolais primeur.
Celui-ci devra être bu dans les quelques semaines qui suivent car il vieillit mal. Le succès du beaujolais a entraîné un accroissement net de la production et abouti à des vins de qualité inégale (pour ne pas dire plus).

En revanche, les crus de Beaujolais *(Brouilly, Vrouilly, le Chenas, Fleurie, Chiroubles, Juliénas, Morgon, Moulin à-Vent, Saint-Amour)* se conservent beaucoup mieux et sont charmants servis frais.

Le **champagne** est synonyme de fête dans le monde entier. Rouges ou blancs, les vins de Champagne sont appréciés depuis bientôt 1000 ans mais il fallut attendre Dom Pérignon, à la fin du XVIIe siècle pour que soit mise au point la champagnisation qui fait pétiller naturellement le vin et sauter les bouchons... Longtemps considéré comme un vin de dessert, on le sert aujourd'hui fréquemment à l'apéritif.
Il peut aussi accompagner le repas tout entier. Il s'accorde particulièrement avec les crustacés, les coquillages, les poissons, mais aussi le foie gras, les volailles, le veau et tous les plats où la truffe intervient.

La Corse, à la latitude de Rome, bénéficie d'un climat particulier dû à son insularité. Ses vins sont virils et ténébreux.

Les **Côtes du Rhône** constituent une immense région qui s'étend de Vienne à Avignon. Au Nord, les Côtes du Rhône bénéficient d'une très bonne exposition, d'une chaleur modérée, de précipitations régulières, tandis que la partie méridionale connaît des périodes de chaleur et de sécheresse, des précipitations irrégulières et le vent (mistral) y souffle souvent.
Les appellations les plus réputées sont les *Côte-Rôtie* (rouges puissants), les *Hermitage* (rouges capiteux et blancs racés), les *Châteauneuf-du-Pape* (puissants et très bouquetés) et leurs petits frères, les *Gigondas*. Citons également le *Tavel*, un rosé sec et parfumé ; le *Beaumes-de-Venise*, un muscat doux délicieux frais ; et la *Clairette de Die*, un vin blanc mousseux à boire frais l'été sous la tonnelle.

Le **Jura** est célèbre pour ses vins d'Arbois l'appellation la plus connue.
Le vin de paille est une curiosité très prisée des connaisseurs.

C'est un vin doux naturel réalisé à partir de raisins très mûrs et qui ont subi une période de dessiccation sur des claies (et autrefois, de la paille, d'où leur nom).

La **vallée de la Loire** bien que s'étendant de Pouilly-sur-Loire au centre de la France à Nantes sur l'Atlantique offre à ses vins un petit air de famille fait de charme.
L'histoire de ce vignoble est très ancienne : avant la conquête romaine, le cépage *« Sauvignon »* était présent dans le Berry et le Nivernais.
En amont, les blancs secs dominent : *Pouilly fumé*, *Reuilly*, *Quincy* et *Sancerre*. Si les sancerre blancs, moelleux et bouquetés, sont célèbres, la région produit aussi un très joli vin rosé.

Toujours blancs, mais plus fruités : les *Vouvray*. Ce sont des vins de grande classe et de longue garde. Champagnisés et bien frappés, ils sont exquis à l'apéritif, éventuellement additionnés d'un peu de liqueur de cassis, de framboise ou de pêche.

En descendant la **Loire**, on rencontre de vigoureux vins rouges : les *Bourgueil*, et des vins rouges plus gouleyants, les *Chinons*, à boire frais.
Le **pays nantais** enfin produit des vins blancs secs et pâles dont le parfum provient du cépage dont ils portent le nom, le muscadet. Il faut aussi mentionner le Gros Plant, à boire jeune et très frais.

La **Provence** évoque, avec ses rosés servis frais, les vacances et l'été. Mais le vin rouge de Bandol, assez corsé, accompagnera parfaitement un plat de viande.

La **Savoie** : il peut paraître surprenant qu'une zone de montagnes neigeuses produise tant de vins. C'est qu'en fait, les vigno-

bles se trouvent dans les vallées et ne montent guère qu'à 500 m d'altitude.
Les vins de Savoie sont personnalisés par leurs cépages. Le plus répandu est la Jacquère, qui donne les vins blancs les plus connus de la région comme l'*Apremont*, le *Chignin*... Avec le Bergeron, on obtient le *Chignin-Bergeron*. Le *Crépy*, un blanc clair, légèrement pétillant, est produit à partir du chasselas.
Pour faire des vins rouges, on cultive en particulier la *Mondeuse* (crus d'Arbin, Saint-Jean-de-la-Porte, etc.) et le *Gamay* noir qui permet d'obtenir le vin rouge le plus recherché en Savoie, le Chautagne.

Le **Sud-Ouest** et la région **Midi-Pyrénées**, régions ensoleillées, produisent dans l'ensemble des vins alcoolisés et vigoureux.
La culture de la vigne date, dans le Périgord, du premier siècle après J.-C. Cette région est surtout connue pour ses vins blancs moelleux – *Montravel*, *Cotes-de-Bergerac* – et même liquoreux comme le *Monbazillac*, mais elle produit aussi des vins blancs secs et des rouges agréables et charmants ou le *Bergerac*.

Le **Béarn** offre un vin exceptionnel, le *Jurançon*. Jeune, il est sec et fruité. Mais il sait vieillir : jusqu'à 25 ans (et plus...). Il aurait remplacé l'eau hors du baptême du bon roi Henri.
Le Béarn est aussi la patrie du *Madiran*, un vin rouge coloré qui accompagne parfaitement rôtis et gibier. Le vignoble de Cahors, très ancien (il date de la conquête romaine), a failli disparaître après un hiver particulièrement rude, celui de 1956.

Le vignoble du **Languedoc-Roussillon** est le plus étendu du monde. C'est là qu'est né l'ancêtre des vins bruts de France : la *blanquette de Limoux*.

Une autre spécialité de la région, qui s'est affirmée dès le XIIIe siècle, est la production de vins doux naturels : *Muscats de Frontignan, Banyuls, Rivesaltes...*

Sachez lire l'étiquette

- *Vins de consommation courante.*
- *Vins de coupages,* obtenus en mélangeant des vins de régions et même de pays différents. L'étiquette précise le degré d'alcool.
- *Vins « de pays »,* provenant d'un même canton ou d'un même département. L'étiquette précise le degré d'alcool, le lieu d'origine, le nom et l'adresse du négociant.
- *Vins délimités de qualité supérieure* (VDQS) : ces vins proviennent de vignobles bien délimités et font l'objet d'une garantie officielle de qualité. Sur l'étiquette : appellation du lieu d'origine, nom et adresse du propriétaire récoltant ou du négociant. Le degré en alcool n'est pas précisé.
- *Vins d'appellation d'origine contrôlée* : parmi eux figurent les plus grands crus. Sur l'étiquette : le lieu d'origine, en gros caractères, avec la mention « appellation contrôlée » et le nom du propriétaire récoltant ou de « l'embouteilleur ». Le degré d'alcool n'est pas précisé.
- De nouvelles normes vont prochainement entrer en vigueur pour un contrôle encore plus serré.

Le vin : un cérémonial à respecter

La bonne température

Tout vin a sa température idéale qui lui permet de dégager tout son arôme.

- Vin blanc sec : 5 à 8°
- Vin blanc liquoreux : 6 à 10°

- Rosé : 5 à 10°
- Vin rouge léger : 10 à 12°
- Grand vin : 14 à 18°

Vous pouvez mettre les blancs et les rosés, qui doivent être bus frais, dans le bas du réfrigérateur, toutefois il est préférable de les placer quelques heures avant la dégustation dans un seau avec des glaçons.

Comment le servir :

- Débouchez les bouteilles un peu avant l'heure de dégustation.
- Ne le remuez pas trop.
- Le verre ne doit être rempli qu'au tiers de sa contenance.
- Les blancs sont servis avant les rouges. Les vins jeunes, avant les vins vieux.
- Si possible, servez-le en carafe. Le transfert en carafe est indispensable pour les grands crus, afin de leur permettre de décanter.

A chaque vin, son verre. Idéalement ils doivent être à pied, ventrus, avec les bords resserrés. Prévoir également un verre pour chaque vin, ainsi qu'un verre pour l'eau.

Que boire, avec quoi

Soupes :

- Il est rare de boire du vin avec un potage mais, vous pouvez mettre sur votre table, surtout pour des potages relevés, soupe à l'oignon, ou de poissons par exemple, un Chablis ou un Bandol.

Salades :

- Vinaigre, ail et fines herbes ne font pas très bon ménage avec le vin : mais un Buzet, un Sauvignon ou un Saumur seront parfaits.

CHARCUTERIES :

- Avec les **terrines** un vin corsé (Saint-Amour, Porto-Vecchio).
- Avec les **jambons** et **magrets**, préférez un Sancerre.
- Avec les **charcuteries en général** : Mâcon, Julienas
- Avec le **foie gras**, un grand vin blanc de préférence liquoreux (Sauternes) ou un rouge généreux (Mersault, Château-grillet).

ENTRÉES :

- Avec les **feuilletés, quiches, pizzas** : un blanc d'Alsace sera parfait.
- Avec les **coquilles St-Jacques, escargots, cuisses de grenouille** (bref, des plats à base d'ail) : offrez un rouge généreux (Bourgogne aligoté, Mâcon) ou un blanc parfumé (Chablis).

COQUILLAGES, CRUSTACÉS, POISSONS :

Avec les **coquillages (huîtres et coquillages crus)** : Riesling, Pinot d'Alsace ou Chablis ;

Crustacés (écrevisses, homards, tourteaux) : exigent un blanc de haute lignée (Puligny-Montrachet, Puilly-Fuissé...).

Poissons frits : accompagnez d'un rosé de Provence ou d'un blanc sec et léger (Sancerre, Riesling, Tavel...).

Poissons pochés : ils ne s'associent agréablement qu'avec un blanc sec et vigoureux servi bien frais (Bourgogne aligoté, Anjou...).

Poissons cuisinés avec une sauce douce (sauce Mornay ou à la crème par exemple) : un Jurançon sec, un Côteaux du layon ou... du Champagne.

LES VIANDES :

Le bœuf : un Bourgogne ou un Bordeaux (Mercurey, Richebourg, Saint Emilion...).

Le veau : plutôt fade, le veau requiert un vin aromatique.

Rouge : beaujolais, Nuit St georges. Blanc : Pinot blanc, Pouilly fumé.

Veau en sauce (blanquette par exemple) : un blanc sec (Chablis, Mercurey...).

Le porc : il faut impérativement un vin robuste. Rouge : Pinot noir d'Alsace, Côte-de-Beaune... Blanc : Rully, Reuilly...

Le mouton : traditionnellement, on sert un vin rouge de qualité qui exalte les parfums de la viande (Pomerol, Médoc, Gigondas...).

LES VOLAILLES :

Poulet rôti : blanc ou rouge (Bourgogne, Chambertin...).

Coq au vin : rouge (Mercurey, Chambertin...).

Le canard : selon la préparation rouge, blanc, rosé : Hermitage, Gewurtztraminer, Médoc, Jurançon...

GIBIER :

Lapin ou lièvre rôtis : un vin rouge au bouquet vif (Hermitage...).

Faisan, perdreau : un Bordeaux ou un Côte du Rhône s'imposent (Pessac-léognan, Saint-Julien...).

Chevreuil, sanglier : il faut un grand vin capiteux (Pommard, Châteauneuf-du-Pape, vin corse...).

FROMAGES : INDISPENSABLE !

Pâtes sèches (cantal, tomme) : un vin sec et fruité. Rouge : Beaujolais, Moulin à vent...

Pâtes molles (camembert, chaource...). Rouge corsé : Saumur, Chiroubles...

Pont l'Evêque, Maroilles, Munster : Bordeaux, Châteauneuf du Pape ou Gewurtztraminer...

Pâtes persillées (bleus, roqueforts...). Soit un vin rouge type

Gamay de Touraine. Un blanc (Sauternes ou Côteau du layon...).

Chèvres : un vin blanc issu du même terroir que le fromage (Mâcon, Sancerre...).

DESSERTS :

Avec le chocolat : un vin doux naturel (Banyuls...).

Soufflés : ont les accompagne soit de la même liqueur qu'ils contiennent ou alors d'un vin blanc type Crémant de Bourgogne (effervescent).

Tartes aux fruits : un vin d'Alsace (Gewurtztraminer, Alsace vendanges tardives...).

AVEC LES PLATS QUI NOUS VIENNENT D'AILLEURS :

Couscous : rouge (Faugères, Fitou).

Curry : blanc (Muscadet...).

Cuisine chinoise : blanc ou rosé (Arbois, Quincy...).

Méchoui : rouge (Faugères, Cornac...).

SOUPES

GRATINÉE

6 PERS. ♦ PRÉPA. : 15 MN ♦ CUISSON : 1 H ENV. ♦ * $

6 beaux oignons • 90 g de beurre • 2 c. de farine • 1,5 l de bouillon • 15 cl de Banyuls sec ou Porto • 12 tranches de pain • 300 g de fromage râpé (Emmenthal) • noix de muscade • sel • poivre noir moulu

• *Epluchez, puis émincez finement les oignons.*

• *Dans une casserole à fond épais, faites chauffer le beurre. Ajoutez les oignons et, à feu doux, faites-les fondre et à peine blondir. Saupoudrez avec la farine et mélangez sans interruption avec une spatule en bois en laissant cuire, toujours à feu doux, 3 mn (il faut que la farine se colore légèrement).*

• *Mouillez avec le bouillon chaud. Couvrez et laissez cuire à feu très doux 45 mn.*

• *Préchauffez le four (therm. 8).*

• *Ajoutez le Banyuls ou le Porto, salez, poivrez, muscadez, mélangez et laissez cuire encore 5 mn.*

• *Pendant ce temps, faites légèrement griller les tartines de pain.*

• *Répartissez la soupe dans 6 bols en porcelaine à feu. Saupoudrez de fromage râpé, déposez délicatement 2 tartines grillées par bol, couvrez avec le fromage râpé restant et passez 2 à 3 mn sous le gril du four pour gratiner.*

Note : cette soupe est avant tout un plat de noctambule, que l'on déguste convivialement aux petites heures du matin ou après le spectacle.

CRÈME D'ASPERGES

6 PERS. ♦ PRÉPA. : 25 MN ♦ CUISSON : 30 MN ♦ * $$

1,5 kg d'asperges • 2 l d'eau • 2 cubes de concentré de volaille • 2 jaunes d'œufs • 25 cl de crème fraîche • 1 pincée de noix de muscade • 15 brins de cerfeuil • croûtons • poivre blanc moulu

• *Pelez les asperges, coupez les tiges en petits morceaux, réservez les pointes. Faites cuire les morceaux de tiges dans le consommé pendant 30 mn environ. Après 20 mn de cuisson, ajoutez les pointes.*

• *Lavez, essuyez et ciselez le cerfeuil. Passez les asperges au mixer en réservant les pointes, puis au tamis en les pressant.*

• *Dans une soupière, préalablement chauffée, délayez les jaunes d'œuf dans la crème fraîche. En continuant de fouetter, ajoutez deux tours de moulin de poivre et la muscade puis, peu à peu, la crème. Vérifiez l'assaisonnement, salez un peu si nécessaire. Ajoutez enfin les pointes d'asperges et saupoudrez de cerfeuil finement ciselé.*

• *Passez le croûtons au four et ajoutez-les au potage bien chaud.*

• *Servez aussitôt.*

Note : cette soupe peut se servir froide. Dans ce cas, salez et poivrez davantage.

SOUPE NORMANDE

6 PERS. ♦ PRÉPA. : 15 MN ♦ CUISSON : 20 MN ♦ ** $$

6 filets de sole • 2 carottes • 1 oignon • 120 g de champignons de Paris • 3 petites carottes • 1 citron • 25 g de beurre demi-sel • 1,5 l de fumet de poisson • 5 branches de persil plat • 1 pincée de noix de muscade • sel • poivre en grains écrasés

• *Faites prélever les filets de sole par votre poissonnier en conservant les parures et les têtes.*

• *Epluchez les oignons, coupez-les en rondelles. Lavez les carottes et détaillez-les en petit dés. Lavez, essuyez, émincez-les champignons, puis arrosez-les de jus de citron afin d'éviter qu'ils ne noircissent. Lavez, essuyez et hachez le persil.*

• *Dans un faitout, faites blondir le beurre, puis ajoutez les rondelles d'oignons et les dés de carottes. Mélangez et faites cuire à petit feu 5 mn.*

• *Ajoutez les champignons émincés et laissez cuire encore 5 mn (ces derniers seront à peine cuits, mais ils rendront tout leur jus). Salez, poivrez. Remuez soigneusement puis mouillez avec le fumet de poisson chaud.*

• *Enfermez les parures et les têtes dans une mousseline et mettez-les dans le faitout.*

• *A compter du premier frémissement, laissez cuire environ 8 mn, puis ajoutez la moitié du persil haché et une pincée de noix de muscade. Enfin plongez les filets de sole dans le liquide. Dès que ce dernier aura repris son frémissement – surtout sans bouillir – comptez 1 mn. Retirez les parures, ajoutez le persil restant, mélangez soigneusement et servez aussitôt.*

Note : pour accentuer la note normande, accompagnez de cidre sec.

SOUPE DU MAQUIS CORSE

6 PERS. ♦ TREMPAGE : 6 H ♦ PRÉPA. : 15 MN ♦ CUISSON : 1 H 15 ♦ * $

250 g de haricots rouges • 200 g de lard • 2 oignons • 6 pommes de terre • 3 tomates • 3 branches d'oseille • 8 pluches de fenouil • quelques pissenlits • 1 gousse d'ail • sel • poivre noir moulu

• *Faites tremper les haricots pendant 6 h dans de l'eau froide en la changeant plusieurs fois.*

• *Lavez soigneusement et essuyez les herbes. Epluchez les oignons, coupez-les en quatre. Lavez et essuyez les tomates. Hachez grossièrement le lard.*

• *Epluchez les pommes de terre et laissez-les dans un peu d'eau afin d'éviter qu'elles ne noircissent.*

• *Conservez la dernière eau de trempage des haricots, versez dans un faitout, ajoutez les herbes, le lard haché, les tomates, les pommes de terre. Salez, poivrez.*

• *Couvrez et mettez à cuire, à feu doux, pendant 1 h 15.*

• *Servez bien chaud.*

LA GARBURE

Soupe béarnaise par excellence, la garbure est à base de légumes, enrichie de confit.

6 PERS. ♦ PRÉPA. : 30 MN ♦ CUISSON : 2 H 10

400 g de lard demi-sel • 2 poireaux • 2 navets • 2 carottes • 2 oignons • 4 gousses d'ail • 150 g de haricots blancs • 1 beau bouquet garni • 4 pommes de terre • 1 cœur de chou vert frisé • 1 part de confit d'oie • 6 fines tranches de pain de campagne • sel et poivre en grains

• *Coupez le lard en gros cubes. Nettoyez, pelez et lavez poireaux, navets, carottes et oignons. Émincez-les grossièrement.*

• *Mettez les dés de lard dans une marmite, couvrez largement d'eau, faites bouillir et écumez. Ajoutez les légumes précédents ainsi que les gousses d'ail pelées, les haricots blancs, le bouquet garni et une dizaine de grains de poivre. Recouvrez le tout d'eau et portez à ébullition.*

• *Au premier bouillonnement, couvrez et faites cuire tout doucement pendant 1 heure 15.*

• *Pendant ce temps, pelez les pommes de terre et coupez-les en rondelles. Lavez et coupez le chou en lanières régulières. Ajoutez-les dans la marmite, mélangez et poursuivez la cuisson à frémissements réguliers durant 45 minutes.*

• *Ajoutez la part de confit avec un peu de sa graisse et poursuivez la cuisson pendant 10 minutes.*

• *Prélevez les légumes et mettez-les dans une soupière bien chaude, recouvrez-les de tranches de pain et versez doucement le bouillon brûlant par-dessus.*

• *Servez le confit en portions et le lard à part dans un plat chaud.*

SOUPE NIÇOISE AU PISTOU

6 PERS. ♦ PRÉPA. : 45 MN ♦ TREMPAGE DES HARICOTS : 2 H ♦ CUISSON : 2 H 10

200 g de haricots verts • 75 g de haricots secs blancs et rouges • 2 courgettes • 2 carottes • 1 navet • 1 bouquet garni • 200 g de gros vermicelles • 1 oignon piqué d'un clou de girofle • sel • poivre
Pour le pistou : **2 tomates • 60 g de feuilles de basilic • 4 gousses d'ail • 75 g de parmesan • 20 cl d'huile d'olive**

• *Faites tremper les haricots secs 2 h dans de l'eau froide.*

• *Rincez-les, versez-les dans une casserole et recouvrez-les d'eau froide. Portez à ébullition sur feu doux en écumant. Au premier bouillon, égouttez les haricots et déposez-les dans un faitout avec 2,5 l d'eau, le bouquet garni et l'oignon. Portez à nouveau à ébullition et laissez cuire à petits frémissements.*

• *Au bout d'une heure, ajoutez du gros sel et poursuivez la cuisson.*

• *Détaillez les carottes et le navet en cubes ainsi que les courgettes lavées, mais non épluchées. Emincez-les haricots verts en tronçons*

• ***Préparez le pistou*** *: ciselez les feuilles de basilic. Hachez les gousses d'ail. Pilez le tout dans un mortier avec une pincée de sel. Pelez, épépinez et concassez les tomates. Ajoutez-les peu à peu en pilant et en alternant avec le parmesan et l'huile versée en filet.*

• *Après 1 h 30 de cuisson, vérifiez la cuisson des haricots, il faut qu'ils soient tendres, sinon, prolongez la cuisson.*

• *Retirez le bouquet garni et l'oignon. Ajoutez les dés de carotte et de navet, laissez cuire 15 mn. Ajoutez les haricots verts et les courgettes, laissez cuire 15 autres minutes. Puis versez les vermicelles et achevez la cuisson, pendant 10 à 12 mn selon le temps de cuisson indiqué sur le paquet. Salez et poivrez.*

• *Servez la soupe brûlante, avec le pistou présenté dans une saucière.*

ENTRÉES

ŒUFS EN MEURETTE

6 PERS. ♦ PRÉPA. : 30 MN ♦ CUISSON : 1 H 15 ENV. ♦ ** $

12 œufs • 50 g de beurre • 75 cl de Bourgogne rouge • 2 tranches de lard salé • 12 petits oignons • 12 échalotes • 75 cl de vin rouge ordinaire • 1 c. de sucre • croûtons de pain aillés

• *Epluchez les échalotes, hachez-les puis, dans une sauteuse à fond épais, faites-les revenir avec la moitié du beurre. Ajoutez la bouteille de vin de Bourgogne et laissez cuire à feu très doux 45 mn.*

• *Faites blanchir le lard dans un peu d'eau bouillante, puis coupez-le en bâtonnets. Faites roussir ces derniers dans très peu de beurre.*

• *Epluchez les petits oignons et faites-les étuver dans un peu d'eau pendant quelques minutes. En fin de cuisson, saupoudrez-les de sucre.*

• *Passez au chinois la sauce obtenue avec les échalotes et le vin. Ajoutez les bâtonnets de lard et les oignons préalablement égouttés. Salez, poivrez, puis liez avec le beurre restant. Faites dorer les croûtons de pain.*

• *Portez à ébullition le vin rouge ordinaire. Salez, poivrez. Au premier frémissement, cassez-y – en procédant en plusieurs fois – les 12 œufs.*

• *Dès qu'ils remontent à la surface ils sont cuits.*

• *Sortez-les très délicatement au fur et à mesure avec une écumoire. Egouttez-les sur du papier absorbant, puis déposez-les sur le plat de service.*

• *Versez dessus la sauce chaude et accompagnez de croûtons aillés.*

TARTE AUX CÈPES

6 PERS. ♦ PRÉPA. : 1 H + 45 MN ♦ CUISSON : 20 MN ENV. ♦ ** $$

1 kg de cèpes • 1 œuf • 75 g de jambon cru • 1 échalote • 60 g de cerneaux de noix • 1 gousse d'ail • 30 g de beurre • 40 g de pain • 15 cl de crème fraîche
***Pour la pâte brisée :* 175 g de farine • 100 g de beurre • 3 C. d'eau • sel**

• *Dans une terrine mélangez intimement la farine avec le sel, puis disposez-la sur le plan de travail et creusez un puits central.*

• *Dans ce puits, mettez l'œuf et le beurre découpé en morceaux de la taille d'une petite noix.*

• *Mélangez, délicatement, du bout des doigts.*

• *Mélangez ensuite avec les doigts des deux mains, en ajoutant peu à peu l'eau.*

• *Lorsque la pâte est devenue homogène, écrasez-la avec la paume de la main sur le plan de travail préalablement fariné.*

• *Lorsqu'elle est aplatie, faites-en une boule que vous glissez dans une feuille de film plastique, et déposez-la dans le bas du réfrigérateur pendant une heure minimum.*

• *Mettez le pain à tremper dans un peu de lait.*

• *Nettoyez, lavez et blanchissez les cèpes dans l'eau bouillante. Egouttez-les.*

• *Râpez les cerneaux de noix.*

• *Epluchez et hachez l'échalote, puis faites-la fondre dans un peu de beurre.*

• *Mixez ensemble le jambon, l'œuf, le pain essoré et l'échalote. En tout dernier, ajoutez les noix râpées.*

• *Vous devez obtenir un mélange homogène, que vous mettrez au réfrigérateur durant 45 mn.*

• *Après ces 45 mn, incorporez la crème au mélange. Salez.*

• *Préchauffez le four (therm. 7).*

• *Etalez la pâte sur le plan de travail fariné, puis posez-la dans un grand moule à tarte. Etalez le mélange sur la pâte. Emincez finement les cèpes et recouvrez-en la garniture.*

• *Epluchez, dégermez et écrasez la gousse d'ail.*

• *Dans une casserole faites fondre le beurre avec l'ail, puis avec un pinceau, badigeonnez de cette préparation le dessus des cèpes. Mettez à cuire au four pendant 20 mn et servez.*

KOUGLOF AUX LARDONS ET AUX NOIX

6 PERS. ♦ PRÉPA. : 30 MN ♦ REPOS : 2 H 30 ♦ CUISSON : 40 MN ♦ ** $

400 g de farine • 15 g de levure boulangère • 130 g de beurre mou + 20 g pour le moule • 2 œufs • 150 g de lardons fumés • 12 cerneaux de noix • 3 pincées de sucre • 10 cl de lait • 1/2 c. de sel • 1 C. d'huile

• ***Pour le levain :*** *délayez la levure dans 5 cl de lait puis ajoutez suffisamment de farine à la levure pour obtenir une pâte molle. Placez le levain dans un endroit plutôt chaud environ 20 mn pour qu'il double de volume.*

• *Faites blanchir les lardons, puis faites-les dorer dans une poêle avec une C. d'huile. Egouttez-les.*

• *Ecrasez grossièrement les cerneaux de noix.*

• *Mélangez rapidement et travaillez du bout des doigts, pendant 10 mn, le reste de farine, le sucre, le sel, les œufs et le lait. Ajoutez ensuite le beurre et travaillez encore la pâte jusqu'à ce qu'elle se décolle sans difficulté des mains.*

• *Ajoutez le levain à la pâte, mélangez bien, puis laissez monter la pâte 1 h en la couvrant d'un linge.*

• *Après ce laps de temps, incorporez à la pâte les lardons et les noix hachées, et donnez à celle-ci la forme de gros boudin.*

• *Beurrez un moule spécial kouglof, versez la pâte et tassez-la au fond. Elle doit remplir environ la moitié du moule.*

• *Laissez de nouveau reposer la pâte jusqu'à ce qu'elle double de volume et remplisse le moule.*

• *Préchauffez le four (therm. 7).*

• *Glissez le kouglof dans le four chaud et laissez cuire 40 mn.*

Note : servez ce kouglof salé en entrée ou bien à l'apéritif.

FOIE GRAS POÊLÉ AUX DEUX FRUITS

Une superbe entrée de fête, facile à réussir.

4 PERS. ♦ PRÉPA. : 20 MN ♦ CUISSON : 20 MN ♦ * $$$

4 escalopes de foie gras (120 g chacune) • 1,5 kg de pommes acidulées • 1 kg de muscat • 3 C. de graisse d'oie • 20 dl de fond de volaille reconstitué • 2 dl de vinaigre de cidre • 7 C. de farine • 1 pincée de paprika • sel fin • poivre blanc du moulin

• *Lavez les grains de raisins. Séchez-les. Retirez la peau. Réservez.*

• *Epluchez les pommes, retirez les pépins et détaillez-les en lamelles d'1/2 cm.*

• *Dans une assiette, étalez sel, poivre et paprika mélangés. Dans une autre, étalez la farine.*

• *Passez très légèrement les escalopes de foie gras des deux côtés, d'abord dans les épices, puis dans la farine.*

• *Dans une sauteuse, faites chauffer 2 C. de graisse. Dès qu'elle « chante », faites dorer des deux côtés les lamelles de pommes. Retirez-les à la spatule et posez-les dans un plat chauffé que vous glisserez dans le four tiède afin de les garder au chaud.*

• *Mettez la graisse restante dans la poêle, faites-la « chanter » à feu vif et posez-y les escalopes que vous laisserez dorer environ 1,30 mn de chaque côté. Retirez-les à l'aide d'une spatule et déposez-les dans le plat sur les pommes. Couvrez pour tenir au chaud.*

• *Jetez la graisse de cuisson restée dans la poêle. Versez le vinaigre, grattez les sucs avec une spatule, puis mettez sur le feu pour déglacer. Au premier frémissement, ajoutez le fond de volaille. Laissez réduire pendant 5 mn à feu vif et à découvert. Rectifiez l'assaisonnement et ajoutez les grains de raisin juste avant de retirer du feu.*

• *Mélangez, puis versez délicatement la sauce aux raisins sur le foie gras et les fruits et servez aussitôt dans des assiettes chaudes.*

TOURTE AU CAMEMBERT ET AUX POMMES

Un camembert à cœur, à peine évidé, bien poivré, rempli d'épinards, oseille et pousses d'orties, avec quelques lamelles de pommes et cuit dans un feuilletage croustillant. Surprenant mais délicieux !

4 PERS. ♦ PRÉPA. : 30 MN ♦ CUISSON : 30 MN ♦ ** $

250 g de pâte feuilletée • 1 camembert • 1 poignée d'oseille • 1 poignée d'épinards • quelques pousses d'orties • 2 petites pommes reinettes • 50 g de beurre • 1 jaune d'œuf • poivre noir du moulin
Pour la sauce : **1 c. de crème fraîche • huile d'olive • vinaigre de cidre • sel • poivre**

• *Pelez les pommes, retirez les pépins, coupez-les en lamelles et faites-les blondir à feu doux dans 25 g de beurre.*

• *Lavez et essuyez épinards, pousses d'orties et oseille.*

• *Dans une sauteuse, faites fondre le beurre restant puis ajoutez les épinards, l'oseille, les pousses d''orties et faites-les revenir quelques minutes en les remuant.*

• *Retirez la croûte autour du camembert avec un couteau pointu et mettez-la dans une casserole.*

• *Creusez légèrement le dessus du camembert avec une petite cuillère. Poivrez généreusement l'intérieur, remplissez avec les légumes et posez les lamelles de pommes par-dessus.*

• *Préchauffez le four (therm. 6).*

• *Étalez la pâte feuilletée puis enfermez-y le camembert. Formez des décors dessus avec les chutes de pâte et badigeonnez toute la surface avec le jaune d'œuf battu et délayé dans un peu d'eau.*

• *Faites cuire pendant 20 mn dans le four, jusqu'à ce que la pâte soit bien dorée.*

• *Mettez la casserole sur feu très doux pour faire fondre la croûte du camembert, détendez-la avec la crème et laissez refroidir.*

• *Préparez une vinaigrette avec l'huile, le vinaigre de cidre, du sel, du poivre. Mélangez-la à la sauce aux croûtes de camembert refroidie.*

• *Servez la tourte avec une salade un peu rustique, assaisonnée avec la vinaigrette.*

GOUGÈRE AU COMTÉ

6 PERS. ♦ PRÉPA. : 15 MN ♦ CUISSON : 45 MN ♦ ** $

15 cl d'eau et de lait • 140 g de beurre légèrement ramolli • 150 g de farine + 20 g pour la plaque • 4 œufs + 1 jaune pour dorer • 200 g de comté • quelques feuilles de salade (laitue, mâche...) • 1 branche de persil • 1 pincée de sel • poivre blanc

• *Préchauffez le four (therm. 6).*

• *Beurrez une plaque à pâtisserie avec 20 g de beurre. Disposez dessus une poignée de farine puis tournez la plaque dans tous les sens en la tapotant légèrement sur le dessous pour recouvrir le beurre uniformément d'une fine pellicule de farine (jetez l'excédent).*

• *Coupez la moitié du fromage en tranches, puis en petits dés. Râpez finement l'autre moitié.*

• *Dans une casserole, versez le lait et l'eau, le sel et le reste de beurre. Portez tout doucement à ébullition.*

• *Enlevez la casserole du feu et versez-y la farine d'un seul coup. Remuez vigoureusement avec une cuillère en bois ; la pâte doit se détacher complètement des parois de la casserole et se mettre en boule autour de la cuillère. Si vous n'obtenez pas ce résultat, remettez la casserole sur feu vif pendant quelques secondes en remuant toujours, puis enlevez la casserole du feu et laissez tiédir un peu à température ambiante.*

• *Incorporez ensuite les œufs un par un à la pâte, en attendant à chaque fois que l'œuf soit bien amalgamé avant d'ajouter le suivant. Une fois que tous les œufs ont été incorporés, ajoutez une pointe de poivre blanc et les dés de comté tout en remuant sans cesse.*

• *Avec une cuillère, prenez des portions de pâte grosses comme un œuf et disposez-les, les unes à côté des autres en forme de couronne, sur la plaque de cuisson beurrée et farinée.* ***Important****: les « œufs de pâte » doivent se toucher.*

• *Avec un pinceau réservé à cet usage, dorez la pâte avec le jaune d'œuf réservé, battu et dilué dans quelques gouttes d'eau.*

• *Ensuite, parsemez de fromage râpé et enfournez.*

• *Après environ 10 mn de cuisson, entrouvrez légèrement la porte en y insérant une cuillère en bois et laissez cuire encore pendant 25 mn – jusqu'à ce que la pâte soit bien dorée –. Pendant la cuisson de la gougère, nettoyez, lavez et essorez soigneusement les salades et le persil.*

• *Présentez la gougère légèrement tiède dans le plat de service.*

• *Disposez harmonieusement les salades et le persil autour de la gougère et servez.*

Note: cette gougère peut également se déguster froide.

CAGOUILLES À LA SAINTONGEAISE

4 PERS. ♦ PRÉPA.: 30 MN ♦ CUISSON: 3 H 10 ♦ ** $$

4 douzaines de cagouilles (ou petits-gris) dégorgés et lavés • 150 g de chair à saucisse • 35 cl de vin rouge • 5 gousses d'ail • 5 échalotes • 1 carotte • 1 oignon • 1 petite botte de persil • 1 bouquet garni • 30 g de beurre • sel • poivre

• ***Préparez le court-bouillon****: dans une marmite remplie d'eau à mi-hauteur, mettez l'oignon et la carotte épluchés et coupés en rondelles, 1 gousse d'ail pelée, le bouquet garni, du sel et du poivre.*

• *Portez le bouillon à ébullition, plongez-y les escargots et laissez-les cuire 1 h 30.*

• *Epluchez et hachez finement les échalotes. Hachez les gousses d'ail restantes et le persil haché.*

• *Dans une sauteuse, faites fondre les échalotes dans le beurre. Ajoutez l'ail, le persil et la chair à saucisse et laissez-la cuire en mélangeant.*

• *Ajoutez les escargots préalablement égouttés, le vin et une louche de bouillon filtré. Salez et poivrez.*
• *Laissez mijoter 1 h 30 en remuant plusieurs fois en cours de cuisson et en ajoutant un peu de bouillon si nécessaire.*
• *Vérifiez l'assaisonnement. Saupoudrez de persil ciselé et servez.*

PISSALADIÈRE AUX TOMATES

4/5 PERS. ♦ PRÉPA.: 30 MN ♦ CUISSON: 45 MN ♦ * $

300 g de pâte à pain • 5 gros oignons • 4 tomates • 1 gousse d'ail • 1 bouquet garni • 12 filets d'anchois à l'huile • 60 g de petites olives noires • 2 C. d'huile d'olive • 1 C. d'herbes • sel • poivre

• *Epluchez et émincez finement les oignons. Pelez la gousse d'ail.*
• *Dans une sauteuse, faites revenir les oignons dans l'huile d'olive chaude jusqu'à ce qu'ils soient transparents. Ajoutez la gousse d'ail entière et le bouquet garni. Mouillez avec 5 cl d'eau. Couvrez. Laissez cuire 25 mn en remuant à plusieurs reprises. Retirez l'ail et le bouquet garni en fin de cuisson. Laissez tiédir.*
• *Lavez, puis coupez les tomates en deux. Pressez-les afin d'éliminer le maximum d'eau et les graines. Détaillez leur pulpe en dés. Salez-les et réservez-les.*
• *Préchauffez le four thermostat 7.*
• *Etalez la pâte à pain en un rond de 30 cm de diamètre sur le plan de travail fariné. Posez le rond de pâte sur la plaque du four légèrement farinée. Ourlez un peu les bords vers l'intérieur pour former un petit bourrelet autour de la pâte. Déposez dessus les oignons refroidis. Ajoutez les dés de tomates bien égouttés. Enfournez et laissez cuire environ 20 mn.*
• *Disposez alors joliment tous les filets d'anchois et garnissez d'olives noires. Servez chaud ou froid.*

MOULES BOUCHOT, SAUCE POULETTE

4 PERS. ♦ PRÉPA. : 30 MN ♦ CUISSON : 15 MN ♦ * $

4 litres de moules de Bouchot • 25 cl de vin blanc sec • 1 jaune d'œuf • 20 cl de crème liquide • 1 bouquet garni • 1 gousse d'ail • 2 échalotes • 1 branche de thym • 1 branche de céleri • 1 petite carotte • 1 C. d'aneth ciselé • poivre

• *Grattez, ébarbez et lavez plusieurs fois les moules puis égouttez-les.*
• *Mettez-les dans un faitout avec le vin blanc, le bouquet garni, la carotte pelée et coupée en dés, la branche de céleri effilée et détaillée en tronçons, le thym, les échalotes et du poivre. Remuez, couvrez et faites ouvrir à feu vif, en secouant le faitout régulièrement.*
• *Sortez les moules et jetez celles qui ne se sont pas ouvertes. Otez une coquille sur deux et mettez-les dans un grand plat préchauffé. Couvrez d'une feuille d'aluminium.*
• *Filtrez le jus de cuisson des moules, en écrasant les légumes avec le dos d'une cuillère dans la passoire.*
• *Dans un saladier, battez la crème et le jaune d'œuf. Versez ensuite dans le saladier, petit à petit, le jus chaud de cuisson récupéré, en remuant. Ajoutez l'aneth, mélangez puis versez sur les moules. Servez aussitôt dans des assiettes creuses.*

FEUILLETÉ DE PÉTONCLES AUX ASPERGES

6 PERS. ♦ PRÉPA. : 30 MN ♦ CUISSON : 35 MN ♦ ** $$

750 g de pâte feuilletée déroulée • 250 g de pétoncles surgelées • 1 échalote • 1 botte d'asperges • 3 brins d'aneth • 40 g de beurre • 1 jaune d'œuf • gros sel
Pour la sauce : **30 g de beurre • 25 g de farine • 15 cl de lait • 15 cl de fumet de poisson • 12,5 cl de crème • 1 pincée de curry • 12 crevettes • sel • poivre blanc**

• Préchauffez le four (therm. 6).

• Découpez dans la pâte feuilletée 6 carrés de 12 cm de côté. Quadrillez-les légèrement à la pointe du couteau puis badigeonnez-les de jaune d'œuf battu et délayé dans un peu d'eau. Déposez-les sur la plaque du four préalablement beurrée. Réservez 15 mn au frais, puis faites cuire les feuilletés pendant 16 mn.

• Laissez-les ensuite sécher 10 mn à l'entrée du four en maintenant la porte entrouverte.

• Pendant ce temps, nettoyez puis faites cuire les asperges 15 mn à l'eau bouillante salée. Egouttez-les et coupez-en la moitié en rondelles.

• Epluchez et hachez l'échalote, faites-la revenir dans 30 g de beurre sur feu très doux. Ajoutez les pétoncles et laissez mijoter 6 mn à découvert.

*• **Préparez la sauce** : faites fondre le beurre dans une casserole, saupoudrez de farine. Versez le lait peu à peu tout en fouettant. Ajoutez le fumet de poisson et, 2 minutes après, la crème, le curry, les pétoncles et les rondelles d'asperges. Salez, poivrez. Réchauffez doucement.*

• Divisez les feuilletés en 2 dans l'épaisseur. Retirez les feuillets de pâte à l'intérieur. Remplacez-les par la préparation aux pétoncles. Posez le couvercle des feuilletés.

• Décorez de brins d'aneth. Servez avec les asperges restantes. Ajoutez quelques crevettes pour le décor.

GALETTES PAYSANNES

4 PERS. ♦ PRÉPA. : 15 MN + 1 H D'ATTENTE ♦ CUISSON : 20 MN ♦ * $

60 g de farine de froment • 60 g de farine de sarrasin • 6 œufs • 25 cl de lait • 2 C. de beurre fondu • 1 pincée de sel • 8 tranches de lard • 100 g de comté râpé • 100 g de mimolette râpée • 2 branches de persil • 1 C. d'huile • poivre

• Lavez et essuyez le persil.

• Dans une jatte, mélangez les deux farines, le sel, le beurre et deux œufs

entiers. Délayez avec le lait, puis ajoutez les feuilles de persil, détachées des tiges. Laissez reposer 1 heure au réfrigérateur.

• *Dans une grande poêle à fond épais, mettez le lard à dorer pendant environ 3 mn. Réservez.*

• *Essuyez la poêle avec du papier absorbant, huilez-la et faites la première crêpe.*

• *Après l'avoir retournée et cuit la seconde face, cassez un œuf au centre de la crêpe. Ajoutez deux tranches de lard dorées, parsemez des 2 fromages râpés. Poivrez.*

• *Repliez les bords vers le centre, poursuivez la cuisson 1 mn (assurez-vous que le blanc de l'œuf est cuit).*

• *Procédez de même pour les autres galettes et servez.*

ÉCREVISSES POCHÉES AU RIESLING

6 PERS. ♦ PRÉPA.: 45 MN ♦ CUISSON: 30 MN ♦ ** $$$

36 écrevisses • 1 bouteille de Riesling • 2 carottes • 2 oignons • 2 échalotes • 2 côtes de céleri • 1 petit bouquet garni (thym, laurier, 2 brins d'estragon) • 1 C. de cumin • 5 cl de marc de Gewurztraminer • 30 g de beurre • 20 cl de crème fraîche • 1 c. de concentré de tomates • 6 grains de poivre • 1 poignée de gros sel

• *Epluchez les carottes, les oignons, les échalotes et les côtes de céleri avec leurs feuilles. Emincez-les très grossièrement.*

• ***Court-bouillon**. Dans un faitout, faites étuver à couvert pendant 5 mn les légumes avec le beurre. Ajoutez 1 litre et demi d'eau, le vin blanc, le bouquet garni, une poignée de gros sel marin et 6 grains de poivre.*

• *Portez le court-bouillon à ébullition douce et laissez-le cuire pendant 20 mn.*

• *Lavez les écrevisses à l'eau courante et châtrez-les en tirant d'un coup sec le boyau noir. Plongez-les dans le court-bouillon bouillonnant et faites-*

les pocher sur feu vif jusqu'à ce qu'elles aient pris une belle couleur rouge (8 mn environ).

- *Chauffez le marc.*
- *Retirez les écrevisses avec une écumoire et dressez-les dans un plat chaud. Arrosez-les de marc tiédi et flambez-les.*
- *Prélevez et filtrez 60 cl de bouillon, ajoutez le cumin écrasé et faites réduire d'un tiers. Ajoutez la crème et le concentré de tomates, laissez réduire jusqu'à obtenir une sauce bien onctueuse.*
- *Versez-la sur les écrevisses ou dans une saucière et servez aussitôt.*

LÉGUMES

ALIGOT

6 PERS. ♦ PRÉPA. : 25 MN ♦ CUISSON : 30 MN ♦ * $

1 kg de pommes de terre • 150 g de beurre • 150 g de lard gras • 500 g de tomme fraîche • 6 C. de crème fraîche • 30 cl de lait • 1 gousse d'ail

• *Faites cuire les pommes de terre à l'eau bouillante salée. Epluchez-les et faites une purée avec le lait, la crème fraîche et le beurre découpé en dés.*

• *Epluchez, dégermez et hachez finement la gousse d'ail.*

• *Coupez le lard en dés et faites-le fondre doucement dans une poêle à fond épais. Ajoutez à la purée la graisse fondue – sans les lardons – l'ail haché, salez, poivrez. Mélangez.*

• *Détaillez la tomme en lamelles et lorsque la purée a un peu refroidi, ajoutez-les délicatement à la purée.*

• *Sans tourner, mettez ce mélange sur feu très doux : soulevez et mélangez avec une spatule en bois jusqu'à ce que tout le fromage soit incorporé et fondu. Surtout ne laissez pas bouillir. Au moment de servir, soulevez de nouveau la masse pour la faire filer et dégustez aussitôt.*

Note : un plat d'hiver, d'origine auvergnate, idéal à déguster entre copains.

GRATIN DAUPHINOIS

6 PERS. ♦ PRÉPA. : 30 MN ♦ CUISSON : 1 H 30 ENV. ♦ * $

1,5 kg de pommes de terre (bintje) • 1 navet • 2 gousses d'ail • 60 g de beurre demi-sel • 60 cl de crème • 1 pincée de muscade râpée • sel • poivre noir moulu

• *Lavez, pelez et coupez les pommes de terre en tranches fines d'une épaisseur égale. Lavez-les et séchez-les.*

• *Epluchez le navet, coupez-le en deux et frottez avec un grand plat à gratin de préférence en terre, puis frottez-le avec l'ail et enfin, beurrez-le généreusement et régulièrement avec 20 g de beurre.*

• *Préchauffez le four (therm. 5).*

• *Rangez dans le plat les rondelles de pommes de terre en les faisant se chevaucher d'environ un tiers. Salez, poivrez, saupoudrez d'un peu de noix de muscade et de noisettes de beurre. Faites une deuxième couche en procédant de même, jusqu'à épuisement des pommes de terre.*

• *Versez la crème jusqu'à ce qu'elle atteigne le niveau des rondelles. Attendez quelques instants afin que la crème s'infiltre entre les couches et rectifiez le niveau si nécessaire.*

• *Détaillez le beurre restant en lamelles et parsemez-en le dessus du gratin. Enfournez 1 heure pour deux couches et 1 h 15 pour 3 couches de pommes de terre.*

• *15 mn avant la fin de la cuisson, augmentez la chaleur du four (therm. 7), afin de faire rapidement gratiner le dessus et éviter ainsi le dessèchement du gratin.*

• *Vérifiez la cuisson, avec la pointe d'un couteau.*

• *Eteignez et laissez reposer 10 mn, four fermé avant de servir.*

Note : un plat d'une grande simplicité mais qui exige une très bonne qualité des produits utilisés.

COURGETTES AU BROCCIU

Le *brocciu* frais, s'adapte à de très nombreux styles de cuisson : soupes poissons, beignets, omelettes, tourtes...
La mère de Napoléon était un telle inconditionnelle de ce fromage, qu'elle essaya d'élever des chèvres corses à Rueil Malmaison.
Mais le gazon n'était pas le maquis !

6 PERS. ♦ PRÉPA. : 20 MN ♦ CUISSON 25 MN ♦ * $

6 courgettes
***Pour la farce :* 500 g de *brocciu* • 2 œufs • chapelure • 3 branches de persil plat • huile d'olive • sel • poivre noir moulu**

• *Lavez les courgettes, coupez les extrémités, puis faites-les à blanchir dans l'eau bouillante salée. Egouttez-les, puis évidez-les délicatement avec une cuillère. Réservez la chair*

• *Lavez, essuyez et hachez le persil.*

• *Préchauffez le four (therm. 6).*

• ***Farce :** dans une terrine, écrasez le fromage, ajoutez les œufs, le persil haché, la chair des courgettes, salez, poivrez, mélangez soigneusement.*

• *Remplissez les courgettes de cette farce. Huilez un plat à gratin assez grand pour mettre les 6 courgettes côte à côte. Parsemez de chapelure, arrosez d'un peu d'huile d'olive et mettez au four pendant 25 mn.*

Note : le *brocciu* peut éventuellement être remplacé par de la *ricotta.*

POISSONS

THON EN DAUBE

4 PERS. ♦ PRÉPA. : 40 MN ♦ MARINADE : 1 H ♦ CUISSON : 1 H 15 ♦ ** $$

1 tranche de thon de 3 cm d'épaisseur • 3 gousses d'ail • 2 oignons • 10 grains de poivre noir • 3 C. d'huile d'olive • 4 filets d'anchois • zestes d'1 citron • 5 tomates • 75 cl de vin blanc sec • 1 poivron vert • 1 C. de câpres • 1 bouquet garni • 1 pincée de poivre de Cayenne • $^1/_2$ c. de sucre • sel • poivre noir moulu

• *Epluchez et dégermez les gousses d'ail. Epluchez les oignons. Concassez les grains de poivre.*

• *Dans un mortier, pilez, les gousses d'ail avec le poivre concassé et 1 oignon haché.*

• *Rincez soigneusement les filets d'anchois afin de les débarrasser du sel et des petites arêtes.*

• *Piquez la chair du thon en quatre endroits et enfoncez dans chaque entaille un filet d'anchois.*

• *Versez la pommade d'ail et d'oignon dans un plat de la grandeur de la rouelle de thon. Déposez cette dernière dessus, arrosez d'huile, ajoutez le zeste de citron, couvrez d'un linge et mettez à mariner dans un endroit frais pendant 1 h.*

• *Préchauffez le four (therm. 6).*

• *Emincez le deuxième oignon. Ebouillantez 30 s. les tomates, pelez-les, épépinez-les et concassez-les.*

• *Egouttez la rouelle au-dessus d'une daubière allant au four et à peine plus grande que la tranche de thon. Grattez la rouelle avec le dos d'une lame de couteau afin d'ôter le maximum de la pommade d'ail, que vous réserverez.*

• *Versez l'huile de macération dans la daubière, posez-la sur feu doux et dès que celle-ci est chaude, ajoutez l'oignon émincé. Laissez-le blondir (3 à 4 mn), en remuant avec une spatule en bois. Retirez l'oignon, réservez.*

• *Déposez la rouelle dans la daubière et faites-la revenir en augmentant légèrement le feu 3 mn sur chaque face.*

• *Remettez les oignons puis, après 2 mn, les tomates concassées. Laissez cuire 5 mn, ajoutez le bouquet garni, le poivre de Cayenne, le sucre, la pommade d'ail récupérée et poivrez – pas de sel, à cause des anchois –. Arrosez avec le vin blanc, le poisson doit être recouvert. Couvrez, versez de l'eau dans la couvercle, enfournez la daubière et laissez cuire 25 mn à thermostat 4.*

• *Pendant ce temps, faites griller la peau du poivron afin de l'enlever plus facilement. Au-dessus d'une assiette, afin d'en récupérer le jus, retirez les graines et les filaments du poivron, puis coupez-le en lanières.*

• *Après 25 mn de cuisson, ajoutez au poisson les lanières de poivron, ainsi que le jus récupéré dans l'assiette et les câpres. Replacez le couvercle. Baissez la température du four (therm. 3) et laissez cuire encore 15 mn puis éteignez le four.*

• *Laissez tiédir la daubière dans le four pendant 10 mn avant de servir.*

Note: Alexandre Dumas disait du thon qu'il n'était ni poisson, ni viande, et comparaît son goût à celui du veau.

SOLES AU VERMOUTH

6 PERS. ♦ PRÉPA. : 25 MN ♦ CUISSON : 10 MN ♦ ** $$

6 soles • 150 g de beurre • 4 échalotes • 45 cl de Vermouth sec • 1 citron • 100 g de mie de pain • quelques brins d'estragon • quelques brins de persil • sel • poivre noir moulu

• *Demandez à votre poissonnier de vider les soles, de couper têtes, queues, nageoires, de les éplucher et de les inciser le long de l'arête dorsale.*

• *Epluchez et hachez les échalotes.*
• *Lavez, essuyez et ciselez finement l'estragon et le persil.*
• *Choisissez un très grand plat allant au four, dans lequel vous pourrez placer les 6 soles côte à côte et faites-y fondre un tiers du beurre, puis étalez au fond les échalotes hachées que vous parsemez de persil et d'estragon ciselés.*
• *Préchauffez le four (therm. 7).*
• *Dans une grande casserole faites fondre 50 g de beurre, puis trempez-y les soles côté « peau blanche ». Sur ce même côté, étalez la mie de pain émiettée, ensuite déposez délicatement les poissons sur le lit d'échalotes, le côté non « pané » vers le fond. Salez, poivrez et versez délicatement le vermouth. – Il faut que les poissons baignent dedans sans que la panure soit mouillée pour autant –. Mettez le plat au four pendant 10 mn puis retirez-le.*
• *Déposez les soles sur un plat à servir chaud. Versez le jus de cuisson dans une petite casserole, et laissez-le réduire. Retirez du feu et incorporez en battant le beurre restant ramolli, jusqu'à obtention d'une sauce mousseuse. Ajoutez deux gouttes de jus de citron, rectifiez l'assaisonnement, mélangez.*
• *Versez un peu de la sauce sur les soles et servez rapidement. Présentez le reste de la sauce à part.*

LOTTE AU POIVRE VERT

6 PERS. ♦ PRÉPA.: 10 MN ♦ CUISSON: 15 MN ♦ ** $$$

6 darnes de lotte • 45 g de beurre • 1 petit pot de crème fraîche • 2 c. de poivre vert • 1 verre à liqueur de whisky • farine • 6 tomates cerises • cresson • sel

• *Farinez les darnes de lotte. Dans une poêle anti-adhésive, faites fondre le beurre et mettez à dorer les tranches de lotte environ 5 mn de chaque côté. Salez et réservez au chaud.*
• *Déglacez la poêle avec le whisky en grattant les sucs avec une spatule*

en bois. Ajoutez le poivre vert et la crème fraîche. Mélangez et réchauffez sur feu doux 3 mn.

• Lavez et essuyez les tomates et le cresson.

• Disposez le poisson dans un plat de service chaud. Nappez de sauce et décorez avec les tomates et un peu de cresson et servez.

LANGOUSTES SAUCE BLANCHE

4 PERS. ♦ PRÉPA. : 40 MN ♦ CUISSON : 30 MN ♦ ** $$$

2 petites langoustes d'une livre environ • 200 g de petites crevettes roses cuites • 1 botte d'asperges vertes • 150 g de champignons blancs • $^1/_2$ bouteille de vin blanc sec • 50 g de beurre • 25 g de farine • 10 cl de crème fraîche épaisse • 1 oignon • 2 échalotes • 1 bouquet garni • 1 clou de girofle • persil haché • sel • poivre moulu

• Epluchez les asperges, lavez-les. Faites-en quatre petits fagots ficelés.

• Epluchez les champignons, débitez-les en lamelles et passez-les 5 mn à la poêle dans 20 g de beurre.

• Décortiquez les crevettes.

• Placez dans une grande casserole le vin, l'oignon piqué du clou de girofle, les échalotes, le bouquet garni, du sel et du poivre, ajoutez un bon litre d'eau froide. Faites chauffer et plongez les langoustes dans ce bouillon dès le premier frémissement. Laissez cuire 15 mn.

• Pendant ce temps, faites cuire les asperges 10 mn à l'eau bouillante, égouttez-les et tenez-les au chaud.

• Egouttez les langoustes, coupez les têtes, puis fendez les queues en deux dans leur carapace. Réservez au chaud.

• Faites un roux très blond avec la farine et le reste de beurre, mouillez avec une louche de bouillon de cuisson préalablement filtré, fouettez vivement, puis incorporez la crème fraîche.

• Pour terminer la sauce, ajoutez champignons, crevettes, les parties

crémeuses contenues dans les têtes des langoustes et une cuillerée à soupe de persil haché. Laissez sur le feu sans faire bouillir.

• *Dressez les demi-langoustes, dans ou hors de leur carapace au choix, et les bouquets d'asperges sur quatre assiettes, nappez de sauce et servez.*

BOUILLABAISSE

6 PERS. ♦ PRÉPA. : 40 MN ♦ CUISSON : 40 ♦ * $$$

Bouillabaisse : **2 kg de poissons à chair ferme (rascasse, congre, lotte, grondin, vive) • 1 kg de poissons à chair tendre (saint pierre, merlan, loup, girelle) • 12 cl d'huile d'olive • 2 blancs de poireau • 6 gousses d'ail • 2 oignons • 1 botte de persil • 2 bouquets garnis (thym, laurier, céleri et fenouil en branche) • 2 tomates • 1 morceau d'écorce d'orange séchée • 1 bonne pincée de safran (en filaments si possible) • 3 tranches de pain de campagne à peine grillé par personne • gros sel • poivre en grains**

Pour la rouille : **3 gousses d'ail • 3 à 4 piments rouges forts • 1 poignée de mie de pain émiettée • 3 C. d'huile d'olive • 1 pincée de safran**

• *Coupez et réservez les parures des poissons (têtes, arêtes...) pour en faire un fumet.*

• *Coupez les plus gros poissons en tranches épaisses mais laissez les plus petits entiers (sans les têtes).*

• *Séparez ceux à chair ferme de ceux à chair tendre.*

• ***Préparez le fumet*** *: hachez grossièrement les blancs de poireau, les oignons, les gousses d'ail et les feuilles de persil. Réservez-en la moitié pour la bouillabaisse et mettez le reste dans un faitout. Ajoutez les parures* *des poissons, versez assez d'eau pour couvrir (2,5 à 3 litres environ), portez à ébullition et ajoutez 2 pincées de gros sel et 1 bouquet garni.*

• *Laissez bouillir pendant 20 mn en écumant, puis passez le fumet dans une passoire en pressant avec le dos de la louche sur les éléments solides pour en extraire tous les sucs.*

• *Mettez les assaisonnements réservés pour la bouillabaisse dans une grande marmite et ajoutez les tomates pelées, épépinées et grossièrement hachées. Posez dessus les poissons à chair ferme, puis arrosez d'huile d'olive. Salez légèrement et ajoutez quelques grains de poivre.*

• ***Préparez la rouille** : faites tremper la mie de pain dans du lait.*

• *Hachez les gousses d'ail et les piments puis pilez-les dans un mortier avec le safran, jusqu'à obtention d'une pâte. Ajoutez alors la mie de pain bien essorée et pilez pour en faire une purée.*

• *Petit à petit, incorporez l'huile d'olive en tournant avec le pilon. Ne vous étonnez pas si la rouille n'est pas très rouge, la couleur dépend de la variété de piments employés.*

• *Portez le fumet de poisson à ébullition. Mettez la marmite à bouillabaisse sur feu très vif et versez juste assez de fumet bouillant pour recouvrir les poissons. Ajoutez le second bouquet garni, l'écorce d'orange séchée et la pincée de safran. Laissez bouillir à gros bouillons pendant 7 à 8 mn. Ajoutez alors les poissons à chair tendre et laissez bouillir encore 8 à 9 minutes.*

• *Retirez les poissons de la marmite et disposez-les harmonieusement sur un grand plat. Gardez-les au chaud.*

• *Goûtez le bouillon, rectifiez l'assaisonnement et portez rapidement à ébullition pendant quelques instants pour en corser le goût si nécessaire, puis versez-le dans une soupière. Ajoutez quelques cuillerées à soupe de bouillon à la rouille en mélangeant pour l'assouplir.*

• *Servez le tout. Chaque convive met dans son assiette quelques tranches de pain, juste assez de bouillon pour les mouiller et quelques morceaux de poisson, en se servant de la rouille comme condiment.*

COTRIADE BRETONNE

4 PERS. ♦ PRÉPA. : 30 MN ♦ CUISSON : 25 MN ♦ * $$$

1 kg de lotte • 2 gros rougets • 2 maquereaux • 600 g de roussette • 2 darnes de lieu • 800 g de pommes de terre • 2 carottes • 2 oignons • 40 g de beurre • 1 feuille de laurier • sel • poivre

• *Pelez les pommes de terre et les carottes, coupez-les en rondelles épaisses. Épluchez et émincez les oignons.*

• *Faites chauffer le beurre dans un faitout. Mettez les oignons à revenir, puis ajoutez les pommes de terre, les carottes et la feuille de laurier. Mouillez avec 2 litres d'eau, salez, poivrez. Portez à ébullition, réglez le feu et faites cuire 10 mn à petits frémissements.*

• *Nettoyez les poissons, jetez les têtes.*

• *Coupez la lotte, les rougets, les maquereaux et la roussette en tronçons.*

• *Ajoutez les poissons dans le faitout après 10 mn de cuisson des légumes, et laissez cuire l'ensemble, à couvert, pendant 10 autres minutes.*

• *Servez très chaud. Accompagnez de tranches de pain de campagne bien beurrées. Les convives posent une tartine de pain dans leur assiette, puis la mouillent de bouillon, et répartissent enfin les poissons et les légumes.*

Note: la cotriade est une soupe de poissons qui est traditionnelle en Bretagne. On peut utiliser, mais pas trop, des poissons gras (notamment sardines et maquereaux).

MARMITE DE LA MER

4 PERS. ♦ PRÉPA.: 20 MN ♦ CUISSON: 20 MN ♦ * $$$

1 homard • 8 langoustines • 12 crevettes bouquets • 1 carotte • 2 petits poireaux • 1 petite branche de céleri • 2 C. d'huile d'olive • 1 oignon • 1 gousse d'ail • 1 pincée de safran • 40 cl de fumet de poisson instantané (tablette) • 1 feuille de laurier • 1 pincée de piment de Cayenne • 5 cl de cognac • 1 c. de concentré de tomate • 2 c. de crème • sel • poivre moulu

• *Epluchez la carotte et coupez-la en rondelles. Nettoyez les poireaux et fendez-les en quatre. Effilez et coupez finement la branche de céleri.*

• *Pelez et hachez très finement l'ail et l'oignon. Faites chauffer l'huile dans un faitout, puis mettez les condiments à revenir à très petit feu, jusqu'à ce qu'ils soient devenus transparents.*

• *Ajoutez alors la carotte, les poireaux, le céleri et la feuille de laurier. Laissez dorer en remuant 5 mn. Ajoutez le homard détaillé en tronçons ainsi que les pinces et faites-les revenir pendant 5 mn. Versez le cognac et flambez.*

• *Versez ensuite 40 cl de fumet de poisson, le concentré de tomate, le safran et également le piment de Cayenne. Mélangez, portez à ébullition et laissez cuire pendant 5 mn.*

• *Ajoutez ensuite les langoustines et les crevettes. Salez et poivrez légèrement, goûtez pour vérifiez l'assaisonnement, et poursuivez la cuisson 5 mn à feu doux.*

• *Au dernier moment, ajoutez la crème fraîche dans le faitout, remuez la sauce et prenez soin de servir très chaud.*

POTÉE AUX DEUX POISSONS

6/8 PERS. ♦ PRÉPA. : 25 MN ♦ CUISSON : 50 MN ♦ ** $$

1,5 kg de congre coupé en grosses tranches • 2 petits filets de haddock • 1 poireau • 1 petit oignon haché • 2 gousses d'ail • 3 bulbes de fenouil • 1/2 chou vert pommé • 1/2 botte de céleri-branche • 3 branches de coriandre • 3 branches de persil • 1 C. d'huile d'olive • 20 cl de vin blanc sec • 1 pincée de safran • 1 branche de thym • 1 feuille de laurier • gros sel • poivre moulu

• *Fendez le poireau en quatre, lavez-le. Coupez la partie verte, conservez-la. Ciselez la partie blanche finement.*

• *Faites un bouquet garni : rassemblez les branches de persil, les queues de la coriandre (gardez les feuilles pour la décoration), le thym, le laurier.*

Maintenez le tout avec un morceau de vert de poireau et de la ficelle de cuisine.

• Coupez les tiges du fenouil, puis chaque bulbe en deux. Mettez de l'eau salée à bouillir, plongez-y les bulbes et faites-les cuire 5 mn. Egouttez-les et rafraîchissez-les à l'eau froide.

• Retirez les premières feuilles dures du chou vert, puis coupez-le en quatre. Enlevez le trognon à l'aide d'un petit couteau. Faites blanchir le chou 5 mn dans une casserole d'eau bouillante salée, puis égouttez-le et rafraîchissez-le à l'eau froide.

• Nettoyez, effilez, puis coupez en gros tronçons le céleri-branche.

• Choisissez un faitout assez grand pour contenir tous les ingrédients. Faites-y chauffer la cuillerée d'huile d'olive, ajoutez l'oignon haché, le poireau ciselé, les gousses d'ail pelées et écrasées. Laissez blondir quelques minutes.

• Ajoutez les tronçons de céleri. Disposez les tranches de congre sur les légumes. Mouillez avec le vin blanc sec et 10 cl d'eau. Salez, poivrez, ajoutez le safran et le bouquet garni.

• Recouvrez les morceaux de congre avec de l'eau fraîche à hauteur et laissez cuire 30 mn à petite ébullition. Ajoutez les filets de haddock repliés et tenus avec un brin de ficelle, le chou et le fenouil. Continuez la cuisson 10 mn.

• Au terme de la cuisson, rectifiez l'assaisonnement du jus de cuisson.

• Servez la potée bien chaude avec le bouillon, parsemée de pluches de coriandre.

SAINT-JACQUES SAUCE CURRY

6 PERS. ♦ PRÉPA. : 30 MN ♦ CUISSON : 20 MN ♦ ** $$

24 noix de coquilles Saint-Jacques • 2 petites carottes • 1 tranche de céleri-rave • 2 petits blancs de poireaux • 1 courgette moyenne • 2 échalotes • 20 cl de vin blanc doux • 2 C. d'huile d'arachide • 1 C. de curry en poudre + 1 c. de curry (pour parfumer l'huile) • 40 cl de crème liquide • 50 g de beurre • pluches de cerfeuil • sel • poivre moulu

• *Plusieurs heures à l'avance, dans une tasse, mélangez 2 cuillerées d'huile d'arachide et 1 cuillerée à café de curry. Réservez.*

• *Epluchez les carottes, le céleri-rave et fendez les blancs de poireaux. Nettoyez-les et découpez-les, ainsi que la courgette non épluchée, en tronçons de 5 cm, puis en lanières régulières.*

• *Epluchez et hachez les échalotes.*

• *Faites réduire le vin blanc jusqu'à en obtenir deux cuillerées à soupe.*

• *Faites revenir 5 mn, sans coloration, le hachis d'échalotes dans une casserole avec 20 g de beurre. Saupoudrez avec le reste de curry et remuez.*

• *Déglacez avec le vin blanc doux réduit, puis ajoutez la crème liquide et donnez quelques coups de fouet pour émulsionner.*

• *Laissez réduire sur feu doux en remuant de temps à autre jusqu'à ce que la sauce soit bien liée. Passez-la au chinois, rectifiez son assaisonnement puis réservez-la au chaud.*

• *Mettez des glaçons dans une jatte d'eau froide. Plongez la julienne de céleri-rave et de carottes dans de l'eau bouillante salée et faites blanchir pendant 3 mn. Ajoutez les poireaux et la courgette et cuisez 3 mn de plus. Rafraîchissez les légumes dans l'eau glacée puis égouttez-les.*

• *Faites ensuite dorer les noix de Saint-Jacques dans le reste de beurre, 1 mn par face. Salez, poivrez, et réservez-les au chaud.*

• *Réchauffez les légumes dans l'huile parfumée au curry. Salez, poivrez, puis égouttez-les.*

• *Répartissez les noix de Saint-Jacques et les légumes sur des assiettes chaudes. Nappez de sauce, décorez avec les pluches de cerfeuil et servez.*

VIANDES, VOLAILLES, GIBIER

GIGOT EN CROÛTE

6 PERS. ♦ PRÉPA. : 30 MN ♦ CUISSON : 1 H 15 ♦ ** $$$

1 gigot d'agneau • 4 rognons d'agneau • 80 g de beurre • 100 g de champignons de Paris • 1 C. de truffes (facultatif) • 2 C. d'armagnac • 50 g de pâté de foie de veau • 1 jaune d'œuf • 1 paquet de pâte feuilletée surgelée • romarin • sel • poivre moulu

• *Demandez à votre boucher de désosser le gigot.*

• *Lavez les champignons, coupez-les en fines lamelles. Hachez les truffes.*

• *Coupez les rognons en petits dés, puis faites-les sauter dans 40 g de beurre. Ajoutez les lamelles de champignons et les truffes hachées. Laissez étuver 2 mn, puis ajoutez le romarin et le pâté de foie de veau. Salez, poivrez et arrosez avec l'armagnac. Laissez légèrement refroidir.*

• *Préchauffez le four (therm. 7).*

• *Faites décongeler la pâte feuilletée si nécessaire.*

• *Garnissez l'intérieur du gigot avec cette farce, puis cousez l'ouverture avec du fil de cuisine. Badigeonnez le gigot avec le beurre restant et mettez au four pendant 45 mn. Laissez ensuite refroidir un peu le gigot.*

• *Etendez finement la pâte feuilletée au rouleau, et enveloppez le gigot avec celle-ci. Décorez avec des bandelettes de pâte et badigeonnez avec le jaune d'œuf.*

• *Remettez au four (therm. 5), pendant 15 mn pour faire dorer la pâte.*

• *Dressez le gigot sur un plat chaud et servez accompagné de légumes frais.*

• *Découpez le gigot à table.*

DINDE FARCIE AUX MARRONS

8 PERS. ♦ PRÉPA. & MARINADE : 45 MN ♦ CUISSON : 2 H 45 ♦ ** $$

1 belle dinde (3 kg env.) • les abattis et la carcasse de la dinde • 2 oignons • 50 cl de bouillon (tablette) • 1 bouquet garni • 2 petites carottes • 1 couenne de la grandeur du plat
Farce : **220 g de foies de poulet • 200 g de foie veau • 150 g de lard frais • 10 marrons en boîte • 1 C. de graisse d'oie • 3 échalotes • 1 bouquet de persil plat • 1 brin de citronnelle • 1 brin de thym • 1 pincée de noix de muscade • 3 C. de cognac • sel • poivre noir moulu**

• *Demandez à votre volailler de désosser la dinde. Conservez les abattis et la carcasse pour faire le bouillon.*

• ***La farce*** *: chauffez dans une poêle la moitié de la graisse d'oie et faites saisir les foies de poulet, de veau et le foie de la dinde.*

• *Lavez et hachez les herbes.*

• *Epluchez et hachez les échalotes. Hachez très finement les foies raidis, ainsi que le lard, ajoutez le persil et la citronnelle hachés.*

• *Mettez tous ces ingrédients dans une terrine, avec la pincée de muscade et le cognac. Mélangez soigneusement, couvrez et laissez mariner cette farce 30 mn.*

• *Préparez le bouillon avec les abattis et la carcasse de la dinde.*

• *Egouttez les marrons et préparez-les sur une assiette.*

• *Etalez la dinde sur une planche et bourrez le creux des ailes et le corps de la volaille avec une première couche de farce. Alignez les marrons du cou au croupion de la dinde, puis tartinez avec une deuxième couche de farce.*

• *Munissez-vous de fil et d'une grosse aiguille.*

• *Repliez délicatement les chairs comme une enveloppe et cousez très soigneusement à petits points. La qualité de la farce dépendra de la bonne fermeture de la dinde.*

• *Préchauffez le four (therm. 4-5).*
• *Lavez les carottes, épluchez les oignons et émincez-les.*
• *Garnissez le fond de la daubière avec la couenne, côté gras vers le fond. Déposez la dinde sur ce lit de couenne, couture en dessous, ajoutez les carottes et les oignons émincés.*
• *Mouillez avec le bouillon qui doit dépasser le lit de 4 cm, ajoutez le bouquet garni, posez le couvercle et mettez au four. Laissez cuire environ 2 h 30 (20 mn par livre sont nécessaires). Arrêtez le four, ouvrez-le et laissez reposer 15 mn, sans ouvrir la cocotte.*
• *Déposez la dinde sur un plat chaud, réservez.*
• *Passez la sauce de cuisson au chinois et présentez-la à part.*
• *Accompagnez d'un vin rouge corsé.*

Note : la dinde farcie est un plat traditionnel de Noël ou du Jour de l'An. Si vous ne trouvez pas de graisse d'oie, remplacez-la par du beurre.

COQ AU VIN

6 PERS. ♦ PRÉPA. : 50 MN ♦ CUISSON 1 H 45 ♦ ** $$

1 coq d'1,5 kg • Le gésier et le foie du coq • 75 g de beurre • 125 g de champignons de Paris • 150 g de lard fumé • 50 cl d'eau de vie • 20 cl de vin de Bourgogne • 50 cl de fond de volaille (tablette) • 1 bouquet garni • 20 petits oignons • 1 clou de girofle • $^1/_2$ citron • 1 pincée de sucre • noix de muscade • sel • poivre noir moulu

• *Epluchez les oignons, mettez-les dans une casserole, ajoutez 15 g de beurre, la pincée de sucre, salez et couvrez d'eau froide.*
• *Portez à ébullition, puis baissez le feu, couvrez et laissez cuire jusqu'à évaporation complète de l'eau. Dans une poêle, faites sauter les petits oignons au beurre, puis laissez cuire 2 mn, sans couvercle, jusqu'à coloration.*
• *Nettoyez, lavez et coupez les champignons en quatre, mettez-les dans*

une casserole avec le jus de citron et 15 g de beurre. Salez, poivrez, couvrez et faites cuire à feu très doux.

• *Découennez et coupez en bâtonnets le lard, puis faites-les blanchir 6 mn à l'eau froide. Egouttez, séchez les bâtonnets et faites-les revenir à feu doux dans une grande cocotte. Retirez les lardons et réservez-les.*

• *Coupez le coq en morceaux, puis faites-les dorer de tous côtés dans la graisse de cuisson des lardons. Couvrez la cocotte, baissez le feu et laissez mijoter 20 mn. Ajoutez ensuite l'eau de vie, flambez et, une fois la flamme éteinte, retirez les morceaux. Préchauffez le four (therm. 7).*

• *Versez le vin et le bouillon de volaille dans la cocotte. Portez à ébullition, baissez le feu, et ajoutez les lardons, les morceaux de viande, les oignons, le bouquet garni et le clou de girofle. Couvrez la cocotte et enfournez pour 45 mn (therm. 5).*

• *Pendant ce temps, nettoyez et lavez le gésier, retirez le fiel du foie. Hachez-les, et après 20 mn de cuisson, ajoutez-les dans la cocotte. Après 15 autres minutes, ajoutez les champignons bien égouttés. Saupoudrez de noix de muscade et laissez mijoter encore quelques minutes.*

• *Avec une écumoire, retirez la viande, les champignons et les lardons. Disposez-les dans un plat de service et gardez au chaud.*

• *Si vous jugez la sauce trop liquide, faites-la réduire après avoir ôté le bouquet garni et le clou de girofle puis, ajoutez en fouettant, le beurre restant, détaillé en petits morceaux.*

• *Présentez la sauce à part et servez très vite bien chaud.*

LAPIN AUX PRUNEAUX

6 PERS. ♦ PRÉPA.: 15 MN ♦ MARINADE: 2 H ♦ CUISSON: 2 H 15 ♦ ** $$

1 beau lapin • 500 g de pruneaux • 75 cl de vin (côte du Rhône rouge) • 3 C. d'huile d'olive • 6 tranches de poitrine fumée • 2 oignons • 2 gousses d'ail • 1 bouquet garni • 2 pincées de quatre épices • sel • poivre noir moulu

• *Dénoyautez les pruneaux et laissez-les tremper 2 h dans le vin.*

• *Préchauffez le four (therm. 4).*
• *Epluchez et hachez les oignons et l'ail.*
• *Coupez le lapin en morceaux.*
• *Dans une poêle, faites chauffer l'huile et revenir les morceaux de lapin en les retournant. Salez, poivrez. Sortez les morceaux de viande.*
• *Dans la même poêle et dans la même huile de cuisson, faites revenir les oignons et l'ail hachés, puis versez-les dans une cocotte allant au four.*
• *Procédez de la même manière avec la poitrine fumée que vous aurez découpée en petits morceaux.*
• *Versez ensuite le vin de macération dans la même poêle, déglacez les sucs de cuisson avec une spatule en bois, ajoutez-les dans la cocotte ainsi que les pruneaux égouttés.*
• *Ajoutez enfin les épices et le bouquet garni. Couvrez et faites cuire au four pendant au moins 2 heures.*

Note: cette recette est l'un des plats sucrés-salés les plus connus. La cuisson doit impérativement se faire à feu doux.

DAUBE PÉRIGOURDINE

6/8 PERS. ♦ PRÉPA. : 40 MN ♦ CUISSON : 7 H ♦ ** $$

1,750 kg d'aloyau • 250 g de lard frais • 1 grande couenne • 1 mince barde de lard • 75 cl de vin blanc sec • 2 gousses d'ail • 3 échalotes • 2 oignons • 1 bouquet garni • 1 pincée de quatre-épices • sel • poivre noir du moulin

• *Epluchez les échalotes, les oignons et l'ail, puis hachez-les finement.*
• *Hachez également le lard de poitrine. Mettez-les dans un saladier, salez, poivrez, ajoutez les quatre-épices, mélangez.*
• *Préchauffez le four (therm. 4-5).*
• *Recouvrez le fond d'une daubière avec la couenne, côté gras vers le fond.*
• *Coupez en fines tranches le morceau de bœuf. Posez la première tranche sur la couenne, recouvrez avec une couche de hachis, puis d'une autre*

tranche de viande et d'une couche de hachis. A mi-hauteur du récipient, déposez le bouquet garni. Continuez les couches jusqu'à épuisement des ingrédients en terminant par une couche de hachis que vous recouvrerez avec la barde de lard en veillant à bien border les bords.

• *Couvrez, versez de l'eau froide dans le couvercle et faites cuire à feu très doux pendant 7 h.*

• *Avant de servir, dans le plat de cuisson, enlevez la barde de lard et retirez toute la graisse excédentaire.*

Note : ce plat peut se déguster froid. Laissez-le refroidir à température ambiante, puis mettez-le au réfrigérateur afin que la gelée prenne. Vous pouvez dans ce cas, découper la daube en tranches comme un pâté.

BLANQUETTE DE VEAU

6 PERS. ♦ PRÉPA. : 45 MN ♦ CUISSON : 2 H ENV. ♦ ** $$

1,750 kg de veau (épaule ou poitrine) • 30 cl de vin blanc sec • 350 g de champignons de Paris • 4 jaunes d'œufs • 25 cl de crème fraîche • 2 petites carottes • 1 branche de céleri • 3 gousses d'ail • 2 oignons • 2 clous de girofle • 1 bouquet garni • le zeste d'1 citron • 1,5 l d'eau • 20 petits oignons blancs • sel • poivre blanc moulu

• *Blanchissez la viande : mettez-la dans de l'eau froide, portez à ébullition, laissez cuire 1 mn, puis passez-la sous l'eau froide avant de commencer la vraie cuisson.*

• *Epluchez, lavez et émincez les carottes, le céleri et l'ail. Mettez-les dans une grande cocotte. Ajoutez la viande, les 2 oignons piqués d'1 clou de girofle, le bouquet garni et les zestes de citron. Salez et poivrez abondamment. Couvrez avec le vin blanc et l'eau. Portez à ébullition. Ecumez, puis couvrez la cocotte et laissez cuire à petits bouillonnements pendant 1 h 30.*

• *Vérifiez si la viande est cuite, il faut parfois prolonger la cuisson de 30 mn.*

• *Retirez les morceaux et gardez-les en attente. Passez le bouillon et écumez-le. Versez-le dans une casserole propre.*

• *Epluchez les 20 petits oignons et ajoutez-les au bouillon, ainsi que les champignons lavés et essuyés. Faites cuire à petits frémissements 15 mn.*

• *Dans une jatte, fouettez les jaunes d'œufs avec la crème fraîche et le jus de citron, puis versez-les dans la casserole. Mélangez vigoureusement. Goûtez. Ajoutez quelques tours de moulin à poivre. Remettez la viande, mélangez.*

• *Laissez sur feu doux quelques instants, pour que tout soit bien chaud et lié (mais sans bouillir).*

• *Servez aussitôt, avec des pommes de terre.*

POT-AU-FEU

8 PERS. ♦ PRÉPA. : 30 MN ♦ MACÉRATION : 1 JOURNÉE ♦ CUISSON : 4 H ENV. ♦ ** $$

1,5 kg de joue de bœuf • 2 kg de jarret de bœuf • 1 jarret de veau • 1 jambonneau de porc • 1 os à moelle • 250 g de gros sel gris • 2 oignons • 2 clous de girofle • 1 bouquet garni • 5 petites carottes • 4 navets • 1 boule de céleri • 8 poireaux • 8 pommes de terre

• *La veille, frottez les viandes (sauf le porc) de gros sel et mettez-les à macérer dans une grande jatte en les laissant au frais.*

• *Epluchez les oignons et piquez-les d'un clou de girofle.*

• *Lavez soigneusement tous les légumes.*

• *Le lendemain, remplissez à demi d'eau un grand faitout, ajoutez les oignons et le bouquet garni.*

• *Secouez les viandes afin d'ôter le maximum de sel, puis déposez dans le faitout le plat de côtes et le jarret de bœuf. Portez doucement à ébullition en écumant régulièrement. Dès qu'il ne se forme plus d'écume, ajoutez les légumes enfermés dans une mousseline (sauf les pommes de terre).*

• Le plat de côtes cuisant plus rapidement que le jarret, retirez-le et réservez-le au chaud dans un récipient avec un peu de bouillon. Retirez également les légumes, réservez.

• Frottez chaque extrémité de l'os à moelle avec du gros sel, ajoutez-le dans le faitout et laissez cuire 30 mn avant de le retirer.

• Après 2 h 30 de cuisson, ajoutez dans le faitout le jarret de veau et le jambonneau. Dès qu'il vous paraissent tendres, arrêtez la cuisson. Dans un autre récipient portez à ébullition de l'eau et mettez à cuire les carottes, la branche de céleri, les navets, le céleri boule coupé en quatre. Après 15 mn de cuisson, ajoutez les poireaux bottelés et les pommes de terre.

• Salez. Laissez frémir jusqu'à ce que les légumes soient cuits (20 mn environ).

• Lorsque le porc et le jambonneau sont tendres, remettez l'os à moelle et les légumes dans le faitout puis éteignez le feu.

• Servez les viandes sur un plat chaud, entourez-les de légumes et, à part, présentez des cornichons et plusieurs sortes de moutardes.

CASSOULET

6 PERS. ♦ TREMPAGE : 12 H ♦ PRÉPA. : 45 MN ♦ CUISSON : 3 H 40 ♦ ** $$

750 g d'épaule de mouton désossée • 350 g de poitrine demi-sel • 800 g de confit d'oie • 12 saucisses de Toulouse • 4 oignons • 4 gousses d'ail • 300 g de tomates • 2 C. de concentré de tomates • 8 C. de chapelure • 1 bouquet garni • 1 bouquet de persil • sel • poivre noir moulu

• La veille, faites tremper les haricots dans de l'eau froide.

• Le lendemain, mettez les haricots égouttés dans un grand faitout, avec la poitrine découpée en morceaux, 1 oignon pelé et coupé en quatre et le bouquet garni. Couvrez d'eau froide, salez, poivrez, portez à ébullition en

écumant régulièrement. Une fois l'ébullition atteinte, couvrez et laissez frémir pendant 1 h 30.

- *Pendant ce temps, ébouillantez quelques instants les tomates afin de les peler plus facilement, pelez-les, épépinez-les, puis concassez leur chair.*
- *Egouttez le confit d'oie, en réservant la graisse.*
- *Epluchez les oignons restants ainsi que l'ail, hachez-les.*
- *Découpez l'épaule de mouton en 6 morceaux et faites-les revenir dans une poêle avec un peu de graisse d'oie.*
- *Rincez la poêle, remettez de la graisse d'oie et faites revenir les oignons et l'ail hachés, ôtez-les de la poêle et mettez à dorer à leur place les saucisses et le confit d'oie pendant 12 mn, en les tournant plusieurs fois afin de bien les saisir de tous côtés.*
- *Préchauffez le four (therm. 5).*
- *Egouttez les haricots en réservant leur jus de cuisson.*
- *Graissez un plat à four en terre avec de la graisse d'oie, versez les haricots, ajoutez la poitrine, le mouton, les saucisses et le confit que vous aurez découpé en morceaux.*
- *Dans un grand bol, mélangez 3 louches de jus de cuisson des haricots avec les tomates concassées, le concentré de tomates, les oignons et l'ail revenus. Salez, poivrez, mélangez et versez dans le plat.*
- *Enfournez et laissez mijoter 2 h au four. Après 1 h 30 de cuisson, saupoudrez avec la chapelure et remettez au four pour 30 mn.*
- *Lavez, essuyez et hachez menu-menu le persil et parsemez-en le cassoulet au moment de servir directement dans le plat de cuisson.*

BŒUF BOURGUIGNON

6 PERS. ♦ PRÉPA. : 30 MN ♦ CUISSON : 3 H ♦ ** $$

1,5 kg de bœuf à braiser (macreuse) • 250 g de poitrine fumée • 3 carottes • 3 oignons • 2 gousses d'ail • 400 g de champignons de Paris • 3/4 de bouteille de vin de Bourgogne • 60 g de farine • 2 C. d'huile d'olive • 45 g de beurre • 1 cube de bouillon de bœuf • 1 bouquet de persil • sel • poivre noir moulu

• *Pelez et émincez les oignons et l'ail. Grattez et coupez les carottes en petits dés.*

• *Dégraissez la viande puis coupez-la en cubes. Découennez le lard et détaillez-le en petits morceaux.*

• *Préparez le bouillon en diluant le cube dans 50 cl d'eau.*

• *Dans une cocotte en fonte, faites chauffer l'huile, et faites revenir les lardons pendant 5 mn en les remuant avec une spatule en bois. Ajoutez les oignons, les carottes et l'ail émincés et laissez dorer, en remuant, encore 5 mn. Otez le tout avec une écumoire, mettez à leur place les cubes de viande et faites-les dorer sur toutes les faces.*

• *Saupoudrez la viande avec la farine, remuez, remettez les lardons et les légumes dans la cocotte, mouillez avec le vin et le bouillon, salez, poivrez, couvrez et faites cuire à feu moyen pendant 2 h.*

• *Pendant ce temps, nettoyez soigneusement, lavez et émincez les champignons. Lavez, séchez et hachez le persil restant. Dans une poêle faites fondre le beurre et mettez les champignons avec un peu de persil haché à revenir pendant 10 mn. Salez, poivrez et après les 2 heures de cuisson de la viande ajoutez-les dans la cocotte. Couvrez et poursuivez la cuisson encore 30 mn.*

• *Servez très chaud directement dans le plat de cuisson en saupoudrant avec le persil haché restant.*

Note: accompagnez de pommes de terre vapeur ou de pâtes fraîches. Vous pouvez aussi ajouter dans votre bourguignon quelques pruneaux.

STUFATU CORSE

6 PERS. ♦ PRÉPA.: 30 MN ♦ CUISSON: 1 H 30 ♦ ** $$

800 g de bœuf à braiser • 300 g de pointe de porc • 150 g de poitrine fumée • 500 g de macaroni • 150 g de parmesan râpé • $^1/_4$ l de vin blanc sec • 3 C. d'huile d'olive • 45 g de beurre • 2 cubes de bouillon de bœuf • 1 bouquet garni • 4 oignons • 4 tomates • 3 gousses d'ail • 1 bouquet de persil plat • sel • poivre noir moulu

• *Découennez le lard puis détaillez-le en cubes.*

• *Pelez et hachez finement les oignons et l'ail.*

• *Ebouillantez quelques instants les tomates, pelez-les, épépinez-les et concassez leur chair.*

• *Dans une cocotte, faites chauffer l'huile d'olive et mettez à revenir à feu doux les oignons, l'ail et les lardons.*

• *Dégraissez soigneusement les viandes de bœuf et de porc, puis coupez-les en cubes.*

• *Dans la cocotte, mettez-les à revenir avec les autres ingrédients, en mélangeant souvent avec une spatule en bois, Salez, poivrez, ajoutez les tomates concassées, le bouquet garni, le vin blanc et 1 verre d'eau. Couvrez et laissez mijoter 1 h.*

• *Préchauffez le four (therm. 6).*

• *Faites cuire les pâtes,* al dente, *dans de l'eau bouillante salée additionnée des 2 cubes de bouillon. Au bout de 10 mn d'ébullition, égouttez les macaroni et passez-les sous l'eau froide.*

• *Beurrez généreusement un grand plat allant au four, étalez une couche de pâtes sur le fond, saupoudrez de fromage râpé, recouvrez d'une couche de viandes et recommencez jusqu'à épuisement de tous les ingrédients en terminant par une couche de pâtes.*

• *Versez la sauce de cuisson des viandes sur les pâtes, couvrez et mettez au four pendant 30 mn.*

• *Lavez et séchez le persil.*

• *Servez très chaud dans la cocotte de cuisson en saupoudrant, au dernier moment, de persil haché.*

POULARDE À LA CRÈME

4 PERS. ♦ PRÉPA. : 15 MN ♦ CUISSON : 50 MN ♦ ** $$

1 poularde de 2 kg • 1 l de crème fraîche épaisse • 120 g de beurre • 2 oignons • 12 champignons de Paris • 3 gousses d'ail • 25 cl de vin blanc sec • 1 bouquet garni • sel • poivre noir moulu

- *Faites préparer et découper la volaille par votre volailler sinon flambez-la et videz-la soigneusement.*
- ***Pour la découpe** : levez en premier les cuisses et séparez-les en deux (pilons et hauts de cuisses), puis les ailes en coupant les ailerons. Fendez la carcasse de la volaille dans le sens de la longueur afin de pouvoir lever les deux filets.*
- *Epluchez et coupez les oignons en quatre. Lavez, essuyez et coupez en quartiers les champignons.*
- *Dans une grande poêle à haut bord, chauffez le beurre à feu vif. Déposez les morceaux de poularde, salez, poivrez. Ajoutez les oignons, les champignons, les gousses d'ail écrasées et en chemise (non pelées) et le bouquet garni. Faites prendre une belle couleur dorée à tous les morceaux en les tournant (environ 7 mn de chaque côté).*
- *Déglacez avec le vin blanc sec, en remuant les sucs avec une spatule en bois, laissez réduire, puis ajoutez la crème fraîche. Laissez cuire 40 mn environ. Sortez les morceaux de viande et réservez-les au chaud.*
- *Passez la sauce au chinois fin, puis émulsionnez-la au mixer. Vérifiez et rectifiez l'assaisonnement.*
- *Mettez la volaille dans un plat de service creux et chaud, nappez avec la sauce et servez.*

Note : dégustez avec un riz pilaf. Pour la qualité achetez une poularde de Bresse ou, à défaut, un beau poulet de Bresse.

POULE AU POT

Henri IV a immortalisé cette célèbre recette en promettant que chacun, même le plus pauvre laboureur, pourrait avoir le dimanche *« une poule dans son pot ».*

6 PERS. ♦ PRÉPA. : 1 H ♦ CUISSON : 2 H ENV. ♦ ** $$

1 poule de 2 kg prête à cuire avec ses abattis + 2 foies supplémentaires • 300 g de riz grains longs • 100 g de jambon cru découenné • 100 g de jambon d'York découenné • 60 g de mie

de pain • 10 cl de lait • 2 C. de crème épaisse • 2 œufs • 1 C. de vin blanc sec • 2 échalotes • 1/2 gousse d'ail • 2 C. de persil ciselé • 10 g de beurre • noix de muscade râpée • sel • poivre
Pour le bouillon et la sauce : **500 g d'ailerons de volaille • 2 carottes • 2 côtes de céleri avec leurs feuilles • 1 bouquet garni • 1 oignon piqué d'un clou de girofle • 2 gousses d'ail en chemise • 30 g de farine • 30 g de beurre • 2 C. de crème épaisse • 1 jaune d'œuf • noix de muscade râpée • gros sel • 1 C. de poivre en grains**

• *Demandez à votre volailler de brider et de coudre la volaille en laissant à l'intérieur ses abattis, plus deux foies de volaille.*

• ***Cuisson de la poule*** *: plongez la volaille dans le bouillon. Portez à ébullition, puis baissez le feu pour obtenir un léger frémissement. Maintenez-le pendant 1 h 15 mn, puis piquez la chair de la poule entre la cuisse et le gras de cuisse. Si le jus qui s'en écoule est clair, la volaille est cuite. S'il est rosé, poursuivez la cuisson encore 15 mn. Laissez reposer la poule cuite dans le bouillon.*

• ***La sauce :*** *prélevez 1 litre de bouillon, faites-le réduire de moitié. Dans une casserole, faites fondre le beurre, jetez-y la farine, remuez 2 mn, puis versez la moitié du bouillon. Portez à ébullition, ajoutez le bouillon restant et laissez frémir 20 mn en remuant souvent. Incorporez la crème, la muscade râpée, laissez bouillonner 2 mn puis, hors du feu, puis incorporez le jaune d'œuf. Réservez.*

• *Faites cuire le riz dans le reste de bouillon filtré, selon les indications données sur l'emballage, puis égouttez-le.*

• *Pour servir, débridez et décousez la poule. Retirez la farce et découpez-la en tranches.*

• *Dressez la poule sur un plat chaud. Entourez-la des tranches de farce et de riz. Versez un peu de sauce sur les morceaux de poule et présentez le reste en saucière.*

Note : choisissez une poule pas trop grasse. Pour dégraisser le bouillon, laissez-le reposer, puis penchez légèrement la casserole et retirez la graisse qui surnage. Portez-le de nouveau à ébullition pour préparer la sauce.

CHOUCROUTE STRASBOURGEOISE AU VIN BLANC

La gastronomie alsacienne se prête merveilleusement aux mariages de vin et de viandes.

6 PERS. ♦ PRÉPA. : 30 MN ♦ CUISSON : 3 H 30 ♦ * $$

1,8 kg de choucroute crue • 3 gousses d'ail • 3 oignons • 1 clou de girofle • 10 baies de genièvre • 2 feuilles de laurier • 100 g de saindoux ou de graisse d'oie • 2 couennes de lard • 500 g de poitrine fumée • 1/2 palette de porc fumée • 6 saucisses de Strasbourg • 2 cervelas fumés • 1/2 litre de vin blanc d'Alsace • sel • poivre en grains • 1 kg de pommes de terre

• *Lavez la choucroute au moins à deux reprises, puis pressez-la énergiquement afin d'en extraire le maximum de jus.*

• *Epluchez, puis émincez les oignons.*

• *Dans une grande cocotte, faites fondre la graisse d'oie ou le saindoux, jetez-y les oignons et faites-les suer sans coloration.*

• *Enfermez dans une mousseline le genièvre, le clou de girofle, 10 grains de poivre, le laurier et les gousses d'ail écrasées et non épluchées. Refermez avec une ficelle.*

• *Tapissez le fond de la cocotte avec une couenne. Mettez la moitié de la choucroute dans la cocotte et ajoutez la mousseline.*

• *Disposez la poitrine fumée et la palette, couvrez avec le reste de choucroute, salez peu, versez le vin et mouillez à peine à hauteur avec de l'eau. Recouvrez avec le restant de couenne. Portez à ébullition, couvrez et laissez cuire à feu doux pendant 3 h 30.*

• *Après 2 h 30 de cuisson, retirez la poitrine et la palette.*

• *Epluchez et lavez les pommes de terre.*

• *30 mn avant la fin de la cuisson, ajoutez-les ainsi que les cervelas, puis, 15 mn après les saucisses de Strasbourg.*

• *Pour servir la choucroute, coupez en tranches la palette, la poitrine et le cervelas. Placez la choucroute au centre d'un plat, posez dessus les viandes et entourez de pommes de terre.*

LAPIN À LA DIJONNAISE

4 PERS. ♦ PRÉPA. : 10 MN LA VEILLE + 20 MN LE JOUR MÊME ♦ MARINADE : 12 H ♦ CUISSON : 45 MN

1 lapin de 1,5 kg environ • 350 g de pâtes fraîches (tagliatelles) • 30 cl de crème fraîche • 4 C. moutarde de Dijon • 80 g de beurre • 2 C. d'huile • sel • poivre
Pour la marinade : **25 cl de vin de Bourgogne aligoté • 1 oignon • 2 feuilles de laurier • 1 brin de romarin • 1 brin de thym**

• *La veille, retirez le haut du lapin car vous n'emploierez que le râble et les cuisses.*

• *Pelez et émincez l'oignon. Emiettez les feuilles de laurier et les brins de romarin et de thym en petits morceaux.*

• *Mettez l'arrière du lapin dans un plat creux, saupoudrez avec les assaisonnements sur toutes les faces, versez le vin blanc, couvrez avec un film étirable et laissez mariner au frais jusqu'au lendemain en le retournant plusieurs fois.*

• *Le lendemain, préchauffez le four (therm. 7).*

• *Egouttez et épongez le lapin, salez-le et poivrez-le, puis tartinez-le avec 3 C. de moutarde.*

• *Filtrez la marinade et réservez-la.*

• *Dans un plat à rôtir, faites chauffer l'huile et la moitié du beurre, ajoutez le lapin et faites-le rouler dans la matière grasse afin qu'il en soit bien enrobé. Mettez-le cuire au four 25 mn en l'arrosant souvent.*

• *Lorsqu'il est cuit, retirez le lapin du plat.*

• *Posez le plat à rôtir sur le feu et versez le vin de la marinade en raclant avec une cuillère en bois. Laissez réduire le vin de moitié environ, puis ajoutez la crème en remuant.*

• *Remettez le lapin dans le plat et laissez-le cuire encore 10 à 15 mn en l'arrosant une ou deux fois. Retirez le lapin et gardez-le au chaud sur un plat.*

• *Laissez réduire un peu la sauce de cuisson afin qu'elle ne soit pas trop liquide, puis retirez-la du feu.*

• *Dans une grande casserole d'eau bouillante salée additionnée d'une petite noix de beurre, faites cuire les pâtes fraîches 5 mn environ. Goûtez-les : elles doivent être* « al dente », *soit tendres tout en résistant un peu sous la dent. Egouttez-les et remettez-les dans la casserole, ajoutez 2 cuillerées à soupe d'eau froide et le reste du beurre. Salez et poivrez, puis secouez la casserole pour faire fondre le beurre et le mélanger intimement aux pâtes.*

• *Disposez les pâtes autour du lapin.*

• *Réchauffez rapidement la sauce de cuisson réduite du lapin puis, hors du feu, ajoutez 1 C. de moutarde en fouettant. Rectifiez l'assaisonnement en sel et en poivre, nappez-en le lapin et servez aussitôt, avec le reste de la sauce présentée en saucière.*

CÔTE DE BŒUF BORDELAISE

4 PERS. ♦ PRÉPA. : 10 MN ♦ CUISSON : 20 MN ENV. ♦ * $$

1 côte de bœuf d'1 kg épaisse de 5-7 cm • 2 beaux os à moelle • 4 belles échalotes • 2 brins de persil plat • 2 c. de gros sel • poivre du moulin

• *Demandez au boucher de fendre les os afin d'en extraire la moelle plus facilement.*

• *Sortez la côte du froid au moins 1 h à l'avance : elle doit être à température ambiante jusqu'au cœur.*

• *Préchauffez le four (therm. 10) – température la plus chaude –.*

• *Pelez et hachez les échalotes et le persil.*

• *Coupez 4 rondelles de moelle d'1 cm d'épaisseur. Emiettez la moelle restante et mêlez-la au hachis échalotes-persil. Ajoutez le gros sel, poivrez et gardez au frais.*

• *Posez la côte sur une grille. Enfournez pendant 8 mn. Eteignez le four, entrouvrez la porte 20 secondes, refermez-la et laissez cuire la côte encore 12 à 15 mn selon son épaisseur (cuisson bleue).*

• *Sortez la grille du four.*

• *Préchauffez le gril.*

• *Tassez le hachis sur la côte, posez dessus les rondelles de moelle et passez sous le gril très chaud, assez près de la source de chaleur.*

• *Dès que les rondelles de moelle sont cuites à cœur et que la moelle du hachis commence à fondre, servez.*

MAGRETS DE CANARD AU MIEL

4 PERS. ♦ PRÉPA.: 20 MN ♦ + 30 MN DE MARINADE ♦ CUISSON: 20 MN ♦ * $$

2 beaux magrets de canard • 800 g d'endives • 30 g de beurre • 1 échalote • 5 C. de miel liquide • 2 C. de vinaigre de Xérès • 1 c. de coriandre • 1 c. de poivre moulu • 1/4 de c. de cannelle • 1 c. de sucre en poudre • sel • poivre moulu

• *Dans un bol, mélangez 3 cuillerées à soupe de miel avec toutes les épices et une pincée de sel.*

• *A l'aide d'un couteau tranchant, pratiquez des entailles en forme de croisillons dans la peau des magrets. Enduisez-les sur les deux faces de miel aux épices, laissez-les mariner pendant 30 mn.*

• *Dans une poêle chaude et sans matière grasse, saisissez pendant 7 à 8 mn les magrets côté peau, puis jetez la graisse rendue et faites-les colorer 3 mn côté chair. Enveloppez-les de papier d'aluminium et réservez-les au chaud.*

• *Pelez et hachez les échalotes.*

• *Dans une sauteuse chauffez le beurre, puis mettez-y les endives préala-*

blement coupées en tronçons. Saupoudrez-les de sucre, de sel et de poivre et faites-les sauter 7 à 8 mn sur feu vif pour les colorer.

• *Dans la poêle des magrets, faites dorer l'échalote hachée, ajoutez le vinaigre, 10 cl d'eau froide et le reste de miel, du sel et du poivre. Laissez réduire 5 mn à petit feu.*

• *Emincez les magrets. Salez et poivrez les tranches.*

• *Ajoutez le jus de coupe dans le fond de sauce, filtrez et réchauffez.*

• *Dressez les magrets dans un plat chaud, nappez de sauce et entourez d'endives.*

TÊTE DE VEAU SAUCE GRIBICHE

6 PERS. ♦ PRÉPA. : 30 MN ♦ CUISSON : 2 H ♦ * $

1/2 tête de veau roulée • 1 C. de farine • 1/2 citron • 1 oignon • 1 clou de girofle • 1 bouquet garni • 2 gousses d'ail • 1 carotte • 1 branche de céleri • gros sel • poivre en grains

Pour la sauce gribiche : **30 cl d'huile • 2 œufs durs • 1 C. de câpres • 5 cornichons • 1 oignon • 1 C. de persil haché (ou fines herbes) • sel • poivre du moulin**

• *Frottez la tête de veau roulée avec le demi-citron afin qu'elle reste bien blanche. Placez-la dans une grande marmite remplie d'eau froide, faites bouillir dix minutes, puis rafraîchissez.*

• *Epluchez l'oignon, l'ail, la carotte et nettoyez le céleri. Piquez l'oignon du clou de girofle. Lavez et hachez le persil. Faites cuire les œufs.*

• *Versez la farine dans un bol. Ajoutez un verre d'eau froide en remuant. Mélangez bien pour qu'il n'y ait pas de grumeaux et versez ce mélange dans la marmite de cuisson. Ajoutez les légumes, le bouquet garni et la tête de veau. Recouvrez largement d'eau froide, assaisonnez de sel, de poivre en grains et laissez cuire à feu doux environ 2 h.*

• *Pendant ce temps, préparez la* **sauce gribiche** *: écalez les œufs durs et* *pelez l'oignon. Lavez et épongez les fines herbes. Hachez finement oignon et fines herbes, et grossièrement les câpres, les cornichons et les blancs d'œufs.*

• *Ecrasez les jaunes d'œufs en purée avec une pincée de sel, émulsionnez avec l'huile versée petit à petit en fouettant comme pour une mayonnaise, puis ajoutez tous les éléments hachés. Salez, poivrez si besoin. Mélangez bien.*

• *Lorsque la tête est cuite, sortez-la de la marmite à l'aide d'une écumoire. Découpez-la en tranches épaisses, disposez-les dans le plat de service chaud, déposez une cuillère de gribiche sur chaque tranche et servez le reste de sauce à part.*

CIVET DE LIÈVRE

6/8 PERS. ♦ PRÉPA. : 30 MN + MARINADE : 24 H ♦ CUISSON : 2 H 15 ♦ ** $$

1 lièvre en morceaux, avec le foie et le sang • 250 g de lardons maigres • 75 cl de vin de Bourgogne • 250 g de champignons de Paris • 3 gros oignons • 1 gousse d'ail • 1 bouquet garni • 5 dl de bouillon de volaille • 4 tranches de pain de mie coupées en 8 triangles • 50 g de farine • 25 g + 20 g de beurre • 2 C. d'huile • sel • poivre

***Pour la marinade :* 6 dl de Bourgogne • 1 dl de vinaigre de vin rouge • 1 carotte • 1 gousse d'ail • 1 oignon en rondelles • 1 feuille de laurier • 1 beau brin de thym • 1 clou de girofle • 1 pincée de 4-épices • 5 grains de coriandre • 10 grains de poivre blanc • 2 C. d'huile d'olive**

• *Dans une jarre, mettez tous les ingrédients de la marinade et les morceaux de lièvre. Couvrez. Laissez 24 h au frais en retournant les morceaux plusieurs fois.*

- *Préchauffez le four (therm. 4).*
- *Dans une cocotte chauffez l'huile et mettez à dorer les morceaux de lièvre (sauf le foie) que vous aurez préalablement essuyés. Une fois dorés de toutes parts, ôtez-les. A la place, faites dorer oignons et lardons. Saupoudrez de farine, remuez durant 1 mn. Versez peu à peu, en tournant, le bouillon, le vin, la marinade et ses ingrédients. Enfin, ajoutez le lièvre, l'ail et le bouquet. Salez, poivrez et couvrez. Enfournez 2 h.*
- *Lavez et émincez les champignons, puis faites-les dorer dans 25 g de beurre. Salez, poivrez. Dans une autre poêle faites dorer le pain dans 20 g de beurre.*
- *Déposez les morceaux de lièvre et les champignons sur un plat chaud. Couvrez de papier aluminium.*
- *Filtrez la sauce dans une passoire fine en la pressant fort pour en extraire tous les arômes. Reversez-la dans la cocotte à feu doux.*
- *Dans une poêle à sec, faites raidir le foie 2 mn à feu vif. Mixez-le en très fine purée, puis ajoutez toujours en mixant 2 louches de sauce chaude et le sang du lièvre.*
- *Versez la sauce ainsi obtenue dans la cocotte tout en fouettant énergiquement. Versez sur le lièvre, décorez avec le pain de mie grillé et servez aussitôt.*

CHAPON RÔTI ET POMMES FARCIES AU LARD

8 PERS. ♦ PRÉPA. : 30 MN ♦ CUISSON : 3 H 10 ♦ ** $$$

1 chapon de 4 kg • 1 carcasse de volaille • 8 grosses pommes de terre bintjes • sel gris marin • 6 tranches de poitrine de porc fumée de 4 mm d'épaisseur • 1 oignon • quelques brins de ciboulette • 1 sachet de parmesan râpé • 500 g d'épinards • 250 g de crème fraîche • 1 jaune d'œuf • 150 g de beurre • 2 C. d'huile • sel • poivre • 1 carotte • 1 oignon • 1 bouquet garni • $^1/_2$ litre de bouillon de volaille (tablette)

• *Faites vider et brider le chapon par votre volailler ; demandez-lui de réserver les cou, ailerons et gésier et de vous donner une carcasse de volaille concassée.*

• *Préchauffez le four (therm. 8).*

• *Lavez soigneusement les pommes de terre et enveloppez-les de papier aluminium. Mettez-les dans un plat creux, recouvrez-les de sel gris marin humide et mettez-les à cuire dans le four chaud.*

• *Détaillez les tranches de poitrine en bâtonnets, blanchissez-les puis faites-les sauter à la poêle et égouttez-les.*

• *Pelez et hachez l'oignon, faites-le revenir dans 40 g de beurre.*

• *Salez, poivrez l'intérieur et l'extérieur du chapon. Posez-le sur un côté dans le plat à rôtir huilé, avec les abats et la carcasse concassée. Beurrez l'autre face, enfournez et laissez cuire pendant 1 h 30 en le retournant et en l'arrosant régulièrement.*

• *Lavez la carotte. Epluchez le second oignon et coupez-les en morceaux.*

• *15 minutes avant la fin de la cuisson de la volaille, ajoutez la carotte, l'oignon et le bouquet garni.*

• *Lorsque le chapon est cuit, retirez-le du four, dégraissez le plat et faites revenir les abats et la garniture. Mouillez avec le bouillon de volaille. Réduisez de deux tiers, passez le jus au chinois.*

• *Lavez et ciselez la ciboulette.*

• *Otez le papier aluminium, coupez les pommes de terre au quart de leur épaisseur, évidez-les délicatement avec une petite cuillère en laissant 3 mm de chair sur leur peau.*

• *Ecrasez la chair enlevée et faites-la chauffer avec 150 g de crème fraîche, les lardons, l'oignon haché, 60 g de beurre, la ciboulette ciselée. Salez, poivrez et farcissez de cette préparation les pommes de terre.*

• *Avec le fouet montez les 100 g de crème restants, ajoutez le jaune d'œuf et nappez les pommes de terre de cette préparation. Saupoudrez de parmesan râpé et faites gratiner.*

• *Equeutez, lavez et essorez soigneusement les épinards ; laissez-les cuire dans un peu d'huile 1 à 2 minutes. Salez et poivrez.*

• *Dressez le chapon sur un plat chaud et disposez tout autour, en alternant, pommes de terre farcies et épinards.*

FILET DE BŒUF AUX MORILLES

6 PERS. ♦ PRÉPA. : 25 MN ♦ CUISSON : 1 H 10 ♦ ** $$

1,2 kg de filet de bœuf • 400 g de morilles • 400 g de petits champignons de Paris • 6 petits navets • 20 cl de fond de veau (cube) • 100 g de beurre • 5 cl de fine champagne • jus d'un citron • sel • poivre

• *Demandez à votre volailler de parer et de ficeler le filet de bœuf.*

• *Pelez les navets, coupez-les en deux et faites-les pocher 20 mn dans l'eau bouillante salée. Egouttez-les soigneusement.*

• *Si vous utilisez des morilles fraîches, brossez-les et enlevez le pied terreux avant de les couper en deux ; si vous prenez des morilles de conserve égouttez-les et séchez-les dans du papier absorbant.*

• *Préchauffez le four (therm. 7/8).*

• *Salez et poivrez le filet de bœuf, placez-le dans un plat allant au four, avec quelques noisettes de beurre. Faites cuire au four préchauffé pendant 35 mn environ.*

• *Pendant ce temps, faites revenir les morilles et les champignons de Paris à la poêle avec le beurre et le jus de citron, jusqu'à évaporation complète du liquide rendu (un quart d'heure environ). Ajoutez les navets, salez et poivrez au goût, laissez mijoter tout doucement.*

• *Retirez le rôti du four. Découpez-le et tenez-le au chaud.*

• *Déglacez le plat de cuisson avec la fine champagne en raclant les jus de cuisson et ajoutez le fond de veau, mélangez puis versez le tout sur les champignons et les navets. Dressez le rôti sur le plat de service et entourez-le des légumes.*

• *Vous pouvez compléter la garniture de quelques pommes de terre cuites au four.*

POULARDE DEMI-DEUIL

6 PERS. ♦ PRÉPA. : 30 MN ♦ CUISSON : 2 H 15 ♦ ** $$$

1 belle poularde de 2 kg environ • avec ses abattis • 3 truffes noires • 750 g de bas morceaux de veau avec gras et os • 100 g de champignons de Paris • 1 gros oignon • 1 carotte • 1 litre de bouillon (tablette) • 40 cl de fond de veau • 125 g de beurre • 60 g de farine • 15 cl de crème fraîche • 10 cl de Madère • bouquet garni • sel de céleri • sel • poivre

• *Demandez à votre volailler de préparer et de brider la poularde.*

• *Découpez la viande de veau en petits morceaux.*

• *Pelez l'oignon, coupez-le en deux, ainsi que la carotte.*

• *Lavez et émincez les champignons.*

• *Brossez les truffes, pelez-les très finement. Réservez les pelures. Coupez deux truffes en rondelles et une en bâtonnets.*

• *Faites des fines incisions et glissez les rondelles de truffe sous la peau de la poularde.*

• *Dans une sauteuse à fond épais, faites revenir dans le beurre et pendant 15 mn, le veau coupé en petits morceaux, les abattis de la poularde, l'oignon et la carotte. Saupoudrez de farine, ajoutez le bouquet garni, sel, poivre, sel de céleri, les champignons émincés, les pelures de truffes, tournez pendant 5 mn puis mouillez avec le bouillon. Portez à ébullition et laissez mijoter à feu doux 2 h au moins. Ecumez régulièrement et passez le tout en fin de cuisson. Réservez cette sauce.*

• *Dans une grande cocotte, chauffez un morceau de beurre déposez-y la poularde bridée. Mouillez avec le fond de veau et laissez cuire à feu doux et à couvert pendant 1 h 10.*

• *Vers la fin de la cuisson, reprenez la sauce et sur le feu, incorporez la crème fraîche. Ajoutez la truffe en bâtonnets et laissez réduire jusqu'à obtenir une consistance qui permette de napper une cuillère.*

• *Sortez la poularde de la cocotte, découpez-la (ou non suivant votre choix), dressez-la sur un plat. Ajoutez une partie du jus de cuisson à la sauce, en veillant à conserver sa tenue. Masquez le plat avec la sauce et, si la poularde est découpée, décorez-la avec les bâtonnets de truffes réservées.*

- *Dans un cas comme dans l'autre, le plat sera blanc et noir : demi-deuil.*
- *Du riz sauvage complète parfaitement ce plat.*

Note: le mode de préparation diffère légèrement suivant que l'on souhaite servir la poularde entière ou découpée. Ci-dessus, la recette concerne une poularde entière.
Si vous souhaitez la cuire découpée: brossez et pelez les truffes de même manière. Vers la fin de la cuisson de la poularde, faites-les pocher un quart d'heure dans le Madère. Découpez-en deux en rondelles, tenez-les au chaud. Détaillez l'autre en bâtonnets. Et reprenez de même à partir de la cuisson.

GIGUE DE CHEVREUIL AUX FRUITS D'HIVER

6 PERS. ♦ MARINADE: 24 H ♦ PRÉPA.: 10 MN + 20 MN LA VEILLE ♦ CUISSON: 1 H 15 ♦ ** $$$

1 gigue de chevreuil de 2 kilos • 500 g de collier de chevreuil • 500 g de marrons pelés • 6 poires • 12 cerneaux de noix • 12 pruneaux secs • 1 $^{1}/_{4}$ l de vin rouge • 30 g de sucre • 50 g de beurre • 100 g d'échalotes • 2 gousses d'ail • 1 carotte • 1 branche de céleri • 1 clou de girofle • cannelle • anis étoilé • thym • • laurier • herbes de Provence • 1 cube de bouillon • concentré de tomates • huile d'olive • huile • sel • poivre écrasé

• ***La veille :*** *frottez la gigue avec du sel et des herbes de Provence, badigeonnez-la entièrement d'huile d'olive et gardez-la aux frais 24 heures enveloppée dans un linge.*

• ***Le jour même :*** *faites cuire, pendant 40 mn dans 1 l d'eau bouillante les poires entières et épluchées, avec le sucre, 1/2 litre de vin, le clou de girofle et une pincée de cannelle.*

• *Dénoyautez les pruneaux et remplacez le noyau par les cerneaux de noix. Ajoutez-les aux poires et prolongez la cuisson de 10 mn.*

• *Pelez les marrons si nécessaire. Chauffez-les dans 20 g de beurre, ajoutez 1 pincée de sel et 1 de sucre, 1/2 verre d'eau et laissez cuire doucement pendant 20 mn.*

• *Préchauffez le four (therm. 8).*

• ***Pour la sauce :*** *épluchez, émincez ail, échalotes, carotte et céleri.*

• *Prenez une grande sauteuse, faites revenir le collier de chevreuil dans un peu d'huile, ajoutez tous les ingrédients sauf les marrons, thym, laurier, anis, cannelle et poivre, le bouillon, une petite cuillère de concentré de tomates, le reste de vin. Portez à ébullition et maintenez à feu doux 45 mn. Rectifiez l'assaisonnement si nécessaire.*

• *Faites rôtir la gigue au four pendant 35 mn, en arrosant fréquemment.*

• *Passez la sauce au chinois et ajoutez le reste de beurre et les marrons.*

• *Dressez la gigue sur un plat, entourée des fruits et nappée d'une partie de la sauce. Servez le reste en saucière.*

NAVARIN D'AGNEAU

6 PERS. ♦ PRÉPA. : 30 MN ♦ CUISSON : 1 H 50 ♦ * $$

1,5 kg d'épaule d'agneau en morceaux • 6 petits oignons • 6 navets • 3 carottes • 1 bouquet de brocoli • 150 g de petits pois surgelés • 250 g de pois gourmands • 2 C. de farine • 50 g de beurre • 1 cube de bouillon de volaille • 1 bouquet garni • sel • poivre moulu

• *Pelez les oignons et les carottes.*

• *Découpez, si nécessaire, la viande en morceaux.*

• *Dans une cocotte, faites fondre le beurre. Ajoutez les carottes, les oignons et les morceaux de viande. Faites dorer, le tout sur feu moyen pendant 5 mn en remuant souvent. Saupoudrez de farine, mélangez.*

• *Délayez le cube de bouillon dans 50 cl d'eau chaude. Versez-le sur la viande. Salez un peu, poivrez. Ajoutez le bouquet garni. Laissez mijoter à couvert 1 h à feu doux.*

- *Epluchez les navets, coupez-les en quatre. Ajoutez-les dans la cocotte et continuez la cuisson pendant 30 mn.*
- *Pendant ce temps, lavez et séparez le brocoli en petits bouquets. Cuisez-les 5 mn à l'eau bouillante ainsi que les 2 variétés de pois. Egouttez.*
- *Ajoutez ces 3 légumes au navarin. Cuisez 20 mn de plus.*
- *Avant de servir, retirez le bouquet garni.*
- *Présentez le navarin sur un plat chaud.*

CARRÉ DE VEAU AUX MORILLES

6 PERS. ♦ PRÉPA.: 40 MN ♦ CUISSON: 1 H 30 MN ♦ ** $$

1 carré de veau de 2 kg • 600 g de morilles fraîches • 30 cl de crème épaisse • 2 échalotes • 90 g de beurre • 5 cl de Madère • 2 C. d'huile d'arachide • 2 brins de cerfeuil • 400 g de tagliatelles fraîches • sel • poivre

- *Préchauffez le four (therm. 7).*
- *Faites préparer le carré par votre boucher, sinon procédez comme suit: pour dégager le haut des côtes, incisez la viande autour des os sur 3 cm de long, puis découpez et enlevez une bande horizontale de même largeur, de part et d'autre des os. Ficelez le carré de veau tel un rôti.*
- *Badigeonnez le carré d'huile et placez-le dans un plat à rôtir. Salez, poivrez et enduisez la viande de 30 g de beurre.*
- *Enfournez et laissez cuire 30 mn en retournant le rôti plusieurs fois. Après cette 1/2 h de cuisson, baissez le four (therm. 6), couvrez de papier d'aluminium et poursuivez la cuisson environ 1 h, en arrosant fréquemment avec le jus du plat.*
- *Sortez le rôti cuit et posez-le sur une assiette retournée dans un grand plat. Recouvrez-le de deux épaisseurs de papier d'aluminium et laissez-le reposer ainsi pendant 10 mn environ.*
- *Préparez les morilles: nettoyez les pieds, sans oublier l'intérieur, qui est creux. Frottez les chapeaux avec une petite brosse humide. Essuyez-les avec papier absorbant ou un linge...*

• *Dans une poêle, faites sauter à feu doux pendant 5 mn la moitié des morilles dans 1 C. d'huile. Dès qu'elles ont rendu leur eau, égouttez-les dans une passoire posée sur une jatte afin de récupérer l'eau rendue. Faites sauter le reste des morilles et procédez de même. Prélevez 15 cl de leur eau et filtrez-la.*

• *Séchez la poêle, faites-y revenir les échalotes hachées dans 30 g de beurre chaud, jusqu'à ce qu'elles deviennent translucides, puis ajoutez les morilles bien égouttées.*

• *Faites-les sauter pendant quelques instants, arrosez-les de Madère et laissez ce dernier s'évaporer presque complètement tout en remuant. Salez, poivrez, ajoutez l'eau des morilles récupérée et la crème fraîche, remuez 3 mn, puis rectifiez l'assaisonnement.*

• *Faites cuire les tagliatelles fraîches 3 à 4 mn. Egouttez-les, ajoutez le reste de beurre.*

• *Lavez et ciselez le cerfeuil.*

• *Déficelez le rôti. Posez-le sur un plat chaud, entourez-le de pâtes et de morilles. Parsemez de cerfeuil et servez de suite.*

MAGRETS DE CANARD AUX FIGUES

4 PERS. ♦ MARINADE : 12 H ♦ PRÉPA. : 20 MN ♦ CUISSON : 25 MN ♦ * $$

2 magrets de canard de 400 g chacun • 2 C. de vinaigre de Jérès • sel • poivre
Pour la garniture : **12 figues sèches • 10 c. de thé fort • 15 c. de Porto • 2 C. de miel d'acacia**

• *Préparez les figues la veille. Dans un plat creux, délayez le miel avec le Porto et le thé. Piquez les figues de plusieurs coups d'épingle puis mettez-les dans le plat.*

• *Le lendemain, égouttez les figues.*

• *Versez le sirop de macération dans une poêle. Portez-le à ébullition et plongez-y les figues. Laissez cuire le tout pendant 10 mn, jusqu'à ce que le sirop soit bien épais et les fruits gonflés. Réservez.*

• *Préparez les magrets : enlevez une mince couche de graisse et entaillez la peau. Poivrez-les des deux côtés.*

• *Faites-les cuire dans une cocotte pendant 10 mn côté peau. Jetez le gras de cuisson et continuez leur cuisson pendant 3 mn cette fois côté chair. Salez.*

• *Retirez les magrets et réservez-les au chaud.*

• *Déglacez le fond de la cocotte avec le vinaigre de Xérès additionné d'1 cuillerée à soupe de jus de cuisson des figues. Eteignez le feu et remettez les magrets dans la cocotte. Couvrez et laissez reposer 10 mn avant de les découper.*

• *Servez les tranches de magrets accompagnées de figues égouttées et nappées de jus.*

PIGEONNEAUX À LA PROVENÇALE

6 PERS. ♦ PRÉPA. : 20 MN ENV. ♦ CUISSON : 45 MN ENV. ♦ ** $$

6 pigeonneaux • 6 tranches minces de poitrine de porc • 3 tomates • 6 C. d'olives noires niçoises • 3 bottes de petits oignons • 12 filets d'anchois • 5 gousses d'ail • 6 C. d'huile d'olive • 1 1/2 verre de vin blanc • 18 très petites saucisses (chipolatas) • 2 citrons • 1 belle botte de cerfeuil • 1 1/2 verre de bouillon de volaille • sel • poivre

• *Bardez chaque pigeonneau avec deux tranches de lard en les faisant tenir avec des petites piques en bois*

• *Pelez les oignons et l'ail. Lavez et équeutez le cerfeuil.*

• *Ebouillantez quelques secondes les tomates, pelez-les, puis coupez-les en dés.*

• *Versez l'huile dans une sauteuse et faites dorer les pigeonneaux sur toutes les faces. Ajoutez les oignons et l'ail, ainsi que le cerfeuil.*

• *Pendant ce temps, dans une casserole faites chauffer le vin et le bouillon et, dès que les oignons et l'ail sont dorés, versez-le dans la sauteuse.*

Salez, poivrez et laissez cuire 30 mn à découvert sur feu vif en arrosant souvent.

- *Piquez les chipolotas avec une fourchette et faites-les dorer dans une poêle. Ajoutez-les dans la sauteuse ainsi que les dés de tomates, les olives et les filets d'anchois. Laissez cuire encore 10 mn toujours à découvert et toujours sur feu vif.*
- *Lavez très soigneusement les citrons. Pressez-les et coupez leur peau en morceaux. Ajoutez le jus et les morceaux de peau de citron dans la sauteuse. Goûtez et rectifiez l'assaisonnement si nécessaire. Poursuivez la cuisson encore pendant 5 minutes et servez.*

Note: vous pouvez remplacer les pigeonneaux par des pigeons. Dans ce cas prévoyez 3 pigeons (1/2 par personne).

QUELQUES SAUCES INCONTOURNABLES

SAUCES AU BEURRE

BEURRE BLANC

Accompagnement traditionnel du brochet, il convient parfaitement aux poissons pochés au court-bouillon ou cuits à la vapeur.

2 c. d'échalote hachée • 8 cl de vinaigre de vin blanc • 12 cl de Muscadet • 2 C. de crème fraîche liquide • 200 g de beurre demi-sel bien froid • poivre

• *Dans une petite casserole, faites bouillir le vinaigre, le muscadet et l'échalote pelée et hachée. Laissez sur feu moyen jusqu'à ce qu'il ne reste que 4 C. de liquide. Veillez à décoller l'échalote attachée aux parois, pour éviter qu'elle ne roussisse.*

• *Ajoutez la crème, mélangez et laissez réduire jusqu'à ce que la crème épaississe.*

• *Pendant ce temps, coupez le beurre en petits dés et laissez-le au réfrigérateur afin qu'il reste bien dur.*

• *Donnez encore un bouillon à la crème puis baissez le feu au minimum. Introduisez la moitié des dés de beurre dans la casserole en fouettant énergiquement.*

• *Ajoutez le beurre restant, fouettez hors du feu jusqu'à ce que la sauce soit homogène et liée. Poivrez.*

Les petits trucs : lorsque vous introduisez les premiers dés de beurre froid, la crème doit bouillir.
Dans le vrai beurre blanc on ne met pas de crème, mais il est plus difficile à stabiliser...
Pour garder le beurre blanc chaud, placez-le dans un bain-marie.

SAUCE HOLLANDAISE

Pour napper les poissons pochés et les légumes cuits à la vapeur.

250 g de beurre coupé en morceaux • 3 + 1 C. d'eau • 1 pincée de poivre moulu • 4 jaunes d'œufs • le jus de $^1/_2$ citron • sel

• *Dans une petite casserole sur feu très doux laissez fondre lentement le beurre sans le cuire. Le petit lait descend alors au fond sous forme d'une mousse blanche. Prélevez le beurre limpide (clarifié) et gardez-le dans un bain-marie tiède.*

• *Dans un bain-marie sur feu moyen, versez 3 C. d'eau, le poivre et les jaunes d'œufs. Fouettez vigoureusement : les œufs augmentent de volume et épaississent. Lorsqu'ils deviennent assez fermes pour laisser voir le fond du récipient dans le sillage du fouet, ôtez tout de suite la casserole du bain-marie.*

• *Versez alors doucement dans les œufs, le beurre clarifié et 1 C. d'eau en fouettant énergiquement.*

• *La sauce doit monter comme une mayonnaise et devenir peu à peu consistante.*

• *Ajoutez alors le jus de citron et salez.*

Les petits trucs : surtout n'utilisez pas de casserole en aluminium : la sauce virerait au verdâtre.
Ne travaillez pas sur une trop forte chaleur. Si la sauce tourne, incorporez peu à peu tout en fouettant 1 C. d'eau froide si elle est trop chaude ou 1 C. d'eau chaude si elle est trop froide.
Gardez à température dans un bain-marie.

SAUCE MALTAISE

Accompagne parfaitement les poissons pochés et certains légumes : asperges, bettes, cardons.

• *Dans une sauce hollandaise, ajoutez peu à peu le jus d'1 orange sanguine et son zeste préalablement ébouillanté et émincé très, très, finement.*

SAUCE AUX CÂPRES

• *Toujours dans une sauce hollandaise, ajoutez au tout dernier moment 2 C. de câpres rincées et bien égouttées.*

SAUCE BÉARNAISE

Pour accompagner viandes et poissons grillés.

125 g de beurre • 2 œufs • 1 échalote finement hachée • 2 C. d'estragon et de cerfeuil hachés mélangés • 1 brin de thym • 1 petite feuille de laurier • 5 cl de vinaigre • 5 cl de vin blanc • jus de citron (facultatif) • sel • poivre

• *Dans une petite casserole à fond épais chauffez l'échalote finement hachée. Ajoutez 2 C. d'estragon et de cerfeuil hachés mélangés, le thym, la petite feuille de laurier, le vinaigre et le vin blanc. Salez, poivrez et laissez réduire de 2/3. Laissez tiédir hors du feu*

• *Une fois tiède, ajoutez les 2 jaunes d'œufs préalablement battus avec 1 C. d'eau en fouettant sur feu doux. Lorsque les jaunes ont épaissi, ajoutez le beurre par tous petits morceaux en fouettant sans arrêt. Versez, si vous aimez plus acide, un filet de jus de citron.*

Le secret : attention, la béarnaise n'accepte pas d'être réchauffée !

LES SAUCES À BASE DE FARINE

SAUCE BÉCHAMEL

Elle nappe les poissons, les volailles, se mêle divinement aux légumes dans les gratins... Donnez libre cours à votre fantaisie et aromatisez-la avec les épices que vous préférez, presque tout est permis avec cette sauce.

1 carotte • 4 gros champignons de Paris • 1 gros poireau coupés en dés • 150 g de viande de veau crue coupée en dés • 1 bouquet garni (thym • laurier • persil) • 75 cl de lait • 30 g de farine • 40 g de beurre • noix de muscade • sel • poivre

• ***Comme notre grand-mère*** *: faites fondre le beurre dans une casserole à fond épais sur feu très doux. Jetez-y les légumes et les dés de viande de veau. Laissez suer 1 mn. Remuez pour empêcher les morceaux de dorer.*

• *Saupoudrez avec la farine, mélangez et laissez cuire 5 mn sur feu très doux – elle ne doit pas dorer. Versez peu à peu le lait. Portez à ébullition en remuant sans arrêt avec une cuillère en bois. Après 5 mn d'ébullition, cessez de remuer. Laissez mijoter 30 mn à feu très, très, doux.*

• *Passez la sauce au chinois en pressant légèrement les légumes. Si elle vous paraît trop épaisse, ajoutez un peu de crème fraîche. Si elle est trop liquide, faites-la cuire encore un peu. Salez, poivrez, muscadez.*

• ***Pour les pressées** : faites fondre 40 g de beurre sur feu moyen. Versez 40 g de farine, mélangez à la cuiller de bois. Lorsque le mélange est lisse, laissez cuire 1 mn en remuant. Versez peu à peu 50 cl de lait en tournant, et attendez qu'il soit complètement absorbé avant d'en verser à nouveau.*

• *Salez, poivrez, muscadez.*

Les petits trucs: si la sauce doit attendre, placez un morceau de beurre sur la surface, il empêchera qu'une peau ne se forme.
Utilisez toujours un poids égal de beurre et de farine. Le mélange se fera plus facilement, si vous versez le lait bouillant.

SAUCE MORNAY

Crémeuse, elle nappe les œufs pochés, les poissons, coquillages, légumes, et les crêpes fourrées que l'on souhaite faire gratiner au four.

• *Dans 50 cl de béchamel, laissez fondre tout en remuant et sur feu doux 70 g de gruyère râpé.*

• *Hors du feu, ajoutez 2 jaunes d'œufs battus avec 1 C. de lait. Remettez sur le feu, fouettez.*

• *Lorsque la sauce est prête à atteindre son premier bouillonnement, ôtez du feu, ajoutez 2 C. de crème fraîche. Mélangez.*

SAUCE SOUBISE

• *Pour 5 dl de béchamel : dans une casserole à fond épais, faites fondre dans 20 g de beurre, 4 oignons très finement émincés – sans les laisser dorer –. Ajoutez-les dans la sauce ainsi que 2 dl de crème fraîche.*

• *Salez, poivrez généreusement et mélangez.*

SAUCE BLANCHE

• *Mêmes usages que la béchamel. Elle se prépare d'ailleurs exactement de la même façon, mais un bouillon de volaille, de bœuf, de légumes ou de poisson remplace le lait, ce qui la rend plus parfumée.*

DESSERTS

Il était une fois Dame Tartine, dans un beau palais de beurre frais.
La muraille était de praline, le parquet était de croquets,
La chambre à coucher de crème de lait,
Le lit de biscuit, les rideaux d'anis.
Elle épousa Monsieur Granchette, coiffée d'un beau fromage blanc.
Son chapeau était de galette, son habit était de vol-au-vent,
Culotte en nougat, bas de caramel, et souliers de miel.
Leur fille, la belle Agathe, avait un nez de massepain,
de superbes dents de compote, des oreilles de craquelin.
Je la vois garnir, sa robe de plaisirs, avec un rouleau
de pâte d'abricot.

TARTE TATIN

6 PERS. ♦ PRÉPA. : 40 MN ♦ REPOS : 30 MN ♦ CUISSON : 30 MN ♦ ** $

Pour la pâte : **250 g de farine • 100 g de beurre • 2 C. de sucre semoule • 1 pincée de sel fin**
Pour la garniture : **500 g de pommes • 100 g de beurre • 150 g de sucre semoule • 150 g de crème fraîche épaisse • eau**

• *Préparez la pâte brisée. Dans une terrine versez 200 g de farine, ajoutez la pincée de sel et le sucre semoule.*

• *Découpez en petits morceaux le beurre puis ajoutez-le dans la terrine. Du bout des doigts mélangez le beurre à la farine. Versez ensuite 10 cl d'eau froide en remuant très énergiquement avec une spatule en bois. La pâte ne doit pas être collante.*

• *Faites-en une boule, farinez-la et laissez reposer 30 mn au frais.*
• *Pelez les pommes, retirez le cœur et les pépins, coupez-les en tranches épaisses.*
• *Coupez 75 g de beurre en morceaux.*
• *Préchauffez le four (therm. 5).*
• *Beurrez très largement un moule à tarte. Poudrez le fond avec la moitié du sucre semoule. Disposez les tranches de pommes dans le moule, saupoudrez-les avec le sucre restant et parsemez de noisettes de beurre.*
• *Farinez le plan de travail puis travaillez la pâte avec la paume de la main. Farinez le rouleau à pâtisserie et abaissez la pâte sur 4 mm d'épaisseur environ. Découpez un disque de pâte d'un diamètre un peu supérieur à celui du moule.*
• *Recouvrez le dessus des pommes avec le disque de pâte en la rabattant tout autour de manière à bien envelopper les pommes.*
• *Posez le moule directement sur le feu durant 3 mn afin de caraméliser la tarte. Mettez ensuite au four pendant 30 mn.*
• *Sortez le moule du four et retournez-le sur le plat de service (les pommes caramélisées doivent se trouver sur le dessus).*
• *Servez tiède avec de la crème fraîche présentée à part.*

CRÈME BRÛLÉE

6 PERS. ♦ PRÉPA. : 20 MN ♦ CUISSON : 30 MN
♦ RÉFRIGÉRATION : 12 H ♦ ** $

**4 jaunes d'œufs • 50 cl de crème fraîche •
2 gousses de vanille • 100 g de sucre brun
(cassonade)**

• *Placez une jatte au bain-marie. Versez-y la crème fraîche et les gousses de vanille fendues en deux dans le sens de la longueur. Faites chauffer à feu doux pendant 5 mn. Otez le récipient de la casserole d'eau et enlevez les gousses de vanille.*
• *Battez énergiquement les jaunes d'œufs avec 1 C. de sucre. Vous devez obtenir un mélange mousseux.*
• *Versez ce mélange dans la jatte et posez-la sur la casserole d'eau.*

Remettez sur le feu. Chauffez doucement et laissez épaissir en tournant avec une cuillère en bois. Attention : la crème ne doit jamais bouillir.

- *Lorsqu'elle forme ruban, versez-la dans des ramequins individuels, peu profonds. Laissez reposer une nuit.*
- *Au moment de servir, préchauffez le gril du four. Saupoudrez la surface des ramequins d'une couche de sucre et placez-les sous le gril.*
- *Surveillez de près : le sucre doit caraméliser mais en aucun cas brûler. Servez tiède.*

CLAFOUTIS AUX CERISES

6 PERS. ♦ PRÉPA. : 15 MN ♦ CUISSON : 35 MN ♦ * $

750 g de cerises noires • 100 g de farine • 20 g de beurre • 6 œufs • 120 g de sucre semoule • 1 pincée de sel

- *Lavez les cerises puis essuyez-les très délicatement avec du papier absorbant. Equeutez-les.*
- ***Pour la pâte :** dans un saladier, battez les œufs en omelette. Ajoutez la pincée de sel et le sucre. Mélangez, puis incorporez le lait en filet.*
- *Versez la farine en pluie et mélangez jusqu'à obtention d'une pâte lisse. Laissez reposer 15 mn.*
- *Préchauffez le four (therm. 7).*
- *Beurrez un moule à tarte, tapissez-en le fond avec les cerises. Versez délicatement la pâte par-dessus en veillant à ne pas déplacer les cerises.*
- *Mettez au four pendant 35 mn. Sortez le clafoutis et laissez-le tiédir. Saupoudrez-le avec le sucre restant et dégustez tiède ou froid.*

Note : vous pouvez dénoyauter les cerises, la dégustation en sera facilitée mais le gâteau moins savoureux.

CHARLOTTE AU CHOCOLAT

8 PERS. ♦ PRÉPA. : 45 MN ♦ CUISSON : 10 MN ♦ ** $$

Biscuits à la cuiller (suffisamment pour tapisser les parois et le socle du moule) • 500 g de chocolat pâtissier • 100 g de beurre • 20 cl de lait • 50 cl de crème fraîche • 100 g de sucre • 50 g de sucre glace • 4 blancs d'œufs • 3 C. de rhum ou de whisky

• *Trempez les biscuits à la cuiller dans un mélange de rhum et d'eau et tapissez-en le moule à charlotte. Réservez.*

• *Sortez le beurre du réfrigérateur.*

• *Cassez le chocolat en petits morceaux et mettez-le dans une casserole au bain-marie au-dessus d'une casserole d'eau bouillante (attention : le fond ne doit pas toucher l'eau).*

• *Dans une autre casserole, portez le lait à ébullition, puis incorporez-le dans le chocolat en fouettant jusqu'à obtention d'un mélange assez liquide.*

• *Retirez du feu lorsque le mélange est bien chaud et incorporez le beurre mou, en remuant sans cesse.*

• *Laissez refroidir en n'oubliant pas de tourner de temps à autre.*

• *Pendant le temps de refroidissement, dans un saladier, fouettez la crème, ajoutez le sucre en poudre en battant sans cesse. Battez les blancs d'œufs en neige, tout en ajoutant le sucre glace en pluie. Continuez à battre jusqu'à ce qu'ils soient bien fermes.*

• *Mélangez la crème chantilly et les blancs en neige, en « coupant » le mélange afin qu'il conserve sa légèreté.*

• *Lorsque le chocolat est refroidi, versez-le délicatement dans la crème. Vous devez obtenir une mousse légère mais bien ferme. Versez-la dans le moule à charlotte, recouvrez avec des biscuits à la cuiller et mettez au réfrigérateur pour faire prendre.*

• *Sortez la charlotte du réfrigérateur au moment de servir. Démoulez et décorez avec des copeaux de chocolat.*

TARTE AU FROMAGE BLANC

6 PERS. ♦ REPOS DE LA PÂTE : 2 HEURES + 15 MN ♦ PRÉPA. : 15 MN ♦ CUISSON : 25 MN ♦ ** $

375 g de pâte à brioche • 375 g de fromage blanc • 2 œufs entiers • 1 jaune d'œuf • 50 g de farine • 90 g de sucre • beurre

• *Achetez la pâte à brioche chez votre boulanger.*

• *Aplatissez cette pâte en forme de rond d'1/2 cm d'épaisseur sur un plan de travail beurré. Laissez-la lever environ 2 heures à température ambiante.*

• *Battez le jaune d'œuf.*

• *Mettez la pâte sur la plaque du four, confectionnez un rebord d'1 cm de hauteur minimum, piquez la pâte avec une fourchette et dorez le rebord avec l'œuf battu à l'aide d'un pinceau.*

• *Préchauffez le four (therm. 7).*

• *Battez les 2 œufs.*

• *Dans une jatte, mélangez le fromage blanc et le sucre, puis incorporez les œufs battus en mélangeant très soigneusement. Ajoutez enfin délicatement la farine. Mélangez encore.*

• *Garnissez la galette avec cette composition en l'étalant bien et enfournez pour 25 mn environ.*

• *Retirez la tarte du four dès l'obtention d'une belle coloration en vérifiant toutefois la cuisson de la pâte.*

Note : servez cette tarte à l'heure du thé ou au petit déjeuner. Succès garanti.

GÂTEAU BASQUE AUX FIGUES

6-8 PERS. ♦ REPOS DE LA PÂTE : 2 H ♦ PRÉPA. : 30 MN ♦ CUISSON : 35 MN ♦ ** $$

250 g de confiture de figues • 275 g de farine • 4 œufs • 150 g de sucre en poudre • 1 citron • 1 pincée de sel

• *Mettez la farine dans une jatte, creusez un puits et déposez-y 3 jaunes d'œufs et 1 œuf entier, le beurre découpé en parcelles, le sucre, un peu de zeste de citron et 1 pincée de sel.*

• *Travaillez le tout, afin d'obtenir une pâte assez ferme. Mettez-la en boule, couvrez-la d'un torchon et laissez-la reposer 2 heures à température ambiante.*

• *Beurrez et farinez un moule.*

• *Préchauffez le four (therm. 6).*

• *Abaissez les 2/3 de la pâte et disposez-la dans le moule en formant un gros bourrelet autour de la paroi. Répartissez la confiture de figues.*

• *Abaissez le 1/3 de pâte restante et recouvrez le moule en veillant à bien joindre les deux parties de pâte. Dorez les bords à l'aide d'un pinceau avec le jaune d'œuf battu.*

• *Quadrillez avec la pointe d'un couteau le dessus du gâteau.*

• *Mettez au four pendant 35 mn en surveillant la cuisson. Si le gâteau a tendance à dorer trop rapidement, couvrez-le à mi-cuisson d'une feuille de papier sulfurisé.*

• *Laissez refroidir et démoulez.*

TARTE BOURDALOUE

4 PERS. ♦ PRÉPA.: 30 MN ♦ CUISSON: 50 MN ♦ * $

1 rouleau de pâte sablée prête • 8 petites poires • 1 gousse de vanille • 100 g de sucre • 4 petits macarons aux amandes
Pour la frangipane: **3 œufs • 1/2 litre de lait • 60 g de sacre • 60 g de farine • 50 g de beurre • 75 g de poudre d'amandes**

• *Pelez les poires, coupez-les en deux, ôtez le cœur et les pépins.*

• *Portez à ébullition un litre et demi d'eau dans une casserole avec la gousse de vanille fendue et le sucre. A ébullition atteinte, plongez les demi-poires dans ce sirop et laissez frémir 15 mn.*

• ***Pendant ce temps, préparez la crème :*** *dans un saladier, cassez les œufs et ajoutez le sucre. Travaillez longuement le mélange, puis incorporez petit à petit la farine tamisée.*

• *Faites bouillir le lait, puis versez-le très chaud et petit à petit sur le mélange œufs-sucre. Fouettez pour qu'il n'y ait pas de grumeaux, en ajoutant peu à peu la poudre d'amandes.*

• *Replacez le tout dans une casserole, ajoutez le beurre et faites épaissir sur feu doux, sans cesser de remuer.*

• *Préchauffez le four (therm. 6).*

• *Concassez les macarons avec un rouleau.*

• *Disposez la pâte sablée dans un moule à tarte à bord haut. Versez la crème frangipane sur la pâte, puis disposez les demi-poires égouttées et parsemez de chapelure de macarons.*

• *Mettez au four pendant 35 mn et servez tiède.*

KOUING AMAN

6 PERS. ♦ PRÉPA. : 25 MN ♦ + REPOS DE LA PÂTE ♦ CUISSON : 35 MN ♦ * $

20 g de levure de boulanger • 500 g de farine + 50 g pour étaler • 50 g de beurre demi-sel • 20 g de beurre • 250 g de sucre en poudre • 3 C. de sucre glace • 1 jaune d'œuf • 1 pincée de sel

• *Emiettez la levure dans un bol avec 50 g de farine et avec 4 cuillerées à soupe d'eau chaude. Mélangez et laissez lever dans un endroit tiède.*

• *Lorsque le mélange a doublé de volume, mettez-le dans une jatte avec une pincée de sel et le reste de farine. Travaillez à la main en ajoutant juste assez d'eau pour obtenir une pâte souple.*

• *Travaillez-la encore en la rompant plusieurs fois, puis laissez-la lever dans un endroit tiède pour qu'elle double de volume à nouveau.*

• *Sur un plan de travail fariné, étalez la pâte en un disque. Poudrez avec le sucre en poudre, ajoutez le beurre en parcelles, puis repliez la pâte en trois et étalez-la à nouveau avec un rouleau à pâtisserie fariné. Laissez-la reposer 15 mn, puis repliez-la en trois et étalez à nouveau en disque, laissez reposer et répétez l'opération une nouvelle fois.*

• *Préchauffez le four (therm. 6).*

• *Beurrez une tourtière. Etalez la pâte dans la tourtière, puis dorez la surface du kouing aman avec un pinceau trempé dans le jaune d'œuf battu et faites cuire environ 30 à 35 mn au four.*

• *Saupoudrez votre pâtisserie de sucre glace à la sortie du four et servez-la encore tiède.*

TARTE AUX DEUX CITRONS

4 PERS. ♦ PRÉPA. : 20 MN ♦ CUISSON : 30 MN ♦ * $

350 g de pâte brisée • 50 g de farine • 4 œufs • 80 g de beurre (+ 15 g pour le moule) • 50 g de sucre semoule • 2 C. de sucre glace • 2 citrons verts • 2 citrons jaunes non traités

• *Brossez un citron jaune sous un filet d'eau chaude et essuyez-le. Prélevez le zeste et râpez-le très finement au-dessus d'une casserole à fond épais.*

• *Pressez 1 citron jaune et un citron vert. Versez les 2 jus dans la casserole. Ajoutez les œufs entiers, le sucre semoule et le beurre détaillé en petits morceaux.*

• *Mettez la casserole sur feu très doux. Fouettez continuellement jusqu'à ce que vous obteniez une crème de citron assez épaisse. Versez alors dans un saladier puis laissez refroidir la préparation.*

• *Préchauffez le four (therm. 6).*

• *Sur un plan de travail fariné, étalez la pâle brisée, garnissez-en un moule à tarte beurré (22-24 cm de diamètre). Posez un disque de papier sulfurisé (ou d'aluminium) sur le fond de pâte, et remplissez-le de légumes secs. Faites cuire la pâte à blanc pendant 20 mn.*

• *Débarrassez le fond de tarte du papier et des légumes. Etalez la crème de citron, poudrez de sucre glace. Placez quelques minutes sous le gril du four pour faire caraméliser.*

- *Décorez la tarte avec les deux derniers citrons (finement tranchés).*
- *Servez tiède ou froid.*

LE CITRON, DU PANIER À LA TABLE

- Préférez les citrons non traités chaque fois que vous utilisez le zeste.
- Les citrons se conservent plusieurs semaines à l'air ambiant.
- Coupé : il se garde au réfrigérateur côté pulpe contre l'assiette.

Quelques trucs

- Le jus de citron évite l'oxydation de certains fruits et légumes : poires, pommes, bananes, avocats, champignons de Paris.
- Le jus du citron est également utilisé pour des boissons chaudes ou froides et le citron vert est inséparable du punch et de certains cocktails.
- Il relève les sauces des viandes, des poissons, la mayonnaise, la sauce hollandaise et remplace le vinaigre pour salades et crudités.
- Le zeste de citron parfume les pâtisseries : quatre-quarts, cake, madeleines, biscuit de Savoie...
- Avec le jus de citron on peut réaliser un sorbet, une mousse ou parfumer une tarte.

MILLEFEUILLES AU CHOCOLAT

4 PERS. ♦ PRÉPA. : 45 MN ♦ REPOS DE LA PÂTE : 3 H 30 MN ♦ CUISSON : 20 MN ♦ *** $$

Pour le feuilletage : **300 g de farine • 240 g de beurre • 9 g de sel • 15 cl d'eau • 150 g de cacao amer**
Pour la crème et la sauce : **200 g de chocolat noir • 50 cl de crème liquide • 40 g de sucre en poudre • 60 g de cacao amer • 20 cl d'eau**

• *Préparez votre pâte feuilletée. Versez la farine tamisée avec le cacao dans le bol du mixeur avec 50 g de beurre coupé en parcelles, 9 g de sel et 15 cl d'eau. Faites tourner l'appareil jusqu'à ce que la pâte soit homogène. Entreposez-la au réfrigérateur dans un torchon pendant 1 h, puis étalez-la en un carré de 25 cm de côté.*

• *Travaillez le reste de beurre pour l'assouplir. Façonnez-le en carré légèrement plus petit que celui de pâte. Placez-le sur le dessus et rabattez la pâte de façon à enfermer complètement le carré de beurre.*

• *Remettez au frais 30 mn, puis étalez le pâton en un rectangle de 50 × 25 cm. Pliez-le en trois sur lui-même, faites-le pivoter d'un quart de tour, étalez-le et repliez-le comme précédemment. Recommencez deux fois cette opération (appelée un tour), en remettant la pâte au frais pendant 30 mn entre chaque tour, puis 1 h entière une fois qu'elle est prête.*

• *Etalez la pâte reposée sur une épaisseur de 3,5 mm. Déposez-la sur une plaque humectée d'eau. Faites-la cuire dans le four préchauffé à thermostat 8 pendant 18 à 20 mn. Découpez-la avec un couteau-scie en 12 rectangles de 8 × 4 cm.*

• *Portez 40 cl de crème liquide à ébullition, jetez-y le chocolat cassé en petits morceaux. Remuez et transvasez dans une jatte. Laissez refroidir la crème.*

• *Montez les feuilletés en alternant la crème au chocolat avec trois rectangles par millefeuille.*

• *Portez à ébullition 20 cl d'eau avec le reste de la crème liquide et 40 g de sucre. Ajoutez le cacao et remuez sur feu doux jusqu'à la reprise de l'ébullition. Retirez du feu, laissez tiédir. Versez la sauce autour des mille-feuilles et servez.*

Conseil : pour réussir votre pâte feuilletée, donnez au beurre sensiblement la même consistance que celle du pâton. Et respectez scrupuleusement les temps de repos indiqués.

CRÊPES SUZETTE

Un zeste de savoir-faire et vous réussirez à coup sûr ces crêpes délicieusement parfumées.

POUR 12 CRÊPES ♦ REPOS DE LA PÂTE : 1 H

250 g de farine • 4 œufs • 210 g de beurre • 40 cl de lait • 4 oranges • 6 C. de Grand-Marnier • 4 C. de sucre glace • 1 sachet de sucre vanillé • 1 pincée de sel • 1 citron • Cognac

• *Mélangez la farine, le sucre vanillé, le sel. Creusez une fontaine au centre, cassez-y les œufs. Fouettez bien pour éviter les grumeaux. Ajoutez 60 g de beurre fondu, 1 c. de zestes de citron et d'orange, 1 trait de Cognac. Délayez la pâte peu à peu avec le lait. Laissez reposer 1 heure.*

• *Mettez 30 g de beurre ramolli dans une assiette.*

• *Chauffez bien la crêpière sur feu vif. Imbibez un chiffon d'un peu de beurre. Graissez la poêle. Versez dedans une louche de pâte. Agitez la crêpière pour que la pâte soit bien répartie. Faites cuire la crêpe 2 minutes en la retournant à mi-cuisson. Renouvelez l'opération.*

• ***Pendant le repos de la pâte, faites la sauce :*** *râpez le zeste de 2 oranges et pressez le jus des quatre oranges pour obtenir 15 cl de liquide.*

• *Faites fondre 120 g de beurre sans faire bouillir. Incorporez en fouettant le sucre glace. Ajoutez le zeste et le jus des agrumes. Mélangez. Réservez.*

• *Une fois les crêpes terminées, placez-les dans une poêle sur une source de chaleur modérée. Badigeonnez-les de sauce, repliez-les en quatre. Chauffez un peu de Cognac dans une casserole. Enflammez-le, versez-le sur les crêpes. Récupérez le jus en penchant l'ustensile. Arrosez-en les crêpes. Servez et renouvelez l'opération.*

CLAFOUTIS NORMAND

6 PERS. ♦ PRÉPA. : 15 MN ♦ CUISSON : 30 MN ♦ ** $

3 pommes • 2 œufs • 50 g de beurre • 10 cl de lait • 2 C. de farine • 1 C. de Calvados • 120 g de sucre semoule • le zeste d'1 citron

• *Préchauffez le four (therm. 9).*
• *Pelez les pommes, coupez-les en deux, retirez-les pépins puis coupez-les en quartiers.*
• *Dans une casserole, faites fondre le beurre.*
• *Rangez les quartiers de pomme dans une tourtière à bord haut, arrosez-les de beurre fondu et passez-les au four 3 mn. Retirez-les et baissez le thermostat à 7.*
• *Dans une terrine, cassez les œufs, ajoutez la moitié du sucre et mélangez au fouet. Incorporez la farine, le zeste de citron râpé, le Calvados et le lait. Continuez de battre jusqu'à ce que la préparation soit homogène.*
• *Versez-la sur les pommes dans la tourtière, enfournez et laissez cuire 25 mn.*
• *Juste 5 mn avant la fin de la cuisson, saupoudrez le clafoutis avec le reste de sucre.*
• *Servez tiède ou froid.*

GLACE AUX NOIX, COMPOTE DE FRUITS SECS

4 PERS. ♦ PRÉPA.: 25 MN ♦ CUISSON: 10 MN ♦ ** $$

150 g de raisins secs • 200 g d'abricots secs • 150 g de pruneaux • 150 g de figues sèches • 80 g de noix concassées • 40 cl de lait entier • 20 cl de crème liquide • 5 jaunes d'œufs • 110 g de sucre • 2 C. de miel • 1 gousse de vanille • 60 cl d'eau

• *Dans une casserole, portez le lait à ébullition avec la gousse de vanille fendue en deux. Laissez infuser 10 mn, puis retirez la vanille.*
• *Dans un saladier, fouettez les jaunes d'œufs et le sucre jusqu'à ce que le mélange blanchisse. Ajoutez le lait chaud toujours en fouettant. Reversez le tout dans la casserole et laissez épaissir sur feu doux en remuant continuellement. – La crème anglaise est prête lorsqu'elle nappe la cuillère (environ 6 mn) –.*

• *Passez-la au chinois et laissez-la refroidir en la remuant souvent pour éviter la formation d'une peau à la surface.*
• *Versez 60 cl d'eau, le miel et les fruits secs (sauf les noix) dans une casserole, portez à ébullition. Retirez du feu et laissez gonfler.*
• *Versez la crème liquide dans un récipient très froid et fouettez-la en Chantilly, puis incorporez-la à la crème vanillée.*
• *Ajoutez les noix et faites prendre la préparation en sorbetière.*
• *Servez la glace accompagnée de compote de fruits secs pochés.*

Note : si vous ne possédez pas de sorbetière, vous pouvez faire prendre la glace dans le congélateur pendant 4 heures environ.

TOURTEAU AU FROMAGE

4 PERS. ♦ PRÉPA. : 30 MN ♦ REPOS : 45 MN ♦ CUISSON : 45 MN ♦ * $

270 g de farine • 120 g de beurre • 130 g de sucre • 250 g de fromage de chèvre frais • 5 œufs • sel

• *Dans un saladier versez 200 g de farine en fontaine. Ajoutez 100 de beurre découpés en morceaux, 2 C. d'eau froide, 1 pincée de sel et 30 g de sucre. Mélangez pour obtenir une pâte homogène. Roulez-la en boule, couvrez d'un film étirable et laissez reposer 30 mn.*
• *Abaissez la pâte et garnissez une tourtière à bords hauts préalablement beurrée – ou, mieux, dans un moule spécial à tourteau au fond arrondi. Laissez à nouveau reposer pendant 15 mn.*
• *Séparez les jaunes des blancs d'œufs.*
• *Dans un saladier, fouettez le fromage avec 70 g de sucre et les jaunes d'œufs. Incorporez 70 g de farine tamisée. Mélangez*
• *Préchauffez le four (therm. 7).*
• *Montez les blancs en neige ferme, puis meringuez-les avec 30 g de sucre. Incorporez-les au mélange fromage-sucre-œufs et garnissez la tourtière.*
• *Enfournez pour 45 mn à four chaud. La pâte doit devenir presque noir charbon en surface.*
• *Démoulez, laissez refroidir et servez.*

LA MAIN À LA PÂTE!

PÂTE BRISÉE

6 PERS. ♦ REPOS : 30 MN

200 g de farine • 100 g de beurre •
$^1/_2$ c. de sel

• *Mélangez la farine, le sel et le beurre coupé en parcelles. Ajoutez 5 cl d'eau froide. Ramassez la pâte en boule, puis laissez-la reposer pendant 30 mn au réfrigérateur. Il faut toujours graisser le moule avant d'étaler la pâte.*

Conseil : pour rester souple, la pâte ne doit pas reposer plus d'1 h. Elle se congèle très bien.

PÂTE SABLÉE

POUR 30 À 40 SABLÉS

250 g de farine tamisée • 125 g de sucre en poudre • 125 g de beurre • 1 œuf • 1 pincée de sel • parfums (facultatif) : zestes râpés • vanille • cannelle

• *Mélangez l'œuf, le sucre et le sel, puis ajoutez la farine. Incorporez le beurre ramolli. Quand la pâte ne coule plus, ramassez-la en boule. Il est inutile de la laisser reposer sauf s'il fait chaud. Faites-la cuire dans un moule beurré.*

Conseil : travaillez la pâte sablée avec les mains bien froides. Vous pouvez également la réaliser au robot mixeur. Pour cela, il suffit de mettre tous les ingrédients dans le bol et d'actionner l'appareil par pressions intermittentes. Pour une tarte, laissez refroidir dans le moule après cuisson, car la pâte chaude est très friable.

PÂTE À BISCUIT ROULÉ

6/8 PERS.

4 œufs • 125 g de sucre en poudre • 50 g de farine • 50 g de Maïzena • 50 g de beurre fondu froid • $^1/_2$ c. de levure chimique • 1 pincée de sel

• *Travaillez les jaunes d'œufs et le sucre jusqu'à ce que le mélange blanchisse. Incorporez un tiers de la farine et 1/3 de la Maïzena, le beurre fondu refroidi et un tiers des blancs montés en neige avec 1 pincée de sel. Terminez la pâte en y incorporant alternativement le reste de farine et de Maïzena, puis les blancs en neige restants.*

• *Faites cuire sur une plaque beurrée recouverte d'un papier sulfurisé beurré.*

• *A la sortie du four, roulez le biscuit dans un torchon humide, laissez refroidir. Une fois refroidi, fourrez-le avec la garniture de votre choix et roulez-le.*

PÂTE FEUILLETÉE

6 PERS. ♦ REPOS : 15 MN + 1 H

200 g de farine tamisée • 150 g de beurre mou • 1 c. de sel

• *Mélangez la farine, le sel et 10 cl d'eau froide. Ramassez en boule et pesez-la pour calculer le poids de matière grasse à incorporer. Celui-ci doit être égal à la moitié du poids de la pâte. Couvrez. Laissez reposer 15 mn.*

• *Assouplissez le beurre en formant un carré. Etalez la pâte en un rectangle plus épais au milieu. Placez le beurre au milieu. rabattez les bords et soudez-les en vous aidant du rouleau.*

• *Baissez ce pâton en un rectangle d'1 cm d'épaisseur et 3 fois plus long que large. Pliez ce rectangle en 3, donnez un quart de tour.*

• *Etalez à nouveau un rectangle. Repliez-le encore en 3. Vous venez de donner « deux tours » à la pâte.*

• *Laissez reposer 20 mn au réfrigérateur.*

• *Redonnez 2 séries de deux tours à la pâte en la remettant au frais 20 mn entre chaque série. Après le sixième tour, la pâte est prête à être utilisée. Faites-la cuire sur une plaque humectée d'eau.*

Conseil : si vous préparez la pâte la veille, donnez-lui quatre tours, les deux derniers se feront au moment de l'utilisation.

PÂTE À GÉNOISE

6 PERS.

4 œufs • 120 g de farine tamisée • 120 g de sucre • 60 g de beurre fondu • 1 pincée de sel

• *Fouettez les œufs, le sucre et le sel au-dessus d'un bain-marie jusqu'à ce que le mélange triple de volume. Continuez à fouetter hors du bain-marie jusqu'à refroidissement. Avec une spatule souple, incorporez la farine en pluie et le beurre fondu tiède. Faites cuire dans un moule beurré et fariné.*

PÂTE À BRIOCHE

POUR 2 BRIOCHES ♦ REPOS : 2 H + 3 H

15 g de levure fraîche de boulanger • 400 g de farine • 5 œufs • 180 g de beurre • 2 c. de sucre • 2 c. de sel

• *Délayez la levure dans 2 cuillerées à soupe d'eau tiède. Ajoutez 350 g de farine, le sel, le sucre et les œufs.*

• *Mélangez en ajoutant le reste de la farine, pétrissez à la main ou au robot équipé d'un crochet à pâte jusqu'à consistance ferme et élastique.*

• *Ramassez la pâte en boule. Couvrez. Laissez reposer 2 heures à température ambiante, puis incorporez le beurre.*

• *Réservez la pâte 3 heures dans un endroit bien frais. Puis faites-la cuire dans des moules beurrés.*

Note : ne mettez pas le sel en contact direct avec la levure. Elle perdrait ses propriétés. Si la pâte est trop ferme, ajoutez 1 œuf. Le repos au frais est nécessaire pour raffermir la pâte enrichie de beurre. Une fois moulée, elle doit lever une deuxième fois avant de cuire.

Cuire quoi, comment, combien de temps		
Pâte	**Température du four**	**Temps de cuisson**
Brisée	therm. 6/7	30 mn
Sablée	therm. 6	25 mn pour 1 tarte 10 mn pour des sablés
Feuilletée	therm. 7	10 à 25 mn selon la taille puis 15 mn porte fermée
Pâte à choux	therm. 6	10/15 mn porte entrouverte avec une cuillère en bois
Brioche	therm. 6/7	30 à 35 mn
Pain	therm. 7	40 à 45 mn
Pizza	therm. 8	15 mn
Génoise	therm. 6	25 mn
Quatre-quarts	therm. 6	35 mn
Biscuit roulé	therm. 7/8	12 mn

NOS RESTAURANTS À PARIS ET PROVINCE

LES TRÈS GRANDS

L'espadon *(Hôtel Ritz)*, 15, place Vendôme (1er) - (1) 42 60 38 30
Le Meurice *(Hôtel Meurice)*, 238, rue de Rivoli (1er) - (1) 44 58 10 50
La Terrasse Fleurie *(Hôtel Inter-Continental)*, 3, rue Castiglione (1er) - (1) 44 77 10 44
Grand Véfour, 17, rue de Beaujolais (1er) - (1) 42 96 56 27
Le Carré des Feuillants, 14, rue Castiglione (1er) - (1) 42 86 82 82
Drouant, 18, rue Gaillon (2e) - (1) 42 65 15 16
L'Ambroisie, 9, place des vosges (4e) - (1) 42 78 51 45
La Tour d'Argent, 15, quai de la Tournelle (5e) - (1) 43 54 23 31
Jacques Cagna, 14, rue des Grands-Augustins (6e) - (1) 43 26 49 39
L'Arpège, 84, rue de Varenne (7e) - (1) 45 51 47 33
Le Divellec, 107, rue de L'Uninersité (7e) - (1) 45 51 91 96
Jules Verne *(2e étage de la Tour Effeil)*, (1) 45 55 61 44
Maxim's, 3, rue Royale (8e) - (1) 42 65 27 94
Lasserre, 17, av. Franklin-Roosevelt (8e) - (1) 43 59 53 43
Les Ambassadeurs *(Hôtel Crillon)*, 10, Place de la Concorde (8e) - (1) 44 71 16 16
Laurent, 41, avenue Gabriel (8e) - (1) 42 25 00 39
Lucas-Carton, 9, Place de la Madeleine (8e) - (1) 42 65 22 90
Relais-Plaza *(Plaza-Athénée)*, 21, avenue Montaigne (8e) - (1) 47 23 46 36
Taillevent, 15, rue Lamennais (8e) - (1) 45 63 39 94
Faugeron, 52, rue de Longchamp (16e) - (1) 47 04 24 53
Joël Robuchon, 59, avenue Raymond-Poincaré (16e) - (1) 47 27 12 27
Vivarois, 192, avenue Victor-Hugo (16e) - (1) 45 04 04 31
Guy Savoy, 18, rue Troyon (17e) - (1) 43 80 40 61
Michel Rostang, 20, rue Rennequin (17e) - (1) 47 63 40 77
Apicius, 122, avenue de Villiers (17e) - (1) 43 80 19 66

QUELQUES AUTRES

La Grille Saint-Honoré, 15, Place du Marché-Saint-Honoré (1er) - (1) 42 61 00 93

Le Mercure Galant, 15, rue des Petits-Champs (1er) - (1) 42 96 98 89

Le Céladon, 15, rue Daunou (2e) - (1) 47 03 40 42

Pierre (La Fontaine Gaillon), place Gaillon (2e) - (1) 42 65 84 04

Dodin-Bouffant, 25, rue Frédéric-Sauton (5e) - (1) 43 25 25 14

Joséphine (Chez Dumonet), 117, rue du Cherche-Midi (6e) - (1) 45 48 52 40

Le Bourdonnais, 113, av. de la Bourdonnais (7e) - (1) 47 05 47 96

La Ferme Saint-Simon, 6, rue Saint-Simon (7e) - (1) 45 48 35 74

La Fermette Marbeuf, 5, rue Marbeuf (8e) - (1) 47 20 63 53

Le Fouquet's, 99, av. des Champs-Elysées (8e) - (1) 47 23 70 60

Chez Francis, 7, Place de l'Alma (8e) - (1) 47 20 86 83

Beauvilliers, 52, rue Lamarck (8e) - (1) 42 54 54 42

LES BRASSERIES

Le Vaudeville (face à la Bourse), 29, rue Vivienne (2e) - (1) 40 20 04 62

Chez Jenny, 39, Bld du Temple (3e) - (1) 42 74 75 75

Bofinger, 5, rue de la Bastille (4e) - (1) 42 72 87 82

Allard, 41, rue St-André-des-Arts (6e) - (1) 43 26 48 23

Lipp, 151, Bld Saint-Germain (6e) - (1) 45 48 53 91

Brasserie Bourbon, 1, Place du Palais-Bourbon (7e) - (1) 45 51 58 27

L'Alsace, 39, av. des Champs-Elysées (8e) - (1) 43 59 44 24

Flo, 7, cours des Petites-Ecuries (10e) - (1) 42 46 15 80

La Coupole, 102, Bld Montparnasse (14e) - (1) 43 20 14 20

Le Dôme, 108, Bld Montparnasse (14e) - (1) 43 35 25 81

ÉTAPES GOURMANDES À TRAVERS LE PAYS

PICARDIE : ***Hostellerie du Château***, 01230 - Fère-en-Tardenois - 23 82 21 13

CHAMPAGNE : ***Château Boyer***, Les Crayères, 64, Bld Henri-Vasnier, 51100 - Reims - 26 82 80 80

ALSACE : ***Auberge de l'Ill***, Rue de Collonges, Illhaeusern, 68150 - Ribeauvillé - 89 71 83 23

BOURGOGNE : ***Georges Blanc***, 01540 - Vonnas - 74 50 00 10

LYONNAIS : ***Paul Bocuse***, Place d'Illhauesern, 69660 - Collonges-au-Mont-d'Or - 78 22 01 40

SAVOIE : ***L'Auberge du Père Bise***, Talloires, 74290 - Veyrier-du-Lac - 50 60 72 01

PROVENCE - CÔTE D'AZUR :

- ***Château de la Chèvre d'Or***, Rue du Barri, 06360 - Eze-Village - 93 41 12 12
- ***Domaine Saint-Martin***, Route de Coursegoules, 06140 - Vence - 93 58 02 02
- ***Grill de l'Hôtel de Paris***, Place du Casino, Monte-Carlo - 93 50 80 80
- ***Le Moulin de Mougins***, Notre-Dame-de-Vie, 06250 - Mongins - 93 75 78 24
- ***L'Oasis***, 06210 - Mandelieu-la-Napoule - 93 49 95 52
- ***Oustau de Baumanière***, 13250 - Les Baux-de-Provence - 90 97 33 07

LANGUEDOC : ***L'Enclos Montgranier***, Route de Gallargues - 30250 - Sommières - 66 80 92 00

AQUITAINE : ***Les Prés d'Eugénie***, Eugénie-les-Bains - 40320 - Geaune - 58 58 19 01

TOURAINE : ***Château d'Artigny***, 37250 - Montbazon - 47 26 24 24

NORMANDIE : ***Château d'Audrieu***, D 94, Audrieu - 14250 - Tilly-sur-Seulles - 31 80 21 52

GRÈCE

Delphes

INTRODUCTION

Cuisine grecque,
Nourriture des sages,
Collation des sophistes,
Gourmandise des hommes.

La cuisine grecque est une cuisine authentique, transmise par les écrits et, siècle après siècle, par la tradition des Anciens.

Les dieux se sont montrés généreux avec la terre où ils ont élu domicile, et ont contribué à la création et à l'évolution de sa cuisine.

• *Prométhée*, a volé le feu aux dieux et l'a offert aux humains. Le feu a permis la naissance de la cuisine et changé la vie des hommes.

• *Zeus*, père des dieux, a été nourri avec du lait de chèvre et avec le nectar des fleurs que Melissa, fille du roi de Crète, recueillait pour lui. Après sa mort, il la transforma en abeille, qui donna le miel.

• *Athéna*, fit naître l'olivier sur le rocher de l'Acropole.

• *Héra* engendra le fruit symbole de la fertilité : la grenade.

• Grâce à *Lito*, le palmier (phinikas, arbre stérile) donna des dattes.

• *Dionysos* (Bacchus), après son voyage en Inde, rapporta en Grèce la vigne et les épices.

• *Déméter* développa les céréales et les fruits de la terre.

• *Eole*, dieu des vents, offrit le sel en cadeau de mariage à Thétis (mère d'Achille)...

• *Poséidon*, roi des mers, partagea les richesses de son royaume (poissons, coquillages, crustacés...).

• *Archestratos*, fin gourmet et esprit curieux, entreprit un long périple à la seule fin de découvrir les coutumes gastronomiques des autres peuples...

Dans la Grèce antique, la cuisine était donc considérée comme un art ; celle d'aujourd'hui est restée naturelle, régionale, et liée aux rythmes des saisons. Quand aux desserts, l'Orient tout proche les a fortement inspirés.

Cette cuisine est essentiellement fondée sur les produits locaux : blé, vigne, oliviers, figuiers et bien que le sol soit souvent sec et pierreux, fruits et légumes sont venus enrichir les ressources traditionnelles : aubergines, courgettes, tomates, oignons, haricots, artichauts, citrouilles, pastèques, etc.

Les meilleurs plats grecs se dégustent en famille. Ils se composent d'éléments simples : poissons et fruits de mer fraîchement pêchés, agneau parfumé aux herbes, veau tendre, cochons de lait dodus, aubergines, courgettes, tomates, piments doux, olives, lait de brebis, miel de thym...

Les légumes sont la base des plats populaires. Cuits dans de l'huile d'olive, parfumés d'ail, d'aneth, de fenouil, de menthe...

Les pâturages sont pauvres et rares et seuls les moutons et les chèvres y trouvent leur compte. La viande de mouton est donc la plus consommée : à la broche, en brochettes, grillée au charbon de bois, en ragoût, au four ou avec des légumes... Hachée on la prépare en délicieuses boulettes : les *keftedes*.

L'élevage de la volaille et surtout des porcs s'étant aujourd'hui développé, le cochon de lait rôti figure parmi l'un des meilleurs plats de viande que l'on puisse déguster.

La mer joue bien entendu un rôle important et offre toutes ses richesses aux îles et aux régions côtières : rougets fraîchement pêchés, thon, espadon ou fruits de mer, l'embarras du choix est grand...

Pour se désaltérer, on boit un vin local le *retsina*, de la bière ou de l'anisette, appelée *ouzo*, accompagnés de *mézés*, petits hors d'œuvres : dés de fromage, olives parfumées, rondelles de concombre, quartiers de tomates des *dolmades*, des *keftedes*, ou des poulpes frits... Qui peuvent finalement faire un vrai repas, se terminant avec un café préparé à la turque, appelé « café grec », et servi sucré et très noir dans une petite tasse.

À TABLE

Les mézés : une tradition

Les Grecs adorent manger et, à défaut de s'attabler, on grignote.

Une pléiade d'assiettes et de raviers trône au centre de la table, avec la bouteille d'*ouzo*. Chacun pioche à son gré : concombre au yaourt et à l'ail (*tzatziki*), caviar d'aubergines (*melitzanosalata*), tarama (*taramosalata*), boulettes de viande ou de pois chiches, feuilles de vigne farcies (*dolmadakia*), dés de cervelle d'agneau nappés de sauce au citron, fromage frit (*saganaki*), calmars frits... Ces multiples hors-d'œuvres (*mézés*) sont devenus une tradition.

Un verre d'*ouzo* ne se boit jamais seul : on vous apportera toujours un petit quelque chose pour l'accompagner, ne seraient-ce que quelques olives ou des cubes de fromage.

Le nez dans les Balkans, et les pieds dans la Méditerranée, chacune des neuf provinces possède son caractère, son histoire et ses spécialités, tout comme chaque île qui revendique les siennes... Comme le vin résiné, la vraie cuisine voyage mal, elle est donc souvent cantonnée à l'intimité familiale. Il faut s'éloigner des grandes villes, et explorer le pays pour la découvrir vraiment : *moussaka*, salade paysanne garnie de *feta*, brochettes et croquettes, légumes secs à toutes les sauces, soupe à l'œuf et au citron, feuilles de vigne farcies... La cuisine grecque connaît ses classiques.

Dehors, les marchands de douceurs font venir l'eau à la bouche avec leurs blocs de *halva* (sorte de nougat) marbrée ou truffée de pistaches, leurs pots de miel d'une riche couleur sombre, leurs feuilles de pâte d'abricot, leurs bonbons aux papiers chatoyants.

Plus loin, des bassines regorgent d'olives : des noires, des vert acide, des violacées, des presque roses, des vert olive. Il en est d'élégantes et effilées, d'autres farcies, certaines petites, celles-là toutes rondes, dodues et luisantes d'huile...

24 HEURES DANS LA VIE D'UN GREC

Découpage de la journée :

- La matinée (*proi*) : c'est 8 h-14 h
- Midi (*messimeri*) : 14 h-15 ou 16 h
- Après-midi (*apogevma*) : c'est 16-17 h-20 h

On commence à travailler tôt en Grèce : à 7 h 30 ou 8 h. Bien souvent, le petit déjeuner (*proino*) se résume à un café et... un journal. Certains grignotent un petit pain au sésame ou une tranche de pain grillé (*paximadi*), que l'on achète dans les boulangeries.

Vers 11 heures-midi, l'estomac dans les talons, après quatre ou cinq cafés, on s'offre un en-cas : tourte au fromage ou aux légumes, brochette, « pitta », etc. Le Grec est très friand de ces petits « coupe-faim » et il grignote tout le temps. Cette collation (*kolatsio*) est sacrée à la ville comme à la campagne. Les paysans, debout dès l'aube, emportent aux champs du pain, du fromage, quelques olives et des oignons.

Selon ses horaires (journée continue ou pas) le Grec rentre chez lui vers 15 heures où, en général, un repas froid l'attend.

Ou alors, vers 14 h 00, il s'attable pour le déjeuner (*mesimeliano*). Arrosé d'eau ou de bière, il se résume à un plat chaud, une salade et du fromage, un fruit. En hiver, le choix se portera sur une soupe.

Si possible, le repas vite avalé, il se couche. La sacro-sainte sieste n'est pas ici un vain mot ! Ne vous hasardez pas à faire du bruit ! Nuire au repos d'autrui entre 15 et 18 heures équivaut au tapage nocturne chez nous après 22 heures.

A 18 heures, il se fait beau, boit le ènième café et souvent sort retrouver les amis au café ou dans une pâtisserie.

Le dîner (*dipno*) n'est servi que vers 22 h. C'est un moment de détente, où l'on se retrouve en famille ou entre amis. Le menu familial ressemble au déjeuner. Entre amis, surtout au restaurant, on prolonge volontiers l'apéritif jusqu'à en faire un véritable repas. On se couche aux environs d'1 heure du matin, souvent après une dernière halte dans une pâtisserie...

L'on peut ainsi mieux comprendre la nécessité de la sieste du lendemain.

LES BONNES MANIÈRES

L'hospitalité grecque est légendaire, on ne vous refusera jamais un verre d'eau, quelques olives, un morceau de fromage. Les paysans seront ravis d'engager la conversation, de faire un petit détour pour vous montrer le chemin, voire de vous héberger une nuit sous leur toit. Ici le rituel du partage de la nourriture est extrêmement important. Il est synonyme d'amitié et d'hospitalité.

Lorsque vous êtes reçu dans une maison grecque : ne refusez surtout pas ce qui vous est offert : gâteaux, boissons, douceurs... La maîtresse de maison se sentirait très offensée.

Les invitations sont donc fréquentes et informelles. Si l'on vous invite on vous dira : *ella tha sou kano to trapezi*, littéralement « Viens, je vais te faire la table ». Si c'est pour déjeuner, n'arrivez jamais avant 14 h et pour dîner pas avant 21 h 30 / 22 h.

A table, mangez avec entrain, et surtout ne commencez pas sans avoir lancé le traditionnel *stin yia sas*, « à votre santé ».

Tout le monde pioche dans les *mézés* et les *zakouskis* servis, dans des plats communs placés au centre de la table.

A la fin du repas n'attendez pas obligatoirement le café, et le traditionnel dessert, puisque la coutume grecque veut qu'on les prenne entre les repas.

Vous aurez droit aux fruits, présentés dans un plat commun coupés en morceaux, épluchés avec des piques en bois pour pouvoir mieux se servir.

Ne proposez pas non plus d'aider la maîtresse de maison. En Grèce, l'invité ne fait rien, tout comme l'homme (ou les hommes) de la maison !

FESTIVITÉS RELIGIEUSES

Les célébrations des fêtes religieuses sont encore très vivantes et permettent de se retrouver entre habitants des villages alentours.

Les fêtes des saints principaux et la fête de la Vierge donnent lieu à de grandes festivités publiques ou privées : musique, danses, cuisson de tripes d'agneau à la broche en plein air, grandes tables communes dressées pour tous où l'on partage un repas préparé en commun dans de grands chaudrons et copieusement arrosé de vin à volonté.

De Noël aux Rois

Le 24 décembre est un jour de jeûne, juste un repas frugal avant la messe de minuit, puis on réveillonne en rentrant. En revanche le déjeuner du 25 décembre, est copieux : porcelet rôti ou dinde farcie de viande hachée et de pignons, servis avec des pommes de terre et, à profusion, des biscuits au beurre enrobés de sucre glace (*kourabiedes*) ainsi que les gâteaux au miel (*melomakarona*). On les offre aux amis et voisins avec un verre de liqueur de fruit.

La **nuit du 31**, les hommes jouent aux cartes afin de savoir si la chance et la richesse seront au rendez-vous au cours de la prochaine année...

Le **1er janvier**, fête de saint Basile, chacun déguste des *vassilopita* (pains au lait sucrés) avec l'espoir de trouver la pièce de monnaie porte-bonheur.

Dans les campagnes, aujourd'hui encore, les douze nuits qui séparent Noël de l'Epiphanie sont considérées comme étranges. En effet, les vieilles femmes soutiennent que les *kallikantzari* – des êtres mi-boucs, mi-hommes – sortent des entrailles de la terre pour jouer de méchants tours aux humains...

Le Christ est ressuscité ! *(Christos anesti)*

Le jeûne des quarante jours de Carême est observé par la plupart des Grecs. Ni œufs, ni laitages, ni viande, ni poissons à sang... mais ils se rattrapent avec de riches et savoureuses pâtisseries confectionnées pour l'occasion, comme les *skaltsounia*, des chaussons farcis d'amandes et de fruits confits.

La semaine précédant Pâques, le jeûne est strict. Dès le jeudi, l'on s'affaire aux préparatifs de la plus grande fête de la liturgie orthodoxe : on teint en rouge les œufs durs (*kokkina avga*) et l'on prépare le *tsoureki*, une brioche tressée en forme de couronne où se niche un œuf rouge.

Le Vendredi Saint, on se nourrit seulement d'olives, de légumes et de pain. Le lendemain, après la messe de minuit, « *Christos anesti* », et l'on rompt le jeûne en partageant le *tsoureki* et la traditionnelle soupe aux tripes *(mayeritsa)*. Chaque convive choisit un œuf dur dans la grande corbeille et, en le tenant avec trois doigts, essaie de casser l'œuf de son voisin.

Le jour de Pâques, l'agneau rôti est de rigueur, accompagné de riz, de salades et de boulettes de foie, d'oignons et de légumes hachés. Autant que possible, on festoie en plein air.

Les fêtes de famille

Lors des baptêmes et fiançailles, on offre aux invités de petites bouchées de pâte d'amande joliment ornées d'un ruban. Entre les repas, on se gave de fruits confits, de liqueurs, de sirops parfumés. Et toutes les occasions sont bonnes pour esquisser un pas de danse.

Lors des mariages, le pain symbolise la prospérité et la fécondité. Les maîtres dans l'art des couronnes de mariage sont les Crétois, ils confectionnent de véritables sculptures de pâte à pain ornées de fleurs et de colombes évoquant l'amour et la paix.

Les funérailles

Les *kolyvas*, friandises à base de blé concassé, de farine, de sucre glace et de raisins secs sont confectionnées par les femmes de la famille le jour de l'enterrement, mais également lors de la commémoration des trois, neuf et quarante jours. Ces jours-là elles les apportent à l'église et les distribuent aux assistants.

A l'issue de l'enterrement, on boit une tasse de café dans l'enceinte même du cimetière, pour se féliciter d'être encore en vie.

Sel et ail contre le « mauvais œil »

Dans les campagnes grecques, on pense souvent que ceci ou cela est dû au *kako mati*, le mauvais œil ! On verse alors quelques gouttes d'huile dans une tasse d'eau : le mal disparaîtra aussi vite que se diluent les gouttes.

D'autres saupoudrent le malade de sel, ou en déposent une

pincée sur sa langue. L'on attribue beaucoup de vertus également à l'ail : la grand-mère en glissera furtivement une gousse dans le berceau du nouveau-né afin justement de détourner le mauvais œil. Quant à l'ail caché au fond du sac à main de cette accorte jeune fille, il devrait l'aider à trouver un mari...

LES PRODUITS DES MERS

La halle aux poissons embaume la mer, et ventres luisants, écailles rouges ou argentées, corps plats, visqueuses tentacules garnies de ventouses, sont un régal pour les yeux.

Ici, on ne reste jamais longtemps sans voir la mer et le poisson est souvent sur la table grecque : rascasse (*skorpios*), daurade (*tsipora*) et mérou, grillé avec quelques aromates, ou nappé d'une sauce à l'ail ou au citron, avec une salade ou quelques légumes il est très apprécié.

Il entre également dans beaucoup de soupes dont les grecs sont friands. La *kakavia* (de *kakavin*), la marmite que les marins embarquaient avec eux est une cousine de la bouillabaisse marseillaise.

Crustacés et coquillages

Le poulpe (*oktapodi*) abonde, en particulier dans les Sporades. Il faut, disent les pêcheurs, le battre quarante-quatre fois contre un rocher pour attendrir sa chair. On le sert coupé en dés, en salade ou en ragoût, les plus petits seront grillés au charbon de bois. Les poulpes fraîchement pêchés sont étendus sur des perches, pour les faire sécher au soleil. Ils seront réservés pour les jours maigres, où l'on ne peut consommer ni viande, ni poisson contenant du sang. On les cuit dans leur encre, dans du vin, on les fait frire ou on les farcit.

Les moules (*mydia*) se dégustent farcies, ou avec du citron et une sauce à l'ail. Quant aux crevettes (*garides*) et langoustines, elles sont souvent transformées en croquettes ou gratinées avec de la *feta*.

LES VIANDES

Les nombreux jours de jeûne préconisés conviennent à ce pays pauvre en viandes. Bœuf (*vodino)* et veau (*moshari)* sont réservés aux repas du dimanche et des jours de fêtes.

Mouton (*ami*), agneau (*arnaki*) et chevreau (*katsikaki*), se contentant des terres pauvres inspirent de nombreuses recettes, dont les célèbres *souvlaki* (brochettes). Coupée en dés, la cervelle d'agneau demeure un hors-d'œuvre de choix, de même que les testicules. Le chevreau se prête aux mêmes préparations. On en fait également des saucisses.

L'agneau entier à la broche demeure le plat traditionnel de Pâques et le cochon de lait rôti est l'invité des fêtes familiales.

Volailles et gibier

Dans les îles, dindes (*galopoula*) et poulets (*kotopoulo*) picorent en liberté et leur saveur corsée est délicieuse.
Pour Noël, la dinde se farcit de viande d'agneau hachée et de pignons.
Le gibier abonde surtout en Macédoine et dans la région du mont Olympe où les chasseurs traquent lièvres, cailles et perdrix.

LES LÉGUMES

L'aubergine (*melitzana*) et la courgette (*kolokythaki*) sont les légumes préférés des cuisinières grecques qui les accommodent de toutes les manières : farcies, en purée, en beignet, grillées, au gratin...

Le rafraîchissant **concombre** (*angouri*) : entre dans de nombreux hors-d'œuvres. On le mêle à l'ail et au yaourt pour le célèbre *tzatziki* et entre dans de nombreuses salades paysannes avec tomates, oignons, olives, poivrons et *feta*.

L'**épinard** (*spanaki)*: très apprécié, il farcit les feuilletés, les tourtes et enrichit les plats de riz.

Le **poivron** (*piperia*) et la **tomate** (*tomata*) : sont tous deux indispensables dans toute la cuisine méditerranéenne.

Les **légumes sauvages** (*horta*) : les Grecs adorent faire la cueillette et raffolent de roquette (*roka*), pissenlit (*radikia*), et feuilles de betterave, qu'ils assaisonnent d'huile d'olive et d'un filet de citron. Tout comme les petits artichauts, les cardons, les asperges, et même de minuscules jacinthes violettes, au goût amer.

Les **légumes secs** (*ospria)*: lentilles, pois cassés, fèves (*koukia*), pois chiches (*revithia*) et autres haricots secs, font d'excellentes soupes, comme la *fasolada* (à base de haricots blancs). Les haricots blancs (*fasolakia*) entrent aussi dans de nombreuses salades, et les plus gros (*gigantes*), sont cuisinés au four avec des tomates, des oignons et des aromates.

Les **pois cassés jaunes** (*fava*) se dégustent en hors-d'œuvres ou en plat unique, avec des oignons et du citron.

Les jours de jeûne, les **pois chiches** enrichissent céréales et riz et donnent des plats consistants, qui font oublier l'absence de viande.

Quant aux **lentilles** brunes ou vertes, elles sont souvent réduites en purée.

Les pâtes *(zymcorika)*: les Grecs ont depuis toujours apprécié les pâtes. Certaines recettes sont d'origine vénitienne ou génoise, d'autres locales. Le *pastitsio* est traditionnellement servi lors des mariages et les potages, soupes, ou le lait du petit déjeuner sont souvent enrichis de vermicelles ou de pâtes émiettées.

Le riz *(ryzo)* : au IVe siècle av. J.-C., Alexandre le Grand fit connaître le riz au monde grec. Longtemps, considéré denrée de luxe, désormais, il est à la portée de tous.

La pomme de terre : introduite par Capodistrias, ce nouveau légume ne fût pas très bien accueilli. Capodistrias fit alors planter des plants de pommes de terre dans les jardins publics gardés par des sentinelles. La convoitise du légume ainsi défendu attisa la curiosité des Grecs qui s'ingénièrent aussitôt à voler des plants pour les replanter, clandestinement, dans tout le pays...

HERBES ET ÉPICES

Ail (*skordo*) : symbole de force et de vitalité, les athlètes grecs s'en dopaient.
Indispensable au *tzatziki* (salade de concombre au yaourt) comme aux marinades. Pour vous rafraîchir l'haleine, croquez ensuite quelques feuilles de persil ou un grain de café !

Aneth (*anithos*) : les Anciens utilisaient déjà ses graines et ses fines feuilles au goût anisé autant en cuisine qu'en pharmacie, pour ses vertus digestives et stimulantes. Avec le persil plat, c'est l'herbe la plus employée dans la cuisine grecque.

Anis (*glykaniso*) : cousin de l'aneth et du fenouil, l'anis est l'un des plus anciens aromates connus. Ses graines parfument les pains et l'*ouzo*. Elles sont également un stimulant de la digestion.

Basilic (*vasilikos*) : son nom signifie « royal ». Dans l'Antiquité, c'était une plante sacrée dont la cueillette était interdite aux femmes.

Cannelle (*kanella*) : ses bâtonnets parfument les ragoûts et, en poudre, elle agrémente le riz au lait et de nombreuses autres pâtisseries.

Câpres (*kapari*) : ce sont les boutons des fleurs blanches du câprier, conservées dans la saumure, elles agrémentent les salades.

Céleri (*selino*) : le céleri sauvage utilisé en Grèce ressemble au persil plat.

Coriandre (*koliandron*) : la Grèce utilise depuis fort longtemps la coriandre. Ses graines relèvent les saumures et les ragoûts et ses feuilles garnissent les salades.

Cumin (*kimino*) : ses petites graines vertes parfument plats de viande et de légumes secs, facilitent la digestion et soignent les troubles intestinaux.

Fenouil (*marathos*) : ses graines à l'odeur anisée et son feuillage sont employés depuis l'Antiquité. Il soignerait les troubles de la vue, la toux et les rhumatismes !

Laurier (*dafni*) : décoratif et précieux en cuisine, le laurier pousse spontanément.
Dans la Grèce antique, on l'offrait en guirlandes aux vainqueurs des jeux olympiques, aux poètes et aux lettrés.
On lui attribue une naissance très romantique : les dieux auraient changé en laurier la jolie nymphe Daphné, afin de lui permettre d'échapper aux assiduités d'Apollon.

Menthe (*diosmos*) : autrefois en Grèce, froisser de la menthe sur une table était signe d'hospitalité. La menthe poivrée (*minthe*) ne s'emploie qu'en tisane. Son odeur fait fuir les souris. Elle devrait son nom à la charmante nymphe Minthes : jalouse, Perséphone – la femme du seigneur des Enfers – la changea en modeste bouquet.

Marjolaine (*mantzourana*) : chez les Anciens elle symbolisait la félicité. Elle s'associe aux marinades, aux légumes et aux viandes grillées.

Oignons : les Grecs consomment beaucoup d'oignons (*kremidia*), et leur attribuent de très nombreuses vertus : stimulantes, diurétiques, antiseptiques...

Origan (*rigani*) : l'origan séché à la saveur prononcée, parfume la *feta* et se plaît en compagnie des tomates et de l'huile d'olive. Aromate parmi les plus utilisés en Grèce.

Olives : indissociables de la cuisine grecque, la couleur des olives (*elies*) dépend de l'époque de la cueillette : l'olive verte est cueillie avant maturation. On la conserve dans la saumure ou dans de l'huile d'olive aromatisée. L'olive blonde est cueillie à maturité. Quant à l'olive noire, on attend qu'elle tombe.

Huile d'olive (*elaiolado*) : Athéna offrit aux hommes l'olivier et ses fruits précieux. Dans l'Antiquité, elle alimentait les lampes. Les athlètes s'en enduisaient afin d'échauffer leurs muscles et protéger leur peau du soleil. Riche en vitamines A et E ainsi qu'en acides gras, l'huile d'olive lutte contre le mauvais cholestérol et réduit les risques de maladies cardio-vasculaires.

Persil (*maïdanos*) : les guerriers de *« L'Iliade »* nourrissaient leurs chevaux de persil. Dans l'Antiquité grecque, on l'associait à la mort et on en parsemait les tombes. Riche en vitamines il rehausse le goût des crudités. Mâchez quelques feuilles de persil si vous voulez combattre l'odeur de l'ail cru.

Safran (*krokos*) : selon Homère, Jupiter se reposait sur un lit de safran, de lotus et de jacinthe. On le disait aphrodisiaque. Une dose infime suffit pour ensoleiller riz et soupes de poissons.

Thym (*thymari*) : tonifiant, antiseptique, il active la circulation sanguine et parfume merveilleusement la viande de mouton.

Vinaigre (*xydi*) : la Grèce en possède de nombreuses variétés ; certaines sont assez douces et rappellent l'inégalable vinaigre balsamique italien.

LES FROMAGES

« Des claies ployaient sous le poids de fromages les vases débordaient de petit lait, tout, jattes et terrines, étaient bien faits pour la traite... (Le Cyclope) s'assit pour traire brebis et chèvres bêlantes, faisant tout avec ordre, et il plaçait un petit sous chaque femelle. Ayant tout de suite fait cailler la moitié du lait blanc, il le recueillit dans des corbeilles tressées, qu'il disposa sur les claies ; il en mit l'autre moitié dans des vases, afin de n'avoir qu'à le prendre pour le boire et en faire son repas du soir ».

Homère, *« L'Odyssé ».*

Souvent consommés à la fin du déjeuner et du dîner, en collation, ou encore en hors-d'œuvres *(mézés).* Ils sont souvent coupés en petit morceaux et parsemés d'herbes (origan, thym, sarriette, coriandre) ou d'épices (cumin, anis, poivre noir, paprika). Ou encore arrosés d' huile d'olive. De nombreuses recettes les adoptent en vedette : feuilletés, salades, croquettes, gâteaux...

Quelques fromages grecs

Anthotyri : fromage de brebis ou de chèvre à pâte molle, très voisin du brousse, il farcit les petites tomates crues et les morceaux de poivrons qui accompagnent l'apéritif. Il entre également dans certains gâteaux.

Feta : *feta* signifie « tranche » ! Le plus célèbre des fromages grecs est fabriqué depuis l'Antiquité avec du lait de brebis ou de chèvre, caillé, salé et égoutté. Hippocrate recommandait la *feta* pour ses vertus nutritionnelles. Elle se marie à merveille avec toutes les crudités et agrémente salades et feuilletés.

Graviera : fromage au lait de brebis, il se présente en meule et sa pâte est trouée de petits yeux. S'utilise en cuisine et se marie volontiers avec les fruits.

Kasseri : fromage au lait de chèvre qui évoque le cantal. On le déguste nature, ou frit dans l'huile d'olive.

Kefalotyri : à pâte dure et salée, il s'apparente au parmesan, en plus doux. A base de lait de chèvre, on le râpe sur les plats.

Manouri : fromage blanc crémeux au lait de vache ou de brebis, légèrement salé. On l'utilise en cuisine, et on le déguste seul ou avec des fruits.

Metzovitiko : à base d'un mélange de lait de brebis et de vache. Fromage fumé, spécialité de l'Epire. Son prix est élevé et on le réserve aux jours de fête.

Mizithra : blanc, frais et doux, au lait de brebis, il se présente en grosse boule.

Yaourt grec : onctueux, dense, proche du fromage blanc, le *yaourti* se déguste salé ou sucré. A la saveur acidulée et inimitable, le meilleur (et le plus gras) est à base de lait de brebis. Très utilisé en cuisine il permet de rafraîchissants hors d'œuvres (*tzatziki*) concombre à l'ail et au yaourt. Mêlé au miel, il remporte tous les suffrages au moment du dessert.

La feta

Nourriture des dieux et des bergers, la feta *de brebis est sans doute l'un des plus vieux fromages au monde. C'est aussi l'un des fleurons de l'alimentation grecque. Mais attention, il en existe quantité d'exécrables copies...*

Que servir avec ?

Pas de vin rouge qui supporterait mal l'acidité naturelle de la feta *! Choisissez un aimable rosé type Tavel ou Bandol. Ou, si vous préférez des arômes plus typés, un vin blanc grec,* retsina *ou* pallini*, produits dans l'Attique.*

La feta *est le fromage le plus vendu au monde et peut offrir le*

meilleur ou le pire. Même si la Hollande et le Danemark sont les plus gros producteurs, ses seules provenances acceptables, qu'il faut toujours vérifier, sont la Grèce et la Bulgarie. La pâte doit être brillante, très blanche (elle ne doit pas être jaunâtre, ce serait le signe que le fromage est périmé), sans odeur distincte. Sa texture, très dense, ne doit pas s'effriter.
Son goût (demandez à goûter) est légèrement acide. Il est très marqué par le parfum du lait de brebis, salé mais sans excès.
Outre la traditionnelle salade grecque, la feta *se prête à de très nombreuses autres préparations.*

- En farce *: crue dans des poivrons coupés en deux et préalablement cuits 20 mn à four chaud. Arrosez d'huile d'olive, poivrez, parsemez de ciboule fraîche.*

- En boulettes *: râpez 100 g de courgettes et 50 g de* feta, *mélangez avec 50 g de chapelure, 1 bouquet de menthe fraîche ciselée et 2 œufs battus. Formez des noix homogènes. Faites cuire 5 mn à la poêle dans un fond d'huile très chaude.*

- En börek *: étalez et huilez 2 rectangles de pâte feuilletée. Ecrasez la* feta *avec un bouquet de persil ciselé, cassez les rectangles par moitié, repliez en appuyant sur les bords. Faites frire dans un bain d'huile bouillante. Egouttez.*

AGRUMES ET FRUITS

« Hors de la cour et près de la porte est un grand verger de quatre arpenta (...). Là poussent de grands arbres florissants, poiriers, grenadiers, pommiers aux fruits éclatants, figuiers domestiques et luxuriants oliviers. Jamais leurs fruits ne meurent ni ne manquent, ni hiver ni été ; ils donnent toute l'année. Toujours le souffle de Zéphyr fait pousser les uns, mûrir les autres... »

Homère, *« L'Odyssée ».*

Frais, confits ou en sorbet, les fruits suffisent au dessert de tous les jours. On les transforme souvent en friandises, ou on en agrémente les yaourts. Les Grecs raffolent également des fruits confits.

Abricot (*verikoko*) : juteux et gorgé de soleil ; confit, ou encore séché. Les grecs l'adorent.

Agrumes : ici, on cultive les agrumes : pamplemousses, petites mandarines, bergamotes, bigarrades ou oranges amères, vertes (*nerantzia*)... Il existe une variété d'oranges amères grosses comme des olives (*nerantzakia*). Corfou a fait sienne la spécialité des *kumquats*.

Citron (*lemoni*) : introduit en Méditerranée par les commerçants arabes, aujourd'hui, quasiment tout les jardins ont leur citronnier. Un filet de citron remplace le vinaigre, et la sauce aux œufs et au citron, accompagne souvent viandes et poissons.

Coing (*kydoni*) : connu depuis l'Antiquité, on le prépare confit, ou on en fait de la pâte aromatisée à la citronnelle.

Figue (*syko*) : on les déguste dès la cueillette, ou on les fait sécher au four avec des graines de sésame, afin de les conserver pour l'hiver.

Melon (*peponi*) et pastèque (*karpouzi*) : tous deux sont très appréciés en été pour leur pulpe rafraîchissante.

Pomme (*milo*) : ici, la pomme doit sa célébrité à Aphrodite. Au cours d'un banquet sur l'Olympe, la perfide déesse de la Discorde lança au milieu des convives une pomme d'or portant l'inscription « à la plus belle ». La déesse de l'Amour se disputa le fruit avec Héra et Athéna. Mais Pâris, fils du roi de Troie, les départagea en choisissant Aphrodite.

Raisin (*stafili*) : nombreuses sont les maisons qui possèdent leur propre treille. La Grèce produit plusieurs variétés de raisins de table : muscat blanc et noir à la chair sucrée ; sultanine blanc, presque sans pépin ; cardinal noir, à peau épaisse et chair ferme et juteuse ; *rosaki*, aux grains allongés rose violacé ; *dibadiki*, aux gros grains blancs... Les raisins secs (*stafides*) de Corinthe et de Samos sont réputés.

Le miel *(meli)* : caché par sa mère sur le mont Ida, en Crète, Zeus enfant fût nourri de lait de chèvre et du miel que les abeilles venaient déposer sur ses lèvres.
Pendant des siècles, il a remplacé le sucre, et les Anciens le mêlaient à leur vin pour l'adoucir.

Les fruits secs : sans doute originaires d'Asie Mineure, l'amande (*amygdala)* et la noix *(karidia*) sont cultivées en Grèce depuis l'Antiquité. Les Romains appelaient d'ailleurs les amandes, « noix grecques ». Indispensables aux pâtisseries, elles enrichissent également farces, ragoûts et sauces.
Une boisson à base de lait d'amandes est servie traditionnellement lors de fiançailles.

Comme leur nom l'indique, les pistaches (*fistikia eginis*) abondent sur l'île d'Egine, où on les transforme en friandises.

Des pétales, des fleurs et des feuilles... : l'eau de fleur d'oranger (*rothonero*) parfume pâtisseries et confiseries. Les fleurs de lime (*tilio*) sont appréciées pour leurs vertus calmantes. Les pétales de rose donnent de délicates gelées et l'eau de rose confrère aux loukoums leur particulière saveur.

Quant aux feuilles de géraniums, elles donnent une infusion très rafraîchissante et aromatisent certaines confitures.

Le moût de raisin (*moustos*) : c'est le jus que l'on récupère après avoir pressé le raisin. Après les vendanges, on confectionne des gâteaux nommés *moustalevria*, à base de moût cuit avec de la semoule, des noix et du sésame.

Les feuilles de filo : ce sont de très, très fines feuilles à base de farine de blé et d'eau. Elles sont indispensables à la confection des *baklavas* et des gâteaux feuilletés.

La semoule *(simygdali)* : un peu plus granuleuse que la farine, la semoule à base de blé dur moulu, est très utilisée pour confectionner pains, pâtes et gâteaux.

VIN, OUZO ET ÉLIXIRS...

(...) Il avait bu des quantités de rezina en son temps : il disait que c'était bon pour l'homme, bon pour les reins, pour le foie, les poumons, les tripes, l'esprit – bon pour n'importe quoi...

Henry Miller, *« Le colosse de Maroussi »*.

Rencontre avec les vins grecs

La Grèce fut l'un des premiers pays à cultiver la vigne.
Dans la Mythologie, Dionysos, dieu du vin et de la fête, rapporta la vigne de son voyage en Inde.
Au cours des siècles, l'ère hellénique s'est trouvée enrichie de plusieurs autres cépages à la suite des migrations de différents peuples (Romains, Byzantins, Slaves, etc.).

Les cépages grecs, à leur tour, ont été enrichis des cépages européens (français, italiens).

Depuis l'époque de Périclès, jusqu'à celle d'Alexandre le Grand, des Romains, et, plus tard, chez les Byzantins, on a consommé les vins grecs.

Aujourd'hui, l'on estime à plus de 300 le nombre de cépages cultivés en Grèce.

La vigne est partout présente. Certaines régions sont spécialisées (l'Attique, l'Argolide, la Grèce du Nord, Santorin) et produisent soit du vin résiné, ce vin blanc (ou rosé) où l'on met quelques gouttes de résine pendant la fermentation ; soit du rouge (la région de Naoussa) ; ou un rouge à très haute gradation (Crète) ou le fameux *Chevalier de Rhodes* (Rhodes).

Le vin (*krassi*)

A table, si les Grecs boivent souvent de l'eau et de la bière, les vins ne manquent pas, depuis que le dieu Dionysos offrit à l'homme la vigne.

Le *Néméa*, sec et corsé, presque noir, surnommé le « sang d'Hercule » est produit en Péloponnèse.

La région de Patras produit des vins blancs légers et frais et s'enorgueillit d'un rouge liquoreux, le *Mavrodaphne*.

L'Attique se consacre surtout aux vins blancs, et le moût vieilli sert à l'élaboration du *retsina*.

Nea Anchialos (blancs vigoureux et fruités) et *Rapsani* (Paros ou Santorin), produisent de bons vins blancs. Des rouges classiques, assez parfumés sont produits en Thessalie.

Du côté de la Macédoine et de la Thrace, les Côtes de Meliton regroupent des vins blancs frais et fruités, et des rouges capiteux, dont l'excellent *Château Carras*. Quant au *Naoussa*, c'est un vin rouge puissant et aromatique, qui ne demande qu'à vieillir.

Archanès, Peza, Sitia et *Dafnès* sont les quatre appellations le plus répandues en Crète.

L'île de Samos et Rhodes, sont elles réputées pour leurs muscats.

Le **retsina**, appelé « résiné » (du fait qu'on le met en fût avec de la résine) n'est plus le seul nectar des dieux. Aujourd'hui, la Grèce s'est dotée d'une production vinicole assez importante et variée : vins rouges, rosés, blancs non résinés, etc. Toutefois, ici le vin n'est pas une religion, son rôle essentiel est de contribuer aux joies et aux douleurs de la vie. C'est un élément de la convivialité, indispensable pour réussir une soirée entre amis.

Il s'agit d'un vin de l'année, dans lequel on fait macérer une boule de résine pour qu'il s'imprègne de son arôme. Le meilleur *retsina* est blanc et doit se consommer bien frais.

Il se boit dans de tout petits verres, et l'on ne commence jamais son verre sans trinquer avec l'ami en lançant un *stin i yia siu* (à ta santé), ou à la bouteille avec un *stin i yia mas.*

À L'HEURE DE L'APÉRITIF

Typiquement grec l'*ouzo*: deuxième boisson nationale, cet alcool transparent, parfumé à l'anis, se déguste pur avec des glaçons, ou allongé d'eau, ce qui lui donne une belle couleur laiteuse. A la grecque, il faut alterner une gorgée d'*ouzo* et une gorgée d'eau. A l'heure de l'apéritif on l'accompagne de toutes sortes d'amuse-gueule (mézés).

Alcools et liqueurs

Le **metaxa**: il s'agit du « cognac » local. Les Grecs produisent également des liqueurs et des eaux-de-vie à base de fruits ou de fleurs: rose, abricot, cerise... Le *raki* (ou *tsikoudia*) désigne une eau-de-vie de raisin généralement de fabrication familiale.

CAFÉ GREC

Boire le café est en Grèce un rite. Dégustez-le lentement.
Il est toujours accompagné d'un verre d'eau fraîche.

Greek café, rien à voir avec le nôtre. La nature du café (*helleniko*) est différente, il est moulu très, très fin, afin de procéder à la préparation de la boisson nationale, philtre magique.

Trois secrets pour le réussir: utiliser le récipient adéquat (le *briki*, petite casserole conique à manche); mesurer la quantité d'eau, laisser « monter » et redescendre trois fois le breuvage café, eau et sucre. Le tout bouilli en même temps.

Certains vous proposeront de lire votre avenir dans le marc bien dense qui dessine des figures (lecture à tasse retournée, toujours).

Choisissez votre café :

Très fort et très sucré : *poli varis*
Pas sucré : *sketo*
Peu sucré : *me o ligi*
Très sucré mais léger : *gliko*
Sucré et très bouilli : *gliki vrasto*

Stin yia sas et Kaliorexi !
A la vôtre et bon appétit !

SOUPES

En Grèce, les soupes sont souvent présentes au menu : le midi, le soir, voire en cours de journée et dégustées presque toujours avec du pain. Certaines sont traditionnellement servies au moment des fêtes.
La nuit de Pâques, par exemple, après l'extinction des cierges que les fidèles ont ramenés chez eux, on déguste la fameuse *majiritsa*, une soupe à base d'abats, de viande d'agneau, d'œufs et de riz.
Parmi les autres recettes particulièrement connues, on peut citer la *patsa,* qui se prépare avec des pieds de cochon, des tripes et des légumes, aromatisés avec du vinaigre parfumé à l'ail.
Cette dernière est tellement prisée que vous pourrez en apercevoir des marmites entières en train de mijoter à l'étal des bouchers ou dans les tavernes.

SOUPE PASCALE

6 PERS. ♦ PRÉPA. : 20 MN ♦ CUISSON : 1 H 10 ♦ ** $$

800 g de gigot désossé • 900 g d'abats d'agneau (foie, tripes, cœur) • 3 C. d'aneth • 1 branche de persil • quelques feuilles de céleri • 6 oignons nouveaux • 50 g de beurre • 1 salade • 150 g de riz à longs grains • 2 œufs • 1 citron • 1,2 l d'eau • sel, poivre moulu

• *Lavez soigneusement les abats. Essuyez-les sur du papier absorbant puis coupez-les en dés ainsi que le gigot.*

• *Mettez les viandes, la moitié des herbes lavées et finement hachées ainsi que la moitié des oignons épluchés dans un faitout. Couvrez les viandes d'eau, portez à ébullition. Une fois l'ébullition atteinte, écumez, couvrez et faites cuire 45 mn.*

- *Dans une grande cocotte, faites fondre le beurre puis faites revenir les oignons restants.*
- *Lorsque les viandes sont cuites, sortez-les du faitout et ajoutez-les aux oignons, dans la cocotte.*
- *Filtrez le bouillon de cuisson des viandes, réservez.*
- *Ajoutez dans la cocotte la salade lavée, essuyée et coupée en fines lanières, les herbes restantes, le riz, salez, poivrez.*
- *Couvrez avec le bouillon (ajoutez de l'eau si nécessaire). Laissez mijoter sur feu moyen jusqu'à ce que le riz soit cuit (20 mn environ). Retirez du feu.*
- *Préparez une sauce avec 5 C. de bouillon, les œufs préalablement battus, le jus du citron. Versez-la dans la soupe, mélangez soigneusement et servez aussitôt.*

SOUPE AUX LENTILLES

6 PERS. ♦ PRÉPA. : 15 MN ♦ CUISSON : 45 MN ♦ * $

500 g de lentilles • 2 gros oignons • 3 gousses d'ail • 6 C. d'huile d'olive • 3 feuilles de laurier • 1 C. de vinaigre de vin rouge • 2 l d'eau • sel • poivre moulu

- *Lavez soigneusement les lentilles. Egouttez-les.*
- *Pelez et hachez grossièrement les oignons. Dégermez et écrasez les gousses d'ail.*
- *Dans une marmite, chauffez la moitié de l'huile et faites revenir l'oignon haché durant 2 mn.*
- *Ajoutez l'ail écrasé, les feuilles de laurier, les lentilles, salez, poivrez. Couvrez avec l'eau et portez à ébullition. Ecumez et laissez mijoter 40 mn. En cours de cuisson ajoutez l'huile restante et un peu d'eau si nécessaire.*
- *Au moment de servir, mélangez le vinaigre à la soupe. Servez.*

Note : placez un vinaigrier sur la table afin que chaque convive assaisonne la soupe à son goût.

SOUPE AUX HARICOTS

6 PERS. ♦ TREMPAGE 12 H ♦ PRÉPA. : 30 MN ♦ CUISSON : 3 H ♦ * $

600 g de haricots blancs secs • 2,5 l d'eau environ • 2 oignons • 3 carottes • 2 branches de céleri • 3 tomates • 3 C. de concentré de tomates • 7 C. d'huile d'olive • 2 feuilles de laurier • 2 branches de persil plat • sel • poivre moulu

• *Faites tremper les haricots dans de l'eau tiède, pendant toute une nuit.*

• *Pelez et hachez grossièrement les oignons. Epluchez et coupez en rondelles les carottes. Lavez et coupez en dés les branches de céleri (avec leurs feuilles).*

• *Ebouillantez 30 s., puis pelez et concassez les tomates (choisissez-les bien mûres). Lavez et ciselez les feuilles de persil.*

• *Rincez les haricots, versez-les dans un faitout, couvrez-les d'eau fraîche. Portez à ébullition et écumez. Ajoutez tous les autres ingrédients – sauf le persil –, salez, poivrez. Laissez mijoter à feu doux durant près de 3 h. – Attention il faut que les ingrédients soient toujours recouverts d'eau, ajoutez-en si nécessaire. Vérifiez la cuisson des haricots, ils doivent être tendres –.*

• *Versez la soupe dans la soupière, parsemez de persil ciselé et servez très chaud.*

SOUPE DE POISSONS

Cette soupe n'a rien à envier à la bouillabaisse. D'ailleurs Marseille n'a-t-elle pas été fondée par les Grecs ?

6 PERS. ♦ PRÉPA. : 20 MN ♦ CUISSON : 40 MN ♦ ** $$

1,5 kg de petits poissons (type rascasse) • 4 grosses pommes de terre • 2 belles tomates • 3 oignons • 3 carottes • 6 C. d'huile d'olive • herbes fraîches variées • 1 citron • sel • poivre moulu • 1,75 l d'eau

• *Faites vider les poissons par votre poissonnier. Nettoyez-les soigneusement.*

• *Epluchez et coupez les oignons en rondelles. Epluchez les pommes de terre et coupez-les en quatre. Ebouillantez, pelez et concassez les tomates. Epluchez et coupez en rondelles les carottes.*

• *Placez les poissons dans un faitout avec l'eau et les ingrédients – sauf le citron –. Salez, poivrez avec du poivre noir fraîchement moulu et laissez mijoter sur feu doux durant 40 mn.*

• *Sortez les poissons et disposez-les dans des assiettes creuses et chaudes.*

• *Pressez le citron et versez le jus dans le bouillon, remuez soigneusement.*

• *Versez le bouillon bien chaud directement sur les poissons ou présentez-le dans une soupière.*

SOUPE AUX ŒUFS ET AU CITRON

6 PERS. ♦ PRÉPA. : 30 MN ♦ * $

1,75 l de bouillon de volaille • 125 ml ($^1/_2$ tasse) de riz à grain long • 3 gros œufs • jus d'1 citron

• *Versez le bouillon dons une casserole et portez à ébullition sur feu doux.*

• *Rincez le riz, puis jetez-le en pluie dans le bouillon frémissant et cuisez pendant 15/20 mn.*

• *Dans un bol cassez les œufs, ajoutez le jus de citron et battez comme pour une omelette jusqu'à ce que le mélange devienne mousseux. Ajoutez alors peu à peu 2 louches de bouillon chaud en continuant à battre.*

- *Versez tout le mélange dans la casserole de bouillon en battant vivement. – Ne laissez surtout pas bouillir à cause des œufs –.*
- *Vérifiez et rectifiez l'assaisonnement si nécessaire.*
- *Servez sans attendre.*

Note : cette soupe, ou *ovgolemono*, généralement préparée avec du bouillon de volaille, peut aussi être confectionnée avec du bouillon de bœuf ou du fumet de poisson. On peut aussi utiliser un cube de bouillon, mais la saveur en souffrira.

HORS-D'ŒUVRES

Tarama, anchois marinés, langoustines gratinées, légumes farcis, aubergines, calmars farcis, concombre au yaourt, salade de *feta*... un cortège d'entrées colorées !

SALADE GRECQUE

4/6 PERS. ♦ PRÉPA. : 25 MN ♦ * $

24 g d'olives noires épicées • 1 petit concombre • 3 poivrons (un rouge, un jaune, un vert) • 2 tomates • 1 oignon violet • 200 g de *feta* • quelques feuilles de basilic • huile d'olive • sel • poivre

• *Epluchez l'oignon. Coupez-le en très fines rondelles.*

• *Mettez les poivrons sous le gril du four et laissez-les, en les tournant de tous côtés, jusqu'à ce que la peau soit « boursouflée ». Sortez-les du four et mettez-les à refroidir dans des sachets en plastique, puis enlevez délicatement la peau, ôtez les filaments et les graines, et coupez-les en lanières fines dans le sens de la longueur.*

• *Lavez le concombre, et coupez-le en fines rondelles sans l'éplucher.*

• *Lavez les tomates, essuyez-les, coupez-les en morceaux.*

• *Lavez, essuyez et ciselez le basilic.*

• *Mettez les poivrons, les tomates, l'oignon et le concombre dans un grand plat creux. Ajoutez les olives égouttées, et la* feta *coupée en petits dés. Arrosez d'huile d'olive. Salez, poivrez, parsemez de basilic ciselé.*

• *Gardez au frais jusqu'au moment de servir.*

CONCOMBRE AU YAOURT

PRÉPA. : 15 MN ♦ DÉGORGEMENT : 1 H ♦ RÉFRIGÉRATION : 2 H ♦ * $

2 concombres moyens • 2 yaourts nature • 2 C. de crème fraîche • 1 gros oignon doux • 3 gousses d'ail • 1 citron • aneth • sel • poivre

• *Pelez soigneusement les concombres, puis râpez-les à l'aide d'une râpe fine, au-dessus d'un saladier. Salez et laissez-les dégorger 1 heure.*

• *Mettez-les dans un tamis, pressez-les afin d'en sortir le maximum d'eau, puis remettez-les dans la jatte. Arrosez-les avec le jus du citron.*

• *Lavez et hachez l'aneth.*

• *Epluchez l'oignon et râpez-le au-dessus des concombres. Ajoutez l'ail préalablement pelé, dégermé et écrasé et les yaourts mélangés à la crème fraîche. Salez, poivrez abondamment. Mélangez, parsemez d'aneth.*

• *Servez très frais.*

Note : vous pouvez bien entendu utiliser des yaourts grecs. Dans ce cas, supprimez la crème fraîche.

TARAMA

PRÉPA. : 10 MN ♦ RÉFRIGÉRATION : 1 H ♦ * $

300 g d'œufs de cabillaud • 3 tranches de pain rassis • 15 cl de lait • 2 citrons • 20 cl d'huile d'olive • 1 petit oignon • câpres • olives noires • sel • poivre

• *Dans une casserole faites tiédir le lait.*

• *Otez la croûte des tranches de pain et faites ramollir la mie dans le lait 15 mn environ. Sortez-la du lait et pressez-la fermement afin d'en extraire la maximum de liquide.*

• *Pressez les citrons.*

• *Dans un bol à mixer mettez la mie de pain, les œufs de cabillaud, l'huile d'olive, le jus des citrons, l'oignon préalablement pelé et finement râpé. Salez, poivrez et mixez jusqu'à obtention d'une pâte bien onctueuse.*

• *Versez-la dans le plat de service, décorez avec les olives noires et les câpres. Gardez au frais jusqu'au moment de la dégustation.*

CREVETTES À LA FETA

6 PERS. ♦ PRÉPA. : 15 MN ♦ CUISSON : 30 MN ♦ * $

1 kg de crevettes roses crues • 200 g de *feta* • 6 belles tomates • 6 C. d'huile d'olive • 3 gousses d'ail • 2 piments séchés • 3 branches de persil plat • sel • poivre moulu

• *Ebouillantez les tomates, pelez-les puis concassez-les. Dégermez et écrasez les gousses d'ail. Lavez et ciselez le persil. Epépinez soigneusement les piments.*

• *Dans une grande sauteuse à fond épais faites chauffer l'huile. Ajoutez l'ail écrasé, les tomates concassées, le persil ciselé et les piments épépinés. Mélangez et laissez mijoter 10 mn. Ajoutez les crevettes et laissez mijoter encore 12 mn.*

• *Salez, poivrez avec du poivre noir fraîchement moulu, ajoutez la* feta *émiettée et laissez mijoter encore 5 bonnes minutes.*

• *Servez.*

Note : vous pouvez remplacer les piments séchés par 2 poivrons verts, pelés, épépinés, débarrassés des filaments et coupés en petits dés.

SALADE DES ÎLES GRECQUES

6 PERS. ♦ DÉGORGEMENT : 1 H ♦ PRÉPA. : 20 MN ♦ RÉFRIGÉRATION : 30 MN ♦ * $

300 g de riz • 200 g de *feta* • 1 concombre • 1 tomate • 1 pamplemousse • 1 oignon rouge • 12 olives
***Sauce :* 1 citron • 1 orange • 1 petit pamplemousse • 4 C. d'huile • Tabasco • baies roses**

• *Epluchez le concombre, puis coupez-le en demi-rondelles et mettez-le à dégorger au sel.*
• *Faites cuire le riz, puis laissez-le tiédir.*
• *Découpez la* feta *en cubes.*
• *Lavez, épépinez puis coupez en cubes la tomate.*
• *Epluchez le pamplemousse, enlevez les segments puis débitez-le en tranches.*
• *Epluchez l'oignon, puis découpez-le en anneaux.*
• *Dénoyautez les olives.*
• ***Sauce :** mélangez les jus de citron, d'orange et de pamplemousse. Ajoutez l'huile et quelques gouttes de Tabasco. Mélangez. Saupoudrez de baies roses concassées.*
• *Mettez tous les ingrédients de la salade dans un saladier, arrosez avec la sauce. Mélangez délicatement et laissez au réfrigérateur 30 mn.*

ARTICHAUTS À LA GRECQUE

6 PERS. ♦ PRÉPA. : 25 MN ♦ CUISSON : 30 MN ENV. ♦ * $

12 petits cœurs d'artichauts • 1/2 dl d'huile d'olive • 2 citrons • 0,5 l de court-bouillon • 1 bouquet garni • 1 branche de céleri • 1 branche de fenouil • 1 C. de coriandre • 1 feuille de laurier • 1 branche de thym • sel • poivre blanc en grains

• *Préparez les cœurs d'artichauts, puis faites-les blanchir 5 mn dans de l'eau bouillante salée et additionnée d'un filet de jus de citron. Egouttez-les, passez-les sous l'eau froide et essuyez-les.*

• *Lavez et essuyez les branches de céleri et de fenouil.*

• *Portez à ébullition 2 dl de court-bouillon dans lequel vous aurez mis le céleri, le fenouil, les différents aromates, le bouquet garni ainsi que le jus restant des deux citrons. A ébullition atteinte, ajoutez les artichauts et laissez cuire pendant 30 mn.*

• *Sortez les artichauts avec une écumoire, placez-les dans une jatte, recouvrez-les avec leur marinade et mettez au réfrigérateur.*

• *Servez-les bien froids.*

BEIGNETS D'ANCHOIS FRAIS

PRÉPA. ET CUISSON : 35 MN ♦ ** $$

1 kg d'anchois frais • 1 dose de pâte à frire prête
***Marinade :* 1-2 jus de citron • 1 C. d'*ouzo* • sel • poivre du moulin • 2 C. d'aneth frais haché**

• *Nettoyez soigneusement les poissons, enlevez-leur les têtes et lavez-les bien. Egouttez-les. Mettez-les alors dans un saladier et laissez-les mariner 20 minutes dans le mélange de tous les ingrédients de la marinade.*

• *Trempez-les dans la pâte à frire et faites-les frire à friture bien chaude. Servez chaud.*

ANCHOIS FRAIS À L'ORIGAN

6 PERS. ♦ PRÉPA. : 15 MN ♦ CUISSON : 20 MN ♦ ** $$

1 kg d'anchois frais • le jus de 3 citrons • 7,5 cl d'huile d'olive • sel • poivre • origan sauvage à volonté

• *Nettoyez les poissons et enlevez-leur la tête. Lavez-les soigneusement et égouttez-les.*

• *Préchauffez le four (therm. 7).*

• *Disposez les poissons dans un plat allant au four. Salez, poivrez, parsemez d'origan. Arrosez d'huile et de citron. Mélangez délicatement le tout. Laissez cuire à four très chaud 15/20 minutes.*

• *Dégustez chaud ou froid.*

SALADE DE POULPES

4 PERS. ♦ PRÉPA. : 20 MN ♦ CUISSON : 1 H ♦ * $$

1 poulpe de 1 kg environ • 1 cœur de céleri • 2 gousses d'ail • 3 C. d'huile d'olive • 2 C. de vinaigre de vin vieux • sel • poivre

• *Demandez à votre poissonnier de nettoyer le poulpe (en retirant l'intestin et la poche d'encre).*

• *Lavez-le, mettez-le dans une marmite, ajoutez 1 verre d'eau et cuisez sur feu doux, et à couvert, 45 mn environ (jusqu'à ce qu'il soit tendre).*

• *Retirez-le de la cocotte et laissez-le tiédir.*

• *Enlevez la fine membrane qui recouvre les tentacules et la poche. Coupez la poche en morceaux et les tentacules en tranches de 1 cm.*

• *Pelez les gousses d'ail et coupez-les en fines lamelles. Lavez le cœur de céleri. Réservez quelques feuilles et coupez les branches en fines rondelles.*

• *Versez l'huile dans une sauteuse et faites revenir les lamelles d'ail 2 mn. Ajoutez les morceaux de poulpe, le céleri, sel et poivre. Laissez cuire 2 mn en mélangeant souvent, puis retirez du feu.*

• *Versez dans un saladier, ajoutez le vinaigre, mélangez. Servez, tiède ou froid.*

TZATZIKI

Yaourt, concombre et menthe avec un trait d'huile d'olive évoquent tous les parfums de la Grèce et procurent une fraîcheur reposante après la chaleur accablante.

4 PERS. ♦ PRÉPA. : 10 MN ♦ DÉGORGEMENT : 1 H ♦ * $

1 concombre • 1 gousse d'ail • 4 yaourts grecs • 15 cl d'huile d'olive • 1 cl de vinaigre • menthe fraîche • sel

• *Pelez le concombre. Coupez-le en deux dans le sens de la longueur, salez et laissez dégorger 1 h les morceaux. Rincez-les, épongez-les, puis râpez-les.*

• *Pelez et hachez l'ail. Mettez-le dans un saladier, ajoutez les yaourts, arrosez d'huile et de vinaigre, salez et mélangez vivement.*

• *Lavez et ciselez la menthe.*

• *Versez le concombre râpé dans le saladier. Mélangez à nouveau et parsemez de brins de menthe.*

• *Servez très frais.*

SALADE D'AUBERGINES

6 PERS. ♦ PRÉPA. : 30 MN ♦ RÉFRIGÉRATION : 2 H ♦ * $

2 belles aubergines • 3 grosses tomates • $^1/_2$ oignon • le jus de 1 citron • 150 ml d'huile d'olive • 1 bouquet de persil plat haché • sel • poivre

• *Allumez le four à gril.*

• *Placez les aubergines sous le gril et laissez-les griller en les retournant deux ou trois fois, jusqu'à ce que leur peau soit boursouflée et leur chair très tendre. Laissez-les refroidir un peu afin de pouvoir les manipuler.*

• *Dès que cela vous sera possible, retirez leur peau. Mettez la chair dans une passoire et pressez-la doucement pour en éliminer l'excès de jus. Versez-la ensuite dans un saladier et écrasez-la très soigneusement à la fourchette.*

• *Ebouillantez 30 s. les tomates, pelez-les, épépinez-les et hachez-les menu. Pelez et râpez la moitié de l'oignon*

• *Ajoutez les tomates à la purée d'aubergines ainsi que tous les autres ingrédients. Mélangez très soigneusement.*

• *Mettez au réfrigérateur pendant 2 heures car il faut servir très frais.*

CHAMPIGNONS À LA GRECQUE

Une des recettes grecques parmi les plus connues à l'étranger.

6 PERS. ♦ PRÉPA. : 20 MN + REFROIDISSEMENT ♦ * $

450 g de champignons • 125 ml (1 $^{1}/_{2}$ tasse) d'huile d'olive • le jus d'1 citron • 1 bouquet de persil plat • 3 gousses d'ail • $^{3}/_{4}$ de tasse de vin blanc • 2 brins de thym frais • sel • poivre

• *Lavez les champignons, ôtez la partie sablonneuse des pieds, coupez-les en 2 ou en 4 s'ils sont gros.*

• *Lavez et hachez finement le persil. Epluchez, ôtez le germe et écrasez les gousses d'ail.*

• *Mélangez tous les ingrédients, sauf les champignons, dans une grande casserole et portez à ébullition.*

• *Au premier frémissement, ajoutez les champignons et laissez mijoter 5 mn, en remuant de temps en temps.*

• *Retirez du feu et servez les champignons froids, dans leur sauce.*

Note : dans les restaurants médiocres, on ajoute de la sauce tomate concentrée. Evitez.

MOULES SAUTÉES AU VIN BLANC

6 PERS. ♦ PRÉPA. : 15 MN ♦ CUISSON : 8 MN ♦ * $

60 moules • 6 verres de vin blanc • 3 oignons moyens • 5 gousses d'ail • 6 C. d'huile d'olive • 3 c. de persil plat haché • 3 c. de céleri haché • 3 pincées d'origan séché • poivre du moulin

• *Lavez et ciselez le persil. Epluchez, dégermez et hachez l'ail ainsi que les oignons.*

• *Dans une sauteuse, chauffez l'huile et faites revenir jusqu'à ce qu'ils deviennent translucides : ail, oignons, céleri et persil.*

• *Nettoyez, grattez et lavez soigneusement les moules.*

• *Ajoutez-les dans la sauteuse avec l'origan. Les moules vont s'ouvrir et laisser échapper leur jus : attendez quelques minutes, pour que le jus soit évaporé, avant d'ajouter le vin blanc et un peu de poivre.*

• *Laisser réduire la sauce en remuant régulièrement la sauteuse.*

• *En tout, la cuisson des moules ne doit pas dépasser 7 à 8 minutes. Au moment de servir, donnez quelques tours de moulin à poivre.*

BÔREKS AU FROMAGE

Les *bôreks* font partie des *mézès* (assortiment d'amuse-gueules épicés).

6 PERS. ♦ PRÉPA. : 20 MN ♦ CUISSON : 20 MN ♦ * $

450 g de pâte brisée
Pour la farce : **200 g de *feta* • 1 bouquet de persil • 30 g de beurre • huile de friture**

• ***Préparez la farce*** *: écrasez la* feta *à l'aide d'une fourchette. Lavez et hachez le persil. Mélangez-le à la* feta.

• *Divisez la pâte brisée en 6 boules de pâte. Faites légèrement fondre le beurre.*

• *Abaissez chaque boule pour former des carrés de pâte. Beurrez la pâte à l'aide d'un pinceau trempé dans le beurre fondu. Disposez 1 C. de farce sur la moitié de chaque carré et repliez la pâte pour former un rectangle. Soudez bien les bords en appuyant avec vos doigts.*

• *Faites chauffer l'huile de friture. Plongez-y les* bôreks *et laissez-les frire jusqu'à ce qu'ils soient bien dorés des deux côtés. Egouttez-les sur du papier absorbant. Servez sans attendre.*

TOURTE GRECQUE

6 PERS. ♦ PRÉPA. : 45 MN ♦ CUISSON : 35 MN ♦ ** $

1 C. de menthe fraîche hachée • 2 C. d'aneth haché • 2 C. de persil plat haché • 500 g de feuilles de pâte à filo • 100 g de beurre fondu • 500 g de mélange d'oseille • cresson et pousses d'épinards • 150 g de *feta* émiettée • 3 C. d'huile d'olive • 1 oignon émincé • 2 œufs • 1 pincée de noix de muscade • sel • poivre

• *Lavez et hachez la menthe, l'aneth et le persil.*

• *Lavez, nettoyez et égouttez soigneusement toutes les feuilles vertes.*

• *Epluchez et émincez l'oignon. Emiettez la* feta.

• *Préchauffez le four (therm. 6).*

• *Dans une sauteuse à fond épais, faites sauter l'oignon dans l'huile d'olive jusqu'à ce qu'il soit transparent (environ 10 mn). Ajoutez toutes les feuilles vertes, mélangez et laissez cuire 5 mn.*

• *Laissez refroidir puis ajoutez la* feta, *les herbes hachées et les œufs. Mélangez et assaisonnez avec muscade, sel et poivre.*

• *Dans une petite casserole faites fondre le beurre, puis beurrez un moule à tourte de 24 cm de diamètre.*

• *Disposez au fond du moule une feuille de pâte à filo en la laissant bien déborder du moule.*

• *Avec l'aide d'un pinceau, recouvrez la feuille d'une fine couche de beurre fondu. Recouvrez d'une autre feuille beurrée. Répétez l'opération jusqu'à ce que la moitié des feuilles de pâte à filo ait été utilisée.*

• *Étalez la moitié de la farce verte dans le moule et recouvrez-la avec 2 feuilles de pâte à filo beurrées.*

• *Remplissez ensuite la tourte avec la farce restante. Pliez vers le centre les feuilles de filo qui débordent et couvrez le dessus avec les feuilles restantes, toujours beurrées.*

• *Enfournez pour environ 35 mn (jusqu'à ce que la pâte soit dorée) et servez.*

LÉGUMES

Les légumes dominent la cuisine grecque. Toute l'année, l'on peut s'en procurer de merveilleux et les cuisinières grecques, faisant preuve d'une grande ingéniosité, les préparent de mille et une manières.
En entrée, pour les *mézés*, en accompagnement de la plupart des viandes, ils figurent également parmi les principaux ingrédients dans les plats de pâtes et dans les tourtes.
La cuisine végétarienne est une tradition en Grèce, sans doute parce qu'une grande partie de l'année religieuse est une période de jeûne et que dans tout le pays, la tradition est souvent respectée.

RATATOUILLE GRECQUE

6 PERS. ♦ PRÉPA. : 25 MN ♦ CUISSON : 1 H 30 ENV. ♦ * $

600 g de courgettes • 600 g de pommes de terre • 5 tomates • 1 poivron • 3 oignons • 2 C. de concentré de tomates • 4 branches de persil plat • 6 C. d'huile d'olive • sel • poivre noir

• *Préchauffez le four (therm. 5).*

• *Lavez tous les légumes. Epluchez les courgettes et les pommes de terre puis coupez les premières en rondelles épaisses et les secondes en quatre.*

• *Ebouillantez 30 s. les tomates pelez-les, puis coupez-les en rondelles épaisses. Faites dorer le poivron sous le gril, lorsque la peau est boursouflée, mettez-le dans un sachet en plastique. Une fois refroidi, pelez-le, ôtez les graines et les filaments et coupez-le en lanières.*

• *Dans un poêlon faites chauffer la moitié de l'huile et faites revenir pendant 5 minutes les oignons pelés et coupés en fines lamelles.*

• *Mettez tous les légumes dans un plat allant au four, ajoutez les oignons et le concentré de tomates dilué dans 10 C. d'eau chaude. Salez, poivrez avec du poivre noir fraîchement moulu, arrosez avec l'huile restante.*

- *Couvrez d'une feuille d'aluminium et mettez à cuire au four pendant 1 h.*
- *Retirez la feuille d'aluminium et faites cuire et dorer durant 30 mn.*
- *Servez tiède.*

Note : vous pouvez si vous le souhaitez ajouter des aubergines. Ce plat est délicieux accompagné de tranches de *feta* et de pain.

AUBERGINES AU FOUR

6 PERS. ♦ PRÉPA. : 30 MN ♦ CUISSON : 30 MN ♦ * $

1 kg d'aubergines • 5 tomates • 2 C. de concentré de tomates • 3 gousses d'ail • 4 C. d'huile d'olive • 3 branches de persil plat • 150 g de *kefalotiri* (fromage) • sel • poivre moulu

- *Lavez les aubergines, épluchez-les sommairement (en laissant des bandes de peau) puis coupez-les en rondelles d'environ 1 cm d'épaisseur. Saupoudrez-les de sel et égouttez-les dans une passoire.*
- *Lavez et ciselez le persil. Râpez le fromage.*
- *Préchauffez le four (therm. 5/6).*
- *Faites chauffer l'huile dans une grande poêle à fond épais.*
- *Pressez les rondelles d'aubergines afin d'en extraire le maximum d'eau et faites-les dorer dans l'huile durant 5 mn (ajoutez de l'huile si nécessaire). Egouttez-les sur du papier absorbant, puis disposez-les dans un plat à gratin.*
- *Dans la poêle, chauffez un peu d'huile et faites revenir l'ail dégermé et finement haché, les tomates ébouillantées, pelées et concassées ainsi que le concentré de tomates dilué dans 10 C. d'eau chaude. Faites cuire, en mélangeant, jusqu'à évaporation complète du liquide.*
- *Parsemez de persil finement ciselé, salez, poivrez avec du poivre noir fraîchement moulu et versez la préparation sur les aubergines dans le plat à*

gratin. Arrosez d'un filet d'huile d'olive, saupoudrez de fromage râpé et mettez au four durant 30 mn.

• *Servez directement dans le plat de cuisson.*

Note : vous pouvez remplacer le *kefalotiri* par du parmesan râpé.

ARTICHAUTS AUX FÈVES

6 PERS. ♦ PRÉPA. : 25 MN ♦ CUISSON : 1 H ♦ * $

12 petits artichauts • 12 petites échalotes • 2 gousses d'ail • 12 pommes de terre moyennes • 500 g de fèves fraîches écossées • quelques branches d'aneth • 2 citrons • 8 C. d'huile d'olive • 50 cl d'eau • sel • poivre moulu

• *Lavez les artichauts. Otez toutes les feuilles dures, grattez soigneusement les tiges en les laissant assez longues (5 cm). Taillez le haut des feuilles, coupez-les en deux et ôtez soigneusement le foin. Frottez-les de jus de citron. Mettez-les dans un saladier contenant de l'eau citronnée.*

• *Epluchez et coupez en lamelles l'ail. Epluchez les pommes de terre, coupez-les en quatre. Lavez et ciselez l'aneth.*

• *Dans une cocotte à fond épais, faites chauffer l'huile et faites revenir les lamelles d'échalotes et les pommes de terre.*

• *Egouttez soigneusement les artichauts et ajoutez-les, ainsi que les fèves et tous les autres ingrédients, dans la cocotte.*

• *Mouillez avec l'eau et laissez mijoter 1 heure. Au moment de servir, saupoudrez d'aneth frais ciselé.*

TOMATES FARCIES

6 PERS. ♦ PRÉPA. : 25 MN ♦ CUISSON DU RIZ : 20 MN
♦ CUISSON : 40 MN ♦ * $

12 belles tomates • 225 g de riz à grains longs • 3 C. de concentré de tomates • 3 gros oignons • 9 C. d'huile d'olive • 3 c. de sucre en poudre • quelques feuilles de menthe fraîche • quelques feuilles de persil plat • 3 C. de pignons de pin • 3 C. de raisins de Smyrne • sel • poivre noir

• *Préchauffez le four (therm. 5/6).*

• *Lavez et essuyez les tomates. Découpez dans chacune un chapeau (réservez-le). Prélevez la pulpe à l'aide d'une petite cuillère (veillez à ne pas percer la peau). Réservez-la. Saupoudrez l'intérieur des tomates de sel.*

• *Pelez et hachez finement les oignons.*

• *Faites précuire quelques instants le riz dans de l'eau bouillante légèrement.*

• *Dans une sauteuse, chauffez la moitié de l'huile et faites revenir les oignons hachés durant 5 mn. Ajoutez à la chair des tomates, les herbes lavées et finement ciselées et les pignons de pin.*

• *Salez, poivrez avec du poivre noir fraîchement moulu. Mélangez délicatement et laissez cuire 10 mn. Ajoutez le riz pré-cuit, les raisins, mélangez et faites cuire encore 5 mn.*

• *Rincez soigneusement les tomates, égouttez-les, essuyez-les puis remplissez-les de farce. Replacez les chapeaux.*

• *Disposez les tomates farcies dans un plat à gratin, arrosez-les d'huile d'olive, entourez-les avec la farce restante. Faites cuire au four durant 40 mn.*

• *Servez tiède.*

FEUILLES DE VIGNE FARCIES

6 PERS. ♦ PRÉPA. : 40 MN ♦ CUISSON : 1 H ♦ ** $

50 feuilles de vigne fraîches • 225 g de riz à longs grains • 2 grosses tomates • 2 oignons • 3 C. d'huile d'olive • 3 branches d'aneth frais • 3 feuilles de menthe fraîche • sel • poivre moulu • 60 cl d'eau

• *Faites blanchir les feuilles de vigne 5 mn à l'eau bouillante. Egouttez-les soigneusement.*

• *Pelez et hachez les oignons. Hachez finement l'aneth et la menthe. Ebouillantez, pelez et concassez les tomates.*

• *Dans une poêle à fond épais chauffez l'huile et faites revenir les oignons. Ajoutez l'aneth, la menthe, le riz et mélangez. Après 5 mn de cuisson ajoutez les tomates et laissez mijoter encore 5 mn. Salez, poivrez avec du poivre noir fraîchement moulu. Mélangez soigneusement.*

• *Placez une C. de farce au centre de chaque feuille de vigne. Repliez les côtés pour bien envelopper la farce. Disposez les* Dolmadakia *côte à côte, en cercle, dans une large sauteuse en les serrant bien.*

• *Couvrez d'eau froide, posez dessus une assiette surmontée d'un poids afin que les* Dolmadakia *restent bien fermées et laissez mijoter sur feu doux durant 1 h.*

• *Servez chaud ou froid.*

Note : cette recette maigre est respectée durant le Carême. Vous pouvez bien entendu enrichir la farce de viande hachée.

COURGETTES FARCIES

6 PERS. ♦ PRÉPA. : 30 MN ♦ CUISSON : 1 H ♦ ** $$

1,5 kg de courgettes • 650 g de bœuf haché • 110 g de riz à grains longs • 3 oignons • 2 branches de persil plat • 3 feuilles de menthe fraîche • 1 l de bouillon de volaille (tablette) • 3 œufs • 5 C. d'huile d'olive • 2 citron

• *Lavez les courgettes, coupez-les en deux dans le sens de la longueur, évidez-les à l'aide d'une cuillère en veillant à ne pas percer la peau. Saupoudrez l'intérieur de sel.*

• *Epluchez et râpez les oignons. Ciselez le persil et hachez les feuilles de menthe. Pressez les citrons.*

• *Rincez l'intérieur des courgettes.*

• *Mélangez la viande hachée, les oignons, le riz et les herbes et farcissez les demi courgettes à ras bord.*

• *Mettez les courgettes dans une grande sauteuse, arrosez d'huile, recouvrez-les de bouillon, salez et poivrez abondamment avec du poivre noir fraîchement moulu.*

• *Couvrez la sauteuse d'un plat surmonté d'un poids et laissez mijoter à feu très doux durant 1 h.*

• *Retirez du feu.*

• *Préparez une sauce* ovgolemono *(voir p. 204) avec 8 C. de bouillon, les œufs battus et le jus des citrons. Versez-la dans la sauteuse en la secouant afin de permettre à la sauce de s'incorporer. Servez aussitôt.*

PURÉE À LA GRECQUE

6 PERS. ♦ PRÉPA.: 30 MN ♦ CUISSON: 30 MN ♦ * $

1,5 kg de pommes de terre • 6 gousses d'ail • 120 g de cerneaux de noix • 10 cl d'huile d'olive • 1 bouquet de coriandre • 1 1/2 citron • noix de muscade • sel • poivre moulu

• *Epluchez les pommes de terre. Coupez-les en morceaux. Epluchez et dégermez les gousses d'ail. Lavez, puis hachez la coriandre.*

• *Mettez les pommes de terre et l'ail dans une casserole et couvrez d'eau froide. Salez. Faites cuire à feux doux durant 30 mn.*

• *Pressez le citron. Réservez le jus.*

• *Après cuisson, égouttez les pommes de terre et les gousses d'ail. Ecrasez-les au presse-purée. Ajoutez l'huile, le jus de citron, une pointe de noix de muscade râpée et poivrez. Mélangez soigneusement.*

• *Versez la purée dans un légumier préchauffé, parsemez-la de cerneaux de noix et de coriandre hachée.*

• *Servez bien chaud.*

Note: ce plat accompagne parfaitement viandes ou poissons grillés.

HARICOTS GÉANTS AU FOUR

TREMPAGE : 12 H ♦ PRÉPA. : 35 MN ♦ CUISSON : 1 H 20 ♦ ** $

500 g de haricots géants secs • 12,5 cl d'huile d'olive • 5 oignons • 350 g de tomates concassées • 1 C. de concentré de tomates • 6 gousses d'ail • 2,5 cl d'*ouzo* • 1 bouquet garni • 1 carotte • 1 branche de céleri • 1 oignon • laurier • 1 branche d'origan

Epices : **3 pincées de poivre noir • 2 pincées de paprika • sel • 2 pincées de sucre • 3 pincées d'anis en grains**

Fines herbes hachées : **$^1/_2$ bouquet de persil plat • $^1/_2$ bouquet d'aneth • 1 C. de coriandre • quelques brins de ciboulette • quelques brins de cerfeuil**

• *Mettez à tremper les haricots pendant 12 heures puis rincez-les et égouttez-les. Déposez-les dans une marmite et couvrez-les d'eau fraîche, ajoutez le bouquet garni. A feu doux, portez à ébullition, et laissez-les cuire environ 40 mn (il faut qu'ils soient tendres).*

• *Epluchez et coupez en rondelles fines les oignons. Epluchez, dégermez et écrasez l'ail.*

• *Pendant la cuisson des haricots, chauffez l'huile et mettez à suer les oignons. Salez, poivrez, ajoutez les tomates, les épices, l'ail écrasé, un peu d'eau, et laissez cuire la sauce durant 15-20 minutes.*

• *Retirez alors du feu, ajoutez l'ouzo ainsi que les fines herbes.*

• *Egouttez les haricots cuits, ôtez le bouquet garni et versez-les dans un plat creux allant au four. Ajoutez la sauce, assaisonnez, mêlez le tout très délicatement.*

• *Faites cuire à four chaud pendant environ 25-30 minutes.*

• *Vous pouvez servir chaud ou froid.*

CAVIAR D'AUBERGINES

Le secret de la réussite du caviar d'aubergine réside dans le fait de conserver une certaine texture à la purée en n'écrasant pas trop finement la chair des aubergines.

6 PERS. ♦ PRÉPA. : 25 MN ♦ CUISSON : 20 MN ♦ RÉFRIGÉRATION : 3 H ♦ ** $

1 kg d'aubergines • 5 C. d'huile d'olive • 4 C. de jus de citron • 2 gousses d'ail • 1 oignons doux • $^{1}/_{3}$ de poivron rouge • huile d'olive • persil haché • sel • poivre

• *Mettez les aubergines sous le gril du four, en les retournant fréquemment, jusqu'à ce que la peau soit bien grillée et que la chair soit tendre.*

• *Laissez-les refroidir puis ôtez les pédoncules et pelez-les.*

• *Mettez la chair dans une passoire et pressez-la doucement afin qu'elle dégorge un peu.*

• *Hachez la chair, en veillant à ce qu'elle conserve une texture assez épaisse (évitez d'utiliser un mixer).*

• *Pelez et hachez finement l'oignon et l'ail ainsi que le poivron en ôtant graines et filaments.*

• *Mettez la purée d'aubergines dans un saladier et versez progressivement, en remuant, l'huile d'olive et presque tout le jus de citron.*

• *Ajoutez l'ail, l'oignon, le poivron rouge, salez, poivrez, goûtez et ajoutez, éventuellement, un peu de jus de citron.*

- *Lavez et hachez le persil.*
- *Couvrez et laissez au réfrigérateur pendant quelques heures.*
- *Sortez le plat du réfrigérateur un peu avant de servir, afin que la purée ne soit pas trop froide. Versez celle-ci dans un plat légèrement creux et dessinez un décor à la surface avec les dents d'une fourchette. Arrosez d'un peu d'huile d'olive et décorez de persil haché.*

Note : nous vous conseillons de préparer le caviar d'aubergines quelques heures à l'avance.

POISSONS ET FRUITS DE MER

Soupe de poissons, calmars cuits dans leur encre ou séchés, ou encore en gratin avec des légumes, les Grecs aiment le poisson et en mangent toute l'année. La pêche variant selon les saisons elle contribue ainsi à varier les plats.
Les préparations restent elles très traditionnelles : marinades au jus de citron et aux herbes et cuisson au four ou au gril ; en ragoût avec tomates, ail, oignons, huile d'olive, vin ; fritures ou gratinés.
Au cours de la période de jeûne, les fidèles n'ayant pas le droit de manger de viande, ni d'œufs ou de poisson qui saigne, les fruits de mer et les calmars sont sur toutes tables ou presque !

POULPES AUX OIGNONS

6 PERS. ♦ PRÉPA. : 25 MN ♦ CUISSON : 1 H 15 ENV. ♦ ** $$

1,5 kg de petits poulpes • 3 belles tomates • 4 oignons • 5 C. d'huile d'olive • 2 branches de persil plat • 2 C. de concentré de tomates • sel • poivre moulu • 75 cl d'eau

• *Nettoyez et lavez soigneusement les poulpes sous l'eau courante.*

• *Epluchez et émincez les oignons. Ebouillantez 30 s., puis pelez et concassez les tomates.*

• *Diluez le concentré dans 10 C. d'eau chaude.*

• *Faites chauffer – à sec – et sur feu doux une poêle à fond épais. Mettez-y les poulpes 5 mn afin qu'ils rendent une partie de leur eau. Sortez-les, égouttez-les puis découpez-les en dés.*

• *Dans une autre sauteuse, faites revenir dans l'huile chaude les oignons émincés durant 5 mn, puis ajoutez les dés de poulpes, les tomates concas-*

sées et tous les autres ingrédients. Couvrez d'eau et laissez mijoter durant 1 h 15 en ajoutant de l'eau si nécessaire en cours de cuisson (la sauce doit être épaisse).

• *Servez avec du riz.*

RAGOÛT DE SEICHES

PRÉPA. : 25 MN ♦ CUISSON : 50 MN ♦ ** $$

2 kg de petites seiches entières • 750 g de tomates concassées • 250 g d'oignons hachés • 4 oignons nouveaux avec leurs feuilles • 12,5 cl d'huile d'olive • 12,5 cl de vin blanc résiné • 5 pincées de quatre-épices • 3 gousses d'ail • 1 feuille de laurier • poivre du moulin • 1 branche de persil plat • 1 branche d'aneth • 1 branche de ciboulette • 1 branche de cerfeuil • 1 branche de coriandre

• *Lavez et rincez très soigneusement les seiches.*

• *Mettez-les dans une casserole avec le laurier, couvrez-les avec le vin et l'eau et laissez-les cuire jusqu'à évaporation du liquide (30 mn environ).*

• *Epluchez et coupez en quartiers les oignons et l'ail. Lavez et hachez toutes les herbes. Ebouillantez, pelez, épépinez et concassez les tomates.*

• *Pendant la cuisson des seiches, chauffez dans une sauteuse à fond épais l'huile et faites revenir tous les oignons. Ajoutez les tomates concassées, les épices, l'ail, salez, poivrez et laissez cuire 15 minutes.*

• *Ajoutez dans la sauteuse les seiches cuites, ainsi que les fines herbes hachées et terminez la cuisson à feu doux.*

• *Ajoutez de l'eau si nécessaire.*

• *Servez chaud ou froid au choix.*

Note : accompagnez d'un riz pilaf.

LANGOUSTINES GRATINÉES AUX 3 FROMAGES

4 PERS. ♦ PRÉPA.: ♦ CUISSON: ♦ * $$

32 langoustines • 70 g de *kefolotyri* ou de parmesan • 70 g de *kosseri* ou de cantal • 70 g de *feta* • 250 g de tomates • 2 petits poivrons verts • 2 oignons moyens • 4 gousses d'ail • 5 cl de Cognac • 10 cl de vin blanc • huile d'olive • piment de Cayenne • sel • poivre

• Décortiquez les langoustines, enlevez la tête, la carapace et le boyau noir qui court le long du dos. Pelez, et hachez l'ail et les oignons. Ebouillantez, pelez et concassez les tomates. Epépinez, ôtez les filaments et émincez très finement le poivron. Emiettez les fromages et mélangez-les.

• Préchauffez le four (therm. 8).

• Dans une sauteuse, mettez à suer pendant environ 5 mn, les oignons, l'ail et les poivrons.

• Ajoutez ensuite les tomates, le vin et le Cognac. Salez, poivrez, saupoudrez de piment de Cayenne (selon goût).

• Versez cette préparation dans un plat à gratin. Répartissez la chair des langoustines sur la sauce et ensuite recouvrez avec les trois fromages émiettés. Enfournez et faites gratiner pendant 10 minutes.

MORUE À LA SAUCE À L'AIL

6 PERS. ♦ DESSALAGE: 12 H ♦ PRÉPA.: 40 MN ♦ CUISSON: 10 MN ♦ ** $$

1 kg de morue sèche salée • 50 cl de lait • 50 cl d'huile d'olive • 100 g de chapelure *Pour la sauce :* 1 kg de pommes de terre • 3 citrons • 2 gousses d'ail • 25 cl d'huile d'olive • 1 C. de sel

• *Faites dessaler la morue pendant 12 heures minimum dans de l'eau, en changeant celle-ci 3 fois.*

• *Egouttez la morue et découpez-la en portions. Mettez les morceaux de morue dans un plat, (la peau vers le haut), en les espaçant. Arrosez de lait et laissez absorber pendant 10 mn.*

• *Pendant ce temps, préparez la sauce à l'ail (*skordalia*) : épluchez, dégermez et pilez les gousses d'ail pour obtenir une pommade.*

• *Pressez les citrons.*

• *Pelez les pommes de terre, faites-les cuire à l'eau puis réduisez-les en purée. Ajoutez la pommade d'ail et 1/2 verre d'eau aux pommes de terre. Salez, puis mélangez très énergiquement en incorporant peu à peu l'huile en filet et le jus des citrons, pour obtenir une sauce homogène.*

• *Dans une sauteuse faites chauffer l'huile.*

• *Roulez chaque morceau de morue dans la chapelure et faites-les frire quelques minutes dans l'huile bouillante. Otez l'excédent de graisse avec du papier absorbant.*

• *Servez aussitôt en présentant la sauce à l'ail dans la saucière.*

ROUGETS GRILLÉS EN HABIT DE VIGNE

Le rouget tient la vedette sur les marchés grecs et il est préparé de multiples manières.

6 PERS. ♦ PRÉPA. : 30 MN ♦ CUISSON : 10 MN ♦ ** $$

18 petits rougets écaillés et vidés • 18 grandes feuilles de vigne fraîches • sel et poivre • quelques feuilles de basilic • quelques brins de ciboulette • zeste d'1 citron + le jus d'1 citron • 1 C. de câpres hachées • 4 C. d'huile d'olive

• *Enlevez la partie dure des tiges des feuilles de vigne et faites-les blanchir pendant environ 4 mn à l'eau bouillante. Égouttez-les.*

• *Lavez et ciselez finement les herbes fraîches. Egouttez les câpres.*

• *Ecaillez, videz, rincez et essuyez les rougets. Salez et poivrez l'intérieur et ajoutez une pincée de zeste de citron.*

• *Posez chaque poisson sur une feuille de vigne et roulez-les en repliant les bords, Retenez avec un pique en bois. Faites griller environ 10 mn.*

• *Pendant ce temps, préparez la sauce en mélangeant l'huile d'olive, le jus de citron, le zeste de citron, les fines herbes et les câpres.*

• *Servez les poissons dans les feuilles arrosées avec de la sauce.*

• *Vous pouvez accompagner d'une salade de riz.*

VIANDES, VOLAILLES ET GIBIER

Traditionnellement le dimanche de Pâques, l'agneau pascal tourne nonchalamment sur sa broche, les parfums mêlés de la viande et des herbes aiguisent l'appétit, et la bonne humeur est de rigueur.
Ici, la viande est considérée comme une denrée de valeur et, ragoûts et rôtis sont, le plus souvent réservés aux dimanches et jours de fête.
Pendant la semaine, on consomme plutôt des plats à base de viande hachée (d'où sans doute les innombrables recettes).
Agneau, chevreau, poulet, lapin et veau sont les viandes les plus couramment consommées. Mais les abats tels que le foie, les rognons, le cœur et les testicules de mouton, ainsi que ses tripes, occupent une bonne place sur la table grecque.

KEFTEDHES

PRÉPA. : 30 MN ♦ CUISSON : 35 MN ♦ REPOS : 4 H ♦ ** $$

1 kg de viande d'agneau hachée • 300 g d'oignons • 3 pommes de terre • 3 œufs • 15 cl d'huile d'olive • quelques feuilles de menthe fraîche • 2 C. de vinaigre • sel • poivre

• *Faites cuire les pommes de terre après les avoir épluchées et lavées. Laissez-les tiédir, puis écrasez-les en purée à la fourchette.*

• *Pelez et émincez les oignons. Chauffez 1 C. d'huile d'olive et faites blondir les oignons. Mélangez avec une cuillère en bois.*

• *Lavez, essuyez et effeuillez la menthe fraîche.*

• *Mettez la viande dans une terrine, avec les pommes de terre écrasées, les œufs et 15 cl d'eau. Salez, poivrez et mélangez.*

• *Lorsque les oignons sont devenus transparents, ajoutez-les dans la terrine avec le vinaigre. Mélangez délicatement mais très soigneusement. Couvrez et laissez reposer 4 heures au frais.*

• *Après ces 4 heures, mélangez encore tous les ingrédients puis formez des croquettes de 3 cm de long et 1,5 cm de large environ et roulez-les soigneusement dans la farine.*

• *Dans une grande poêle, faites bien chauffer l'huile restante. Puis à feu moyen, faites dorer les croquettes. Retournez-les afin qu'elles cuisent de tous les côtés. Dès qu'elles prennent une couleur bien dorée, elles sont cuites. Sortez-les à l'aide d'une écumoire et essuyez l'excédent d'huile sur du papier absorbant.*

• *Servez les* Keftedhes *chauds, accompagnés d'une salade verte ou froids à l'apéritifs avec les mézès.*

Note : vous pouvez bien entendu faire un mélange de viandes hachées (bœuf, veau, agneau).

RAGOÛT DE SAUCISSES

6 PERS. ♦ PRÉPA. : 25 MN ♦ CUISSON : 20 MN ♦ * $

6 saucisses de montagne • 750 g de poivrons verts pointus • 2 tomates • 5 C. d'huile d'olive • 2 C. d'origan séché • sel • poivre moulu

• *Coupez les saucisses en morceaux d'1 cm d'épaisseur environ.*

• *Lavez, essuyez et épépinez soigneusement les poivrons, puis coupez-les en rondelles épaisses.*

• *Ebouillantez, pelez et concassez les tomates.*

• *Dans une sauteuse à fond épais, faites chauffer la moitié de l'huile et faites revenir les poivrons en remuant avec une cuillère en bois.*

• *Dans une poêle chauffez l'huile restante et faites revenir durant 5 mn les rondelles de saucisses.*

• *Ajoutez les saucisses aux poivrons, ainsi que les tomates concassées. Salez, poivrez avec du poivre noir fraîchement moulu, saupoudrez d'origan et mélangez bien.*

• *Laissez mijoter à feu doux 20 mn (il faut que la sauce soit bien réduite).*

Note : vous pouvez remplacer les tomates par 2 C. de concentré de tomates dilué dans 8 C. d'eau chaude.

PORC AUX POIREAUX

6 PERS. ♦ PRÉPA. : 20 MN ♦ CUISSON : 1 H 10 ♦ ** $$

1,5 kg de viande de porc désossée • 1 kg de poireaux • 6 feuilles de céleri • 2 oignons • 9 C. d'huile d'olive • 60 cl d'eau • sel • poivre moulu

• *Coupez la viande en dés. Epluchez et hachez les oignons. Lavez soigneusement puis coupez en petits tronçons les poireaux. Lavez, essuyez puis hachez les feuilles de céleri.*

• *Dans une sauteuse à fond épais, chauffez l'huile et faites dorer les oignons. Ajoutez les dés de viande et faites revenir en mélangeant durant 5 mn. Ajoutez le céleri haché, salez, poivrez avec du poivre noir fraîchement moulu, ajoutez l'eau et laissez mijoter à feu moyen durant 45 mn.*

• *Ajoutez les poireaux, mélangez soigneusement et faites cuire encore 15 mn (la sauce doit être épaisse et la viande très tendre).*

FARCE PASCALE

6 PERS. ♦ PRÉPA. : 30 MN ♦ * $

1 petit pain de mie • lait • 225 g de foie d'agneau • 5 oignons nouveaux • 2 branches de persil plat • 5 feuilles de céleri • 3 branches d'aneth • 3 feuilles de menthe fraîche • 1 citron • sel • poivre moulu

• *Prélevez toute la mie de pain et mettez-la à tremper dans un saladier avec un peu de lait pendant 10 mn. Essorez-la soigneusement.*

• *Dégraissez si nécessaire, puis coupez en tous petits dés le foie d'agneau.*

• *Pelez et hachez grossièrement les oignons (vous pouvez garder leurs pousses). Lavez puis hachez le persil et l'aneth, ciselez les feuilles de menthe. Pressez le citron. Lavez, essuyez et hachez les feuilles de céleri.*

• *Versez les dés de foie et tous les ingrédients dans un saladier, salez, poivrez avec du poivre noir fraîchement moulu. Mélangez très soigneusement.*

• *Enfermez la farce dans une feuille d'aluminium et placez-la à côté de la viande dans le plat de cuisson (par exemple avec l'agneau de Pâques, recette ci-après).*

AGNEAU DE PÂQUES

6 PERS. ♦ PRÉPA. : 20 MN ♦ CUISSON : 1 H 30-2 H ♦ ** $$

1 gigot d'agneau de 2 kg • 1,5 kg de pommes de terre • 2 citrons • 2 gousses d'ail • 6 C. d'huile d'olive • 2 C. d'origan séché • sel • poivre moulu • 60 cl d'eau

• *Préchauffez le four (therm. 7).*

• *Pressez les citrons.*

• *Lardez le gigot de pointes d'ail, enduisez-le de sel et badigeonnez-le de jus de citron.*

• *Epluchez et coupez les pommes de terre en quatre.*

• *Placez le gigot dans un grand plat à rôtir avec l'huile d'olive, saupoudrez-le de poivre et d'origan. Entourez la viande avec les pommes de terre parsemées de quelques lames d'ail et de sel, ajoutez la moitié de l'eau et du jus de citron restant.*

• *Mettez au four et après 5 mn, baissez la température (therm. 5/6). Faites cuire le gigot d'1 h 30 à 2 h, en l'arrosant avec un peu d'eau si nécessaire en cours de cuisson.*

• *Servez avec une farce pascale* *(voir page 232)* *et une salade.*

SFUGATO

6 PERS. ♦ PRÉPA : 20 MN ♦ CUISSON : 20 MN ♦ ** $$

300 g de viande de bœuf hachée • 12 œufs • 2 oignons • 4 courgettes • 3 C. d'huile d'olive • 3 branches d'aneth frais • 1 branche de coriandre • 2 branches de persil plat • sel • poivre moulu

• *Lavez, essuyez, et coupez en petits dés les courgettes. Epluchez les oignons, puis hachez-les.*

• *Lavez et ciselez l'aneth, la coriandre et le persil, mélangez-les.*

• *Dans une sauteuse, faites suer l'oignon haché à l'huile puis ajoutez les dés de courgettes, couvrez et laissez cuire 10 mn en remuant souvent avec une cuillère en bois.*

• *Ajoutez la viande hachée tout en remuant souvent afin de bien l'émietter, salez, poivrez avec du poivre noir fraîchement moulu et faites cuire encore 5 mn. Réservez.*

• *Dans une jatte battez les œufs en omelette, salez, poivrez puis ajoutez-les aux courgettes-viande.*

• *Poursuivez la cuisson en remuant jusqu'à la prise des œufs. Parsemez avec les herbes ciselées.*

• *Servez aussitôt.*

MOUSSAKA D'AUBERGINES

6 PERS. ♦ DÉGORGEMENT : 1 H ♦ PRÉPA. : 50 MN ♦ CUISSON : 45 MN ♦ ** $$

8 aubergines • 600 g de viande hachée (agneau) • 1 $^{1}/_{2}$ boîte de tomates pelées • 3 gousses d'ail • 4 oignons • 20 cl d'huile d'olive • 1 C. d'origan en poudre • 2 branches de persil • sel • poivre blanc et noir

***Pour la sauce tomate :* 800 g de tomates • 1 gousse d'ail • 2 C. d'huile d'olive**

• Lavez et essuyez les aubergines. Pelez-en deux en faisant de larges lanières de leur peau et réservez-les.

• Découpez les autres aubergines en rondelles d'1 cm d'épaisseur. Saupoudrez-les de sel sur les deux faces, mettez-les dans une passoire et laissez-les dégorger pendant 1 bonne heure.

• Dans une casserole portez à ébullition de l'eau salée et faites pocher les pelures d'aubergines pendant 10 mn. Egouttez-les et réservez.

• Epluchez et émincez les oignons et l'ail. Hachez au mixer la chair de deux aubergines pelées.

• Hachez la viande préalablement dégraissée. Lavez et hachez le persil. Salez, poivrez avec du poivre blanc moulu, ajoutez l'origan, les tomates bien égouttées et concassées. Mettez tous ces ingrédients dans une sauteuse à fond épais, mélangez-les et laissez cuire 10 mn en remuant avec une cuillère en bois. Réservez.

• Epongez les rondelles d'aubergines restantes avec du papier absorbant.

• Dans une poêle chauffez l'huile restante et faites revenir les aubergines sur les deux faces en les retournant délicatement (procédez en plusieurs fois). Egouttez-les au fur et à mesure sur du papier absorbant.

• Préchauffez le four (therm. 7) et placez-y un grand plat rempli à moitié d'eau afin d'avoir un bain-marie.

• Huilez un moule à charlotte. Tapissez-en le fond ainsi que les parois avec les lanières de peau des aubergines (côté brillant contre le moule). Placez une couche de rondelles d'aubergines au fond du moule et procédez en alternant une couche de viande, une couche d'aubergines. Terminez par une couche de rondelles d'aubergines.

• Placez le moule dans le bain-marie et laissez cuire 45 mn en vérifiant plusieurs fois le niveau de l'eau.

• Pendant ce temps, ébouillantez, pelez et épépinez les tomates (choisies bien mûres mais fermes). Concassez-les. Pelez, dégermez et hachez l'ail.

• Dans une poêle faites chauffer l'huile, mettez l'ail haché et les tomates. Faites revenir 10 mn en remuant avec une cuillère en bois.

• Démoulez la moussaka et présentez-la entourée de la concassée de tomates que vous aurez, au moment de servir, salée et poivrée avec du poivre noir fraîchement moulu.

AGNEAU AU CITRON

6 PERS. ♦ PRÉPA. : 30 MN ♦ CUISSON : 1 H ♦ ** $$

1 gigot de 2 kg • 1 kg de pommes de terre (rates) • 3 C. d'huile d'olive • 2 gousses d'ail • quelques branches de romarin • 2 feuilles de laurier • 1 C. d'origan séché • 1 cube de bouillon de volaille • sel • poivre noir moulu

• *Préchauffez le four (therm. 7/8).*

• *Epluchez, lavez et découpez les pommes de terre en très fines rondelles.*

• *Epluchez, dégermez et coupez l'ail en lamelles.*

• *Brossez et lavez les citrons. Essuyez-les. Coupez-en un en très fines tranches et le second en deux.*

• *Avec un couteau pointu, faites des incisions dans la viande et glissez dans chacune une lamelle d'ail ainsi que quelques brins de romarin. Entaillez en croisillons la couche grasse du gigot, puis frottez-le avec les demi-citrons. Salez, poivrez.*

• *Huilez un grand plat allant au four, disposez les rondelles de pommes de terre dans le fond du plat, salez et poivrez. Saupoudrez d'origan, mettez les feuilles de laurier et les tranches de citron. Mélangez avec une spatule en bois, puis posez dessus le gigot, côté croisillons au-dessus.*

• *Faites cuire au four pendant 20 mn, puis baissez le four (therm. 6). Poursuivez la cuisson pendant 40 mn.*

• *Diluez le cube de bouillon dans 1/4 l d'eau.*

• *Pendant la cuisson, arrosez régulièrement les pommes de terre de petites louches de bouillon.*

• *Laissez reposer le gigot pendant 15 mn dans le four éteint, avec la porte à peine entrouverte, avant de le servir.*

AGNEAU EN PAPILLOTE

6 PERS. ♦ PRÉPA. : 20 MN ♦ CUISSON : 3 H ♦ ** $$

1 gigot d'agneau avec os • 5 C. d'huile d'olive • 5 brins de thym • 3 feuilles de laurier • sel • poivre
Pour la garniture : **1,2 kg de pommes de terre • 600 g d'oignons • 600 g de tomates • 4 C. d'huile d'olive**

• *Préchauffez le four (therm. 6).*
• *Badigeonnez le gigot d'huile. Au centre d'une grande feuille d'aluminium, placez le laurier, posez le gigot dessus, parsemez-le de thym. Salez et fermez très soigneusement la papillote. Mettez au four pendant 1 h 30.*
• *Pendant ce temps : pelez les pommes de terre et détaillez-les en grosses frites. Epluchez les oignons et coupez-les en grosses lamelles. Lavez, essuyez, coupez les tomates en deux, épépinez-les et hachez-les grossièrement.*
• *Huilez légèrement un plat à gratin. Rangez-y les pommes de terre, les oignons, la pulpe de tomate, arrosez l'huile, salez, poivrez et mélangez. Lorsque le gigot a cuit 1 h 30, enfournez également le plat de légumes pendant 1 h 30.*
• *Retirez le gigot cuit de la papillote. Posez-le sur un plat de service chaud, poivrez abondamment.*
• *Entourez-le de pommes de terre et servez sans attendre.*

DESSERTS

Les desserts et les pâtisseries occupent une place importante dans la vie sociale des Grecs. Que vous arriviez à l'improviste ou que vous soyez attendu, la maîtresse de maison vous offrira des douceurs : biscuits secs, gâteau ou bien des cerises au sirop.

En Grèce, si un repas traditionnel se termine par un plateau de fruits de saison parfois suivi d'un café corsé, il y a toujours des friandises en réserve pour ceux qui ont un petit creux en cours de soirée.

Lors des fêtes familiales et religieuses les pâtisseries sont omniprésentes. A Noël l'on déguste des *kourabiédes* et à la nouvelle année des biscuits secs parfumés à la fleur d'oranger renfermant une pièce de monnaie. A Pâques le traditionnel pain pascal accompagné d'œufs peints.

PETS DE NONNE AU MIEL

REPOS DE LA PÂTE : 2 H ♦ PRÉPA. : 30 MN ♦ CUISSON : 1 H ENV. ♦ ** $

Pâte : **640 g de farine • 50 cl d'eau tiède • 2 œufs • 1/2 c. de sel • 1/2 c. de sucre • 16-18 g de levure de boulanger • un peu d'eau d'oranger • 1 pincée de cannelle en poudre • huile pour friture • miel**
Sirop : **640 g de sucre • 33 cl d'eau • quelques gouttes de jus de citron + l'écorce d'1 citron • 1 bâtonnet de cannelle**

• *Dans bol délayez la levure dans l'eau tiède avec le sel et le sucre.*

• *Mettez la farine dans une jatte, faites un puits, incorporez les œufs et la préparation du bol. Travaillez la pâte jusqu'à ce qu'elle devienne lisse.*

Arrosez avec l'eau d'oranger. Laissez reposer au chaud 2 heures afin que la pâte double de volume.

• *Dans une casserole préparez le sirop en mélangeant tous ses ingrédients. A feu doux, portez à ébullition pendant 10 minutes. Retirez l'écorce de citron et la cannelle. Laissez refroidir.*

• *Chauffez l'huile de friture, sans la laisser fumer. Jetez-y la pâte en la prélevant par petites cuillerées à café. Laissez frire les petites boules de pâte, jusqu'à ce qu'elles soient soufflées et dorées à souhait. Procédez en plusieurs fois.*

• *Egouttez les pets de nonne sur du papier absorbant, puis trempez-les durant quelques minutes dans le sirop froid.*

• *Arrosez-les ensuite de miel, saupoudrez-les de cannelle et dégustez-les.*

FEUILLETÉ AUX AMANDES

6 PERS. ♦ REFROIDISSEMENT : 1 H ♦ PRÉPA. : 20 MN ♦ CUISSON : 15 MN ♦ ** $

12 feuilles de pâte *filo* • 350 g d'amandes hachées • 220 g de beurre mou • 75 g de sucre semoule • 2 c. de cannelle en poudre
***Pour le sirop :* 200 g de sucre • 100 g de miel d'acacia • 2 C. de jus de citron**

• *Préchauffez le four (therm. 6).*

• *Dans une casserole faites fondre 110 g de beurre. Hachez les amandes.*

• *Dans un bol, mélangez les amandes hachées, les 75 g de sucre, la cannelle et le beurre restant coupés en copeaux.*

• *Coupez les feuilles de* filo *en deux, badigeonnez-les de beurre fondu. Posez au centre de chaque bande de* filo *1 c. du mélange aux amandes. Repliez les côtés vers le centre et roulez soigneusement la feuille.*

• *Beurrez un plat à gratin, déposez-y les rouleaux, arrosez avec le beurre fondu restant et mettez au four pendant 10 mn.*

• ***Pendant ce temps préparez le sirop :*** *dans une casserole mettez le sucre, avec 15 cl d'eau et 2 C. de jus de citron. Portez à ébullition et* *laissez cuire 2 mn, puis, versez le miel et laissez sur le feu encore 2 mn. Retirez du feu.*

• *Sortez le plat du four, laissez tiédir les feuilletés, nappez-les de sirop et laissez reposer 1 h.*

• *Déposez-les ensuite dans le plat de service et servez.*

BAKLAVA

12-15 PORTIONS ♦ PRÉPA. : 25 MN ♦ CUISSON : 1 H 20 ♦ REPOS : 3 H ♦ ** $

20 feuilles de *filo* coupées aux dimensions du moule • 350 g de noix pilées • beurre fondu • 1 pincée de cannelle
***Sirop :* 1 kg de sucre • 1 citron • 5 cl d'eau de fleur d'oranger • 50 cl d'eau**

• *Pilez les noix.*

• *Badigeonnez de beurre fondu et tiède, 3 feuilles de* filo *et chemisez le moule avec.*

• *Intercalez ensuite une couche de noix pilées et une feuille beurrée, jusqu'à épuisement des ingrédients. Saupoudrez à chaque fois de cannelle. Terminez par 8 feuilles beurrées. Important : déposez les feuilles délicatement, sans les tasser, afin de permettre au gâteau de bien gonfler.*

• *Préchauffez le four (therm. 4/5).*

• *A l'aide d'un couteau pointu, avant cuisson, prédécoupez les parts, en forme de losange. Enfournez pendant 1 heure 20.*

• ***Pendant la cuisson, préparez le sirop :*** *dans une casserole faites bouillir l'eau avec le sucre et le jus de citron pendant 10 minutes. Hors du feu, incorporez l'eau de fleur d'oranger. Sortez le gâteau et laissez refroidir.*

• *Versez le sirop chaud sur le feuilleté refroidi : le sirop doit remplir le plat jusqu'au bord.*

• *Laissez reposer plusieurs heures avant de servir.*

FEUILLETÉ AU LAIT

10 PORTIONS ♦ PRÉPA. : 25 MN ♦ CUISSON : 1 H ♦ REPOS : 2 H ♦ ** $$

9 feuilles de *filo* • 7 œufs • 300 g de semoule fine • 250 g de sucre • 200 g de beurre • 15 dl de lait • 1 zeste de citron
***Sirop :* 500 g de sucre • 25 cl d'eau • 1 C. de jus de citron**

• Dans une jatte battez les œufs avec le sucre.

• Ajoutez la semoule, le lait et le zeste râpé. Faites épaissir à feu doux, en remuant constamment.

• Retirez du feu et incorporez 3 C. de beurre. Mélangez.

• Beurrez un moule rectangulaire à haut bord (de 22 × 25 cm environ). Etalez 6 feuilles de pâte préalablement badigeonnées de beurre fondu (elles doivent déborder du moule).

• Préchauffez le four (therm. 5).

• Versez le mélange au lait et repliez les bords des feuilles. Couvrez avec les 3 feuilles de filo *restantes, également beurrées.*

• Arrosez avec le reste du beurre fondu. Entaillez les feuilles supérieures pour délimiter 10 portions rectangulaires. Humectez d'eau, et mettez au four pendant 1 heure.

• Sortez le moule du four.

• Préparez un sirop en faisant bouillir pendant 5 minutes tous ses ingrédients. Arrosez le feuilleté avec le sirop tiède.

• Laissez le gâteau s'imprégner pendant quelques heures.

• Servez frais.

TRESSE DE PÂQUES

Cette tresse, dans laquelle l'on niche des œufs durs teintés en rouge, figure parmi les nombreuses douceurs que l'on prépare en Grèce à la fin du Carême.

Les Grecs prêtent à ces œufs colorés des vertus protectrices.

Dans les îles, elles sont le cadeau de Pâques traditionnel des enfants à leurs parrain et marraine.

POUR 1 TRESSE ♦ PRÉPA. ET REPOS : 2 H ♦ CUISSON : 35 MN ♦ ** $

500 g de farine complète • 3 C. d'eau tiède • 15 cl de lait tiède • 75 de beurre • 75 g de sucre en poudre • 2 œufs battus • Le zeste râpé d'une orange • 1 $^1/_2$ c. de levure chimique • huile • 3 œufs durs • 1 jaune d'œuf • 2 C. d'amandes

• *Mélangez l'eau et le lait. Sortez le beurre du réfrigérateur et laissez-le ramollir.*

• *Dans un grand saladier, mettez la farine avec le zeste d'orange râpé et la levure. Versez ensuite très progressivement le mélange eau-lait, en remuant au fur et à mesure avec une spatule en bois pour obtenir une pâte molle. Travaillez-la jusqu'à ce qu'elle devienne élastique et souple.*

• *Huilez un autre saladier, versez-y la pâte, couvrez-la et laissez-la doubler de volume à température ambiante.*

• *Posez le pâton sur un plan de travail fariné et pétrissez-le à nouveau quelques instants ; laissez monter une deuxième fois, pour obtenir une pâte plus fine.*

• *Pendant ce temps, dans un bol, mélangez le sucre et le beurre ramolli, jusqu'à ce que l'ensemble soit crémeux. Incorporez ensuite petit à petit les œufs battus, sans cesser de remuer.*

• *Faites cuire les 3 œufs en incorporant dans l'eau de cuisson un colorant alimentaire rouge foncé.*

• *Remettez la pâte sur le plan de travail, étalez-la un peu, puis enfermez-y le mélange aux œufs. Travaillez rapidement à la main pour bien mélanger le tout.*

• *Divisez la pâte en 3 parts égales. Roulez chacune d'elles à la main sur le plan de travail, de façon à obtenir 3 longs boudins, de l'épaisseur d'un doigt, et façonnez chaque bout en pointe.*

• *Humidifiez les bouts pointus de chaque boudin et soudez-en 3 ensemble. Commencez à les tresser, en incorporant les 3 œufs durs colorés dans la natte, à intervalles réguliers. Soudez les 3 autres extrémités.*

• *Huilez une plaque de cuisson, déposez dessus délicatement la tresse et laissez-la doubler de volume à température ambiante.*

• *Préchauffez le four (therm. 6).*

- *Emincez les amandes.*
- *Battez le jaune d'œuf, dilué avec un peu d'eau tiède, puis passez-le au pinceau sur toute la surface de la tresse avant de répartir les amandes émincées.*
- *Mettez au four pendant 30 à 35 minutes, jusqu'à ce que la surface soit brune et l'intérieur bien cuit.*
- *Laissez refroidir sur une grille.*

NOS RESTAURANTS À PARIS

AU TIBOURG, 31 rue du Bourg-Tibourg (4e). Fermé dimanche - (1) 42 78 57 44

L'AUBERGE DES DEUX-PONTS, 7 rue des Deux-Ponts (4e) - (1) 46 34 29 33

LES CYCLADES, 88 rue St-Martin (4e) - Plats à emporter - (1) 42 72 29 65

LES DÉLICES D'APHRODITE, 4 rue Candolle (5e) - Fermé dimanche - Formules dégustation - (1) 43 31 40 39

MAVROMMATIS, 42 rue Daubenton (5e) - Fermé lundi - (1) 43 31 17 17

APOLLON, 24 rue Jean Nicot (7e) - Plats à emporter - (1) 45 55 68 47

LES ACANTHES, 229 rue du Fbg St-Honoré (5e) - Fermé samedi midi et dimanche - (1) 42 27 15 42

LES ARGONAUTES, 16 rue du Colisée (8e) - (1) 45 62 84 82

L'OLYMPE, 15 rue de la Grange-Batelière (9e) - Fermé dimanche - (1) 48 24 46 65

LES DIAMANTAIRES, 60 rue La Fayette (5e) - (1) 47 70 78 14

KASOPHANI, 122 av. Parmentier (11e) - Fermé lundi et samedi midi - (1) 48 07 20 19

L'ODYSSÉE, 54 rue Daguerre (14e) - Fermé dimanche - (1) 43 22 19 99

L'OLIVIER-OUZERIE, 9 rue Vandamme (14e) - Fermé dimanche - (1) 43 21 57 58

LA TABLE DE PYTHAGORE, 235 bis, rue St-Charles (15e) - (1) 45 54 05 31

LE SIRTAKI, 69 bd de Vaugirard (15e) - Fermé dimanche - (1) 43 22 24 74

L'ALEXANDROS, 18 rue St-Ferdinand (17e) - Fermé dimanche - Plats à emporter - (1) 45 74 75 11

DIOGÈNE, 67 rue Labat (18e) - Fermé dimanche et lundi midi - (1) 42 57 44 78

ARISTOTE, 4 rue de la Réunion (20e) - Fermé dimanche - (1) 43 70 42 91

Note: les rue Mouffetard, rue Grégoire de Tours, en passant par la rue de la Huchette, et une partie des 5e et 6e arrondissements offrent une ribambelle de petits restaurants grecs où l'on peut se restaurer à prix modiques, avec des hauts et des bas.

Où trouver les produits

LES ILES GRECQUES, 14 rue de Bretagne (3e) - (1) 42 71 00 56
IZRAËL, 30 rue François-Miron (4e) - (1) 42 72 66 23
MAVROMMATIS, 47 rue Censier (5e) - (1) 45 35 96 50
PRODUITS DE GRÈCE, 15 rue Lagrange (5e) - (1) 43 54 60 59
MASSIS BLEUE (BALTANIAN), 27 rue Bleue (9e) - (1) 48 24 93 86
BOSPHORE SET, 5 rue de l'Echiquier (10e) - (1) 42 46 60 51
AUX CINQ CONTINENTS, 75 rue de la Roquette (11e) - (1) 43 56 79 69
LA MAISON DE CRÈTE, 23 rue d'Aligre (12e) - (1) 43 43 47 07
SPÉCIALITÉS GRECQUES, 40 rue des Plantes (14e) - (1) 45 42 60 55
AU PORT DE GÊNES, 81 rue Lecourbe (15e) - (1) 47 34 66 86
COMESTIBLES LÉVIS, 42 rue de Lévis (17e) - (1) 42 27 35 04

ITALIE

Ponte Vecchio, Florence

INTRODUCTION

Les artistes créent leurs œuvres à partir des éléments les plus anodins l'imaginaire faisant le reste.

La cuisine est aussi un art et, l'italien, si sensible à la beauté, ne peut qu'apprécier les plaisirs du palais. Sa cuisine est donc comparable à une peinture lumineuse et chaleureuse.

Etayée à la fois par la géographie et l'histoire, la cuisine italienne demeure l'une des plus riches et des plus variées du monde. L'art du bien manger a, depuis longtemps, été porté au premier rang par les divers peuples s'étant fixés, au fil des siècles, sur une terre qui, de tout temps, semble avoir été bénie des dieux.

Politiquement unifiée il y a moins d'un siècle et demi et marquée par un régionalisme très puissant, l'Italie se présente encore comme un ensemble de petits états qui tous, pauvres ou féconds, ont su garder leurs traditions gastronomiques.

Cette cuisine si attachée aux anciennes traditions historiques et culturelles, semble être constamment le fruit de l'improvisation, variant selon la région ou les produits disponibles.

Certaines de ces traditions remontent aux fastes des repas romains. L'empereur Tibère, (plus généreux avec ses cucurbitacées qu'avec ses sujets), cultivait personnellement dans ses serres de la *Villa rustica,* courgettes, concombres et melons dont il raffolait.

Caton, réputé ennemi des médecins grecs établis à Rome, affirmait qu'un bon ragoût aux chou valait mieux que n'importe quel remède d'Hypocrate. *Le chou, rien d'autre que le chou*, clamait-il dans ses discours.

Bien sûr les pâtes sont le plat national, et si la cuisine de nos voisins est souvent réduite par les étrangers à un menu composé de pizza, de pâtes et d'escalopes, il s'agit là d'un lieu commun car la gastronomie italienne existe bel et bien et s'enrichit d'une multitude d'ingrédients dont les saveurs sont à elles seules, un ravissement.

UNE CUISINE TYPIQUEMENT RÉGIONALE

L'histoire a donc beaucoup compté dans les traditions culinaires italiennes, mais la géographie du pays a contribué aux innombrables variétés régionales.

Les différentes spécialités sont le reflet des régions très contrastées de l'Italie et de leurs produits de base. Pour simplifier, on peut délimiter les territoires culinaires en coupant l'Italie en deux : au nord le beurre, au sud l'huile d'olive ; au nord les bovins, au sud les ovins ; au nord la viande, au sud les poissons et les légumes ; au nord le riz, au sud les pâtes ainsi que les légumes... Mais toutes ces spécificités se sont peu à peu fondues dans le mélange des traditions gastronomiques, oubliant leurs origines pour s'adapter à des cultures et des régions différentes.

- Dans la région de Venise, les plats à base de poissons et fruits de mer dominent (gambas, poulpes, anguilles). Parmi les plats de viande le foie à la vénitienne, accompagné de *polenta* (page 292) est un plat simple mais un vrai régal.
- Dans la vallée du Pô, le riz bien sûr est à l'honneur, mais la cuisine du Piémont est riche en gibier, légumes et souvent parfumée aux truffes. Le plat de viande le plus populaire est sans

aucun doute le *bollito misto*, un mélange de viandes et de légumes qui mijote à feu doux.

• En Lombardie, verte contrée, qui produit de très bonnes viandes, on goûte au fabuleux *osso buco* (page 334).

• Basilic, persil, origan, ail sont toujours présents dans la cuisine ligurienne. *Alla genovese* annonce toujours un plat aromatisé d'un mélange de ces plantes.

• Il est impossible de ne pas parler de la charcuterie, qui est en Italie, une des gloires nationales.

• Tout le monde connaît le jambon de Parme à l'incomparable goût légèrement sucré et le savoureux *San Daniele*, inventé par les Celtes qui peuplaient la région du Frioul.

• L'Emilie Romagne offre elle une grande variété de charcuteries dont la mortadelle de Bologne, le *zampone* (pieds de porc fumés et farcis de saucisses) et la *pancetta* roulée, de la poitrine de porc salée enroulée dans sa couenne est une spécialité de cette région.

• Il existe une multitude de jambons, de saucisses, saucissons, préparés avec de la viande de porc ou de bœuf comme la *bresaola* que l'on savoure arrosée d'un filet d'huile d'olive et de jus de citron.

• Simplicité et rusticité sont les caractéristiques essentielles de la cuisine toscane. Ici les pâtes se préparent souvent avec des épinards et du fromage. Les plats sont fréquemment aromatisés avec du fenouil et les viandes excellentes.

• En Ombrie, le cochon de lait cuit à la braise (*porchetta*), parfumé à l'ail et au romarin est remarquable. Dans cette région les champignons et les truffes poussent très bien. D'ailleurs, dans le Périgord vous trouverez souvent des truffes qui ont été cueillies dans les bois des environs de Spoleto !

• Rome est la frontière entre la cuisine au beurre et la cuisine méridionale à l'huile. La cuisine romaine est une cuisine de fête : anguilles à Noël, escargots en sauce pour la St Jean, chevreau à Pâques. Beaucoup de ces fêtes aujourd'hui à connotation religieuse, datent des anciens fastes de l'Empire.

• Naples est la capitale des pâtes, souvent enrichies d'une sauce tomate composée d'oignons, de carottes, de céleri, de basilic, de sel, de poivre, d'une pincée de sucre et bien sûr de petites tomates gorgées de soleil et parfumées.

• Plus au Sud, les plats sont plus rustiques et plus épicés. Sans doute l'influence arabe ou grecque. Les pâtes calabraises sont elles souvent servies très poivrées et pimentées.

L'ITALIEN À TABLE

Les repas occupent une place importante dans la vie italienne et ils marquent toujours, même au quotidien, un moment particulièrement convivial que l'on partage, si possible, avec tous les membres de la famille, sans distinction d'âge.

Un repas complet se déroule selon un ordre de succession des plats qui est commun à toute la cuisine italienne : le premier plat (*primo*) : pâtes, riz ou encore un *minestrone* (soupe épaisse de légumes) et le deuxième plat (*secondo*) (viandes ou poissons), accompagnés de légumes *il contorno*.

Riz et pâtes ne sont jamais présentés comme accompagnement d'une viande ou d'un poisson.

Le repas peut commencer par des *antipasti*, des hors-d'œuvres variés, présents dans toutes les cuisines régionales. En général, ils sont plutôt réservés aux repas de fête, sauf dans le Piémont, où ils sont quotidiennement à l'honneur. Le repas se terminera par du fromage, un fruit et parfois un dessert.

24 HEURES DANS LA VIE D'UN ITALIEN

Le petit déjeuner *(collazione)*: la journée débute bien entendu avec un bon café très fort, accompagné parfois de brioches ou de pain. Mais les italiens n'y attachent pas une grande importance.

En revanche, souvent vers 10 heures, on va faire un petit tour pour prendre un autre café accompagné parfois d'une petite douceur.

Le déjeuner *(pranzo)*: un repas typique se compose de trois plats. *Il primo*: qui peut être une soupe ou des pâtes. *Il secondo*: une viande ou un poisson. Un fruit complète souvent le repas, suivi d'un ou plusieurs *espressi.*
Le *pranzo* étant de plus en plus pris à l'extérieur, le dîner reste le repas le plus important de la journée.

Le dîner *(cena)*: c'est le moment où toute la famille se réunit. Souvent l'on y retrouve les pâtes dans une soupe ou un bouillon. Le plat principal est composé soit de viandes, de poissons ou d'œufs. Du fromage et un fruit complètent le dîner.

Une petite promenade « digestive » suit parfois le dîner et se clôture bien souvent, par une halte à la *pasticceria* (pâtisserie) ou dans une *gelateria* (marchand de glaces).

LES PRODUITS DES MERS

Les poissons sont abondants le long des côtes. Selon les régions, on trouve morue, anguille, rouget, calamar, seiche, poulpe, anchois... A l'intérieur des terres, ce sont les poissons d'eau douce, truite, perche, etc.

LES LÉGUMES

Les légumes sont également très nombreux et savoureux. En tête vient la tomate, présente partout, puis le poivron, les haricots, les fèves, l'artichaut, le cardon, l'asperge, le fenouil, la courgette, le brocoli... ainsi que les champignons tout juste cueillis.

La truffe blanche : faisant foin de tout chauvinisme, il faut admettre que la truffe blanche du Piémont, *tuber magnatum*, est d'une très grande qualité et que ses prix – généralement trois à quatre fois plus élevés que ceux de la truffe du Périgord, *tuber melonosporum* sont tout à fait justifiés aux dires des amateurs. Elle est souvent consommée crue, râpée sur les pâtes et même sur le *risotto*.

LES CHARCUTERIES

Les charcuteries italiennes sont fameuses et fort appréciées. Elles sont souvent présentes dans les *antipasti* et entrées.

Bresaola : filet de bœuf séché qui ressemble à la viande des grisons.

Pancetta : poitrine de porc, roulée, parfois fumée. Se consomme coupée en tranches très fines.

Salame (saucisson) : chaque province produit son propre *salame*.

Prosciutto (jambon) : délicatement fumé, se déguste en tranches très fines. Les meilleurs sont le jambon de Parme et le *San Daniele*.

Mortadelle : saucisson large à base de porc et d'épices et parfumée à la pistache. La meilleure est celle de Bologne.

Cotechino : grosse saucisse de porc que l'on fait cuire plusieurs heures à l'eau bouillante. Coupée en grosses tranches on la sert chaude ou froide avec les haricots, les lentilles, la polenta ou avec une salade.

Luganega : saucisse de porc longue appelée également *salsiccia*. On la sert frite, grillée ou bouillie.

UN AUTRE PAYS DE FROMAGES

Si l'on dit de la France, avec ses 365 fromages, que c'est le pays des fromages et de la Hollande que c'est l'autre pays du fromage, on pourrait classer l'Italie en tête de cette compétition, ne serait-ce que par le nombre : plus de 450 fromages recensés.

Au Nord, on trouve des vaches, mais, depuis l'Antiquité, ce sont surtout les brebis et les chèvres qui sont les plus importants producteurs de lait.

Citons aussi la bufflonne, originaire d'Afrique et d'Asie qui s'est parfaitement acclimatée en Italie.

Les fromages sont donc ici remarquables, ne serait-ce que par leur diversité.

Voici un bref tour d'horizon des fromages italiens, passant des plus typés et plus réputés aux plus doux, mais non moins connus.

Parmesan : au lait de vache, il est le roi des fromages italiens dont la notoriété s'est étendue hors frontières et dans le monde entier. Tout comme le bon vin, il se bonifie en vieillissant. Jeune on le sert en accompagnement de crudités. Achetez-le en morceau et râpez-le au fur et à mesure des besoins afin qu'il conserve son parfum.

Gorgonzola : autre fromage vedette. Un « bleu » au lait de vache, dont le bleuissement aurait été, au XIe siècle, accidentel. Il est proposé doux, piquant ou fumé.

Pecorino : fromage sarde au lait de brebis, souvent utilisé pour assaisonner les pâtes. En Toscane, il est parfumé par l'absinthe qui abonde dans les pâturages. A Rome il est bien plus salé et le *pecorino* sicilien est épicé avec des grains de poivre.

Ricotta : fromage blanc de brebis, frais, sec ou salé. Il entre dans la préparation de nombreux plats cuisinés notamment pour farcir les raviolis.

Provolone : au lait de vache, à pâte élastique. Reconnaissable à sa forme cylindrique arrondie et bridée avec de la corde.

Caciocavallo : fromage cru à pâte semi-dure. Il se présente sous forme de poires d'environ 2 kilos que l'on suspend par paires.

Asiago : au lait de vache parfumé par les herbes des hauts alpages du Nord.

Fontina : au lait de vache, en provenance de la région du Val d'Aoste. Parfumé et fruité. Il était déjà présent à la table des ducs de Savoie au XIIIe siècle.

Mozzarella : le plus souvent, elle est au lait de vache, mais il faut savoir que la meilleure, la vraie, est à base de lait de bufflonne (deux fois plus chère que la première). Fraîche et délicieuse avec les salades, elle est indispensable pour les pizzas et également utilisée pour les gratins.

Mascarpone : au lait de vache, en provenance de Lombardie, ce fromage, très savoureux et crémeux, est l'ingrédient de base d'un dessert italien à la mode : le *tiramisu.*

LE PARMESAN

Si possible ne l'achetez ni en sachets, ni en boîte. Râpé à l'avance, il sèche en perdant son arôme et son onctuosité. Le mieux est de le râper peu avant de le servir.

Pour bien le conserver, placez-le au réfrigérateur, dans une boîte hermétique.

Sortez-le une heure avant le repas, à température ambiante il retrouvera tous ses arômes.

Parme offre de multiples trésors. Son célèbre jambon et le parmesan. Et sans le parmesan, que seraient la pasta, *le* carpaccio, *les* risotti *et les* gnocchi *? Le berceau du parmesan se situe dans la vallée de la rivière Enza, entre les provinces de Parme et de Reg-*

gio Emilia et ses producteurs l'ont, de tout temps, jalousement protégé.

La croûte brossée et huilée, naturellement jaune d'or, recouvre une pâte jaune paille, granuleuse, sans cassure, ni fissure. Il possède un arôme délicat et un goût assez puissant, fruité, sans jamais être piquant.

Malgré les 2 700 000 fromages produits par an, la fabrication du parmesan reste artisanale, dans de petites fromageries appelées «caselli». *Là, quelques fromagers, souvent fils et petits-fils de fromagers, fabriquent le parmesan comme le faisaient leurs ancêtres. Ils le choient, le veillent tout au long de sa maturation et de son affinage, car rien ne remplace le savoir faire ancestral. Tous les secrets se transmettent d'une génération à l'autre et c'est ainsi que, depuis des siècles, le plus célèbre des fromages italiens conserve son authenticité et sa qualité.*

LES DESSERTS

Les italiens aiment les douceurs et chaque région, voire chaque village, vous proposera sa propre spécialité. Nombreux sont également les gâteaux dits traditionnels, *Panettone* pour Noël, *Colomba* à Pâques, *crostoli* au Mardi gras...

Quant aux glaces, l'Italie en est la patrie. Elles étaient déjà fameuses au XVIe siècle, car les italiens avaient importé d'Orient l'art de faire les sorbets. Ce sont d'ailleurs deux napolitains *Velloni* et *Tortoni* qui, sous le Premier Empire, ont introduit la mode des glaces à Paris.

INGRÉDIENTS, HERBES, ÉPICES

Pas de cuisine italienne sans ses herbes, aromates et épices qui lui confèrent cette saveur unique et incomparable : sauge, basilic, origan, romarin, safran, câpres, piments... sont là pour parfumer cette cuisine ensoleillée.

Autre produit typique de cette terre d'abondance qu'est l'Italie : l'huile d'olive.

Chaque région, à partir de l'Emilie-Romagne (Bologne), a ses huiles d'olive, offrant des goûts subtilement différents.

Surnommée « l'or liquide » l'huile d'olive est très utilisée dans la cuisine italienne. La meilleure provient d'olives mûres qui ont subi une première pression à froid, à la pierre, et porte la mention « extra-vierge ».

Quand au vinaigre balsamique de Modène et de Reggio Emilia, il est issu d'une tradition médiévale et n'a pas d'égal pour parfumer une salade ou déglacer une sauce.

Vinaigre balsamique : incomparable ! Vieilli en fût, le seul, le vrai, est celui de Modène.

L'huile d'olive : indispensable pour les salades et les plats auxquels elle confère un goût et un caractère particuliers.

Anchois : la touche finale des entrées, sauces et pizza.

Basilic : il donne un goût fantastique aux salades, mais s'utilise dans les sauces, les pâtes, les soupes...

Laurier : parfume les plats mijotés, les soupes, les rôtis.

Origan : utilisés pour les sauces, les plats mijotés et les pizzas.

Persil : le persil italien à feuilles plates très parfumé est présent dans presque toutes les recettes.

Romarin : parfume le mouton et le porc, mais aussi les volailles et les poissons.

Safran : une toute petite pincée réveille, par sa merveilleuse couleur et son parfum si particulier, le plat le plus anodin.

Sauge : utilisée surtout pour parfumer les plats de veau et les fabuleux *polenta et osei.*

LE BASILIC

Le basilic est si exceptionnel et son parfum et son goût si remarquables que de tout temps on l'a a divinisé.

Sacré en Inde et en Egypte (les archéologues en ont retrouvé jusque dans le ventre des momies), comme à Rome où il symbolisait l'amour éternel.

Cette herbe née en Perse aurait été transplantée sur leur côte par les Phéniciens, qui établirent des comptoirs à Gênes dès le Ve siècle avant Jésus-Christ.

Le basilic de Gênes se cueille quand il ne mesure pas plus de 8 cm, avant la floraison, pour empêcher son superbe vert chlorophylle de brunir au contact des aliments chauds.

Les afecionado *de cette herbe royale la vénèrent toujours et aujourd'hui l'on peut en distinguer les diverses espèces.*

- *Le basilic fin aux petites feuilles d'un vert profond et aux courtes tiges et au goût bien plus prononcé que ses cousins.*
- *Le grand basilic, aux larges feuilles, d'un joli vert clair.*
- *Le basilic anisé au goût assez voisin de celui de l'anis. Plus rare, il est reconnaissable à ses feuilles presque pourpres.*
- *Les feuilles du basilic, sont utilisées comme condiment type dans la cuisine méridionale.*
- *Mélangé avec un peu d'ail frais, de poivre concassé, de gros sel de mer, d'huile d'olive très parfumée et d'une tomate, dont on aura coupé la pulpe en petits cubes, le basilic fera la plus exquise des sauce de spaghettis.*
- *Ecrasé avec de l'ail, des pignons, du persil, beaucoup de parmesan râpé et de l'huile d'olive, il nous donne le somptueux* pesto. *Les Ligures appellent cette sauce leur « drapeau ».*
- *L'huile de macération est exceptionnelle. et magnifique en assaisonnement de salades ou de tomates à la mozzarella.*

• *En pistou traditionnel: préparé au pilon (en provençal, pistou veut dire «pilon») et marié avec de l'ail et de l'huile d'olive. Magnifique aussi avec une simple salade de haricots blancs et d'oignons doux!*

Comment le conserver

Comme les roses, le basilic ne dure qu'une saison ou quelques jours effeuillé dans un bocal de verre fermé et conservé au frais.

On peut cependant le consommer toute l'année en lui conservant tout son arôme.

• ***Séché**: à éviter. En séchant le basilic perd son goût et ressemble plutôt a du foin...*

• ***Congelé**: réuni en petit bouquets que l'on met sous sachets de plastique alimentaire avant de le congeler.*

• ***Macéré**: de loin la meilleure solution. Recouvertes d'huile d'olive les feuilles gardent indéfiniment leur parfum. L'huile elle-même, fortement odorante peut servir à de multiples usages (assaisonnement, cuisson, aromatisation...).*

Les bons gestes

***Indispensable** de la cuisine italienne, incontournable de la cuisine provençale, inévitable de toute cuisine du Sud, le basilic est une inépuisable mine.*

***Cuisson très délicate**: il ne supporte guère le chaud et pas du tout la friture ou l'ébullition. Veillez donc à ne l'incorporer qu'à la toute dernière minute ou à préparer une sauce que l'on servira à part.*

***A bannir**: son mariage avec le vinaigre qu'il déteste et qui lui fait perdre l'essentiel de ses qualités.*

***Entier**: lorsque ses feuilles sont toutes petites, il décore joliment* *les plats. Ne pas oublier de le passer rapidement sous l'eau courante pour éliminer d'éventuelles traces de terreau.*

***Ciselé** : c'est-à-dire coupé aux ciseaux dans un verre, il exhale mieux son parfum. Un traitement à réserver aux feuilles les plus larges.*

***Pilé** : en pâte fine dans un mortier, ajouté à d'autres ingrédients, il devient extrêmement puissant. Cette pâte, recouverte d'un film d'huile d'olive, se garde indéfiniment, comme les feuilles macérées.*

LES VINS

Chaque région produit des vins qui peuvent figurer parmi les meilleurs crus.

Cette « œnothera », ou « terre des vins », comme l'avait surnommée les Grecs, mérite bien son nom. Il n'est guère de région d'Italie qui n'ait son vin. On recense, en effet, plus de 500 cépages.

Quatre régions italiennes se détachent vraiment du reste du pays par leur vocation viticole : le Piémont, la Toscane, le Frioul et la Vénétie.

- Le Piémont produit des vins épais qui accompagnent à merveille le gibier ou qui sont utilisés en cuisine : *Barbaresco, Gattinata.* Il y a aussi les fameux vins d'*Asti*, vins doux, à la couleur paille qui accompagnent les desserts.
- La vallée d'Aoste produit elle de grands rouges (*Donza, Enfer d'Arvier*) et des blancs plus fins (*Malvasia*).
- En Vénétie, le *Valpolicella* avec son goût caractéristique d'amande est très répandu, ainsi que le *Soave* blanc, qui accompagne divinement les poissons frits et le *Recioto* que vous dégusterez avec les viandes et les fromages plutôt forts.
- En Vénétie-Julienne, vous trouverez le *Picolit*, un petit vin à la couleur ambrée qui accompagne les desserts.

• Les vins de Ligurie sont eux plutôt destinés aux poissons *(Cinqueterre, Vermentino).*

• Le *Lambrusco*, ce vin pétillant qui étonne toujours le néophyte, est l'un des meilleurs vins rouges italiens.

• La Toscane, pays des artistes, fournit le plus connu des vins italiens le *Chianti*, mais également bon nombre d'excellents vins blancs (*Parrina, Procanico...*)

• L'*Orvieto* blanc ou le *Torgiano rosso* sont eux produits en Ombrie.

• A Rome, l'on ne manquera pas de vous faire goûter au *Frascati*, un vin blanc qui s'accorde avec tous les plats ou le fabuleux *Est, Est, Est* blanc qui accompagne si bien les desserts.

• Les crus napolitains ont une histoire impériale : *Lacrima Christi, Ischia, Falerno...* Trajano, semble-il, buvait déjà les crus de Falerno, vins rouges robustes qui accompagnent merveilleusement les gibiers.

• Plus nous descendons vers le Sud, plus les vins sont doux : *Moscato di Trani, Malvasia di Lipari...*

• En, Sicile, le *Cerasuolo di Vittorio* par exemple, est un rosé délicieux et bien sûr les *Marsala* (voir le tableau des Vins).

PRINCIPAUX VINS ITALIENS

Bonum vinum laetificat cor hominis.
(Le bon vin réjouit le cœur de l'homme).

Aglianico, vin rouge de Basilicate qu'il ne faut pas boire trop jeune. Il existe pétillant comme vin de dessert.

Ala, vin apéritif un peu amer des environs de Palerme.

Albana di romagna, vin blanc d'Emilie, jaune paille. – Sec pour poissons et potages. – Doux pour desserts. Peut également être champagnisé.

Albanello, vin sicilien de la région de Syracuse ressemblant au Marsala, mais très alcoolisé : 14 à 18°. Il y en a un sec et un doux.

Albano, vin blanc de la région de Rome.

Alcamo, vin blanc sec sicilien de couleur jaune paille, convenant pour tout le repas.

Aleatico, il en existe plusieurs, entre autres : *Aleatico d'Arceti* (de Toscane), *Aleatico di Gradoli, Aleatico di Puglia,* etc. Ce sont des vins rouges foncés assez forts.

Alezio, vin des Pouilles. – Rosé couleur corail pour les fins de repas. – Rouge rubis pour les viandes et même le repas entier.

Amarone, vin de paille de la région de Vérone, avec beaucoup d'arôme. Existe en blanc et en rouge.

Aquileia, vin de la région d'Udine, qui existe en rosé, blanc et rouge sous une douzaine d'appellations (*Merlot, Cabernet, Pinot*, etc.).

Asti spumante, vin blanc mousseux du Piémont à saveur fruitée, très réputé comme vin de dessert.

Barbaresco, vin piémontais rouge rubis, corsé et velouté, remarquable pour la viande rouge, le gibier et les fromages. Peut vieillir longtemps.

Barbera d'Alba, vin piémontais rouge rubis, très parfumé, convenant à la charcuterie et la viande.

Bardolino, vin rouge de Vénétie, sec et clair.

Barolo : *« il re dei vini et il vino dei re »*, (le roi des vins et le vin des rois). Un des vins rouges les plus fins d'Italie, de couleur rubis, du Piémont, riche et corsé, convenant particulièrement au gibier, aux rôtis et aux fromages.

Bombarde, vin sarde rouge, plutôt fort, lourd, épais et puissant.

Brunello di Montalcino, le meilleur d'Italie (il se dispute la palme avec le *Barolo*!) Vin rouge de Toscane pour accompagner les viandes rouges. Doit être débouché à l'avance.

Cabernet, vin du Haut Adige, rouge rubis, convenant à tout le repas.

Caldaro, vin du Trentin, rouge rubis, fruité et délicat, pour les viandes blanches et les volailles.

Cannonau di Sardegna, vin sarde, rouge rubis, titrant 13 à 14°, pouvant vieillir plusieurs années. Il en existe un sec et un doux. C'est un vin très fin pour le dessert, les fruits et en dehors des repas.

Capri bianco, vin de Capri, blanc, léger et sec, couleur paille, pour les *antipasti* et les poissons.

Capri rosso, vin également de Capri, rouge rubis. Plutôt sec. Pour tout le repas.

Carema, vin piémontais, rouge rubis foncé, meilleur vieux. Accompagnant très bien le gibier, les viandes cuisinées et les fromages.

Carignano del sulcis, vin sarde de la région de Calgari. Rouge, il convient aux rôtis. Rosé, il se boit frais pendant tout le repas.

Carmignano, vin toscan du val d'Arno. – Rouge rubis vif, pour viandes rouges. – Rosé, il est fruité et convient à tout le repas.

Castel del monte, vin des Pouilles. – Blanc : convient au poisson et à tout le repas. – Rosé : pour l'apéritif et les *antipasti*. – Rouge convient aux rôtis, fromages et à tout le repas.

Casteller, vin de couleur rosée de la région de Trente, accompagne potages et *antipasti*.

Castello Romano, vin blanc sec de la région de Rome.

Castelvecchio, vin sicilien, coloré et fort.

Cellatica, vin rouge rubis de la région de Brescia, convenant très bien aux viandes rôties et à la cuisine bresciane.

Cerasiolo, vin sicilien, rouge cerise, très alcoolisé (15 à 16°).

Chardonnay, vin du Haut Adige, blanc, fruité, pour l'apéritif ou la fin de repas.

Chianti, le Chianti est peut-être le vin le plus connu d'Italie ! Jeune, il est présenté dans des fiasques paillées qui ont d'ailleurs contribué à son succès ! Mais vieilli et d'appellation contrôlée, il est présenté dans des bouteilles de type bordelaises et est bien meilleur ! Il s'agit toujours de vin rouge de Toscane, mais il y a différents crus, comme pour toutes les grandes régions vinicoles, en particulier : – *Chianti classico* : vieilli, millésimé, titrant environ 12° et convenant à tout le repas. – *Chianti Montalbano* : de la région de Florence et Piston – *Chianti putto* : des collines de Sienne, de couleur rubis. convenant également à tout le repas.

Chiaretto, « Claret ». Vin rosé de Lombardie, sec.

Cinqueterre, le plus renommé des vins de Ligurie, provenant des cinq villages de pêcheurs formant la zone des *Cinque Terre*, près de La Spezia. C'est un vin blanc sec, de couleur paille, au parfum délicat, pour poissons et légumes. Il existe aussi en vin de dessert, c'est le *Schachetrà*.

Colli di Trasimeno, vin des bords du lac Trasimène. Blanc, il convient aux poissons du lac. Rouge, il convient aux viandes rouges et aux plats d'Ombrie.

Cornigliano, vin blanc sec de Ligurie.

Cortese, vin blanc du Piémont, sec et léger, devant être servi très frais pour accompagner *antipasti*, œufs et poissons.

Corvo, vin sicilien rouge, de l'est de Palerme.

Dolcetto, vin rouge piémontais, de l'Alba, pour le gibier.

Donnaz, vin rouge rubis au léger goût de framboise, plutôt sec, conseillé avec les spécialités valdostènes à base de fromage *fontina* et avec la viande rouge. De surcroît, on lui confère des vertus aphrodisiaques.

Erbaluce de caluso, vin liquoreux du Piémont.

Est! Est! Est! di Montefiascone, vin blanc de la région de Bolsena, dans le Latium, très renommé et légendaire, sec, de couleur jaune paille convenant pour l'apéritif et le poisson.

Etna, vin sicilien de la province de Catane, qui existe en blanc (pour *antipasti* et fritures), en rouge (pour viandes et fromages) et en rosé (pour tout le repas).

Falerio d'Ascoli, vin blanc des Marches de couleur paille, sec, pour tout le repas.

Fara, vin piémontais, de Novare, rouge rubis, avec un léger parfum de violette. Convenant aux rôtis et aux grillades.

Faro, vin sicilien des environs de Messine, rouge rubis, sec, qui convient à tout le repas mais qu'il ne faut pas boire trop jeune.

Frascati, vin blanc du Latium pour les poissons (c'est un *Castello Romano*).

Freisa de Chieri, vin piémontais de la région d'Asti, rouge. Corsé. Il en existe un moelleux et un sec.

Garganera di Gambellara, vin blanc léger de Vénétie.

Gerace, vin calabrais, blanc, sucré, pour le dessert.

Giro di Cagliari, vin sarde, rouge rubis. – Sec : pour la viande. – Doux : pour la fin du repas.

Grave del Friuli, vin du Frioul. Il existe une quinzaine de crus portant cette appellation, en blanc, rouge et rosé.

Greco di Gerace, vin calabrais, blanc et sec.

Grignolino, vin du Piémont rouge, plutôt léger, parfois un peu amer.

Grottaferrata, vin blanc du Latium pas très sec.

Grumello, vin de Lombardie ressemblant à l'*Inferno*, c'est-à-dire plutôt sec.

Inferno, vin de Lombardie, rouge et plutôt sec.

Ischia, vin de l'île d'Ischia. Blanc, il accompagne les fruits de mer. Rouge, il convient aux pâtes et pour tout le repas.

Lacrima Christi, «Larme du Christ». Très bon vin des pentes du Vésuve qui existe en blanc très sec de couleur jaune paille pour tout le repas, et également en rouge et rosé.

Lambrusco, vin rouge d'Emilie un peu piquant et pétillant, très répandu, dont la couleur va du rosé au rouge. Sec il va très bien avec les plats d'Emilie-Romagne. Doux, il convient aux desserts. Les appellations principales sont: *Lambrusco di Sorbara* et *Lambrusco-Reggiano.*

Locorotondo, vin de la province de Bari. un des meilleurs d'Apulie, blanc couleur paille, sec et délicat, titrant environ 11° et convenant très bien aux plats de poisson.

Lugana, vin lombard, blanc, frais et délicat. pour *antipasti* et poissons.

Malvasia, Malvoisie. Vin blanc doux de Sicile, jaune ambre, fruité pour les desserts et même pour après les repas,

Malvasia di Cagliari, vin sarde blanc. Assez alcoolisé, couleur paille. Sec pour poissons et doux pour desserts.

Mamertino, vin de dessert sicilien de la province de Messine, de très petite production, donc rare, mais néanmoins très célèbre.

Mandrolisai, vin sarde qui convient pour tout le repas, aussi bien rouge que rosé.

Marsala, vin de Sicile, couleur jaune ambré tirant sur le brun, titrant environ 18°, mais doux et convenant aux desserts. A boire tempéré et non frais, après un long vieillissement. Il y en a 4 principaux: *Marsala fine, superiore, vergine* et *all'uovo* (fin, supérieur, vierge et à l'œuf!)

Merlot, vin rouge rubis du Haut Adige, convenant très bien aux viandes.

Monica, vin sarde rouge velouté titrant environ 15°. L'un sec, convient aux viandes, l'autre doux aux fins de repas.

Montepulciano, vin de Toscane, rouge rubis, pour volailles, agneau et fromages, titrant 12 à 13°.

Moscata del tiempo, vin sarde doux.

Moscato, Muscat. Vin blanc jaune d'or, liquoreux, doux et fruité, de Sicile et de Sardaigne. Peut être bu frais à l'apéritif ou au dessert. Existe également pétillant.

Moscato d'Asti, Muscat d'Asti. Vin du Piémont, blanc jaune d'or, doux et fruité, pour le dessert. Il existe toutes sortes d'autres Muscats : *Moscato de Canelli* (du Piémont), *Moscato d'Albano, di Montefiascone...*

Nasco di Cagliari, vin sarde blanc titrant environ 15°, de couleur paille. Sec, convient aux crustacés. Doux, convient aux fins de repas.

Nebbiolo d'Alba, vin rouge du Piémont, couleur rubis, assez corsé mais non agressif, qui se marie aussi bien avec la fondue, les truffes, la viande blanche ou les fromages.

Nuragus, vin sarde blanc sec, légèrement acidulé, convenant à tout le repas.

Oliena cannonau, vin sarde rouge. Plutôt fort et sec.

Oltrepò Pavese, une douzaine de crus portent l'appellation d'*Oltrepò*. Celui-ci, de Lombardie est rouge rubis et convient à tout le repas.

Orvieto, vin blanc d'Ombrie, délicat et sec, de couleur blonde, très bon pour le poisson.

Ostuni, vin blanc des Pouilles, région de Brindisi, pour antipasti.

Ostuni Ottavianello, vin rouge rubis, délicat, pour tout le repas.

Pachino, vin rouge sicilien, très fort et coloré. Titrant environ 15°, produit dans la région de Syracuse.

Piccolit, vin blanc doux de Trieste.

Piglio, vin rouge de la région romaine.

Pinot bianco, vin blanc du Haut Adige, pour *antipasti.*

Pinot grigio, vin blanc du Haut Adige, de couleur paille, pour apéritif et mets délicats.

Polcevera, vin blanc de Ligurie. Très sec.

Pollino, vin calabrais rouge rubis, sec, meilleur vieilli, convenant à tout le repas.

Pomino, vin toscan des environs de Florence. – Blanc : sec, de couleur paille, convient aux *antipasti* et aux poissons. – Rouge : sec, de couleur rubis, peut vieillir. Convient aux viandes rouges et au gibier.

Portofino, vin ligure, sec et léger.

Prosecco, vin vénitien blanc de couleur paille. Sec, il convient à tout le repas. Doux (malgré son nom), convient aux desserts.

Recioto, vin blanc doux de Vénétie.

Riesling, vin blanc du Haut Adige, un peu « en dessous » du Riesling alsacien. Convient aux antipasti et aux poissons.

Rossese, vin de Ligurie, rouge foncé, aromatisé. Convient aux viandes rôties et à tout le repas.

Rosso piceno, vin des Marches, rouge rubis très sec pour les viandes.

Rubino di Cantavenna, vin rouge rubis clair, pour fin de repas et même tout le repas.

Rufino, bon vin rouge de Toscane.

Salice Salentino, vin des Pouilles. – *Rosato* (rosé), sec, titrant 12° et convenant à tout le repas. – *Rosso* (rouge), couleur rubis. 12,5°, convenant à la viande.

Sangiovese, vin rouge d'Emilie, rubis violacé, sec, peut accompagner les rôtis, mais aussi les potages et le repas entier.

Sassella, vin rouge lombard très sec.

Savuto, *Rosato* (rosé) : vin de Calabre, rosé sec, pour tout le repas. *Rosso* (rouge) : convient pour les plats mijotés.

Sizzano, vin du Piémont, rouge rubis, sec, parfait pour rôtis de porc, lapin, pintade et aussi fromages.

Soave, vin blanc de Vénétie (environs du lac de Garde), de couleur paille claire, sec, pour accompagner les soupes, œufs et poissons.

Solopaca, *Bianco* (blanc) : vin de Campanie, couleur paille, sec, convenant à tout le repas. – *Rosso* (rouge) : couleur rubis, sec, convenant pour l'agneau et aussi tout le repas

Sorni, vin du Trentin. Blanc : couleur paille, léger et sec, pour tout le repas. – Rouge : couleur rubis, délicat et sec, pour viandes, fromages, ainsi que tout le repas.

Squinzano, vin des Pouilles (de Lecce), rosé et fin, pour tout le repas.

Terlano, vin blanc du Tyrol, dont on trouve une dizaine de variétés dans la région de Bolzano. Convient en général pour le poisson.

Teroldego Rotaliano, vin des Dolomites. – Rosé : convient pour tout le repas mais ne vieillit pas. – Rouge : va pour la viande rouge et le porc. Rouge supérieur *(rosso superiore)* : doit avoir vieilli pour mériter son appellation et convient pour toutes les viandes.

Tocai, Tokay. Vin blanc sec du Frioul et de Lombardie, pour bouillons et poissons.

Torgiano, vin de Pérouse (Ombrie). – Blanc : couleur paille, fruité, convient aux poissons du lac et aux pâtes. – Rouge : couleur rubis, sec, convient pour « soupes sèches » et rôtis de viande blanche.

Trebbiano, vin blanc d'Emilie, de couleur paille, plutôt sec, qui convient aux poissons et à tout le repas.

Trentino, vin du Trentin qui existe en toutes sortes de cépages :

Merlot, Pinot, Riesling, etc. En blanc, il convient en général à tout le repas. En rouge, aux fromages vieillis.

Valpantena, vin rouge très sec de Vénétie, qui est un *Valpolicella.*

Valpolicella, vin rouge de Vénétie très connu, riche et tonique, titrant environ 11° et convenant à tout le repas.

Valtellina, vin lombard de couleur rouge vif, qui doit vieillir et convient aux viandes rouges.

Verdicchio di Jesi, vin blanc des Marches, assez doux, (il existe aussi un *Verdicchio* sec).

Verduzzo, vin blanc de Trieste, sec et léger.

Vermentino (di Galluza), vin blanc sarde pour apéritif, *antipasti*, ou poisson.

Vernaccia, vin sarde, d'Oristano, blanc et doux. – Vin toscan, de San Giminiano, de couleur jaune d'or. Il y en a un sec, avec un arrière-goût d'amande, pour le poisson, et un doux, liquoreux, pour le dessert ou la dégustation, qui est très réputé.

Vesuvio, sur les pentes du Vésuve. – *Bianco* : sec et acidulé pour tout le repas. – *Rosato* (rosé) : sec pour tout le repas. – *Rosso* : également sec et pour tout le repas.

Vino nobile di Montepulciano, vin toscan rouge grenat, titrant environ 12,5°, convenant aux rôtis. Il doit vieillir et être débouché à l'avance.

Vino Santo, vin de Toscane (qui existe également dans d'autres régions), blanc, doux, genre Xérès, à base de raisins desséchés. Il doit vieillir 3 à 4 ans.

Zagarolo, vin blanc du Latium, de couleur paille, sec, convenant pour tout le repas.

Les principaux termes pour bien choisir les vins de la Péninsule

Amabile: doux, moelleux.

Dolce: plutôt sucré, doux.

Generoso: corsé.

Giovane: jeune – nouveau.

Leggero: léger.

Nostrano: vin de la région.

Secco: sec – brut.

Spumante: mousseux.

Stagionato: vieilli.

Vecchio: vieux.

SOUPES

Les soupes italiennes renferment toujours une multitude d'ingrédients. Les bouillons légers, enrichis juste de quelques pâtes sont plutôt rares. La légende de la *Zuppa alla Pavese*, illustre très bien ce fait : une fermière voulut offrir de la soupe à François Ier, après sa défaite lors de la bataille de Pavie (1525), mais jugeant que son bouillon était trop pauvre pour un roi, elle ajouta des œufs et du lard dans le bouillon afin de le rendre plus consistant.

ZUPPA ALLA PAVESE

6-8 PERS. ♦ PRÉPA. : 30 MN ♦ CUISSON : 4 H ENV. ♦ ** $$

4 pommes de terre • 4 carottes • 2 branches de céleri • 3 petites courgettes • 2 tomates • 300 g de haricots *(borlotti)* • 200 g de petits pois • 1 petit chou blanc • 250 g de riz • 150 g de lard maigre • 12 petites tranches de pain de campagne • 6 œufs • 1 gousse d'ail • 2 petits oignons • quelques feuilles de basilic • huile d'olive • 150 g de parmesan

• *Pelez la gousse d'ail, dégermez-la.*

• *Hachez le lard, ajoutez une pointe d'ail et le bouquet de persil, mélangez et faites fondre à feu doux. Ajoutez les pommes de terre pelées, et coupées en gros quartiers.*

• *Lavez et effilez les carottes, hachez les branches de céleri, lavez, essuyez puis découpez les courgettes en grosses rondelles. Lavez, essuyez et ciselez le basilic.*

• *Mettez tous les légumes dans un faitout, ajoutez les oignons épluchés et coupés en lamelles.*

• *Ebouillantez puis pelez les tomates, hachez-les grossièrement et ajoutez-les aux autres ingrédients, ainsi que les haricots frais égrenés. Recouvrez avec 3,5 l d'eau, salez. Portez à ébullition, baissez la température et laissez cuire à couvert durant 3 bonnes heures.*

• *Ajoutez alors le choux lavé et découpé en lanières, les petits pois frais et le riz. Laissez cuire 30 mn à forte chaleur. Ajoutez à la fin de la cuisson le basilic ciselé.*

• *Dans chaque assiette, déposez deux tranches de pain de campagne pas trop épaisses, versez dessus un filet d'huile d'olive. Cassez sur chaque tranche de pain un œuf, salez le jaune, parsemez abondamment de parmesan fraîchement râpé et versez dessus, délicatement à la louche, en veillant à ne pas casser les jaunes d'œufs, la soupe brûlante.*

MINESTRONE AL PESTO

6-8 PERS. ♦ PRÉPA. : 45 MN ♦ CUISSON : 2 HEURES ♦ * $

800 g de haricots à écosser • 250 g de haricots verts • 6 courgettes • 750 g de pommes de terre • 2 tomates • 2 oignons rouges • 4 petites côtes de céleri • 200 g de lard fumé • 250 g de spaghetti • huile d'olive • gros sel • poivre moulu
***Pour le pesto :* 3 gousses d'ail • 30 feuilles de basilic frais • 10 cl d'huile d'olive • 100 g de parmesan râpé**

• *Ecossez les haricots et faites-les cuire 30 mn dans 2,5 l d'eau bouillante salée. Pelez les pommes de terre. Effilez les haricots verts, lavez-les et coupez-les en petits morceaux.*

• *Lavez les courgettes, essuyez-les, coupez-les dans le sens de la longueur et ôtez les graines.*

• *Ebouillantez quelques instants, pelez et épépinez les tomates. Détaillez la chair des courgettes, des tomates et des pommes de terre en petits dés. Réservez.*

- *Dans une grande cocotte faites chauffer l'huile d'olive et faites-y revenir pendant 5 mn, tout doucement et en mélangeant avec une cuillère en bois, l'oignon et le lard coupés en dés. Ajoutez les autres légumes, puis les haricots écossés et leur eau de cuisson. Allongez avec un litre d'eau bouillante et laissez cuire, doucement, couvert à demi, pendant 1 h 30.*
- *Après 1 h 15 de cuisson, ajoutez 250 g de spaghetti.*
- *Lavez, essuyez puis hachez grossièrement les feuilles de basilic. Epluchez les gousses d'ail, ôtez les germes. Pilez-les avec le basilic dans un mortier jusqu'à obtention d'une pommade.*
- *Lorsque les légumes sont cuits, prélevez une C. de haricots et 1 C. de pommes de terre et ajoutez-les dans le mortier. Réduisez-les à leur tour en purée avec le pilon.*
- *Commencez à verser dans le mortier l'huile d'olive en filet, tout doucement en continuant de piler et en tournant pour monter le mélange un peu comme pour une mayonnaise. Ajoutez, peu à peu le parmesan fraîchement râpé. Diluez la pâte ainsi obtenue avec du bouillon de la soupe, puis versez le tout dans la cocotte.*
- *Tournez avec la cuillère en bois, laissez sur le feu durant 5 mn mais en veillant à ne pas porter à ébullition.*
- *Rectifiez l'assaisonnement et servez aussitôt.*

SOUPE AUX CANNELLINI

Cette spécialité du Frioul-Vénétie-Julienne, était autrefois la soupe du pauvre. Un vieux dicton disait même : *Un peu de cannellini chaque jour, à défaut de polenta ou de lait.* Aujourd'hui elle figure en très bonne place sur les cartes des meilleurs restaurants.

6 PERS. ♦ TREMPAGE : 12 H ♦ PRÉPA. : 15 MN ♦ CUISSON : 2 H ♦ * $

500 g de *cannellini* secs (haricots blancs) • 150 g de *pancetta* • 2 petits choux blancs • 3 gousses d'ail • 1 feuille de laurier • 2 C. de graines de cumin • 3 C. de farine • 5 C. d'huile d'olive • sel

• *La veille, triez, lavez et mettez à tremper les haricots dans de l'eau froide.*

• *Le lendemain, rincez et égouttez les* cannellini *dans une passoire.*

• *Découpez la* pancetta *en petits carrés. Mettez les haricots et la* pancetta *dans un faitout, recouvrez-les d'eau froide, portez à ébullition, couvrez et laissez mijoter 1 h 30 en ajoutant un peu d'eau si nécessaire.*

• *Pendant la cuisson, nettoyez les choux, lavez-les et coupez-les en quatre. Mettez-les dans une sauteuse anti-adhésive, avec le cumin et la feuille de laurier. Salez, arrosez d'un peu d'eau et faites cuire 3 mn à feu moyen en mélangeant.*

• *Pelez les gousses d'ail, dégermez-les et émincez-les. Dans une poêle faites chauffer la moitié de l'huile et mettez à dorer l'ail. Lorsqu'il est doré, retirez-le, mettez à la place la farine et faites blondir 3 mn en mélangeant constamment. Ajoutez enfin les quartiers de chou et poursuivez la cuisson pendant 7 mn. Couvrez et réservez.*

• *Après 1 h 30 de cuisson des* cannellini, *ajoutez dans le faitout l'huile restante et les choux. Mélangez et laissez cuire encore 30 mn.*

SOUPE DE RIZ À LA PIÉMONTAISE

6 PERS. ♦ PRÉPA. : 10 MN ♦ CUISSON : 55 MN ENV. ♦ * $

1,5 l de bouillon de volaille (tablette) • 2 branches de céleri • 2 poivrons • 5 carottes • 3 jaunes d'œufs • 1 bol de riz • sel • poivre

• *Mettez le bouillon dans un faitout et ajoutez 1/2 litre d'eau. Salez et poivrez.*

• *Épluchez et découpez les poivrons, en enlevant graines et filaments. Lavez le céleri et les carottes. Ajoutez-les au bouillon et portez à ébullition.*

• *Au bout de 30 minutes, ajouter le riz et laissez cuire.*

• *A la fin de la cuisson, liez la soupe avec les jaunes d'œufs et servez immédiatement.*

SOUPE AU POTIRON

Dans la région de Mantoue les plats à base de potiron sont nombreux : *risotti, gnocchi* ou *tortelli alla zucca* traditionnellement dégustés la veille de Noël.

6 PERS. ♦ PRÉPA. : 20 MN ♦ CUISSON : 35 MN

1,5 kg de potiron • 3 C. d'huile d'olive • 200 g de jambon cru haché • 3 oignons hachés • 45 cl de bouillon de volaille (tablette) • 45 cl de lait • 1 feuille de laurier • 2 branches de thym • 2 pincées de safran • quelques feuilles de basilic • quelques croûtons • sel • poivre

• *Otez soigneusement les graines et toutes les parties filandreuses du potiron, enlevez la peau et coupez la pulpe en petits cubes.*

• *Pelez et hachez les oignons. Hachez le jambon. Lavez et ciselez le basilic.*

• *Dans un faitout faites chauffer l'huile et mettez-y le jambon haché et les oignons, Laissez cuire, en remuant de temps en temps, jusqu'à ce que les oignons fondent sans prendre couleur.*

• *Ajoutez alors le potiron, attendez quelques secondes, versez le bouillon et ajoutez la feuille de laurier et le thym.*

• *Portez à ébullition et laissez mijoter à feu doux pendant 30 minutes : le potiron doit devenir très tendre.*

• *Otez toutes les herbes aromatiques, passez la soupe au mixer, puis au chinois. Remettez dans la casserole, ajoutez le safran, salez, poivrez et faites réchauffer tout doucement.*

• *Servez avec des croûtons préalablement grillés et et parsemez de feuilles de basilic ciselées.*

ANTIPASTI - HORS-D'ŒUVRES

Antipasto: littéralement signifie « avant le repas ». Une mise en bouche. Ils représentent l'une des plus délicieuses traditions culinaires de l'Italie. Servis en hors-d'œuvres, ils sont extrêmement variés. Légumes marinés à l'huile ou au vinaigre, mais aussi charcuteries réputées : jambons de Parme ou de *San Daniele, salami, coppa, mortadella*, saucissons et *bresaola* (viande de bœuf séchée). Egalement présents le melon, les figues, les fruits de mer et autres petits poissons crus marinés.

ANCHOIS MARINÉS

4 PERS. ♦ PRÉPA. : 20 MN ♦ MARINADE : 12 H ♦ * $

400 g d'anchois frais • 2 citrons • 2 gousses d'ail • 1 bouquet de persil plat • 1 c. d'origan • 1 dl d'huile d'olive • sel • poivre

• *Ecaillez, videz et levez les filets des anchois puis coupez la tête.*

• *Lavez-les puis rangez-les dans une terrine.*

• *Epluchez, dégermez et hachez l'ail. Lavez et hachez le persil. Mélangez-les avec l'origan. Pressez les citrons.*

• *Parsemez les anchois du hachis-ail-persil mélangé.*

• *Dans un bol, mélangez l'huile et le jus des citrons, salez et poivrez, mélangez.*

• *Versez la sauce sur les anchois et laissez mariner une journée au frais.*

POIVRONS MARINÉS

6 PERS. ♦ PRÉPA. : 30 MN ♦ CUISSON : 20 MN ♦ MARINADE : 12 H ♦ * $

2 poivrons jaunes • 2 poivrons rouges • 2 poivrons verts • 4 échalotes • 4 gousses d'ail • 3 brins de thym frais • 25 cl d'huile d'olive • sel • poivre moulu

• *Faites chauffer le gril du four à la température maximum.*

• *Lavez et essuyez les poivrons, puis placez-les sur la grille du four que vous placerez près de la source de chaleur. Faites-les griller de tous côtés en les retournant jusqu'à ce que leur peau soit boursouflée. Sortez-les du four et enfermez-les dans des sachets en plastique. Laissez-les refroidir, puis pelez-les.*

• *Retirez soigneusement les pédoncules, coupez-les en deux, enlevez toutes les graines et filaments blancs. Coupez-les encore deux. Disposez-les dans une terrine, arrosez avec l'huile.*

• *Pelez et coupez grossièrement les échalotes. Epluchez les gousses d'ail, ôtez les germes et coupez-les en fines lamelles. Ajoutez-les dans la terrine. Saupoudrez avec le thym effeuillé. Salez et poivrez avec le poivre fraîchement moulu. Mélangez soigneusement.*

• *Couvrez d'un film plastique et laissez mariner au frais au minimum pendant 12 heures, en les retournant deux ou 3 fois.*

• *Servez les poivrons avec des tranches de pain de campagne huilées et légèrement grillées.*

ROULADES DE SPECK

6 PERS. ♦ PRÉPA. : 30 MN ♦ RÉFRIGÉRATION : 2 H ♦ * $$

18 très fines tranches de *speck* • 250 g de *ricotta* • 1 gousse d'ail • quelques brins de ciboulette • 3 brins de persil plat • 2 brins d'estragon • 2 brins de marjolaine • 6 feuilles de basilic • 2 tomates • 8 feuilles de roquette • 3 C. de crème fraîche • 1 C. d'huile d'olive • sel • poivre moulu

• *Lavez et essuyez toutes les herbes. Ciselez-les.*

• *Battez la* ricotta *mélangée à la crème fraîche avec une fourchette, puis incorporez l'ail haché et dégermé, les fines herbes ciselées. Salez, poivrez.*

• *Etalez les tranches de* speck *par trois en les faisant se chevaucher. Garnissez-les avec la préparation, puis roulez-les sur elles-mêmes. Disposez les rouleaux sur un plat, badigeonnez-les avec l'huile d'olive.*

• *Couvrez le plat d'un film plastique et mettez au réfrigérateur pendant 2 heures.*

• *Au moment de servir, décorez le plat de présentation avec les feuilles de roquette et des quartiers de tomates, puis déposez dessus les rouleaux.*

• *Servez frais en accompagnant d'une salade verte.*

Note : vous pouvez remplacer le *speck* par de la viande des grisons.

OMELETTE FLORENTINE

4 PERS. ♦ PRÉPA. : 20 MN ♦ CUISSON : 10 MN ♦ * $

9 œufs • 400 g d'épinards en branches • 40 g de beurre • noix de muscade • sel • poivre moulu

• *Equeutez et triez les épinards. Lavez-les très soigneusement. Mettez-les à cuire, à couvert, pendant 5 mn dans de l'eau bouillante salée.*

• *Egouttez-les scrupuleusement, puis hachez-les grossièrement.*

• *Dans une grande poêle, chauffez 20 g de beurre et faites-y revenir les épinards en remuant souvent avec une cuillère en bois. Sortez-les de la poêle et réservez-les.*

• *Dans un saladier cassez les œufs et battez-les en omelette. Ajoutez les épinards, salez, poivrez et assaisonnez d'1 pincée de noix de muscade fraîchement râpée.*

• *Mettez le beurre restant dans la poêle et faites-le fondre sans le laisser brunir. Lorsque le beurre est chaud, versez la préparation. Faites cuire 5 mn, puis retournez l'omelette afin qu'elle dore sur les deux faces. Servez aussitôt.*

CRÊPES AU PROVOLONE

6 PERS. ♦ PRÉPA. : 45 MN ♦ REPOS DE LA PÂTE : 1 H ♦ CUISSON : 25 MN

6 tranches de *provolone* • 2 poivrons rouges • 1 poivron jaune • 60 g de farine • 300 g de pois gourmands • 3 jaunes d'œufs • 2 blancs d'œufs • 30 g de beurre + 30 g de beurre • 2 C. d'huile d'olive • $^1/_3$ de chou-fleur • 3 C. d'herbes fraîches • sel • poivre moulu

• *Dans un saladier, mélangez la farine avec les jaunes d'œufs et une pincée de sel.*

• *Délayez le lait avec 9 cl d'eau. Faites fondre le beurre puis ajoutez-le au lait. Mélangez et laissez reposer 1 h.*

• *Lavez et essuyez les poivrons. Retirez les pédoncules, les graines et les membranes blanches. Détaillez un poivron en petits dés. Emincez les deux autres en très fines lanières.*

• *Lavez les pois gourmands. Effilez-les. Lavez le chou-fleur, puis détachez tous les petits bouquets. Faites-les cuire séparément, en les gardant fermes. Egouttez-les bien.*

• *Dans une sauteuse, chauffez le beurre restant et faites dorer les légumes cuits avec les lanières de poivrons. Salez, poivrez. Réservez au chaud.*

• *Allumez le gril du four et placez la grille juste au-dessous.*

• *Battez les blanc d'œufs en neige bien ferme.*

• *Incorporez les herbes ciselées mélangées et les blancs d'œufs en neige à la pâte.*

• *Huilez une poêle anti-adhésive et formez 6 crêpes avec la pâte. Si la pâte vous semble trop épaisse, ajoutez un peu d'eau.*

• *Pendant ce temps, passez les tranches de* provolone *sous le gril chaud et faites-les dorer sur les deux faces. Poivrez-les.*

• *Posez les crêpes, recouvertes des tranches de fromage grillées sur 6 assiettes. Eparpillez joliment les légumes sur le dessus et servez.*

SARDINES GRATINÉES

6 PERS. ♦ PRÉPA. : 20 MN ♦ CUISSON : 20 MN ♦ ** $$

1,2 kg de sardines fraîches • 3 gousses d'ail • 3 C. de mie de pain • 3 C. de chapelure • 3 C. de *pecorino* râpé • 1 bouquet de persil plat • 3 brins de basilic • 3 C. d'huile d'olive • 30 g de beurre • sel • poivre moulu

• *Préchauffez le four (therm. 7).*
• *Videz, lavez, épongez et coupez les têtes des sardines.*
• *Hachez et dégermez l'ail. Mélangez-le à la chapelure. Salez, poivrez.*
• *Lavez, essuyez et hachez le persil et le basilic.*
• *Moulinez la mie de pain.*
• *Beurrez un plat à gratin, puis parsemez le fond du plat de chapelure. Placez une couche de sardines en forme d'étoile. Arrosez d'huile, salez, poivrez. Parsemez d'un peu de persil haché. Remettez des sardines, puis un peu de persil et de basilic. Poursuivez ainsi jusqu'à épuisement des ingrédients. Saupoudrez de* pecorino *râpé et de noisettes de beurre.*
• *Mettez le plat au four pendant 20 mn.*
• *Servez aussitôt.*

Note : le *pecorino* est un fromage de brebis. Vous pouvez le remplacer par du parmesan.

MELON ET FIGUES AU JAMBON DE PARME

6 PERS. ♦ PRÉPA. : 15 MN ♦ * $$

2 beaux melons • 12 tranches de jambon de Parme • 6 figues fraîches

• *Coupez les melons en parts moyennes, enlevez les pépins et la peau.*

• *Faites couper les tranches de jambon très, très finement, comme du papier cigarette.*

• *Lavez et essuyez très délicatement les figues.*

• *Répartissez les tranches de melon sur 6 assiettes, ajoutez les tranches de jambon et les figues coupées en deux.*

Note: choisissez des melons et des figues très mûrs. Melon, jambon et figues exaltent chacun le goût des autres.

SALADE DE MOZZARELLA-TOMATES-ANCHOIS

6 PERS. ♦ PRÉPA.: 20 MN ♦ * $

6 belles tomates fermes mais bien mûres • 400 g de *mozzarella* • 18 olives noires • 1 bouquet de basilic • 6 C. d'huile d'olive • 18 filets d'anchois marinés à l'huile • 3 pincées d'origan • sel • poivre gris moulu

• *Lavez, essuyez les tomates. Retirez le pédoncule et coupez-les en rondelles d'environ 1/2 cm d'épaisseur.*

• *Mettez la* mozzarella *à égoutter, puis détaillez-la en fines tranches.*

• *Répartissez sur 6 assiettes en alternant tomates et mozzarella et en faisant se chevaucher les tranches. Salez, poivrez, saupoudrez d'origan et arrosez d'huile d'olive.*

• *Lavez le basilic à l'eau froide. Epongez-le soigneusement, déchirez les feuilles et parsemez-les sur la salade. Décorez avec les anchois et les olives.*

• *Gardez au froid jusqu'au moment de servir.*

PAUPIETTES DE POIVRON AU PARMESAN

6 PERS. ♦ PRÉPA. : 40 MN ♦ CUISSON : 1 H ♦ * $$

4 gros poivrons (rouge, jaune et vert) • 300 g de jambon fumé • 2 oignons • 2 gousses d'ail • 250 g de fromage râpé • 80 g de parmesan râpé • 3 œufs • 4 C. d'huile d'olive • 3 C. de crème • 2 c. de thym frais • sel • poivre moulu

• *Posez les poivrons sur la grille du four juste sous le gril, et laissez-les dorer en les tournant régulièrement. Attendez qu'ils soient uniformément bruns (mais pas brûlés !), sortez-les du four et placez-les dans un sachet en matière plastique. Fermez-le hermétiquement et laissez refroidir.*

• *Pelez les poivrons refroidis, ôtez graines et filaments, puis découpez leur chair en grosses lanières de dimension égale et épongez chacune d'elles dans du papier absorbant.*

• *Détaillez le jambon fumé en petits dés.*

• *Pelez et émincez l'ail et les oignons.*

• *Faites chauffer 3 C. d'huile d'olive dans une poêle. Faites-y revenir les oignons, l'ail et le jambon pendant 10 mn sur feu doux.*

• *Versez-les dans une jatte, puis ajoutez le fromage râpé, les œufs, le thym et la crème. Salez, poivrez, mélangez.*

• *Répartissez cette préparation sur les lanières de poivrons. Roulez-les pour emballer la farce tout en formant des paupiettes, maintenez-les avec des piques en bois.*

• *Préchauffez le four (therm. 7).*

• *Huilez un plat à four et disposez les paupiettes dans le plat (le côté « fermé » tourné vers le fond). Laissez au four pendant 30 mn.*

• *10 mn avant la fin de la cuisson, saupoudrez les paupiettes de parmesan.*

• *Servez très chaud.*

Note : vous pouvez très bien varier la farce en ajoutant par exemple de la viande.

FIGUES AU MASCARPONE ET AU JAMBON

4 PERS. ♦ PRÉPA. : 15 MN

4 figues fraîches • 15 cl de vinaigrette • 12 très fines tranches de jambon de Parme • 12 c. bien pleines de *mascarpone* • quelques feuilles de menthe fraîche

• *Lavez et essuyez très délicatement les figues, puis coupez-les en quartiers.*

• *Assaisonnez tous les quartiers de figues avec la vinaigrette.*

• *Étalez les tranches de jambon et pliez-les en trois dans le sens de la longueur. Placez 1 quartier de figue et 1 cuillerée à café de mascarpone à une extrémité de chaque tranche de jambon, puis enroulez-la.*

• *Disposez les rouleaux de jambon farcis sur le plat de service et décorez avec les feuilles de menthe. Servez très frais.*

FENOUIL BRAISÉ AU FROMAGE

On prêtait autrefois des vertus digestives au fenouil. Aujourd'hui, dans certains coins de Toscane, l'on sert encore des lamelles de fenouil comme digestif, accompagnées en général de mandarines et d'oranges.

4 PERS. ♦ PRÉPA. : 30 MN ♦ CUISSON : 20 MN ♦ * $

4 bulbes de fenouil (jeune) • 3 C. de jus de citron • 50 de beurre • 1 C. d'huile d'olive • 50 g de parmesan • quelques amandes • sel • poivre moulu

• *Lavez, puis coupez les tiges de fenouil et divisez les bulbes en quartiers. Faites-les cuire à l'eau bouillante salée, avec le jus de citron, pendant*

15 minutes environ, jusqu'à ce qu'ils soient pratiquement cuits, mais encore fermes. Égouttez-les puis posez-les sur du papier absorbant.

• *Coupez le beurre en noisettes. Râpez le fromage.*

• *Préchauffez le four (therm. 7).*

• *Placez les quartiers de fenouil dans un plat à gratin, les uns à côté des autres. Répartissez dessus les noisettes de beurre, versez l'huile d'olive, saupoudrez de fromage, poivrez généreusement et mettez au four pendant 20 minutes environ, (jusqu'à ce que le fenouil soit bien doré).*

• *Pendant la cuisson, émincez finement les amandes.*

• *Sortez le plat du four, parsemez avec les amandes et servez bien chaud.*

BEIGNETS DE FIGUES AU JAMBON DE PARME

4 PERS. ♦ PRÉPA. : 10 MN ♦ REPOS DE LA PÂTE : 30 MN ♦ CUISSON : 5 MN ENV.

8 tranches très fines de jambon de Parme • 8 figues mûres • 100 g de farine • 2 C. de vin blanc doux • 1 blanc d'œuf • 1 pincée de sel • huile de friture • quelques feuilles de figuier

• *Dans une jatte versez la farine avec une pincée de sel. Ajoutez très progressivement le vin blanc en mélangeant avec une cuillère en bois. Lorsque le mélange est bien lisse et homogène, couvrez d'un torchon, et laissez reposer 30 mn.*

• *Pelez très délicatement les figues.*

• *Dans la friteuse, faites chauffer l'huile.*

• *Battez le blanc d'œuf en neige ferme et incorporez-le délicatement à la pâte en soulevant la masse.*

• *Plongez les figues dans la pâte à beignets pour les enrober, puis déposez-les doucement dans l'huile de friture chaude et laissez-les dorer de tous côtés 4 à 5 mn. Lorsque les beignets sont cuits, égouttez-les sur du papier absorbant et servez-les aussitôt avec les tranches de jambon de Parme.*

TARTE AUX TOMATES ET AU BASILIC

6 PERS. ♦ PRÉPA. : 15 MN ♦ CUISSON : 20 MN ♦ * $

250 g de pâte feuilletée déroulée • 800 g de tomates en branches • 350 g de *mozzarella* • 100 g d'olives noires au vinaigre de vin • 20 g de beurre • sel • poivre

• *Préchauffez le four (therm. 7).*

• *Beurrez un moule à tarte. Etalez-y la pâte feuilletée, piquez-la entièrement à la fourchette. Précuisez-la au four 10 mn.*

• *Pendant ce temps, lavez et essuyez les tomates, tranchez-les dans la largeur en rondelles épaisses de 5 mm. Découpez la* mozzarella. *Salez et poivrez.*

• *Détaillez les olives en menus copeaux.*

• *Alternez sur la pâte feuilletée chaude rondelles de tomates et de* mozzarella *en partant du centre. Parsemez de copeaux d'olives.*

• *Passez le thermostat sur 8.*

• *Glissez la tarte au four. Laissez cuire 10 mn. Saupoudrez de basilic ciselé et servez chaud ou tiède avec, en accompagnement, de l'huile d'olive pimentée dont chacun disposera selon son propre goût.*

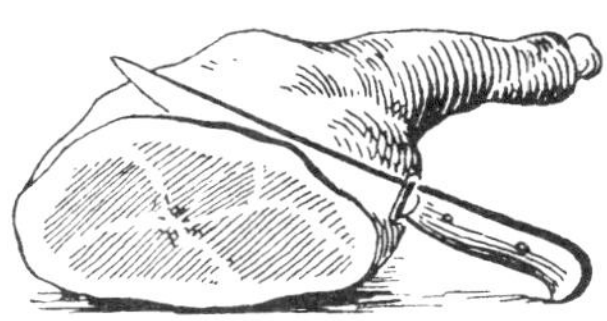

LES LÉGUMES

Les légumes occupent une place prépondérante dans la cuisine italienne. En hors-d'œuvres, dans les soupes, farcis, en friture ou en gratin les recettes sont foison.
Les italiens sont férus de champignons, se lèvent souvent très tôt et gardent farouchement secrets « leurs » lieux de cueillette dans les sous bois. Le plus courant est le *porcino* (cèpe) à la saveur incomparable.
Dans le nord, et tout particulièrement dans le Piémont, il y a également beaucoup de truffes blanches et noires. Les italiens préfèrent, contrairement aux français, les truffes blanches qui entrent dans la composition de nombreux plats.
Dans le sud du pays, courgettes, poivrons, aubergines et tomates sont omniprésents.
Quant aux légumes secs, ils sont souvent utilisés, avec d'autres légumes, dans de nombreuses soupes ou bien en accompagnement des viandes.

RAGOÛT DE LÉGUMES ET GALETTES DE POLENTA

4 PERS. ♦ PRÉPA. : 30 MN ♦ CUISSON : 30 MN ♦ * $

200 g de *polenta* précuite • 2 aubergines • 2 oignons • 1 gousse d'ail • 2 échalotes • 1 kg de tomates mûres • 2 C. de câpres • 1 bouquet de basilic • 1 C. de thym • 1 citron • 6 C. d'huile d'olive • 1 morceau de sucre • sel • poivre

• *Dans un faitout portez à ébullition de l'eau salée.*

• *Versez en pluie la* polenta *dans l'eau bouillante en remuant sans cesse, selon les indications au dos du paquet. Une fois cuite, versez-la sur un plateau en formant une couche de 2 cm d'épaisseur. Laissez refroidir.*

• *Pelez et émincez très finement oignons, ail et échalotes. Lavez et essuyez les aubergines. Coupez-les en deux et creusez avec une petite cuillère l'intérieur afin d'éliminer les pépins. Détaillez la chair en dés et arrosez de jus de citron. Laissez mariner.*

• *Ebouillantez et pelez les tomates, coupez-les en deux, épépinez-les puis concassez grossièrement leur chair.*

• *Dans une poêle chauffez 1 C. d'huile. Versez-y la concassée, salez, poivrez, ajoutez le sucre et mélangez. Laissez mijoter 15 mn sur feu doux, en remuant.*

• *Dans une poêle, faites chauffer 2 C. d'huile, ajoutez le hachis d'oignons, d'échalotes et d'ail et laissez revenir à feu moyen mais ne laissez pas prendre coloration. Ajoutez les aubergines et laissez-les dorer 5 mn en remuant.*

• *Mixez le coulis de tomates, versez-le dans la poêle avec les câpres et le thym. Mélangez. Laissez mijoter 10 mn.*

• *Lavez, essuyez et ciselez le basilic.*

• *Découpez la* polenta *en galettes à l'aide d'un verre retourné.*

• *Chauffez l'huile restante dans une poêle et faites dorer les galettes quelques minutes en les retournant délicatement.*

• *Disposez les légumes dans un plat creux préalablement chauffé. Entourez-les de galettes de* polenta, *parsemez de basilic.*

• *Servez aussitôt.*

Note : si vous voulez gagner du temps, utilisez un coulis de tomates tout prêt.

POIVRONS FARCIS

6 PERS. ♦ PRÉPA. : 20 MN ♦ CUISSON : 30 MN ♦ ** $

6 beaux poivrons jaunes et rouges • 1 kg de tomates • 450 g de mie de pain • 150 g de *pecorino* • 45 g de câpres • 6 filets d'anchois à l'huile • 1,5 dl d'huile d'olive • 3 oignons • 60 g de persil plat • sel • poivre moulu

• *Ebouillantez quelques instants les tomates, pelez-les, épépinez-les et découpez-les en dés.*
• *Epluchez, puis hachez finement les oignons. Lavez le persil et hachez-le ainsi que les câpres.*
• *Dans une sauteuse chauffez 3/4 de l'huile d'olive et mettez à mijoter les oignons hachés. Ajoutez les dés de tomates, le persil et les câpres hachés. Salez, poivrez, mélangez et laissez cuire 10 mn à feu doux.*
• *Retirez du feu.*
• *Coupez le fromage en dés, émiettez la mie de pain et ajoutez-les dans la sauteuse. Mélangez soigneusement le tout jusqu'à obtention d'une farce moelleuse.*
• *Préchauffez le four (therm. 6/7).*
• *Lavez les poivrons, essuyez-les. Ouvrez leur extrémité, retirez les parties blanches et les pépins. Remplissez-les avec la farce, puis recouvrez-les avec le chapeau.*
• *Huilez un plat à gratin et disposez les poivrons farcis côte à côte.*
• *Enfournez pour 30 mn.*
• *Avant de servir, retirez la peau des poivrons.*

Note : dans certaines régions, on sert ce plat en ajoutant à la farce de la chair à saucisses, des œufs et en accompagnant de riz.

GÂTEAU D'AUBERGINES

6 PERS. ♦ 2 H POUR LE DÉGORGEMENT DES AUBERGINES
♦ PRÉPA. : 45 MN ♦ CUISSON : 10 MN

6 belles aubergines • 1,5 kg de tomates • 150 g d'échalotes • 4 gousses d'ail • 30 cl d'huile d'olive • 250 g de *mozzarella* • quelques brindilles de thym • poivre noir concassé • sel • poivre moulu • gros sel • 6 moules de 8 cm de diamètre

• *Lavez les aubergines, essuyez-les, coupez-les en rondelles d'1 cm environ d'épaisseur mettez-les à dégorger 2 h dans du gros sel.*

• *Lavez, essuyez les tomates et coupez-les également en rondelles d'1 cm d'épaisseur.*

• *Epluchez et hachez finement échalotes et ail.*

• *Rincez les aubergines à l'eau froide. Epongez-les soigneusement avec du papier absorbant.*

• *Dans une poêle anti-adhésive chauffez un peu huile et mettez à dorer les rondelles d'aubergines en les tournant délicatement... Otez l'excédent d'huile avec du papier absorbant.*

• *Dans une autre poêle chauffez l'huile restante et faites cuire les rondelles de tomates. Aux trois quarts du temps de cuisson, ajoutez les échalotes et l'ail hachés. Salez, poivrez. Sortez délicatement les rondelles de tomates, déposez-les dans une passoire et laissez-les égoutter.*

• *Préchauffez le four (therm. 6).*

• *Dans chaque petit moule déposez en alternance, couche d'aubergines et couche de tomates. Terminez par une belle tranche de* mozzarella. *Saupoudrez de thym et de poivre noir moulu.*

• *Enfournez les moules pendant 10 mn puis sortez-les. Pressez légèrement le contenu afin de récupérer, dans un bol, le jus de cuisson. Montez le jus récupéré avec un peu d'huile d'olive, salez, poivrez. Démoulez les gâteaux d'aubergine et servez-les arrosés de jus.*

Note: attention la cuisson des rondelles d'aubergines et de tomates doit être brève afin qu'elles restent entières.

TOMATES SÉCHÉES ET MARINÉES

• *Achetez des tomates italiennes bien rouges et bien fermes.*

• *Coupez-les en deux sur la longueur puis épépinez-les à la cuillère.*

• *Préchauffez le four (therm. 5/6).*

• *Déposez les demi-tomates évidées sur une plaque légèrement huilée, salez-les très légèrement et versez sur chaque moitié quelques gouttes de vinaigre balsamique.*

• *Mettez à sécher au four pendant 2 h. De temps à autre, entrouvrez la porte du four pour laisser la vapeur s'échapper.*

• *Au bout d'environ 2 h, retournez les tomates et remettez-les à sécher 1 h de plus. Retournez-les encore fois, et enfournez-les pour encore 2 h.*

• *Après ce « séchage » vous devez obtenir des tomates souples.*

• *Mettez-les dans un bocal. Ajoutez 3 gousses d'ail épluchées, quelques brindilles de thym, des feuilles de basilic lavées et essuyées, 1 petit piment sec, recouvrez d'huile d'olive de qualité et fermez hermétiquement le bocal.*
• *Laissez-les mariner pendant 2 semaines.*
• *Servez-les tomates avec des cubes de* mozzarella *fraîche en salade ou introduisez-les dans la composition de certaines sauces destinées aux pâtes.*

LA POLENTA

Beaucoup vous diront, avec un certain dédain, que la *polenta* n'est rien d'autre qu'une bouillie de maïs, d'origine paysanne, un plat de pauvre !
Peut-être mais, pour moi qui vient des montagnes vénètes, elle évoque des couleurs, des saveurs, des rires... mon enfance !
Autrefois la *polenta* devait impérativement être préparée dans une marmite ronde, une sorte de chaudron, de cuivre non étamé qui était traditionnellement suspendu dans l'âtre. Le cuivre, disait-on, était indispensable car il donnait à la *polenta* un goût particulier que l'on ne retrouve pas si on la cuit dans un autre récipient.
Aujourd'hui le chaudron en cuivre, suspendu dans l'âtre, semble assez peu répandu dans nos villes, mais, pour réussir la *polenta* les ingrédients de base essentiels sont toujours l'eau, la semoule de maïs et surtout deux bons bras !

POLENTA (recette de base)

CUISSON : 45 MN ♦ * $

2 litres d'eau • 500 g de semoule de maïs • gros sel

• *Dans le « chaudron » portez l'eau à ébullition. Salez.*
• *A l'aide d'une grande spatule en bois de forme ronde, qui permet de racler le fond pour empêcher la polenta de coller, « creusez l'eau » en la brassant dans un mouvement circulaire et commencez à versez la farine, en pluie, tout en continuant de brasser.*

• *Si des grumeaux se forment, écrasez-les aussitôt avec la spatule contre la paroi de la marmite.*

• *La polenta doit épaissir à vue d'œil en formant à la surface de gros bouillonnements qui rappellent un volcan en éruption (attention à ne pas vous faire brûler).*

• *Baissez la flamme, et continuez de brasser, sans cesse, pendant 40 minutes.*

• *Enlevez le chaudron du feu pendant 1 minute, puis remettez-le, brassez encore quelques instants, la* polenta *doit commencer à se détacher des parois. Elle est prête.*

• *Versez-la sur un grand plat, ou un plateau en bois, en lui donnant une jolie forme ronde et en l'égalisant avec le dos d'une assiette. Couvrez-la d'un linge propre.*

• *Découpez-la au fur et à mesure, et servez-la en accompagnement de viandes en sauce, ou de poissons.*

• *Ou encore, servez directement des cuillerées dans les assiettes et déposez dessus la viande avec sa sauce.*

• *L'on peut également laisser refroidir la* polenta *et ensuite la découper en tranches que vous ferez frire à la poêle dans un peu de beurre, ou griller au barbecue et que vous offrirez en accompagnement de charcuteries et fromages.*

Note : on peut remplacer l'eau par du bouillon de poulet elle n'en sera que meilleure. Ou, encore, si l'on prévoit de la servir avec poissons ou crustacés, ajouter à l'eau un peu de vin blanc.

CAPONATA SICILIENNE

4/6 PERS. ♦ PRÉPA. : 15 MN ♦ ATTENTE : 1 H ♦ CUISSON : 40 MN ♦ ** $

4 aubergines moyennes • 5 tomates • 2 branches de céleri • 1 gros oignon • 2 gousses d'ail • 5 grandes feuilles de basilic • 12 olives noires dénoyautées • 1 C. de câpres • 1/2 verre + 2 C. d'huile d'olive • 2 C. de vinaigre de vin • 1 C. de sucre en poudre • sel • poivre

• *Coupez les aubergines en petits dés. Etalez-les sur un plat, saupoudrez-les généreusement de sel fin. Laissez dégorger 1 h.*

• *Pelez, émincez l'oignon.*

• *Faites-le revenir 5 mn à feu doux dans une casserole avec 2 C. d'huile d'olive.*

• *Pendant ce temps, enlevez les fils des branches de céleri, coupez-les en dés. Plongez-les 3-4 mn dans de l'eau bouillante. Egouttez. Ajoutez-les dans la casserole et laissez sur feu doux pendant 5 mn.*

• *Ebouillantez, pelez, épépinez les tomates. Coupez la chair en dés. Ajoutez-les dans la casserole. Salez, poivrez, cuisez 5 mn. Ajoutez les câpres, les olives et le sucre. Cuisez 5-10 mn. Otez du feu.*

• *Egouttez les dés d'aubergines, rincez-les dans une passoire sous l'eau froide. Séchez-les dans du papier absorbant.*

• *Chauffez le 1/2 verre d'huile dans une large sauteuse sur feu vif. Jetez-y les aubergines, laissez frire en remuant souvent jusqu'à ce que les dés soient tendres et dorés.*

• *Ajoutez le contenu de la casserole et le vinaigre. Mélangez. Cuisez quelques minutes à feu doux. Vérifiez l'assaisonnement en sel et poivre.*

• *Ajoutez le basilic ciselé au dernier moment. Otez du feu, mélangez. Laissez refroidir avant de servir.*

LA PIZZA

La *pizza* aurait été inventée par les Napolitains par souci d'économie et pour utiliser les restes de pâte à pain. Aujourd'hui elle est mondialement connue.
De très nombreuses variantes existent. A partir de la pâte à pain levée, vous pouvez mettre en garniture tout ce dont vous avez envie. Il faut seulement faire attention à l'épaisseur de la pâte : trop fine, elle devient dure en cuisant, trop épaisse, elle cuit mal.
Ni fine et dure, ni épaisse et trop molle, voici la recette qui donne la bonne mesure pour une *pizza* de 25 cm de diamètre et pour une pâte comme on aime, croustillante dessous et moelleuse au cœur, ainsi que la recette de la sauce tomate, élément quasiment indispensable à toute *pizza*.
Pour les garnitures, laissez vagabonder votre imagination.

PÂTE DE BASE

REPOS : 30 MN ♦ * $

225 g de farine • 1 sachet de levure de boulanger séchée • 2 C. + 1 C. d'huile d'olive • sauce tomate *(voir p. 296)* • 1/2 c. de sel fin

• *Mélangez farine, sel et levure dans un saladier. Ajoutez 2 C. d'huile d'olive, et juste assez d'eau tiède pour obtenir une pâte molle mais non collante.*

• *Posez cette pâte sur un plan fariné, Pétrissez-la longuement jusqu'à ce qu'elle soit lisse et élastique, en la repliant souvent sur elle-même comme pour y enfermer de l'air.*

• *Etalez en un disque de 25 cm de diamètre. Posez-le sur une plaque à pâtisserie anti-adhésive. Couvrez sans serrer d'une feuille d'aluminium. Laissez gonfler 30 mn environ au tiède. Quand la pâte est levée, badigeonnez le dessus d'huile d'olive avant d'y déposer la sauce tomate et les autres ingrédients.*

• ***Note pour une bonne cuisson :*** *poudrez la plaque de cuisson, avec 10 g de farine pour empêcher la pâte d'attacher.*

• *Afin d'obtenir un dessous de pizza croustillant, laissez la plaque dans le four durant le préchauffage. Posez ensuite la pizza sur le métal brûlant.*

• *Evitez de trop surcharger en garniture, la vapeur que dégageraient les ingrédients ramollirait la pâte.*

SAUCE TOMATE

POUR UNE PIZZA DE 25 CM ♦ CUISSON : 15 MN

200 g de tomates en morceaux en boîte • 1 C. de concentré de tomate • 1 petit oignon haché très fin • 1 gousse d'ail hachée très fin • 1 C. d'huile d'olive • 1 feuille de laurier • 1 pincée de sucre

• *Chauffez l'huile dans une casserole. Ajoutez l'oignon haché. Cuisez 5 mn environ à feu moyen-doux, jusqu'à ce que l'oignon soit transparent, sans le laisser dorer.*

• *Ajoutez les morceaux de tomates égouttés et le concentré, l'ail, le laurier, le sucre, salez et poivrez. Couvrez et laissez frémir 15 mn jusqu'à ce que la sauce devienne un peu épaisse.*

• *Otez la feuille de laurier. Tartinez la pâte à* pizza *de cette sauce. Complétez avec la garniture de votre choix.*

Note : vous pouvez préparer davantage de sauce tomate et la congeler par portions pour une *pizza*. Dans ce cas, pour la dégeler réchauffez-la très doucement dans une petite casserole.

PASTA & RISO

Simplissimes à préparer, les pâtes sont le plat préféré des enfants et des tablées de copains. A toutes les sauces, elles se laissent dévorer sans demander leur reste. Aliment symbole de l'Italie, il en existe plus de cent variétés et formes. Les industrielles : *bucatini, spaghetti, creste, lumachine, farfalle, lumaconi, macaroni, cannelloni, bigoli, fusilli, lasagne, zite*... et les pâtes fraîches : *agnolotti, cappelletti, fettucine, linguine, ravioli*...

Fraîches, cuites impérativement « *al dente* » elles ont leurs secrets :

- Les cuire dans un grand volume d'eau.
- Les jeter dans l'eau après avoir ajouté une poignée de gros sel et un filet d'huile avant l'ébullition.
- Réserver une tasse d'eau de cuisson avant de les égoutter (pour pouvoir éventuellement allonger la sauce).

Mais le riz est, lui aussi, partie intégrante de la cuisine italienne. L'un des meilleurs, le riz *Carnaroli* des rizières de la plaine du Pô, sert à confectionner les *risotti*, qu'ils soient au safran, au *Barolo*, au *San Daniele*...

RECETTE DE BASE DE LA PASTA

6 PERS. ♦ REPOS : 1 H ♦ * $

500 g de farine • 5 œufs • 1 c. de sel • 3 C. d'eau

- *Mettez la farine en fontaine au centre de votre plan de travail. Battez les œufs, puis versez-les au centre de la fontaine. Salez.*
- *Ramenez la farine d'abord avec une fourchette, puis pétrissez la pâte et ajoutez un peu d'eau si nécessaire. Continuez de pétrir jusqu'à obtention d'une pâte compacte et homogène.*

• *Mettez la pâte en boule, aplatissez-la avec la paume de la main, couvrez-la d'un torchon et laissez-la reposer minimum 1 heure à température ambiante.*

• *Après le temps de repos, divisez la pâte en 8 parts. Ecrasez-les sur le plan de travail fariné avec le rouleau (également fariné), puis étalez la pâte le plus finement possible en farinant à chaque passage de rouleau. Vous obtiendrez* la sfoglia.

• *Découpez ensuite la pâte selon la forme souhaitée.*

DES PÂTES DE TOUTES LES COULEURS

On les prépare de la même manière en modifiant quelque peu les ingrédients selon la couleur et la saveur désirées.

Important : les pâtes doivent être colorées exclusivement avec des produits naturels. Donnez donc libre cours à votre imagination en ajoutant à la pâte de base les ingrédients de votre choix.

Quelques idées...

- Vertes : 250 g d'épinards.
- Vert d'eau : une grosse poignée de feuilles de menthe fraîche.
- Gris vert : 125 g de feuilles d'orties crues.
- Beige : 70 g de cèpes.
- Jaune : 500 g de chair de potiron.
- Violette : 1 belle betterave cuite.
- Marron : 50 g de cacao amer.
- Bleues : 8 C. de liqueur de curaçao.
- Roses : 100 g de coulis de fraises.
- Noires : l'encre de 4 petites seiches.

PENNE À L'ENRAGÉE

6 PERS. ♦ PRÉPA. : 15 MN ♦ CUISSON DES PÂTES : 12 À 15 MN ♦ SAUCE : 1 H ♦ * $

500 g de *penne rigate* • 150 g de lardons fumés • 3 C. d'huile d'olive • 3 petits piments rouges séchés • 1 oignon • 1 gousse d'ail • 500 g de tomates pelées • parmesan râpé • sel • poivre moulu

• *Pelez et coupez l'oignon en fines lamelles. Pelez et dégermez la gousse d'ail.*

• *Dans une poêle chauffez l'huile, faites revenir l'oignon coupé en lamelles, ajoutez les dés de poitrine fumée, l'ail écrasé et les petits piments émincés très finement. Faites rissoler en mélangeant souvent avec une cuillère en bois.*

• *Egouttez les tomates et coupez-les en morceaux. Ajoutez-les dans la poêle et faites mijoter 10 mn à feu vif. Baissez le feu, salez, poivrez et laissez mijoter doucement pendant une heure en mélangeant souvent.*

• *Faites bouillir une grande quantité d'eau. Au premier frémissement salez-la. A la reprise de l'ébullition de l'eau versez les* penne. *Laissez cuire,* al dente, *12 à 15 mn.*

• *Egouttez les pâtes, versez-les dans un grand plat chaud. Ajoutez la sauce, remuez et servez aussitôt.*

• *Présentez à part, du parmesan fraîchement râpé.*

CAPELLINI AIL ET HUILE

6 PERS. ♦ PRÉPA. : 20 MN ♦ CUISSON : 10 MN ♦ * $

600 g de *capellini* • 15 cl d'huile d'olive • 6 gousses d'ail • 1/2 botte de persil plat • 3 petits piments séchés • sel • poivre

• *Pelez, dégermez et écrasez les gousses d'ail. Equeutez le persil et hachez-le menu.*

• *Dans une sauteuse chauffez l'huile et faites revenir l'ail, le persil et les piments émincés.*

• *Laissez mijoter à feu très doux.*

• *Pendant ce temps portez à ébullition une grande quantité d'eau et faites cuire les* capellini *(5 à 6 mn). Egouttez-les puis versez-les dans la sauteuse. Mélangez soigneusement avec la préparation et servez immédiatement car il est important de les déguster très chauds.*

CONCHIGLIE RIGATE AUX AUBERGINES

6 PERS. ♦ PRÉPA. : 15 MN ♦ CUISSON : 15 MN ♦ * $

500 g de *conchiglie rigate* • 400 g d'aubergines • 20 cl de sauce tomate • 2 oignons • 18 feuilles de basilic • 9 cl d'huile d'olive • 3 cl de vinaigre de vin • sel • poivre moulu

• *Lavez les aubergines, essuyez-les puis découpez-les en petits dés.*

• *Dans une sauteuse chauffez 4 cl d'huile et faites revenir les dés d'aubergine.*

• *Lavez, essuyez le basilic puis ciselez-le.*

• *Pelez et hachez fin les oignons, ajoutez-les aux aubergines.*

• *Délayez la sauce tomate et ajoutez-la dans la sauteuse.*

• *Ajoutez le basilic ciselé, salez, poivrez. Faites cuire à feu doux 25 mn en mélangeant souvent avec une cuillère en bois.*

• *Portez à ébullition une grande quantité d'eau salée. Faites-cuire les pâtes pendant 8 mn environ* (al dente). *Egouttez-les puis versez-les dans la sauteuse. Arrosez avec le vinaigre et faites sauter en mélangeant délicatement. Arrosez avec l'huile restante, mélangez encore, parsemez de basilic et servez aussitôt.*

Note : n'épluchez pas les aubergines, elles se cuiront ainsi beaucoup mieux.

RIGATONI AL RAGÙ

6 PERS. ♦ PRÉPA. : 25 MN ♦ CUISSON : 10 MN ♦ * $

500 g de *rigatoni* • 500 g de viande de bœuf • 5 oignons • 2 branches de romarin • 1 branche de thym • 6 cl de vin rouge • 30 cl de bouillon de bœuf • 60 g de beurre • 75 g de parmesan râpé • 40 feuilles de persil plat • sel • poivre moulu

• *Découpez en tout petits dés la viande de bœuf.*

• *Epluchez et détaillez également en dés 3 oignons.*

• *Chauffez le beurre dans une sauteuse et faites rissoler la viande et les oignons coupés en dés, en mélangeant souvent avec une cuillère en bois. Mouillez avec le vin rouge, ajoutez le thym, le romarin et le bouillon de bœuf. Salez, poivrez et laissez cuire à couvert durant 25 mn.*

• *Epluchez et détaillez en rondelles les autres oignons puis faites-les pocher quelques minutes dans de l'eau bouillante salée. Egouttez-les.*

• *Dans une grande quantité d'eau bouillante salée faites cuire les* rigatoni *(10 mn). Egouttez-les, puis versez-les dans la sauteuse. Ajoutez le persil préalablement lavé, essuyé et ciselé, le parmesan râpé et les rondelles d'oignons. faites sauter le tout en mélangeant. Servez.*

Note : achevez la cuisson des *rigatoni* dans la sauce, ils risqueraient sinon de ne plus être *« al dente »* et de s'écraser.

PENNE AU SAUMON

6 PERS. ♦ PRÉPA. : 20 MN ♦ CUISSON : 20 MN ♦ * $$

500 g de *penne rigate* • 200 g de saumon frais • 200 g de poireaux • 2 cl de cognac • 2 branches d'aneth • 6 cl d'huile • 10 cl de fumet de poisson • sel • poivre moulu

• *Lavez et essuyez soigneusement les poireaux puis coupez-les en très fine julienne.*

• *Lavez et ciselez l'aneth.*

• *Versez la moitié de l'huile d'olive froide sur la julienne de poireaux, et ajoutez un peu d'aneth ciselé ; salez, poivrez, couvrez et lissez cuire sur feu très doux durant 20 mn.*

• *Détaillez le saumon frais en gros dés. Chauffez l'huile restante dans une poêle anti-adhésive et faites sauter les dés de saumon. Flambez avec le cognac, puis mouillez avec le fumet de poisson et laissez cuire à feu doux 7 mn.*

• *Dans une grande quantité d'eau bouillante salée faites cuire les* penne al dente *(10-12 mn). Egouttez-les et ajoutez-les à la garniture. Mélangez délicatement, saupoudrez de pluches d'aneth, rectifiez l'assaisonnement si nécessaire et faites sauter une minute avant de servir.*

Note : les dés de saumon doivent être bien saisis et croustillants.

PÂTES FRAÎCHES AUX ASPERGES

6 PERS. ♦ PRÉPA. : 1 H 30 ♦ CUISSON 10 MN ♦ * $$

600 g de pâtes aux œufs (recette page 297) • 225 g d'asperges vertes • 150 g d'échalotes • 4 cl d'huile d'olive • 3 cl de vin blanc • 60 g de parmesan râpé • sel • poivre moulu

• *Préparez la pâte à pâtes comme indiqué (page 297). Abaissez une bande de pâte de 1 mm d'épaisseur. Coupez des pâtes de 3 mm de largeur. Farinez-les et laissez-les sécher.*

• *Faites bouillir de l'eau salée et plongez-y les asperges, préalablement épluchées, durant 10 mn. Egouttez-les puis passez-les sous l'eau froide. Coupez les pointes et détaillez les tiges en rondelles.*

• *Dans une sauteuse faites suer les échalotes épluchées et coupées en rondelles dans l'huile d'olive. Ajoutez les tiges d'asperges coupées en rondelles puis mouillez avec le vin blanc. Salez, poivrez.*

• *Faites cuire les pâtes 2-3 mn environ dans une grande quantité d'eau bouillante salée. Egouttez-les et ajoutez-les dans la sauteuse. Saupoudrez de parmesan râpé, posez dessus les pointes d'asperges, faites sauter et servez aussitôt.*

PENNE AUX 4 FROMAGES

6 PERS. ♦ PRÉPA. : 35 MN ♦ CUISSON : 15 MN ♦ * $$

600 g de *penne rigate* • 100 g de beurre • 150 g de gruyère • 250 g de *mozzarella* • 150 g de *provolone* • 125 g de parmesan fraîchement râpé • sel • poivre moulu

• *Faites bouillir une grande quantité d'eau. Au premier frémissement salez.*

• *Lorsque l'eau bout à nouveau, versez-les pâtes et faites-les cuire* « al dente ».

• *Pendant ce temps, préchauffez le four (therm. 6).*

• *Faites fondre le beurre.*

• *Egouttez la* mozzarella *et coupez-la en fines lamelles.*

• *Coupez le gruyère et le* provolone *en allumettes.*

• *Egouttez les pâtes, versez-les dans un grand saladier. Ajoutez la moitié du beurre fondu, les trois premiers fromages et la moitié du parmesan râpé. Mélangez très soigneusement. Salez et poivrez abondamment.*

• *Beurrez un grand plat à gratin. Versez-y les pâtes. Egalisez le dessus, ajoutez le beurre fondu et le parmesan restants.*

• *Mettez au four pendant 15 mn. Retirez, laissez reposer 5 mn et servez directement dans le plat de cuisson.*

PÂTES FRAÎCHES AU FOIE GRAS MI-CUIT

4 PERS. ♦ PRÉPA. : 25 MN ♦ CUISSON : 10 MN ♦ ** $$

350 g de tagliatelle fraîches • 4 C. de crème fraîche épaisse • 125 g de foie gras de canard mi-cuit • 1 c. de cognac • 25 g de beurre mou • sel • poivre

• ***Préparez d'abord la sauce des tagliatelles*** *: réduisez en fine purée, dans le bol d'un mixer, le foie gras, la crème et l'alcool, sel et poivre. A défaut de mixer, écrasez le foie à l'aide d'une cuillère. Versez cette sauce dans une petite casserole.*

• *Faites cuire les pâtes* « al dente » *dans de l'eau bouillante salée, égouttez-les et remettez-les dans le récipient de cuisson. Ajoutez-y le beurre et mélangez.*

• *Faites chauffer la sauce sans la laisser bouillir, versez-la sur les pâtes, mélangez pendant 1 mn. Répartissez les pâtes dans quatre assiettes chaudes et servez aussitôt.*

LASAGNES AU FOUR
(version rapide)

6 PERS. ♦ PRÉPA. : 45 MN ♦ CUISSON : 20 MN ENV. ♦ ** $

1 boîte de lasagnes sèches (12 feuilles environ) • 4 C. de concentré de tomates • 1 kg de viande hachée (500 g de bœuf, 500 g de porc) • 1 l de vin rouge • 1 branche de céleri • 2 carottes • 100 g de beurre • 100 g de farine • 200 g de parmesan râpé • 1 l de lait

• *Dans une cocotte, faites sauter à feu vif pendant 5 mn dans 3 cuillerées à soupe d'huile d'olive, l'oignon finement haché.*

• *Une fois doré, ajoutez la viande hachée et laissez cuire encore 5 mn, toujours à feu vif. Salez, poivrez et incorporez le vin rouge. Attendez la première ébullition, puis baissez le feu et prolongez la cuisson de 15 mn à découvert.*

• *Pendant ce temps, lavez, épluchez et coupez en petits cubes les carottes et le céleri.*

• *Dans la cocotte, mélangez ces légumes et le concentré de tomates avec la viande. Laissez mijoter encore 30 mn à feu doux.*

• *Dans une marmite, amenez à ébullition de l'eau, ajoutez du sel et*

1 cuillerée à soupe d'huile et plongez-y les feuilles de lasagnes (par 6) pendant 3 mn.

• *Egouttez-les délicatement à plat sur un papier absorbant. Couvrez d'un linge humide et réservez.*

• ***Préparez la Béchamel**: faites fondre le beurre à feu doux, saupoudrez de farine. Mouillez lentement au lait froid et mélangez avec un fouet pour éviter la formation de grumeaux. Salez, poivrez et laissez cuire 10 mn à feu très, très doux. Réservez.*

• *Garnissez un plat huilé allant au four d'une couche de lasagnes, en alternance avec une couche de viande hachée puis une couche de béchamel.*

• *Répétez l'opération jusqu'à épuisement des ingrédients, et couvrez la dernière couche de pâtes avec la Béchamel saupoudrée de parmesan râpé.*

• *Enfournez 15 mn (therm. 6) et servez directement dans le plat de cuisson.*

LASAGNES AU FOUR
(recette traditionnelle)

6/8 PERS. ♦ CONFECTION DES PÂTES: 15 MN (3 H À L'AVANCE) ♦ PRÉPA. ET CUISSON DES INGRÉDIENTS: 1 H 30 ♦ CUISSON AU FOUR: 30 MN ♦ ** $$

500 g de farine • 6 œufs • 300 g de bifteck haché • 125 g de chair à saucisse • 200 g de foies de volaille • 120 g de parmesan fraîchement râpé • 60 g d'emmenthal en fines lamelles • 1 bouquet de persil • 2 gousses d'ail • 1 gros oignon • 100 g de mie de pain rassis • 500 g d'épinards • 1 verre de lait • 1 grande boîte de concentré de tomates • 7 C. d'huile • 2 •5 dl de vin rouge corsé • 50 g de beurre • sel • poivre

• *Mettez la farine en fontaine et, au centre, 4 œufs battus avec 1 c. de sel. Travaillez d'abord à la fourchette puis pétrissez. Lorsque la pâte est bien homogène, écrasez-la avec la paume de la main, puis mettez-la en boule. Recommencez l'opération trois fois.*

- *Couvrez et laissez reposer 3 h.*
- *Formez un cylindre avec la pâte, divisez-le en 4 morceaux, étalez-les au rouleau fariné sur environ 2 mm d'épaisseur. Laissez sécher 30 mn.*
- *Mettez la mie de pain à tremper dans le lait tiède.*
- *Hachez ail et persil, mélangez-les avec le bifteck haché, la chair à saucisse, 2 œufs battus, 50 g de parmesan et la mie essorée. Salez, poivrez, mélangez.*
- *Pétrissez le tout et formez huit boulettes que vous ferez dorer 5 mn à la poêle avec 4 C. d'huile.*
- *Dans une cocotte, faites blondir l'oignon haché dans l'huile restante ; ajoutez le concentré de tomates, salez, poivrez, puis mouillez avec le vin et 1 dl d'eau.*
- *Ajoutez les boulettes dans la cocotte, couvrez, laissez mijoter 45 mn. Après 30 mn, ajoutez les foies préalablement poêlés à sec 1 mn sur chaque face.*
- *Faites blanchir pendant 1 mn, dans l'eau bouillante salée, les épinards lavés et équeutés. Essorez-les très soigneusement, hachez-les, puis mettez-les dans une poêle avec 20 g de beurre sur feu vif et laissez évaporer leur eau.*
- *Beurrez un plat à gratin.*
- *Préchauffez le four (therm. 8).*
- *Repassez le rouleau à pâtisserie sur les pâtes si elles se sont rétractées.*
- *Faites cuire les pâtes pendant 4 mn (en plusieurs fois) dans un grand faitout rempli d'eau bouillante salée additionnée d'une C. d'huile. Egouttez-les, étalez-les sur un torchon.*
- *Versez un peu de sauce au vin dans le plat, puis tapissez-le de lasagnes que vous ferez déborder. Arrosez d'un peu de sauce. Etalez la moitié des épinards, posez dessus 4 boulettes écrasées à la fourchette, saupoudrez avec 1/3 du parmesan, nappez de sauce.*
- *Recouvrez d'une deuxième couche de lasagnes et garnissez-les comme les premières.*
- *Recouvrez d'une troisième couche sur laquelle vous disposerez les foies de volaille puis les lamelles d'emmenthal arrosées d'un peu de sauce.*
- *Terminez avec une quatrième couche de pâtes en rabattant pardessus celles qui débordaient. Saupoudrez de parmesan, arrosez du reste de sauce. Enfournez pour 30 mn.*
- *Servez directement dans le plat de cuisson.*

SPAGHETTI AUX FLEURS DE COURGETTES

4 PERS. ♦ PRÉPA. : 10 MN ♦ CUISSON : 25 MN

40 fleurs de courgettes • 350 g de spaghetti • 1 petit oignon haché • 1 pincée de safran en filaments • 1 C. de persil haché • 3 C. de parmesan râpé • 2 œufs battus • 20 cl de bouillon de volaille (cube) • 40 g de beurre • sel

• *Otez la queue, les petites feuilles externes et le pédoncule interne des fleurs. Lavez-les délicatement, égouttez-les.*

• *Pelez et hachez l'oignon.*

• *Lavez, essuyez et hachez le persil.*

• *Dans une sauteuse chauffez le beurre, puis faites revenir à feu doux les fleurs, l'oignon et le persil. Lorsque les fleurs sont fanées, versez le bouillon, couvrez aux trois quarts, et laissez cuire pendant 10 mn toujours à feu très doux.*

• *Réservez quelques fleurs de courgettes.*

• *Passez le contenu restant de la sauteuse au mixeur. A la sauce ainsi obtenue, ajoutez le safran et laissez cuire encore 5 mn à feu doux.*

• *Faites cuire les spaghettis* al dente *dans une grande casserole d'eau bouillante salée.*

• *Battez les œufs avec le parmesan. Versez-les dans la sauce en remuant sans arrêt avec une cuillère en bois, ainsi que les fleurs réservées et déchirées en morceaux.*

• *Ajoutez aussitôt les spaghettis bien égouttés dans la sauteuse. Réchauffez en mélangeant 1 mn sur feu doux.*

• *Servez aussitôt.*

Note : utilisez de préférence des spaghetti extra-fins.

FETTUCINE À LA SAUCE GORGONZOLA

Une recette raffinée de pâtes à la sauce bien riche. Si vous souhaitez une version plus légère, remplacez la crème par 4 cuillerées à soupe de *ricotta* fraîche, préalablement battue.

4 PERS. ♦ PRÉPA. : 25 MN ♦ CUISSON : 7 MN ♦ ** $$

40 g de *fettucine* vertes • 1 C. d'huile d'olive • 1 oignon • 10 cl de vin blanc sec • 175 g de *gorgonzola* • 3 feuilles de sauge fraîche • 10 cl de crème fraîche • 25 de parmesan • sel • poivre moulu

• *Portez à ébullition une grande quantité d'eau bouillante salée, plongez-y les* fettucine, *remuez, couvrez et faites reprendre l'ébullition. Faites cuire à découvert, jusqu'à ce que les pâtes soient juste tendres,* al dente, *(comptez 5 à 7 minutes pour des fraîches, et voyez instructions de cuisson pour des sèches).*

• *Epluchez et hachez finement l'oignon. Emiettez le* gorgonzola.

• *Dans une casserole, faites chauffer l'huile. Ajoutez l'oignon haché et laissez-le fondre doucement. Lorsqu'il est devenu translucide, mouillez avec le vin blanc et laissez réduire de moitié à feu vif, puis baissez le feu et incorporez le* gorgonzola *émietté, et les feuilles de sauge. Remuez avec une spatule en bois, en veillant à ne pas atteindre l'ébullition. Enlevez les feuilles de sauge, ajoutez la crème et poivrez.*

• *Égouttez soigneusement les pâtes, remettez-les dans leur récipient de cuisson et versez la sauce dessus. Mélangez bien avec le parmesan et servez immédiatement.*

SPAGHETTI À LA CARBONARA

Pour certains, cette recette est due aux charbonniers, qui l'ont créée, à cause des ingrédients faciles à transporter et qui nécessitaient peu de cuisson.

Pour d'autres, on la devrait aux « carbonari », les révolutionnaires qui combattaient pour l'unification de l'Italie.
Pendant la guerre, les alliés ont adopté ces pâtes en les adaptant à leurs propres produits (bacon et œufs). C'est ainsi que les *spaghetti alla carbonara* sont devenus célèbres.

4 PERS. ♦ PRÉPA. : 20 MN ♦ CUISSON : 8-10 MN ♦ * $

400 g de spaghetti • 200 g de *pancetta* fumée (petits lardons) • 3 C. d'huile d'olive • 3 jaunes d'œufs + 2 œufs entiers • 4 C. de *mascarpone* • 50 g de parmesan • sel • poivre moulu

• *Chauffez l'huile dans une poêle et faites revenir la* pancetta *jusqu'à ce qu'elle soit dorée et croustillante.*
• *Râpez le parmesan.*
• *Plongez les spaghettis dans une grande quantité d'eau bouillante salée et faites-les cuire jusqu'à ce qu'ils soient juste tendres* (al dente).
• *Dans un saladier, mélangez les autres ingrédients : jaunes d'œufs et œufs entiers,* mascarpone *et parmesan. Poivrez généreusement.*
• *Égouttez bien les spaghettis, mettez-les dans un plat très chaud et versez sans attendre le mélange d'œufs et le contenu de la poêle.*
• *Remuez très, très rapidement afin d'éviter l'amalgame des œufs et servez immédiatement.*

LASAGNES AUX ÉPINARDS

6 PERS. ♦ PRÉPA. : 40 MN ♦ CUISSON : 45 MN ♦ ** $$

300 g de lasagnes blanches ou vertes sans précuisson • 400 g d'épinards cuits • 350 g de champignons blancs • 200 g de parmesan râpé • 1 litre de lait • 60 g de farine • 120 g de beurre • 10 cl de crème fraîche • jus d'un citron • sel • poivre • muscade • sel de céleri

• *Lavez les champignons, hachez-les. Passez-les à la poêle avec 60 g de beurre et le jus de citron pendant 10-12 mn.*

• ***Préparez une Béchamel:*** maniez la farine et le reste du beurre dans une casserole sur le feu avec un peu de sel de céleri. Laissez blondir, ajoutez le lait bouillant. Continuez à chauffer 5 mn pour faire épaissir la sauce tout en la tournant avec un fouet. Incorporez la crème fraîche, puis salez et poivrez généreusement.

• *Préchauffez le four (therm. 7).*

• *Disposez au fond d'un plat à gratin, une couche de Béchamel, puis une de lasagnes, d'épinards, de champignons, de parmesan, et recommencez jusqu'à épuisement des ingrédients en terminant par une couche de lasagnes prise entre deux épaisseurs de Béchamel. Saupoudrez encore le tout de parmesan fraîchement râpé et mettez au four chaud pendant 25 à 30 mn environ (tenez compte du temps de cuisson indiqué sur le paquet de lasagnes). Le dessus du plat doit former une belle croûte dorée.*

• *Servez très chaud, directement dans le plat de cuisson...*

Note: Si vous employez des épinards frais, faites-les cuire à l'eau et égouttez-les très soigneusement afin d'extraire le maximum d'eau.

RISOTTO

Pour obtenir un *risotto* parfait, le choix du riz est d'une importance capitale. Vous choisirez bien sûr un riz à grain court importé d'Italie. Le plus courant en France est l'*Arborio* et il convient fort bien. Cependant, sa forme empêche une cuisson parfaitement uniforme du grain.

Pour réussir un *risotto* onctueux à souhait, mes préférés sont le *Carnaroli* ou le *semifino vialone nano* que vous trouverez chez les spécialistes de produits italiens.

RISOTTO À LA PARMESANE

Il est l'ancêtre, de tout *risotto*. Les autres recettes ne sont que des variantes. En guise d'entrée, il sera parfait. En plat principal, enrichissez cette recette de base selon votre humeur et les ingrédients dont vous disposez.

6 PERS. (EN ENTRÉE) ♦ PRÉPA. : 10 MN ♦ CUISSON : 25 MN ♦ * $

1,5 l de consommé de poulet • 20 g de beurre • 4 C. d'huile d'olive • 3 échalotes • 325 g de riz ***(vialone nano*** **ou** ***Carnaroli)*** **• 2 noix de beurre • 175 g de parmesan fraîchement râpé**

• *Prévoyez deux récipients.*

• *Dans le premier, portez tout doucement à frémissement le consommé.*

• *Epluchez, dégermez et hachez finement les échalotes.*

• *Dans le second récipient mettez le beurre, l'huile d'olive, les échalotes hachées et à feu moyen, faites-leur prendre une belle transparence, puis versez le riz.*

• *Avec une spatule en bois, mélangez énergiquement afin que tous les grains soient bien imprégnés de matière grasse.*

• *Laissez ainsi cuire 2 mn puis recouvrez le riz de bouillon bien chaud.*

• *Continuez à ajouter du bouillon au fur et à mesure qu'il s'évapore tout en continuant de mélanger avec la spatule (il faut que le riz soit à peine couvert de bouillon en continu).*

• *Laissez mijoter, toujours sur feu très doux, pendant 17 mn environ. Goûtez, rectifiez l'assaisonnement si nécessaire. Le riz doit être tendre, mais assez ferme sous la dent* (al dente).

• *Hors feu, incorporez 2 belles noix de beurre et le parmesan fraîchement râpé. Mélangez sans cesse pendant 3 mn avec la spatule en raclant bien le fond du récipient.*

• *Servez sans attendre, avec du parmesan râpé présenté à part.*

RIZ À LA MILANAISE

6 PERS. ♦ PRÉPA. : 15 MN ♦ CUISSON : 25 MN ♦ ** $

300 g de beurre • 1 oignon • 2 C. de moelle de bœuf • 6 C. de vin blanc sec • 550 g de riz • 6 tasses de bouillon de volailles (tablette) • 2 pincées de safran • 100 g de parmesan râpé • sel • poivre

• *Pelez puis hachez finement l'oignon. Dans une grande poêle faites fondre le beurre et mettez à dorer l'oignon haché ; ajoutez le vin, mélangez et laissez évaporer le liquide.*

• *Ajoutez le riz et laissez cuire pendant 5 mn. Ajoutez régulièrement du bouillon, sans cesser de remuer avec une cuillère en bois (environ 20 mn).*

• *Lorsque le riz est presque cuit, ajoutez le safran, dissous dans un peu de bouillon. Continuez à mélanger, puis ajoutez la moitié du parmesan. Mélangez.*

• *Cuit, le riz doit avoir une couleur jaune vif.*

• *Disposez le riz dans un plat et présentez-le avec du parmesan et du poivre gris fraîchement moulus.*

RIZ À LA VALDOSTAINE

Dans le Vol d'Aoste, ce plat est particulièrement prisé à la saison des cèpes. La façon dont le riz est cuit en fait un repas riche et crémeux qui n'a besoin, pour être accompagné, que d'un verre de bon vin.

6 PERS. ♦ PRÉPA. : 15 MN ♦ CUISSON : 1 H ♦ * $

500 g de riz *Carnaroli* (riz rond italien) • 100 g de beurre fondu • 2 $^1/_2$ l de bouillon de viande • 400 g de cèpes • 1 oignon haché • 1 gousse d'ail • $^1/_2$ bouquet de persil • 100 g de *fontina* • 20 cl de crème liquide • sel • poivre

• *Pelez et hachez l'oignon et l'ail. Lavez et tranchez les cèpes. Lavez et hachez le persil.*

• *Faites doucement fondre le beurre dans une poêle à fond épais et mettez à revenir l'oignon et l'ail hachés. Dès qu'ils sont bien dorés, ajoutez le riz. Continuez la cuisson pendant quelques minutes en remuant puis ajoutez le bouillon et laissez cuire à feux doux pendant 30 mn.*

• *Ajoutez les cèpes et laissez cuire 15 mn encore.*

• *Râpez la* fontina.

• *Enlevez la casserole du feu, incorporez la crème, la* fontina *râpée et le persil. Salez, poivrez, mélangez et servez aussitôt.*

RISOTTO AUX SEICHES

8 PERS. ♦ PRÉPA. ET CUISSON : 40 MN ENV. ♦ ** $$

600 g de riz long grain • 1 kg de petites seiches nettoyées • 2 grosses poignées de persil haché • 6 C. de pulpe de tomates en morceaux (en boîte) • 2 oignons hachés • 4 gousses d'ail hachées • 3 doses de safran • 4 c. de fumet de poisson déshydraté (type Maggi) • 4 dl de vin blanc sec • 8 C. d'huile d'olive • sel • poivre

• *Pelez et hachez les oignons et les gousses d'ail. Lavez et hachez finement le persil.*

• *Dans une grande cocotte (anti-adhésive si possible) chauffez l'huile. Faites-y revenir l'oignon, en remuant, 4-5 mn à feu moyen. Ajoutez l'ail et le persil. Mélangez et laissez cuire 1 mn.*

• *Après les avoir soigneusement nettoyées et lavées à grande eau, ajoutez les petites seiches dans la cocotte. Cuisez 4-5 mn en remuant de temps à autre. Ajoutez le vin, cuisez 2 mn. Ajoutez la tomate, le fumet en poudre et le riz. Mélangez bien, cuisez encore 2-3 mn.*

• *Versez en trois fois 1 l d'eau chaude, en remuant et en attendant chaque fois que le riz ait presque absorbé tout le liquide. Salez, poivrez.*

- *Versez encore en deux fois 2 dl d'eau et le safran.*
- *Surveillez la cuisson: le* risotto *est prêt lorsque les grains de riz sont légèrement fermes à cœur et bien onctueux. Si nécessaire ajoutez encore un peu d'eau afin d'obtenir le résultat souhaité.*
- *Vérifiez l'assaisonnement et servez chaud dans un grand plat creux.*

Note: les petites seiches ne doivent pas mesurer plus de 5 cm. Pour bien les préparer, il faut les vider, ôter leur petit os et leur peau comme pour certains poissons. Afin de vous faciliter la tâche, demandez à votre poissonnier de vous les préparer.
Vous pouvez également utiliser des seiches surgelées. Dans ce cas, ajoutez-les dans la cocotte à l'oignon revenu et versez le vin blanc seulement lorsqu'elles sont bien dégelées.

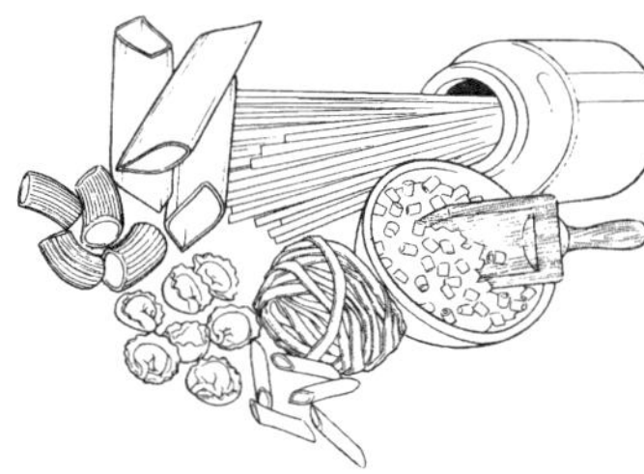

QUELQUES SAUCES

SAUCE TOMATE

1 kilo de tomates • 2 oignons • 2 gousses d'ail • huile ou beurre • 1 bouquet garni • 1 c. de sucre • sel et poivre

• *Incisez, ébouillantez les tomates quelques instants, puis pelez-les. Otez les pépins et coupez-les en quartiers, puis égouttez-les.*

• *Pelez et hachez les oignons. Pelez, dégermez et pilez l'ail.*

• *Dans une casserole, faites chauffer l'huile ou le beurre. Mettez-y les oignons hachés et l'ail pilé. Couvrez et laissez cuire à feu doux pendant quelques minutes. Ajoutez les tomates, le sucre et le bouquet garni. Salez et poivrez. Laissez cuire à feu très doux pendant 2 h environ.*

• *Retirez le bouquet garni et passez la sauce. Réchauffez-la avant de servir.*

TAPENADE

Son nom vient de *tapeno*, un vieux mot provençal qui signifie « câpre » – autrefois l'un des principaux ingrédients de la tapenade –.

4 PERS. ♦ PRÉPA. : 15 MN

200 g d'olives dénoyautées • 50 g de câpres • 4 filets d'anchois • 2 gousses d'ail • 1 C. de moutarde forte • 15 cl d'huile d'olive • 1 c. de thym • jus d'1 citron • poivre moulu

• *Dénoyautez les olives si nécessaire. Rincez les filets d'anchois s'ils sont au sel. Pelez et écrasez les gousses d'ail.*

• *Pilez au mortier les olives, les câpres, les anchois, l'ail et la moutarde, pour obtenir une pâte homogène.*

• *Versez ensuite peu à peu l'huile, en commençant tout doucement, sans cesser de remuer.*

• *Ajoutez le thym, le jus de citron et beaucoup de poivre noir.*

• *Allongez la pâte si nécessaire avec un peu d'huile d'olive, pour l'adoucir.*

SALMORIGLIO

En Sicile, on enduit de *salmoriglio* le poisson avant de le griller, et on le sert aussi en accompagnement.
Les Siciliens pensent que le seul moyen de le réussir est de le préparer à l'eau de mer.

6 PERS. ♦ PRÉPA. : 15 MN ♦ CUISSON : 5 MN

4 feuilles de persil plat • 1 1/2 c. d'origan • 1 c. de romarin • 1 gousses d'ail • 15 cl d'huile d'olive • 3 C. d'eau chaude • 4 C. de jus de citron • sel marin • poivre moulu

• *Pelez et écrasez la gousse d'ail. Lavez les feuilles de persil.*

• *Pilez au mortier toutes les herbes et l'ail avec 1 pincée de sel marin.*

• *Chauffez légèrement l'huile d'olive, puis mettez-la dans un bol très chaud et versez-y l'eau chaude, puis le jus de citron, en fouettant vivement à la fourchette, jusqu'à obtention d'une sauce épaisse et crémeuse.*

• *Ajoutez les herbes pilées, poivrez et mettez le bol au bain-marie, pendant 5 minutes, en fouettant sans cesse. Servez dans une saucière chaude.*

SAUCE VERTE

Cette sauce est traditionnellement servie avec le *bollito misto*, plat de l'Italie du Nord composé de viandes bouillies.

6-8 PERS. ♦ PRÉPA. : 20 MN ♦ MARINADE : 24 H

2 tranches de pain • 1 œuf dur • 3 filets d'anchois • 1 beau bouquet de persil plat • 1 piment rouge • 1 C. de vinaigre balsamique • 1 C. de vinaigre blanc • 30 cl d'huile d'olive • 2 gousses d'ail

• *Enlevez la croûte des tranches de pain et mettez-les à tremper dans le vinaigre blanc.*
• *Faites cuire l'œuf, écalez-le et hachez-le.*
• *Rincez les filets d'anchois s'ils sont au sel.*
• *Lavez le persil et équeutez-le. Enlevez les graines et écrasez le piment.*
• *Pelez, dégermez et coupez en deux les gousses d'ail.*
• *Pressez avec soin le pain trempé. Passez-le au tamis, avec l'œuf dur et les anchois, et mettez-le dans un mortier.*
• *Ajoutez le persil équeuté et le piment, puis incorporez les deux vinaigres, en travaillant avec le pilon.*
• *Versez l'huile très progressivement, en fouettant au fouet.*
• *Ajoutez les gousses d'ail, couvrez et laissez mariner 1 journée au réfrigérateur. Enlevez l'ail avant de servir.*

BOLOGNAISE

Une bolognaise ne peut être réussie que préparée que dans un récipient en terre ou en fonte.

4 PERS.

300 g de viande de bœuf hachée • 150 g de viande de porc hachée • 100 g de *pancetta* • 100 g de foies de volaille émincés • 50 g de chair à saucisse • 50 g de beurre • 1 carotte • 1 oignon • 1 branche de céleri • 1 branche de thym • 3 C. de concentré de tomates • 15 cl de vin blanc sec • 15 cl de lait • sel • poivre

• *Hachez très finement la carotte, l'oignon et le céleri. Coupez la* pancetta *en petits dés.*
• *Chauffez le beurre dans une casserole à fond épais. Ajoutez le hachis de*

légumes et les lardons de pancetta. *Laissez fondre 15 mn à feu doux. Ajoutez le bœuf, le porc hachés et la chair à saucisse. Laissez à feu vif, en remuant de temps à autre, jusqu'à ce que les viandes et le hachis soient dorés. Versez le vin. Mélangez. Laissez-le s'évaporer complètement.*

• *Diluez le concentré de tomates dans 15 cl d'eau tiède. Versez dans la casserole. Cuisez 15 mn environ à feu doux. Lorsque il n'y a plus assez de jus, ajoutez 1 ou 2 louches d'eau chaude. Salez et couvrez aux trois-quarts. Cuisez ainsi au minimum 1 h – l'idéal est 3 h!, la sauce n'en sera que meilleure.*

• *Surveillez attentivement et ajoutez 1 louche d'eau chaude chaque fois qu'il n'y a plus de liquide.*

• *Quand la fin de la cuisson approche, poivrez, et versez le lait. Attendez qu'il s'évapore. La sauce est fin prête.*

• *Cette sauce est idéale avec des tagliatelles ou des macaronis, ou en fourrage des lasagnes en alternant bolognaise, Béchamel, lasagnes, etc. N'oubliez pas de présenter à table un bol de parmesan râpé!*

• *Personnellement, pour plus de goût, je remplace l'eau par du bouillon de viande et une pincée de noix de muscade et, parfois je remplace même le lait par de la crème fraîche.*

Note: vous trouverez la *pancetta* au rayon salaisons. Vous pouvez la remplacer par du lard maigre non fumé.

SAUCE AMATRICIENNE

Amatrice est un village perché dans la montagne de l'Ombrie, réputé depuis le Moyen Age pour ses élevages de porc et ses salaisons de viande.

4 PERS.

200 g de *pancetta* (rayon salaisons sous vide) ou de lard non fumé • 800 g de pulpe de tomates en morceaux, en boîte, avec leur jus • 1 oignon haché fin • 1 gousse d'ail hachée fin • 1 petit piment épépiné et haché • 100 g de *pecorino* (ou de parmesan) râpé • 1 dl de vin blanc sec • 5 cl d'huile d'olive • sel

• *Emincez la* pancetta. *Hachez l'oignon et l'ail. Epépinez et hachez finement le piment.*

• *Chauffez l'huile dans une casserole à fond épais. Faites dorer l'oignon haché. Ajoutez la* pancetta *et l'ail. Laissez cuire 4 mn à feu moyen, en remuant de temps à autre avec une spatule en bois. Ajoutez le vin. Laissez-le s'évaporer à feu vif. Ajoutez la pulpe de tomates et le piment haché, salez légèrement. Couvrez aux 3/4 et laissez mijoter 30 mn à feu doux.*

• *Juste avant de servir, incorporez en mélangeant le fromage à la sauce.*

Note: cette sauce accompagne idéalement toutes les pâtes creuses. N'oubliez pas de présenter un bol de *pecorino* (ou de parmesan) râpé sur la table, afin que chacun en ajoute à son goût sur ses pâtes.

CARBONARA

Parmi les origines que l'on attribue à cette sauce, en voici une autre. A la chute de l'Empire napoléonien, une société secrète, la *carbonaria* (la charbonnerie), se développe au royaume de Naples pour détrôner Murat et rétablir les Bourbons. Elle se mue ensuite en société secrète libérale pour lutter et chasser d'Italie les Autrichiens et autres despotes.

Les *carbonaria* se réunissaient dans la clandestinité et ses membres devaient se réfugier dans la montagne où ils étaient dans l'obligation de cuisiner leurs spaghettis avec des ingrédients rustiques et transportables. Ils inventèrent donc cette recette qui reste associée au souvenir de leur épopée!

4 PERS.

100 g de *pancetta* • 100 g de jambon cru • 4 + 2 C. de *pecorino* (ou de parmesan) râpé • 4 jaunes d'œufs • 1 pincée de Cayenne • sel • poivre

• *Détaillez la* pancetta *et le jambon en dés.*

• *Faites fondre la* pancetta *à la poêle sur feu doux. Quand elle a rendu sa graisse, montez le feu, dorez-la à feu vif. Ajoutez les dés de jambon, laissez cuire 3 minutes en mélangeant, puis ajoutez le Cayenne, mélangez, ôtez à l'écumoire, réservez.*

• *Faites cuire les pâtes à l'eau bouillante salée, le temps indiqué sur l'emballage pour les obtenir* al dente *(cuites mais fermes). Egouttez-les en conservant 2 dl de leur eau de cuisson. Versez-les dans un plat creux très chaud en les mêlant à la* pancetta, *gardez-les au chaud.*

• *Réchauffez l'eau des pâtes dans une petite casserole. Poivrez-la généreusement. Dès qu'elle bout, délayez-y 4 cuillerées de fromage en fouettant. Hors du feu ajoutez les jaunes d'un coup en fouettant. Versez sur les pâtes fumantes, mélangez très rapidement. Saupoudrez avec le fromage restant et servez aussitôt.*

Note : si vous voulez faciliter la liaison de la sauce ; vous pouvez ajouter de la crème fraîche.

PISTOU GÉNOIS

Le *pesto* est originaire de Ligurie, où pousse une savoureuse variété de basilic à petites feuilles. Le meilleur *pesto* se fait bien entendu traditionnellement dans un mortier, avec un pilon.
La sauce traditionnelle se prépare avec du *pecorino*, fromage sec de brebis produit en Sardaigne : les Sardes l'échangeaient contre le charbon ligure.
Du *pecorino romano*, au goût plus fort, ou du parmesan, à la saveur plus légère, peuvent le remplacer.

6 PERS.

Gros sel • 3 beaux bouquets de basilic frais à grandes feuilles • 3 gousses d'ail • 50 g de pignons de pin • 4 C. de *pecorino* (ou de parmesan) fraîchement râpé • 15 cl d'huile d'olive

• ***Version traditionnelle :*** *pilez le gros sel au pilon dans un mortier. Ajoutez les feuilles de basilic et l'ail hachés fin. Pilez jusqu'à obtenir une purée. Ajoutez les pignons hachés fin. Pilez encore jusqu'à obtenir une purée homogène. Mêlez alors le fromage en pilant toujours, puis l'huile d'olive versé en filet.*

• ***Version express :*** *mettez le sel, les feuilles de basilic, l'ail et les pignons dans un robot à hélice à petite cuve. Mixez. Vous obtenez une purée épaisse. Transvasez-la dans un grand bol. Mêlez-y le fromage à la fourchette. Versez enfin l'huile en battant à la fourchette.*

Note : vous pouvez mélanger *pecorino* et parmesan râpés (le goût du *pesto* sera plus doux). N'oubliez pas de dégermer les gousses d'ail : ouvrez-les en deux dans la longueur, enlevez la partie verte (elle n'existe pas dans l'ail nouveau). Le *pesto* assaisonne n'importe quelles pâtes et les *gnocchi*, ou se présente dans un bol pour que chacun en verse à son goût dans le *minestrone*. Il se garde plusieurs jours au réfrigérateur, pourvu que l'huile recouvre bien le basilic en surface.

SAUCE HUILE ET AIL

POUR 500 G DE SPAGHETTIS

• *Dans une sauteuse, chauffez tout doucement 12 cl d'huile d'olive, 6 gousses d'ail dégermées et hachées et 2 petits piments frais rouges hachés. Dès que l'ail dore un peu, ajoutez les spaghettis cuits* al dente, *mélangez quelques minutes sur feu moyen, salez et poivrez. Servez.*

POISSONS ET COQUILLAGES

DORADE AUX OLIVES

6 PERS. ♦ PRÉPA.: 30 MN ♦ MARINADE: 30 MN ♦ CUISSON: 10 MN ♦ * $$

2 dorades de 750 g chacune, ou une grosse de 1,5 kg • 80 g d'olives vertes dénoyautées • 10 cl d'huile d'olive • 3 gousses d'ail • 40 g de beurre • 15 cl de vin blanc sec • 1 bouquet de persil plat • 3 C. de vinaigre balsamique

• *Demandez à votre poissonnier de lever les filets du poisson.*

• *Préchauffez le four (therm. 7).*

• *Lavez le persil, essuyez-le. Epluchez l'ail, ôtez les germes. Hachez-les ensemble.*

• *Dans un grand plat creux, disposez les filets de dorade après avoir vérifié qu'il ne subsiste aucune arête, salez, poivrez, arrosez avec le vin blanc et la moitié de l'huile d'olive, puis recouvrez avec la persillade aillée et les olives. Laissez mariner durant 30 mn.*

• *Egouttez les filets. Réservez la marinade.*

• *Dans une grande poêle faites fondre le beurre, puis faites-y saisir rapidement les filets de poisson sur les deux faces.*

• *Prenez une grande feuille de papier sulfurisé, pliez-la en deux, huilez l'intérieur avec un pinceau. Posez la feuille dans un saladier et faites-lui épouser la forme de ce dernier. Mettez les filets de dorade au centre.*

• *Dans la poêle versez la marinade réservée, ajoutez le vinaigre balsamique et laissez réduire de moitié sur feu doux, en mélangeant souvent avec une cuillère en bois.*

• *Versez la marinade dans la papillote. Refermez-la et mettez au four 8-10 mn. Servez aussitôt.*

GAMBAS À L'ITALIENNE

6 PERS. ♦ PRÉPA. : 20 MN ♦ CUISSON : 25-30 MN ♦ * $$

750 g de gambas • 3 petites courgettes • 1,5 kg de tomates • 2 gousses d'ail • 1 bouquet garni (thym, laurier, basilic) • 9 C. d'huile d'olive • 2 c. de sucre • 1 pincée de piment en poudre • 2 C. d'anis • sel • poivre moulu

• Incisez les tomates, ébouillantez-les afin de les peler plus facilement. Epépinez-les et concassez-les.

• Lavez, essuyez et émincez les courgettes.

• Dans une poêle chauffez la moitié de l'huile d'olive et faites-y revenir les tomates durant 5 petites minutes. Ajoutez les gousses d'ail, pelées, écrasées et dégermées ; le bouquet garni et le sucre en poudre. Laissez cuire à feu doux durant 15 mn en remuant souvent avec une cuillère en bois. Salez, poivrez et relevez d'une pointe de piment.

• Pendant ce temps, huilez généreusement les courgettes émincées, et faites-les dorer 4 à 5 mn au gril en les tournant plusieurs fois. Ajoutez les courgettes aux aromates et poursuivez la cuisson 5 mn.

• Fendez les gambas dans le sens de la longueur. Dans une grande poêle, chauffez 3 C. d'huile d'olive et faites raidir les gambas à feu très vif durant 3 mn. Flambez-les avec un peu d'anis. Salez, poivrez.

• Otez le bouquet garni des légumes puis mélangez-les soigneusement. Ajoutez les gambas et servez aussitôt.

MORUE À LA FLORENTINE

6 PERS. ♦ DESSALAGE : 24 H ♦ PRÉPA. : 20 MN ♦ CUISSON : 25 MN ♦ * $$

1 kg de morue salée • 1 kg d'épinards • 5 dl de crème fraîche • 100 g de parmesan râpé • 100 g de beurre • 1 bouquet garni • noix de muscade • sel • poivre

• *La veille, brossez scrupuleusement le poisson sous l'eau courante froide, puis découpez-le en plusieurs morceaux. Placez-les dans une passoire (côté peau vers le haut). Plongez la passoire dans un récipient rempli au préalable d'eau froide, et faites dessaler 24 heures en prenant le soin de changer l'eau cinq fois.*

• *Egouttez la morue et mettez-la dans une grande casserole, recouvrez d'eau froide, ajoutez le bouquet garni, amenez à ébullition et laissez frémir durant 5-6 mn sur feu doux.*

• *Egouttez le poisson et laissez-le tiédir, puis effeuillez-le entre les doigts en veillant à enlever toutes les arêtes.*

• *Mettez la morue dans une terrine préalablement chauffée, ajoutez la crème fraîche et une pincée de noix de muscade râpée, poivrez et travaillez longuement avec une cuillère en bois jusqu'à obtention d'une purée homogène. Incorporez, peu à peu le parmesan râpé en continuant de tourner.*

• *Préchauffez le four (therm. 8).*

• *Beurrez un plat à gratin, triez les épinards, éliminez les queues, lavez-les à l'eau vinaigrée puis plongez-les dans un grand faitout rempli à moitié d'eau bouillante salée. Laissez cuire 2 mn. Egouttez-les dans la passoire.*

• *Lorsque les épinards ont tiédi, essorez-les scrupuleusement entre les doigts. Etalez-les dans le plat à gratin et versez dessus le beurre restant préalablement fondu. Recouvrez les épinards avec la purée de morue. Enfournez pour 15 mn. Servez dans le plat de cuisson.*

Note : la morue c'est l'autre nom du cabillaud séché et salé. Cette différence d'appellation date de l'époque où il y avait deux sortes de pêche distinctes : la morue fraîche et la morue qui était pêchée au loin et salée à bord afin de mieux la conserver.

GAMBAS GRILLÉS

6 PERS. ♦ PRÉPA. : 10 MN ♦ MARINADE : 1 H ♦ CUISSON : 10 MN ♦ * $$

18 beaux gambas • 3 C. de jus de citron • 5 C. d'aneth ciselé • 1 gousse d'ail • 2 c. de piment • 50 g de beurre • sel • poivre moulu

• Dans un bol mélangez l'ail pelé et haché, le piment, le jus de citron, l'aneth ciselé. Salez, poivrez.

• Dans un grand plat creux, déposez les gambas non décortiqués et nappez-les avec le mélange du bol.

• Laissez mariner durant une heure, en les retournant plusieurs fois.

• Dans une sauteuse anti-adhésive, faites fondre le beurre. Ajoutez les gambas et la marinade. Laissez cuire 5 minutes en remuant la sauteuse afin que la cuisson soit bien répartie.

• Versez les gambas dans un plat creux et servez-les bien chauds avec une salade verte ou du riz safrané.

FRITTO MISTO

PRÉPA. : 25 MN ♦ CUISSON : 15 MN ♦ * $$

18 gambas • 400 g de calmars • 300 g de courgettes • 250 g de blancs de poireaux • 25 cl d'huile d'olive
***Pâte à frire* : 2 jus de citrons • sel • poivre moulu • feuilles de basilic**

• Nettoyez et lavez les gambas, puis décortiquez-les jusqu'à la tête.

• Nettoyez et lavez les calmars. Découpez-les en rondelles.

• Lavez et essuyez les courgettes. Détaillez-les en julienne.

• Lavez puis coupez très fins les blancs de poireaux.

• Préparez la pâte à frire avec tous ses ingrédients

• Trempez, un par un, dans la pâte à frire tous les ingrédients.

• Dans une friteuse, faites chauffer l'huile. Plongez-y successivement et séparément les poissons, puis les légumes.

• Dressez les légumes frits au centre d'un grand plat chaud, salez, poivrez. Entourez-les avec les poissons et crustacés et décorez avec des quartiers de citron et quelques feuilles de basilic.

SARDINES AUX POIVRONS

6 PERS. ♦ PRÉPA. : 20 MN ♦ MARINADE : 2 H ♦ CUISSON : 25 MN ♦ * $$

18 sardines • 100 g d'oignons • 4 gousses d'ail • 2 poivrons rouges • 2 poivrons verts • 2 poivrons jaunes • 2 bulbes de fenouil • 700 g de tomates • 1 bouquet de basilic • 6 branches de thym • 8 C. d'huile d'olive • sel • poivre moulu

• *Etêtez et évidez les sardines. Lavez-les sous l'eau courante, puis essuyez chacune d'entre elles avec du papier absorbant.*

• *Dans un grand plat creux, préparez la marinade avec 4 C. d'huile d'olive salée et le thym. Mettez-y les sardines et laissez-les mariner 2 heures en les retournant plusieurs fois.*

• *Préchauffez le four (therm. 7).*

• *Passez les poivrons sous le gril du four. Lorsque la peau est « boursouflée », sortez-les et enfermez-les dans des sacs plastique jusqu'à refroidissement. Pelez-les, ôtez les filaments et les graines, puis découpes-les en fines lanières.*

• *Ebouillantez quelques instants les tomates, pelez, puis concassez-les.*

• *Dans une sauteuse, faites chauffer 3 C. d'huile d'olive. Faites-y revenir les oignons préalablement épluchés et coupés en lamelles ainsi que l'ail pilé, le fenouil lavé et coupé en dés, les lanières de poivrons et les tomates concassées.*

• *Sortez les sardines de la marinade et faites-les dorer, à sec, 2 mn de chaque côté dans une poêle.*

• *Mettez tous les légumes dans un grand plat allant au four, déposez délicatement au-dessus les sardines et passez au four 5 mn.*

• *Décorez avec les feuilles de basilic ciselé.*

• *Servez au choix chaud ou froid.*

ANGUILLE AUX HARICOTS BLANCS

6 PERS. ♦ TREMPAGE : 12 H ♦ PRÉPA. : 20 MN ♦ CUISSON : 2 H 30 ♦ ** $$

250 g de haricots blancs secs • 2 oignons • 6 tomates • huile d'olive • 300 g d'anguille • 4 branches de persil plat haché • sel • poivre

• *La veille mettez à tremper les haricots pendant douze heures.*

• *Egouttez-les, puis versez-les dans un faitout et recouvrez-les d'eau.*

• *Portez à ébullition, couvrez et laisser cuire à feu doux environ 2 h 30.*

• *Lavez et grattez l'anguille, puis découpez-la en 6 morceaux.*

• *Ebouillantez, pelez et coupez les tomates en quartiers. Pelez et coupez les oignons en rondelles fines.*

• *Vingt minutes avant la fin de la cuisson des haricots, ajoutez les morceaux d'anguille, et les quartiers de tomates.*

• *Lavez et hachez le persil.*

• *Lorsque les haricots sont cuits, sortez les morceaux d'anguille et déposez-les au centre d'un grand plat creux chaud. Egouttez les haricots et, pendant qu'ils sont encore chauds, mélangez-les aux rondelles d'oignons. Assaisonnez d'huile d'olive, salez, poivrez abondamment, parsemez de persil haché disposez-les autour du poisson et servez.*

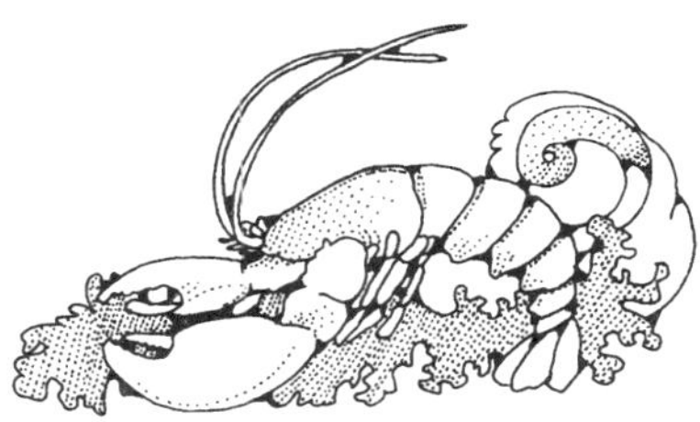

VIANDES, VOLAILLES ET GIBIERS

Poulets, chapons, oies, dindes ou canards... les volailles en Italie, sont toujours de bonne qualité.
Nombreuses sont les recettes à base de poulet : avec du jambon, du fromage, du vin, avec une sauce tomate ou une sauce très relevée (*alla diavola*). Entier, il est simplement rôti ou farci. On l'utilise également beaucoup à la préparation des bouillons.
La dinde est également répandue et se déguste souvent à Noël où elle remplace progressivement le chapon traditionnel. L'une ou l'autre sont alors farcis avec de la chair à saucisse, de la chapelure, du foie, des herbes et autres aromates.
Le gibier à poils et à plumes est abondant et présent sur les tables pendant toute l'année. Les Sardes ont l'habitude de farcir le gros gibier à poils avec plusieurs autres gibiers à plumes. ils recouvrent le tout de branches de myrte et les font rôtir au-dessus des braises.
Dans les autres régions, le gibier est souvent mariné au vin et aux herbes, ou bien préparé à l'aigre-douce.

SALTIMBOCCA

6 PERS. ♦ PRÉPA. ET CUISSON : 30 MN ♦ * $$$

12 escalopes de veau de 100 g chacune • 12 tranches de jambon cru • 12 feuilles de sauge • 40 g de beurre • $^2/_3$ de tasse de Marsala • sel • poivre moulu

• *Faites aplatir les escalopes par votre boucher.*
• *Découpez les tranches de jambon aux dimensions des escalopes.*
• *Posez sur chaque escalope une tranche de jambon et dans le centre 1 feuille de sauge.*

• *Roulez les escalopes et fixez-les à l'aide d'un bâtonnet en bois.*

• *Dans une grande poêle faites fondre le beurre et faites-y revenir les* saltimbocca *en les retournant délicatement jusqu'à ce qu'ils soient bien dorés sur tous les côtés. Sortez-les de la poêle et réservez au chaud.*

• *Déglacez avec le Marsala en grattant les sucs avec une spatule en bois et laissez mijoter pendant 1 mn. Remettez les* saltimbocca, *couvrez et laissez cuire, à feu très doux, pendant 15 mn. Salez poivrez et servez aussitôt.*

• *Accompagnez de tagliatelles au beurre.*

Note : *saltimbocca* littéralement signifie « saute-en-bouche ».

TOURNEDOS ROSSINI

L'origine du nom de cette recette remonte au XIXe siècle. En effet, l'on raconte que Rossini, le premier, avait eu l'idée de commander un plat de filet de bœuf tranché, sauté avec des truffes et couronné d'une tranche de foie gras. Le maître d'hôtel choqué par cette requête, aurait servi le plat au compositeur en le passant dans le dos des autres convives. La recette est restée célèbre et depuis porte le nom évocateur de « Tournedos Rossini ».

6 PERS ♦ PRÉPA. : 20 MN ♦ CUISSON : 15 MN ♦ * $$$

6 tournedos épais • 50 g de beurre • 1/2 verre de Marsala • 120 g de foie gras • 2 truffes • 6 tranches de pain de campagne • sel • poivre moulu

• *Salez et poivrez les tournedos.*

• *Dans une grande poêle beurrée, faites saisir la viande des deux côtés.*

• *Pendant ce temps, faites griller les croûtons de pain de campagne. Déposez sur chacun d'eux un tournedos. Arrosez avec le jus de cuisson de la viande. Réservez au chaud.*

• *Détaillez le foie gras en fines escalopes, puis faites-les délicatement et rapidement revenir dans la poêle. Posez une escalope de foie gras sur chaque tournedos.*

• *Déglacez la poêle avec le Marsala, en grattant les sucs.*

• *Coupez les truffes en fines lamelles que vous déposerez sur chaque tournedos avant d'arroser le tout avec le déglaçage au Marsala.*

• *Servez très rapidement sur des assiettes bien chaudes.*

RAGOÛT FLORENTIN

6 PERS. ♦ PRÉPA. : 30 MN ♦ CUISSON 3 H ♦ ** $$

1,5 kg de bœuf (gîte) • 1 tranche épaisse de jambon cru (150 g) • 2 gousses d'ail • 4 verres de sauce tomate (recette p. 315) • 1 bouquet garni • 3 branches de persil plat • huile d'olive • sel • poivre noir moulu

• *Epluchez et dégermez les gousses d'ail. Lavez, essuyez et ciselez le persil. Découpez la viande en cubes et la tranche de jambon en lanières d'1 cm.*

• *Dans une poêle à bord haut, chauffez l'huile et faites dorer les lanières de jambon cru et les cubes de viande. Ajoutez le bouquet garni, salez, poivrez, mélangez.*

• *Délayez la sauce tomate, versez-la dans la poêle et laissez mijoter à feu doux durant 3 h.*

• *Rectifiez l'assaisonnement si nécessaire.*

• *Servez bien chaud en accompagnant d'épinards en branches.*

POULET AU CITRON ET AU PARMESAN

6 PERS. ♦ PRÉPA. : 25 MN ♦ CUISSON : 40 MN ENV. ♦ ** $

1 beau poulet fermier • 60 g de beurre • 15 cl d'huile d'olive • 3 citrons
Pour la sauce : **20 cl de bouillon de volaille (tablette) • 20 cl de crème fraîche épaisse • 45 g de parmesan râpé • 2 c. de maïzena • 2 C. d'eau • sel • poivre moulu**

• *Prélevez les zestes des citrons.*

• *Préchauffez le four (therm. 7).*

• *Dans une cocotte chauffez le beurre et l'huile. Déposez-y le poulet et faites-le dorer de tous les côtés pendant 10 mn environ. Ajoutez les zestes de citron, salez, poivrez, couvrez et enfournez. Durant la cuisson, retournez le poulet afin qu'il cuise de tous les côtés.*

• *Au bout de 40 mn, avec l'aide d'une fourchette à rôti, soulevez la volaille. La cuisson est à point si le jus qui s'en écoule est incolore.*

• *Sortez le poulet de la cocotte, déposez-le sur une planche à découper. Enveloppez avec du papier aluminium et réservez au chaud.*

• *Otez l'excès de graisse de la cocotte. Ajoutez le bouillon de volaille et portez à ébullition en remuant sans cesse pour bien dissoudre tous les sucs. Laissez réduire durant 5 mn.*

• *Versez le mélange dans une casserole, ajoutez la crème fraîche, fouettez et chauffez à feu doux, jusqu'au premier frémissement.*

• *Dans un bol, diluez la maïzena dans l'eau jusqu'à obtention d'une pâte bien lisse. En fouettant sans cesse, versez dans la casserole une quantité suffisante de cette pâte afin de lier la sauce.*

• *Retirez la casserole du feu. Ajoutez le parmesan fraîchement râpé en mélangeant avec un fouet. Réservez au chaud.*

• *Découpez le poulet. Disposez la viande sur des assiettes chaudes et nappez de quelques cuillerées de sauce.*

FILETS AU GORGONZOLA

6 PERS. ♦ PRÉPA. : 15 MN ♦ CUISSON : 15 MN ♦ * $$

6 beaux filets de bœuf • 40 g de beurre • 4 échalotes • 200 g de *gorgonzola* • 3 C. de vin blanc sec • 1 $^1/_2$ verre de bouillon corsé (tablette) • 5 C. de moutarde • sel • poivre moulu

• *Dans une grande poêle, faites fondre la moitié du beurre et faites saisir les filets des deux côtés. Salez, poivrez. Retirez du feu à la cuisson souhaitée et réservez bien au chaud.*

• *Epluchez et hachez les échalotes, puis faites-les dorer dans la poêle. Lorsqu'elles sont dorées, ajoutez le bouillon, le vin, la moutarde et le* gorgonzola *émietté. Mélangez scrupuleusement, laissez réduire un peu, puis liez avec le beurre restant.*

• *Déposez les filets sur des assiettes bien chaudes et nappez avec la sauce.*

• *Servez rapidement.*

FOIE DE VEAU AUX FRAMBOISES

6 PERS. ♦ PRÉPA. ET CUISSON : 10 MN ♦ ** $$$

6 tranches de foie de veau de 120 g • 100 g + 45 g de framboises (fraîches ou surgelées) • 3 échalotes hachées • 3 C. de vinaigre à la framboise • 30 g + 15 g + 60 g de beurre • 2 C. de farine salée et poivrée • 1 c. de sucre • sel • poivre

• *Préparez et pesez tous les ingrédients à l'avance. Epluchez, dégermez et hachez les échalotes.*

• Roulez les tranches de foie dans la farine en les secouant délicatement afin d'en ôter l'excédent.

• Chauffez le plat de service.

• Dans une poêle, sur feu moyen, chauffez 30 g de beurre. Dès qu'il mousse, déposez les tranches de foie. Laissez cuire 2-3 mn de chaque côté afin que le cœur reste presque rosé. Otez-les, posez-les sur le plat de service chaud. Couvrez de papier aluminium et réservez.

• Mettez au milieu de la poêle l'échalote, avec le sucre et 15 g de beurre. Mélangez et formez un tas au centre de la poêle. Laissez cuire juste le temps de caraméliser le sucre. Ajoutez les 100 g de framboises puis le vinaigre. Ecrasez les fruits en les mêlant aux échalotes et à la sauce.

• Versez aussitôt le mélange dans une passoire fine. Au-dessus d'un bol, pressez fort avec un pilon ou le dos d'une cuillère afin de récupérer le maximum de jus et les pulpes – sans pépins –.

• Remettez dans la poêle avec 2 C. d'eau. Chauffez en raclant le fond avec la cuillère en bois. Dès le premier bouillon, ajoutez tout en tournant, 60 g de beurre très froid découpé en morceaux. Vous obtenez une sauce liée. Baissez le feu à doux. Salez, poivrez, ajoutez 30 g de framboises entières juste le temps de les chauffer. Versez sur le foie. Servez aussitôt. Accompagnez de tagliatelles fraîches en décorant avec les framboises restantes.

Note : il est très facile de préparer le vinaigre de framboises soi-même : il suffit d'introduire dans une bouteille très propre 50 cl de bon vinaigre de vin rouge et 150 g de framboises propres légèrement écrasées. Fermez hermétiquement et laissez reposer au moins une semaine.

CAILLES À LA POLENTA

6 PERS. ♦ PRÉPA. : 20 MN ♦ CUISSON : 25 MN ♦ * $$

12 cailles • 12 tranches de *pancetta* • 12 feuilles de sauge • 25 g de beurre • 1 1/2 verre de vin blanc sec • sel • poivre • *Polenta* : 250 g de semoule de maïs • 75 g de beurre • 150 g de parmesan • 1 l d'eau

• *Videz, plumez et flambez les petites cailles.*
• *Posez sur la poitrine de chaque caille une feuille de sauge, recouvrez d'une tranche de* pancetta*, retenez avec une pique en bois.*
• *Préchauffez le four (therm. 7).*
• *Préparez la* polenta *selon la recette de base page 292, mais ajoutez à mi-cuisson, en mélangeant très soigneusement, 75 g de beurre et le parmesan fraîchement râpé.*
• *Dans un grand plat, chauffez les 25 g de beurre puis déposez les cailles et faites-les revenir sur toutes les faces en les retournant délicatement et en les arrosant avec le vin blanc.*
• *Enfournez, pendant 25 mn environ mais surveillez leur cuisson, la chair des cailles doit rester ferme et la* pancetta *être dorée.*
• *Démoulez la* polenta *dans un grand plat, déposez dessus les cailles et arrosez de leur jus de cuisson.*
• *Dégustez bien chaud.*

OSSO BUCO

6 PERS. ♦ PRÉPA. : 35 MN ♦ CUISSON : 1 H 15 MN ♦ * $$

6 rondelles de jarret de veau avec l'os • 300 g d'oignons • 4 tomates • 3 carottes • 3 branches de céleri • 2 gousses d'ail • 1/2 zeste de citron râpé • 25 cl de vin blanc sec • 1 bouquet garni • 15 g de farine • 10 cl d'huile d'olive • 3 branches de persil plat • sel • poivre moulu

• *Pelez et hachez les oignons. Pelez, dégermez et hachez les gousses d'ail. Ebouillantez quelques instants les tomates, pelez-les et coupez-les en dés. Lavez et effilez les côtes de céleri, réservez les plus belles feuilles, puis épluchez les carottes et coupez-les en petits dés. Lavez, essuyez et ciselez le persil.*
• *Dans une cocotte faites chauffer la moitié de l'huile à feu moyen. Ajoutez les oignons, l'ail, les tomates coupées en dés, les côtes de céleri et les morceaux de carottes.*

• *Laissez fondre les légumes pendant 5 mn à feu doux en remuant avec une cuillère en bois.*

• *Roulez les morceaux de viande dans la farine, en les tapotant afin d'éliminer l'excédent. Retirez les légumes de la cocotte. Réservez.*

• *Ajoutez le reste d'huile, chauffez-la, et faites dorer les morceaux de viande sur toutes les faces à feu moyen. Remettez les légumes dans la cocotte et ajoutez le zeste de citron. Baissez le feu et mouillez à hauteur avec le vin blanc et un peu d'eau. Mélangez bien. Salez, poivrez, ajoutez le bouquet garni. Couvrez la cocotte et laissez cuire environ une heure à feu doux.*

• *En fin de cuisson, la viande doit être fondante et se détacher facilement des os. Disposez les morceaux sur un plat, nappez-les de sauce et décorez avec quelques feuilles de céleri et de persil ciselées.*

• *N'oubliez pas de déguster la moelle. Accompagnez de riz.*

DESSERTS

FRUITS ROUGES AU SABAYON

6 PERS. ♦ PRÉPA. : 15 MN ♦ CUISSON : 5 MN ♦ ** $$

600 g de fruits rouges (framboises, mûres, myrtilles, fraises) • 1 litre de glace à la vanille • 1 1/2 citron • 4 jaunes d'œufs • 60 g de sucre en poudre • 10 cl de Grand Marnier

• *Triez les fruits rouges. Lavez-les et essuyez-les très, très délicatement.*

• *Prenez un grand plat type gratin que vous aurez préalablement laissé une heure au réfrigérateur et qui résiste à la chaleur. Prélevez des boules dans la glace à la vanille et mettez-les dans le plat. Disposez des fruits rouges sur les boules de glace. Mettez au réfrigérateur.*

• ***Pour le sabayon :*** *préchauffez le gril. Râpez le zeste d'un citron. Mettez les jaunes d'œufs, le sucre et l'alcool dans un grand bol résistant à la chaleur. Mélangez au fouet.*

• *Placez le plat à gratin avec les boules de glace sur la plaque du four, puis nappez avec le sabayon.*

• *Enfournez la plaque à 15 cm environ du gril pour 1 à 2 mn – jusqu'à ce que les fruits soient chauds et le sabayon doré –.*

• *Versez dans des coupes très froides et dégustez.*

FRAMBOISES AU VINAIGRE BALSAMIQUE

6 PERS. ♦ PRÉPA.: 15 MN ♦ * $

$^3/_4$ de litre de glace à la vanille • 4 dl de vinaigre balsamique • 750 g de framboises • sucre glace

• *Versez le vinaigre balsamique dans une casserole et faites-le réduire des deux tiers sur feu doux, jusqu'à obtention d'une préparation proche du sirop.*

• *Versez-le dans une bouteille plastique préalablement bien rincée et laissez refroidir.*

• *Dressez les framboises sur 6 assiettes. Disposez une ou deux boules de glace vanille au centre et arrosez d'une spirale de vinaigre balsamique froid. Saupoudrez abondamment de sucre glace et servez.*

Note: utilisez uniquement du vinaigre balsamique car peu alcoolisé et très parfumé.

CANNOLI DE RICOTTA

C'était, paraît-il, le dessert préféré d'Al Capone!

POUR 18 ROULEAUX ♦ TREMPAGE ET RÉFRIGÉRATION: 2 H ♦ PRÉPA.: 30 MN ♦ CUISSON: 5 MN

Pâte: **225 g de farine blanche • 15 g de sucre • 2 blancs d'œufs • 1 c. de café moulu • 30 g de beurre • 2 cl de Marsala**
Farce: **250 g de *ricotta* fraîche • 180 g de sucre glace • 30 g de raisins de Corinthe • 30 g de chocolat pâtissier • 45 g de fruits confits • 30 g d'oranges confites • 6 cerises confites • huile de friture**

• *Faites tremper les raisins secs pendant 1 h dans un peu d'eau tiède.*

• *Au mixer, mélangez la farine, le sucre, les blancs d'œufs, le beurre et le Marsala. Couvrez avec un torchon et laissez reposer la pâte 2 h au réfrigérateur.*

• *Abaissez la pâte sur 1 mm d'épaisseur, coupez-la en carrés de 10 cm de côté que vous roulerez en diagonale. Chauffez l'huile et faites dorer sur toutes les faces en les tournant délicatement les* cannoli *durant environ 3 mn. Sortez-les et posez-les sur du papier absorbant.*

• *Dans une jatte, mélangez la* ricotta*, le sucre glace, les raisins égouttés et détaillés en dés, le chocolat concassé et les fruits confits également coupés en petits dés. Remplissez une poche à douille de cette préparation et farcissez chaque rouleau frit.*

• *Présentez-les sur un plat en décorant avec quelques copeaux de chocolat et de cerises confites.*

Note : il s'agit d'un dessert typiquement sicilien, traditionnellement préparé au moment du carnaval.

PASTIERA À LA NAPOLITAINE

6 PERS. ♦ PRÉPA. : 20 MN ♦ REPOS : 30 MN ♦ CUISSON : 45 MN ♦ * $

250 g de farine • 100 g de beurre • 80 g de sucre • 2 jaunes d'œufs • 2 zestes de citron

Garniture : **350 g de *ricotta* • 80 g de sucre semoule • 3 œufs • 50 g de poudre d'amandes • 80 g de fruits confits • quelques gouttes d'extrait de vanille • sucre glace**

• ***Pâte :*** *dans un saladier, mélangez farine, sucre et beurre en pommade. Formez une fontaine et déposez au centre les jaunes d'œufs et les zestes de citron hachés menu-menu. Mélangez et laissez reposer 30 mn.*

• *Pendant ce temps, préparez la garniture.*

• *Mixez la* ricotta*, puis ajoutez le sucre et la poudre d'amandes. Mélan-*

gez. Battez les œufs, puis incorporez-les, ainsi que les fruits confits découpés en dés et l'extrait de vanille.

- *Préchauffez le four (therm. 7).*
- *Beurrez un moule de 7 cm de hauteur.*
- *Etalez la pâte, sur 3 mm d'épaisseur, puis garnissez l'intérieur du moule. Remplissez avec la garniture. Découpez des lanières dans la pâte restante et décorez le dessus de la* pastiera.
- *Mettez au four pendant 30 mn, puis baissez le thermostat à 6 et laissez cuire 15 mn encore.*
- *Servez la tarte froide en la saupoudrant de sucre glace.*

PANETTONE

Le fameux *panettone* milanais serait né par amour. Le créateur, aurait cédé sa recette au boulanger qui se prénommait Toni, en échange de la main de sa fille. Le gâteau fut appelé *« Pan di Toni »* et devint, avec le temps, *« Panettone »*.

6 PERS. ♦ REPOS DE LA PÂTE : 1 H ♦ PRÉPA. : 30 MN ♦ CUISSON : 45 MN

500 g de farine • 130 g de beurre • 3 œufs + 4 jaunes d'œufs • 175 g de levure • 6 C. de cassonade • 2 C. de sucre en poudre • 4 C. de raisins secs • 40 g de cédrat coupé en petits dés • sel

- *Diluez la cassonade dans un peu d'eau tiède.*
- *Sur le plan de travail faites une couronne avec la farine. Ajoutez au centre une cuillerée de sel, les œufs entiers, la cassonade diluée, 80 grammes de beurre fondu et la levure. Ajoutez un peu d'eau afin de mieux lier tous les ingrédients.*
- *Incorporez peu à peu la farine, et travaillez vigoureusement la pâte jusqu'à ce qu'elle devienne élastique et ne colle plus aux mains.*
- *Etalez-la et saupoudrez de sucre.*
- *Incorporez, délicatement, deux jaunes d'œufs et répartissez sur toute la pâte le beurre restant, les raisins et les petits dés de cédrat.*

• *Pétrissez afin de bien incorporer tous ces ingrédients à la masse, en la retravaillant pendant quelques minutes.*

• *Formez ensuite une boule, couvrez-la avec un torchon et laissez reposer à température ambiante 1 heure.*

• *Préchauffez le four (therm. 6).*

• *Diluez les 2 jaunes d'œufs restants dans un peu d'eau et une pincée de sucre. Battez-les, puis badigeonnez avec très soigneusement toute la pâte.*

• *Dans la partie inférieure de la masse, faites deux incisions en forme de croix.*

• *Beurrez et farinez le moule, puis déposez la masse de pâte. Saupoudrez de sucre, et mettez au four pour 45 mn.*

TIRAMI SU

Un dessert incomparable, aux parfums puissants et au fondu inégalable.
Littéralement *tirami su* signifie « remonte-moi ».
Ce dessert a tant de succès que de nombreuses villes italiennes en revendiquent l'invention.

6-8 PERS. ♦ PRÉPA. : 45 MN ♦ CUISSON : 20 MN

Pour les biscuits : **3 jaunes + 4 jaunes + 4 blancs d'œufs • 80 g de sucre • 100 g de farine tamisée • 20 g de sucre glace • extrait de vanille liquide • 30 cl de café italien très corsé, non sucré**
Pour la crème : **5 jaunes d'œufs • 180 g de sucre • 4 C. d'*amaretto* • 300 g de *mascarpone* à température ambiante • 35 cl de crème fraîche liquide**
Pour le décor : **cacao pur en poudre (sans sucre)**

• ***Préparez tout d'abord les biscuits.*** *Préchauffez le four (therm. 6). Battez le sucre et les 3 jaunes jusqu'à obtention d'une crème lisse, épaisse et très pâle. Ajoutez la vanille. Versez la farine. Mélangez à la spatule en travaillant juste ce qu'il faut pour obtenir une pâte homogène.*

• *Montez les blancs en neige ferme. Ajoutez le sucre glace en fouettant. Quand la neige est lisse et brillante, mêlez-la à la pâte en tournant délicatement de bas en haut, bien jusqu'au fond.*

• *Beurrez deux plaques à pâtisserie, farinez-les en les tapotant pour étaler la farine en un mince film. Avec une petite cuillère, formez des bâtonnets de pâte de 10 cm de long.*

• *Mettez du sucre glace dans une passoire à thé et en tournant avec une cuillère, poudrez-en abondamment les biscuits. Enfournez pour 20 mn.*

• *Sortez les plaques du four. Posez-les sur un torchon mouillé : le froid va aider à décoller les biscuits à la spatule. Laissez-les refroidir sur une grille.*

• ***Préparez la crème :*** *battez les 4 jaunes et le sucre dans un saladier étroit pour obtenir une crème pâle et lisse.*

• *Posez le saladier dans une casserole d'eau juste frémissante. Fouettez pour obtenir un mélange mousseux. Ajoutez l'*amaretto *; fouettez encore au bain-marie jusqu'à ce que la crème soit un peu ferme, puis fouettez hors du feu le temps que cela refroidisse.*

• *Mettez la crème fraîche très froide dans un saladier à bord haut. Posez-le dans un saladier large garni d'eau froide et de glaçons, Fouettez jusqu'à ce que la crème devienne ferme et mousseuse. Battez le* mascarpone *pour le rendre crémeux. Mêlez-le à la crème à l'*amaretto*, puis incorporez la crème fouettée en tournant de bas en haut, en allant bien jusqu'au fond.*

• *Etalez un tiers de la crème dans un plat rectangulaire et creux d'environ 18 × 25 cm. Saupoudrez de cacao pur à travers une passoire à thé. Trempez chaque biscuit dans le café froid le temps de l'imbiber. Disposez-les bien serrés sur la crème.*

• *Recouvrez d'un deuxième tiers de crème. Poudrez de cacao. Etalez une deuxième couche de biscuits, couvrez-les du reste de crème, poudrez de cacao. Tapez le plat pour tasser. Mettez au frais au moins pour 3 heures.*

Note : l'*amaretto* est une liqueur italienne parfumée à l'amande. Vous pouvez le remplacer par du *Marsala* sec.

Pour vous faciliter la tâche vous pouvez utiliser des biscuits à la cuillère tout prêts (choisissez-les de bonne qualité).

CRÈME AUX AMANDES ET CHOCOLAT

Cette crème est l'un des desserts les plus traditionnels et typiques du Val d'Aoste.

6 PERS. ♦ PRÉPA. : 20 MN ♦ CUISSON : 1 H ♦ ** $

2 œufs entiers + 1 jaune d'œuf • 1/2 litre de crème liquide • 1/2 litre de lait entier • 5 C. de sucre • 12 amandes décortiquées + quelques amandes hachées et grillées pour garniture • 100 g de chocolat noir réduit en morceaux • 1 C. de farine

• *Décortiquez les amandes, faites-les légèrement griller, puis écrasez-les et roulez-les dans la farine.*

• *Mettez le lait dans une casserole, ajoutez les amandes écrasées et faites cuire pendant 20 mn en faisant très attention de ne jamais atteindre l'ébullition. Passez le lait au chinois afin d'éliminer les amandes.*

• *Dans une casserole à fond épais, fouettez les œufs entiers avec la moitié du sucre, jusqu'à ce que la consistance devienne épaisse. A l'aide d'une cuillère en bois, ajoutez la crème liquide et le lait tiède.*

• *Mettez la casserole de crème sur feu modéré, ajoutez petit à petit les morceaux de chocolat en remuant sans cesse avec la cuillère en bois – jusqu'à ce que le chocolat soit fondu. Ajoutez alors le jaune d'œuf, toujours en remuant, et arrêtez la cuisson.*

• *Faites un caramel avec le sucre restant. Ajoutez-le à la crème, mélangez bien et laissez refroidir.*

• *Servez froid en décorant avec quelques amandes grillées.*

NOS RESTAURANTS À PARIS ET ENVIRONS

PAOLO PERTINI, 9, rue d'Argenteuil (1er) - 42 60 56 22

VELLONI, 22, rue des Halles (1er) - 42 21 12 50

LA MAIN À LA PÂTE, 35, rue du Fg Saint-Honoré (1er) - Fermé le Dimanche - 45 08 85 73

L'ENOTECA, 25, rue Charles-V (4e) - 42 78 91 44

LA BAUTA, 129, bld Montparnasse (6e) - 43 22 52 35

CASA BINI, 36, rue Grégoire-de-Tours (6e) - Fermé le dimanche - 46 34 05 60

BEATO, 8, rue Malar (7e) - 47 05 94 27

LE CARPACCIO, 37, av. Hoche (8e) - 42 99 98 90

BICE, 6, rue balzac (8e) - 42 89 46 34

IL PANE TOSCANO, 46 rue Georges V (8e) - 47 23 33 67

I GOLOSI, 6, rue de la Grange-Batelière - (9e) - (1) 48. 24. 18. 63

LE CHATEAUBRIANT, 23, rue de Chabrol (10e) - Fermé dimanche et lundi - 48 24 58 94

SIPARIO, 69, rue de Charenton (12e) - Fermé samedi midi et dimanche - 43 45 70 26

PINOCCHIO, 124, avenue du Maine (14e) - Fermé samedi midi et dimanche - 43 21 26 10

FELLINI, 58, rue de la Croix-Nivert (15e) - 45 77 40 77

LE GRAND VENISE, 171, rue de la Convention (15e) - Fermé dimanche et lundi - 45 32 49 71

CONTI, 72, rue Lauriston (16e) - Fermé samedi et dimanche - 47 27 74 67

SAN FRANCISCO, 1, rue Mirabeau (16e) - Fermé dimanche - 46 47 84 89

SORMANI, 4, rue du Général-Lanrezac (17e) - Fermé samedi et dimanche - 43 80 13 91

IL RISTORANTE, 22, rue Fourcroy (17e) - 47 63 34 00

DA GRAZIANO, 83, rue Lepic (18e) - 46 06 84 77

CHEZ VINCENT, 5, rue du Tunnel (19e) - 42 02 22 45

CHEZ LIVIO, 6, rue de Lonchamps - Neuilly (92) - 46 24 81 32

ENZO, CNIT, La Défense - Puteaux (92) - 46 92 28 02

LA ROMANTICA, 73, bld Jean-Jaurès - Clichy (92) - 47 37 29 71

Où trouver les produits

LE MILLE PÂTES, 5, rue des Petits-Champs (1er) 42 92 03 04

CASA DELLA PASTA, 5, rue des Petits-Carreaux (2e) - 42 33 00 72

LA GRANDE EPICERIE, (Au Bon Marché) - 38, rue de Sèvres (7e) - 45 44 25 85

FERRARI, 30, rue Mogador (9e) - 48 74 43 15

IDEA VINO, 88, av. Parmentier (11e) - 43 55 26 56

AU VILLAGE ITALIEN, 50, bld du Temple - (11e) - 47 00 81 52

CIPOLLI, 81, rue Bobillot (13e) - 45 88 26 06

LE SAN DANIELE, 7, rue Delambre (14e) - 43 35 55 63

LE PORT DE GÊNES, 81, rue Lecourbe (15e) - 47 34 66 86

CHEZ EDGAR, 41, rue des Belles-Feuilles (16e) - 47 27 73 78

LA MAISON D'ITALIE, 63, av. des Ternes (17e) - 45 74 72 63

BOFOLCI, 42, rue Riquet (19e) - 42 49 64 75

PORTUGAL

Tour de Belém, Lisbonne

INTRODUCTION

Isolé du reste du continent par l'Espagne et isolé de l'Espagne par des montagnes, le Portugal est tourné vers l'Océan et exposé aux vents rudes et aux rouleaux de l'Atlantique.

Le peuple portugais est curieux, gai, inventif et sa cuisine illustre parfaitement toutes ces qualités qui évoquent d'autres horizons, d'autres cuisines : Brésil, Angola, Mozambique... toutes ces terres qui ont un jour appartenu au Portugal. Il a su conserver les parfums les plus doux et les plus intéressants de tous ces pays, et il est important de noter que la cuisine portugaise n'est pas la cuisine espagnole.

Bien sûr, comme la cuisine de ses voisins, elle est essentiellement régionale, de terroir même et très simple. Mais la présence des épices et des herbes y est plus marquante, et les combinaisons de goût surprennent parfois même un palais espagnol.

Elle fait appel à toutes sortes d'ingrédients. Des herbes, comme la coriandre. Le jus du citron est souvent pressé sur la viande, ou bien on la fait cuire au Porto. Les œufs, les figues, le curry, la vanille figurent parmi les ingrédients de multiples recettes.

Les onze provinces portugaises offrent chacune une palette de saveurs incalculable.

De la fameuse potée au chou vert du Nord, au foie au vin de Lisbonne en passant par les crustacés et les viandes du Sud, la variété est aussi multiple que les paysages portugais.

Le Portugal présente une grande diversité et son peuple, que ce soit dans les provinces les plus reculées ou dans celles qui sont plus ouvertes aux influences extérieures, démontre toujours une inventivité culinaire, souvent méconnue en dehors de ses frontières. Il est donc grand temps de la découvrir.

Nous ne prétendons pas résumer de façon exhaustive la cuisine portugaise, ni présenter la globalité de ses recettes, mais vous présenter une vitrine de cette cuisine, traditionnelle, authentique, et pratiquée encore aujourd'hui pour le réconfort des estomacs et le plaisir du palais.

Nous vous livrons donc un choix de recettes aux charmes multiples et proches des terres ou des mers dont elles sont issues.

La saveur de cette cuisine vient également de l'utilisation des herbes et des épices, qui remonte à la plus haute antiquité mais qui, après les « Découvertes », sont devenues partie intégrante des traditions culinaires portugaises.

La cannelle et le clou de girofle ne font peur à personne, le cumin est assimilé depuis la présence arabe. L'origan, le laurier, le serpolet et la coriandre poussent dans tous les jardins et sur les balcons.

Un élément très important marque l'appartenance au monde méditerranéen de ce pays et la trace restée vivante de la culture arabe et juive : l'huile d'olive. Elle a, ici, une odeur et une saveur propres qui la distinguent de ses consœurs méditerranéennes tout comme les olives elles-mêmes, petites et charnues au parfum inimitable.

Les poissons occupent une place de choix dans la cuisine portugaise, la morue en est la reine indiscutée. Ne dit-on pas qu'il existe au moins 366 manières de la préparer… La morue est en fait un cabillaud dont le mode de conservation (salée et séchée) lui donne un caractère particulier : autrefois présente sur toutes les tables, elle est aujourd'hui importée de Norvège et devenue un produit quasiment de luxe. Sa préparation est simple et débute ainsi : elle doit être d'abord lavée, grattée et rincée abondamment pour enlever le sel et dessaler au moins 20 heures dans un bac d'eau renouvelée deux ou trois fois.

Parfois, pour la rendre plus moelleuse, on la fait tremper ou cuire dans le lait. Il en résulte une chair au goût merveilleux.

Même si le dicton portugais dit que « *le poisson ne pousse pas le chariot* », ce qui peut signifier qu'il ne nourrit pas vraiment, les poissons et crustacés présents sur les côtes sont d'une variété et d'une qualité telles qu'ils occupent le devant des tables portugaises.

24 HEURES DANS LA VIE D'UN PORTUGAIS

Les heures des repas sont également différentes de celles de ses voisins espagnols. Elles sont moins tardives. Le petit déjeuner est souvent léger, suivi d'un en-cas vers 10 heures. Le déjeuner a lieu entre 12 h 30 h et 14 h 30, le dîner vers 20 heures.

Le petit-déjeuner (*pequeno almoço*) : la journée commençant souvent vers 9 heures (sauf dans les campagnes), le petit-déjeuner se prend en famille. Des petits pains au lait et des tartines accompagnent généralement le café au lait.

Le déjeuner *(almoço)* : on se met à table généralement vers 12 h 30, si possible en famille. On commence souvent le déjeuner par une soupe, suivie d'un plat de poisson ou de viande, accompagné de riz ou pommes de terre. Suivent une salade et un fruit de saison. Le tout arrosé d'eau et de vin.

Le dîner *(jantar)* : servi entre 20 h et 21 h. La soupe de midi revient souvent sur la table, suivie de poissons grillés avec des légumes. Le repas se conclue avec un fruit de saison ou, parfois, un dessert.

À TABLE

Les soupes ouvrent, et concluent parfois, tout repas portugais qui se respecte. Épaisses et bouillantes, elles sont un moyen efficace pour se réchauffer en hiver et ne disparaissent pas au plus fort des chaleurs estivales.

Souvent à base de pain, elles sont la marque toujours vivace d'une alimentation médiévale. On attribue même parfois aux Arabes cette pratique répandue à travers toute l'Europe.

A la présence musulmane, il faut reconnaître l'introduction du riz et de sa cuisson très liquide, version portugaise de la paëlla.

Les entrées, ou *acepipes*, servies en attendant les vrais plats, exigent une confection parfois lente et compliquée. Mais les pâtés de sardines ou de thon, les beurres aromatisés à l'ail et aux herbes, les innombrables beignets, les fines saucisses grillées ou les fromages frais vous régaleront.

En ce qui concerne les viandes, on s'aperçoit vite qu'aucune n'est négligée. Porc, bœuf, veau et mouton sont partout présents. Volaille, poules, dindes ou lapins sont très appréciés. L'agneau, le cochon de lait et le chevreau atteignent parfois des sommets de saveur.

Les tripes et les abats sont superbement cuisinés.

Les produits de la chasse, suivant l'époque, sont préparés pour en faire ressortir tous les parfums de la campagne.

Les plats et les recettes de ce livre gagneront en saveurs si vous les accompagnez des fromages portugais qui, bien que très peu exportés, peuvent se dénicher chez les fromagers consciencieux. On peut citer entre autres, le *Serra*, l'*Azeitâo*, le *Nisa* ou le *Serpa*. Tous faits avec du lait de brebis, parfois mélangé au lait de chèvre ou de vache.

Les desserts sont, eux, la marque évidente du passé religieux et de la créativité recluse des couvents. Leur base est simple : œufs en grande quantité et sucre en abondance.

Parmi les plats nationaux, il y a le *Caldo Verde* (bouillon vert), à base de feuilles de chou frisé coupées en lanières, de pommes de terre, d'huile d'olive, d'oignons et d'ail souvent enrichis de rondelles de *chouriço* (chorizo) ou de *linguiça* (saucisson à l'ail).

Là, où les rivières sont nombreuses, les poissons sont accommodés avec des sauces au curry (produit introduit par Vasco de Gama avec le poivre gris et la cannelle ; cette dernière est aujourd'hui l'épice préférée des Portugais).

Le riz, introduit sans doute par les Arabes, occupe une place également de choix et il est accommodé de mille et une manières, additionné de jambon portugais, de *linguiça* et de jus de citron. Ces riz rustiques figurent très souvent au menu des restaurants des villes.

LES LÉGUMES

Le chou entre dans toutes les demeures entre novembre et mars et sous toutes les formes : haché dans le *« Caldo Verde »*, en tandem avec les haricots dans le *Cozido* ou coupé au carré pour accompagner morue ou volaille.

Les meilleurs oignons et les plus savoureuses pommes de terre sont originaires de la petite cité de Barcelos, connue aussi pour un poulet qui, bien que joliment rôti, dit la légende, retrouva la vie pour sauver un malheureux voyageur venu de la Galice voisine.

De même, la capitale de la région et la métropole du nord du pays, Porto, qui a donné son nom au fameux vin, a une place de choix dans la gastronomie portugaise.

LES FROMAGES

Parmi le fromages le meilleur est sans aucun doute le *queijo da serra*, un fromage à base de lait de chèvre. Mais la production, portugaise de fromages ne se limite pas au *serra*, il y a le *serpa* de la ville du même nom qui a un goût exquis de noisette, le *beja*, qui vient de Beja, l'*azeitao* ou les *queijos frescos*, des petits fromages saupoudrés de cannelle.

LES DESSERTS

Si l'on se réfère à l'histoire, ce sont les Maures qui ont introduit au Portugal les *doces de ovos* (gâteaux aux œufs), au cours des cinq cents ans d'occupation, et les religieuses qui ont donné leur titre de noblesse à ces pâtisseries au nom souvent bizarre : *toucinho do céu* (lard du Paradis), *barriga de freira* (ventre de nonne) ou *papos de anjo* (joues d'ange). Certaines de ces pâtisseries sont parfumées à la cannelle, d'autres au citron, à l'orange, aux amandes... Des pâtisseries très riches et sucrées, que l'on accompagne d'un vin doux Porto ou Madère et vivement déconseillées dans le cadre d'un régime !

LE PAIN

Le pain lui, est ici resté souvent de fabrication artisanale et peu de pays peuvent se vanter d'en avoir un aussi bon. Il y a bien sûr les pains fantaisie pour les fêtes : le *pao doce* à Pâques ou la brioche de Noël le *bolo rei*.

LE CAFÉ

Le café est lui une institution nationale. Rien de surprenant lorsque l'on pense que certaines des anciennes colonies portugaises sont le Brésil ou l'Angola. Si vous voulez un express corsé demandez un *abica*. Si vous souhaitez un café proche de celui des normes américaines, c'est-à-dire une tasse d'eau chaude parfumée au café, demandez un *café ordinaire*. L'intermédiaire est le *carioca*.

LE PORTO : UNE AUTRE VÉRITABLE INSTITUTION

Ce ne sont pas les Anglais, comme on le pense souvent qui ont contribué au développement du vignoble, mais les Français. En effet, le cépage d'origine de ce vin tant apprécié par le monde est le pinot noir.

Les français méconnaissent les vins de Porto, et les consomment surtout en apéritif. Mais nombre d'entre eux sont comptés par les experts parmi les meilleurs vins du monde. La palette des saveurs de ces vins est étendue. Souvent la première impression est douce, mais ensuite la chaleur de l'alcool se développe, se fait puissante, dense et concentrée.

Un vin de Porto jeune offre une robe très sombre puis, avec les ans, elle devient brune, havane, acajou.

Si l'usage demeure de déguster ce vin en apéritif, une tradition est en train de s'installer, à l'instar des britanniques, et l'on tente le Porto avec les fromages et les desserts, surtout au chocolat ou au café, dont les arômes s'harmonisent parfaitement.

Les grands chefs ont imaginé nombreux plats à base de Porto. Le blanc, par exemple, confère un goût subtil aux sauces crémeuses qui accompagnent les poissons, les volailles et les viandes blanches.

Le portos rouges, sont eux plus particulièrement réservés aux viandes aux goûts denses, tels le canard, le pigeon ou certains gibiers.

La gamme des différents types de Porto est vaste

Porto blanc : excellent en apéritif et qui vieillit bien.

Ruby : vin jeune, à la robe rouge profond. Accompagne les desserts à merveille. Doit être consommé rapidement.

Tawny : c'est celui que nous consommons communément en apéritif. Sa qualité varie selon les maisons qui l'élaborent.

Porto d'âge: il s'agit d'un *tawny* qui, après vieillissement, est réalisé à partir de vins âgés. Arôme puissant. Accompagne les desserts surtout au chocolat, au café ou au caramel.

Colheita: vin vieilli en fût. Rare. Accompagne les fromages à pâtes persillées.

LBV (Late bottled vintage): vin millésimé, mis en bouteille après quatre à six ans de fût.

Vintage: vin issu des meilleurs terroirs. Il peut vieillir pendant des décennies. A boire avec un grand plat, un grand dessert, un grand... cigare.

Les Anglais ont créé certaines traditions autour de ce breuvage mythique : on débouche la bouteille avec un fer qui est chauffé au rouge, on doit impérativement le décanter en carafe, le boire après dîner, exclusivement entre hommes, pendant que les femmes papotent au salon. La carafe doit tourner autour de la table dans le sens des aiguilles d'une montre. Elle ne doit jamais traverser la table, ni y être posée.

Les grands millésimes des vintages qui sont aussi recherchés que les plus grands Bordeaux : 1985 - 1983 - 1977 - 1970 - 1966 - 1963 - 1945 - 1935 - 1931 - 1927 - 1912 !

LES JOURS DE FÊTE

Noël *(Natal)*: dans tous les villages on tue le cochon, qui se retrouve sur toutes les tables le jour de Noël. Traditionnellement on déguste également ce jour-là des *rabanadas*, des tranches de pain trempées dans de l'eau sucrée, puis dans l'œuf battu et enfin dorées à la poêle.

En revanche, le soir du réveillon, on dîne simplement avant d'aller à la messe de minuit : un plat de morue, des pommes de terre, du chou et un dessert.

Mi-Carême *(Carnaval)*: ce jour, on sert traditionnellement la tête de cochon, cuite dans du bouillon.

Pâques *(Pascoa)*: c'est la grande fête et l'occasion du grand ménage de printemps dans la maison. Au menu figurent les beignets de morue, du canard, des légumes, des fromages, des fruits et un assortiment de gâteaux.

LA CANNELLE

Importée du fin fond de l'Asie jusque dans nos assiettes, voilà quatre mille ans déjà que cette suave épice accompagne bon nombre de plats, desserts en tête.

Comment l'acheter

Selon l'usage auquel on la destine, on opte pour l'achat de la cannelle en écorce, en poudre, en huile essentielle...

En écorce. *Il est préférable de se la procurer auprès des détaillants de produits exotiques où la provenance et qualité sont sérieusement contrôlées. Beaucoup plus parfumée, elle le restera des années.*

En poudre. *Elle s'évente très vite et ne peut être gardée trop longtemps.*

En huile essentielle. *On peut la trouver dans les boutiques de produits diététiques ou dans certaines pharmacies. Elle parfume divinement un bain ou un pot-pourri.*

Un petit tour d'horizon des différentes variétés

Toutes les espèces ne se valent pas. Indonésie, Indochine, Inde... les provenances sont diverses et les parfums diffèrent.

De Ceylan*: au sud de l'Inde, cette île est le premier producteur mondial de cannelle. Elle y pousse en plantations. C'est aussi la plus appréciée en Europe.*

***De Chine** : l'espèce préférée de nos cousins d'Amérique. Elle provient des régions montagneuses du Viet-Nam et du Cambodge. Plus piquante, plus épaisse aussi, son goût est nettement plus corsé.*

***La cinnamone** : c'est ainsi que la nomment les botanistes. Son existence est déjà mentionnée dans la Bible et on la retrouve jusque dans des textes chinois datant de 2700 avant notre ère !*

Comment elle se récolte

Pendant la mousson le tronc est incisé. Lorsque l'écorce gorgée d'eau se détache facilement on la cueille. C'est au cours du séchage que les lamelles s'enroulent sur elles-mêmes pour former une sorte de tuyau. La meilleure cannelle provient de la deuxième couche d'écorce, là où se concentrent les huiles essentielles.

Ses meilleurs amis

Son parfum archi-puissant en fait une épice irremplaçable. Mais attention point trop n'en faut !

***Les desserts** : elle s'entend à merveille avec toutes sortes de préparations, relève délicatement les compotes, les entremets comme le riz au lait et est indispensable sur les tartes aux pommes. Les Portugais l'ont complètement adoptée et la marient à bon nombre de leurs recettes les plus diverses.*

***Avec une viande** : dans de nombreux pays tel le Portugal, la cannelle est employée en aromate. En Allemagne par exemple, on l'aime sur un rôti de porc, auquel elle apporte finesse et subtilité, ou bien avec le gibier dont elle intensifie la chair parfois presque sucrée... Déguster un canard à la cannelle est un grand moment !*

***Avec des légumes**: au Portugal toujours, en Angleterre et aux Etats-Unis, il est courant d'en assaisonner les courges et le potiron dorés au four.*

***Avec une boisson chaude**: elle est merveilleuse dans le vin chaud, mais aussi dans le café, comme cela se pratique dans certains pays d'Amérique du Sud. Un petit morceau d'écorce infusé dans du thé de Ceylan est également délicieux, surtout si vous ajoutez un peu de miel.*

SOUPES

Les soupes, souvent à base de pain ou en panade, ouvrent, et même concluent parfois, tout repas portugais qui se respecte.

CALDO VERDE

6 PERS. ♦ PRÉPA. : 15 MN ♦ CUISSON : 35 MN ♦ ** $

700 g de pommes de terre • 300 g de chou vert haché finement • 2 oignons • 3 gousses d'ail • 6 C. d'huile d'olive • 1 beau *chouriço* • sel

• *Epluchez et lavez les pommes de terre, laissez-les dans un peu d'eau froide. Faites de même avec l'oignon et l'ail.*

• *Dans une cocotte faites-les cuire dans 2 litres d'eau salée, avec le* chouriço *et 3 cuillères à soupe d'huile d'olive.*

• *Pendant ce temps, lavez le chou et hachez-le très finement, essorez-le en le pressant.*

• *Lorsque les pommes de terre sont cuites, ôtez le* chouriço *et réduisez-les en purée.*

• *Maintenez la soupe au chaud sur feu doux.*

• *15 minutes avant de servir, ajoutez au bouillon le chou bien lavé et laissez-le cuire.*

• *Dans chaque bol, déposez une tranche de* chouriço *et une demi-cuillère à soupe d'huile d'olive puis versez la soupe.*

Note : cette soupe typique du Nord du pays, est devenue la soupe nationale. Partout au Portugal l'on vous servira un *« caldo verde »*.
Compte-tenu de la difficulté que vous aurez à trouver le chou vert du Portugal, remplacez-le par un chou vert mais dans ce cas râpez finement les grosses feuilles de ce dernier et blanchissez-les juste quelques instants.

SOUPE DE CHÂTAIGNES

6 PERS. ♦ PRÉPA. : 10 MN ♦ CUISSON : 35 MN ♦ ** $

300 g de châtaignes • 4 C. d'huile d'olive • 3 oignons • 1 c. de cannelle en poudre • 1 gousse d'ail • sel et poivre

• *Lavez, essuyez et fendez les châtaignes, puis faites-les bouillir dans un grand faitout. Laissez cuire les châtaignes jusqu'à ce qu'elles se soient bien ouvertes, Égouttez-les et pelez-les.*

• *Epluchez, dégermez et écrasez l'ail. Epluchez et hachez 2 oignons.*

• *Réduisez les châtaignes en purée avec l'ail et les oignons, en ajoutant de l'eau afin d'obtenir une pâte assez consistante.*

• *Epluchez et coupez en rondelles le dernier oignon, puis faites-le revenir dans un peu d'huile.*

• *Mettez la préparation sur le feu, salez, poivrez, ajoutez, la cannelle, l'huile d'olive et l'oignon revenu dans l'huile d'olive. Portez à ébullition, puis servez.*

Note : cette soupe est traditionnellement servie dans certaines régions le dimanche des Rameaux. En effet, il ne faut pas manger de légumes à cette occasion, car la Vierge s'était cachée, ce jour-là, dans un potager.

PANADE ALENTÉJANE

Les soupes à base de pain et les nombreuses « panades » ont puisé leurs racines dans la cuisine médiévale.

6 PERS. ♦ PRÉPA. : 15 MN ♦ CUISSON : 10 MN ♦ ** $

6 têtes d'ail • 600 g de pain rassis • 2 C. de gros sel • 6 œufs • 1 beau bouquet de coriandre • 6 C. d'huile d'olive

• *Épluchez et retirez le germe des têtes d'ail. Lavez et essuyez la coriandre.*

• *Dans un mortier, écrasez le gros sel, la coriandre et l'ail jusqu'à obtention d'une pâte homogène.*

• *Coupez le pain en petits morceaux.*

• *Dans un grande casserole, portez à ébullition 1,5 l d'eau. Au premier frémissement pochez les œufs, puis retirez les soigneusement avec une écumoire pour ne pas qu'ils se défassent.*

• *Versez la pâte de coriandre dans une soupière, puis ajoutez l'huile d'olive, le pain ainsi que l'eau bouillante par dessus. En tout dernier, déposez délicatement les œufs pochés.*

Note : la panade Alentéjane est également appelée « soupe à l'ail ». Les variantes sont foison et l'eau peut peut être le bouillon de cuisson de certains poissons ou d'une volaille, le goût n'en est bien-sûr que meilleur. Elle est également parfois servie en plat principal.

POISSONS

Le plat de poisson le plus courant est la morue séchée ou salée. Autrefois ne disait-on pas que *les Portugais avaient leurs rêves pour vivre et la morue pour survivre !*
Ils prétendent avoir 366 façons différentes de la préparer soit une recette par jour en tenant compte des années bissextiles ! Mais la mer est également riche en thons, espadons, colins, homards et crustacés. Les rivières, elles, regorgent de lamproies, oloses ou saumons... Et si la morue est la reine de la cuisine portugaise, la sardine en est la princesse.

SARDINES AU CITRON

6 PERS. ♦ MACÉRATION : 24 H ♦ PRÉPA. : 30 MN ♦ CUISSON : 2 MN ♦ MARINADE : 2 H ♦ ** $$

18 sardines • 2 citrons • 2 gousses d'ail • 3 C. d'huile d'olive • gros sel

• *Déposez, dans un grand plat creux, une couche de gros sel.*

• *Nettoyez les sardines, retirez les têtes, lavez-les à l'eau froide, essuyez-les, puis déposez-les dans le plat sur la couche de sel. Recouvrez-les d'une autre couche de gros sel et laissez-les macérer pendant environ 24 heures.*

• *Dans un faitout, portez à ébullition de l'eau.*

• *Secouez les sardines afin d'ôter le maximum de sel, puis plongez-les dans l'eau bouillante. Laissez cuire 2 mn à partir de la reprise de l'ébullition. Retirez-les et passez-les sous l'eau froide puis, égouttez-les.*

• *Otez la peau et les arêtes centrales des sardines. Déposez-les ensuite dans le plat de service.*

• *Environ 2 heures avant de passer à table pressez les citrons. Epluchez, dégermez, coupez en lamelles les gousses d'ail.*

• *Dans un bol, mettez le jus des citrons, ajoutez les lamelles d'ail et laissez mariner 2 h.*

• *Au moment de servir, versez l'huile d'olive dans le bol, mélangez et versez sur les sardines. Parsemez de persil ciselé.*

Note : vous pouvez accompagner de pommes de terre vapeur.

RAGOÛT D'ANGUILLES

4 PERS. ♦ PRÉPA. : 30 MN ♦ REPOS : 12 H ♦ CUISSON : 30 MN ♦ ** $$

1,5 kg d'anguilles • 750 g de pommes de terre • 5 gousses d'ail • 3 oignons • 3 dl d'huile d'olive • 1 c. de gingembre • 1 c. de vinaigre • 1 petit bouquet de persil plat • 1 feuille de laurier • sel et poivre

• *La veille, lavez et grattez les anguilles, ôtez la tête, puis coupez-les en tronçons. Laissez reposer 12 h.*

• *Épluchez, lavez les pommes de terre et coupez-les en grosses rondelles. Épluchez les oignons et coupez-les en anneaux. Lavez et ciselez le persil.*

• *Préchauffez le four (therm. 6).*

• *Dans un plat à gratin, déposez la moitié des pommes de terre, puis les tronçons d'anguilles, les rondelles d'oignons, l'ail et enfin la feuille de laurier. Recommencez de même en couches superposées, parsemez de persil haché et de gingembre. Salez, poivrez, arrosez d'huile d'olive et d'un verre d'eau. Couvrez et enfournez pour 30 mn.*

• *Au moment de servir, arrosez avec le vinaigre et disposez les pommes de terre autour du poisson.*

ALOSE À L'ESCABÈCHE

6 PERS. ♦ MACÉRATION : 24 H ♦ PRÉPA. : 10 MN ♦ CUISSON : 20 MN ♦ ** $$$

2 kg d'alose • 5 oignons • 1,5 dl de vinaigre • 4 dl d'huile d'olive • 1 bouquet de persil plat • sel et poivre

• *24 heures auparavant, lavez, essuyez et préparez l'alose en la coupant en filets.*

• *Épluchez et coupez les oignons en rondelles fines.*

• *Dans une cocotte, déposez en couches successives les oignons, le persil et les filets de poisson. Salez, poivrez et arrosez avec le vinaigre et l'huile d'olive. Couvrez.*

• *Mettez la cocotte sur feu doux et laissez mijoter doucement pendant 25 mn environ, en secouant de temps en temps le récipient maintenu couvert.*

• *Lorsque les oignons sont bien cuits, arrêtez la cuisson.*

• *Laissez refroidir en gardant la cocotte couverte et dégustez 2 jours après.*

Note : vous pouvez la remplacer l'alose par du brochet ou de la perche... ou éventuellement par de grosses sardines.

THON À L'ÉTOUFFÉE

6 PERS. ♦ MARINADE : 3 H ♦ PRÉPA. : 15 MN ♦ CUISSON : 45 MN ♦ ** $$$

6 darnes de thon frais • 3 oignons • 700 g de tomates bien mûres • 2 poivrons rouges • 1 poivron vert • 3 gousses d'ail • 6 C. d'huile d'olive • 1 feuille de laurier • 6 C. de vinaigre • sel et poivre

• *Mettez les darnes de thon dans un plat creux, arrosez-les avec le vinaigre, salez, poivrez et laissez mariner 3 heures.*

• *Ebouillantez 30 s., pelez, coupez et épépinez les tomates. Faites de même avec les poivrons et coupez-les en lanières. Épluchez les oignons et l'ail, ôtez les germes de ce dernier, puis coupez-les en fines lamelles.*

• *Dans une grande poêle, chauffez l'huile, ajoutez les oignons et l'ail. Faites-les revenir en mélangeant. Ajoutez les tomates et les poivrons. Laissez réduire à feu doux 15 mn.*

• *Retirez la moitié de la préparation de la poêle. Etalez soigneusement celle qui reste dans le fond de la poêle. Déposez dessus les darnes de thon et recouvrez-les avec la préparation restante. Salez et poivrez, ajoutez le laurier et couvrez. Laissez mijoter toujours à petit feu 15 minutes.*

• *Découvrez légèrement la poêle et laissez cuire encore 15 mn environ (suivant l'épaisseur des darnes).*

La morue est un poisson des mers froides. Très répandue dans l'Atlantique nord, elle a un corps allongé, des nageoires arrondies proches les unes des autres, et une coloration variable, verdâtre, rougeâtre ou jaunâtre, avec des taches. Fraîche, elle porte le nom de cabillaud. La morue est toujours séchée et salée. Sa chair doit être jaune clair ou blanche. Si elle comporte des taches rouges, mieux vaut ne pas l'utiliser.

Ci-dessous, quelques recettes parmi les 366 existantes!

MORUE À L'ANCIENNE

6 PERS. ♦ DESSALAGE : 24 H ♦ PRÉPA. : 30 MN ♦ CUISSON : 40 MN ♦ ** $$

800 g de morue • 500 g de tomates • 6 oignons • 600 g de pommes de terre • 6 C. d'huile d'olive • 5 gousses d'ail • 2 feuilles de laurier • 1 c. de paprika • 1 petit bouquet de persil plat • sel • poivre

• La veille, lavez la morue à grande eau, puis laissez-la tremper dans dans l'eau froide pendant 24 h, en changeant cette dernière plusieurs fois.

• Retirez la peau et les arêtes, rincez soigneusement la morue puis coupez-la en filets assez fins.

• Lavez et coupez les tomates en rondelles.

• Lavez et ciselez le persil.

• Epluchez les pommes de terre et les oignons, coupez-les en rondelles. Epluchez, dégermez, coupez les gousses d'ail en deux et écrasez-les.

• Dans une cocotte à fond épais, placez en couches successives que vous salez et poivrez au fur et à mesure, les tomates, les pommes de terre, les oignons, l'ail et le poisson. Terminez par une couche de pommes de terre. Ajoutez le laurier et le persil, saupoudrez de paprika et arrosez avec l'huile d'olive.

• Couvrez, mettez la cocotte sur feu doux et laissez mijoter pendant environ 40 mn.

• Servez directement dans le plat de cuisson.

MORUE AU CHOU

6 PERS. ♦ DESSALAGE : 24 H ♦ PRÉPA. : 30 MN ♦ CUISSON : 1 H 15 ♦ ** $$

800 g de morue • 600 g de chou blanc • 700 g de pommes de terre • 3 oignons • 3 gousses d'ai • 6 C. d'huile d'olive • 1 feuille de laurier • sel et poivre

• Lavez et laissez tremper la morue 24 heures dans l'eau froide, en changeant celle-ci plusieurs fois.

• Epluchez les pommes de terre, lavez-les et laissez-les dans l'eau froide.

• Lavez et coupez le chou en 6 morceaux.

• Rincez, égouttez la morue puis coupez-la en gros morceaux.

• Dans un faitout, faites cuire le chou, les pommes de terre et la morue dans une bonne quantité d'eau pendant 35 mn environ. Egouttez bien les ingrédients et passez le bouillon. Coupez les pommes de terre en grosses tranches. Coupez le chou en fines lanières.

• Enlevez la peau et les arêtes de la morue et écrasez-la à la fourchette.

• *Séparez tous les ingrédients en deux parts égales...*

• *Faites chauffer l'huile dans une cocotte en terre à fond épais. Faites-y revenir l'ail et les oignons hachés avec la feuille de laurier. Déposez-y ensuite une première couche de morue, puis de pommes de terre, puis de chou. Recommencez l'opération avec l'autre moitié des ingrédients. Salez, poivrez. Arrosez d'un verre d'eau. Couvrez, remuez doucement la cocotte. Laissez mijoter 35 mn et à partir du premier frémissement laissez encore frémir 5 mn puis servez.*

MORUE À BRÀS

Cette recette porte le nom du cuisinier lisboète qui l'a inventée.

6 PERS. ♦ DESSALAGE : 24 H ♦ PRÉPA. : 30 MN ♦ CUISSON : 25 MN ♦ ** $$

1,2 kg de morue • 1 kg de pommes de terre • 3 feuilles de laurier • 6 œufs • 4 oignons • 4 gousses d'ail • 3 branches de persil • noix de muscade • 9 C. d'huile d'olive • huile de friture • poivre moulu

• *Découpez la morue en 8 morceaux. Mettez les dans un récipient et faites-les dessaler à l'eau froide pendant 24 h en changeant l'eau plusieurs fois. Otez la peau et toutes les arêtes. Effeuillez la chair de la morue.*

• *Epluchez les pommes de terre. Lavez-les et coupez-les en tout petits bâtonnets. Pelez les gousses d'ail, mais ne les hachez pas. Pelez les oignons et coupez-les en fines rondelles.*

• *Faites revenir les gousses d'ail à l'huile dans une sauteuse, avec le laurier. Lorsqu'elles sont dorées, ôtez-les de la sauteuse en y laissant l'huile ainsi parfumée...*

• *Mettez les rondelles d'oignons dans cette même sauteuse et laissez-les fondre jusqu'à ce qu'elles deviennent transparentes. Ajoutez alors les morceaux de morue et laissez cuire 15 mn.*

• *Pendant ce temps, faites frire les pommes de terre. Sortez-les de la friteuse, déposez-les sur du papier absorbant et laissez-les égoutter. Puis ajoutez-les dans la sauteuse.*

• *Cassez les œufs dans un saladier. Poivrez et ajoutez 1 pincée de noix de muscade râpée. Battez le tout en omelette.*

• *Lavez, équeutez et hachez le persil.*

• *Versez l'omelette et le persil haché dans la sauteuse. Mélangez soigneusement en essayant de ne pas casser les pommes de terre frites. Dès que les œufs sont cuits, arrêtez la cuisson.*

• *Versez le contenu de la sauteuse dans un plat de service en terre cuite. Décorez avec les olives et servez.*

VIANDES, VOLAILLES, GIBIERS

Porc, bœuf, veau et mouton sont partout présents.
Volailles, poules, dindes ou lapins sont très appréciés.
Agneau, cochon de lait et chevreau atteignent parfois des sommets de saveur.
Tripes et abats sont superbement cuisinés.
Quant aux produits de la chasse, suivant l'époque, ils sont préparés de manière à faire ressortir tous les parfums de la campagne dont leur chair s'est imprégnée.

PORC AUX PALOURDES

Les Portugais ont l'habitude des mélanges pour nous inhabituels tels que viande et coquillages, parfois parfumés au vin.

6 PERS. ♦ MARINADE : 12 H ♦ PRÉPA. : 30 MN ♦ CUISSON : 45 MN ♦ ** $$

Marinade : **1,2 kg de porc • 3 gousses d'ail • 1 C. de paprika en poudre • 1/2 l de vin blanc sec • 1 feuille de laurier • 3 c. de sel • poivre moulu**
Cuisson : **24 palourdes • 2 oignons • 1 poivron rouge • 2 tomates • 100 g de beurre • 1 piment sec • 2 gousses d'ail • 1 botte de coriandre • 1 citron**

• *La veille, découpez la viande en petits cubes.*
• *Epluchez et dégermez les 3 gousses d'ail. Mettez les cubes de viande dans une jatte, ajoutez tous les ingrédients de la marinade. Mélangez, couvrez et laissez mariner au frais 12 h.*

• Le lendemain, retirez l'ail et le laurier de la marinade, égouttez au-dessus d'une jatte la viande et réservez le jus.

• Dans une sauteuse à fond épais, chauffez à feu vif la moitié du beurre et faites dorer les cubes de viande pendant 10 mn en les remuant avec une spatule en bois. Retirez-les et réservez-les.

• Filtrez la marinade, puis versez-la dans la sauteuse en raclant les sucs. Portez à ébullition et faites réduire de moitié, sur feu vif, puis versez-la dans la jatte sur la viande.

• Epluchez les oignons et émincez-les finement. Lavez, ôtez les graines et les filaments et découpez en lanières le poivron. Ebouillantez quelques instants les tomates, puis pelez-les, épépinez-les et coupez-les en morceaux. Epluchez, dégermez les gousses d'ail et hachez-les. Emiettez le piment.

• Lavez soigneusement les palourdes.

• Dans une sauteuse chauffez le beurre restant. Faites dorer les oignons, puis ajoutez les lanières de poivrons. Laissez dorer le tout en mélangeant pendant 5 mn. Ajoutez les tomates, le piment et l'ail hachés. Mélangez encore et laissez mijoter 3 mn. Ajoutez les palourdes non décortiquées, la viande et sa marinade. Couvrez et laissez cuire 10 mn à feu doux.

• Versez dans un plat chaud, saupoudrez de coriandre ciselée et entourez de quartiers de citron. Accompagnez de riz.

PORC AUX CHÂTAIGNES

6 PERS. ♦ PRÉPA. : 10 MN ♦ CUISSON : 1 H ♦ ** $$

1,2 kg de viande de porc • 3 oignons • 3 gousses d'ail • 1,2 kg de châtaignes • 150 g de saindoux ou de beurre • 2 feuilles de laurier • 1 petit bouquet de persil plat • noix de muscade • sel • poivre moulu

• Coupez la viande en gros cubes. Epluchez les oignons et coupez-les en rondelles. Epluchez, ôtez le germe et écrasez, les gousses d'ail. Lavez et hachez le persil.

• Dans une cocotte, faites fondre la graisse, puis faites revenir la viande

avec l'ail, l'oignon et le persil. Poivrez et ajoutez une bonne pincée de noix de muscade. Mélangez. Ajoutez le laurier et un verre d'eau. Salez, couvrez et laissez mijoter à feu très doux pendant 1 heure.

• *Cuisez les châtaignes en les plongeant dans une grande quantité d'eau salée. Épluchez-les puis, à mi-cuisson, ajoutez-les à la viande. – Si vous avez choisi des marrons en conserve, ajoutez-les en fin de cuisson de la viande –.*

• *Laissez mijoter 15 mn encore en ajoutant de l'eau si l'évaporation est trop forte. Servez.*

FEIJOADA

6 PERS. ♦ TREMPAGE/MARINADE : 12 H ♦ PRÉPA. : 30 MN ♦ CUISSON : 1 H

1 kg de haricots blancs secs • 200 g d'oreille de porc fumée • 1 pied de porc fumé • 200 g de tête de porc fumée • 2 *chouriços* • 1 boudin noir • 100 g de jambon cru • 1 dl d'huile d'olive • 1 carotte • 1 crevette • 1 oignon • 1 bouquet de persil plat • 1 feuille de laurier • 1 clou de girofle • paprika • sel • poivre

• *La veille, lavez et faites tremper les haricots dans de l'eau froide en la changeant 2 fois. Faites de même avec les viandes fumées.*

• *Le lendemain, faites cuire les haricots dans leur dernière eau de trempage en ajoutant la carotte épluchée et coupée en gros tronçons.*

• *Dans un faitout d'eau salée, faites cuire les viandes. Une fois cuites, découpez celles-ci en morceaux et les saucissons en grosses tranches. Conservez le boudin entier.*

• *Epluchez et découpez les oignons en rondelles. Epluchez, dégermez et écrasez l'ail. Lavez et hachez le persil.*

• *Dans une cocotte à fond épais, faites blondir l'oignon et l'ail écrasé, puis ajoutez les haricots avec leur eau de cuisson qui a dû bien réduire. Déposez ensuite les viandes et un peu de bouillon de cuisson. Salez, ajoutez le persil haché, le laurier, le poivre, le paprika et le clou de girofle.*

- *Couvrez et laissez réduire à feu doux en remuant de temps en temps.*
- *Servez accompagné de riz blanc.*

Note : ce plat est traditionnellement préparé le jour de Mardi Gras. Toutes ces viandes ne se trouvent pas très facilement. Demandez donc à votre volailler-charcutier de vous les réserver. Pour le goût fumé, ajoutez un beau morceau de lard fumé.

CHEVREAU FRIT

6 PERS. ♦ MARINADE : 12 H ♦ PRÉPA. : 30 MN ♦ CUISSON : 40 MN ♦ *** $$$

2 cuissots de chevreau • 10 gousses d'ail • 1/2 litre de vin blanc sec • 1 citron • 6 C. d'huile d'olive • 1 petit bouquet de persil plat • 4 feuilles de laurier • farine • sel et poivre

- *Demandez à votre boucher de désosser et de découper les cuissots en morceaux.*
- *La veille, épluchez, dégermez et écrasez les gousses d'ail. Dans une jarre, mettez le vin blanc, le laurier, l'ail écrasé, 1 c. de sel et de poivre le jus d'un demi citron et la viande. Laissez mariner pendant 12 heures.*
- *Le lendemain, dans une poêle à haut bord, chauffez l'huile.*
- *Otez la viande de la marinade, réservez cette dernière. Passez les morceaux de chevreau dans la farine en les secouant pour en ôter l'excédent, puis plongez-les dans l'huile bien chaude. Laissez-les prendre couleur. Retirez-les et posez-les sur du papier absorbant.*
- *Passez la marinade de la viande que vous avez réservée au chinois.*
- *Lavez et ciselez grossièrement le persil.*
- *Remettez une seconde fois les morceaux de chevreau dans l'huile chaude, puis ajoutez la marinade que vous aurez passée, ainsi que les gousses d'ail récupérées. Ajoutez le persil ciselé, couvrez et faites réduire en laissant mijoter environ 30 minutes.*
- *Servez avec des pommes de terre sautées.*

POULET DANS LA PÙCARA

6 PERS. ♦ PRÉPA. : 15 MN ♦ CUISSON : 35 MN ♦ ** $$

1 beau poulet fermier • 150 g de jambon de pays • 6 grosses tomates bien mûres • 5 oignons • 3 gousses d'ail • 1/3 de litre de vin blanc • 6 C. d'huile d'olive • 1 verre de Porto • 75 g d'amandes pilées • 75 g de raisins secs • 1 bouquet de persil plat • sel et poivre

• *Épluchez et hachez les oignons. Ebouillantez, pelez, épépinez les tomates et coupez-les en quatre. Epluchez, dégermez l'ail et écrasez-le. Lavez et hachez le persil.*

• *Coupez le jambon en petits dés.*

• *Nettoyez si nécessaire le poulet et coupez-le en 6 morceaux.*

• *Préchauffez le four (therm. 7).*

• *Versez l'huile dans la* pùcara*, déposez ensuite les morceaux de poulet, les dés de jambon, les oignons, l'ail, le persil haché, les amandes, les raisins secs et les tomates. Salez et poivrez généreusement. Mouillez avec le vin blanc et le Porto. Remuez bien avec une spatule en bois, et tassez afin que tous les ingrédients soient immergés, ajoutez du vin si vous le jugez nécessaire.*

• *Couvrez la* pùcara *et enfournez-la pendant 30 mn. Après ce temps, enlevez le couvercle et laissez gratiner en surveillant.*

• *Servez directement dans le plat de cuisson et accompagnez de pommes de terre et d'une salade verte.*

Note : la *pùcara* est un plat en terre cuite en forme de grosse cruche avec un couvercle. Vous pouvez la remplacer par un plat à gratin en terre à bords hauts.

COZIDO

6 PERS. ♦ PRÉPA. : 15 MN ♦ CUISSON : 1 H 10 MN ♦ ** $$

400 g de jambon de pays • 400 g de viande de bœuf à braiser • 1 petit poulet bien gras • 200 g d'oreille de porc fumée • 1 *chouriço* • 1 petit chou (à grosses côtes) • 6 pommes de terre • 3 carottes
Pour le riz : **400 g de riz blanc • bouillon de volaille (tablette) • 1 oignon • 1 dl d'huile d'olive • 1 feuille de laurier • sel et poivre**

• *Préparez les viandes (poulet, bœuf à braiser et oreille fumée) et déposez-les dans une grande cocotte remplie d'eau froide. Posez sur feu moyen. Lavez le chou.*

• *Epluchez les pommes de terre. Pelez et hachez l'oignon.*

• *Lorsque le poulet commence à être bien blanc (au bout de 20 minutes de cuisson environ), ajoutez le jambon et le* chouriço. *Un quart d'heure après, ajoutez le chou coupé en six, les pommes de terre, les carottes entières et laissez cuire encore 30 mn au moins pour que les légumes soient bien cuits. Salez et poivrez selon votre goût.*

• *Préchauffez le four (therm. 6).*

• *Dans un caquelon, faites blanchir dans l'huile d'olive l'oignon haché finement. Ajoutez le jambon, et le chou coupé en petits morceaux. Faites revenir le tout. Versez de l'eau, en volume équivalent au riz, ajoutez la tablette de bouillon, salez, poivrez et portez à ébullition.*

• *Lavez le riz, égouttez-le et versez-le dans le caquelon. Au moment où l'ébullition reprend, enfournez sans couvercle, une demi-heure environ, pour cuire le riz, le rendre bien sec et éviter qu'il ne colle.*

• *Retirez les viandes et coupez le poulet et le jambon en morceaux, la viande et le* chouriço *en tranches épaisses.*

• *Retirez les légumes et coupez les carottes en deux dans la longueur.*

• *Déposez les ingrédients ainsi découpés sur un plat de service, avec le riz au milieu ou servi dans son plat de cuisson.*

Note : le *cozido* est la version portugaise du pot-au-feu. D'origine paysanne, le pot-au-feu varie selon la région, la saison et les ingrédients que la maîtresse de maison a sous la main. En Algarve, par exemple, l'on ajoute souvent des pois chiches.

DESSERTS

Si l'on se réfère à l'histoire, ce sont les Maures qui ont introduit au Portugal les *doces de ovos* (gâteaux à l'œuf), au cours des cinq cents ans d'occupation, et les religieuses qui ont donné leur titre de noblesse à ces pâtisseries au nom souvent bizarre : *toucinho do céu* (lard du Paradis), *barriga de freira* (ventre de nonne) ou *papos de anjo* (joues d'ange). Des pâtisseries très riches et sucrées, que l'on accompagne d'un vin doux, Porto ou Madère et vivement déconseillées dans le cadre d'un régime !

COMPOTE DE FRUITS SECS ET PRUNEAUX AU PORTO

6 PERS. ♦ PRÉPA. : 20 MN ♦ CUISSON : 10 MN ♦ * $

Pour les pruneaux : **500 g de pruneaux • 5 dl de Porto *(tawny)* • 130 g de sucre semoule • 1/2 orange • 1/2 citron • 2 feuilles de laurier • 1 bâtonnet de cannelle**

Compote de fruits secs : **100 g de pruneaux • 50 g de noisettes grillées • 50 g de pistaches grillées • 200 g de purée de pruneaux**

• Lavez les agrumes. Coupez-les en rondelles.

• Dénoyautez les pruneaux et hachez les 100 g destinés à la compote de fruits.

• Hachez les noisettes et les pistaches.

• Dans une casserole à fond épais, portez à ébullition le Porto, dans lequel vous ajouterez les rondelles d'agrumes, le sucre et les épices. Aux

premiers bouillonnements, ajoutez les 500 g de pruneaux dénoyautés et laissez cuire, en mélangeant, 5 mn à feu doux.

• ***Pour la compote de fruits secs.*** *Dans une terrine, mélangez 50 g du jus de cuisson des pruneaux à la purée de pruneaux. Ajoutez les fruits secs hachés ainsi que les 100 g de hachis de pruneaux. Mélangez soigneusement.*

• *Dressez la compote au centre d'un plat, en rond, répartissez autour les pruneaux et la sauce au Porto.*

Note : cette compote accompagne divinement le bavarois.

FIGUES FOURRÉES AU CHOCOLAT

6 PERS. ♦ RÉFRIGÉRATION : 3 H ♦ PRÉPA. : 20 MN ♦ CUISSON : 10 MN ♦ * $$

12 belles figues fraîches • 200 g d'amandes entières • 20 g de chocolat noir • 1/2 verre de Porto blanc • 15 cl de crème fraîche • 1 sachet de sucre vanillé • 3 jaunes d'œufs • 2 C. de sucre

• *Dans une casserole, chauffez à feu très doux le Porto et la crème fraîche.*

• *Dans un saladier, mixez les 3 jaunes d'œufs avec le sucre et le sucre vanillé.*

• *Versez le mélange Porto-crème très chaud sur les jaunes d'œufs en tournant vigoureusement et versez, ensuite, le contenu du saladier dans une casserole. Laissez prendre consistance sur feu doux en tournant avec une spatule en bois.*

• *Dès que la consistance souhaitée est obtenue – veillez à ne pas laisser bouillir – versez la crème dans un compotier. Laissez refroidir, puis mettez au réfrigérateur pendant 3 h environ.*

• *Après ces 3 heures, préchauffez le four (therm. 6).*

• *Etalez les amandes sur une plaque et faites-les dorer 10 mn au four.*

• *Réservez-en 12 et pulvérisez les autres encore chaudes au mixer ainsi que le chocolat.*

• *Lavez délicatement les figues, coupez les queues, puis, avez le doigt, creusez à l'endroit de la queue, une ouverture de 2 cm environ.*

• *Fourrez chaque figue d'1 c. du mélange amandes-chocolat.*

• *Présentez joliment sur un plat, arrosez de crème froide et servez.*

GÂTEAU AUX ŒUFS

4 PERS. ♦ PRÉPA. : 15 MN ♦ CUISSON : 20 MN ♦ ** $

20 œufs • 1 C. de cannelle • 700 g de sucre • 3 verres d'eau

• *Cassez les œufs en séparant les blancs des jaunes. Travaillez avec seulement 4 blancs et les 20 jaunes.*

• *Mélangez-les et battez-les au fouet électrique pendant environ 15 mn.*

• *Dans une casserole du diamètre d'une passoire, mélangez le sucre et l'eau et portez à ébullition. Laissez frémir le sirop 10 mn.*

• *Versez les œufs battus dans la passoire et introduisez celle-ci dans la casserole de sirop. Cuisez les œufs au bain-marie en donnant des mouvements circulaires à la passoire et en les mélangeant pour qu'ils cuisent comme des œufs brouillés sans faire de croûte.*

• *Préchauffez le four (therm. 5).*

• *Lorsqu'ils sont cuits, retirez les œufs du sirop et déposez-les dans un plat allant au four en leur donnant la forme d'une couronne. Arrosez d'un peu de sirop et saupoudrez de cannelle.*

• *Enfournez dans un four moyennement chaud afin que le gâteau prenne un aspect bien doré.*

Note : ce gâteau appartient à la vaste et réputée cuisine des couvents portugais.

RIZ AU LAIT

6 PERS. ♦ PRÉPA. : 10 MN ♦ CUISSON : 40 MN ♦ ** $

100 g de riz • 1,5 l de lait • 100 g de sucre • zeste d'$^1/_2$ citron • $^1/_4$ de l d'eau • cannelle en poudre

• *Faites bouillir une bonne quantité d'eau salée, puis jetez-y le riz en pluie. Laissez-le cuire 5 mn, égouttez-le.*

• *Chauffez le lait avec le zeste de citron. Lorsqu'il est chaud, versez-le en mélangeant sur le riz. Laissez cuire à tout petit feu une bonne heure tout en remuant souvent à l'aide d'une cuillère en bois.*

• *Ajoutez le sucre, augmentez un peu le feu, portez à ébullition et laissez cuire encore 10 mn.*

• *Répartissez la préparation dans les ramequins ou dans un grand plat creux de service.*

• *Laissez refroidir quelques instants. Saupoudrez de cannelle et décorez le dessus suivant votre inspiration.*

Note : le riz au lait est un dessert très répandu au Portugal. Dans la région centrale, autrefois il était traditionnellement préparé à l'occasion des noces ; les jeunes filles allaient visiter le voisinage et distribuaient des plats ou des paniers remplis de riz au lait. Elles revenaient la semaine suivante reprendre les plats et recevoir un cadeau.

GÂTEAU AUX AMANDES

6 PERS. ♦ PRÉPA. : 20 MN ♦ CUISSON : 45 MN ♦ * $

250 g d'amandes concassées + 50 g d'amandes effilées • 15 jaunes d'œufs • 500 g de sucre semoule

• ***Pour le sirop*** *: versez dans une casserole 50 cl d'eau, ajoutez le sucre, mélangez puis portez à ébullition. Aux premiers frémissements, ajoutez les* *amandes concassées. Baissez le feu et laissez cuire en mélangeant sans arrêt avec une spatule en bois durant 10 mn.*

- *Retirez la casserole du feu et laissez le sirop refroidir.*
- *Préchauffez le four (therm. 5).*
- *Ajoutez un à un tous les jaunes d'œufs au sirop, en mélangeant jusqu'à obtention d'une crème bien lisse.*
- *Beurrez un moule à manqué et versez-y la préparation. Mettez au four dans un bain-marie frémissant durant 30 mn. Vérifiez la cuisson en enfonçant la pointe d'un couteau dans le gâteau, elle doit ressortir sèche.*
- *Démoulez sur un plat et laissez refroidir, puis décorez le gâteau avec les amandes effilées que vous aurez fait légèrement griller à sec dans une poêle.*

Note : accompagnez d'un Porto *vintage.*

NOS RESTAURANTS À PARIS ET ENVIRONS

SAUDADE, 34, rue des Bourdonnais (1er) - (1) 42 36 30 71

CHEZ ALBERT, 43, rue Mazarine (6e) - ((1) 46 33 22 57

RIBATEJO, 6, rue Planchat (20e) - (1) 43 70 41 03

LE JARDIN DU PORTUGAL, 48, quai Alphonse-Le-Gallo - Boulogne-Billancourt (92) - (1) 46 04 84 94

O BEIRAO, 11, rue Lecuyer - Saint-Ouen (93) - Près des Puces - (1) 40 11 35 56

TABLE DES RUBRIQUES

Achevé d'imprimer en France par PRÉSENCE GRAPHIQUE
2, rue de la Pinsonnière - 37260 MONTS
N° d'imprimeur : 111243291

Dépôt légal : novembre 2012

Intelligence stratégique sur Internet

CARLO REVELLI

INTELLIGENCE STRATÉGIQUE SUR INTERNET

Comment développer efficacement des activités de veille et de recherche sur les réseaux

Moteurs de recherche • Réseaux d'experts • Agents intelligents

Préface de Joël de Rosnay

DUNOD

Dans la même collection

BESSON B., POSSIN J.-C., *Du Renseignement à l'intelligence économique*, Paris, Dunod, 1996.

GODET M., *Manuel de prospective stratégique,* T1 et 2, Paris, Dunod, 1997.

HASSID L., JACQUES-GUSTAVE P., MOINET N., *Les PME face au défi de l'intelligence économique,* Paris, Dunod, 1997.

ISBN 2 10 003621 1

PRÉFACE

Internet constitue aujourd'hui un phénomène majeur du développement des sociétés humaines. Au même titre que l'imprimerie ou la télévision, il modifie les règles économiques, sociales, politiques et culturelles traditionnelles. Il ne s'agit plus aujourd'hui de se situer « pour » ou « contre » un tel phénomène, mais de le comprendre et d'en utiliser les retombées pour entrer, avec des outils adaptés, dans le nouvel « espace-temps » créé par les réseaux interactifs multimédia internationaux.

C'est la question intelligemment posée par ce livre : comment tirer le meilleur parti des puissants outils de recherche d'information existant sur Internet afin de bénéficier de la richesse des nombreuses bases de données et réaliser ainsi une veille technologique, économique et concurrentielle performante ? Nous naviguons en effet dans un océan d'informations. Or, sans méthodes appropriées pour trouver les informations pertinentes, on peut s'y noyer. Les fournisseurs d'accès nous ont permis, dans un premier temps, d'accéder à cet univers. Les « navigateurs », ou autres « explorers », de surfer sur des millions de sites disponibles. Les moteurs de recherche de retrouver, encore partiellement, les informations dont nous avons besoin. Les nouvelles étapes de cette évolution accélérée s'appellent intranet, *push medias* (information spécifique, personnalisée à la demande) et « agents intelligents ». Un arsenal informatique désormais essentiel à la vie des entreprises et de certaines professions libérales. Le livre de Carlo Revelli est l'une des premières tentatives réussies pour aider ces acteurs prépondérants de la vie économique, sociale et culturelle à optimiser leur temps de recherche et à accroître efficacité et productivité. De manière didactique et progressive, ce livre nous initie aux subtilités de la veille et à la maîtrise des techniques qui la rendent possible : comment « domestiquer » des dizaines d'agents intelligents, créer sa propre cellule de veille et contribuer ainsi à la catalyse et à l'émergence de l'intelligence collective d'une organisation humaine.

Car l'un des intérêts – et non des moindres – du livre est la relation constante faite par l'auteur aux problèmes humains qui se posent face à l'explosion des réseaux interactifs multimédia. Carlo Revelli envisage l'ensemble de l'organisation et l'impact des nouvelles technologies de la communication et de l'information sur les structures, le management, les relations humaines ou les marchés. « L'intelligence stratégique sur Internet » occupera une place déterminante dans l'univers, en croissance explosive, de l'accès à l'information en ligne. Des grandes entreprises aux PME-PMI, du particulier aux associations, chacun y trouvera des règles, des méthodes et des exemples pour construire de manière solidaire la prochaine étape de la grande aventure de la société informationnelle.

Joël de ROSNAY
Cité des Sciences et de l'Industrie
http://www.cite-sciences.fr/derosnay

« Savoir pour prévoir afin de pouvoir »
Auguste COMTE (1798-1857)

Ce livre est dédié à tous ceux qui m'ont aidé à mettre au point ce texte « spontanément et avec enthousiasme »... J'exprime donc toute ma reconnaissance à Donia Elalamy, Alessandro Reitelli, Raphaël Richard, Anne de Sailly, ainsi qu'à mon père et à ma famille en général. Un remerciement particulier va à Olivia Droin en raison des nombreux efforts qu'elle a su fournir en de nombreuses occasions.

Enfin, je garde une gratitude éternelle à Alessandro Menicacci, véritable « génie de l'informatique » pout tout ce qu'il a pu me transmettre avant sa disparition prématurée en 1991. C'est Alessandro qui m'a appris à me servir d'un ordinateur et c'est avec lui que j'ai pu réaliser ma première connexion à Internet en 1989 grâce à un vieux 386 (un formidable Toshiba 5200, toujours fonctionnel et désormais définitivement relié au réseau des réseaux...).

TABLE DES MATIÈRES

INTRODUCTION

De plus en plus de personnes s'accordent à dire qu'Internet offre une richesse informationnelle incommensurable. Tout semble disponible sur le « réseau des réseaux » : articles de journaux, dépêches d'agences, informations sur les concurrents, dépôts de brevets, études de marché, bruits et rumeurs... En réalité, ce n'est pas l'immense quantité d'informations présentes qui est exceptionnelle. Les informations sur Internet sont elles-mêmes le fruit de synergies engendrées par de nouvelles interactions : celles qui existent entre une multitude de réseaux informatiques, d'innombrables réseaux humains et des outils toujours plus sophistiqués. Souvent, quand on parle de « réseau des réseaux », on ne fait référence qu'à l'aspect technique d'Internet. En réalité, c'est le foisonnement d'intelligence humaine qui caractérise cet univers et le rend unique.

Or, cette intelligence peut se manifester de différentes manières, notamment à travers les échanges qui s'effectuent entre réseaux d'experts. Quel que soit votre domaine de recherche, on peut être sûr que, quelque part dans le cyberespace, des spécialistes y travaillent. Il ne tient qu'à vous de suivre leurs discussions, d'entrer éventuellement en contact avec eux ou de retrouver les articles qu'ils ont publiés ou auxquels ils font référence. Il faudra donc apprendre à maîtriser les différentes sphères d'Internet (le web, les newsgroups, les mailing lists et d'autres protocoles moins connus comme FTP, telnet ou l'ancien gopher) ainsi que les nombreux réseaux qui lui sont désormais reliés (les services en ligne, les bases de données commerciales, les BBS...). Pour cela, il faudra utiliser bien entendu, des outils de navigation mais surtout il faudra apprendre à manier les instruments dédiés à la recherche, toujours plus puissants. Les agents intelligents constituent une avancée primordiale mais à l'heure actuelle ils ne peuvent pas se passer encore d'intervention humaine. C'est uniquement en reliant l'intelligence humaine et l'intelligence artificielle, que l'on peut aujourd'hui optimiser les activités de recherche d'informations et de veille sur les réseaux. C'est là le but de l'intelligence stratégique sur Internet.

Cet ouvrage s'adresse surtout à ceux qui veulent exploiter efficacement le potentiel d'Internet afin de perfectionner leur démarche de recherche et de veille. Il n'est pas nécessaire de connaître Internet pour évaluer ce potentiel et comprendre les enjeux qui lui sont associés. Cependant, pour utiliser efficacement les méthodes et les outils qui sont présentés, une pratique régulière du réseau est indispensable. Ainsi, deux modes de lecture sont possibles : l'un qui correspond à une approche plutôt théorique et l'autre qui répond à une attente très pragmatique. Une utilisation assez fréquente de tableaux et de notes en fin de page permet, tant au néophyte qu'au chercheur expérimenté, de mieux tirer parti de nos suggestions. De cette manière, ceux qui souhaitent avoir un aperçu global de l'intelligence stratégique sur Internet, pourront parcourir l'ouvrage comme un livre traditionnel en négligeant les approfondissements techniques et méthodologiques (surtout en ce qui concerne la deuxième partie). En revanche, ceux qui utilisent déjà Internet et souhaitent uniquement en optimiser certains aspects, pourront l'utiliser comme un guide, ou comme un manuel de travail, afin d'approfondir la connaissance des outils et des méthodes qui leur font défaut. Pour cette raison, vous trouverez assez fréquemment des renvois vers d'autres sections du livre (malheureusement, il ne s'agit pas de liens hypertexte[1]...).

En vue d'illustrer les potentialités liées à Internet, nous essayerons d'abord de démontrer pourquoi ce réseau constitue un véritable accélérateur pour l'intelligence stratégique. Ensuite, nous étudierons de manière plus approfondie différentes méthodes ainsi que de multiples outils, en consacrant une attention particulière aux agents intelligents. Enfin, nous décrirons les principales applications concrètes liées à l'intelligence stratégique sur Internet (études, cellules de veille, prospective).

1. Le principe de la navigation hypertexte, surtout quand il est expérimenté dix heures par jour sur Internet, influence inévitablement notre manière de penser, de raisonner et fatalement aussi de rédiger. Que le lecteur veuille nous en excuser, en attendant que l'ouvrage puisse un jour être directement accessible sur le web...

Dans un univers si mouvant et en perpétuelle évolution, un livre au format papier risque de devenir rapidement obsolète. Pour cette raison, nous avons mis en place sur le web un laboratoire pour nos lecteurs.[1] Ce laboratoire veut être le prolongement logique de cette version papier pour en assurer les mises à jour. Vous trouverez ainsi les adresses des sites qui ont changé, les nouveaux outils qui sont apparus ainsi que d'éventuelles corrections ou l'approfondissement de certaines méthodes. En ce qui concerne les agents intelligents notamment, le laboratoire sur le web permettra non seulement de découvrir toutes leurs caractéristiques mais aussi de les télécharger et de les essayer directement. De même, une liste de diffusion (mailing list) a été mise en place pour vous tenir au courant des dernières nouveautés mais aussi pour permettre aux lecteurs de discuter entre eux. Cet ouvrage étant le fruit de notre expérience sur Internet mais surtout des séminaires de formations dispensés depuis 1996, nous avons essayé de rendre la relation avec le lecteur la plus interactive possible.

Mais ce livre s'adresse aussi à tous nos concurrents actuels ou potentiels. Nous souhaitons, en effet, mettre à leur disposition une importante partie de notre savoir-faire pour les aider dans leurs activités de « veille concurrentielle ». Les informations qui sont ici exposées sont beaucoup plus riches que celles qui peuvent être obtenues en continuant à nous envoyer de faux stagiaires, en nous faisant appeler par de faux journalistes pour de fausses interviews, en nous demandant de faux devis, en nous proposant des partenariats « douteux », en essayant de nous infiltrer avec de « faux » commerciaux ou en copiant notre (vrai) site web... Tout le monde est gagnant avec une telle démarche. Nos concurrents (qui parfois n'ont même pas de site web !) pourront obtenir des informations fiables et complètes beaucoup plus rapidement. Quant à nous, nous pourrons ainsi disposer d'un peu plus de temps libre pour garder toujours une longueur d'avance sur eux...

1. http://www.cybion.fr/intelligence ou http://www.veille.com

1

INTERNET : UN ACCÉLÉRATEUR POUR L'INTELLIGENCE STRATÉGIQUE ?

DE LA VEILLE TRADITIONNELLE À LA VEILLE SUR INTERNET

Importance de l'information et économie de l'immatériel

Jamais comme aujourd'hui l'information n'a revêtu une telle importance. Tout le monde est concerné : les entreprises, les organismes privés ou publics, les gouvernements et même les individus. D'illustres théoriciens[1] l'annoncent depuis des années, nous avons franchi le cap de la société de l'information. Avec le même impact que la révolution industrielle, qui marqua le passage d'une société agricole à une société industrielle, la « révolution informationnelle » nous conduit vers une société dominée par les échanges immatériels[2]. C'est une véritable « économie de l'immatériel » qui se met en place et qui va bien au-delà de la simple notion de services. Comme l'explique Joël de Rosnay : « La société industrielle est caractérisée par la centralisation des moyens de production, la distribution massive d'objets standardisés, la spécialisation des tâches et leur contrôle hiérarchique.

1. John Naisbitt, Alvin Toffler, Peter Drucker, Michael Porter…
2. « La logique de la dématérialisation dégage l'économie des contraintes traditionnelles de la géographie et de la rareté des ressources. Le défi désormais n'est plus la gestion de la distance et de la rareté, mais celui du temps et de l'abondance. » Goldfinger Charles, *L'Utile et le futile, l'économie de l'immatériel*, Odile Jacob, 1994.

Son modèle, emprunté à la géométrie ou à la mécanique, est la pyramide ou l'engrenage. Tandis que les trois piliers qui fondent le contrat de travail au sein de l'entreprise sont les unités de lieu, de temps et de fonction. Avec l'avènement du traitement électronique des informations, de la numérisation des données et du développement des réseaux interactifs de communication, les références classiques volent en éclats. Aux trois unités (de lieu, de temps et de fonction) s'opposent la décentralisation des tâches, la désynchronisation des activités et la dématérialisation des échanges. La société naissante s'organise en réseaux plutôt qu'en pyramides de pouvoirs, en cellules interdépendantes plutôt qu'en engrenages hiérarchiques, au sein d'un "écosystème informationnel" plutôt que par filières industrielles linéaires. »[1]

Mais un tel passage implique une réorganisation complète de notre manière de penser et d'agir. Toute entité économique (État, entreprise ou individu) doit apprendre à maîtriser les « flots informationnels » avant de prendre une quelconque décision stratégique. En effet, contrairement à l'économie industrielle, l'économie de l'immatériel est une économie d'abondance dans laquelle la production n'est plus reliée aux contraintes physiques.

Désormais, le changement faisant partie du quotidien des entreprises, l'information pertinente et fiable acquiert une valeur stratégique primordiale si l'on veut survivre dans un environnement en perpétuelle évolution. « Survivre dans la jungle de l'information » nécessite non seulement la mise en place de nouveaux outils d'aide à la décision mais aussi, et surtout, un état d'esprit complètement nouveau : « Aujourd'hui, le marché de l'information est déjà très complexe. Il le sera encore plus dans les années à venir. Tout en ayant à portée de clavier un gisement incomparable d'informations, l'utilisateur de demain sera

---

1. Article paru dans *Le Monde Diplomatique* (août 1996) et disponible à partir du site même de Joël de Rosnay (http://www.cite-sciences.fr/derosnay). Un an plus tard (août 1997) et toujours dans *Le Monde Diplomatique*, il précise sa pensée : « L'impact de la société informationnelle sur l'économie est reconnu. Elle ne va pas remplacer la société industrielle, mais en constitue une autre forme. Elle est surtout le lubrifiant du moteur des sociétés industrielles, grippé, incapable de créer de la croissance et de l'emploi. La société informationnelle joue un rôle de « dégrippant » en fluidifiant l'économie et en favorisant la mobilité des hommes et des idées. Elle contribue à créer de nouvelles niches de marchés, en synergie les unes avec les autres, amorçant ainsi des mécanismes de rendements croissants, cercles vertueux caractéristiques de la nouvelle économie des réseaux. »

confronté à des dilemmes : la richesse de l'information débouche sur la surinformation. Pour vivre, survivre, se développer, agir ou réagir dans cette jungle, mieux vaut brancher son radar, être en état de veille et d'alerte permanentes pour mieux anticiper les évolutions, leurs opportunités et leurs dangers. »[1]

Intelligence stratégique et veille

Radar, veille stratégique, veille technologique, intelligence stratégique, intelligence économique, prospective… Ce « chaos linguistique » montre bien l'effervescence qui existe autour de ces thèmes mais aussi l'immaturité, ne serait-ce que terminologique, d'une telle discipline.

D'une manière générale, nous pouvons affirmer que la veille est la faculté que nous avons d'appréhender notre environnement ; une sorte d'état d'esprit orienté vers l'extérieur. Cette « attitude à brancher nos radars » ne se suffit pas à elle-même, faute de quoi on risque d'assimiler la veille à la simple intuition ou à ce que Robert Salmon, vice-président de l'Oréal, appelle « l'attitude du visionnaire »[2].

Pour pouvoir « donner la bonne information, à la bonne personne, au bon moment, pour prendre la bonne décision »[3], la veille doit prendre un caractère beaucoup plus rigoureux. On parle donc de *veille ou d'intelligence stratégique* à partir du moment où une organisation (ou éventuellement un individu) met en œuvre des dispositifs efficaces afin de collecter, traiter et diffuser les informations pertinentes et fiables indispensables à la prise de décisions stratégiques pour renforcer sa compétitivité.

Dans la suite de cet ouvrage, nous considérerons les termes « intelligence stratégique » et « veille stratégique » comme synonymes et nous les utiliserons indifféremment. Nous avons préféré utiliser « intelligence

1. Rouach D., Falco G., Fischer G., « Survivre dans la jungle de l'information », *Nouveau Courrier*, Chambre de commerce de Paris, février 1996.
2. Cela dit, cette « attitude du visionnaire » est indispensable pour optimiser la veille et l'intelligence stratégique. La vision joue en effet un rôle très important pour rompre les modes de pensée traditionnels en accordant parfois une place non négligeable à l'intuition : « Ce qui fait la différence entre les entreprises, c'est leur aptitude d'ouverture au monde et d'appropriation de toutes les qualités des visionnaires comme l'anticonformisme, la curiosité et l'intuition. » « L'état de l'art », *Business Digest*, supplément au n° 67 de septembre 1997.
3. D'après une citation, désormais célèbre, de Michael E. Porter

stratégique » comme titre pour cet ouvrage, car le mot « veille » revêt dans l'imaginaire une connotation trop passive, souvent liée à l'étymologie même du mot. Ainsi que nous allons le démontrer, la veille stratégique est bien au contraire une démarche complètement active. Mais comme dit Humbert Lesca[1], le mot est devenu insatisfaisant car « la veille stratégique est un véritable processus d'intelligence, mais d'intelligence collective, au niveau de l'entreprise ou bien d'une division de celle-ci. Le mot veille ne rend pas compte de la richesse de ce processus, c'est pourquoi ce mot est insatisfaisant. De plus, le mot veille a une connotation passive, ce qui est contradictoire avec la dimension vigoureusement volontariste du processus dont nous parlons. Voilà deux raisons de rejeter ce mot. Une dernière raison est que le mot s'avère démobilisateur dans les entreprises. » Cependant il est toujours difficile de changer brusquement de terminologie[2]. Pour cette raison, nous employerons les deux expressions. De même, il est utile de faire une distinction entre le sens du mot « intelligence » en français et en anglais. Chez nous, le terme « intelligence » est lié surtout à la capacité de comprendre et de réfléchir mais, en se référant à la connotation anglo-saxonne, il évoque souvent le « mythe de l'espion ». C'est aussi pour cette raison que certains préfèrent « veille stratégique » à « intelligence stratégique ».

Repérer et collecter l'information

Avant même d'initier la phase de recherche et de collecte, il est indispensable d'établir un cahier des charges détaillé afin de cerner précisément les besoins réels en information. Le principal risque de toute activité de veille étant d'être submergé par une quantité impressionnante de documents pas toujours pertinents, il faut essayer dès le début de bien définir ses objectifs. Ensuite, il faut décider quelles sources d'informations utiliser. Généralement, on peut distinguer les informations selon différents critères *(tableau 1.1)*.

1. Voir *Veille Magazine*, mai 1997.
2. Certains, comme Robert Salmon, préfèrent parler d'intelligence compétitive en reprenant l'expression anglo-saxonne *competitive intelligence*. L'inconvénient de cette expression par rapport à celle d'intelligence stratégique est lié au fait que certains tendent à l'assimiler uniquement au renseignement concurrentiel.

Tableau 1.1 - Les différents types d'informations

Structure de l'information	Nature	Sources	Support
Information de type TEXTE (40 %)	Sources formelles Informations blanches	Publications scientifiques Colloques Brevets Littérature technique Informations sociétés Normes Thèses Rapports externes	Papier Électronique (bases de données, Internet) Plastique (microfilm, microfiche) Laser (CD-ROM, CD-AUDIO)
Information de type EXPERTISE (10 %)	Sources formelles et informelles Informations grises et noires	Mémoire de l'entreprise Information interne	Papier Électronique (bases de données internes)
Information FLOUE (40 %)	Sources informelles Informations grises et noires	Réseaux de personnes d'origines diverses	Oral Électronique (Internet)
Information de type FOIRE ET SALON (10 %)	Sources formelles et informelles Informations blanches et grises	Publicité Brochures Recueil d'informations orales à valider	Papier Oral Électronique (Internet)

D'après Bruno Mannina[1], Centre de recherche rétrospective de Marseille (CRRM).

1. On peut distinguer les informations issues de sources formelles qui se trouvent généralement sur un support (presse, rapports, études, banques de données, Internet, livres, brevets...) et les informations issues de sources informelles à dominante orale, essentiellement les réseaux personnels qu'on a pu se constituer au cours du temps (fournisseurs, clients, concurrents, salons, expositions, colloques, congrès, rencontres, forums de discussion électroniques, missions, voyages d'étude, étudiants, stagiaires, thésards...)[2].

1. Mannina est l'auteur de Auresys, un outil qui permet de créer des bases de données interrogeables à distance par plusieurs utilisateurs. Les informations sont issues d'Internet, puis traitées pour être stockées dans des bases de données (http://ms161u06.u-3mrs.fr).
2. Selon Bruno Martinet et Yves-Michel Marti, environ trois-quarts des informations utiles proviennent de sources informelles, bien que « il y a une certaine dispersion selon le type de veille : pour la veille concurrentielle ou commerciale, cette proportion est de 90 %, alors qu'en veille technologique elle est par exemple de 60 % », *L'Intelligence économique*, Les Éditions d'Organisation, 1995.

2. On peut séparer l'information secondaire (celle qui existe déjà quelque part) de l'information primaire qui doit être créée *ad hoc* pour satisfaire un besoin spécifique (réalisation d'un rapport, organisation d'un sondage...).

3. L'accessibilité est à la base de la distinction entre les informations « blanches » (librement accessibles à tous ; en gros l'ensemble des sources formelles), les informations « grises » (moins facilement accessibles et donc à plus forte valeur ajoutée ; elles s'obtiennent généralement à partir de sources informelles), les informations « noires » (inaccessibles légalement ; l'espionnage étant le seul moyen pour les obtenir...).

Traiter l'information

Les données ainsi collectées doivent subir différents traitements pour qu'on puisse parler d'information pertinente :

– phase de validation (analyse de fiabilité et analyse de pertinence) ;

– phase de traitement informatique (indexation, analyse bibliométrique, analyse linguistique...) ;

– phase d'élaboration et de synthèse (transformation des données collectées en information pertinente).

Après ces traitements, les données sont considérées comme information pertinente dans la mesure où elles répondent aux besoins établis au moment du cahier des charges. Il faut donc les stocker et les diffuser.

Stocker et diffuser l'information

Pour qu'une information soit vraiment pertinente, il ne suffit pas qu'elle réponde à un besoin particulier. Il faut aussi qu'elle puisse être diffusée au bon moment à la bonne personne. Il faut donc trouver des solutions pour que l'information puisse circuler efficacement au sein d'une organisation. Malheureusement, c'est ce troisième volet du processus d'intelligence stratégique qui est le plus fréquemment négligé, souvent pour des raisons « culturelles » plutôt que techniques. Si l'information collectée et traitée est uniquement stockée, nous ne pouvons pas parler d'intelligence stratégique. Elle pourra être un support indispensable à la prise de décisions stratégiques uniquement si elle atteint « le bon interlocuteur au bon moment ». Il faudra donc penser à mettre en place différents outils de communication complémentaires (journal interne, bulletins d'informations, intranet[1], forums électroniques...).

On parle ainsi de la « chaîne de valeur ajoutée »[2] de l'intelligence stratégique pour indiquer le processus qui permet de transformer des *données brutes* d'abord en *informations pertinentes* et ensuite en *renseignements utiles* aux décideurs pour la prise de décisions.

L'intelligence stratégique (ou si vous préférez, la veille stratégique) permet aux entreprises d'anticiper les « signaux faibles » susceptibles de créer des opportunités et d'écarter les éventuelles menaces. L'adjectif « stratégique » revêt une importance toute particulière : on comprend ainsi que le champ d'action de la veille stratégique n'est pas celui des opérations courantes mais au contraire celui des décisions qui engagent l'évolution de l'entreprise au sein de son environnement. Il s'agit d'un processus à forte valeur ajoutée qui permet de gérer efficacement l'information afin de réduire au maximum l'incertitude liée à la prise de décisions stratégiques.

Contrairement aux idées reçues, la veille stratégique ne consiste pas en un recueil passif d'informations qui seront ensuite stockées dans des archives accessibles uniquement à des documentalistes... Sans parler d'intelligence économique, on peut revendiquer le rôle actif de la veille stratégique à partir du moment où l'information est collectée, traitée, diffusée et utilisée en tant qu'outil d'aide à la décision. D'autant plus que souvent la veille stratégique est sous la responsabilité de la direction générale d'une entreprise. Comme le précise Monique Dumont, « l'un des facteurs clés de succès de la veille est en effet la proximité de la cellule de veille des décideurs. Parce que l'information est sensible et est

1. *Intranet :* réseau d'entreprise basé sur l'utilisation des mêmes protocoles qu'Internet.
2. La « chaîne de valeur humaine » est un processus très semblable à celui de « collecte, traitement et diffusion » que nous venons de décrire : « La chaîne de valeur ajoutée se déroule en quatre phases : la préparation, l'analyse, l'interprétation et la diffusion. Chacune de ces phases correspond à une ou plusieurs étapes. Sur la base de la production des données, la phase de préparation correspond à l'identification des besoins ; la phase d'analyse se décompose en premier lieu en la définition des solutions techniques et la collecte des données, en second lieu en la validation et la fiabilisation des données incorporant une vérification des sources, et enfin en traitement ; la phase d'interprétation est l'étape de hiérarchisation, de structuration et de synthèse ; la phase de diffusion est la communication des renseignements sous forme de synthèses, de notes, voire oralement, débouchant sur la décision et l'action. » « L'état de l'art », *Business Digest*, supplément au n° 67 de septembre 1997.

déterminante dans les décisions de l'entreprise, les responsables de la veille doivent être proches des décideurs afin de bien comprendre les enjeux de la surveillance[1]. »

Cinq conditions pour rendre efficace la veille en entreprise[1]

- Une volonté affirmée de la direction : « Les dirigeants doivent considérer la veille comme une fonction de management à part entière et s'impliquer personnellement dans sa mise en œuvre. »
- Une bonne communication en interne : « Un mode d'organisation transversal dans lequel le personnel travaille en projet, accroît l'efficacité de la veille. »
- La maîtrise du temps : « il faut accepter de consacrer du temps, de réels moyens et un véritable budget à la veille. »
- Un minimum de structures : « L'information est mieux valorisée quand l'entreprise dispose d'un encadrement structuré, avec des responsables de fonction bien identifiés. »
- Un solide esprit d'équipe : « Si les décideurs ne démontrent pas en permanence aux veilleurs l'utilité de leur travail de collecte, le système tombe rapidement en désuétude. »

1. Dossier paru dans *L'Usine Nouvelle* du 10 octobre 1996.

Cela dit, la veille stratégique est un terme général qui englobe différentes autres formes de veille. En effet, en fonction de ce que l'on souhaite surveiller, il est possible de distinguer différentes autres expressions[2] :

1. Dumont Monique, « Profession Veilleur » Metafuturs (http://www.cam.org/~mdumont).
2. Aux États-Unis, on parle plutôt de *intelligence : business intelligence, competitive intelligence, marketing intelligence...* Mais c'est souvent le terme *Competitive Intelligence* qui englobe toutes les autres expressions de la veille : « Competitive Intelligence is the continuous monitoring process of present and future competitors. It also includes the scanning and monitoring of the marketplace, technology development and society trends which might affect markets ». Cette définition a été reprise à partir des travaux de Michael Porter. En ce qui concerne la *Business Intelligence*, le terme a été introduit à la fin des années 80 par le Gartner Group: « Business Intelligence is the process of transforming data into information and through discovery transforming that information into knowledge. »

Veille technologique

Elle constitue sans aucun doute la forme la plus connue de veille en France. En effet, pour des raisons historiques, elle s'est imposée dans un certain nombre de grands groupes industriels français au début des années 80. Ainsi, à tort, on tend à assimiler la veille technologique à la veille en général ou à l'intelligence économique. En réalité, comme l'affirme Steven C. Wheelwright, la veille technologique est « constituée par l'ensemble des techniques visant à organiser de façon systématique la collecte, l'analyse, la diffusion de l'exploitation des informations techniques utiles à la sauvegarde et à la croissance des entreprises ». En d'autres termes, son domaine d'observation est uniquement celui des informations scientifiques et techniques : recherche fondamentale et recherche appliquée, procédés de fabrication, matériaux, brevets... Ainsi, on utilise parfois le terme « veille scientifique ».

Veille concurrentielle

Comme son nom l'indique, son domaine d'observation est l'univers concurrentiel. Daniel Rouach[1] explique qu'« elle permet de pister les démarches actives, actions de développement, déploiements vers d'autres secteurs et domaines d'activités, fausses pistes et leurres destinés à égarer les curieux, intrusions diverses, dépôt de brevets, travaux de recherche, et ceci de la part de concurrents directs et indirects. » Elle peut permettre ainsi, par exemple, de mieux connaître les techniques de vente et de distribution des concurrents et leur politique de communication. Une expression « noble » de la veille concurrentielle est le *benchmarking* qui consiste à prendre un concurrent (ou un autre acteur du marché) comme référence, afin de pouvoir mener des comparaisons rapprochées entre produits, services ou méthodes de production. Une expression beaucoup moins noble est l'espionnage industriel...[2]

1. Rouach Daniel, *La veille technologique et l'intelligence économique*, PUF, 1996. Un des meilleurs ouvrages pour approcher simplement et de manière didactique l'univers de la veille.
2. Comme le constate Robert Salmon, certains assimilent la veille concurrentielle à l'intelligence compétitive : « D'aucuns définissent l'intelligence compétitive comme un management intelligent de l'information, grâce à une utilisation judicieuse du renseignement concurrentiel » (Salmon R., Linares Y. : *L'Intelligence compétitive*, Economica, 1997). En réalité, l'ouvrage du vice-président de L'Oréal cherche à démontrer que la portée de celle-ci est beaucoup plus ample et ambitieuse.

Veille marketing et commerciale

La veille marketing et commerciale a pour but de collecter, traiter et diffuser des informations sur les produits et les marchés. Elle est donc intimement liée au lancement de nouveaux produits et à la détection de nouveaux marchés. Pour cette raison, une attention particulière est consacrée aux études de marché (qualitatives ou quantitatives). Cette veille concerne également l'observation des clients, des fournisseurs, des sous-traitants ou des distributeurs.

Veille sociétale et environnementale

Pour certains, la veille sociétale est la « veille par excellence » car elle permet d'être à l'affût des nouvelles tendances grâce au repérage des « signaux faibles » et d'éventuelles indiscrétions. Évidemment, pour détecter « l'air du temps », saisir les changements et anticiper les comportements, il faut plus un travail d'intuition et un raisonnement empirique qu'une stricte méthodologie scientifique. Pour repérer les « signaux faibles » il faut disposer d'un vaste réseau de personnes (les célèbres « chasseurs de tendance » de l'Oréal par exemple) capables de détecter, analyser et surtout valider toute forme de bruit ou rumeur.

Dans une acception plus étendue, la veille environnementale concerne tout ce qui gravite autour de l'entreprise et qui n'a pas été pris en compte par les autres formes de veille : veille réglementaire, financière, fiscale, économique, politique, géopolitique, écologique, sociale, culturelle, etc.

Naturellement, ces définitions n'ont qu'un intérêt didactique et demeurent quelque peu théoriques. Dans la réalité, les frontières entre ces différents types de veilles sont souvent floues. Aussi pour cette raison, on parle parfois de *veille horizontale* quand l'on s'aperçoit, par exemple, que dans certains cas la veille technologique est intimement liée à la veille concurrentielle ou à la veille marketing ou bien, lorsque la veille dans un secteur (par exemple les cosmétiques) est intimement liée à la veille dans des secteurs voisins (par exemple le secteur pharmaceutique, l'alimentation ou la mode).

De l'intelligence stratégique à l'intelligence économique et à la prospective

Malgré un retard indéniable, les activités de veille (surtout de veille technologique) occupent une place croissante au sein des entreprises françaises. Par ailleurs, un nouveau terme est apparu depuis quelques années : « intelligence économique ».

L'effet de mode[1] et l'excitation engendrés par cette discipline contribuent à accroître la confusion et le manque de clarté dans ce secteur. Tout le monde proclame faire de l'intelligence économique, même un simple service d'accès aux bases de données professionnelles… Naturellement, on a du mal à comprendre la différence entre l'intelligence stratégique et l'intelligence économique. Nombreux sont ceux qui les confondent ou assimilent. Certains soulignent le rôle actif de l'intelligence économique comparé au rôle passif de la veille stratégique. Nous avons vu qu'au contraire la veille stratégique peut être hautement active à partir du moment où une étroite collaboration s'instaure au sein de la direction de l'entreprise. La veille est passive si elle est limitée à ses fonctions de collecte, traitement et stockage.

En réalité, l'intelligence économique est une expression plus globale « car elle applique la gestion de l'information à tous les acteurs de la Nation y compris l'État et ses émanations comme à la fois demandeurs et prestataires de renseignements. L'intelligence stratégique, quant à elle, fait plus spécifiquement allusion à l'univers de l'entreprise et de son environnement concurrentiel au sens large. »[2]

Mais ce n'est pas tout. Prenons la définition officielle, donnée en 1994, par le Commissariat général du plan : « L'intelligence économique peut être définie comme l'ensemble des actions de recherche, de traitement et de diffusion (en vue de son exploitation) de l'information utile aux acteurs économiques. »

On a du mal à voir la différence avec la notion d'intelligence ou de veille stratégique telle que nous l'avons définie. En regardant de plus

1. Cet effet se traduit par de nombreux ouvrages, souvent valables, sur la question :
- Besson B., Possin J.C., *Du Renseignement à l'intelligence économique,* Dunod, 1996.
- Bloch A., *L'Intelligence économique,* Économica, 1996.
- Martinet B., Marti Y.M., *L'Intelligence économique : les yeux et les oreilles de l'entreprise,* Les Éditions d'Organisation, 1995.
- Rouach D., *La Veille technologique et l'intelligence économique,* PUF, 1996.
- Salmon R., Linares Y., *L'Intelligence compétitive,* Economica, 1997.

Pour une liste d'articles parus dans la presse, cf. le dossier « Veille concurrentielle » réalisé en 1995 par l'ADETEM (Association nationale pour la Recherche sur le développement des marchés).

2. *Business Digest,* « L'état de l'art » : « Anticiper pour agir : l'intelligence stratégique », supplément au n° 67 de septembre 1997.

près, on remarque quelques mots apparemment anodins, d'autant plus qu'ils sont entre parenthèses : « en vue de son exploitation ». Toute la différence est là.

Alain Bloch[1] a le mérite de l'expliquer clairement : « Faire de l'intelligence économique, ce n'est pas seulement collecter, traiter et diffuser de l'information, c'est également, selon nous, entreprendre un certain nombre d'actions – que nous baptiserons « actions d'influence » – en vue d'influer sur l'environnement de l'entreprise, qu'il s'agisse de son environnement concurrentiel ou juridique par exemple : ces actions s'apparentent à ce que le vocabulaire américain a pour sa part formalisé sous le terme de *lobbying*, en référence à ces premiers pionniers qui faisaient le siège des *congressman* dans les *lobbies* (halls d'entrée) des hôtels de Washington, à l'occasion des sessions parlementaires. [...] [L'intelligence économique] renvoie aussi et surtout, selon nous, à une démarche active [...] qui doit se traduire par l'élaboration et la mise en œuvre d'actions d'influence (actions menées par l'entreprise pour influencer son environnement et dont le lobbying ne constitue que l'un des aspects les plus connus). »

L'intelligence économique devient donc une sorte d'interface entre l'entreprise et son environnement et se concrétise souvent par la mise en œuvre de réseaux d'influence politico-industriels. Dans cette optique, c'est la figure du « médiateur » qui désigne le spécialiste de l'intelligence économique en entreprise. Son rôle consiste à exercer des actions d'influence à différents niveaux :

- sur l'entreprise même et sur son environnement immédiat (fournisseurs, clients, concurrents...) ;
- sur l'environnement global (collectivités locales, administrations, pouvoirs publics, organismes politiques, leaders d'opinion...) ;
- sur la presse et les médias en général.

Si l'on accepte cette définition, il faut bien être conscient qu'intelligence économique[2] et intelligence stratégique sont deux choses différentes bien

1. Professeur titulaire de la chaire Action commerciale et Distribution au CNAM, *op. cit.*, 1997.
2. « L'intelligence économique est la légitime héritière du renseignement et de l'espionnage industriel, elle est liée au rôle dominant que joue l'État français en matière de production d'information. Et très naturellement ce sont des préoccupations liées à la défense nationale qui vont, des années 50 à 80, constituer l'essentiel des actions d'intelligence économique. Actions que l'État mènera au travers d'instances telles que la DGSE, DST, SGDN. » Sala Jacqueline, *Veille Magazine*, novembre 1996.

que complémentaires. Exactement comme la prospective (l'étude des « futurs possibles ») est elle aussi complémentaire de l'intelligence stratégique. Chaque discipline a un champ d'action bien précis et cela n'aurait pas de sens de vouloir tout mélanger. Le risque d'une telle tendance c'est de donner encore plus d'importance aux nombreux « charlatans » qui essayent de « pourrir » ces trois disciplines (les adeptes de l'espionnage industriel, les fanatiques de l'armée, les trafiquants d'influence et les futurologues du dimanche...). Le plus grand souhait que l'on puisse avoir, c'est que chaque discipline s'attache sérieusement à « nettoyer » ses rangs. Et ceci ne peut être possible qu'avec une définition claire des rôles attribués à chacun.

En ce qui concerne la prospective, on peut dire qu'elle constitue le prolongement logique de la veille stratégique. Ces deux activités sont en effet très complémentaires puisqu'elles permettent ensemble d'étudier le passé et de comprendre le présent afin d'envisager les « futurs possibles »[1]. L'analyse de la situation présente est indispensable mais n'est pas suffisante. Les organisations ont fréquemment une vision très limitée du futur et de l'évolution des marchés. Trop souvent en effet, les décideurs sont obligés de prendre des décisions stratégiques sous l'emprise de l'urgence et sans réelle marge de manœuvre. La veille fournit ainsi l'engrais indispensable à la réflexion prospective, le but étant de détecter les enjeux liés aux tendances émergentes d'évolution à moyen et à long terme ainsi que les facteurs de rupture qui ont un impact sur l'évolution des organisations et de la société en général. Il s'agit donc d'une démarche pluri-disciplinaire, qui intègre les différentes dimensions du temps (passé-présent-futur)[2]. Le groupe Futuribles par exemple « ne prétend pas prédire le futur mais permettre à ses membres, par une exploration systématique des futurs possibles (« les futuribles ») de mieux appréhender ce qui peut advenir et ce qui peut être fait ». En

1. L'expression « futurs possibles » a donné naissance au mot « futuribles », créé par un des pères fondateurs de la prospective française : Bertrand de Jouvenel. Ce même mot a donné naissance à la prestigieuse revue, actuellement dirigée par Hugues de Jouvenel et au groupe Futuribles (http://www.futuribles.com).

2. Pour obtenir plus d'informations sur cette « indiscipline intellectuelle », cf. l'excellent article de Hugues de Jouvenel : « Sur la démarche prospective », *Futuribles,* septembre 1993. En résumant, la démarche prospective comporte cinq étapes :
1. définition du problème et choix de l'horizon temporel ; 2. construction du système et identification des variables clés ; 3. recueil des données et élaboration des hypothèses ; 4. construction des futuribles ; 5. choix stratégiques.

d'autres termes, la prospective a pour mission d'imaginer les « futurs possibles » afin de provoquer des changements plutôt que d'y être confrontés une fois survenus. Différentes méthodologies ont été développées afin de rationaliser la démarche prospective et optimiser l'écoute des « signaux faibles » (méthodes d'experts, méthodes des scénarios, ateliers de prospective, analyses structurelles...)[1]. Nous verrons par la suite comment Internet peut être un instrument très utile pour la prospective (voir p. 168).

En simplifiant, nous pouvons affirmer qu'en général l'intelligence stratégique est un processus de collecte, traitement et diffusion de l'information qui a pour objet la réduction de la part d'incertitude dans la prise de toute décision stratégique. Si à cette finalité on ajoute la volonté de mener des actions d'influence, il convient de parler alors d'intelligence économique. Si par contre ce processus sert de base à une analyse approfondie pour identifier des scénarios futurs, on parle alors de prospective.

Internet et la veille en France

Par rapport à des pays comme les États-Unis ou le Japon, la « culture veille » française apparaît largement en retrait[2]. Essentiellement pour des raisons culturelles et par un individualisme parfois exacerbé, les entreprises françaises demeurent très méfiantes face à la libre circulation de l'information.

Cependant, quelques « signaux faibles » permettent de croire que la situation est en train d'évoluer : création d'associations professionnelles[3], apparition de magazines de vulgarisation et de lettres professionnelles[4], prolifération de livres, surabondance de salons, séminaires ou conférences diverses... Autant d'indicateurs qui nous laissent espérer un changement.

---

1. Pour une vision complète sur cette « indiscipline » ainsi que sur ses méthodes, cf. Michel Godet, *Manuel de prospective stratégique*, Dunod, 1997.
2. Voir D. Rouach *op. cit.* et J. Sala, Le paradoxe français, *Veille Magazine*, novembre 1996.
3. Notamment SCIP France, branche autonome de la Society of Competitive Intelligence, le SYNAPI, L'AF2I, L'AFNOR, L'ADBS...
4. Par exemple, l'incontournable *Veille Magazine*.

Mais l'élément catalyseur qui peut vraiment permettre d'activer la veille en France est Internet. Ce gigantesque réseau offre un tel potentiel informationnel, qu'il peut réellement être un accélérateur pour la veille dans l'Hexagone. En effet, si on dispose des bonnes méthodologies et des bons outils, Internet permet de mener des activités de veille très pointues à un coût nettement inférieur à celui des dispositifs classiques de veille. Le syllogisme « semble » parfait :

– si les activités de veille ne sont pas très développées dans un pays et...
– si Internet est réellement un accélérateur pour la veille...
– alors, grâce à Internet, la veille se développera rapidement dans ce pays...

Hélas, ce n'est qu'une apparence car la condition *sine qua non* qui manque pour que le syllogisme fonctionne, c'est qu'Internet se développe et soit accepté au sein du pays. En d'autres termes, les entreprises

L'opinion de Joël de Rosnay

« L'entrée dans le cybermonde est riche de potentialités encore mal comprises. Surtout en France, où la plupart des élites considèrent Internet comme une nouvelle technologie venant simplement s'ajouter à d'autres. Or Internet n'est pas une nouvelle technologie, mais un système intégré de partage de ressources. Un écosystème informationnel composé de multiples éléments interdépendants (ordinateurs, modems, réseaux, logiciels, fournisseurs d'accès et de contenus...). Internet est un protocole informatique qui permet à des ordinateurs de partager des ressources à l'échelle mondiale en utilisant les 700 millions de lignes du réseau téléphonique. Le vrai débat porte sur les conditions d'entrée dans ce nouvel espace-temps économique, sociologique et culturel ouvert par les nouveaux systèmes de communication. Pour réussir cette entrée, il est nécessaire que les réseaux utilisés soient compatibles, connectables et commutables. C'est le pouvoir individuel de commutation qui fait la force du web, trame multimédia du nouvel espace-temps cybernétique. L'entrée dans le cybermonde remet en cause les règles de l'économie en faisant émerger trois paramètres de la compétitivité internationale : la vitesse, l'intelligence et l'adaptabilité. Les nations et les entreprises qui conquièrent et occupent certains secteurs du cybermonde bénéficient d'une "prime au premier occupant". Comme en biologie, il est très coûteux pour une espèce vivante de tenter de déloger une autre espèce qui a conquis une niche écologique et qui s'y est adaptée. De manière analogue, les nations et les entreprises qui conquièrent les premières les nouvelles niches du cybermonde y "verrouillent" leur secteur. Un phénomène bien connu des économistes de la nouvelle génération et appelé "effet de lock-in". Cette prime au premier occupant pénalise les arrivants tardifs. »

Source : *Le Monde Diplomatique,* août 1997.

qui mettront en place des systèmes de veille efficaces seront généralement localisées dans les zones géographiques dans lesquelles Internet a pu s'imposer.

Or, à ce niveau la situation de la France n'est guère réjouissante bien que, progressivement, les choses semblent s'améliorer. Différentes raisons ont freiné l'éclosion d'Internet dans l'Hexagone :

– conservatisme intellectuel ;

– repli sur soi et refus de tout ce qui provient de l'extérieur (notamment des États-Unis...) ;

– succès d'un outil français (Minitel) désormais largement vétuste.

À côté des moralisateurs du réseau, on retrouve les « technophobes ». Cette catégorie d'alarmistes cherche de façon obstinée à démontrer que l'essor des nouvelles technologies est toujours porteur de dangers pour l'humanité. Avec Internet, ils ont trouvé un nouveau domaine d'action et ils se régalent à animer des débats futiles. Il n'est pas intéressant d'entrer dans une polémique inutile. À partir de l'invention de la roue, l'histoire leur a toujours donné tort. À l'époque de Gutenberg n'a-t-on pas essayé d'interdire l'impression en France pendant six mois, car jugée subversive ? À l'époque de Bell, le téléphone fut à son tour accusé d'induire les pires maux de la société. Toute révolution technologique aura toujours ses détracteurs. On ne peut rien y faire. Le danger est purement local car les détracteurs tendent à se concentrer dans des pays qui, par la suite, seront obligés de redoubler d'efforts pour rattraper le temps perdu[1]. À un niveau international, l'essor technologique est inévitable. Que cela plaise ou non[2].

1. Ainsi, au lieu de constituer des commissions d'experts acharnées à traduire immédiatement *browser* en « butineur », *e-mail* en « mel », *web* en « toile », ne serait-il pas plus important d'essayer d'apporter du contenu français sur Internet ? Qu'attend-on avant de mettre en ligne les milliers d'archives, bases de données, documents qui existent en France ? Est-ce vraiment par la « frénésie des traductions instantanées » que la francophonie va se renforcer ? N'est-il pas plus sensé d'apporter sur Internet du vrai contenu ?

2. Un article paru le 8 octobre 1997 dans le *New York Times* est très révélateur de ce qui est train de se passer : « U.S. tells world : get on the net or get lost ».
« Ira Magaziner, the Clinton Administration's senior advisor for Internet policy development, told representatives of 21 nations at a high-tech forum in Amsterdam that the Internet is an engine growth for the world economy and that the private sector should lead the Net's development : "We want to come together with other countries as equal partners, with the private sector leading and government playing a supporting role. Our approach is not to have a trade negotiation. ***By 2005, at least 1 billion people will be on the Internet. If 40 million Frenchmen aren't there, that's their problem".*** *»*

Il est donc évident que l'essor de l'intelligence stratégique en entreprise ainsi que celui de l'intelligence économique d'un pays seront intimement liés à l'essor d'Internet[1]. Les deux phénomènes sont indissociables.

À cause de la convergence croissante des médias, Internet est déjà le moyen le plus simple et le plus économique pour mener des activités de veille[2]. C'est ce que nous allons démontrer dans cet ouvrage. Certes, il y a beaucoup d'autres manières pour mener des activités de recherche d'informations et de veille (ne serait-ce que par des banques de données commerciales comme Dialog ou Questel). Cela dit, peu à peu, tout semble converger vers un réseau unique (télévision, radio, presse, téléphone, banques de données, etc.)[3]. Celui-ci ne s'appellera peut-être plus

1. « L'Internet est un boulevard vers les mines d'or pour tous ceux qui s'intéressent au "traitement" de l'information. Les espoirs liés au développement de nouvelles techniques et de nouveaux logiciels paraissent proprement stupéfiants. Leurs promoteurs estiment aujourd'hui que des quantités d'activités économiques, insoupçonnées il y a encore peu de temps, vont s'ouvrir très rapidement dans des domaines aussi peu développés pour l'instant que l'information stratégique, la veille technologique, le renseignement économique et l'information à valeur ajoutée. Ces procédés originaux deviennent sources d'une richesse inconcevable... », Guisnel Jean, *Guerres dans le cyberespace,* La Découverte, 1995.
   « L'Internet se prête parfaitement à la fonction de veille technologique à l'échelle mondiale (pays occidentaux surtout). [...] Il faut observer le développement des services qui fournissent l'information aux entreprises grâce à Internet. C'est un créneau prometteur. En outre, la concurrence et l'arrivée de nouveaux acteurs vont progressivement pousser à une organisation de plus en plus rationnelle d'Internet. [...] En fait, la recherche d'informations sur l'Internet va probablement devenir un créneau économique à part entière. », Haguet Jean, *Internet - Guide stratégique et pratique pour l'entreprise,* Masson, 1996.
2. « In spite of severe limitations, the web will become a primary vehicle for diseminating Business Intelligence information and applications by 1998 [...] The majority of Business Intelligence products and applications will offer some web-enabled features during 1996, and the World Wide Web will play an increasingly important role in the interaction and distribution of Business Intelligence related to an ever-wider audience of consumers. », Conférence de présentation du Gartner Group, octobre 1996.
3. Par exemple Maid, une assez petite société qui publie sur Internet des informations à haute valeur ajoutée, vient de racheter le géant de l'information professionnelle : Knight-Ridder Information (éditeur notamment des serveurs Dialog et DataStar). On voit donc comment un acteur typique d'Internet englobe des services documentaires de première génération pour les rendre accessibles sur le réseau. Ensemble, ils forment « The Dialog Corporation » (http://www.dialog.com).

Internet et Intelligence économique

« Le réseau des réseaux entretient, avec l'intelligence économique, des liens évidents et une ressemblance étonnante. Ces deux événements s'inscrivent dans la même logique de globalisation de l'économie et de l'échange planétaire de l'information. Le réseau Internet est devenu l'un des outils de l'intelligence économique et celle-ci est devenue l'une des applications essentielles du réseau des réseaux. Comme l'intelligence économique, le réseau Internet est d'abord une mémoire ou plus exactement la possibilité d'accéder à des millions de mémoires réparties sur l'ensemble du globe. [...] Comme l'intelligence économique, l'Internet est en perpétuel développement parce que les réponses et les questions se reproduisent en dialoguant. Les deux systèmes sont des cycles permanents de réponses et de questions où la rapidité joue un rôle essentiel. [...] Le réseau et l'intelligence économique travaillent sur la préhistoire des idées, des techniques, des découvertes. [...] Les deux systèmes ont la particularité commune d'être inachevés et en extension. Voués au traitement de l'information, intelligence économique et Internet servent l'immatériel, le fugitif, l'instantané. Les deux logiques tendent à la création de nouveaux réseaux car elles repèrent des compétences dispersées susceptibles de se relier par des langages communs. Confrontés aux mêmes défis, les deux systèmes se posent au même moment et dans les mêmes termes le problème de l'intelligence artificielle. Face à l'énormité de l'information, la lecture de l'essentiel et de l'utile ne se conçoit plus sans l'aide d'une intelligence artificielle. La machine aide l'homme à se repérer dans l'océan de l'information en élaborant de l'information à partir de l'information. [...] Les recherches en cours vont sans tarder bouleverser et démultiplier les possibilités de l'intelligence économique artificielle. »

Besson B., Possin J.C., *Du Renseignement à l'intelligence économique*, Dunod, 1996.

Internet, mais qu'importe ? C'est en maîtrisant aujourd'hui ce nouvel univers, que l'on pourra maîtriser l'ensemble des moyens de communication et de diffusion du savoir de demain.

QUELQUES NOTIONS SUR INTERNET

Internet, notamment grâce à l'explosion du World Wide Web, présente des taux de croissance spectaculaires. La *figure 1.1* ainsi que le *tableau 1.2* ne nécessitent pas de commentaires.

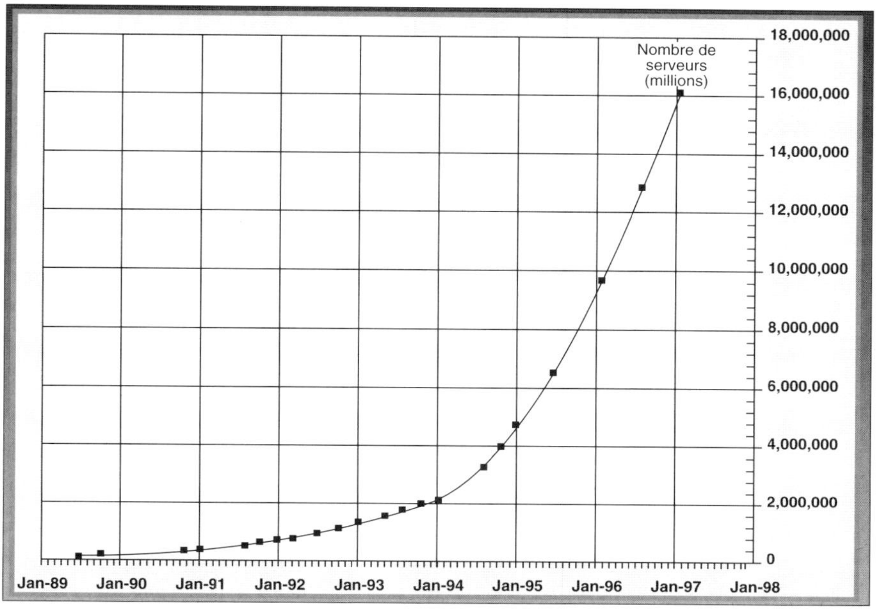

Source : *M. Lottor-Network Wizards (http://www.nw.com).*

Figure 1.1 - Évolution du nombre de machines serveur *(hosts)* sur Internet (1989-1997)

Tableau 1.2 - Croissance du World Wide Web entre 1993 et 1998

Mois	Nombre de sites web	Taux de croissance
Juin 1993	130	–
Janvier 1994	623	479 %
Juin 1994	2 738	439 %
Janvier 1995	10 022	366 %
Juin 1995	23 500	234 %
Janvier 1996	100 000	425 %
Juin 1996	230 000	230 %
Janvier 1997	650 000	282 %
Juin 1997	1 100 000	169 %
Janvier 1998	1 500 000	136 %

D'après Matthew Gray (MIT) et des estimations personnelles (novembre 1997).

Même si le sujet de cet ouvrage ne porte ni sur Internet en général, ni sur la recherche d'informations, il est utile de rappeler quelques notions de base[1] afin d'écarter des malentendus encore assez fréquents aujourd'hui.

Internet n'est pas un phénomène récent

Une des idées reçues les plus répandues concerne l'origine de ce réseau. Contrairement à ce que l'on croit, Internet n'est pas un phénomène né au milieu des années 90... En effet, l'origine du réseau se situe à la fin des années 60. Trois grands moments marquent son histoire. Tout d'abord, au cœur de la guerre froide, les Américains recherchaient un système de transmission sécurisé capable de résister même à une éventuelle attaque nucléaire. C'est ainsi que fut créé en 1969 Arpanet, l'ancêtre d'Internet. Par la suite, au cours des années 80, Internet devint un important instrument de recherche pour l'ensemble de la communauté scientifique et universitaire américaine. C'est en 1986, en effet, que la NSF (National Science Foundation) et la NASA décident de connecter toutes les universités américaines entre elles.

Mais c'est uniquement à partir de 1992 qu'Internet devient un outil accessible au grand public grâce au World Wide Web, une immense « toile d'araignée » mondiale qui relie des milliers d'ordinateurs et qui permet surtout un accès très convivial aux informations (grâce au principe de l'hypertexte et au caractère multimédia de chaque document publié). Le corollaire de cette idée reçue est de croire qu'Internet est un phénomène uniquement américain. Vrai au début, ce principe perd progressivement de valeur. Internet est devenu un phénomène mondial dans lequel les frontières géographiques habituelles ne revêtent plus beaucoup de sens...[2]

1. Quelques ouvrages méritent d'être recommandés pour le néophyte :
   - Dufour Arnaud, *Internet,* PUF, 1995 et *Le Cybermarketing,* PUF, 1997.
   - Haguet Jean, *Internet, Guide stratégique et pratique pour l'entreprise,* Masson, 1996.
   - Andrieu Olivier, *Méthodes et outils de recherche sur l'Internet,* Eyrolles, 1997.

   Sur Internet, il ne faut pas rater :
   - UNGI (Un nouveau guide Internet) qui se trouve à http://www.ungi.com et qui existe aussi en version papier chez First.
   - GIRI (Guide d'initiation à la recherche sur Internet) accessible à http://www.bibl.ulaval.ca/vitrine/giri/index.htm
   - « Search Engine Watch » (http ://searchenginewatch.com).
   - Les guides de l'Urfist de Strasbourg (http://www-scd-ulp.u-strasbg.fr/urfist/doc-internet.htm).
2. Pire, certains pensent qu'Internet appartient à l'État américain... En réalité, il s'agit du croisement et de la fusion de milliers de réseaux régionaux et nationaux qui appartiennent à des acteurs économiques très disparates (sociétés, collectivités locales, universités, etc.).

Internet et le web ne sont pas synonymes

À cause du récent succès auprès du grand public, Internet et web tendent à être confondus et souvent sont considérés comme synonymes. En réalité, le web n'est qu'une des sphères qui composent Internet. En effet, le web a été introduit à partir de 1992 alors qu'Internet date de 1969… En simplifiant, on peut dire qu'Internet permet de lire des documents, d'envoyer et de publier des messages, d'accéder à des bases de données externes et de transférer des fichiers et des logiciels.

• *Pour accéder à des documents*, la façon la plus conviviale consiste à utiliser le *web* car il permet d'afficher des pages non seulement avec du texte mais aussi avec des éléments multimédia (images, sons, vidéo…). De nombreux moteurs de recherches, comme Yahoo ! ou AltaVista, permettent de retrouver des documents sur le web[1]. *Gopher* est l'ancêtre du web. Son but était le même : faciliter l'accès aux documents en utilisant une arborescence de menus et de sous-menus (un peu comme sur un disque dur). La navigation est donc linéaire alors que dans le web, grâce au principe de l'hypertexte, elle est transversale. L'espace gopher *(Gopherspace)* a été complètement supplanté par le web et beaucoup de serveurs gophers ont été transformés en serveurs web.

• *Pour envoyer des messages*, on utilise naturellement l'*e-mail* (courrier électronique) qui permet, entre autres, d'attacher tout type de fichier en pièce jointe[2]. On peut aussi publier des messages sur Internet, essentiellement de deux manières : soit en participant à un forum de discussion ou *newsgroup* (il en existe plus de 45 000 dans le monde)[3], soit en s'inscrivant à une liste de diffusion ou *mailing list.* Dans le premier cas, votre intervention est publiée sur un réseau de serveurs distants (appelé

1. Voir p. 49 pour une description des différents outils de recherche sur Internet (web, newsgroups, telnet, FTP...).

2. Pour ceux qui ne disposent que d'un e-mail, vous pouvez transmettre des messages à un serveur distant en vous faisant envoyer le contenu d'un serveur web, d'un gopher, d'un newsgroup, d'une mailing list, d'un site FTP et même les résultats d'une requête de recherche ! Voir « Accessing The Internet By E-Mail » du Docteur Bob Rankin (ftp://rtfm.mit.edu/pub/usenet/news.answers/internet-services/access-via-email). Pour optimiser la recherche d'informations uniquement par e-mail voir aussi http://www.lookup.com/Homepages/73107/esearch.htm

3. Claire Campbell, directrice des relations publiques chez DejaNews, évalue le nombre total de newsgroups entre 45 000 et 70 000 ! DejaNews arrive à en indexer environ 22 000, ce qui correspond à environ 400 Mo de données par jour.

Usenet) auxquels n'importe qui peut accéder[1]. Dans le deuxième cas, votre contribution est automatiquement envoyée par e-mail à l'ensemble des abonnés à la liste[2]).

• *Pour accéder à des bases de données externes à Internet,* il faut généralement utiliser *Telnet.* Il s'agit d'un protocole qui permet de se connecter à une machine distante, et d'en prendre possession, en tant qu'utilisateur. Le but est d'accéder, en utilisant Internet, à des bases autonomes qui peuvent être soit gratuites (essentiellement les catalogues de bibliothèques telles que le Centre Pompidou ou la BNF ainsi que la plupart des BBS), soit payantes (bases de données commerciales comme Dialog, DataStar ou Questel). L'interface étant peu conviviale[3], telnet est surtout utilisé par des professionnels de la documentation pour mener des recherches précises ou par des informaticiens afin de prendre possession de leurs serveurs. Heureusement de plus en plus de bases de données externes à Internet peuvent être directement consultées avec une interface web en facilitant ainsi leur utilisation.

• *Pour transférer des fichiers* (logiciels ou autre), on utilise fréquemment le protocole *FTP (File Transfer Protocol).* Par exemple, quand on met à jour un serveur web, on transfère des fichiers d'un ordinateur à un autre *via* le protocole FTP. De même, on utilise souvent le FTP pour télécharger des logiciels disponibles sur Internet.

1. En réalité, il y a aussi de nombreux forums qui fonctionnent via le web (web forums). Mais leur portée est souvent plus restreinte. Voir http://www.reference.com/pn/help_1.0/sources.html#webforum
Le service ForumOne (http://www.forumone.com/) permet de rechercher plus de 150 000 web forums! On peut également communiquer en direct sur Internet, un peu comme sur les messageries Minitel. On utilise alors le protocole de communication IRC (Internet Relay Chat) qui permet de discuter à plusieurs dans des forums ou à deux (en privé). Pour dialoguer et collaborer en temps réel avec des personnes connectées, il faut citer le logiciel PAL d'Excite (http://pal.excite.com) et surtout ICQ qui a plus de trois millions de membres (http://www.icq.com). Dans le même esprit, on trouve des logiciels (par exemple Palace à http://www.thepalace.com ; Worlds Chat à http ://www.worlds.net ou le Deuxième Monde à http://www.2nd-world.fr) qui vous permettent d'incarner des personnages virtuels (des *avatars*) pouvant se déplacer et dialoguer dans le cyberespace en 3D. Les MUD (Multi User Dungeon) constituent leurs ancêtres (jeux de rôle en mode texte).
2. Dans le cas des mailing lists, il n'y a donc pas un réseau de serveurs, comme Usenet, qui publie chaque intervention. En effet, une mailing list est généralement hébergée au sein d'un seul serveur qui, grâce à des logiciels spécialisés (Listserv, Listproc, Majordomo...) se charge de renvoyer chaque contribution par e-mail à tous les abonnés. Le réseau Bitnet est à l'origine du logiciel le plus connu (Listserv).
3. Il s'agit d'une simple émulation « terminal », qui rappelle l'interface du Minitel.

Ainsi, on comprend bien que le web et Internet sont deux choses différentes. Le web fait partie d'Internet au même titre que les gophers, newsgroups, mailing lists, telnet, FTP…

Le *tableau 1.3* montre le nombre des sites correspondant aux différentes « sphères » d'Internet ainsi que leur taux de croissance.

Tableau 1.3 - L'évolution des différentes « sphères » d'Internet[1]

Protocole	Nombre de sites	Nombre de documents	Données totales	Taux de croissance
Web	+ 1 000 000	+ 150 millions de pages	3 000 gigaoctets	+ 600 gigaoctets/mois
Gopher	5 000	?	100 gigaoctets	en fort déclin
FTP	10 000	?	5 000 gigaoctets	?
Newsgroups	+ 45 000	+ 140 millions d'articles (DejaNews depuis 1995)	300 gigaoctets	+ 50 gigaoctets/mois

D'après Brewster Kahle (http://www.archive.org) et des estimations personnelles (novembre 1997).

Nous verrons par la suite, comment chacune de ces « sphères » d'Internet possède ses propres outils de recherche[2]. Cela dit, l'utilisateur final ne doit plus se soucier de ces différents protocoles. En effet, les derniers logiciels qui permettent de « naviguer » sur le web[3], permettent

1. Il est impossible de prendre en compte le protocole Telnet car celui-ci fait très souvent appel à des bases de données externes à Internet (catalogues de bibliothèques, bases de données commerciales, BBS...). De la même manière, tout ce qui est du domaine de « The Invisible Web », par exemple les pages dynamiques créées à partir de bases de données externes (voir page 68), ne peut pas être inclus dans ces calculs. Il est également très difficile d'évaluer le nombre des mailing lists et la taille globale de ses archives.
2. Un livre sorti aux États-Unis montre comment 35 professionnels de la recherche d'informations utilisent encore ces outils de première génération : *Secrets of the Super Net Searchers* de Reva Basch, Pemberton Press, 1996.
3. Ce sont les célèbres *browsers* : Navigator ou Communicator de Netscape et Internet Explorer de Microsoft. D'ailleurs avec la nouvelle version de Windows, l'utilisateur aura aussi du mal à distinguer quand il est sur son ordinateur ou quand il est sur Internet. En effet, désormais Internet est complètement intégré au système d'exploitation des nouveaux ordinateurs. Ainsi, on ne parle plus de *desktop* mais de *webtop* ou de *active desktop*… Au lieu du mot anglais *browser*, nous utiliserons le terme impropre de « navigateur » ou éventuellement de « exploreur ». Les deux termes sont impropres car ils constituent la francisation de deux produits (Navigator de Netscape et Internet Explorer de Microsoft). Nous avons encore du mal à utiliser le « gracieux » terme officiel choisi par l'Académie française (« butineur »)…

aussi d'accéder à tous les autres protocoles d'Internet de manière complètement transparente. Ainsi, l'usager peut ne pas se rendre compte qu'il passe d'un serveur web à un serveur gopher ou à l'archive d'un forum de discussion[1].

Il existe d'autres réseaux en dehors d'Internet

Le troisième lieu commun assez répandu consiste à croire qu'Internet fournit un accès à toute banque de données ou réseau informatique mondial. Même si Internet est un « réseau de réseaux », le fait que l'accès à son contenu soit gratuit empêche par exemple d'utiliser des banques de données commerciales comme Dialog ou Questel. Certes, on peut y accéder *via* telnet ou *via* le web mais il faut d'abord souscrire un abonnement. De même, il existe d'autres réseaux à valeur ajoutée comme Compuserve[2] (CIS), American On Line (AOL) ou Microsoft Network (MSN). Au début, tous se sont positionnés comme concurrents plus ou moins directs d'Internet. Rapidement, ils ont compris qu'ils devaient intégrer un accès complet à ce réseau. Le revirement le plus incroyable a été celui de Bill Gates qui, du jour au lendemain, a complètement transformé sa stratégie vis-à-vis d'Internet. Mais il faut bien souligner que ce sont les abonnés de ces services qui peuvent accéder à Internet et non pas l'inverse. Un abonné à Compuserve, outre bénéficier des services propres à son réseau, peut *aussi* aller sur Internet. Mais un « internaute » ne peut pas se connecter librement à Compuserve. La passerelle fonctionne dans un seul sens…

---

1. La meilleure manière de savoir dans quelle « sphère » d'Internet vous êtes, c'est d'analyser la structure de l'adresse (aussi appelée URL : *Uniform Resource Locator*) que vous avez sélectionnée. À titre d'exemple :
   - une adresse web : http://www.cybion.fr (désormais, le suffixe « http:// » est pris en compte automatiquement par les *browsers* plus récents)
   - une adresse gopher : gopher://veronica.scs.unr.edu
   - une adresse e-mail : revelli@cybion.fr
   - une adresse d'un newsgroup : news:soc.libraries.talk
   - une adresse Telnet : telnet://terminus.bpi.fr :2300
   - une adresse FTP : ftp://ftp.cnam.fr
   - une adresse WAIS : wais://zenon.inria.fr:210
2. Compuserve a été récemment racheté par American On Line et MSN s'est allié avec Wanadoo. Par ailleurs, face au succès d'Internet, quelques services ont cessé leur activité (E-world, Europe on Line, France en Ligne…) et d'autres se sont transformés en fournisseurs d'accès améliorés (Prodigy, Infonie,…).

En dehors de ces vastes réseaux internationaux (plusieurs millions d'abonnés chacun), il existe aussi des communautés virtuelles plus restreintes qui se regroupent autour d'intérêts communs en utilisant le système des BBS ou babillards. En France, l'un des plus célèbres est celui de l'Atelier de Veille de la Compagnie Bancaire[1] mis en place par Jean-Michel Billaut.

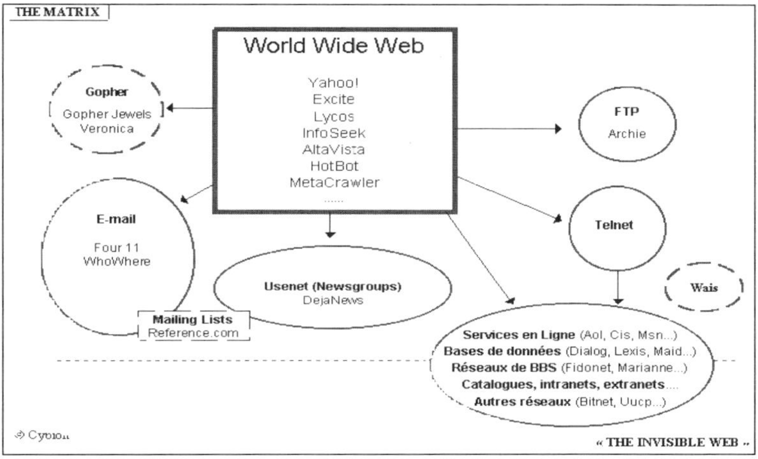

Figure 1.2 - Sphères du cyberespace et outils de recherche

Internet n'est pas gratuit

La légende veut qu'Internet soit complètement gratuit. Ceci est vrai pour quelqu'un qui possède déjà un ordinateur multimédia, un modem, un abonnement à un fournisseur d'accès et qui n'utilise aucun service payant sur Internet... En effet, pour exploiter efficacement Internet il faut du matériel de plus en plus puissant avec des modems[2]

1. Pour y accéder il faut s'abonner à la revue de l'atelier et utiliser un logiciel de type « First-Class ». Pour plus d'informations, http://www.atelier.fr (voir également p. 165).
2. Un modem est un petit appareil qui se connecte entre votre ordinateur et la ligne téléphonique et vous permet d'accéder à Internet. Plus il est rapide et moins vos connexions seront frustrantes car Internet est très lent et ceci n'est pas une légende... Mis à part les modems qui se branchent sur votre ligne téléphonique (analogique ou mieux numérique), il ne faut pas oublier les modems qui se branchent directement sur le câble de votre TV, qui sont nettement plus rapides (grâce aux fibres optiques) et qui vous permettent de rester branchés 24 heures sur 24 sans aucun surcoût. Pour ceux qui n'ont pas le câble, on peut se connecter à Internet aussi par satellite (http://www.direcpc.com) ou en installant une liaison spécialisée. Bientôt, l'ADSL (http://www.adsl.com) permettra des connexions à très haut débit sur les lignes téléphoniques. Sans oublier les futures connexions via le réseau électrique... Pour plus d'informations sur le matériel informatique, voir p. 156.

Les sphères du cyberespace

Grâce aux derniers logiciels de navigation (Netscape Navigator, Internet Explorer...), il est désormais possible d'accéder directement à partir du World Wide Web aux autres « sphères » d'Internet : Gopher, FTP, Telnet, Newsgroups, Mailing Lists, Wais... Comme on peut le voir sur la figure 1.2, chaque « sphère » dispose d'outils de recherche spécifiques bien que ceux-ci puissent être interrogés souvent directement sur le web (répertoires, moteurs, metamoteurs, outils sectoriels, outils graphiques...).

Internet recoupe de centaines d'autres réseaux et sous réseaux qui ne peuvent être atteint directement par les moteurs traditionnels. On parle alors de « The Invisible Web » pour définir l'ensemble des services en ligne commerciaux, les bases de données (commerciales ou pas), les réseaux de BBS et éventuellement tout autre réseau interconnecté à Internet (intranets, extranets, catalogues de bibliothèques, etc.).

Les BBS (Bulletin Board Services) sont généralement moins chers que les services en ligne et revêtent souvent un caractère associatif ou régional. On estime qu'il en existe plus de 100 000 dans le monde et plus de 300 en France. Il s'agit de communautés virtuelles dans lesquelles les rapports sont souvent très conviviaux. En raison de leur couverture locale, les BBS se fédèrent souvent dans des réseaux plus étendus (Fidonet aux États-Unis et Marianne en France)[1]. Devant l'ampleur du succès des BBS, certaines sociétés (Aol, Compuserve...) ont mis en place des services en ligne payants en utilisant des logiciels propriétaires qui assurent désormais aussi l'accès à Internet.

On appelle parfois « The Matrix » l'ensemble des réseaux et sous-réseaux reliées à Internet (http://www.mids.org).

1. Pour une liste des BBS étrangers consulter http://dkeep.com/sbi.htm et aussi http://www.yahoo.com/Computers_and_Internet/Communications_and_Networking/Bulletin_Boards/. Pour les francophones, voir http://www.nomade.fr/informatique_telecom/telecommu_reseaux/bulletin_boards/. Pour se connecter à un BBS, il existe différentes possibilités. Certains BBS disposent de leur propre site web et ont développé une passerelle pour accéder facilement à leurs services. D'autres, nécessitent d'un logiciel particulier (par exemple, FirstClass de SoftArc). Mais en général, dans la plupart des cas, la connexion peut être établie via Internet grâce au protocole telnet. Bitnet a été un des premiers réseaux connectant des institutions académiques et scientifiques (par ailleurs, c'est sur ce réseau qu'a été développé le premier logiciel pour les mailing lists : listserv). Pour plus d'éléments sur la « Géographie du Cyberespace » allez à http://www.cybergeography.org

de plus en plus rapides. Pour faire de la recherche d'informations et de la veille, il faut prévoir aussi des capacités de stockage assez importantes au niveau des disques durs. Ensuite, il faut trouver un fournisseur d'accès[1] qui, moyennant un abonnement mensuel, vous permette de

1. Pour avoir une liste de *providers* français voir http://www.abside.com/friap

vous connecter à Internet. De même, il ne faut pas oublier que, comme pour toute communication, il faut régler la facture du téléphone... Naturellement, on ne paye que le coût de la communication vers le fournisseur (dans la plupart des cas, il s'agit d'une communication locale)[1]. Enfin, sachez que de plus en plus de services sur Internet sont payants et impliquent de petits abonnements si l'on veut obtenir des informations à valeur ajoutée. En conclusion, Internet n'est pas gratuit mais demeure sans aucun doute le moyen le plus économique et efficace pour obtenir des informations souvent précieuses.

La sécurité sur Internet peut être assurée

Parmi les « mythes fondateurs » du réseau, il ne faut pas sous-estimer les paniques parfois hystériques qui gravitent autour des problèmes de sécurité. Outre être un repaire de pédophiles, d'espions, de *mafiosi*, de racistes et de pornographes, le réseau est souvent accusé d'être une porte ouverte à des attaques de pirates ou à des virus destructeurs capables d'anéantir en quelques secondes votre ordinateur, votre réseau d'entreprise et parfois aussi votre grille-pain... Sans entrer dans des détails techniques, nous donnons ici quelques conseils de bon sens pour améliorer votre sécurité pendant vos activités de recherche d'informations et de veille.

Virus

Naturellement, on ne peut nier que de nombreux virus existent sur Internet. Cependant, il existe quelques précautions très banales qui permettent de réduire au maximum les risques d'infection. Il faut d'abord avoir un antivirus adapté à Internet[2] qui vérifie chaque fichier que vous téléchargez du réseau et qui « scanne » régulièrement l'ensemble de votre ordinateur. Ensuite, il est indispensable que tous les mois vous vous procuriez une mise à jour, souvent gratuite. En effet, un antivirus qui date de plus de trois ou quatre mois est relativement inefficace sur Internet. Enfin, faites attention aux courriers électroniques qui contiennent des fichiers en annexe. Si vous ne connaissez pas l'émetteur du message

1. Ce coût n'intervient pas si vous avez une connexion par le câble ou si vous disposez d'une liaison spécialisée (souvent très chère).
2. Sur le site de Tucows, on peut en trouver plusieurs (http://tucows.wau.nl/virus95.html).

et si celui-ci vous demande d'ouvrir un fichier qui est envoyé en pièce jointe, soit vous détruisez le message, soit vous utilisez un antivirus efficace.

Cryptage

Il est théoriquement possible que quelqu'un intercepte vos courriers électroniques et s'amuse à les lire. Dans la vie réelle aussi, il est également possible que vous soyez sur écoute téléphonique... Cela ne vous empêche pas de téléphoner... Cependant, si vous êtes persuadé d'être espionné (ou simplement si vous êtes un peu paranoïaque) et si votre message est très confidentiel, sachez que vous pouvez encrypter[1] son contenu avant de l'envoyer. En revanche, si vous devez faire un achat en ligne et vous devez communiquer votre carte de crédit, il est souhaitable que le serveur marchand dispose d'un serveur sécurisé[2] qui accepte le cryptage des transactions. Si ceci est le cas, il n'y a pratiquement aucun risque à acheter quelque chose sur Internet[3].

Espionnage

Si vous souhaitez mener des activités de veille et de recherche d'informations, vous ne désirez probablement pas laisser trop de « traces » de votre passage... Sans croire que tout le monde puisse vous espionner, vous pouvez prendre un certain nombre de précautions pour éviter de vous faire remarquer pendant vos recherches...

- *Faites attention à vos interventions dans les forums de discussion.* Les « internautes » tendent à croire qu'une intervention dans un forum ne reste publique que pendant quelques jours. Faux ! Même si votre

1. En effet, des logiciels comme PGP (Pretty Good Privacy) permettent d'encrypter des messages avant de les envoyer. Le destinataire pourra les décrypter à la réception à l'aide d'une clé de décryptage que vous lui aurez communiquée au préalable (http://www.nai.com).
2. Pour vous rendre compte si vous êtes sur un serveur sécurisé, sous Netscape la page adopte un contour bleu foncé et une petite clé non cassée apparaît en bas à gauche de l'écran. Sur Internet Explorer ce sera un petit cadenas...
3. Ainsi, grâce au protocole de cryptage SSL, le système Payline de SG2 permet de sécuriser les transactions. Cependant, puisqu'il est impossible de régler des petits achats avec une carte bancaire, la société financière KLELine (http://www.kleline.com) a mis en place un système très efficace de porte-monnaie virtuel (Klebox). La fiabilité de ces systèmes de paiement peut être vérifiée sur le site de Globe Online (http://www.globeonline.fr), la première et la plus importante galerie marchande française.

annonce disparaît du serveur d'origine pour faire place aux interventions plus récentes, elle sera archivée par un ou plusieurs serveurs dans le monde[1]. Le moteur DejaNews, par exemple, conserve toutes les interventions parues depuis mars 1995 et permet d'analyser le profil d'une personne en fonction des messages qu'elle a publiés (voir « Surveiller une personne » p. 117) ! Même danger avec les listes de diffusion. Si vous ne souhaitez pas que vos concurrents soient au courant de vos actions, vous pouvez librement adopter une adresse e-mail anonyme[2].

• *Évitez d'utiliser le réseau de votre entreprise pour des recherches confidentielles ou personnelles.* Contrairement à ceux qui accèdent à Internet *via* un modem téléphonique, si vous utilisez une liaison spécialisée au sein de votre réseau d'entreprise, il est possible d'identifier le numéro de votre machine sur le réseau (adresse IP) chaque fois que vous accédez à un site. En d'autres termes, au moment où vous vous connectez au site d'un concurrent, le responsable technique peut théoriquement identifier votre adresse IP permanente[3] et remonter ainsi jusqu'à votre société (même si ceci n'est pas toujours évident). Il n'y a là rien de dramatique car les sites web étant des lieux publics, il est normal que les sociétés fassent de temps en temps des visites à leurs concurrents, ne serait-ce que pour se tenir informées sur les nouveautés. Si vous voulez à tout prix éviter de laisser l'adresse IP de votre société, la seule solution consiste à faire vos recherches en utilisant une connexion qui vous garantisse une adresse dynamique. Généralement, quand vous utilisez une connexion téléphonique par modem *via* un fournisseur d'accès *(provider)*, celui-ci vous attribue une adresse dynamique différente à chaque connexion et à partir de laquelle on ne peut théoriquement pas remonter jusqu'à vous.

• *Vous pouvez désactiver les cookies à tout moment.* L'histoire des *cookies* a fait beaucoup de bruit sur Internet. Le principe est assez simple. Il faut

1. Désormais, certaines organisations se chargent aussi d'archiver le contenu du web (voir p. 123).
2. Vous pouvez accéder aux principaux services de mail gratuits (HotMail, InfoSpace, Usa.net...) à partir de http://www.yahoo.com/Business_and_Economy/Companies/Internet_Services/Email_Providers/Free_Email/
Pour plus de choix consulter http://www.geocities.com/SiliconValley/Vista/8015/free.html
3. Plus précisément, l'adresse IP (Internet Protocol) s'inscrit dans un fichier qui enregistre l'ensemble des connexions d'un site (fichier log). C'est le *webmaster* (responsable technique du site) qui ensuite doit réussir à remonter de cette adresse IP (par exemple 194.128.43.2) jusqu'au nom de votre société avec des outils spéciaux comme *whois.*

savoir que chaque fois que vous vous baladez sur Internet, le texte et les images que vous voyez sont envoyés par un serveur distant et s'enregistrent quelque part dans une mémoire cache (plus ou moins volatile) de votre ordinateur. Jusqu'ici rien de nouveau. L'idée des *cookies* consiste à insérer au milieu de ces fichiers images, un petit fichier au format texte (nommé *cookies.txt* pour ceux qui utilisent Netscape) qui s'enregistre sur votre disque dur. Le principe est purement marketing et a pour but de savoir si c'est la première fois que vous vous connectez à un certain site ou si au contraire vous y êtes déjà venu. Malgré le « vacarme » qu'elle a engendré, cette technique permet d'obtenir peu d'informations sur vous (en général uniquement le nombre de fois que vous êtes venu sur le site, le nom de votre browser, le type de système d'exploitation utilisé et éventuellement votre adresse IP). Dans tous les cas, tant sur Netscape Navigator que sur Microsoft Internet Explorer, vous pouvez soit désactiver cette fonction, soit être alerté à chaque fois qu'un site essaye de vous « lancer un cookie ». À vous ensuite de le « manger » ou de le refuser...

Attaques

Si vous n'avez pas de site web et que vous accédez à Internet par téléphone, il est très difficile de comprendre où et comment vous pourriez subir une attaque de la part d'un éventuel *hacker*[1]. Si vous avez un site web avec une simple vitrine, le seul vrai danger est qu'un pirate puisse accéder à votre site et en modifier le contenu. Mais si votre site est hébergé chez un fournisseur d'accès *(provider)* suffisamment scrupuleux, ce risque est minime. De plus, vous pourrez très vite remettre en ligne les pages qui ont été modifiées. Le seul cas vraiment périlleux est lorsque votre société héberge personnellement son propre site web et qu'en plus celui-ci est relié à des bases de données internes ou au réseau d'entreprise. Dans cette éventualité, vous avez tout intérêt à avoir un très bon administrateur réseau capable de garantir la sécurité de votre serveur avec les moyens techniques les plus performants (firewall ou autre) afin de contrer efficacement les éventuelles attaques.

1. D'autant plus que l'adresse qui identifie votre machine sur le réseau (l'adresse IP) est dynamique. En d'autres termes, elle change à chaque fois que vous vous connectez et c'est votre fournisseur d'accès qui vous l'attribue. Il est donc très difficile, voire impossible, de vous suivre et de vous attaquer.

LE POTENTIEL INFORMATIONNEL D'INTERNET

Pour réellement comprendre le potentiel informationnel d'Internet, il faut d'abord bien saisir une notion qui demeure souvent floue et abstraite : celle de cyberespace. Techniquement, il s'agit d'un espace virtuel qui relie plusieurs personnes communiquant par réseau informatique. En poussant à l'extrême, il suffit que deux ordinateurs soient reliés entre eux pour parler de cyberespace. Ce mot, créé par l'auteur de science-fiction William Gibson, désigne désormais l'ensemble de ce qui peut être joint par le biais d'un ordinateur et d'un modem. Il s'agit d'un concept théorique et Internet représente la concrétisation la plus célèbre de cette notion. D'ailleurs, c'est avec Internet que cette notion est devenue à la mode alors qu'elle date de plus de vingt ans.

Malheureusement, le concept demeure souvent difficile à expliquer à ceux qui ne le connaissent pas. C'est un peu comme décrire la beauté d'un monastère à quelqu'un qui ne l'a pas visité. On arrive rarement à raconter à autrui ce qu'on a réellement vécu. Il est très difficile de transmettre par des mots des sensations comme « la beauté », « l'émotion », « la peur », « l'angoisse »... Il faut les vivre pour les comprendre.

Pour le cyberespace, c'est exactement la même chose. Mes mots ne pourront pas avoir le même effet qu'une visite dans ce nouvel espace. Et encore, il n'est absolument pas suffisant de se balader quelque peu sur Internet pour comprendre vraiment ce qu'est le cyberespace. Il est tout à fait possible de rentrer dans une magnifique exposition, de la parcourir rapidement sans s'y impliquer et d'en ressortir ignorant et sans aucun enrichissement personnel. Il ne suffit pas de « surfer allègrement » sur le web pour comprendre ce qui se cache réellement derrière... Comme pour tout, il faut expérimenter pour comprendre. Si selon vous Internet n'est rien d'autre qu'une banque de données améliorée (ou pire un Minitel mondial), ne vous limitez pas à naviguer superficiellement sur le web. Essayez de rechercher les informations dont vous avez besoin pour votre travail ou pour vos *hobbies*. Essayez de contacter les experts de votre domaine que vous n'auriez jamais l'occasion de côtoyer personnellement. Essayez de nouer des contacts avec des personnes que vous ne verrez probablement jamais au cours de votre vie. Essayez de retrouver un ami d'enfance dont vous avez perdu trace et qui se trouve à l'autre bout de la planète. Essayez de participer et d'animer des débats dans des forums de discussion, etc.

Ce n'est qu'au travers d'une telle démarche qu'il est possible d'appréhender efficacement cette nouvelle dimension. Il suffit d'allumer un modem et un ordinateur pour être dans le cyberespace, il faut beaucoup plus pour s'en rendre compte…

Cyberespace et transmission du savoir

« Considérons simplement l'effet de ce type de réseaux sur la vitesse de transfert du savoir, ainsi que sur la rapidité de l'évolution culturelle et technologique :

• Avant l'invention de l'écriture, il était impossible de codifier le savoir, et donc de conserver le savoir à travers le temps. "Lorsqu'un vieil homme meurt, disent les Africains, c'est une bibliothèque qui brûle". En effet, durant la période précédant l'invention de l'écriture, tout progrès dépendait de la capacité du cerveau à mémoriser, et ainsi l'évolution était forcément lente.

• Avec l'écriture, et spécialement avec la production massive de livres, le savoir est devenu indépendant de son vecteur, et le savoir s'est libéré du temps. Mais pas encore de l'espace, car la transmission du savoir dépendait encore de la disponibilité du support physique, le livre.

• Actuellement, avec les réseaux informatiques, et particulièrement parce que la technique parvient à se libérer des lignes téléphoniques, nous assistons à une libération du savoir par rapport aux contraintes spatiales.

C'est ce qui se passe lorsque l'on connecte une organisation à un réseau, et c'est ce qui se passe à l'échelle mondiale à travers Internet. Toute invention, toute pensée créative, toute solution à un problème quelconque, devient immédiatement accessible à toute l'organisation. Désormais, l'évolution culturelle et scientifique va se développer avec une rapidité sans précédent. Le temps nécessaire pour doubler le savoir était de plusieurs milliers d'années, tandis qu'actuellement, ce temps a été ramené à environ trois années, et ce temps de "doublement" raccourcit encore, conduisant à un point hypothétique, appelé "Singularité" où le savoir doublera à chaque instant, phénomène que l'intelligence humaine est totalement incapable de saisir. »

Michel Bauwens[1]

1. Michel Bauwens est un consultant belge en cybermarketing très actif dans le cyberespace. Entre autres, il a été le premier à introduire le terme *« cybrarian » (cyber librarian).* L'extrait est issu de l'article « Quelques réflexions sur le lien pouvant exister entre Technologie et Spiritualité » disponible dans la « KyberCo Reading Room » (http://www.kyberco.com) ou directement auprès de l'auteur (mbauwens@skynet.be).

Caractéristiques du cyberespace

Au moins quatre éléments caractérisent ce nouvel espace de connaissance par rapport à ce que nous connaissons déjà dans notre vie de tous les jours.

Réduction de la matière

Si notre société tend vers une dématérialisation croissante, on peut dire que le cyberespace est dominé par l'immatériel. Désormais, toute transaction ou recherche effectuée sur le cyberespace n'implique aucune création matérielle. Tout n'est qu'échange de données et octets. Par exemple, 95 % de mes courriers électroniques n'ont pas été imprimés et ne le seront probablement jamais[1].

Accélération du temps

Grâce au cyberespace, on arrive à se rendre compte à quel point la notion de temps est tout à fait subjective. Dans la vie réelle et dans le cyberespace, les montres ne tournent pas à la même vitesse. Certains affirment qu'un mois dans le cyberespace correspond au moins à un an terrestre… Tout est en effet incroyablement rapide et accéléré. En quelques secondes, on peut faire le tour de toutes les bibliothèques de la planète et avoir accès à une information que jadis on aurait obtenu en quelques semaines, voire des mois. Si quelqu'un ne répond pas à un e-mail après trois jours, c'est comme si vous n'aviez pas de réponse à un courrier traditionnel au bout de trois semaines. Cette vitesse d'accès et d'échange se répercute sur les innovations qui elles aussi sont très rapides. Il suffit de s'absenter quelques semaines du web pour ne plus le reconnaître : les sites ont changé de structure et de forme grâce à de nouvelles applications récemment inventées. Certains n'existent plus ; d'autres sont apparus.

Réduction de l'espace

Cette vitesse extrême révolutionne aussi les notions géographiques. Désormais, on accède exactement de la même manière à un site français,

1. À vrai dire, l'information se matérialise lorsqu'elle apparaît sur l'écran. Ce qui change, c'est l'expression matérielle de l'information qui devient plus volatile : le papier et l'encre sont remplacés par les électrons, le silicium, le champ électromagnétique, etc.

canadien ou coréen. Les réseaux ne connaissent pas la notion d'espace géographique telle que nous l'entendons. Rome, New Delhi, Toronto ou Singapour sont devenues les quartiers d'une même ville. Les barrières géographiques disparaissent et plus aucune frontière n'existe et, surtout, ne peut être établie. Les seules frontières qui peuvent être mises en place ne sont pas géographiques mais techniques (sites protégés par mots de passe, *firewall*, intranets...).

Modification des rapports interpersonnels

Théoriquement, dans le cyberespace vous êtes anonyme (à moins de vous faire espionner). Avec un minimum d'astuces[1], personne ne saura qui se cache derrière votre adresse électronique. Dans les forums publics, votre opinion peut avoir la même valeur que celle d'un professeur ou d'un banquier. Vous pouvez participer à des débats avec les plus grands spécialistes de tout domaine. Sans vouloir être naïf, on peut affirmer que les clivages socioculturels tendent à s'estomper. Quand vous contactez quelqu'un, celui-ci ne sait pas qui vous êtes et très souvent ça ne l'intéresse même pas. Pour des raisons apparemment illogiques, dans le cyberespace une personne peut être à l'écoute de vos problèmes en essayant de les résoudre, alors que si vous l'appeliez à son bureau, vous n'arriveriez même pas à lui parler. Parfois dans le cyberespace règne une solidarité étrange que l'on ne trouve pas ailleurs et qui dépend seulement en partie du fait qu'il s'agit d'un « phénomène pionnier ». En réalité, un des principes fondateurs d'Internet consiste à donner pour recevoir[2].

Cela dit, les « escrocs et les bandits » existent aussi dans le cyberspace... Tous les maux de notre société sont présents et parfois même

---

1. Si votre adresse e-mail est trop explicite ou si vous souhaitez ne prendre aucun risque, sachez qu'il existe de nombreux services gratuits ou payants qui vous permettent d'obtenir des adresses anonymes. Vous pouvez accéder aux principaux services (HotMail, InfoSpace, Usa.net...) à partir de http://www.yahoo.com/Business_and_Economy/Companies/Internet_Services/Email_Providers/Free_Email/
   Pour encore plus de choix aller à http://www.geocities.com/SiliconValley/Vista/8015/free.html
2. Les aides désintéressées et spontanées que l'on reçoit dans certains forums de discussion constituent une preuve tangible. Joël de Rosnay illustre souvent cette éthique collective du réseau : « Si tu connais quelque chose, tu partages ; si tu ne connais pas, tu demandes. »

amplifiés. Paradoxalement, un néonazi qui passe son temps à écrire des obscénités dans les forums de discussion peut très bien être amené à aider un juif qui recherche une information sur un logiciel. Tout simplement car ni l'un ni l'autre ne sait qui il a en face. Le cyberespace n'élimine pas les maux de notre société mais peut parfois les masquer. Il ne faut pas non plus se faire trop d'illusions... En réalité, dans cette dimension les sentiments tendent à être poussés à l'extrême. La solidarité et l'aide désintéressée se manifestent de façon plus intense. La mesquinerie et la haine aussi.

Que l'on approuve ou pas son contenu, la Déclaration d'indépendance du cyberespace de J.P. Barlow[1], décrit très bien les caractéristiques et le fonctionnement du cyberespace.

Déclaration d'indépendance du cyberespace

Gouvernements du monde industrialisé, géants fatigués de chair et d'acier, je viens du cyberespace, le nouveau domicile de l'esprit. Au nom du futur, je vous demande, à vous qui appartenez au passé, de nous laisser en paix. Vous n'êtes pas les bienvenus parmi nous. Vous n'avez aucune souveraineté sur le territoire où nous nous assemblons.

Nous n'avons pas de gouvernement élu, et il est peu probable que nous en ayons un un jour : je m'adresse donc à vous avec la seule autorité que m'accorde et que s'accorde la liberté elle-même. Je déclare que l'espace social global que nous construisons est naturellement indépendant des tyrannies que vous cherchez à nous imposer. Vous n'avez aucun droit moral à nous gouverner, et vous ne possédez aucun moyen de faire respecter votre autorité que nous ayons de bonnes raisons de craindre.

Les gouvernements trouvent le fondement de leur pouvoir légitime dans le consentement des personnes qu'ils gouvernent. Vous n'avez ni sollicité ni obtenu le nôtre. Nous ne vous avons pas invités. Vous ne nous connaissez pas, et vous ne connaissez pas non plus notre monde. Le cyberespace ne se trouve pas à l'intérieur de vos frontières. Ne pensez pas que vous pouvez le construire comme s'il était un de vos Grands Travaux. Vous n'y arriverez pas. C'est un phénomène naturel qui croît de lui-même, par nos actions collectives. ☞

1. John Perry Barlow est cofondateur de l'EFF (The Electronic Frontier Foundation), une organisation à but non lucratif qui essaye de garantir la liberté d'expression et le libre accès à l'information sur Internet. Barlow jouit d'une assez forte notoriété sur le réseau. Ce discours a été tenu en février 1996 à Davos (Suisse) devant les « personnalités les plus importantes de la planète » à la suite d'une loi très controversée de Bill Clinton sur la réforme des télécommunications aux États-Unis. La déclaration a été traduite et reproduite sur des centaines de sites dans le monde entier.

Vous n'avez pas pris part aux grands débats qui nous ont réunis, et vous n'avez pas non plus créé la richesse de nos marchés. Vous ne connaissez ni notre culture, ni notre éthique, ni les codes non écrits qui ordonnent déjà notre société mieux que ne pourrait le faire n'importe lequel des règlements que vous prétendez nous imposer.

Vous dites qu'il existe chez nous des problèmes que vous devez résoudre. Vous prenez prétexte de cela pour faire intrusion dans notre espace. Beaucoup de ces problèmes n'existent pas. Là où il y aura de véritables conflits, là où des torts seront effectivement causés, nous les identifierons et nous les traiterons avec nos moyens. Nous sommes en train de mettre en place notre propre Contrat Social. Nous nous gouvernerons en fonction des conditions qui prévalent dans notre monde, pas dans le vôtre. Car notre monde est différent.

Le cyberespace est fait de transactions, de relations et de pensée, circulant en un flot ininterrompu sur nos canaux de communication. Notre monde est à la fois partout et nulle part, mais il ne se trouve pas là où vivent les corps.

Nous sommes en train de créer un monde ouvert à tous, sans privilège ni préjugé qui dépende de la race, du pouvoir économique, de la puissance militaire ou du rang à la naissance. Nous sommes en train de créer un monde où chacun, où qu'il soit, peut exprimer ce qu'il croit, quel que soit le degré de singularité de ses croyances, sans devoir craindre d'être forcé de se taire ou de se conformer.

Les concepts de votre droit en matière de propriété, d'expression, d'identité, de mouvement et de circonstances ne s'appliquent pas à nous. Ils ont leur fondement dans la matière, et il n'y a pas de matière ici.

Nos identités n'ont pas de corps : donc, contrairement à vous, nous ne pouvons pas faire régner l'ordre au moyen de la force physique. Nous pensons que c'est à travers l'éthique et l'intérêt bien compris de chacun et de la communauté dans son ensemble que va surgir notre mode de gouvernement. Nos identités sont probablement dispersées à travers un grand nombre de vos juridictions. La seule loi que toutes les cultures qui nous constituent seraient prêtes à reconnaître est la Règle d'Or de l'éthique. Nous espérons que nous serons capables de construire nos propres solutions sur cette base. Mais nous ne pouvons pas accepter les solutions que vous essayez d'imposer. [...]

Nous allons créer une civilisation de l'esprit dans le cyberespace. Puisse-t-elle être plus juste et plus humaine que le monde qu'ont construit vos gouvernements auparavant.

Davos, Suisse, 8 février 1996

John Perry Barlow, Co-fondateur de l'EFF (The Electronic Frontier Foundation)

Page personnelle : http://www.eff.org/~barlow

Traduction de Diogène (http://www.nirvanet.fr/bienvenue/cybergate-fr/cibrary-fr/independance-fr.html)

Les informations disponibles sur Internet

Dans cette optique, il est possible d'affirmer qu'Internet constitue une transposition immatérielle de notre vie quotidienne. En d'autres termes, toutes les activités intangibles que l'on mène dans la vie réelle, d'une manière ou d'une autre, peuvent être réalisées sur Internet :

– consulter des bibliothèques, des expositions, des écoles… ;
– contacter des experts ;
– écouter la radio ou voir la télévision ;
– lire des journaux ou des livres ;
– avoir accès aux dernières nouvelles, contrôler le climat ou le trafic ;
– rencontrer des gens et échanger des idées ;
– acheter une pizza, une pièce d'ordinateur ou un livre ;
– voir des images érotiques[1], accéder à un casino, participer à des activités illégales ;
– etc.

En ce qui concerne plus spécifiquement l'univers de la veille, là aussi nous assistons à la même tendance : toutes les sources d'information convergent progressivement vers Internet. Comme dans la vie réelle, il est possible d'obtenir des informations issues de sources formelles (presse en ligne, rapports, études, banques de données, brevets…) ou de sources informelles, à partir du moment où l'on réussit à se constituer son réseau personnel d'experts (voir p. 173). De la même manière, il est possible de recueillir des informations blanches (par exemple celles publiées sur des sites web commerciaux facilement accessibles), grises (par exemple, des interventions retrouvées en analysant les archives d'un forum de discussion) ou noires (il existe des pirates capables d'attaquer des intranets ou des bases de données privées…).

1. Dans le cyberespace, il est possible de rencontrer des gens superficiellement mais aussi de nouer des amitiés profondes. On peut acheter, vendre et, si on y arrive, même voler des objets ou pirater des logiciels. On peut hurler, blasphémer ou prier. On peut accéder à des images *hard*, des textes révisionnistes ou aux écritures sacrées. Exactement comme dans la vie réelle. Pour cette raison, avant de pousser des cris d'indignation contre les images pornographiques que l'on peut y trouver, il faudrait se rendre compte qu'elles sont aussi facilement accessibles au kiosque du coin de la rue…

PROBLÈMES LIÉS À L'INFORMATION SUR INTERNET

Dans une économie qui se veut de plus en plus immatérielle, demeurent quelques paradoxes liés à l'information. En effet, un certain nombre de dysfonctionnements caractérisent cet univers[1]. Comme le dit bien Charles Goldfinger. «Plus l'information est abondante, moins on dispose de temps pour la traiter, plus il y a de chances de mal interpréter les données disponibles et de manquer l'information pertinente. La seule solution est de s'immerger davantage dans le torrent de l'information. Ainsi se crée l'accoutumance informationnelle : on n'en a jamais assez, quelle que soit la quantité disponible. Or, la richesse de l'information ne garantit nullement une utilisation plus intelligente. Sa prolifération même rend plus ardue l'identification d'éléments pertinents[2]. »

On arrive ainsi à une situation dans laquelle il y a trop de données mais pas assez d'informations. Les données en elles-mêmes apportent une valeur ajoutée très faible. C'est à travers un minutieux travail de recherche, de recoupement, de validation et d'analyse que s'opère la « métamorphose » de milliers de données inutiles en quelques informations pertinentes et fiables. Sur Internet, ce phénomène est encore plus marqué. En effet, face à un potentiel informationnel incontestable, demeurent néanmoins de nombreuses difficultés...

L'information est difficilement accessible

Tout expert le reconnaîtra immédiatement : la recherche d'informations n'est pas toujours très facile sur les réseaux et sur les bases de données en ligne. Sur Internet c'est encore pire. L'extrême liberté qui est à l'origine

1. Internet étant une transposition immatérielle de notre vie quotidienne, il est normal que l'on y retrouve les mêmes paradoxes, incongruités et absurdités qui caractérisent notre existence... Malgré certains dangers, c'est ce désordre qui constitue une des richesses les plus importantes du réseau. La facilité de publication permet d'accéder à des « sources de savoir » jadis inaccessibles. Ceux qui essayent de transformer le réseau en une base de données commerciale ont perdu leur bataille d'avance. Si un nouveau réseau commercial, où l'information sera organisée et structurée, verra bientôt le jour, il ne supplantera pas l'Internet actuel mais le complétera. Il est intéressant de remarquer que ceux qui « naviguent » efficacement sur Internet, sont ceux qui ont appris à être débrouillards dans la vie de tous les jours.
2. *op. cit.*

du succès de ce réseau dégénère parfois en anarchie complète. Aucun standard ni aucune réglementation ne sont imposés aux fournisseurs d'information. Ainsi, l'information recherchée n'est pas toujours facilement accessible. Les différents annuaires et moteurs de recherche existants (Yahoo !, Lycos, AltaVista, HotBot…) réagissent tous d'une manière différente à une même requête. Il se peut que neuf moteurs de recherche sur dix ne trouvent pas ce que vous cherchez et qu'enfin, miraculeusement, le dixième y parvienne. Parfois, il suffit de formuler à nouveau la requête afin que les autres moteurs obtiennent de meilleurs résultats. Très souvent, on renonce, convaincu tout simplement que l'information que l'on recherche n'est pas présente sur Internet…

L'information est trop abondante

Le problème inverse du précédent se vérifie encore plus fréquemment. Il arrive souvent que pour une requête bien précise, on obtienne en retour une pléthore d'informations. En effet, l'avantage d'Internet est que l'on peut trouver potentiellement beaucoup d'informations sur n'importe quel thème. Hélas, pour toute requête que l'on formule, on obtient presque toujours trop de ressources. Celles-ci, même si elles sont en relation avec le sujet, ne satisfont que rarement notre demande, souvent très spécifique et pointue. Autrement dit, l'information reçue est souvent trop abondante et peu pertinente. Aucun des moteurs existants n'est suffisamment perfectionné pour fournir des résultats réellement ciblés et en adéquation avec vos besoins. Dans le meilleur des cas, l'information spécifique que vous recherchez est noyée à l'intérieur d'une masse d'informations plus ou moins pertinentes. Dans le pire des cas, elle peut ne pas être présente du tout…

L'information se renouvelle sans cesse

Internet est le média où l'écrit se renouvelle le plus. L'extrême facilité de publication fait qu'une information peut apparaître à tout moment dans n'importe quelle sphère d'Internet. La première difficulté consiste donc à pouvoir surveiller les évolutions dans un domaine donné. Ceci est d'autant plus difficile que l'information « récente » ne remplace pas toujours l'information « datée ». En effet, il arrive souvent que différentes versions d'un même document soient publiées dans divers endroits sur Internet. Le défi n'est donc pas uniquement de réussir à suivre le « rythme frénétique des news » mais surtout de ne pas se faire piéger par les informations périmées qui n'ont pas été supprimées. Aucun être humain n'a la capacité de suivre de manière exhaustive et précise l'actualité dans un secteur donné. À l'aide d'agents dits « intelligents », il pourra essayer d'y parvenir.

L'information n'est pas toujours fiable

La fiabilité de l'information sur Internet revêt une importance cruciale. En effet, il se peut qu'après avoir passé plusieurs heures à rechercher une information, vous vous rendiez compte que son origine n'est absolument pas fiable. Hélas, cela peut arriver plus souvent qu'on ne le croit, surtout sur le web. On retombe sur le plus grand avantage/inconvénient d'Internet : l'extrême liberté qui y règne. Tout le monde peut s'exprimer sur Internet sans discrimination de race, de religion, de classe, de revenu… Ainsi, des ressources directement issues de la NASA ou du Sénat américain côtoient celles du jeune étudiant italien ou pire du « naziskin » anglais. Il faut le savoir, n'importe qui peut développer une vitrine sur le web. Le meilleur et le pire sont intimement liés.

Encore plus dangereuses sont les fausses informations. Comment savoir qui dit vrai et qui dit faux ? Comment reconnaître ceux qui essayent de dissimuler le faux sous une apparence vraisemblable ? De plus, la même information peut se trouver dans d'innombrables sites. En effet, sur les réseaux les informations peuvent être reproduites à l'infini. Comment vérifier la source d'origine ? Comment vérifier que le contenu d'un document reproduit n'a pas été altéré ?

Deux aspects doivent être considérés avec la plus grande attention au moment de l'exploitation des informations issues d'Internet : la désinformation et la contrefaçon.

La désinformation

La désinformation sur Internet a fait l'objet de nombreux articles et ouvrages[1]. Il est vrai que le réseau peut se transformer en un parfait

1. Guisnel Jean, *Guerres dans le cyberespace*, La Découverte, 1995 et Besson Bernard, Possin Jean-Claude , *Du Renseignement à l'intelligence économique*, Dunod, 1996.

outil de désinformation. Puisque quiconque peut désormais publier des pages web et écrire dans les forums de discussion de manière complètement anonyme, ou pire en se faisant passer pour quelqu'un d'autre[1], les dangers sont évidents. Par exemple, dès 1988 le groupe Airbus Industrie a subi une véritable « guerrilla » à travers de nombreuses fausses informations et attaques parues dans les forums de discussion consacrés à l'aviation, à la suite de l'accident d'Absheim. Naturellement, malgré les soupçons, personne n'a réussi à prouver que les messages étaient publiés par des personnes proches du concurrent Boeing. Mais il ne s'agit pas d'un cas isolé. Toujours dans le même domaine, il faut également citer le crash de l'ATR 42 aux États-Unis en octobre 1994 et celui d'un Airbus roumain en mars 1995. Dans les deux cas, plusieurs campagnes de désinformation et de déstabilisation ont eu lieu au sein des forums de discussion.

La contrefaçon

C'est un problème très grave sur Internet. Il est par exemple possible de copier, sans aucun effort, la documentation commerciale d'un concurrent et de la reproduire sur son site. C'est le cas de figure auquel a été confronté Cybion, société française spécialisée dans la recherche d'informations et la veille sur Internet, qui a vu son offre commerciale de services purement et simplement recopiée par un concurrent français, sans adaptation, ni périphrase. Il faut cependant faire très attention car les lois du copyright s'appliquent aussi sur Internet. Juridiquement, la situation devient plus compliquée quand le siège social de votre concurrent se trouve dans un autre pays.

1. Il suffit en effet de modifier votre adresse e-mail pour laisser croire que ce n'est pas vous qui intervenez dans un newsgroup. Naturellement, vous ne pourrez pas lire les réponses à votre faux message car celles-ci seront envoyées vers la fausse adresse que vous aurez utilisé. Vous pouvez aussi obtenir des adresses e-mail anonymes (à partir de http://www.yahoo.com/Business_and_Economy/Companies/Internet_Services/Email_Providers/Free_Email/) qui par contre réacheminent les réponses que vous recevez vers votre vraie boîte à lettre sans que personne ne le sache. Enfin, il existe de nombreux services qui permettent de publier gratuitement, et souvent sans contrôle, plusieurs pages web (http://www.geocities.com/ ou http://www.mygale.org/mygale/ ou http://www.altern.org/ ou http://www.chez.com/).

Dans des cas de contrefaçon flagrante, le concurrent se livre en outre à de la concurrence déloyale et à du parasitisme[1]. Difficile de donner des conseils pour résoudre le problème de la fiabilité de l'information sur Internet. En ce qui concerne la personne ou la société qui subit une contrefaçon ou une campagne de désinformation, il est très difficile, voire impossible, de prévenir le « fléau » avant qu'il ne se manifeste. En revanche, avec des dispositifs de veille efficaces, il est souvent possible de détecter les premiers signaux d'une attaque (voir p. 78 et p. 114). Par ailleurs, il faut signaler l'existence de moyens techniques pour prouver l'antériorité d'un site. L'idée consiste à « greffer » un code d'identification[2] à votre nouveau site (ou plutôt au fichier compressé qui contient l'intégralité des fichiers du site).

Pour ce qui concerne les utilisateurs d'Internet, le premier conseil consiste à *toujours vérifier la source d'origine* de chaque information que l'on trouve. Une dépêche de l'AFP ne sera à 100 % fiable que si elle est reproduite sur le site même de l'AFP. Même les médias clients de l'AFP (volontairement ou pas) peuvent introduire des modifications, sans parler des particuliers qui décident de reprendre ces dépêches sur leurs sites personnels. Vérifier l'origine d'une source peut aussi vouloir dire essayer de contacter son auteur ou les éventuels experts qui sont mentionnés (voir p. 74 « Recherche d'une personne ») afin d'obtenir confirmation des informations trouvées. Malheureusement ce « retour aux origines » n'est pas toujours possible et parfois, même au sein de sites officiels, on trouve des informations non fiables. Mais il s'agit là d'un problème plus profond lié au mode même de fonctionnement de notre société plutôt qu'à Internet. Donc, si vous n'arrivez pas à trouver la source ou l'auteur d'origine, faites une recherche sur la personne ou l'organisme qui a publié ce document pour valider sa fiabilité et faites très attention aux sources individuelles que vous ne parvenez pas à identifier. Si ceci n'est pas possible, essayez tout de même de faire valider l'information par un expert reconnu ou un spécialiste du secteur.

---

1. En général, une action en contrefaçon sanctionne l'emprunt d'éléments réservés par la propriété intellectuelle. L'action en concurrence déloyale découle de la contrefaçon et implique une confusion de l'offre de deux concurrents. En ce qui concerne l'action en parasitisme, elle suppose qu'un acteur économique, tel un parasite, se place dans le sillage d'un autre acteur économique pour profiter de sa notoriété, de ses efforts ou des ses investissements.
2. Voir Inter Deposit Digital Number (http://www.iddn.org).

Une deuxième précaution consiste à *croiser plusieurs informations* entre elles afin de réussir à obtenir un renseignement cohérent à partir d'au moins deux sources différentes et indépendantes (d'ailleurs, on peut aussi croiser une information trouvée sur le réseau avec une source complètement indépendante d'Internet). Parallèlement, si une personne ou un expert figure dans le document que vous avez obtenu, essayez de trouver d'autres publications du même auteur pour vérifier qu'il y a bien concordance dans ses propos.

Enfin, essayez de *dater le document* que vous avez identifié, car sur Internet les informations périmées ne sont pas forcément éliminées ou mises à jour. Malheureusement, ceci n'est pas toujours possible. Dans l'idéal, il faudrait que la date figure au sein du document même. Si ce n'est pas le cas, vous pouvez au moins essayer de voir à quelle date il a été publié au sein du site où vous l'avez trouvé, en accédant au code source du document[1].

Ainsi, à cause de ces problèmes et malgré une richesse informationnelle énorme, Internet peut apparaître au premier abord comme un instrument peu approprié pour tout professionnel qui souhaite obtenir rapidement une information pertinente et fiable. D'où l'importance de connaître les meilleurs outils et d'appliquer les méthodologies de recherche les plus performantes.

1. Dans Netscape, pour voir cette date de publication, il suffit d'aller dans « View » puis dans « Document Info ». Malheureusement, une date n'apparaît pas toujours.

2

OUTILS ET MÉTHODES POUR L'INTELLIGENCE STRATÉGIQUE SUR INTERNET

Tout professionnel qui souhaite optimiser ses activités de veille et de recherche d'informations sur Internet doit acquérir des compétences à trois niveaux. En premier lieu, il faudra qu'il apprenne à connaître les différents outils de recherche, ainsi que leurs spécificités et leur « mode d'emploi ». Ensuite, en fonction de ses recherches, il faudra qu'il sache appliquer « la bonne méthode, au bon moment ». Ceci est suffisant pour mener efficacement des recherches d'informations ponctuelles. Mais à partir du moment où l'on souhaite réaliser des recherches complexes ou des activités de veille pointues, il est indispensable de faire appel aux agents intelligents.

LES LIMITES DES OUTILS CLASSIQUES

Outils de recherche traditionnels

Face à l'explosion du web et à la pléthore d'informations qu'il a engendrée, différentes familles d'outils de recherche ont été développées, chacune avec des fonctionnalités propres. Ces outils sont désormais tous accessibles par le web et permettent de retrouver des informations au sein de chacune des composantes d'Internet précédemment décrites (web, gopher, newsgroups, mailing lists, FTP, Telnet...). Néanmoins, les outils de recherche les plus connus couvrent surtout les ressources issues du web (et parfois les forums de discussion). Les deux catégories les plus connues sont les répertoires et les moteurs de recherche. Nous analyserons également les métamoteurs, les moteurs sectoriels ainsi que les outils graphiques.

Répertoires de recherche

Les répertoires de recherche (aussi appelés annuaires ou index) incarnent un concept essentiellement qualitatif, généralement basé sur un travail éditorial plus ou moins évolué. Ces outils sont précieux quand il s'agit *d'explorer* un domaine que l'on appréhende mal ou qui est très vaste (par exemple une recherche sur l'architecture). Ils fonctionnent selon le même principe que les pages jaunes : l'information est regroupée en grandes catégories. Ces services essayent de recenser les ressources d'Internet en les classifiant par thèmes et en les commentant. Chaque thème est divisé en rubriques et sous-rubriques de plus en plus précises (arborescences). La recherche se fait donc par « couches successives » (architecture-histoire de l'architecture-histoire de l'architecture en Allemagne, etc.).

Les thèmes sont hiérarchisés selon des choix éditoriaux propres à chaque index de recherche. Yahoo !, par exemple, présente des listes de sites concernant l'histoire de l'architecture, les livres d'architecture, les professionnels du secteur, les salons d'architecture, etc. Parfois, la recherche peut être facilitée en utilisant des mots clés qui permettent de retrouver plus rapidement la rubrique que l'on cherche.

Contrairement aux moteurs de recherche, ces répertoires ne sont pas très efficaces quand la recherche est très spécifique et précise (par exemple recherche sur les œuvres de Raymond Hood, architecte américain du début du siècle). En général, leur but n'est pas forcément l'exhaustivité (humainement impossible) mais l'organisation logique de l'information.

Note terminologique

Les *répertoires de recherche* référencent, et généralement commentent, une *sélection*, plus ou moins vaste, de sites web. Pour s'y retrouver on dispose de deux possibilités. Soit on se déplace de catégorie en catégorie, soit on utilise (quand il est disponible) un moteur de recherche interne au répertoire (c'est-à-dire qui indexe uniquement la sélection de sites choisie ; c'est le cas de Yahoo !). La confusion terminologique est liée au fait qu'une deuxième catégorie est constituée d'outils appelés *moteurs de recherche* (voir p. 57). Quand on parle de moteurs de recherche au sens large (par exemple AltaVista), on ne fait généralement pas allusion à des répertoires comme Yahoo ! mais plutôt à des robots de recherche qui eux indexent quasiment *l'intégralité* du web sans faire aucune sélection ou choix. Le robot (ou *spider*) est une des deux composantes d'un moteur de recherche comme AltaVista (l'autre composante est le logiciel qui permet d'indexer les pages trouvées par le robot). Dans le langage courant, on utilise indifféremment les termes « robots » et « moteurs ». De plus, en raison d'un accord commercial entre les deux sociétés, si une recherche sur Yahoo ! ne produit aucun résultat, AltaVista est automatiquement lancé… Pas toujours évident de s'y retrouver…

Répertoires pour le web[1]

Sans aucun doute, les répertoires pour le web sont les plus nombreux, les plus connus et les plus utiles. En effet, c'est sur le web que l'information est la plus chaotique puisque n'importe qui peut désormais créer son propre site. Quelques adresses de répertoires :

• Yahoo ! (http://www.yahoo.com) a été créé en 1994 par deux étudiants de Stanford et est devenu la référence. Il existe différentes versions locales, dont une française (http://www.yahoo.fr). Il s'agit sans aucun doute de l'annuaire le plus célèbre et complet. Idéal pour entamer une recherche thématique.

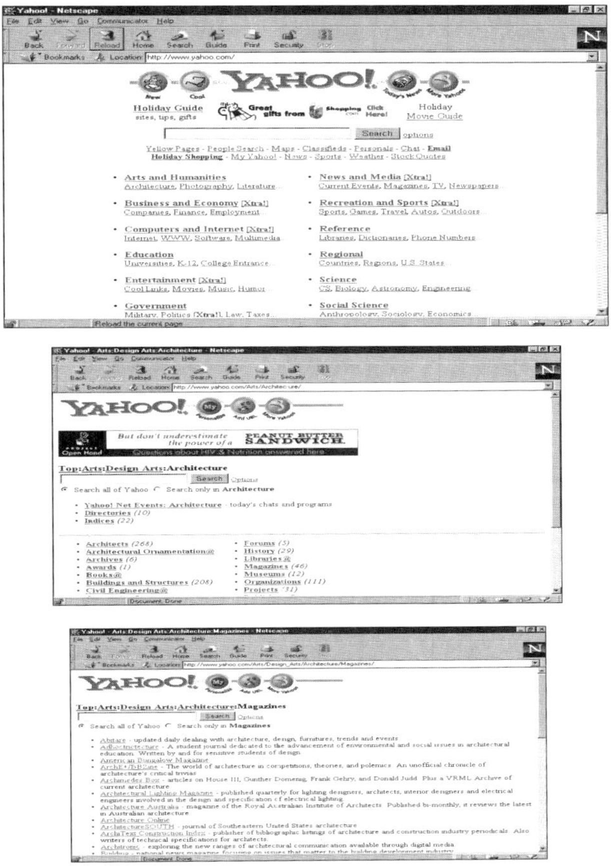

Figure 2.1 - Les arborescences successives de Yahoo !

1. Ces listes sont données à titre d'exemple. Elles ne sont pas exhaustives et leur adresse n'est peut-être plus valide. Pour avoir un accès complet et à jour de l'ensemble des outils traités dans cet ouvrage, vous pouvez consulter http://www.cybion.fr/intelligence

• Excite (http://www.excite.com) présente désormais ses rubriques sous forme de chaînes. Le concept de chaîne est plus global que celui de rubrique : ainsi, à côté d'une sélection de sites web, on trouve aussi les dernières nouveautés parues en relations avec ces sites, les cours de la bourse, les derniers résultats sportifs, etc.

• Magellan (http://www.mckinley.com) a été absorbé par le groupe Excite mais maintient toujours une bonne sélection de sites commentés. C'est notamment grâce à la richesse de ses commentaires qu'il est encore apprécié.

• InfoSeek (http://www.infoseek.com), très connu surtout pour son robot de recherche, est le seul à avoir développé un répertoire très complet de manière automatique sans intervention humaine. On relève une légère déperdition au plan de la richesse des commentaires mais on gagne en exhaustivité.

• A2Z (http://a2z.lycos.com) est le répertoire édité par Lycos (eux aussi connus surtout pour leur robot de recherche). À signaler leur « top 5 % », censé identifier les meilleurs sites du web (http://point.lycos.com).

• Galaxy (http://galaxy.einet.net) est un guide professionnel assez complet mais malheureusement pratiquement sans aucun commentaire.

• The Mining Company (http://www.miningco.com) est un des plus récents et intéressants : avec un système original de navigation, il donne accès à plus de 450 guides thématiques assez détaillés.

• The Argus Clearinghouse répertorie, commente et évalue finement les meilleurs guides thématiques qui existent sur Internet (http://www.clearinghouse.net). Un des premiers annuaires apparu sur le réseau (1993).

• LookSmart (http://www.looksmart.com) présente lui aussi un système de navigation assez original et permet de personnaliser l'interface en fonction de vos préférences.

• The WWW Virtual Library est un service du consortium W3, peu connu mais très riche (http://vlib.stanford.edu/Overview.html). Les rubriques sont décentralisées sur d'autres sites et sont confiées à de vrais spécialistes.

• Mise à part la version française de Yahoo ! (http://www.yahoo.fr), les francophones pourront aller voir Nomade (http://www.nomade.fr), Francité (http://www.francite.com) et Urec, l'unité du CNRS (http://www.urec.fr/France/web.html).

À côté de ces répertoires thématiques, on trouve sur le web deux autres types d'annuaires : les répertoires géographiques et surtout les « sites carrefour ». Les premiers vous permettent de retrouver l'information en suivant une démarche géographique. En partant d'une carte géographique (mondiale, continentale ou nationale), vous sélectionnez la zone qui vous intéresse afin de découvrir les sites web qui y sont implantés[1]. Cette manière de procéder est utile uniquement pour identifier les sites présents dans une zone à faible densité. Dans les autres cas, elle produit trop de résultats.

En ce qui concerne les « sites carrefour », le principe est simple. Internet constitue un « univers de connaissances » énorme mais très désordonné. Certaines personnes, spécialisées dans une discipline, ont mis en place des sites web qui listent les meilleurs sites dans leur secteur. À titre d'exemple, Joël de Rosnay a développé un site web personnel[2], « Le Carrefour du Futur », qui répertorie les meilleurs sites de prospective sur Internet. Cette démarche est excellente dans le cas où l'on connaît la renommée de l'expert, ce qui n'est pas toujours le cas sur Internet. Dans tous les cas, ces sites constituent une excellente manière pour optimiser une recherche thématique. La seule difficulté consiste à identifier ces « sites carrefour » bien que très souvent ils soient référencés dans des répertoires web comme Yahoo ![3].

1. Pour ceux qui sont intéressés par cette démarche géographique, voici quelques sites spécialisés :
   – Liste officielle des serveurs web mondiaux (http://vlib.stanford.edu/Servers.html)
   – Virtual Tourist (http://www.vtourist.com/webmap) reprend quasiment les mêmes sites mais sous forme de cartes géographiques
   – Liste des serveurs web européens (http://www.tue.nl/europe)
   – Liste des serveurs français (http://www.urec.fr/France/)
2. http://www.cite-sciences.fr/derosnay
3. Mis à part Yahoo !, il existe des moteurs spécialisés pour retrouver des *home pages* personnelles. Le plus connu est « Ahoy ! The Homepage Finder » (http://ahoy.cs.washington.edu :6060). Lycos offre une option semblable mais moins efficace (http://www.lycos.com). Voir p. 173 pour apprendre à constituer un réseau d'experts.

Répertoires pour les forums de discussion

Les milliers de newsgroups existants sont répartis en différents groupes appelés hiérarchies. On distingue les hiérarchies par leur préfixe (par exemple le préfixe « comp » regroupe les groupes consacrés aux ordinateurs, le préfixe « biz » ceux liés aux activités commerciales, etc.). On distingue des newsgroups à vocation générale et des newsgroups nationaux (les forums français sont précédés par le préfixe « fr » comme « fr.emplois.offres »). La plupart des répertoires existants reprennent le classement en hiérarchies de Usenet[1] qui n'est pas toujours très intuitif.

- Liszt (http://www.liszt.com/news/).
- Tile.net (http://tile.net/news/listed.html).
- DejaNews est un des rares à offrir (outre son célèbre moteur) non seulement un classement par hiérarchies mais aussi par thèmes (http://www.dejanews.com/home_bg.shtml).
- Forums Français (http://www.fr.net/news-fr/liste.html).

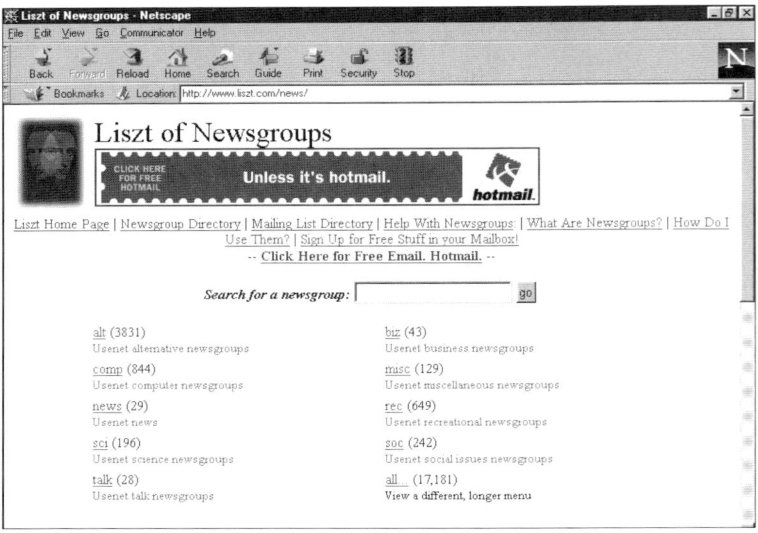

Figure 2.2 - Liszt permet d'identifier les hiérarchies des forums

1. Usenet : réseau de serveurs distants (Users' Network) qui gère la transmission des messages des newsgroups sur Internet. Si vous avez des mots clés précis, utilisez plutôt les moteurs de recherche pour repérer les forums de discussion (voir p. 59).

Répertoires pour les listes de diffusion

Contrairement aux forums de discussion, qui sont régis par des règles bien précises, tout le monde peut créer une mailing list qui sera diffusée par courrier électronique à tous ceux qui s'y abonnent. En conséquence, on ne sait pas précisément combien de listes existent actuellement, d'autant plus que leur durée de vie est très variable. Les estimations gravitent autour de 150 000 à 200 000 listes dans le monde.

- Liszt (http://www.liszt.com/).
- Tile.Net (http://tile.net/lists/alphabeticalby.html)
- Listes Françaises (http://www.cru.fr/listes)

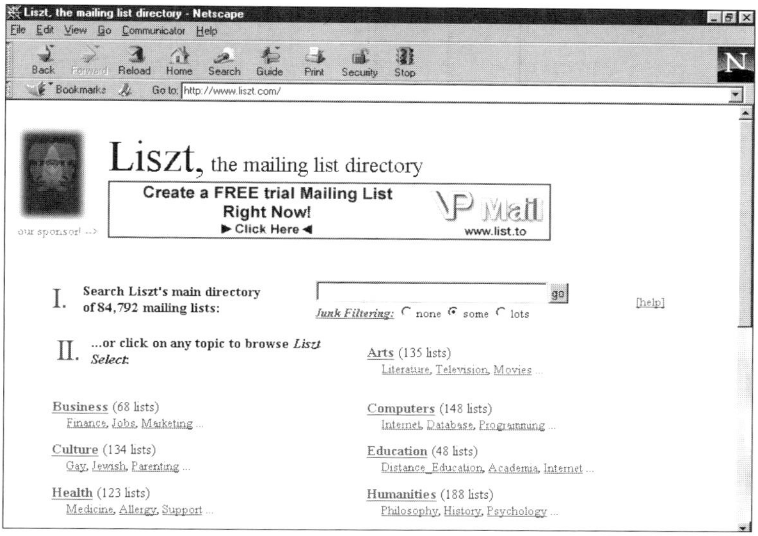

Figure 2.3 - Liszt permet également d'identifier les listes de diffusion

Répertoires pour les gophers

Il y a de moins en moins de serveurs gophers créés après l'explosion du web. Ceux qui n'ont pas été reconvertis en serveurs web et qui sont encore plus ou moins actifs peuvent être retrouvés grâce à la sélection thématique « Gopher Jewels ». Cette sélection est accessible soit sur l'espace web (http://doradus.tradewave.com/GJ/), soit directement sur l'espace gopher (gopher://cwis.usc.edu:70/11/Other_gophers_and_Information_Resources/gopher-Jewels).

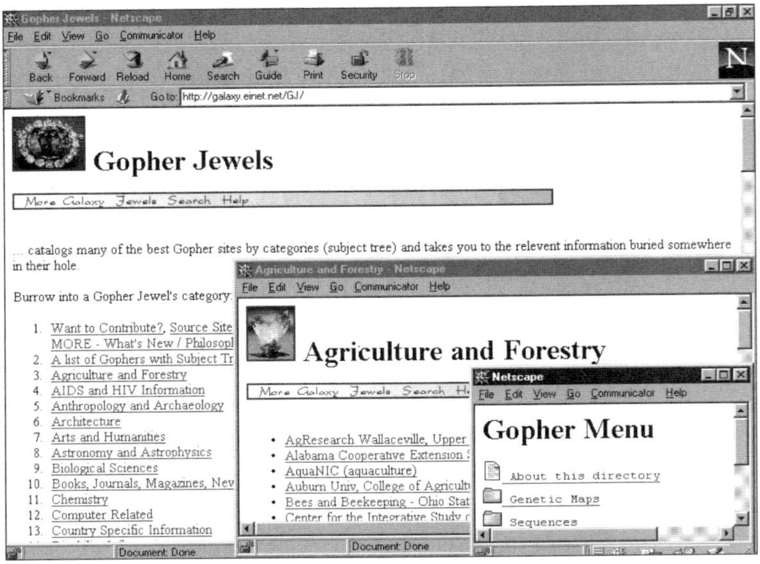

Figure 2.4 - Grâce aux arborescences de Gopher Jewels, vous pourrez identifier les gophers existants

Répertoires pour les accès Telnet

Telnet est le seul protocole qui n'est pas automatiquement pris en compte par votre navigateur. Il faudra que vous téléchargiez[1] un logiciel qui se lancera automatiquement chaque fois que vous activerez une adresse telnet.

• Hytelnet[2] répertorie les principaux catalogues de bibliothèques du monde accessibles *via* telnet (http://library.usask.ca/hytelnet/sites1.html) ainsi que d'autres ressources (http://library.usask.ca/hytelnet/sites2.html).

• Le guide SBI de Richard Mark (http://dkeep.com/sbi.htm) fournit la liste de tous les BBS qui sont accessibles par Telnet (mais aussi par le web ou par FTP).

1. Bien qu'une version simplifiée d'un logiciel Telnet devrait être présente sur votre ordinateur, sur les sites de Tucows, vous pourrez trouver de nombreux clients plus évolués. Par exemple, pour Windows 95 aller à http://tucows.wau.nl/term95.html
2. Hytelnet devrait bientôt fermer ses activités et prendre une nouvelle forme qui n'a pas encore été précisée. Néanmoins sa base a été reproduite au sein de différents sites sur Internet (voir http://www.lights.com/hytelnet).

• Certains répertoires listent également les bases de données commerciales (Dialog, DataStar, Lexis-Nexis...) accessibles par telnet avec abonnement. Ces répertoires peuvent être consultés par le web (http://hood.ei.org:88/village/TheEngiInfoVil/misc/telnetdb.htm) ou parfois même avec des anciens gophers (gopher://gopher.std.com:70/11/Commercial).

Moteurs de recherche

Contrairement aux répertoires comme Yahoo!, utiles surtout pour explorer un sujet, il s'agit là d'outils quantitatifs très puissants qui se révèlent efficaces pour des recherches précises avec des mots clés spécifiques. On comprend donc la complémentarité de ces deux catégories. Généralement, un moteur de recherche est constitué de deux éléments. D'abord, un robot (ou *spider*) visite en permanence des millions de documents (pages web, discussions issues de newsgroups, etc.) afin d'en stocker le contenu. Ensuite, un système d'indexation (propre à chaque robot) permet d'analyser l'information afin que les utilisateurs puissent la retrouver en utilisant des mots clés appropriés. Il existe une multitude de moteurs de recherche. Leur efficacité dépend surtout de la rapidité à laquelle les sites sont identifiés et indexés mais aussi de la finesse de leur analyse (indexation du titre, des premières lignes ou de l'intégralité du document). Les technologies utilisées sont assez différentes et les résultats aussi. Pour cette raison, autant que possible, il est conseillé d'en utiliser plus d'un au cours d'une même recherche. D'ailleurs, aucun de ces moteurs n'est parfait et n'arrive à indexer 100 % du contenu présent sur le web[1].

Contrairement aux répertoires de recherche, si la requête n'est pas très précise, l'utilisateur risque d'être submergé par une masse de documents peu pertinents. Par ailleurs, ce sont surtout les moteurs pour le web (comme HotBot ou AltaVista) qui sont souvent victimes de leur puissance d'indexation.

Moteurs pour le web

Comme pour les répertoires, c'est la classe la plus connue par le grand public. À partir de 1995, nous assistons à une prolifération d'outils aux fonctionnalités de plus en plus puissantes et sophistiquées. Les

1. Ces moteurs ont pour but d'indexer la quasi-totalité des ressources existantes, alors qu'un répertoire se contente uniquement d'une sélection qui a été choisie et commentée.

opérateurs booléens de recherche (AND, OR, NEAR, NOT) sont implantés quasi systématiquement[1]. Une tendance assez récente étant la diversification des services, certains moteurs de recherche web incluent aussi des répertoires plus ou moins riches et parfois des fonctionnalités pour rechercher des forums de discussion, des gophers ou des services Telnet. Parmi les services les plus célèbres on peut citer les suivants :

– HotBot[2] (http://www.hotbot.com).

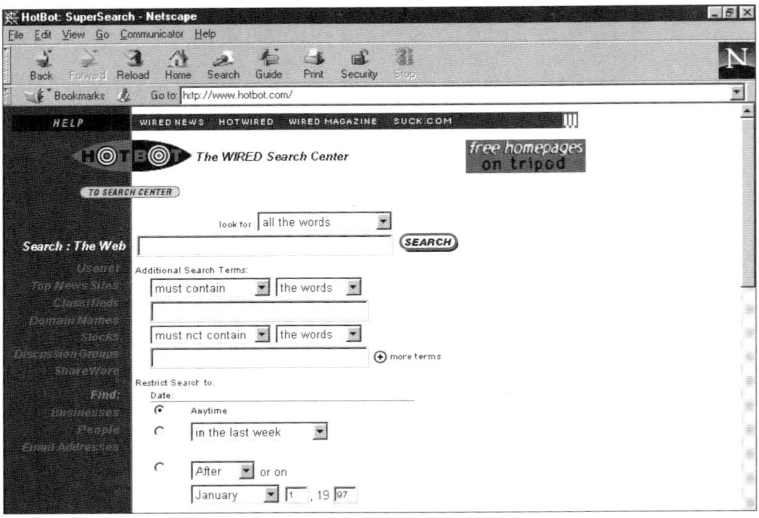

Figure 2.5 - HotBot, un des moteurs les plus performants pour indexer le web

– AltaVista[3] (http://altavista.digital.com).

– Excite (http://www.excite.com).

1. Vous pouvez utiliser des opérateurs booléens chaque fois que vous devez mener une recherche avancée qui implique plusieurs mots clés. Le principe consiste à indiquer au moteur de recherche si vous souhaitez qu'il enquête sur tous les mots que vous avez saisi (AND ou bien NEAR), sur l'un ou l'autre (OR), sur l'un mais sans l'autre (NOT). Pour une comparaison détaillée des opérateurs booléens des autres fonctions des différents moteurs de recherche, consulter http://imt.net/~notess/search/index.html
2. À cette date, HotBot et AltaVista sont considérés comme les deux outils les plus puissants. HotBot, notamment, a pu gagner de nombreux tests comparatifs organisés par des revues spécialisées indépendantes. Cela dit, la « puissance » de tel ou tel outil évolue constamment et ce genre de classement a une validité assez limitée dans le temps.
3. À signaler qu'AltaVista est le premier moteur à permettre des restrictions sur la langue. Ainsi, on peut choisir de mener des recherches uniquement sur le web francophone ou sur le web italien.

– InfoSeek (http://www.infoseek.com).
– Lycos (http://www.lycos.com).
– WebCrawler (http://www.webcrawler.com).
– Northern Light (http://www.nlsearch.com).
– OpenText (http://index.opentext.net).
– En ce qui concerne les moteurs francophones, il faut signaler Ecila (http://www.ecila.fr), PagesWeb[1] (http://www.pagesweb.com) et Lokace (http://www.lokace.com/).

Moteurs pour les newsgroups, les mailing lists et les web forums

Au lieu d'utiliser des répertoires pour naviguer au sein des nombreuses hiérarchies des forums, on peut identifier un newsgroup ou une mailing list bien précis si l'on dispose de mots clés appropriés. Différents moteurs peuvent être utilisés dans ce but :

– Reference.com (http://www.reference.com) permet de retrouver non seulement des newsgroups et des mailing lists mais aussi des web-forums.

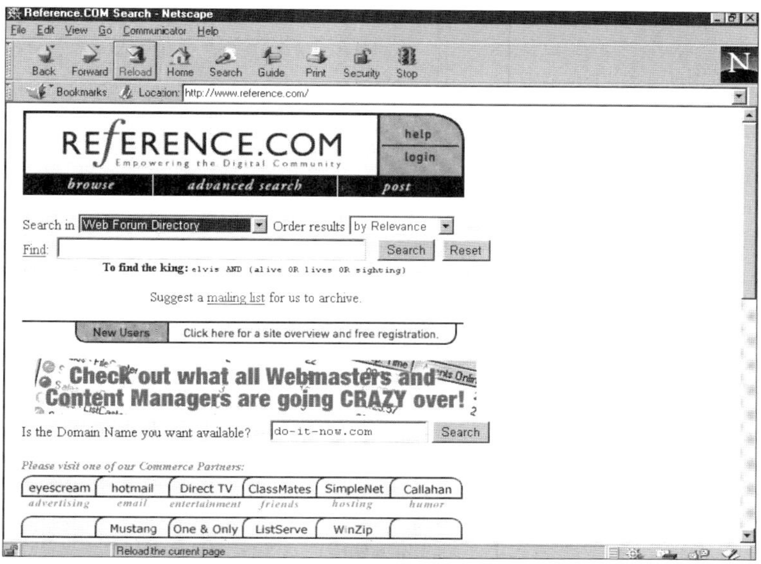

Figure 2.6 - Reference.com : un des rares moteurs pour identifier les webforums

1. France Telecom a récemment racheté le moteur Echo et a signé un accord avec le répertoire Nomade pour optimiser ses PagesWeb.

– Tile.Net (http://tile.net/).

– Liszt (http://www.liszt.com pour les mailing lists et http://www.liszt.com/news/ pour les newsgroups).

Ces trois moteurs vous permettent de retrouver le nom d'un forum ou d'une liste dans le but d'y accéder et éventuellement d'y intervenir. En ce qui concerne les webforums[1], ceux-ci peuvent être recherchés soit par Reference.com, soit par des moteurs spécialisés comme ForumOne (http://www.forumone.com) qui en regroupe plus de 150 000 ! En revanche, si vous êtes plutôt intéressé par les archives, il faut utiliser :

– DejaNews (http://www.dejanews.com) pour les forums de discussion (c'est le seul outil sur Internet qui permet, grâce à la fonction *Power Search*, de mener des recherches sur les archives publiées à partir de 1995)[2].

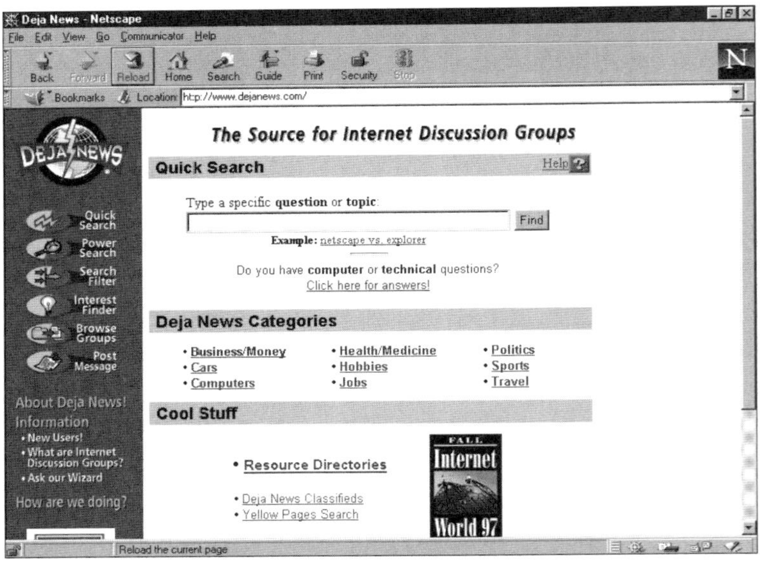

Figure 2.7 - DejaNews : le plus puissant outil pour analyser les archives des newsgroups

1. Par rapport aux newsgroups (créés en 1981), les webforums sont très récents puisqu'ils fonctionnent sur le web. L'interface est assez flexible et conviviale. Contrairement aux newsgroups, ils sont très faciles à mettre en place. Cependant, de nombreux webforums sont instaurés uniquement pour des raisons commerciales.

2. La fonction *Interest Finder* de DejaNews permet aussi d'identifier un forum pertinent. En tapant une requête, il est possible d'obtenir un classement des forums dans lesquels vos mots clés apparaissent le plus souvent.

– Reference.com (http://www.reference.com) pour les archives des mailing lists (à l'heure actuelle, c'est le seul qui ait commencé à les indexer).

Il faut aussi signaler que certains moteurs de recherche (HotBot, AltaVista, InfoSeek…), toujours dans un but de diversification, indexent eux aussi les newsgroups. Cependant, ils atteignent rarement l'efficacité de DejaNews.

Moteurs pour les adresses e-mail

Plusieurs dizaine de millions de personnes possèdent désormais une adresse électronique sur Internet. Le problème est qu'aucun annuaire central ne regroupe toutes les adresses e-mail existantes à cause de l'hétérogénéité du réseau (Internet est en effet un réseau composé de nombreux sous-réseaux autonomes). Plusieurs services recensent des adresses e-mail en prenant leurs informations auprès des fournisseurs d'accès, des forums de discussion publics ou en demandant directement aux « internautes » de se référencer eux-mêmes. Parmi les plus complets, il faut citer :
– WhoWhere (http://www.whowhere.com et http://french.whowhere.com pour la version française).
– Four 11 (http://www.four11.com)[1].
– Internet Adress Finder (http://www.iaf.net).

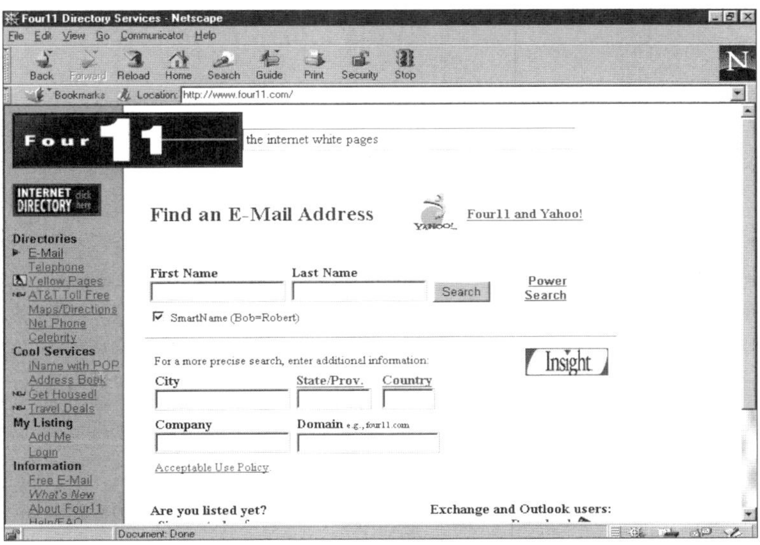

Figure 2.8 - Four 11 : un des outils les plus efficaces pour retrouver les « coordonnées électroniques » de vos interlocuteurs

1. Désormais Four 11 fait partie du groupe Yahoo !

Cependant, encore aujourd'hui, la façon la plus sûre et rapide d'obtenir l'e-mail d'une personne reste encore de le lui demander directement !

Moteurs pour les gophers

Avant le web, il y a eu une prolifération de serveurs gophers. Veronica fut créé pour interroger la quasi-totalité des serveurs gophers de la planète afin de faciliter la recherche d'informations. Par rapport aux moteurs web actuels, la grande limite de Veronica est qu'il permet de mener des recherches uniquement sur le titre des documents et non pas sur leur contenu. Ses fonctionnalités, désormais largement dépassées, sont encore accessibles sur différents serveurs gophers dans le monde.[1] À signaler que l'espace gophers peut être recherché également à partir de certains moteurs de recherche pour le web, comme par exemple Galaxy (http://galaxy.einet.net/gopher/gopher.html).

Moteurs pour Telnet

Hypertelnet, que nous avons décrit ci-dessus, dispose aussi d'un moteur de recherche qui permet de trouver des bases telnet en utilisant des mots clés (http://library.usask.ca/cgi-bin/wwwwais-hytelnet). Galaxy offre aussi des possibilités d'interrogation (http://galaxy.einet.net/cgi-bin/wais-text-multi).

Moteurs pour FTP

Archie fait pour le FTP (File Transfer Protocol) ce que Veronica fait pour les gophers (avec les mêmes contraintes). Puisqu'il y a des milliers de serveurs FTP anonymes dans le monde, chacun avec plusieurs dizaines de fichiers ou logiciels, la recherche n'est pas facile. Ainsi, Archie a été le premier outil pour rechercher des logiciels. Sa grande limite, c'est qu'il exige que vous connaissiez déjà le nom exact du fichier que vous recherchez. Cela n'est pas toujours évident. Désormais, il

1. Pour une liste complète des serveurs Veronica encore disponibles : http://www.yahoo.com/Computers_and_Internet/Internet/gopher/Searching/Veronica/
Un complément de Veronica est Jughead, lequel permet de mener des recherches plus approfondies mais au sein d'un serveur gopher bien précis. Pour une liste des Jughead encore disponibles : http://www.yahoo.com/Computers_and_Internet/Internet/gopher/Searching/Jughead/

existe des interfaces sur le web pour interroger directement Archie[1] sans besoin de logiciels spécifiques. Cependant, d'autres méthodologies[2] de recherche beaucoup plus pratiques permettent de retrouver aisément des logiciels sur Internet.

Dans le but de rendre Internet de plus en plus accessible au grand public, il y a une forte tendance à vouloir simplifier leurs démarches. Nous avons vu que désormais, grâce aux nouveaux navigateurs de Netscape et Microsoft, l'utilisateur ne doit plus trop se soucier s'il est sur le web, sur un gopher ou dans un forum de discussion alors qu'auparavant il lui fallait un logiciel spécifique pour chacune de ces « sphères » d'Internet[3]. Dans cette optique, nous pouvons observer trois autres tendances actuellement en cours : la centralisation, la régionalisation et la personnalisation des outils de recherche.

• Les grands noms de la recherche sur Internet (Yahoo !, Excite, AltaVista, InfoSeek, HotBot, Lycos…) essayent de *centraliser différents outils complémentaires* au sein de leurs sites. Ainsi, quand vous lancez une recherche sur Yahoo !, si celle-ci ne produit pas de résultats, automatiquement un moteur de recherche est lancé (AltaVista). De même, à partir de Yahoo ! vous pouvez utiliser un moteur pour rechercher des adresses e-mail (Four 11). InfoSeek, outre son moteur de recherche, met à la disposition de ses visiteurs un répertoire très exhaustif (bien que

1. Il est intéressant de voir comment a évolué la symbolique des outils de recherche sur Internet. Les outils de première génération (Gopher, Veronica, Archie…) étaient représentés par des petits rongeurs fort sympathiques alors que les outils de deuxième génération véhiculent une symbolique bien plus agressive (toile d'araignée, *spider*, mygale…) adaptée à l'explosion du web.
Vous pourrez trouver une liste de serveurs Archie à :
http://www.yahoo.com/Computers_and_Internet/Internet/ftp_Sites/Searching/Archie/
Deux autres outils assez puissants pour rechercher les serveurs FTP sont FTP Search (http://ftpsearch.ntnu.no/ftpsearch) et Snoopie (http ://www.snoopie.com/query.html). Vous pouvez également consulter The Monster FTP List à http://hoohoo.ncsa.uiuc.edu/ftp/
2. Voir p. 77.
3. Encore maintenant, certains « puristes » utilisent un logiciel pour le web, un pour le mail, un pour FTP, un pour gopher, un pour les newsgroups... convaincus qu'ils disposent de beaucoup plus de fonctions spécifiques. Ceci n'est plus vrai depuis que les dernières versions de Netscape Navigator et d'Internet Explorer ont vu le jour.

généré par un ordinateur et non par une équipe éditoriale), un outil pour trouver les e-mail, un moteur pour les archives des newsgroups, un moteur pour retrouver des images, un moteur pour les dépêches d'agence et les articles… Excite, en s'inspirant du succès des technologies *push* (voir p. 104), a réorganisé son site sous forme de chaînes thématiques. Chaque chaîne inclut une sélection issue de leur répertoire, des dépêches d'agences et des articles ainsi que l'accès à un moteur de recherche. Tous ces sites, auparavant spécialisés dans des domaines bien précis, sont donc en train de se transformer en de véritables « pôles de recherche globaux ».

• Une deuxième tendance, apparemment contradictoire mais en réalité fort complémentaire, est la *régionalisation des outils*. Puisqu'Internet est un médium de moins en moins américain, les utilisateurs exigent un contenu adapté à leur contexte géographique et à leur langue. Les répertoires, notamment Yahoo !, ont été les premiers à percevoir ce phénomène. Ainsi, à côté du site officiel, on peut accéder à de nombreuses autres versions nationales (Yahoo ! France, Yahoo ! Uk, Yahoo ! Korea, Yahoo ! Australia, Yahoo ! Japan, etc.) ou locales (Yahoo ! Atlanta, Yahoo ! Austin, Yahoo ! Los Angeles, etc.). En ce qui concerne les moteurs de recherche, ils intègrent progressivement cette tendance. Les premiers ont été Lycos et AltaVista, ce dernier avec un puissant système pour restreindre les recherches à la langue sélectionnée[1]. Naturellement, à côté de ces mastodontes, de nombreux instruments de recherche exclusivement locaux ont vu le jour. Le site eDirectory (http://www.edirectory.com) regroupe plusieurs dizaines de moteurs pour chaque pays. À cause d'une connaissance directe du terrain, leur efficacité est parfois supérieure aux outils universels ayant entrepris la démarche de localiser leur contenu.[2]

• Enfin, la *personnalisation des instruments de recherche* est aussi très marquée et suit la même logique que les deux tendances précédentes : il faut fournir un accès complet au visiteur en mettant à sa disposition des outils adaptés à ses besoins. Ainsi My Yahoo ! (http://my.yahoo.com) ou My Excite (http://my.excite.com) permettent de mettre en place une page de recherche personnelle à partir de laquelle vous aurez accès à vos

1. AltaVista permet également, grâce à un accord avec Systran, de traduire automatiquement en plusieurs langues les pages web qui ont été trouvées.
2. Nomade (http://www.nomade.fr) par exemple est souvent aussi efficace que Yahoo ! France (http://www.yahoo.fr).

sites web préférés classés par rubriques, aux dépêches d'agences, aux articles qui vous intéressent, aux prévisions météo de votre ville, aux programmes de la télévision, etc. Toujours dans un souci de diversification, ces sociétés sont obligées de proposer des services qui n'ont plus rien à voir avec la recherche d'informations et qui les rapprochent du concept de magazine. Les outils de recherche se transforment ainsi de « lieux de passage » en « lieux de séjour »... Par ailleurs, en connaissant avec plus de précision vos goûts et votre profil, ces sociétés se constituent des fichiers très élaborés qui, entre autres, leur permettent de vous proposer des publicités finement ciblées... Au niveau de la personnalisation des fonctions uniquement de recherche, HotBot est actuellement un des moteurs qui offre le plus d'options.

Le principal problème de ces tendances est que l'utilisateur tend à tout mélanger. Il ne fait plus aucune différence entre une recherche sur le web, sur les forums ou sur une banque de données externe. Or, pour optimiser la recherche d'informations sur Internet, il faut bien séparer chaque catégorie afin d'identifier les instruments les plus pertinents pour chaque besoin. C'est la raison pour laquelle nous insistons tant sur les différentes sphères qui composent Internet et sur leurs outils de recherche.

Métamoteurs

Face à la prolifération des outils de recherche sur le web (tant des répertoires que des moteurs de recherche), une nouvelle catégorie a vu le jour afin de faciliter le travail des néophytes. La spécificité des métamoteurs c'est justement d'aller « au-delà» *(meta)* des moteurs traditionnels. En effet, il s'agit d'une « race hybride » qui permet d'utiliser plusieurs outils simultanément (répertoires et moteurs). Les recherches sont généralement menées en parallèle et il arrive qu'au final les résultats soient présentés en éliminant les doublons (MetaCrawler par exemple, après avoir interrogé plusieurs moteurs, supprime tous les documents communs). L'avantage en terme de temps est évident. En remplissant un seul formulaire, vous interrogez simultanément plusieurs outils de recherche sans devoir aller sur chacun des sites. Certains renouvellent automatiquement votre recherche et vous alertent par e-mail quand une nouveauté apparaît (ProFusion). D'autres regroupent les résultats dans des rubriques thématiques après une *clustérisation* assez rapide (Inference Find et MetaFind).

Cela dit, il faut quelque peu nuancer leur efficacité car ils présentent certains inconvénients majeurs. D'une part, ils tendent à regrouper des outils de nature très différente que l'on n'interroge pas souvent ensemble (par exemple Yahoo! avec AltaVista). D'autre part, ils ne permettent pas de mener des recherches avancées fiables. En effet, en général, chaque outil de recherche possède des options avancées qui lui sont propres. Il est donc quasiment impossible d'utiliser les mêmes opérateurs de recherche pour plusieurs outils différents. Et même quand cela est possible (ProFusion), les résultats ne sont jamais aussi précis que si l'on interrogeait manuellement chaque moteur. En conclusion, leur principal atout consiste à débroussailler très vite le terrain. Ils constituent un bon compromis quand on souhaite interroger un nombre maximum d'outils en un minimum de temps afin d'obtenir un panorama général des documents disponibles autour d'un mot clé particulier.[1] Mais la précision des résultats n'est pas toujours au rendez-vous.

Une autre utilisation consiste à identifier rapidement le moteur répondant le mieux à une recherche précise. En effet, grâce aux métamoteurs, il est souvent possible de voir quels sont les moteurs qui semblent donner les meilleurs résultats. Une fois que ceux-ci ont été identifiés, vous pourrez les interroger individuellement de manière plus précise.

Parmi les métamoteurs plus efficaces on peut citer les suivants :

- MetaCrawler[2] (http://www.metacrawler.com).
- ProFusion (http://www.designlab.ukans.edu/profusion).
- MetaFind (http://www.metafind.com).
- Inference Find (http://www.inference.com/infind).

1. Grâce à l'efficacité de leur travail (interrogation en parallèle, élimination des doublons, présentation unique….), on les assimile à une première génération d'agents intelligents (voir p. 97).
2. Pour la petite histoire, les inventeurs de MetaCrawler, l'étudiant Erik Selberg de l'université de Washington et son professeur Oren Etzioni, ont vendu leur moteur à la société Go2net, ils ont créé la société NetBot avec le professeur Dan Weld (http://www.netbot.com) qui a mis au point Jango, un des agents les plus efficaces pour faire du *shopping*. Forte de son succès, NetBot s'est fait racheter récemment par le géant Excite... Par ailleurs, Erik Selberg (qui n'a pas encore terminé son doctorat) a aussi créé Ahoy! pour rechercher des *homes pages* (http://ahoy.cs.washington.edu :6060) ainsi que Husky Search (http://huskysearch.cs.washington.edu/), un métamoteur très semblable à MetaCrawler.

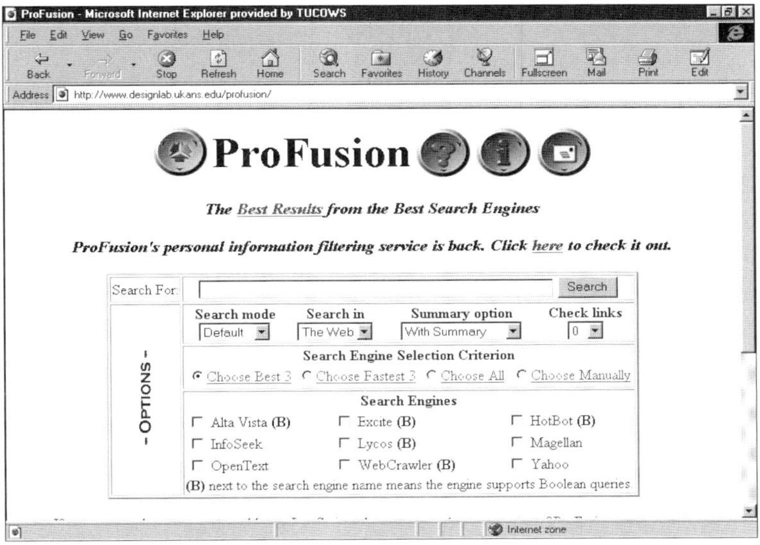

Figure 2.9 - ProFusion permet aussi d'utiliser les opérateurs booléens de recherche

Rappelons que ces quatre outils interrogent non seulement plusieurs outils en parallèle, mais surtout ils fusionnent les résultats en éliminant les doublons. Il existe d'autres outils qui eux ne fusionnent pas les résultats et les présentent les uns à la suite des autres (en revanche, ils permettent généralement d'interroger un nombre plus important de moteurs) :

– SavvySearch[1] (http://guaraldi.cs.colostate.edu:2000/form).

– Use-it (http://www.kamus.it/useadvfr.htm).

– Dogpile (http://www.dogpile.com).

– SuperSearch (http://www.robtex.com/search/query.htm).

Il ne faut pas confondre les métamoteurs avec des index qui listent uniquement plusieurs moteurs de recherche, par exemple All-in-One (http://www.albany.net/allinone).

1. Voir aussi un formulaire évolué en test à http://guaraldi.cs.colostate.edu:2000/form?beta

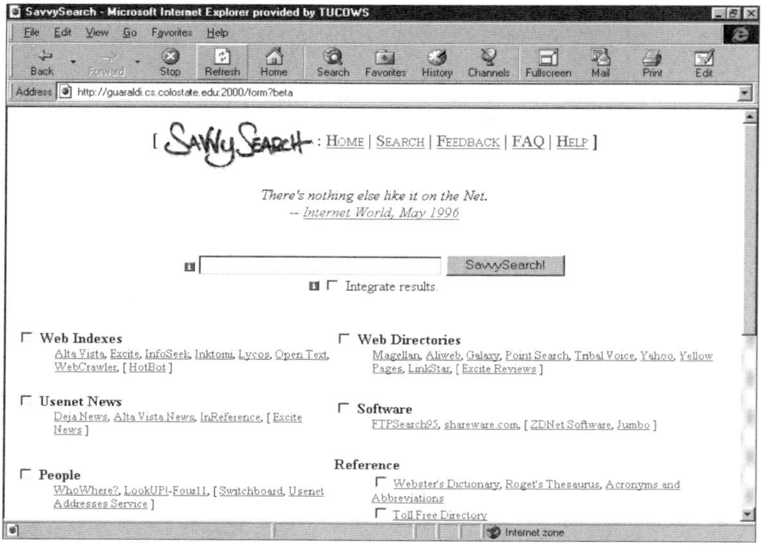

Figure 2.10 - SavvySearch : un des premiers métamoteurs apparu sur le web

Outils sectoriels et outils graphiques

À côté des moteurs de recherche généralistes (AltaVista, HotBot, Lycos, Excite...), des répertoires thématiques (Yahoo !, Magellan, Nomade...) et des métamoteurs (MetaCrawler, ProFusion, SavvySearch...) deux autres catégories sont en plein essor : les outils de recherche spécialisés par secteur d'activité (appelés aussi moteurs sectoriels) et les outils graphiques.

En ce qui concerne les outils sectoriels, il s'agit soit de moteurs, soit de répertoires thématiques, soit de métamoteurs, spécialisés uniquement dans un domaine précis (finance, assurance, éducation, littérature, etc.). Souvent, ce sont des bases de données indépendantes qui ne peuvent pas être atteintes par les robots de recherche généralistes. On parle alors de *The Invisible Web* car même si ces données sont accessibles *via* le web, elles restent cachées car elles ne peuvent être indexées que par leur propre moteur de recherche (il s'agit de documents extérieurs à Internet). La société américaine PLS[1] évalue la taille de ce web « invisible » environ dix fois le web « visible ». Le nombre d'outils de recherche sectoriels actuellement disponibles sur Internet

1. Voir le moteur AT1 (http://www.at1.com) qui devrait bientôt permettre de consulter une partie de *The Invisible Web.*

est difficilement mesurable car en perpétuelle évolution : le seul Internet Sleuth répertorie plus de 2 000 bases de données gratuites. De nombreuses autres sont accessibles *via* d'autres services sans compter les BBS, les services en ligne ou les bases de données commerciales qui ont maintenant une interface sur le web (des géants comme The Dialog Corporation, Questel ou Lexis-Nexis mais aussi des sociétés plus petites et moins chères comme l'efficace Qwam).[1] Voici une sélection de sites, où les outils de recherche sont regroupés en fonction de leur secteur d'activité :

– Internet Sleuth (http://www.isleuth.com) donne l'accès à plus de 3 000 bases de données sectorielles gratuites.

– Beaucoup (http://www.beaucoup.com) en présente environ 700 autres (mais avec aussi de nombreux outils traditionnels).

– Search (http://www.search.com) se limite à une sélection restreinte des 100 meilleurs.

---

1. Généralement, les bases de données commerciales sont accessibles à travers des sessions telnet et dans les meilleurs des cas avec une interface web. Pour accéder à une liste de bases de données commerciales disponibles *via* Internet, visitez : http://www.yahoo.com/Business_and_Economy/Companies/Information/Databases/Online_Information_Retrieval_Services/
Qwam est par contre accessible directement par le web (http://www.qwam.com).
Quatre services payants, mais pas très chers, méritent d'être cités :
– The Electric Library (http://www.elibrary.com) permet d'accéder à environ deux millions d'articles de journaux, à 400 000 articles de magazines, à 170 000 chapitres de livres, à 40 000 transcriptions d'émissions TV et radio et à plus de 55 000 photos et images !
– Nlsearch (http://www.nlsearch.com) est un outil de Northern Light qui permet de faire des recherches traditionnelles sur le web mais surtout qui met à disposition plus d'un million d'articles et d'études souvent à forte valeur ajoutée. Par ailleurs, une fonction très utile permet d'organiser automatiquement les informations trouvées en différents petits répertoires thématiques. Cette option permet de filtrer efficacement les résultats.
– Uncover (http://uncweb.carl.org) est un service de Knight-Ridder très efficace qui fait appel à des documentalistes pour obtenir par fax des documents issus d'archives d'environ 7 millions d'articles sur une base de plus de 17 000 périodiques spécialisés. Le principe est simple : vous faîtes votre requête sur le site, vous identifiez l'article qui vous intéresse, un documentaliste le photocopie et vous l'envoie par fax sous 24 heures !
– InfoMarket (http://www.infoMarket.K-link.com) permet d'obtenir des articles à partir de plusieurs milliers de journaux, magazines, dépêches d'agences, et communiqués de presse qui ne sont généralement pas accessibles librement sur Internet.

Quand vous voulez faire une recherche précise dans un secteur d'activité bien défini et que les recherches traditionnelles sur le web échouent, les outils sectoriels offrent une richesse de contenu parfois insoupçonnée. Probablement, le futur de la recherche d'informations passera par ce type d'outils. La surabondance d'informations sur Internet nécessite une meilleure structuration sectorielle. Trop souvent, les moteurs traditionnels n'aboutissent pas à des résultats utiles ou génèrent des données inexploitables (manque de pertinence ou de fiabilité). Mais pour l'instant, les outils sectoriels sont encore dans une phase embryonnaire.[1] Pour chaque secteur, il en existe une multitude et ils doivent être souvent interrogés manuellement un à un. Ce sont surtout les agents intelligents qui peuvent jouer un rôle important dans l'utilisation des moteurs sectoriels.

En ce qui concerne les outils graphiques, ils sont à l'origine d'un constat fort simple : quand vous lancez une requête sur un moteur de recherche, vous obtenez souvent une masse d'adresses en retour et vous ne savez pas trop par où commencer. L'idée consiste donc à présenter les résultats, non pas sous forme d'une très longue liste d'adresses web, mais à l'aide d'interfaces graphiques. De cette manière, on n'est plus obligé de suivre une logique documentaire mais on se rapproche plutôt d'une logique de veille. Pour l'instant, deux outils occupent cette niche du marché.

1. À propos de l'interrogation des bases de données sur Internet, il ne faut pas oublier WAIS (Wide Area Information Servers) qui peut être considéré un peu comme l'ancêtre des moteurs de recherche sur le web. Le but était de développer un outil standard qui facilite l'interrogation de bases de données réparties sans devoir faire appel à des intermédiaires spécialisés (protocole Z39.50). WAIS a été le premier outil capable d'indexer le contenu d'un document (et non pas uniquement son titre) sur Internet. Apple, Dow Jones et Thinking Machines furent les promoteurs de ce service qui est actuellement en nette perte de vitesse et qui n'est utilisée que par quelques bases de données. Brewster Kahle a été l'inventeur de WAIS et c'est lui qui a créé en 1989 WAIS Inc. qui a été vendue en 1995 à American On Line. Brewster Kahle vient de créer « The Internet Archive ». Pour plus d'informations sur WAIS, vous pouvez accéder à différents sites à partir de : http://www.yahoo.com/Computers_and_Internet/Internet/Searching_the_Net/WAIS/
   Pour avoir une idée des bases WAIS encore disponibles, voir http://www.ub2.lu.se/auto_new/UDC.html
   Dans tous les cas, pour interroger des bases WAIS, il faut configurer les *proxies wais* dans les paramètres de votre navigateur (par exemple, dans Netscape, vous pouvez utiliser « web.univ-lyon2.fr » sur le port 8001, au niveau des options de réseau).

• SemioMap (http://www.semio.com) a été introduit le premier et présente un intérêt méthodologique particulier. En appliquant les principes de la sémiotique[1], le professeur Claude Vogel du Pôle Universitaire Léonard de Vinci a mis en place un outil qui permet d'obtenir (grâce à un *applet java*[2]) une carte graphique sur laquelle s'affichent sous formes de vignettes les thèmes les plus significatifs qui gravitent autour d'une requête. Il est possible de « zoomer » sur chaque vignette pour visualiser de nouvelles cartes graphiques et ensuite d'obtenir les adresses des sites web correspondants. On arrive ainsi à « cartographier » l'information, ce qui est particulièrement utile pour suivre les rapprochements entre sociétés, surveiller l'environnement concurrentiel, détecter les nouvelles tendances, etc.

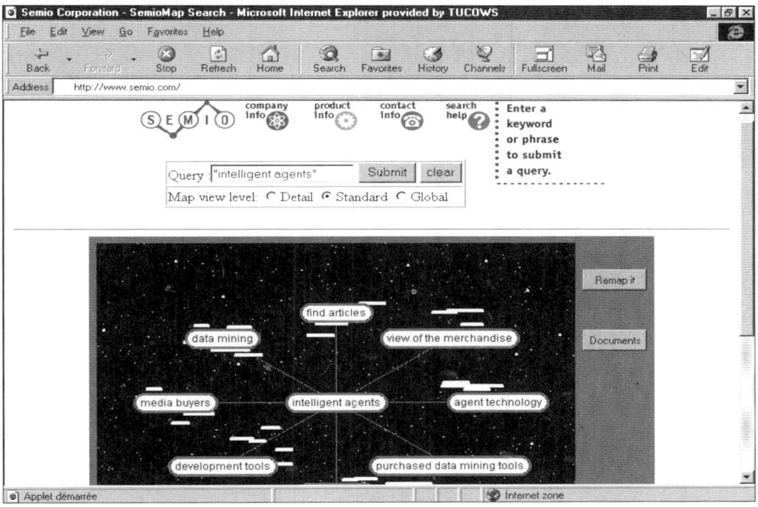

Figure 2.11 - SemioMap permet de cartographier l'information en temps réel

1. Étude de la dynamique des échanges d'informations et de la valeur des signes. C'est Claude Vogel, professeur en sémiotique au Pôle Universitaire Léonard de Vinci, directeur de l'Institut international du Multimédia et président de Semio Corp., qui est à la base de cet outil. Les cartes graphiques créées par SemioMap sont des cartes lexicales qui sont constituées sur la base des co-occurrences constatées dans les pages web. Ainsi, les regroupements dessinés dans les cartes correspondent aux *patterns* lexicaux les plus importants. Ce qui est innovant dans SemioMap, c'est la création de *clusters* (agrégats statistiques de mots ou expressions) sous forme graphique en temps réel et la constitution automatique du lexique. SemioMap montre toute son efficacité dans des univers fermés comme les intranets.
2. Java est un langage, développé par Sun, qui peut s'exécuter sur n'importe quelle plate-forme (Mac, PC, Unix...). Un applet java est une application qui se lance directement à partir de votre browser.

• AltaVista (http://altavista.digital.com), l'un des plus célèbres moteurs web, a rapidement adopté la même démarche mais avec des objectifs différents. Conscients de la quantité impressionnante d'adresses que leur outil fournit pour chaque requête, les ingénieurs de Digital ont mis en place un système qui permet de visualiser graphiquement les résultats. Néanmoins, leur but est d'identifier exclusivement de nouveaux mots clés plus pertinents afin de pouvoir relancer une nouvelle requête, censée produire beaucoup moins de « bruit »[1].

Méthodes de recherche traditionnelles

Il existe une multitude d'outils de recherche sur Internet. Le but du développement précédent n'était pas de décrire les fonctionnalités de chacun[2] mais de définir les principales catégories existantes. Mais au-delà des outils, ce qui est réellement important pour mener des recherches sur Internet, c'est de disposer de méthodes efficaces. Nous essayerons, dans les limites de cet ouvrage, de donner quelques pistes méthodologiques.

Avant de « s'acharner » sur Internet, il est toujours préférable de bien réfléchir et de se poser les bonnes questions. Cerner dès le début le champ d'action permet en effet de savoir quelles sont les différentes stratégies de recherche à votre disposition. Souvent, « apprendre à perdre quelques minutes » avant de commencer vous évitera d'en perdre beaucoup plus en cours de route...

• Tout d'abord, essayez de définir précisément ce que vous recherchez (une société ? un produit ? une étude ? une personne ? un logiciel ? etc.) et dans quel but. Ayez toujours à l'esprit le contexte et l'objectif principal de votre recherche.

---

1. Après avoir lancé une recherche sur AltaVista, vous pouvez appuyer sur le bouton *refine* et ensuite sur *graph* pour visualiser les résultats avec un graphique qui vous permettra de trouver de nouveaux mots clés.
2. À notre avis, un livre dont le but est de décrire les fonctionnalités des outils de recherche sur Internet n'a pas beaucoup de sens et ce pour deux raisons. D'une part, les fonctionnalités de chaque outil évoluent très rapidement et d'autre part, il y a toujours de nouveaux moteurs qui apparaissent. Un tel ouvrage serait ainsi obsolète avant même de rejoindre les rayons des librairies. Pour cette raison, pour approfondir ces aspects, il est souhaitable de vérifier directement sur Internet.

• Vérifiez bien que vous ne disposez pas déjà de cette information ou que celle-ci n'est pas accessible facilement ailleurs[1]. Si ce n'est pas le cas, fixez-vous un délai maximum pour mener à terme votre recherche sur Internet (le délai sera bien évidemment proportionnel à l'importance de l'information recherchée).

• Évitez de vous disperser. Internet est un outil fabuleux mais qui peut vous faire perdre énormément de temps. Au cours de votre connexion, vous serez obligatoirement amené à croiser des informations sans aucune relation avec votre recherche. Imposez-vous de ne pas les consulter. Internet est le meilleur moyen pour « dévier du bon chemin », si vous cédez à la tentation de suivre vos passions ou vos pulsions...[2]

• Ensuite, dressez une première liste de mots clés en relation étroite avec votre recherche. Évitez les mots communs qui ne vous apporteront que du « bruit ». Traduisez cette liste en anglais[3] et soyez toujours prêt à y rajouter de nouveaux éléments.

• Essayez d'imaginer où pourrait se trouver vraisemblablement cette information sur Internet. Sur le web ? Dans les archives des forums de discussion ? Dans une base de données externe ? etc.

• En règle générale, utilisez d'abord les répertoires et les annuaires si le domaine de votre recherche est étendu et général. Plus votre recherche est spécifique et plus il vous faudra vous orienter vers des moteurs de recherche (d'abord les généralistes et ensuite ceux spécialisés par secteur d'activité).

1. Deux remarques à ce propos. D'une part, il a été démontré que 80 % des informations recherchées sont déjà disponibles à l'intérieur de l'entreprise. D'autre part, dans certains cas un simple coup de fil peut vous éviter de longues recherches...
2. En revanche, chaque fois que vous trouvez un site qui vous intéresse mais qui n'est pas en relation avec votre recherche, vous pouvez l'insérer automatiquement dans votre carnet d'adresses (*bookmark*). Vous pourrez le consulter après avoir accompli avec succès votre recherche, en guise de récompense... ;–)
3. Il ne faut jamais oublier que la grande partie des documents sur Internet sont en anglais même quand ils sont issus de pays non anglophones. L'étude menée par Babel en 1997 sur plus de 3 000 sites fournit les chiffres suivants : anglais 82 %, allemand 4 %, japonais 1,6 %, français 1,5 % (http://babel.alis.com :8080/palmares.fr.html).
Par ailleurs, un bon service qui peut vous aider à trouver les meilleurs mots clés pour votre recherche est la fonction *Advanced Search* de Inso (http://wizard.inso.com). Mais il ne faut pas oublier la fonction *Refine* d'Alta Vista.

• Enfin, si vous êtes pressé par le temps, les métamoteurs représentent un bon compromis. Ces outils vous permettront, d'une manière un peu approximative certes, de débroussailler très vite le terrain en interrogeant à la fois des annuaires et des moteurs de recherche. De même, malgré une phase de mise en place parfois un peu longue, les agents intelligents constituent probablement la meilleure solution pour être exhaustif sans perdre de temps[1].

Recherche d'une personne

Si vous essayez de retrouver les coordonnées d'une personne, Internet peut vous aider même si les annuaires existant actuellement sont loin d'être complets.

• Si vous recherchez l'adresse e-mail de quelqu'un, sachez que dans le meilleur des cas vous aurez accès à des annuaires[2] qui recensent un dixième de la population Internet... Le problème de ces annuaires est que pour y être référencé il faut soit s'y être inscrit volontairement, soit avoir participé au moins une fois à un forum de discussion sur Usenet, soit avoir fait « traîner » son adresse quelque part sur le web. Internet étant constitué de réseaux et de sous-réseaux sans aucune organisation centrale, il est très difficile de fédérer l'ensemble des adresses électroniques. Sans oublier qu'une adresse est périmée lorsque son propriétaire change de *provider* (fournisseur d'accès à Internet).

• Si vous recherchez un spécialiste ou un expert[3] dans un domaine précis, vous avez différentes possibilités :

1. Nous verrons cependant que les agents de recherche sont très lents pour accomplir leur mission. Cela dit, ils travaillent de manière autonome. Vous pouvez donc continuer à utiliser votre ordinateur pour d'autres tâches. Il s'agit donc d'un bon compromis pour ne pas perdre de temps, à condition de ne pas être pressé !
2. Parfois, il est beaucoup plus rapide de passer un coup de fil pour demander à quelqu'un son adresse e-mail.... Cela dit, WhoWhere, Four 11 et Internet Adress Finder sont de plus en plus exhaustifs. Vous pourrez y accéder à partir de http://www.cybion.fr/guide/recherche/avancee/horsweb/email.htm
   Si vous connaissez la société dans laquelle travaille votre interlocuteur, essayez d'abord de retrouver son site web et ensuite envoyez un mail au gestionnaire du site en demandant de vous aider dans votre recherche.
3. Voir p. 173 pour savoir comment constituer son réseau d'experts.

1. essayez d'identifier le forum pertinent (voir p. 59) et, en lisant les contributions, vous comprendrez quelles sont les « têtes pensantes » à contacter ;
2. intervenez le cas échéant dans le forum identifié en posant votre question ;
3. faites des recherches sur les interventions passées dans ce forum en consultant les anciennes archives (par exemple avec DejaNews ou Reference.com) ;
4. tentez de retrouver sur le web, les « sites carrefour » qui sont souvent développés par des véritables spécialistes (voir p. 53) ou rendez-vous sur les sites des principales universités en relation avec votre recherche.

• En revanche, si vous recherchez une adresse postale, un numéro de téléphone ou de fax, les versions en ligne de nombreux annuaires classiques sont désormais disponibles sur Internet. Il s'agit souvent de passerelles vers des annuaires électroniques comme le 11. La qualité est très variable surtout pour certains pays du tiers-monde[1].

• Si vous recherchez les traces d'une personne sur Internet, pour savoir si elle a son propre site web, utilisez d'abord les répertoires et ensuite les robots de recherche ou les métamoteurs. Si en revanche, vous voulez savoir si cette personne participe à un forum de discussion, interrogez les archives des newsgroups (surtout DejaNews). L'utilisation des archives des forums est également utile si vous recherchez une adresse e-mail et que les annuaires existants ont échoué[2].

Recherche d'une société ou d'un produit

En fonction de vos besoins, vous disposez de différents choix.

• Si vous recherchez uniquement l'adresse e-mail d'une société, nous avons vu qu'il existe plusieurs annuaires[3]. Sachez cependant que dans le meilleur des cas vous aurez accès à une dizaine de millions d'adresses sur un total d'environ 80 millions d'abonnés…

1. Voir http://www.cybion.fr/guide/recherche/avancee/horsweb/annuaire.htm
2. Voir p. 117 « Surveiller une personne ». Pensez également à utiliser Ahoy ! (voir p. 66) pour retrouver des pages web personnelles.
3. Retrouvez les principaux outils de recherche de mail à http://www.cybion.fr/guide/recherche/avancee/horsweb/email.htm

• Si vous recherchez l'adresse réelle d'une société (adresse postale, téléphone et fax), vous pouvez accéder à différentes pages jaunes et blanches. Même pour ces annuaires, la qualité est très variable[1].

• Si vous voulez voir si une société possède un site web, il faut d'abord utiliser les répertoires de recherche comme Yahoo ! ou Magellan. Si vous ne trouvez rien, essayez alors les moteurs de recherche (par exemple AltaVista) mais vous obtiendrez beaucoup d'informations inutiles. Parfois, la démarche intuitive est la plus rapide. Par exemple, Cybion est une société française et vous trouverez son site en tapant www.cybion.fr et de la même manière vous accéderez à Microsoft en tapant www.microsoft.com sur votre ordinateur…

• Si vous êtes à la recherche d'informations sur un produit ou si, au-delà de leur site web, vous cherchez d'autres informations sur une société, vous pouvez utiliser certains outils spécifiques comme CompanyLink de Individual ou Hoover's Online[2]. Malheureusement ce genre d'outil répertorie pour le moment surtout des grandes entreprises américaines. Pour les entreprises des autres pays, vous pouvez utiliser les meilleurs moteurs de recherche et si ça ne marche pas, essayez les métamoteurs (comme MetaCrawler ou SavvySearch) qui vous permettront d'utiliser plusieurs robots simultanément. Par ailleurs, grâce à certaines rubriques de Yahoo ![3], vous pouvez obtenir facilement de nombreux annuaires professionnels qui peuvent vous aider à identifier, par exemple, une liste de fournisseurs.

• Si vous échouez encore, vous pouvez utiliser en dernier ressort les agents intelligents[4].

• Si vous êtes à l'affût des « bruits et rumeurs » concernant une société, un employeur ou un produit, vous pouvez interroger avec DejaNews les archives de plus de 21 000 forums de discussion (sur un total d'environ 45 000). Vous pouvez aussi suivre et participer à un de ces forums ou mailing list. Mais il faudra d'abord réussir à les dénicher[5].

---

1. Par exemple, France Telecom donne accès librement aux pages jaunes à http://www.pageszoom.com
2. CompanyLink (http://www.companylink.com) et Hoover's Online (http://www.hoovers.com).
3. http://www.yahoo.com/Business_and_Economy/Companies/Directories/
4. Pour comprendre de quelle manière les agents intelligents peuvent vous aider dans vos activités de veille concurrentielle, voir p. 113.
5. Voir p. 59.

Recherche d'un logiciel

Internet constitue un vrai paradis si vous souhaitez obtenir un nouveau logiciel ou la simple mise à jour d'un programme que vous avez déjà. Là aussi, il faut prévoir différents cas de figure :

• Si vous ne connaissez pas le nom exact du fichier recherché et qu'il s'agit d'un logiciel relativement connu, utilisez les bibliothèques de logiciels suivantes en utilisant des mots clés appropriés (par exemple vous recherchez « Netscape Navigator » mais vous ne connaissez pas le nom exact du fichier d'installation) :
– Shareware.com offre l'accès à plus de 200 000 fichiers (http://www.shareware.com) ;
– Software Library est la bibliothèque de l'éditeur américain Ziff and Davis (http://www.hotfiles.com/index.html).

• Si vous connaissez le nom exact du fichier d'installation (n32e401.exe par exemple est le code exact de la version 32 bits de Netscape 4.01), il suffit de le télécharger après l'avoir localisé en utilisant les outils de recherche ci-dessous qui interrogent les bases de données FTP (File Transfert Protocol) :
– FTP Search interroge nombreux sites FTP (http://ftpsearch.ntnu.no/ftpsearch) ;
– Archieplex permet d'interroger différents serveurs Archie[1] dans le monde (http://www.nexor.com/public/archie/archieplex/doc/form.html).

• Si, ne connaissant pas le nom du programme, vous avez un besoin précis (vous recherchez par exemple un navigateur pour « surfer » sur Internet), vous pouvez accéder à certains répertoires de logiciels :
– Download.com vous permet de naviguer dans de nombreuses catégories très différentes (http://www.download.com) ;
– Tucows est spécialisé dans les logiciels pour Internet (http://www.tucows.com).

Si tout ceci n'a pas marché, il faudra faire preuve de patience et utiliser les outils web classiques :

• Partez d'abord à la recherche de la rubrique *software* dans les répertoires de recherche comme Yahoo !

1. De nombreux autres serveurs Archieplex sont accessibles à partir de http://www.nexor.com/archie/

• Continuez avec les robots de recherche les plus puissants (HotBot, AltaVista, Lycos...) en tapant des mots-clefs susceptibles d'être présents sur la page qui contient le logiciel qui vous intéresse (par exemple « Download Netscape 4 »). Sinon, essayez de trouver le site web de la société qui produit le logiciel.

• Avant d'abandonner essayez toujours les métamoteurs ou certains agents intelligents, comme TechSeeker (http://www.bluesquirrel.com).

Recherche d'une contrefaçon ou d'une campagne de désinformation

Nous avons vu que l'information sur Internet n'est pas toujours fiable et qu'il est parfois possible d'être victime d'une contrefaçon, d'une campagne de désinformation ou pire d'une manœuvre de déstabilisation. Il existe néanmoins quelques méthodes que vous pouvez utiliser si vous pensez être victime d'une attaque.

• Tout site web nécessite l'achat d'un nom de domaine (par exemple www.citroen.com ou www.citroen.fr). Pour acheter un nom de domaine français (« .fr »), il faut avoir déposé le nom de sa société à l'INPI et pouvoir le prouver. Par contre, l'achat des noms de domaines « .com » peut se faire directement sur le web[1] pour environ une centaine de dollars et « le premier venu est le premier servi ». Puisqu'avoir un site en « .com » est très important pour avoir une image internationale et commerciale, de nombreuses sociétés ont acheté plusieurs centaines de noms très évocateurs (www.health.com, www.insurance.com, www.sex.com, etc.) pour ensuite les mettre aux enchères et les vendre au meilleur acquéreur. Pire, certains ont acheté des noms de domaine de grandes sociétés avant que celles-ci n'aient pensé à le faire, ces dernières préférant souvent payer un prix majoré de 5 à 50 fois plutôt que d'engager des procédures judiciaires longues, incertaines et dans tous les cas plus coûteuses. Vous pouvez voir très rapidement si le nom de domaine qui vous intéresse a déjà été réservé :

– soit en vous connectant directement au site de l'InterNic[2] qui enregistre aux États-Unis les noms de domaine « .com » (http://rs.internic.net/cgi-bin/whois) ou au site du Nic France (http://www.nic.fr/info/whois/) ;

1. http://www.internic.net

2. L'InterNic a également développé WebFinder un moteur de recherche très astucieux qui permet de retrouver tous les noms de domaine associés à une entreprise en dehors de leur nom principal (http://www.internic.net/cool/WebFinder.html).

– soit en utilisant des moteurs de recherche spécialisés qui interrogent plusieurs organismes d'enregistrement nationaux simultanément comme PresenceWeb (http://www.presenceweb.com).

• Si vous voulez vous assurer de ne pas être victime d'une contrefaçon et que par exemple personne n'exploite votre argumentaire commercial, la meilleure solution consiste à prendre des mots, ou mieux de courts extraits très caractéristiques de votre offre, et de lancer des recherches avec les moteurs les plus puissants (HotBot, AltaVista...). L'idée consiste à retrouver ceux qui auraient pu recopier certaines des phrases qui décrivent votre offre. Pour éviter d'être submergé par les résultats, choisissez entre trois et cinq mots issus d'une phrase typique et lancez la recherche en mode *exact phrase* (ce qui équivaut souvent à mettre la requête entre guillemets). Si personne ne vous copie, vous ne trouverez que l'adresse qui pointe vers votre site. Naturellement, il ne s'agit que d'une méthode empirique qui est loin d'être infaillible. D'autant plus que, contrairement à ce qu'ils font croire, même les meilleurs moteurs de recherche n'indexent pas l'intégralité du web et il arrive parfois qu'il faille attendre plusieurs semaines avant que leurs robots ne visitent de nouvelles pages. La meilleure solution, beaucoup plus pragmatique, consiste à identifier vos concurrents actuels et potentiels et à surveiller l'évolution de leur offre (voir p. 114 concernant les agents d'alerte pour la veille juridique).

• En ce qui concerne d'éventuelles campagnes de désinformation ou de déstabilisation, elles ont surtout lieu au niveau des forums de discussion et, dans une moindre mesure, dans les listes de diffusion ou au sein de certains sites web plus ou moins anonymes. À intervalles réguliers, vous avez donc intérêt à utiliser des outils spécialisés pour les newsgroups (par exemple DejaNews), les mailing lists ou le web, pour contrôler si votre nom ou celui de votre société n'apparaît pas soudainement sur Internet. Là aussi, plutôt que de lancer des recherches ponctuelles, il est préférable de mettre en place des dispositifs de veille continue.

Recherche d'un objet rare

Depuis des années vous êtes à la recherche d'un livre épuisé désormais introuvable, d'un timbre rarissime ou d'un précieux objet d'art ? Grâce au « réseau des réseaux », cela est désormais possible. Par exemple, pour tous ceux qui sont à la recherche d'un livre rare ou épuisé, Internet permet d'entrer en contact immédiatement avec différents réseaux de correspondants (libraires, maisons d'éditions, bouquinistes...) français et étrangers. Si vous êtes par contre à la recherche d'une œuvre d'art ou de tout autre objet de collection, vous pouvez rapidement entrer en liaison avec des collectionneurs (publics ou privés) qui vous aideront dans vos recherches. Ce qui fait la force d'Internet c'est qu'il permet de toucher non seulement des milliers de réseaux informatiques mais aussi des milliers de réseaux humains. Si votre livre est épuisé depuis le début du siècle et que l'éditeur n'en a plus aucune copie, la possibilité de le retrouver est vraiment très faible. Avec Internet, vous pouvez interroger directement de nombreux réseaux de bouquinistes et de libraires dispersés aux quatre coins de la planète. Mais toute la difficulté est là : comment identifier ces réseaux humains ? La méthode la plus simple et la plus intuitive consiste à interroger un répertoire de recherche comme Yahoo ! en choisissant des mots clés simples mais précis (par exemple *hard to find book, rare stamp, coin...*). Après avoir écarté les premières catégories qui ne sont pas toujours pertinentes, vous pourrez identifier assez vite une multitude de sites intéressants.

Le problème est que chaque site ne constitue qu'une simple « maille » du réseau que vous pouvez constituer. Par exemple si vous recherchez des livres anciens, derrière chaque site vous trouverez dans le meilleur des cas un petit réseau de bouquinistes et dans le pire des cas un seul bouquiniste. S'il existe cent sites de bouquinistes uniquement en Grande-Bretagne, vous devez les visiter un à un, trouver leur adresse e-mail et envoyer à chacun votre demande. La démarche est longue et ne peut prétendre à l'exhaustivité. Pour cette raison, nous essayons de mettre au sein de notre site, un service qui permette de contacter automatiquement et gratuitement plusieurs centaines de collectionneurs dans le monde. L'idée est très simple : nous avons épluché différents sites sur Internet afin d'identifier les principaux réseaux et sous-réseaux existants. Nous les avons ensuite tous regroupés de manière à ce qu'en envoyant un message auprès d'une adresse e-mail spéciale, votre message soit automatiquement redistribué à tous les membres du réseau. Le gain de temps est ainsi très important.

Recherche de toute autre information

Pour les recherches d'informations d'autre nature (sur une technologie, une étude de marché, etc.), il est possible d'utiliser différents instruments en fonction des besoins spécifiques liés à chaque mission.

• Si vous voulez explorer un domaine que vous connaissez mal ou qui est très vaste, il faudra débuter avec les répertoires ou index de recherche (voir p. 49).

• Si votre recherche est très précise et que vous avez déjà en tête les mots clés à employer, utilisez directement les moteurs de recherche (voir p. 57). Pour éviter d'être submergé par les documents qu'ils vont trouver, il est parfois préférable de recourir à certains moteurs spécialisés par secteur d'activité ou d'effectuer au préalable une « cartographie » de l'univers sur lequel vous enquêtez (voir p. 68).

• Si vous n'avez identifié aucun document intéressant grâce aux outils précédents, vous pourrez interroger simultanément plusieurs répertoires et plusieurs moteurs de recherche grâce aux métamoteurs (voir p. 65). L'inconvénient est leur lenteur mais surtout le manque de pertinence des réponses obtenues (ils utilisent la même requête avec des instruments souvent très différents).

• Une solution qui vous permettra de gagner du temps consiste à coupler ces outils avec un agent intelligent (voir p. 94).

• Si vous voulez que votre recherche soit exhaustive, vous devrez également utiliser des outils plus spécifiques pour :
– identifier un forum de discussion (*newsgroup*), une liste de diffusion (*mailing list*) ou un *webforum* pour éventuellement y poser des questions (voir p. 59) ;
– interroger les archives de ces newsgroups et mailing lists ;
– acquérir les informations encore disponibles sur des serveurs gopher ou des bases de données WAIS (voir p. 62) ;
– prendre possession d'une machine distante grâce à Telnet, notamment pour les catalogues des bibliothèques externes au web, les BBS ainsi que certaines bases de données commerciales (voir p. 56).

À ce propos, pour les recherches bibliographiques ou à caractère encyclopédique, il faut savoir que :
– les catalogues de plusieurs milliers de bibliothèques du monde entier peuvent être consultés par Telnet[1] ou par une interface web plus

1. Hytelnet (http://library.usask.ca/hytelnet/sites1.html) donne accès à de nombreux serveurs Telnet et notamment aux différentes OPAC (Online Public Access Catalog).

conviviale (voir les services LibWeb et WebCats[1] qui donnent accès à plusieurs bibliothèques dont la fameuse Library of Congress aux États-Unis) ;

– de plus en plus d'ouvrages, libres des droits d'auteur, peuvent être consultés en ligne, enregistrés ou imprimés soit à partir des sites de grandes bibliothèques, soit grâce à des projets très ambitieux de numérisation[2] ;

– certaines encyclopédies rendent accessible l'intégralité de leur contenu en ligne souvent à un coût assez faible. L'exemple le plus impressionnant est celui de l'*Encyclopaedia Britannica* (http://www.eb.com) ;

– par ailleurs, certains services payants vous permettent de consulter plusieurs millions d'articles ou extraits de livres qui sont en dehors d'Internet[3] ;

– enfin, il ne faut pas oublier qu'il est désormais possible d'acheter en ligne n'importe quel livre et de l'obtenir en quelques jours. Sachez que pour chaque recherche que vous faites sur Yahoo ! ou sur AltaVista, vous avez la possibilité de voir si un livre en liaison avec votre requête est disponible sur Amazon[4] !

Méthodes traditionnelles et méthodes « symbiotiques »

Progressivement, les méthodes traditionnelles de recherche deviennent inexploitables face à la complexité croissante des informations dispo-

1. LibWeb (http://sunsite.berkeley.edu/Libweb) et WebCats (http://library.usask.ca/hywebcat).
2. La Bibliothèque nationale de France est par exemple en train de numériser les œuvres du XIXe siècle francophone (http://gallica.bnf.fr/). En revanche, le projet Gutenberg a vu le jour en 1971 et son ambition est de convertir au format électronique des milliers d'ouvrages qui sont désormais libres des droits d'auteurs (http://www.promo.net/pg). Une liste d'autres sites qui essayent aussi de numériser des livres est accessible à http://www.promo.net/pg/other_gen.html
3. Quatre services sont intéressants à consulter au sein du *Invisible web* : The Electric Library, Northern Light Search, Uncover et InfoMarket. Pour une description voir la note p. 69.
4. Amazon est la plus célèbre et la plus grande librairie sur Internet (http://www.amazon.com). À partir de son site, vous pouvez acheter au sein d'un catalogue qui dépasse 2 500 000 d'ouvrages.

nibles. Normalement, pour chaque recherche d'information complexe, il faudrait bâtir une véritable stratégie à deux niveaux, en exploitant les outils :

– sur le web (répertoires, moteurs, métamoteurs...) ;

– en dehors du web (newsgroups, mailing lists, Telnet, FTP, gophers, WAIS...).

La procédure est souvent lente et laborieuse. En effet, si l'on décide de s'occuper d'abord de ce qui existe sur le web, il faudra commencer par utiliser un moteur de recherche comme AltaVista. Vous devrez donc allumer votre ordinateur, vous connecter à Internet et taper l'adresse du moteur en question. Une fois connecté au site, vous taperez une requête par mots clés et après quelques secondes (...), vous obtiendrez une liste d'adresses censées répondre à votre question.

Dans le meilleur des cas, une hiérarchisation (plus ou moins efficace) de sites est proposée. Ensuite, c'est à vous de contrôler, une à une, les dizaines et dizaines d'adresses suggérées. De nombreuses se révéleront totalement inexactes, certaines seront liées au domaine recherché mais d'une façon trop vague et enfin une partie cachée correspondra à ce que vous cherchez effectivement.

Une fois que vous avez détecté ces quelques sites, il faut donc les analyser de façon très détaillée : c'est votre cœur de cible ! Il ne faut rien rater. Vous devez donc accéder à chaque site et l'analyser en profondeur, page après page, lien après lien. Vous pouvez ensuite recommencer avec le deuxième moteur de recherche, le troisième, le quatrième et ainsi de suite (sans parler des autres catégories d'outils en dehors du web ou par secteur d'activité) !

Cette méthode présente plusieurs inconvénients :

– elle est extrêmement lente (méthode linéaire) ;

– elle implique que vous connaissiez les subtilités de chaque outil de recherche ;

– elle n'est pas exhaustive (il est impossible d'utiliser tous les outils disponibles).

Notre conviction est que pour obtenir des informations fiables et précises, la seule solution actuelle consiste à mettre en œuvre une véritable symbiose entre des experts humains, des agents intelligents et des outils de recherche (« principe du cybionte »[1]). Dans notre optique, les outils de recherche existants ne constituent qu'un instrument de base. Si le but est de rechercher, classer, trier, nettoyer et mettre en forme l'information recherchée, et ce de façon rapide et automatique, alors on ne peut pas faire appel aux seuls outils classiques. La solution optimale sera de réussir à appliquer une méthode capable d'exploiter les synergies qui peuvent se développer entre trois entités :

– une équipe d'experts spécialisés dans les recherches *on-line* (celle-ci pourra être formée au sein de l'entreprise ou bien il est également possible de faire appel à des prestataires externes) ;

– des outils de recherche performants et diversifiés ;

– des agents intelligents toujours plus autonomes et capables d'automatiser de plus en plus de tâches.

Les avantages de cette nouvelle méthode « symbiotique » sont évidents :

– elle est plus exhaustive (tous les outils de recherche sont utilisés) ;

– elle est plus rapide (on perd moins de temps grâce au travail des agents) ;

– elle est plus fiable (on dispose de plus de temps pour vérifier chaque source).

On pourrait se demander si, à l'heure de la sophistication extrême des outils de recherche, il n'est pas paradoxal de recourir à un travail humain pour trouver de l'information sur Internet. La réponse est bien évidemment négative. Il est clair que les outils de recherche et les agents intelligents sont de plus en plus performants et puissants. Cela dit, nous pensons qu'aucun automate ou logiciel ne peut être capable d'exploiter efficacement l'information issue des réseaux informatiques, pour prendre des décisions stratégiques.

1. « Le Cybionte est un macro-organisme planétaire actuellement en construction. Superorganisme hybride, biologique, mécanique et électronique, incluant les hommes, les machines, les réseaux, les sociétés. » de Rosnay Joël, *L'Homme Symbiotique*, Le Seuil , 1995.

Limites des outils de recherche

« Parmi les techniques à la mode, qui ne durent souvent, telles les roses, que l'espace d'une saison, on parle aussi de plus en plus de veille et d'intelligence économique. Certains experts de la discipline – qu'ils proviennent des services de renseignement de l'armée ou du ministère de l'Intérieur – pensent qu'il suffit de mettre des tables ou points d'écoute, des "grandes oreilles", un peu partout sur la planète pour séparer parmi les tonnes d'informations disponibles le bon grain de l'ivraie. Dans cette approche "mécanique", statistique, cartésienne, des "signaux faibles" ainsi perçus, il suffirait de mettre suffisamment de puissance de calcul – le nouveau nom d'analyse des données s'appelle datamining – entre les mains de nos experts pour qu'ils puissent ainsi prévoir, anticiper, "calculer" les tendances et les événements futurs ! […] Cela ne signifie nullement, bien sûr, qu'il ne faille pas "traiter" les données disponibles, et ignorer les faits. Mais on peut aussi se cacher derrière les faits, ou les utiliser pour se rassurer, pour ne pas avoir à imaginer l'avenir. Ce n'est évidemment pas moi qui peux condamner l'utilisation des retours d'expériences, bonnes ou mauvaises, qui demandent de mettre en place une organisation et un processus de "vigilance". Mais les raisons du succès ou de l'échec sont parfois bien cachées, et se nichent souvent plus dans le non-dit que dans l'explicite, dans les interactions entre les personnes que dans les actions elles-mêmes, dans l'esprit que dans la lettre. On dit que les faits sont têtus, mais on n'exhibe souvent que ceux qui vont dans le sens de ce que l'on veut démontrer. Or l'avenir, comme l'amour, dit le poète, ne se prouve pas, il s'éprouve et se construit en permanence. Penser que l'on peut faire "parler" les faits, du passé par définition, pour inventer la carte de l'avenir indique peut-être encore plus d'entêtement que de se contenter de théories ou de préférer la carte actuelle au territoire futur. Les entrepreneurs intelligents sont comme les explorateurs, ils savent que leurs cartes sont imparfaites et qu'ils vont découvrir l'inattendu, et que leur couteau et leur courage risquent de leur servir au moment où ils s'y attendront le moins. Cela peut aussi être le cas de l'État, avec ou sans exception française, dans cette ère nouvelle, celle de l'information, celle de la disparition de nombreuses certitudes. »[1]

Dans tous les cas, pour pouvoir appliquer une méthode « symbiotique », il faut apprendre à connaître les agents intelligents…

1. Cet extrait est issu à la fois d'une discussion entamée par le professeur Bruno Lemaire sur le BBS de l'Atelier de la Compagnie Bancaire (forum « Emploi et Chômâge » sous le titre « Exception et arrogance françaises » 05/08/1997) et de son ouvrage *Entrepreneurs et entreprises du quatrième type : travail et activités à l'âge de l'Information et d'Internet*, Éditions d'Organisation, 1997.

LE RÔLE DES AGENTS INTELLIGENTS

Un sujet toujours à la mode

Bref historique

Contrairement aux idées reçues, les agents intelligents ne constituent pas une innovation récente. En effet, il s'agit d'un phénomène ancien qui revient à la mode à intervalles réguliers.

L'ancêtre de tous les agents se nomme Eliza et son origine remonte bien avant l'explosion d'Internet. Eliza vit le jour en 1966 auprès du Massachusetts Institute of Technology (MIT) grâce aux travaux d'un pionnier allemand : le professeur Joseph Weizenbaum. Eliza fut créée afin de simuler une consultation avec un psychothérapeute. Avec seulement 240 lignes de codes, elle est capable de répondre à de nombreuses demandes. Son fonctionnement est très simple : cet agent analyse chaque question qui lui est posée et identifie rapidement les mots clés qu'il connaît. À chaque mot clé reconnu, correspond une ou plusieurs réponses standard. Malgré l'âge et surtout grâce à l'avènement du web, Eliza a pu être « maintenue » en vie : de nombreux sites Internet[1] permettent d'avoir accès à ses « conseils » à partir des 240 lignes de codes originales !

Cependant, après quelques minutes de discussion, vous découvrirez vite les limites de cet agent. Eliza fait partie de la famille des « agents de bavardage » *(chatterbots)* et ses descendants ont acquis une maturité technologique considérable et sont capables de vous tenir tête très habilement dans une discussion.

Durant les années 70, l'évolution des agents intelligents est naturellement liée aux progrès de l'intelligence artificielle (IA). Après les balbutiements initiaux, les premiers modèles commencent à s'imposer.

1. Sur le site de BotSpot vous pourrez tester Eliza (http://www.botspot.com/ main.html) ainsi que le tout dernier *chatterbot* : Shallow Red (http://www.neurostudios.com/html/ ShallowRedFrame.htm). Ce dernier est vraiment excellent. Demandez-lui s'il connaît son ancêtre Eliza... que vous pourrez trouver également en version Java à http://www.cs.umbc.edu/agents/help/
Pour tester d'autres *chatterbots*, consulter http://www.chatter-bots.com ou http://www.botspot.com/search/s-chat.htm/
BotSpot détaille de nombreuses autres familles d'agents.

C'est en 1977 que Carl Hewitt propose le concept d'objet avec un comportement autonome capable de répondre aux sollicitations d'autres objets[1].

Le but de cet ouvrage étant essentiellement pragmatique, nous ne développerons ni les aspects théoriques, ni les aspects techniques liés au fonctionnement des agents. Pour ceux qui souhaiteraient développer ces sujets, de nombreux sites Internet[2] peuvent être consultés librement.

Une définition difficile

Qu'est-ce qu'un agent intelligent ? Cette question apparemment anodine suscite de nombreuses polémiques sur et en dehors d'Internet[3]. En simplifiant au maximum, nous trouvons d'un côté ceux qui considèrent les agents intelligents presque comme des êtres humains, de l'autre ceux qui les assimilent à de simples logiciels.

Ainsi, Jacques Ferber[4] propose la définition suivante : « On appelle agent une entité physique ou virtuelle :
a) qui est capable d'agir dans un environnement,
b) qui peut communiquer directement avec d'autres agents,
c) qui est mue par un ensemble de tendances [...],
d) qui possède des ressources propres,
e) qui est capable de percevoir (mais de manière limitée) son environnement,
f) qui ne dispose que d'une représentation partielle de cet environnement (et éventuellement aucune),

1. Hewitt C., « Viewing Control Structures as Patterns of Passing Dressages », *Artificial Intelligence*, 1977.
2. UMBC AgentWeb (http://www.cs.umbc.edu/agents) est un des meilleurs sites consacré aux agents et à l'intelligence artificielle. Il faut signaler notamment l'excellente *newsletter* (« AgentNews Webletter ») ainsi que leur célèbre mailing list. Le MIT dispose également de plusieurs laboratoires de recherche au sein du MEDIA-LAB (http://agents.www.media.mit.edu/groups/agents). Enfin, il ne faut pas oublier « The Agent Society » (http://www.agent.org), ainsi que « The Intelligent Agent Center of Competence » de IBM (http://www.networking.ibm.com/iag/iaghome.html).
3. Voir les archives de « The Software Agent Mailing List » accessibles à http:///www.umbc.edu/agentslist
4. Ferber Jacques : *Les systèmes multi-agents. Vers une intelligence collective*, Inter-Éditions, 1995.

g) qui possède des compétences et offre des services,
h) qui peut éventuellement se reproduire,
i) dont le comportement tend à satisfaire ses objectifs, en tenant compte des ressources et des compétences dont elle dispose, et en fonction de sa perception, de ses représentations et des communications qu'elle reçoit. »

À l'opposé, nombreux sont ceux qui considèrent un agent comme une « entité autorisée à agir au nom de quelqu'un d'autre ». Une telle définition met sur le même plan un agent intelligent, un agent de police, un agent de sécurité ou un agent commercial... En conséquent, la distinction entre agent intelligent et simple logiciel demeure très floue.

Malgré ses limites, cette vision constitue un bon point de départ pour une définition qui soit suffisamment réaliste sans être trop réductrice. On peut ainsi affirmer qu'un agent intelligent est une entité logicielle qui possède des attributs propres et qui agit dans le but d'accomplir un certain nombre de tâches au nom d'une autre entité (un autre agent ou une personne).

Le problème est maintenant de définir quels sont les attributs propres à un agent et, sur ce point, les polémiques se font féroces... O. Etzioni et D. Weld[1] ont essayé d'identifier les principaux attributs censés le caractériser.

- *Autonomie :* un agent est capable de prendre des initiatives de manière autonome et exerce un contrôle sur ses actions. En d'autres termes, il s'agit de la capacité d'autodéfinition de ses propres objectifs et d'auto-exécution sans contrôle humain.
- *Capacité de collaboration :* un agent est capable d'interagir et de coopérer avec d'autres agents ou avec des êtres humains afin d'accomplir ses tâches.
- *Capacité d'apprentissage :* l'agent est capable de s'adapter aux besoins de son utilisateur en analysant ses actions passées.
- *Goal-oriented :* un agent accepte des « requêtes humaines » précises et décide de quelle manière les satisfaire.

1. Etzioni Oren et Weld Daniel S., « Intelligent Agents on the Internet : Fact, Fiction, and Forecast », *IEEE Expert/Intelligent Systems & Their Applications*, vol. 10, n° 4, august 1995 (http://computer.org/intelligent/ex1995/x4044abs.htm).

- *Flexibilité:* les actions d'un agent ne sont pas entièrement préétablies et définies; il est en effet capable de choisir ce qu'il va entreprendre et dans quel ordre en fonction de l'environnement externe.
- *Self-starting:* contrairement aux logiciels traditionnels, toujours selon l'environnement externe, un agent peut décider du moment précis pour entamer une action.
- *Caractère propre:* un agent possède une personnalité bien définie et un « état émotionnel » propre.
- *Mobilité:* un agent est capable de se déplacer d'une machine à une autre et au travers de différentes architectures et plates-formes.
- etc.

Mais à partir de quel moment peut-on parler d'agent intelligent? Faut-il qu'il possède tout ou partie de ces attributs[1] ?

Le débat est interminable, peut-être insoluble et sûrement sans grand intérêt pour l'utilisateur final. Beaucoup de sociétés, pour d'évidentes raisons de marketing, profitent de ce flou terminologique pour qualifier leur logiciel d'agent intelligent. Ce qui est clair, c'est qu'à cette date, sur Internet, aucun agent dit « intelligent » ne possède l'ensemble de ces attributs. En conséquence, définir un agent comme « intelligent » relève de l'oxymore[2]. Entre les principes théoriques propres à l'intelligence artificielle et la réalité concrète que l'on observe sur Internet, l'écart est parfois impressionnant.

Cela dit, comme le fait remarquer Pierre-Alain Le Cheviller, « ces agents, s'ils n'obéissent pas aux mêmes technologies [de l'intelligence artificielle], ont les mêmes objectifs et peuvent être des outils très utiles pour les professionnels de l'information »[3].

1. À titre d'exemple, Alper Caglayan et Colin Harrison (*Les Agents, Applications bureautiques, Internet et Intranet*, InterÉditions, 1998) ont choisi un nombre minimum d'attributs qui, selon eux, caractérisent tout agent : la capacité de délégation, la capacité de communication avec l'utilisateur, la capacité de mise en action et l'autonomie, la capacité de contrôler son environnement (monitoring), la capacité de l'interpréter intelligemment... D'autres affirment que les trois attributs primaires (autonomie, collaboration et apprentissage) suffisent à définir un agent intelligent (cf. le dossier de Gil Derudet paru sur *Internet Professionnel*, mai 1997).
2. Oxymore ou oxymoron : figure de style qui réunit deux mots en apparence contradictoires (par exemple, « une vierge expérimentée »).
3. Le Chevillier Pierre-Alain, *Les Agents intelligents sur Internet*, Institut des Techniques de la la Documentation, CNAM, 1997.

Pour cette raison, au lieu de parler d'agents intelligents au sens large, il est sans doute préférable de parler d'agents électroniques ou plutôt de faire référence aux tâches que ces assistants sont censés accomplir : nous nous occuperons ainsi d'agents de recherche, d'agents de veille, d'agents de commerce, etc.

Les différentes classes d'agents

En fonction de leurs attributs, certains chercheurs ont essayé de dresser une typologie d'agents. Parmi les plus intéressantes, il faut signaler celle de Hyacinth S. Nwana[1]. Le chercheur du laboratoire de British Telecom a d'abord identifié une série de critères afin de définir différentes classes d'agents.

• Les *attributs de déplacement* permettent de distinguer les agents statiques des agents mobiles.

• Les *attributs de fonctionnement* permettent de séparer les agents « réfléchis et posés » (qui possèdent une symbolique interne et un modèle de raisonnement leur permettant de négocier ou collaborer avec d'autres agents) des agents « réactifs » (qui par contre fonctionnent en utilisant un modèle « action-réaction »)[2].

• Les *attributs primaires* sont ceux qui caractérisent intimement la plupart des agents. En général, on distingue la capacité d'autonomie, la capacité de collaboration et la capacité d'apprentissage. On peut ainsi affirmer qu'une composante logicielle qui ne possède pas au moins un de ces attributs n'est pas un agent. Autrement dit, pour être défini comme tel, un agent doit figurer dans une des zones de la *figure 2.12.*

• Les *attributs de rôle* permettent de comprendre s'il s'agit d'agents pour la recherche d'informations, d'agents pour la veille, d'agents pour le commerce… Plus sommairement, ils permettent aussi de séparer les agents travaillant sur Internet de ceux qui fonctionnent en dehors du réseau.

---

1. Voir http://www.cs.umbc.edu/agents/introduction/ao
2. *Deliberative agents versus reactive agents.*

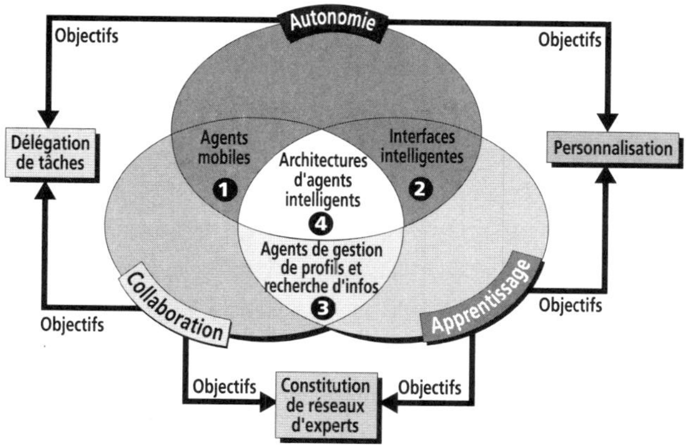

© Internet Professionnel, mai 1997

Figure 2.12 - Les attributs primaires d'un agent

En croisant ces différents attributs, il est possible d'identifier au moins quatre familles d'agents[1] :

1. Les *agents mobiles.* Leur principale caractéristique demeure dans leur capacité de déplacement sur les réseaux informatiques, afin d'accomplir des tâches précises indépendamment de leur utilisateur. Mais la mobilité constitue une condition nécessaire mais non suffisante pour que l'on puisse définir « intelligent » un agent. Il faut que celui-ci intègre également des capacités d'autonomie suffisantes pour savoir où il doit se rendre pour rechercher l'information et des capacités de collaboration afin de coopérer avec d'autres agents *(figure 2.12).* Un exemple typique est celui d'une application qui se déplace d'un ordinateur client afin de s'exécuter sur une machine serveur distante. C'est la société General Magic[2] qui a beaucoup contribué à diffuser cette catégorie d'agents, au début grâce au langage Telescript et en s'adaptant ensuite au langage Java. IBM a développé les aglets une sorte d'agents mobiles toujours en

1. Ce classement, comme le souligne l'auteur, est purement artificiel et n'a de sens qu'à des fins didactiques. En effet, les frontières entre les différentes classes tendent souvent à s'estomper... Par ailleurs, grâce à un croisement des attributs encore plus poussé, Hyacinth S. Nwana arrive à identifier jusqu'à sept classes d'agents.
2. Sony utilise le système d'exploitation Magic Cap pour son offre d'assistants intelligents. General Magic est accessible à http://www.genmagic.com

Java qui se déplacent sur Internet pour trouver des informations[1]. Peu à peu, Java[2] devient un langage de plus en plus adapté à l'écriture d'agents mobiles.

2. Les *« interfaces intelligentes »*[3] possèdent une capacité d'autonomie marquée et disposent également d'une certaine capacité d'apprentissage. Patties Maes[4] les définit comme des assistants personnels capables de collaborer avec l'utilisateur dans un même espace de travail. Ces « interfaces intelligentes » coopèrent davantage avec l'utilisateur plutôt qu'avec d'autres agents, mais il ne s'agit pas d'une règle absolue. Ils peuvent ainsi enregistrer des comportements afin de suggérer des alternatives à l'utilisateur. En ce qui concerne les capacités d'apprentissage, celles-ci se concrétisent soit à travers l'observation et l'imitation de l'utilisateur, soit à travers la réception d'instructions de ce dernier. Les applications sont assez variées et vont des systèmes experts qui assistent l'utilisateur dans l'installation, la configuration et la recherche d'informations au sein de son ordinateur, jusqu'aux agents qui vous préviennent que vous avez déjà visité tel ou tel site web (Webbie d'IBM[5]). Firefly[6] est une interface intelligente plus complexe qui permet d'obtenir des recommandations musicales et cinématographiques à partir d'agents capables de tracer le profil psychologique (comportements, goûts, habitudes...) des utilisateurs. De cette manière, en fonction de votre profil et après avoir interagi avec d'autres agents représentant des individus avec un profil similaire au vôtre, l'agent vous fournit des suggestions correspondant à vos centres d'intérêts. Cette technologie de filtrage (Automated Collaborative Filtering) est utilisée également sur certains sites web dans lesquels l'information est présentée de manière personnalisée en fonction de vos centres d'intérêts[7]. Elle est également appliquée dans le commerce

1. Voir http://www.trl.ibm.co.jp/aglets
2. Java est un langage qui s'adapte très bien à Internet, car il peut être utilisé sur n'importe qu'elle plate-forme (Mac, PC, Unix).
3. « Interface agents ».
4. Voir http://lcs.www.media.mit.edu/people/pattie
5. Plus spécifiquement, cet agent vous indique si un site est indisponible ou surchargé, si vous l'avez déjà visité, par quel chemin vous l'avez atteint et vous suggère des sites en fonction de vos habitudes (voir p. 123).
6. http://www.firefly.com (voir également l'article et l'interview de Nicholas Negroponte p. 126 ss).
7. Voir p. 64 (My Yahoo, My Excite et similaires).

électronique afin de fournir un accueil « sur mesure » et des offres commerciales adaptées à chaque visiteur[1].

3. Les *agents de gestion de profils*. Cette catégorie a récemment connu un important essor en raison de la demande croissante d'agents capables d'optimiser la recherche d'informations et la veille sur Internet *(information agents)*. Leur rôle consiste à rechercher, manipuler et surveiller l'information issue de différentes sources. Nous détaillerons cette classe tout au long de l'ouvrage. En général, ils réagissent en fonction des renseignements fournis par l'utilisateur (capacité d'apprentissage) et peuvent lui suggérer des actions à entreprendre (capacité de collaboration). Il est cependant important de souligner qu'à l'intérieur de cette classe, les attributs des agents peuvent varier sensiblement. Nous verrons donc des agents statiques, d'autres mobiles, certains coopératifs ou autonomes[2], etc.

4. Le *vrai agent intelligent* devrait posséder l'ensemble de ces attributs. Doté d'une forte autonomie, il peut décider de partir sur un réseau (Internet ou autre) et éventuellement d'interagir et de collaborer avec d'autres agents dans le but de vous ramener des informations pertinentes et fiables. C'est le rêve de tout veilleur. Malheureusement, un tel agent n'a pas encore vu le jour...

La structure d'un agent

Indépendamment du choix des attributs et des problèmes de définition qui en découlent, tout agent possède une structure propre[3] qui permet de le caractériser comme tel. La figure 2.13 nous permet de mieux comprendre les composantes typiques d'un agent. Le modèle de Caglayan et Harrison nous pousse à prendre en compte quatre niveaux d'analyse.

- La nature de tout agent est orientée à l'action et l'*accomplissement de tâches préétablies* (task-oriented). Les agents peuvent donc être analysés en fonction de leur capacité à résoudre certaines tâches plus ou moins précises (recherche d'informations, filtrage d'informations, veille...).

1. Il s'agit véritablement de marketing *one-to-one*. Parmi les produits les plus connus, SelectCast (http://www.aptex.com) et BroadVision (http://www.broadvision.com). Voir également p. 121.
2. Naturellement nous verrons aussi la différence entre technologies *push* et technologies *pull*.
3. Alper Caglayan, Colin Harrison, *Les Agents*, *op. cit.*

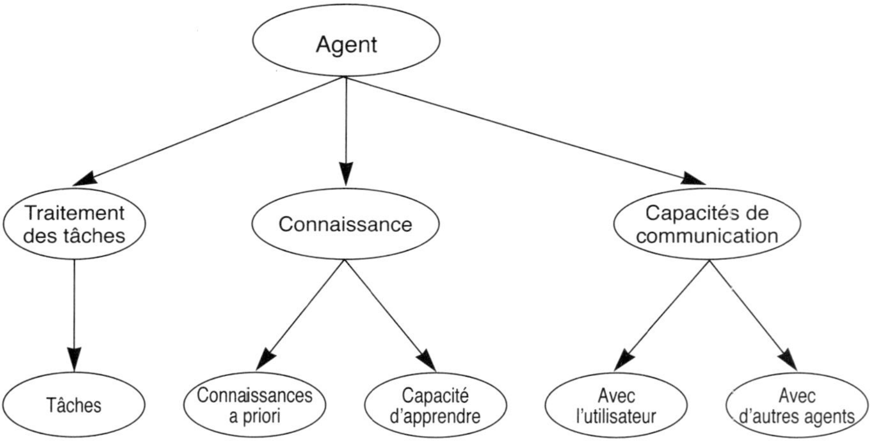

Figure 2.13 - Structure d'un agent

• Un agent dispose d'un certain nombre de *« connaissances »*, c'est-à-dire de règles de fonctionnement qui définissent son architecture. Celles-ci peuvent être soit imposées par le développeur, soit suggérées par l'utilisateur, soit acquises de manière autonome par l'agent lui-même (*learning agent*).
• Les agents agissent dans différents *environnements*. Par exemple, il existe des agents qui opèrent au niveau de votre bureau de travail (en d'autres mots, au niveau du système d'exploitation de votre ordinateur), d'autres qui travaillent sur Internet et d'autres encore qui fonctionnent à partir de votre intranet.
• Enfin, un agent possède une *capacité de communication*, plus ou moins développée, qui lui permet d'interagir avec l'utilisateur ou avec d'autres agents.

Nous nous occuperons essentiellement des agents qui opèrent dans les environnements Internet et intranet pour accomplir des tâches d'intelligence stratégique (recherche d'informations et veille).

La réalité des agents sur Internet

Naturellement, sur le « réseau des réseaux » l'incertitude terminologique n'est pas des moindres. Il suffit de voir l'éventail folklorique des appellations utilisées : *intelligent agents, search agents, software agents, internet agents, interface agents, web agents, personal agents, autonomous agents, bots, softbots, knowbots, userbots, robots, personal assistants, wizards,* etc.

Quoi qu'il en soit, les « outils classiques » que nous avons étudiés auparavant (moteurs de recherche, répertoires, métamoteurs...) ne sont absolument plus suffisants à partir du moment où l'on souhaite mener des activités de veille sur Internet. Les outils traditionnels sont très utiles pour des recherches d'informations ponctuelles. En effet, leur réactivité immédiate les rend parfois plus intéressants que les agents de recherche qui, comme nous le verrons, sont très lents. Mais à partir du moment où les recherches deviennent plus complexes ou récurrentes, il faut envisager d'installer des agents plus ou moins intelligents...

Ayant défini l'environnement de travail qui nous intéresse (Internet et par conséquence aussi l'intranet) et la mission que nous souhaitons attribuer aux agents (intelligence stratégique), il est possible d'identifier différentes catégories. Cela dit, aussi bien les catégories que les agents qui les composent sont en perpétuelle évolution.

Description de trois catégories d'agents (1996)

Voici par exemple la façon un peu imagée avec laquelle nous présentions les catégories d'agents sur notre site web en 1996. Même si dans le fond, cette classification reste exacte, de nombreuses autres catégories ont entre temps vu le jour.

La première génération d'agents

Leur rôle consiste à effectuer des recherches simples de façon immédiate. En fait, ils ne font rien d'autre qu'utiliser les moteurs existants (Lycos, AltaVista, Yahoo!...) en leur adressant des requêtes successives. Leurs qualités principales sont leur extrême rapidité (quelques secondes) et leur générosité (ils fournissent leurs services gratuitement...) mais ils sont hélas un peu superficiels et n'aiment pas approfondir les choses... Ils aiment bien les étudiants et tous ceux qui ont un peu de temps à perdre... MetaCrawler, SavvySearch, et Use-It font partie de cette « brigade de métamoteurs »...

La deuxième génération d'agents

La deuxième catégorie d'agents regroupe des logiciels nettement plus évolués et capables de satisfaire des requêtes pointues de façon approfondie. Pour chaque demande, ils ne se limitent pas à localiser les sites où l'information pourra être trouvée, mais ils se rendent à l'intérieur même de chaque site, analysent les informations, les trient et enregistrent le fruit de leur travail sur votre disque dur ! Hélas, même s'ils sont nettement plus compétents que la catégorie

☞

précédente, ils ont eux aussi leurs défauts. Il faut les entraîner, ils sont souvent lents et leurs réponses ne sont pas toujours très pertinentes... On ne peut pas vraiment les qualifier d'intelligents... Parfois, ils demandent plusieurs heures pour satisfaire votre demande. SurfBot, WebWhacker, Autonomy font partie de cette nombreuse famille d'agents semi-intelligents...

La troisième génération d'agents

La troisième catégorie regroupe des agents encore plus évolués qui adorent être en contact avec les hommes. Ils essaient de satisfaire les requêtes les plus pointues et difficiles. Mais ils sont aussi humbles, ils reconnaissent leurs limites et il arrive qu'ils fassent appel à des hommes pour les guider. Ainsi se crée une symbiose qui permet des interactions jamais vues auparavant. Ensemble, agents et hommes sont capables de satisfaire les besoins en information les plus stratégiques et confidentiels. Hélas, les agents de ce type sont encore rares...

Représentation graphique de quelques agents disponibles sur Internet

Chaque mois, plusieurs nouveaux agents sont introduits sur Internet. Au moment où vous lirez ces pages, de nombreux nouveaux agents auront vu le jour. Pour cette raison, nous avons créé un laboratoire de test sur notre site web dans lequel le lecteur pourra découvrir les dernières nouveautés et les tester directement en les téléchargeant. En effet, un agent fonctionne exactement comme un logiciel. Normalement, il faut identifier le site du revendeur sur Internet, télécharger l'agent, l'installer sur votre ordinateur et apprendre à l'utiliser. Dans notre laboratoire, nous avons essayé de simplifier toutes ces démarches. À partir d'une adresse unique (http://www.cybion.fr/intelligence), les meilleurs agents disponibles sur le marché sont étudiés, téléchargés et testés. Dans tous les cas, en annexe de cet ouvrage vous trouverez une description des principaux agents qui existent à l'heure actuelle.

Agents pour la recherche d'informations

Comme leur nom l'indique, le but est simple : optimiser la recherche d'informations sur Internet. Ils sont d'une grande diversité et on peut distinguer diverses sous-catégories. Cependant, la lenteur de leur action est telle qu'on les utilise surtout pour des recherches complexes ou à chaque fois que l'on mise sur l'exhaustivité.

- *Les métamoteurs*

Nous avons déjà décrit ces outils (voir p. 65). Ils ne constituent pas des agents à proprement parler puisqu'aucun logiciel client n'est installé et toutes les recherches sont réalisées en ligne à partir d'un site web (par exemple celui de MetaCrawler, SavvySearch ou ProFusion). Comme nous l'avons dit, il s'agit d'une « race hybride » qui permet d'utiliser plusieurs outils simultanément (aussi bien des répertoires que des moteurs de recherche). En d'autres mots, en remplissant un seul formulaire, vous interrogez simultanément plusieurs outils de recherche sans devoir aller sur chacun des sites, ce qui implique d'importantes économies en terme de temps. Nous avons aussi vu qu'ils présentaient quelques inconvénients importants. D'une part, ils tendent à interroger par défaut des outils de nature très différente que l'on n'utilise pas souvent ensemble (par exemple Yahoo ! avec AltaVista). D'autre part, ils ne permettent pas toujours d'utiliser les fonctions avancées de recherche (comme les opérateurs booléens). Nous en avions conclu que leur principal atout consiste à débroussailler très vite le terrain et qu'ils représentent un compromis très intéressant quand, en un minimum de temps, on souhaite interroger un nombre maximum d'outils.

- *Les métamoteurs de deuxième génération (off-line)*

Le prolongement logique des métamoteurs est incarné par des logiciels qui s'installent sur votre ordinateur et qui en principe pallient les inconvénients que nous venons de voir. Le principe de fonctionnement est exactement le même. Pour chaque requête, ils interrogent plusieurs outils de recherche et éliminent les doublons. Mais ce qui fait leur originalité, c'est que vous n'avez pas besoin de vous connecter directement à

Internet pour les faire fonctionner. En effet, vous définissez d'abord *off-line*[1] votre stratégie de recherche en choisissant les mots clés appropriés et les outils que vous souhaitez utiliser pour chaque mission. Vous pouvez aussi définir l'heure et la périodicité de votre recherche ainsi que l'endroit où vous voulez que l'agent stocke le fruit de ses efforts. De cette manière, le moment venu, l'agent active spontanément une connexion sur Internet, interroge les outils de recherche avec les mots clés que vous lui avez donnés, fusionne les résultats en éliminant les doublons, les enregistre sur votre disque dur et enfin se déconnecte pour se reposer un peu…

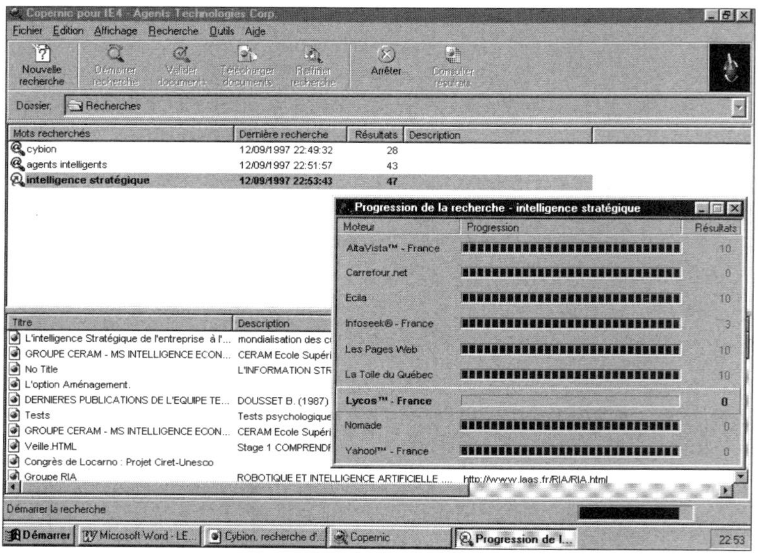

Figure 2.14 - Copernic est un des rares agents capable d'interroger simultanément plusieurs moteurs de recherche francophones

Vous pouvez consulter alors son travail sans devoir vous connecter, ce qui permet de bénéficier d'une vitesse d'affichage quasi instantanée, tout étant enregistré sur votre ordinateur. On comprend vite les avantages de tels outils. D'abord, contrairement aux métamoteurs *on-line* (MetaCrawler, SavvySearch…), vous pouvez sélectionner librement les moteurs à utiliser parmi des listes de plus en plus exhaustives. Vous ne serez plus obligé de

1. C'est-à-dire déconnectés d'Internet. Nous utiliserons souvent les termes *on-line* et *off-line* pour indiquer si l'on est ou pas connecté au réseau.

lancer AltaVista avec Yahoo !. Certains agents permettent de rajouter n'importe quel instrument de recherche même s'il n'est pas présent au sein de leur liste de choix. Ensuite, de plus en plus souvent, ils permettent d'utiliser des opérateurs complexes pour mener des recherche avancées (l'agent se charge automatiquement de convertir les opérateurs booléens pour chaque moteur de recherche). Cela dit, ils ne permettent pas de prendre en compte les « finesses » propres à chaque moteur.

Naturellement, eux aussi ont leurs limites. Comme les métamoteurs *on-line*, la quantité de « bruit » qu'ils rapatrient est parfois impressionnante. L'inconvénient ici est que toutes ces données non pertinentes risquent de saturer très vite votre ordinateur si vous ne pensez pas à faire le ménage régulièrement. Le « bruit » sera encore plus important si vous sélectionnez des outils de recherche dont vous ne connaissez pas les caractéristiques. Pour reprendre toujours le même exemple, quelqu'un qui ne connaît pas les spécificités d'AltaVista et de Yahoo ! et décide avec un agent de les utiliser simultanément, risque d'obtenir beaucoup d'informations inutiles. Il faut donc bien connaître chaque répertoire et chaque moteur de recherche avant de l'utiliser au sein d'un agent. Il s'agit d'outils complémentaires et qui ne sont absolument pas concurrents. Un agent de recherche n'est qu'une « coquille vide » sans les différents instruments de recherche qu'il est censé interroger. Aussi, toujours pour éviter le risque d'enregistrer des pages inutiles, il est conseillé de choisir les mots clés avec beaucoup d'attention. Dans l'idéal, il faudrait tester l'efficacité de vos mots clés sur Internet avec un moteur comme HotBot ou AltaVista avant même de lancer un agent. Dans tous les cas, l'utilisation des agents doit être préparée et planifiée. Partir à l'aveuglette sera toujours décevant. Toutes les précautions méthodologiques que nous avons décrites pour mener efficacement des recherches sur Internet (voir p. 72) conservent toute leur valeur dans ce contexte.

Un autre inconvénient est leur lenteur de fonctionnement. Pour une recherche complexe, un agent peut mettre plusieurs heures pour accomplir son travail puisqu'il doit interroger plusieurs moteurs, éliminer les doublons, se connecter aux différents sites web, enregistrer tous les documents et éventuellement les traiter informatiquement. Si la recherche d'informations est ponctuelle ou très urgente, il vaut mieux ne pas envisager les agents de recherche mais utiliser directement les outils classiques.

Actuellement, on peut trouver de nombreux métamoteurs *off-line* sur le marché (Copernic, NetAttaché Light, WebFerret...)[1]. Quelques-uns sont décrits en annexe[2], vous trouverez les autres dans notre laboratoire de test sur le web.

- *Les agents sectoriels*

Nous avons vu précédemment (voir p. 68) que les moteurs sectoriels[3] sont des outils uniquement spécialisés dans un domaine précis (finance, assurance, éducation, littérature, etc.). Ce sont souvent des bases de données indépendantes très riches et qui ne peuvent pas être atteintes par les robots de recherche généralistes (il s'agit de ce que les spécialistes appellent *The Invisible Web*). Elles demeurent très utiles quand les outils traditionnels échouent. Cependant, leur éparpillement rend leur utilisation souvent assez longue et difficile. Pour cette raison, certains agents de recherche se sont spécialisés par secteur d'activité. Un des plus efficaces, WebSeeker, intègre plus de 100 moteurs de recherche qu'il classe en de nombreuses catégories (art, automobile, business, ordinateurs, éducation, emploi, finance, loisirs, jeux, santé, maison, multimédia, etc.). Il permet également de créer des catégories personnalisées.

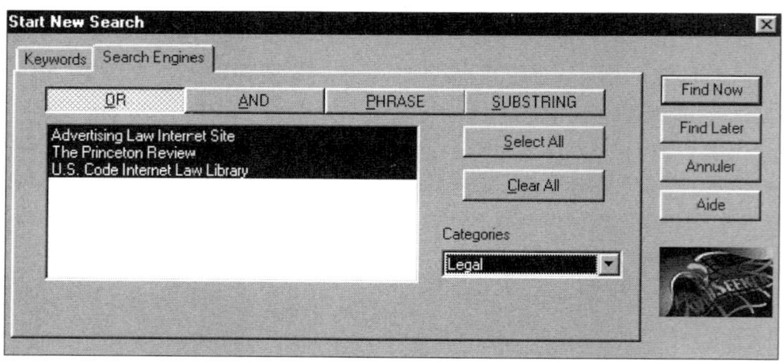

Figure 2.15 - WebSeeker peut être personnalisé pour mener des recherches dans un contexte juridique

1. Copernic (http://www.copernic.com), NetAttaché Light (http://www.tympani.com), WebFerret (http://www.ferretsoft.com).
2. Parfois les agents de recherche que nous citons peuvent accomplir à la fois des tâches de recherche d'informations et de veille. Pour cette raison, certains d'entre eux apparaissent à la fois sous différentes rubriques.
3. Internet Sleuth (http://www.isleuth.com) en répertorie plus de 2 000.

Le fonctionnement des agents sectoriels est exactement le même que celui des métamoteurs de deuxième génération avec en plus un choix d'outils beaucoup plus important (cf. annexe). Citizen One offre deux agents distincts très pointus dans le domaine de la santé et des affaires[1].

- *Les agents de recherche avancés*

Certains agents de recherche présentent des fonctionnalités parfois très intéressantes. La fonction commune à tous les agents précédemment décrits consiste à interroger, à partir de mots clés choisis par l'utilisateur, uniquement les moteurs qui ont été sélectionnés. Cela dit, un certain nombre de sociétés ont développé des fonctions supplémentaires.

– *Veille, filtrage et archivage des résultats.* Certains agents (NetAttaché Pro, WebSeeker, etc.) vous permettent de suivre une recherche dans le temps. En d'autres termes, à intervalles réguliers, ils interrogent à nouveau tous les outils que vous avez sélectionnés. Vous pouvez ainsi suivre l'évolution dans le temps des résultats issus de votre requête[2]. De plus, il est également possible de filtrer ces résultats de manière à pouvoir en extraire les différences dans le temps, éventuellement à l'aide de nouveaux mots clés (NetAttaché Pro). L'archivage des résultats de chaque recherche est souvent possible.

– *Analyse linguistique des requêtes.* Normalement, pour lancer un agent de recherche vous devez lui indiquer (comme pour un moteur) les mots clés sur lesquels vous souhaitez enquêter ainsi que les outils que vous voulez qu'il utilise (HotBot et AltaVista plutôt que InfoSeek, etc.). Vous devez donc vous plier à un certain nombre de contraintes parfois fastidieuses. Pour cette raison, certains agents acceptent les interrogations en langage naturel, c'est-à-dire sous forme de phrases accomplies et non sous forme de mots clés (Autonomy et d'une manière nettement plus efficace DigOut4U). Ensuite, c'est l'agent qui, à travers un module linguistique, traduit vos formulations personnelles en extrayant les mots clés les plus significatifs. Par ailleurs, souvent vous n'avez même pas à choisir quel répertoire ou moteur de

1. WebSeeker (http://www.bluesquirrel.com) et Citizen One (http://www.citizen1.com).
2. Il faut bien préciser qu'ici il s'agit d'une veille superficielle qui s'applique uniquement aux pages de présentation des résultats des différents moteurs de recherche. Elle est d'ailleurs assez difficile à exploiter efficacement. Dans tous les cas, il ne faut pas confondre cette fonction avec les agents de veille que nous décrirons plus loin.

recherche utiliser. L'agent en interroge un certain nombre par défaut. À cette date, les résultats sont encore un peu mitigés, l'adaptation linguistique n'étant pas encore très performante.

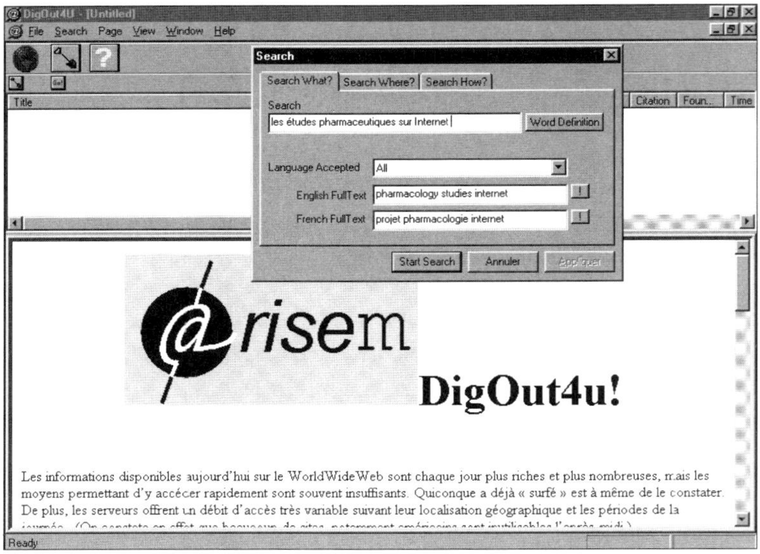

Figure 2.16 - DigOut4U utilise une technologie très prometteuse et originale

– *Analyse des résultats.* Certains agents font subir des traitements aux informations collectées. Ces traitements informatiques peuvent être de nature très variée et naturellement impliquer des surcoûts parfois importants. SemioMap[1] par exemple, en se basant sur des principes de sémiotique, permet d'obtenir une cartographie précise de l'information rapatriée afin de bien comprendre la situation présente et de détecter d'éventuels « rumeurs faibles ». Umap de Trivium adopte une démarche semblable mais avec une technologie différente (cf. annexe). D'autres agents effectuent une indexation sémantique des résultats ou bien sont capables de générer automatiquement des résumés pour chaque site (WebCompass, DigOut4U, etc.). DigOut4U est le seul outil qui rapatrie le contenu sémantique des pages web ainsi que le contenu des newsgroups en mode continu (l'ensemble des liens hypertexte qui sont trouvés sont analysés à l'infini !). Les résultats

1. Pour une description plus détaillée de cet outil voir p. 71.

sont très variables en fonction des technologies utilisées. Il est clair qu'un agent à 150 FF ne pourra pas obtenir les mêmes résultats qu'une architecture agent qui coûte plusieurs milliers de francs[1].

Comme nous l'avons déjà souligné, il est souhaitable de bien maîtriser les différents moteurs de recherche avant de se décider à utiliser ces agents. Par ailleurs, si vous recherchez une personne, une société, un produit, un logiciel ou toute autre information, et que vous ne souhaitez pas utiliser manuellement chaque outil de recherche, utilisez quand même la méthodologie de recherche que nous avons décrit plus haut (voir p. 72). Celle-ci peut souvent s'adapter aux agents de recherche. En effet, en fonction de votre domaine de recherche, il suffit de « paramétrer » votre agent de recherche avec les outils que nous avons décrits au sein de cette aide méthodologique. À titre d'exemple, si vous voulez obtenir un maximum d'informations sur un nouveau produit lancé par l'un de vos concurrents, vous pouvez sélectionner au sein de votre agent les moteurs de recherche les plus performants (HotBot, AltaVista, InfoSeek) ainsi qu'un certain nombre de moteurs sectoriels.

Agents pour la veille

L'information se renouvelle à une telle vitesse sur Internet qu'il est humainement impossible de suivre l'évolution de l'offre d'un concurrent, l'actualité d'un secteur économique ou l'apparition d'innovations technologiques sans l'aide d'assistants électroniques. Nous avons vu que dans certaines circonstances, la recherche d'informations peut se passer des agents et peut être optimisée même de manière manuelle[2]. Ceci n'est pas possible pour des activités de veille pointues. Même si vous obligez une personne à rester « branchée » nuit et jour sur Internet pour surveiller ne serait-ce que dix sites assez volumineux, vous n'obtiendrez pas de résultats satisfaisants. La quantité d'informations est trop importante pour qu'un être humain puisse détecter tous les changements qui ont eu lieu. Il faut donc qu'il puisse « collaborer » avec les agents de veille. Schématiquement nous

1. Autonomy (http://www.agentware.com), DigOut4U (http://www.arisem.com), Semio (http://www.semio.com), Umap (http://www.umap.com), WebCompass (http://www.qdeck.com/qdeck/products/webcompass).
2. Par ailleurs, il faut remarquer que souvent certains agents (par exemple NetAttaché ou l'ancien SurfBot) offrent à la fois des fonctions de recherche d'informations et de veille.

pouvons distinguer deux grandes familles d'agents. Les agents de type *pull* et les agents de type *push*. Il s'agit d'une distinction essentielle qui est à la base d'enjeux économiques très importants.

Pull littéralement signifie « tirer » alors que *push* signifie « pousser ». Quand vous allez sur le site de Yahoo ! pour y mener une recherche, on dit que vous êtes en train de « tirer » *(pull)* l'information du serveur de Yahoo ! jusqu'à votre machine. En effet, vous avez effectué la démarche active d'allumer votre ordinateur, de vous relier à Internet, de vous connecter au site de Yahoo !, de saisir les mots clés de votre recherche et enfin de rapatrier les documents[1] sur votre ordinateur. Vous êtes en train de faire du *pull* à l'état pur... Cependant, vous pouvez continuer à faire du *pull* en déléguant certaines tâches répétitives à un agent. Si par exemple, au lieu de vous connecter directement à Yahoo ! vous déléguez cette tâche à votre agent de recherche (par exemple WebSeeker), il s'agit toujours de *pull*. Dans ce cas, l'agent vous remplace et il « tire à vous » les informations demandées. Dans la démarche *pull*, ce qui est important c'est que vous êtes actif dans vos choix même si vous confiez le travail répétitif à l'agent. De même, si avec un agent de veille comme Tierra HighLights (cf. infra) vous décidez de surveiller le site web d'un concurrent, c'est toujours du *pull* même si l'agent vous stocke les pages qu'il trouve et vous donne l'impression de les « pousser » à vous *(push)*.

Dans une optique *push*[2], en revanche vous jouez un rôle beaucoup moins actif car l'information est « poussée » jusqu'à vous. C'est exactement le même principe que la télévision. Vous avez des dizaines de chaînes qui diffusent des informations et votre rôle consiste uniquement à choisir la chaîne qui vous convient et à la suivre. Sur Internet c'est la même chose. Vous avez des logiciels de type *push* (PointCast, Marimba, BackWeb, etc.)

1. Il faut savoir que vous rapatriez des informations même si vous ne faites pas la démarche volontaire de les enregistrer sur votre disque dur. En effet, chaque fois que vous visitez une page, celle-ci s'enregistre automatiquement dans la mémoire cache de votre ordinateur. Voilà pourquoi, quand vous allez sur Internet à la recherche de quelque chose, on dit que vous « tirez » les informations que vous trouvez.

2. Parfois le mot *push* est remplacé par des termes plus ou moins synonymes : *push media*, *webcasting*, *webdiffusion*, *broadcasting*, etc. Par ailleurs, la comparaison entre les services *push* et les listes de diffusion (*mailing lists*) n'est qu'apparente. Tous les deux, certes, impliquent que l'on reçoit des informations auxquelles on a souscrit. Mais la grande différence c'est le manque d'interactivité des logiciels *push*. En effet, vous ne pouvez pas répondre à des messages comme au sein d'une mailing list.

qui vous permettent d'accéder à des centaines de chaînes d'informations (CNN, New York Times, Washington Post, etc.) à caractère souvent thématique (météo, sport, marchés financiers, etc.). Les logiciels de type *push* ont explosé vers la fin de 1996 en faisant beaucoup de bruit. Certains affirment que désormais le web entier va se transformer en une « télévision géante » dans laquelle chacun diffusera des informations à partir de sa propre chaîne. En réalité, ce sont les enjeux financiers énormes (notamment ceux liés à la publicité) qui provoquent de tels enthousiasmes. L'information obtenue par ces agents de *webcasting* (ou *webdiffusion*) est complètement uniforme et standardisée et s'adapte souvent à une diffusion de masse[1]. Elle est donc très utile pour suivre l'actualité en général mais complètement insuffisante pour mener des activités de veille personnalisées. Avec les technologies *push*, c'est le gestionnaire de chaque chaîne qui décide du contenu de celle-ci et qui le diffuse (à travers un serveur), alors qu'avec un agent *pull*, si vous décidez de vous créer une chaîne, vous êtes maître de son contenu et c'est votre agent (un logiciel client) qui rapatrie les informations qui correspondent à vos choix *(tableau 2.1)*. L'intervention et la personnalisation humaine sont beaucoup plus importantes avec les agents de type *pull*.

Parfois la frontière entre agents *pull* et agents *push* devient très subtile surtout depuis que les *browsers* les plus récents (Navigator 4.0 et Internet Explorer 4.0) intègrent simultanément les deux technologies… Par ailleurs, le fait que les *channels* officiels peuvent désormais cohabiter avec des *channels* personnalisés tendra à renforcer cette confusion.

Nous sommes persuadés que les deux systèmes vont coexister plus ou moins pacifiquement, tout simplement parce qu'ils sont complémentaires. Croire qu'Internet va se transformer en un système unique de *webdiffusion* c'est un peu comme croire que la télévision est le seul

1. Ce qui ne veut pas dire que le *push* soit une technologie réservée au grand public. Même si les nombreux producteurs ont d'abord misé sur le marché grand public, peu à peu ils ont développé des applications pour le marché professionnel des intranets. Quand on parle de diffusion de masse, on entend « diffusion uniforme au sein d'un groupe défini d'utilisateurs ». Par ailleurs, le *push* pur a lieu par ondes radio. Pour l'instant, uniquement la société AirMedia diffuse, à partir d'un serveur central, des informations par ondes radio qui peuvent être reçues uniquement avec un petit récepteur que l'on peut relier à un ordinateur (http://www.airmedia.com). pour une vision objective du *push*, lire l'intéressant article de Michel Bauwens, « Push, l'info personnalisée : le souffle retombe », *.Net*, décembre 1997.

Tableau 2.1 - Comparaison des deux systèmes

	Agents *push*	**Agents *pull***
Avantages	– Pas de recherches préalables à faire – Pas de perte de temps – Information souvent fiable – Interface conviviale et usage simple – Logiciels et contenus souvent gratuits	– L'utilisateur est maître de ses choix – Peu de ressources réseau consommées – Nécessite un ordinateur normal – Contenu personnalisé aux besoins – Absence fréquente de publicité
Inconvénients	– L'utilisateur est passif – Importante consommation de ressources (encombrement du réseau interne et en général aussi d'Internet) – Nécessite un ordinateur assez puissant – Publicité souvent obligatoire – Problèmes de sécurité – Contenu pas toujours riche et varié – Pas encore de protocole universel	– Plus complexe à utiliser – Interface moins conviviale – Possibilité de rapatrier de l'information peu fiable ou non pertinente – Logiciels et contenus parfois payants – Pas encore de protocole universel

média qui va survivre et que, dorénavant, personne ne fera plus la démarche de choisir et d'acheter un quotidien ou d'aller en bibliothèque faire une recherche précise... Par ailleurs, même en admettant que le modèle *push* s'impose et que le web se transforme peu à peu en une énorme télévision avec une multitude de chaînes officielles et non officielles, nous nous retrouverons exactement dans la situation actuelle avec les mêmes problèmes liés à l'information sur Internet (surabondance de chaînes pas toujours pertinentes et fiables...).

Maintenant, il est intéressant d'étudier les principaux agents au sein des deux catégories précitées.

- *Les agents* pull

La finalité de ces agents est de vous aider à mieux surveiller un ou plusieurs sites web et, éventuellement, les archives des forums de discussion ou des listes de diffusion qui vous intéressent[1]. On distingue deux possibilités.

– Les agents d'alerte par e-mail (Url-Minder de NetMind, The Informant...)[2] vous envoient un courrier électronique chaque fois que la page web que vous avez sélectionnée est modifiée, ou bien quand une recherche d'informations produit de nouveaux résultats au sein d'un ou plusieurs moteurs (The Informant). Dans certains cas (NetMind Highlighter), il est également possible de filtrer les changements qui ont eu lieu en choisissant des mots clés appropriés et vous pouvez également recevoir dans votre boîte aux lettres la page *html* qui a été modifiée ! Toutes les activités de veille sont généralement gratuites et sont gérées par un serveur distant (vous n'avez aucun logiciel à installer sur votre ordinateur). Il s'agit donc d'outils très flexibles et faciles à utiliser mais avec lesquels on ne peut pas mener des activités de veille trop poussées.

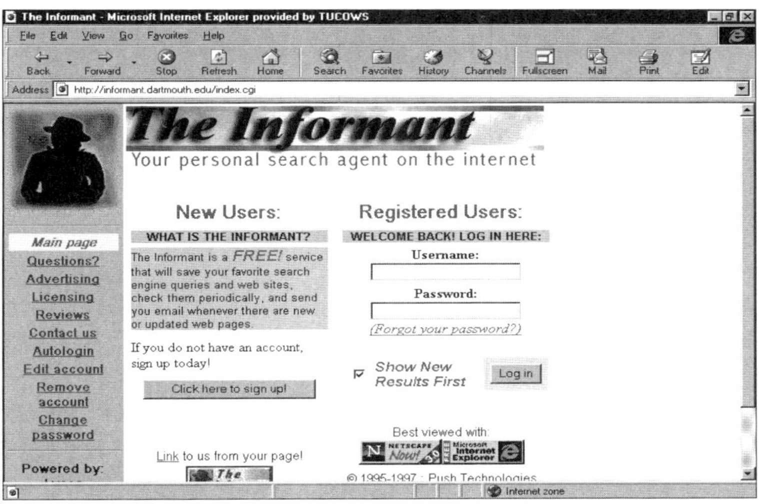

Figure 2.17 - The Informant permet de surveiller plusieurs sites web et d'être alerté par e-mail

1. Ces agents peuvent aussi, comme nous l'avons vu auparavant, suivre l'évolution dans le temps d'une recherche d'information effectuée auprès d'un ou plusieurs moteurs de recherche. Dans ce cas, faut-il parler d'agent de recherche ou d'agent de veille ?
2. Aussi connus sous le nom de *e-mail notifiers* ou de *notification agents.* Url-Minder (http://www.netmind.com), NetMind Highlighter (http://www.netmind.com/URL-minder/vh_ver01.html), The Informant (http://informant.dartmouth.edu).

– Les agents d'alerte *off-line*[1] sont des logiciels clients qui s'installent sur votre ordinateur et que vous pouvez finement personnaliser afin de réaliser des activités de veille assez pointues. Les agents de première génération (SurfBot[2], WebWhacker, MemoWeb, NearSite, etc.) permettent de faire une copie sur votre ordinateur de sites entiers. Il suffit de leur indiquer l'adresse et de fixer l'heure à laquelle vous souhaitez qu'ils s'activent. Ils vont se connecter de façon automatique au réseau afin de rapatrier les données qui vous intéressent. Vous pouvez ainsi mener vos activités de recherche et de veille à partir de données enregistrées (avec un affichage immédiat) et non pas en vous connectant directement à Internet. Naturellement, vous n'êtes pas obligé « d'aspirer » des sites entiers mais uniquement les parties qui vous intéressent le plus. L'agent vous alerte chaque fois que quelque chose change au sein de votre sélection. L'inconvénient majeur de ces alertes réside dans leur manque de pertinence. Il suffit en effet qu'une virgule ou une image soient déplacées pour que l'agent, décidément peu intelligent, déclenche une alarme… Pour cette raison, des agents de deuxième génération (NetAttaché Pro, Tierra HighLights…)[3] permettent de mieux filtrer les alertes. De cette manière, grâce à des mots clés, vous pouvez dire à votre agent de veille de vous « déranger » uniquement quand un changement pertinent apparaît au sein des ressources qu'il doit surveiller. L'utilisation de ces assistants électroniques est très utile mais il faut faire attention à ne pas se laisser submerger par une masse de données qui pourraient vite paralyser votre ordinateur. Par ailleurs, apprendre à les domestiquer n'est pas toujours évident…

1. Les appellations sont très variées en fonction des caractéristiques de chaque agent : *off-line browsers*, agents de navigation en local, aspirateurs, gratteurs, etc.
2. SurfBot a été un des premiers agents relativement efficace. Officiellement racheté par Oracle, il n'est plus disponible bien qu'il puisse encore être téléchargé à partir du site de Tucows (http://tucows.wau.nl/offline95.html). WebWhacker est disponible à http://www.ffg.com, MemoWeb à http://www.memoweb.com et NearSite à http://www.nearsite.com
3. NetAttaché Pro (http://www.tympani.com) et Tierra HighLights (http://www.tierra.com).

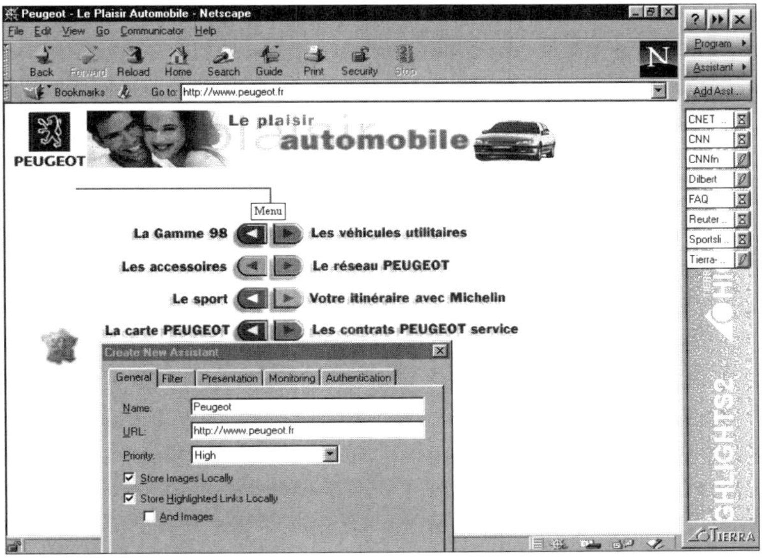

Figure 2.18 - Tierra HighLights est un des rares agents capable de filtrer efficacement les alertes

• *Les agents* push

Comme nous l'avons expliqué, les technologies *push* sont très efficaces surtout pour suivre l'actualité et pour diffuser des informations à des cibles homogènes. Là aussi on distingue deux cas.

– Les agents *push on-line* (My Yahoo !, My NewsPage, My Excite, eBusiness Center, etc.)[1] permettent d'obtenir des nouvelles personnalisées sous forme de rubriques thématiques (actualité sportive, actualité politique, actualité financière, actualité météo, etc.) ainsi que beaucoup de services annexes (réservations, achats, loisirs, communautés électroniques…). Tout fonctionne en ligne et vous n'avez pas besoin d'installer un logiciel client. Les informations sont diffusées au sein d'une page de sommaire personnelle qui s'active dès lors que vous avez défini votre profil utilisateur[2]. Ce genre de service est simple et assez efficace mais très

1. Les adresses à consulter sont http://my.yahoo.com, http://my.newspage.com, http://my.excite.com et http://www.ebusiness-center.com
2. Certains parlent d'outils *push-pull.* En effet, puisque ces services offrent des canaux, il s'agit certainement de *push.* Cependant, puisque l'utilisateur doit se connecter à Internet pour consulter les informations, il y aussi une composante de type *pull.*

limité pour des activités de veille sophistiquées. En effet, mises à part les contraintes liées à la connexion Internet[1], vous disposez souvent d'un choix très restreint d'options pour personnaliser votre page (exception faite de My NewsPage).

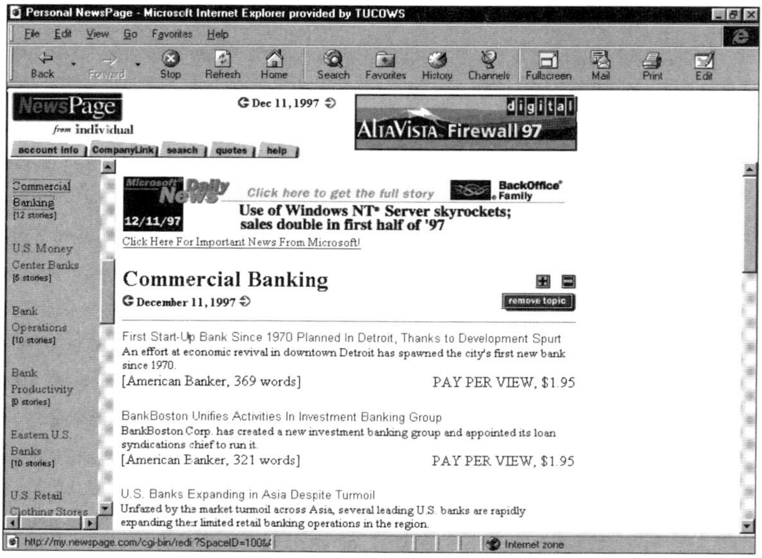

Figure 2.19 - NewsPage est un excellent outil pour constituer rapidement des revues de presse personnalisées

– Les agents *push off-line* reposent sur le même principe mais nécessitent que vous installiez un logiciel client (PointCast, Marimba, BackWeb, InterMind, DownTown...)[2]. Ainsi, une fois que vous avez défini votre profil au sein de listes d'options de plus en plus

---

1. Entre la catégorie du push *on-line* et celle des logiciels de push *off-line*, il faut signaler aussi une race hybride : les *tickers*. Il s'agit de petits logiciels qui permettent de faire défiler sur votre écran les dernières informations d'actualité issues d'Internet. Parmi les plus connus, My Yahoo ! News Ticker (http://www.netcontrols.com), WorldFlash News Ticker (http://www.scroller.com), IBM News Ticker (http://www.infomarket.ibm.com/ht3/ticker.shtml), WebSprite (http://www.websprite.com), etc. Progressivement, ils sont intégrés au sein même des logiciels traditionnels de *push* et perdent ainsi une partie de leur intérêt (cf. le rachat de Lanacom de la part de BackWeb).
2. PointCast (http://www.pointcast.com), Marimba (http://www.marimba.com), BackWeb (http://www.backweb.com), InterMind (http://www.intermind.com), DownTown (http://www.incommon.com).

riches, votre logiciel télécharge automatiquement, à partir d'un serveur distant, le contenu des chaînes auxquelles vous avez souscrit[1]. Par ailleurs, récemment les deux principaux *browsers* sur le marché ont adopté un système de *channels* au sein même de leur logiciel de navigation. Netscape, pour la quatrième version de son Navigator, a integré la technologie Marimba au sein de son nouveau service d'informations, le NetCaster. Microsoft a fait de même en intégrant PointCast dans Internet Explorer 4.0.

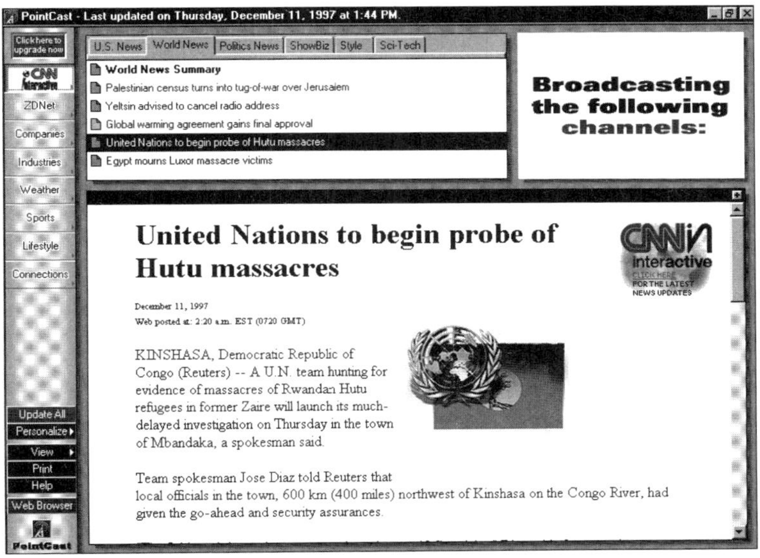

Figure 2.20 - PointCast est le pionnier du push sur Internet

Méthodes de veille

Maintenant que nous avons parcouru rapidement les différentes technologies existantes[2], il est indispensable de comprendre comment elles peuvent être efficacement exploitées afin d'optimiser les principales activités de veille. Nous allons examiner quelques cas de figure.

1. L'inconvénient de ces outils, c'est qu'ils nécessitent souvent des ordinateurs assez puissants et qu'ils consomment beaucoup de bande passante sur le réseau. Pour cette raison, on installe parfois, au sein du serveur d'entreprise, un logiciel unique pour rapatrier les documents une seule fois.
2. Vous pourrez retrouver en annexe des fiches synthétiques sur les principaux agents de veille.

- *Veille technologique*

Si vous souhaitez suivre une technologie existante ou détecter une technologie émergente, vous disposez de différentes possibilités.

– Tout d'abord, vous pouvez vous abonner à des services de revue de presse en ligne. Il faut citer notamment NewsPage[1] qui utilise des technologies agent très efficaces afin de personnaliser votre revue de presse (My NewsPage). Avec plus de 600 sources et plusieurs milliers de rubriques différentes, c'est l'un des services de *push on-line* les plus performants sur Internet. NewsPage se complète très bien avec Clarinet qui vient d'intégrer le même groupe[2]. Yahoo ! offre gratuitement un service assez intéressant de dépêches sectorielles[3]. La société Maid[4], avec le produit Profound, permet aussi de mener des revues de presse très pointues mais avec des coûts d'entrée assez élevés.

– Ensuite, vous pouvez identifier[5] la ou les mailing lists les plus proches de votre problématique, et vous y inscrire afin de recevoir dans votre boîte aux lettres les interventions des différents spécialistes. Vous pouvez également suivre un ou plusieurs newsgroups en direct ou au travers des archives qui sont enregistrées par les moteurs de recherche. Une fois que vous avez identifié les moteurs de recherche qui archivent efficacement les newsgroups et les mailing lists qui vous intéressent (DejaNews, Reference.com, etc.), utilisez un agent d'alerte *off-line* afin de pouvoir les surveiller. Attention au « bruit ».

– Il est également très utile de suivre la création ou la suppression de newsgroups dans le domaine technologique que vous surveillez. Ceci est en effet un très bon indicateur pour détecter une technologie émergente. En effet, pour créer ou supprimer un forum de discussion, il est obligatoire de suivre des règles bien précises et souvent assez contraignantes. En ce qui concerne la création, il faut annoncer le thème choisi dans un forum spécial, il faut alors instaurer un appel

1. http://www.newspage.com
2. Newspage fait partie du groupe Individual. Clarinet (http://www.clarinet.com) a été rachetée par Individual.
3. Yahoo ! Industry (http://biz.yahoo.com/industry). Voir également p. 116, pour d'autres services de revue de presse.
4. http://www.maid.com
5. Voir p. 59 pour voir comment identifier un forum de discussion ou une liste de diffusion.

à discussion pendant une période déterminée, ensuite un vote a lieu et si un certain quota d'avis favorables est atteint (généralement au moins deux-tiers des voix), alors le forum peut être mis en service[1]... Il s'agit donc d'une tâche assez longue et compliquée mais qui indique clairement lorsqu'un intérêt cristallise autour d'une nouvelle technologie. De ce fait, il est important de suivre avec attention les forums où se déroulent les annonces, les votes et les décisions[2].

- *Veille concurrentielle et marketing*

Si vous êtes intéressé par ce que font vos concurrents, par leurs produits et services, ou par les autres acteurs de votre marché (distributeurs, fournisseurs, clients...), les agents d'alerte peuvent vous aider de différentes manières[3] :

– La *démarche directe* consiste d'abord à identifier manuellement (avec les outils de recherche traditionnels) les sites de vos concurrents ou des autres acteurs que vous désirez surveiller[4]. Ensuite, au sein de chaque site, il s'agit de trouver la ou les parties qui méritent une « attention particulière » (souvent ce sont les pages consacrées aux « produits et services » ou aux « nouveautés »). Enfin, il faut choisir l'agent d'alerte à utiliser afin d'être au courant des nouveautés qui peuvent apparaître. En général, les agents d'alerte *off-line* permettent un niveau de personnalisation bien supérieur par rapport aux agents d'alerte par e-mail qui eux sont « on-line ».

---

1. Par contre, une mailing list peut être créée beaucoup plus facilement. Il suffit de trouver un centre serveur qui puisse vous l'héberger (voir http://www.cru.fr/listes/apropos/hebergement.html).
2. Pour les États-Unis, un forum à suivre est « news.announce.newgroups ». L'équivalent français est « fr.announce.newgroups ».
3. Pour un exemple concret, cf. p. 153.
4. Vous pouvez également voir quelle place ils occupent dans les moteurs de recherche et s'ils figurent avant vous en utilisant certains mots clés propres à votre domaine d'activité. Si c'est le cas, vous devez essayer de comprendre leurs stratégies de référencement. D'une part, vous pouvez analyser le vocabulaire employé ainsi que le code source de chaque page *html* de leur site, de manière à comprendre s'ils donnent un titre particulier à chaque page et s'ils utilisent des *meta-tags* (codes spéciaux qui permettent aux moteurs de recherche de mieux indexer un site ; pour chaque page on peut indiquer une brève description ainsi qu'une liste de mots clés spécifiques). D'autre part, vous pouvez essayer de comprendre comment ils annoncent leur site web, notamment au niveau des forums de discussion.

– La *démarche indirecte* est issue du constat évident qu'une veille concurrentielle efficace ne se limite pas à ce que les concurrents ont choisi de communiquer... Ceux-ci se doutent bien que ce qu'ils publient ne va pas être lu uniquement par leurs clients ou prospects... Il faut donc trouver des sources complémentaires d'informations. À l'aide des outils de recherche traditionnels (moteurs, répertoires, métamoteurs), vous devrez alors identifier les articles, les revues, les magazines et tous les autres sites web susceptibles de contenir des informations intéressantes. Toutefois, vous choisirez toujours un ou plusieurs agents d'alerte pour surveiller le fruit de vos découvertes...

– La *démarche empirique* a pour but d'être à l'affût de tous les bruits et rumeurs, fondés ou pas, qui circulent sur telle ou telle société, sur tel ou tel produit. En général, c'est surtout en analysant les archives des forums de discussion que vous obtiendrez les informations les plus « croustillantes ». Mais il ne faut pas négliger les listes de diffusion ainsi que les sites web personnels ou « non officiels ».

• *Veille juridique*

Puisqu'une majorité de personnes (et de sociétés !) sont persuadées qu'Internet constitue un état de non-droit où l'on peut faire ce que l'on veut sans courir aucun risque, vous-même avez tout intérêt à prendre certaines précautions pour assurer votre propre protection.

– *Pour détecter des contrefaçons*, au lieu de lancer épisodiquement des recherches d'informations peu efficaces, vous pouvez mettre en place des dispositifs de veille, et ce toujours à partir d'agents d'alerte :

  - Tout en sachant qu'il n'y a pas de « recette miracle », une bonne stratégie consiste à identifier à l'aide des outils traditionnels les sites de vos principaux concurrents directs et indirects.

  - Dans un deuxième temps, installez des agents d'alerte *off-line*[1] et paramétrez-les de manière à ce qu'ils surveillent au moins la partie « services/produits » de leur site ainsi que celle consacrée aux nouveautés *(What's new ?)*.

1. À cette date, commencent à apparaître sur le marché les premiers agents spécialisés pour la veille juridique. Pour plus d'informations, allez voir le laboratoire de test sur le web.

- Ensuite, vous choisissez un logiciel (par exemple AltaVista Personal ou Search de Verity) capable d'indexer l'ensemble des données que les agents ont rapatrié de manière à pouvoir effectuer des recherches très précises et très rapides directement sur votre ordinateur, à intervalles fixes.
- Le problème de cette démarche c'est qu'elle n'est pas capable de détecter de nouveaux entrants sur vos marchés. Pour cette raison, il est indispensable de mener régulièrement des mini-études afin de les inclure dans votre liste de sites à surveiller. Il s'agit donc d'un processus cyclique qui s'autoalimente et s'autoenrichit progressivement.

– *Pour détecter des campagnes de désinformation ou de déstabilisation*, il faut suivre une démarche semblable qui consiste d'abord à identifier les « endroits » (forums de discussion, listes de diffusion, sites web) à partir desquels une éventuelle attaque pourrait avoir lieu. Si vous êtes dans le secteur de l'assurance, vous avez tout intérêt à identifier et surveiller les principaux forums et sites consacrés à votre secteur d'activité. En choisissant des mots clés suffisamment pertinents, vos agents d'alerte traqueront une partie des informations qui pourraient vous porter préjudice. Naturellement, les agents n'étant pas intelligents, vous recevrez des fausses alertes dès que quelqu'un parlera de vous, même en de bons termes… Par ailleurs, vous pouvez transformer votre enquête en une *étude d'image* pour comprendre ce que disent de vous vos clients ou les « internautes » en général. De nombreux bruits circulent sur certains leaders d'opinion et sur de nombreuses entreprises. L'histoire du *bug* du processeur Pentium d'Intel[1] avait fait la une pendant plusieurs mois sur certains forums, mais aucun responsable d'Intel n'y a prêté attention. Les leaders d'opinions (hommes politiques ou autres), aussi bien que les entreprises, ont tout intérêt à contrôler les discussions les concernant. En effet, tôt ou tard celles-ci se répercutent en dehors d'Internet *via* les médias traditionnels.

1. En 1995, des « internautes » avait découvert un *bug* de fonctionnement dans les calculs du processeur Pentium et ont lancé l'alarme dans des forums de discussion. Intel n'a pas réagi et n'a même pas essayé d'expliquer le problème à ses clients. La polémique est devenue énorme et les concurrents en ont profité pour critiquer férocement la firme américaine. La leçon à tirer, c'est qu'il faut toujours écouter les plaintes des consommateurs sur Internet si l'on veut éviter tout risque « d'élargissement ».

- *Surveiller l'actualité et constituer une revue de presse*

Il ne fait pas de doute que pour suivre l'actualité, la meilleure solution consiste à utiliser les technologies *push*. En fonction du niveau de personnalisation souhaité, on choisira entre le *push on-line* et le *push off-line*. Par ailleurs, la dernière génération de *browsers* permet d'avoir plusieurs chaînes d'informations sans devoir installer aucun nouveau logiciel[1].

De plus, grâce à la personnalisation des chaînes, vous pouvez convertir un service de *push on-line* (My Yahoo ! ou My NewsPage) en un service de *push off-line*. Il suffit de créer une chaîne *ad hoc* pour surveiller ces services et vous ne subirez plus les contraintes des connexions à Internet[2]. Par ailleurs, vous pouvez transformer en chaîne toute page web qui diffuse des communiqués qui vous intéressent : il suffit d'indiquer à l'agent l'adresse de la page en question ainsi que la fréquence souhaitée pour les mises à jour.

Une autre manière pour suivre l'actualité consiste à utiliser les outils de recherche classiques. Ceux-ci (Excite News Tracker, HotBot NewsBot, InfoSeek News, Yahoo ! News...)[3] permettent de plus en plus de rechercher les derniers articles issus de journaux présents sur le web ou directement les dépêches d'agence. D'autres services spécialisés[4]

1. Désormais, la fourniture de services d'informations à valeur ajoutée constitue un enjeu stratégique dans la lutte entre Microsoft et Netscape. Chaque *browser* essaye d'intégrer des nouvelles chaînes d'informations professionnelles. Généralement, ces chaînes sont gratuites et se financent grâce à la publicité. Cependant, les informations plus approfondies ou spécifiques sont souvent payantes. La tendance actuelle consiste à fournir un « guichet unique » pour accéder à différentes sources professionnelles. Un exemple est le NetCenter mis en place par Netscape (http://home.netscape.com/netcenter) avec le soutien d'Individual.
2. Comme nous l'avons vu précédemment, il est aussi possible d'utiliser des *tickers* pour suivre l'actualité (voir note p. 110).
3. Excite NewsTracker (http://nt.excite.com), HotBot NewsBot (http://www.hotbot.com/newsbot), InfoSeek News (http://www.infoseek.com/news). En ce qui concerne Yahoo !, il faut distinguer différents services. Yahoo ! Biz donne accès aux dernières informations pour différents secteurs d'activité (http://biz.yahoo.com/industry). Yahoo ! News offre les dernières information d'ordre général (http://www.yahoo.com/headlines/news). Enfin, une des rubriques de Yahoo ! présente tous les autres services de *news* disponibles sur Internet classés par secteur d'activité (http://www.yahoo.com/News). En ce qui concerne l'actualité française, voir http://www.yahoo.fr/actualite/
4. Notamment TotalNews (http://totalnews.com), NewsIndex (http://www.newsindex.com) et NewsLink (http://www.newslink.org/searchn.html)

simplifient la démarche d'identification des articles. Ainsi, il suffit de saisir quelques mots clés pour pouvoir immédiatement se constituer une revue de presse personnalisée, composée des articles les plus récents à partir de plusieurs centaines de journaux ou magazines. Vous avez également le choix d'enregistrer votre profil de recherche afin de pouvoir consulter *on-line* régulièrement les nouveaux articles parus. Dans certains cas, il est possible de « greffer » un agent d'alerte *off-line* (NearSite, NetAttaché, Tierra HighLights...) ou de créer une chaîne au sein de votre navigateur (Navigator 4.0 ou Explorer 4.0) afin d'assurer le rapatriement automatique de votre revue de presse sur votre ordinateur. Enfin, il ne faut pas oublier les services commerciaux à forte valeur ajoutée (Profound, World Reporter, Dow Jones CustomClips...)[1].

• *Surveiller une personne*

Il faut savoir que chaque fois que vous vous exprimez publiquement sur Internet, soit à travers une intervention dans un forum (newsgroup ou webforum), soit à travers une liste de diffusion, vos propos sont enregistrés sur un ou plusieurs serveurs d'archives dans le monde. Ensuite, des moteurs de recherche comme DejaNews se chargent d'indexer le contenu de ces messages et ceux-ci restent accessibles pendant plusieurs mois, voire des années. Vous pouvez même retracer le profil d'une personne en analysant automatiquement dans quels forums elle intervient et de quelle manière elle s'y exprime. Vous pouvez ainsi cerner assez précisément ses centres d'intérêt et certains traits de son caractère... Rares sont les personnes qui sont au courant de ce phénomène. Ainsi, il peut arriver que des employeurs souhaitent savoir si leurs employés s'amusent sur les forums pendant les heures de travail. Jusqu'ici le principe est certes discutable mais compréhensible. Mais l'atteinte à la vie privée devient très facile. Imaginez qu'un employeur se

1. Il s'agit de services souvent très puissants et exhaustifs mais malheureusement encore assez chers. À cause de nombreux rachats, l'offre est encore confuse. Il faut signaler Profound de Maid (http://www.maid.com) ainsi que World Reporter, fruit du partenariat entre Knight-Ridder Information (récemment rachetée par Maid), Dow-Jones et le *Financial Times*. Par ailleurs, Dow-Jones a développé différents *clipping and alert services* (http://bis.dowjones.com). En France, la société Qwam (http://www.qwam.com) regroupe plusieurs banques de données. Enfin, il ne faut pas oublier la société Individual qui, grâce à NewsPage, garantit une offre plus accessible au grand public. En général, une version simplifiée de tous ces services s'intègre ou s'intégrera au sein des différents logiciels de *push* et en général au sein des *browsers* les plus récents.

rende compte qu'un employé, même en dehors de ses heures de travail, intervient dans des forums « roses »... Légalement il a le droit de faire toutes les recherches qu'il veut tout simplement car un forum sur Internet est un espace public accessible à tous. Si vous ne voulez pas être observé, il existe néanmoins des solutions techniques, notamment en adoptant une adresse e-mail anonyme[1].

Mais le but ici n'est pas de traquer ou d'espionner les mouvements de quelqu'un sur Internet, même si cette possibilité existe. Internet peut être un outil formidable pour suivre les interventions ou les publications de tel ou tel expert. Pour optimiser ce type de veille, il faut d'abord, toujours avec les outils de recherche classiques, identifier les newsgroups, les mailing lists ou les sites web, dans lesquels la personne a l'habitude de s'exprimer. Une fois que ces ressources ont été repérées vous pourrez, comme d'habitude, les surveiller à l'aide d'un agent de veille *off-line*.

Il existe naturellement d'autres types de veille, chacune avec ses caractéristiques propres et avec des agents plus ou moins adaptés. Comme nous allons le voir (p. 160 ss), certains outils permettent d'intégrer différentes activités de veille et de recherche au sein d'une solution unique.

Agents pour le commerce et autres agents « assistants »

Il est possible de distinguer au moins quatre types d'agents sur Internet :
- les agents pour la recherche d'informations ;
- les agents pour la veille ;
- les agents pour le commerce et les achats ;
- les agents « assistants ».

Naturellement, les deux premières catégories d'agents sont les plus pertinentes pour mener des activités d'intelligence stratégique sur Internet. Pour cette raison, nous les avons précédemment décrites de manière détaillée. Dans l'optique de cet ouvrage, les deux catégories restantes, bien que promises à un avenir certain, présentent un intérêt moindre. Nous les développerons donc de manière succincte et en mettant surtout l'accent sur les interactions possibles avec la recherche d'informations et la veille.

1. Voir note p. 38.

• *Les agents pour le commerce*

Les agents intelligents dédiés au commerce sont en pleine expansion et risquent de bouleverser les pratiques commerciales dans les années à venir. L'engouement énorme autour du commerce en ligne se traduit par de nombreuses applications logicielles plus ou moins évoluées. La problématique est très semblable à celle de la recherche d'informations. Face à une offre internationale, éparpillée et pléthorique, le consommateur a de plus en plus de mal à choisir le produit à acheter. De manière symétrique, face à une demande encore plus atomisée et exigeante, le producteur n'arrive pas toujours à garantir une offre personnalisée et adaptée aux vrais besoins de ses consommateurs. Ainsi, comme le précise Raphaël Richard, « dans le domaine des échanges commerciaux, les agents intelligents ont pour mission de faciliter aux consommateurs la sélection de boutiques, de marques ou de produits en se basant sur leurs goûts, mais aussi de permettre aux vendeurs de mieux connaître la demande »[1]. On distingue donc deux catégories.

– *Les agents contrôlés par les clients*, souvent appelés *shopping agents*, ont pour but de faciliter le processus d'achat. En effet, comme pour toute autre recherche, identifier et vérifier l'intérêt d'une offre commerciale est extrêmement difficile sur le réseau des réseaux. Les outils classiques (moteurs et répertoires de recherche) se montrent vite inefficaces pour trouver, valider et confronter une offre commerciale. Imaginez que vous recherchez un livre. La démarche classique consiste à essayer de trouver, avec les différents Yahoo ! et AltaVista, quelques magasins susceptibles de l'offrir. Ainsi, après avoir saisi quelques mots clés, vous obtenez une longue liste d'adresses Internet qui ne sont probablement même pas des librairies en ligne mais de simples références bibliographiques... Et même si vous obtenez quelques librairies, il faudra éplucher leur catalogue pour trouver votre livre et ensuite il faudra essayer de comparer les différentes offres. Bref, vous risquez de perdre au moins une journée entière pour un simple livre...

  Les agents pour la recherche d'informations (voir p. 97) peuvent accélérer un peu ce processus mais sont assujettis aux limites d'une démarche qui, dans ce cas, est complètement manuelle et linéaire. C'est pour cette raison, qu'ont été introduits les *shopping agents* qui,

1. Première Convention professionnelle du commerce électronique (octobre 1996, Paris). Voir http://www.cybion.fr/agents/agentscom.htm

une fois indiqué le nom et/ou l'auteur de votre ouvrage, se chargent de manière complètement autonome de se connecter au réseau, d'aller visiter différentes librairies en ligne, d'identifier votre livre, de comparer les différents prix et enfin d'acheter le moins cher ! Contrairement aux agents de recherche, les agents pour le commerce ne travaillent pas à partir de mots clés mais à partir de noms de produits ou de marques.

Rôle des *shopping agents*

Ces agents pourront vous renseigner :
- sur la disponibilité d'un produit, en menant une recherche par marque ou par catégorie ;
- sur l'identification des distributeurs (localisation d'un distributeur précis, liste intégrale ou sélective de distributeurs).

Ils pourront le faire de différentes manières :

• en traitant les informations collectées, par exemple grâce à des tableaux comparatifs des offres présentés selon différents critères :
- prix,
- services,
- avis des autres consommateurs (sur un livre, un disque, une automobile...) ;

• en établissant une présélection automatique d'articles, en fonction des préférences du consommateur (priorité au rapport qualité/prix, au service, aux avis des autres consommateurs...) ;

• en réalisant la transaction :
- de façon automatique (achat répétitif d'un panier de produits, achat dès qu'un modèle est en solde...),
- ou semi-automatique (recommandations, suggestions).

Source : http://www.cybion.fr/agents/agentscom.htm

Bargain Finder, conçu par Andersen Consulting, a été un des prototypes les plus connus sur Internet[1]. Peu à peu, des agents plus sophistiqués voient le jour. La technologie issue de Jango, désormais inté-

1. Le but de Bargain Finder est de retrouver des disques musicaux en comparant les prix au sein de différents magasins américains. Certains vendeurs préfèrent fermer l'accès aux agents pour éviter des comparaisons parfois cruelles... Cet agent fonctionne en ligne et donc ses fonctionnalités sont assez restreintes (http://bf.cstar.ac.com/bf/). Un agent similaire, mais consacré aux livres, est BargainBot (http://www.ece.curtin.edu.au/~saounb/bargainbot).

grée dans Excite, permet de rechercher, comparer et acheter plusieurs produits différents.

Firefly (voir p. 92) est un service de recommandations musicales et cinématographiques qui se base sur une technologie de filtrage censée vous fournir des conseils pertinents en fonction de vos goûts et de ceux d'autres personnes qui ont un profil similaire au vôtre[1].

– *Les agents contrôlés par les producteurs*, que l'on appelle parfois « interfaces intelligentes », suivent la même logique. Le producteur se trouve face à une demande très éparpillée et est obligé de la connaître de mieux en mieux s'il veut satisfaire des besoins toujours plus spécifiques. Ainsi, de plus en plus de sites de grandes entreprises demandent au consommateur de se décrire, afin de pouvoir être mieux servi. De cette manière, chaque consommateur crée un profil où il doit préciser ses goûts et ses besoins. Ce profil s'enrichit progressivement après chaque transaction et après chaque demande d'informations, et permet d'obtenir une offre réellement personnalisée et adaptée aux besoins de chaque client. BroadVision, SelectCast et Agentware, malgré une approche différente, constituent des « interfaces intelligentes » assez évoluées[2].

Pour comprendre les raisons pour lesquelles les agents dédiés au commerce sont devenus indispensables, il est utile de parcourir rapidement l'évolution du rapport entre consommateurs et entreprises au cours des trente dernières années. Les changements économiques, politiques, socioculturels qui sont intervenus de 1960 à nos jours, ont engendré des modifications impressionnantes au niveau du marketing des entreprises.

Au début, grâce au boom des années 60, les entreprises ne ressentaient pas la nécessité d'aller au-delà d'un *marketing de masse* uniforme pour tous les consommateurs. À cette époque, en raison de la forte

1. La technologie de Firefly est désormais intégrée au service de *news* personnalisées « My Yahoo ! » (voir p. 64) ce qui a permi d'élargir les recommandations qui ne sont plus limitées au cinéma et à la musique. Le but de cette technologie de filtrage des préférences est de constituer des communautés virtuelles entre personnes qui ont les mêmes centres d'intérêt.
2. BroadVision (http://www.broadvision.com), SelectCast (http://www.aptex.com) et AgentWare (http://www.agentware.com/main/index.html).

expansion économique, les entreprises avaient une vision assez simpliste de la demande. Il n'y avait qu'un seul type de consommateur : le « consommateur moyen » avec des goûts et des exigences standard.

Mais suite aux deux crises du pétrole des années 70, on prend conscience de l'importance des disparités entre consommateurs. En utilisant les critères sociodémographiques classiques (âge, revenu, profession...), on passe ainsi progressivement à un *marketing segmenté* dans lequel chaque consommateur est identifié par rapport à son groupe d'appartenance.

Malgré une amélioration de la situation économique, le phénomène ne s'est pas arrêté au cours des années 80. Désormais, les entreprises pratiquent un *marketing de niche* en adaptant leurs offres non pas à de vastes segments de consommateurs mais à des entités encore plus petites et homogènes : les niches de marché. Les critères sociodémographiques sont désormais remplacés par les styles de vie.

Enfin de nos jours, grâce à l'avènement de l'informatique, l'entreprise a théoriquement la possibilité de connaître chacun de ses consommateurs et donc de lui offrir des produits et des services personnalisés et adaptés. S'affirme ainsi le *marketing individualisé* dont le but est la parfaite connaissance, non plus du consommateur, mais du client ! Dès le début des années 90, les entreprises utilisent l'ordinateur pour mettre en place des bases de données marketing, outil indispensable pour identifier, contacter, convaincre, vendre et établir une relation durable avec le client[1]. Véritable « mémoire et cerveau de l'entreprise », les bases de données marketing acquièrent une nouvelle vigueur avec l'explosion d'Internet et de ce qu'on appelle le *marketing one-to-one*[2].

Marketing de masse → Marketing segmenté → Marketing de niche → Marketing individualisé

1. Le Men Yvon, *Fichiers et bases de données*, Dunod, 1991.
   de Thuin Aude, Prisca Michel, *En Direct*, Dunod,1993.
2. Peppers Don et Rogers Martha sont les « gourous » du marketing *One-to-One* sur Internet (http://www.m1to1.com). Voir également l'annuaire du commerce électronique et du marketing sur Internet de Raphaël Richard (http://pages.pratiques.fr/~richard/annuaire).

- *Les agents « assistants »*

Il existe de nombreux autres types d'agents sur Internet. Dans cette partie, nous en développons quelques-uns parmi ceux qui peuvent, d'une manière ou d'une autre, vous assister pendant vos activités de recherche sur le réseau.

– Les *agents guide* essayent de suggérer des sites susceptibles de vous intéresser, en observant votre comportement sur Internet. Le principe est assez simple. Généralement les sites que vous visitez sur Internet reflètent vos goûts ou vos besoins. Ainsi, en analysant vos habitudes de navigation, un « agent guide » tente de vous suggérer des sites en relation avec ce qu'il a réussi à comprendre de vous...

  Letizia est un agent développé par Henry Lieberman au MIT Media-Lab[1] qui, à travers l'observation de vos actions, réussit même à anticiper vos choix ! Malheureusement, ce projet ne semble pas avoir eu une réelle concrétisation commerciale.

  WBI d'IBM[2] vous permet de savoir si un site web est indisponible ou surchargé mais aussi de retrouver le chemin à partir duquel vous avez identifié une page. Il vous fournit également quelques suggestions pour retrouver vite des raccourcis vers vos sites préférés.

  Autonomy Java Navigator[3] vous suggère des liens à travers l'analyse de la page sur laquelle vous êtes. Son grand avantage est que, grâce à la technologie Java, il ne nécessite aucune installation de logiciel !

  LiveAgent[4] permet de créer des agents Java *(live agents)* capables d'automatiser certaines tâches répétitives que vous effectuez au cours de vos navigations. Si par exemple, vous allez quotidiennement voir les nouveautés sur le site du *Monde* et ensuite vous enregistrez les dépêches de l'AFP à partir du site de Yahoo !, il suffit de montrer une seule fois votre parcours à l'agent pour qu'il puisse vous imiter les jours suivants !

  Alexa[5] par contre vous suggère de nouveaux sites à partir de l'endroit ou vous êtes, en analysant ses archives ainsi que les parcours d'autres

1. http://lieber.www.media.mit.edu/people/lieber/
2. Web Brower Intelligence (WBI ou Webbie) est disponible à http://www.networking.ibm.com/wbi/wbisoft.htm
3. http://www.agentware.com/main/java.html
4. http://www.agentsoft.com
5. http://www.alexa.com

utilisateurs (cf. fiche technique). Alexa permet aussi de retrouver des pages qui ne sont plus disponibles sur le site d'origine (le célèbre message « 404 *Document not found* »). En effet, grâce au stockage progressif de plusieurs téraoctets[1] de données, Alexa est en train de constituer la « mémoire passée » d'Internet. Face à la richesse informationnelle du réseau, l'association *Internet Archive* a décidé d'essayer de stocker le plus de contenu possible issu d'Internet afin de préserver cet immense « héritage numérique » (pages web, hiérarchies des gophers, annonces des newsgroups, logiciels de FTP). Alexa cède gratuitement à l'association ses archives (1 gigaoctet par jour) qu'elle crée pour faire fonctionner son agent intelligent[2]. DejaNews, par contre, s'occupe d'indexer les archives des forums de discussion depuis mars 1995.

– Les *agents de bureau (desktop agents)* vous assistent au sein du bureau de travail de votre ordinateur. Les tâches sont très diversifiées et sont parfois directement intégrées au sein d'un logiciel existant. Par exemple, les derniers logiciels de *courrier électronique* permettent de filtrer, éliminer, rediriger et répondre automatiquement aux *mails* que vous recevez. Il suffit de dicter certaines règles[3] de filtrage pour en optimiser le fonctionnement. Dans d'autres cas, il s'agit de logiciels autonomes. Certains se consacrent à la « recherche du *cache* perdu »... En d'autres termes, ils analysent l'ensemble des fichiers qui ont été enregistrées dans la mémoire *cache* de votre ordinateur, de manière à vous permettre de pouvoir « naviguer à l'envers ». Cette option est

---

1. 1 téraoctet = 1 000 gigaoctets = 1 000 000 mégaoctets.
2. Lire http://www.alexa.com/support/technology.html et aussi http://www.alexa.com/support/sciam_article.html
   Internet Archive est accessible à http ://www.archive.org
   Brewster Kahle qui avait fondé WAIS Inc. en 1989 (voir note p. 70) est le président de cette association : « Kahle compares his efforts to those of the Library of Congress and the ancient Library of Alexandria, which was consumed by fire in the year 389. By Kahle's reckoning of bits and bytes, the current Internet Archive is more than twice as large as Alexandria's store of papyrus was, but still a tenth the size of the Library of Congress' holdings. »
3. Les dernières versions de Netscape et d'Internet Explorer permettent, par exemple, de détruire tous les mails qui viennent d'une certaine personne. Ou bien, ils vous archivent dans un répertoire spécial tous les mails qui contiennent un mot clé précis. De la même manière, vous pouvez programmer des réponses automatiques pour chacun de vos interlocuteurs, etc.

très utile pour garder un historique de vos mouvements sur Internet et aussi pour retrouver des sites que vous avez oublié d'inclure dans votre carnet d'adresses *(bookmark)*. Il existe de nombreux logiciels[1] et certaines de leurs fonctions sont désormais incluses dans les derniers *browsers*.

D'autres assistants ont pour but *d'accélérer* vos connexions parfois trop lentes sur Internet. Le principe est assez simple. Chaque fois que vous vous connectez sur un site web, pendant que vous lisez une page, l'agent charge dans sa mémoire *cache* le contenu des principaux liens hypertexte présents. De cette manière, en cliquant sur un lien, vous accédez directement à une page qui est sauvegardée sur votre disque dur. Ces agents[2] sont assez utiles pour tous ceux qui ne sont pas satisfaits de la vitesse de leur accès à Internet.

Certains assistants se chargent de contrôler l'ensemble de vos logiciels et dès qu'une *mise à jour* apparaît sur Internet, ils vous demandent si vous souhaitez l'installer automatiquement[3]. Enfin, certains *assistants électroniques* vous permettent de rechercher automatiquement sur Internet certains mots issus d'un *mail*, d'un document Word, d'une page Web ou de tout autre application bureautique (MoreLikeThis, SwiftSearch)[4].

L'avenir des agents intelligents sur Internet

Il arrive que les utilisateurs soient parfois déçus par les agents intelligents. Nous avons en effet vu que l'écart entre les promesses de l'intelligence artificielle et la réalité des applications existantes est parfois très important. Il est donc périlleux de faire des prévisions concernant l'avenir des agents intelligents sur Internet. Certes, comme Joël de Rosnay, nous attendons avec impatience l'agent intelligent qui « se matérialise sur l'écran par un visage animé (celui que vous voulez, le vôtre ou celui d'un de vos personnages préférés), avec des yeux qui vous regardent et

1. Par exemple, UnMozify (http://www.evolve.co.uk), Cache Explorer (http://www.mvso.com) ou Smart Browser (http://www.smartbrowser.com).
2. Voir Blaze WebPerformance Pack (http://www.xspeed.com).
3. Par exemple, Oil Change de CyberMedia (http://www.cybermedia.com).
4. MoreLikeThis (http://www.morelikethis.com) et SwiftSearch (http://www.scanline.com/swiftsearch).

des lèvres qui bougent en parlant. Il comprend votre manière de travailler et, très mobile, il se promène sur le réseau, programmé pour effectuer des tâches et les adapter en fonction des circonstances. Il peut aller vous chercher dans les catalogues de bases de données, tel type de produit à tel prix ; un document vidéo, par exemple, qu'il enregistrera sur votre magnétoscope. Il peut aussi rencontrer un autre agent pour prendre rendez-vous en fonction de votre agenda. Et même se reproduire, comme un virus informatique, en conservant les missions que vous lui avez confiées. Le réseau va ainsi se peupler d'êtres étranges, des clones électroniques qui seront vos émissaires. Avec des risques, bien sûr : on pourra les kidnapper, leur presser le citron pour leur faire cracher leurs informations. »[1]

Dans une interview réalisée par e-mail, ainsi que dans un article paru dans la revue *Wired*, Nicholas Negroponte[2] partage ce même optimisme et semble même aller au-delà...

Le bouche à oreille électronique[3]

«Un jour, une jeune femme entre dans un magasin pour acheter une voiture. Le vendeur lui conseille d'acheter une Ford Taurus pour 19 500 dollars. Elle lui dit qu'elle va réfléchir, que la nuit porte conseil et qu'elle reviendra le lendemain. Mais au lieu de dormir et d'attendre l'inspiration, elle consulte le Net pour demander s'il existe d'autres personnes qui, comme elle, envisagent de s'acheter une Ford Taurus. Le lendemain matin, elle a quinze réponses positives d'acheteurs potentiels. Elle entre en contact avec eux et retourne chez le vendeur pour lui dire qu'elle veut bien acheter la voiture, mais pour 16500 dollars et non 19500 dollars. C'est très en dessous de son prix plancher et il croit d'abord qu'elle s'est trompée. « Non Monsieur !, lui dit-elle, J'ai bien compris le chiffre, mais j'ai l'intention d'acheter 16 voitures et non pas une. »

Un groupement d'acheteurs, contrairement à un groupement de vendeurs, est presque impossible à créer : cela implique trop de gens. il faut les rencontrer, leur parler, trouver ceux qui peuvent être intéressés ; c'est difficile et de toute façon on ne sait jamais qui contacter. Les

1. Interview parue dans *L'Express* du 17 août 1995. Pour une description de Olivier et Sarah, deux agents intelligents qui sont à la base de notre rencontre avec Joël de Rosnay, cf. *L'Homme Symbiotique*, p. 138, *op. cit.*
2. Fondateur et directeur du célèbre MediaLab au MIT, et auteur de *L'Homme numérique*, Laffont, 1995.
3. Avec la collaboration de Pattie Maes. Traduit avec l'autorisation de Nicolas Negroponte.

consommateurs se trouvent en position de vulnérabilité par rapport aux fournisseurs, aux gens, qui du fait qu'ils se connaissent entre eux, peuvent fixer les prix chaque fois qu'ils se mettent d'accord ; et en outre, ils sont moins nombreux. Le consommateur est désavantagé dans la mesure où il ne peut pas acheter en grosses quantités. L'acheteur potentiel seul ne représente pas une part de marché significative.

Mais cela va changer.

Sur le bout des doigts

À l'époque où Pattie Maes était jeune maman, et avant qu'elle soit nommée professeur à l'université MIT (Massachusetts Institute of Technology), elle passait beaucoup de temps à faire du lèche-vitrine, à lire des journaux et des magazines, et à circuler d'une ville à l'autre dans l'espoir de trouver les bonnes affaires. Maintenant, elle n'a plus le temps de flâner, et pire, la masse d'informations et de produits a évolué de façon exponentielle. Ce qui était déjà une galère hier est devenu impossible aujourd'hui. Pour ma part, c'est ce que je ressens depuis plusieurs années.

Ne parlons pas des *Pages Jaunes*. En général, j'interroge mes amis, ceux qui sont experts dans un domaine bien précis. Je demande à ma belle-sœur pour les films, à Jerry Rubin pour les bons restaurants, et à Sherwin Goldman pour les vins. Comme tout le monde, je n'ai que quelques amis fiables vers qui me tourner. Autrement, je consulte les critiques, les experts pour des conseils plus pointus. C'est pourquoi on peut dire que nous n'avons que deux choix : demander à un ami ou faire confiance à un expert.

Grâce au travail du professeur Maes, à ses collègues et ses anciens étudiants, qui ont démarré avec elle la compagnie Firefly Network, nous avons désormais un autre moyen de trouver le bon film, le restaurant chic, l'article qui nous intéresse, ou le site Web qui nous convient. L'idée, c'est de faire appel à la sagesse et à l'expérience des personnes compétentes ; c'est le concept du filtrage en collaboration (*collaborative filtering*).

Du « sur mesure »

En juillet 1994 un programme intitulé Ringo a, pour la première fois, concrétisé ce concept. C'était un programme conçu pour trouver des musiques sympas. En effet, c'est beaucoup plus difficile de trouver des musiques intéressantes que de repérer la Ford Taurus la moins chère ou des lunettes de soleil Porsche dégriffées. Le prix se mesure facilement, mais comment évaluer la musique ? Ringo a réussi ce tour de force. Il proposait vingt titres et vous demandait votre avis détaillé sur chacun. Cet échantillon de vos goûts était initialisé, et ensuite, lorsque vous lui

demandiez conseil, le programme comparait votre « ADN » musical avec tous ceux qui étaient centralisés dans le système. Quand Ringo trouvait la formule qui vous convenait le mieux, il cherchait une musique que vous n'aviez pas encore entendue et vous la recommandait. Si aucune solution n'était satisfaisante, ce renseignement s'ajoutait à votre « ADN » musical, après quoi, Ringo vous dénichait ce que vous aviez envie d'écouter.
L'idée est simple, mais l'existence du Net a rendu le procédé encore plus rusé. Lorsque les étudiants ont commencé à utiliser Ringo, le système a été pris d'assaut en quelques jours par les usagers. La nature même du Net est de se propager d'emblée par le bouche à oreille sans souci de temps ou de l'espace à travers toute la planète. Essayez et vous verrez. L'application commerciale la plus efficace de cette idée se trouve à l'adresse www.firefly.com

« Débruitons le Net »

Beaucoup d'utilisateurs, qu'ils soient novices ou vétérans, se plaignent que le Net est trop « bruyant ». Il n'y a aucun moyen pratique de différencier les opinions d'un enfant de 8 ans de celles du *Washington Post* (et là, j'hésite à choisir). Comment faire le tri dans toute cette pagaille monstrueuse qui entre et qui sort dans nos yeux, nos oreilles, nos corbeilles ? Il est temps que nous réalisions que ce parasitage est ce qui fait la beauté du Net, et que naviguer dans tout ce bruit deviendra de plus en plus facile grâce au bouche à oreille électronique.
Jusqu'à présent, on était censé se repérer grâce aux images de marque. Ce sont elles qui rendent l'information crédible. Si le *Times* vous en parle, vous pouvez y croire. Sinon, vous êtes à côté de la plaque. Or les logiciels de recherche ne font pas la différence entre une dissertation de lycéen et un article de l'encyclopédie *Britannica*.
Le bouche à oreille électronique sait faire la différence et ça marche dans les deux sens. Non seulement il vous permet de trouver les titres de groupes de musiciens inconnus, mais du même coup ça évite les malentendus et les erreurs. Le restaurant trois étoiles de l'un peut être le coupe-gorge de l'autre. Nous voyons le début d'une nouvelle ère de guides du consommateur, faits par des consommateurs et pour des consommateurs. Les résultats de cette technologie seront prouvés quand on verra par exemple une grande marque signer un contrat avec un groupe de personnes qui se sera fait connaître grâce au bouche à oreille sur un service web comme celui de Pattie Maes. Ce sera la preuve qu'un nouveau produit peut être lancé parce qu'un groupe de clients connectés sur un même programme, veut que ce produit soit vendu. »

Interview de N. Negroponte réalisée par e-mail

C.R. : *À votre avis, des agents vraiment intelligents seront-ils commercialisés un jour ?*

N.N. : Les agents intelligents seront commercialisés de toute façon, parfois programmés par d'autres agents intelligents. C'est incontournable. La capacité humaine à examiner directement l'information disponible est déjà dépassée. Ne pas confondre avec la main heureuse, le coup de chance qui vous fait tomber sur un article épatant trouvé chez le coiffeur, dans un journal que vous n'auriez jamais osé acheter.

C.R. : *Pour quelle année prévoyez-vous des produits commerciaux efficaces sur le marché ?*

N.N. : Ils existent déjà. Il se peut que vous ne les trouviez pas assez intelligents. Je doute que vous les trouverez vraiment intelligents un jour. Mais ces agents intelligents existent aujourd'hui pour ce qui est des affaires commerciales. Si vos critères exigent de l'ordinateur qu'il ait du bon sens, alors je vous dirai d'attendre encore 15 à 25 ans.

C.R. : *À votre avis, ces agents intelligents vont-ils faire disparaître les documentalistes et les chercheurs d'information ? Ou bien pensez-vous que pour rechercher efficacement des informations sur Internet, il faudra toujours une interaction « homme-agent intelligent » ?*

N.N. : Les agents humains en tant que tels ne sont pas nécessaires et plus tard ils ne serviront pas davantage à rassembler ou à filtrer les informations. Cela n'a rien à voir avec l'aspect émotionnel que l'on retrouve dans l'enseignement procuré par nos meilleurs professeurs : les deux ou trois personnes qui resteront gravées dans notre mémoire, non par ce qu'elles savaient, mais par la manière dont elles nous ont compris, nous et nos émotions. On aura encore besoin de gens comme ça, au moins pour les cinquante années à venir…

Quand nous avons commencé à nous intéresser aux agents intelligents sur Internet, nous avons été fascinés par l'ambition de certains projets universitaires et commerciaux qui décrivaient l'arrivée imminente d'applications réellement intelligentes, capables de résoudre de manière autonome tous les problèmes de recherche d'informations et de veille sur les réseaux… Comme nous l'avons plusieurs fois répété, la confrontation avec la réalité est assez dure et les promesses ne sont pas toujours maintenues… Certes, il est vrai que de nombreux progrès ont été faits dans les derniers mois. En effet, les agents que nous utilisons actuellement sont nettement plus évolués que ceux que nous avions en

1996. Cela dit, nous n'aimons pas trop créer des fausses illusions ou des attentes qui seront forcément déçues. Pour cette raison, au lieu de décrire les nombreux projets qui sont en cours sur Internet, nous préférons que le lecteur intéressé se rende lui-même sur les sites des universités ou des organismes qui sont en train de travailler sur les nouveaux prototypes de demain. Notre laboratoire sur le web tient à jour une liste des projets les plus intéressants actuellement en cours.

3

APPLICATIONS POUR L'INTELLIGENCE STRATÉGIQUE SUR INTERNET

Les activités de veille sur Internet peuvent être menées de différentes manières et à différents niveaux. De nombreuses entreprises ont déjà engagé une réflexion stratégique sur Internet, mais rares sont celles qui sont capables de répondre de manière exhaustive et objective aux questions suivantes :

- Que dit-on de mon entreprise sur Internet ?
- Quelles informations utiles puis-je trouver sur Internet ?
- Quel va être l'impact d'Internet sur mon secteur d'activité ?
- Que font mes concurrents et mes clients sur Internet ?
- Comment identifier les principaux centres de compétences et les réseaux de collaboration ?
- Comment détecter les nouvelles tendances ?

Ces interrogations, bien que toutes pertinentes, répondent à trois besoins distincts mais fortement liés :

- étudier le passé pour...
- comprendre le présent, afin de...
- mieux envisager le futur.

Les études sectorielles constituent la meilleure manière pour comprendre ce qui se passe dans un secteur d'activité sur Internet. En général, une étude sectorielle permet d'obtenir une image instantanée à un moment précis dans un univers bien défini (par exemple dans le secteur automobile, une étude permettrait d'identifier les principaux acteurs, les informations que ceux-ci publient ainsi que les informations publiées à leur propos, les brevets déposés, les nouveaux produits, les rumeurs et les indiscrétions... etc.). Naturellement, il ne faut pas limiter les études uniquement à l'analyse d'un secteur d'activité. Une étude peut être également menée pour approfondir des questions plus précises (la stratégie d'une entreprise, l'analyse d'une gamme de produits, l'image d'un leader d'opinion...) ou tout simplement pour quantifier, mesurer et comprendre des phénomènes en cours (on parle alors d'études quantitatives et qualitatives ou plus simplement d'études de marché). Une étude est donc indispensable pour analyser ce qui s'est passé et ce qui est en cours. Mais sur Internet tout est extrêmement rapide. Comme nous l'avons vu, la notion de temps est très accélérée par rapport à la vie quotidienne. D'une semaine sur l'autre, de nouveaux sites apparaissent, d'autres se transforment et certains disparaissent sans raison apparente... Pour cette raison, la durée de vie d'une étude sur Internet est encore plus courte qu'une étude traditionnelle.

Pour résoudre ce problème, on peut décider de la renouveler régulièrement, mais à long terme ce n'est probablement pas la solution la plus économique. La solution idéale consiste à mettre en place des dispositifs de veille efficaces qui se basent sur des agents intelligents et qui vous permettent d'être alerté chaque fois qu'une nouveauté intéressante apparaît. En fonction de vos exigences et de vos contraintes (notamment en termes de confidentialité), vous choisirez d'installer le dispositif en interne (cellule de veille) ou de le sous-traiter à l'extérieur (observatoire de veille). Le but est donc de mener de façon automatisée des activités de veille concurrentielle, marketing, technologique, juridique et sociétale sur Internet grâce à un système d'agents intelligents.

Finalement, après avoir étudié le passé et analysé la situation présente, vous pouvez essayer d'envisager des scénarios futurs. Internet pourra en partie contribuer à optimiser votre démarche prospective. Dans cette optique, il faudra apprendre à constituer son propre réseau d'experts personnels, à identifier les principaux réseaux de compétences ainsi que les réseaux de collaboration. Peu à peu, on parviendra à détecter les « rumeurs faibles » indispensables à l'élaboration des scénarios prospectifs.

MENER DES ÉTUDES SUR INTERNET (DU PASSÉ AU PRÉSENT)

Les études sectorielles[1]

« Comment une grande entreprise française débarque-t-elle sur le web ? Un coup de fil de la direction de la communication, un stagiaire recruté à la hâte, un rapide coup d'œil sur le site de deux ou trois concurrents, un

1. Cette partie a été rédigée avec Raphaël Richard, directeur marketing de Cybion, à qui vont mes remerciements pour ses conseils. Un extrait en a été publié dans le numéro d'octobre 1997 du magazine *Veille*.

appel d'offre auprès des agences de communications classiques et au final un site web institutionnel de quelques centaines de KF qui n'attire quasiment aucun visiteur. La raison ? Personne n'a pris le soin de réellement analyser l'impact d'Internet dans son secteur d'activité, de lister les sites existants, de décortiquer leur stratégie, d'évaluer leur succès, de trouver les sites carrefour, etc. »

Il y a quelques mois, pour l'aider à définir une véritable stratégie Internet, un des leaders mondiaux de l'industrie de l'assurance nous a demandé de passer au peigne fin tout ce qui touchait au monde de l'assurance sur Internet : sources d'information sur les marchés, revues de presse, sites fédérateurs, forums, sites des concurrents, initiatives significatives dans le domaine, réseaux d'information...

Face à la masse phénoménale de documents en relation avec ce thème, il ne fut pas aisé de débuter l'étude. Il était essentiel d'optimiser nos recherches, car nous ne disposions que de deux mois en partant de zéro pour mener à bien cette mission.

Pour certains, la recherche commencerait sans doute par une interrogation d'AltaVista sur le mot *insurance*. Celui-ci renverrait alors à environ deux millions de documents dont l'analyse ne prendrait pas plus de quelques années... D'autres, plus expérimentés, entreront des jeux de mots-clés plus savants : *insurance* + USA, *health insurance* – *life*... D'autres encore préféreront utiliser une sélection de sites glanés sur des revues professionnelles. Les meilleurs techniciens expérimentés confieront leur recherche à des soi-disant agents intelligents...

Avoir les idées claires

C'est une erreur de se poser le problème du choix des outils en premier lieu. Ceci reflète relativement bien l'improvisation actuelle de l'utilisation d'Internet aussi bien dans le domaine de la recherche qu'en ce qui concerne les applications commerciales. Le choix des outils n'intervient que dans un second temps. Inutile de se lancer dans une recherche tant que l'on n'a pas une idée précise de ce que l'on souhaite obtenir.

- *La première étape d'une telle étude a été un travail de réflexion.*

Il était nécessaire de préciser la problématique. Que cherche-t-on précisément ? Analyser la stratégie des concurrents sur Internet ? Obtenir des informations sur leurs activités dans le monde réel ? Identifier des sources d'information en vue de la mise en place d'une revue de presse

internationale ? Réaliser une étude sur une problématique précise ? Constituer un dossier de synthèse sur un sujet d'actualité ?
En l'occurrence, nous avons aidé notre client à préciser ses besoins. Il désirait avoir une vision globale de l'assurance sur Internet mais surtout disposer d'éléments qualitatifs pour évaluer l'impact qu'allait avoir le réseau dans son secteur d'activité. Quels types de services sont rendus possibles ? Comment évaluer les conséquences pour l'organisation de la société ? Comment va être modifié le jeu concurrentiel ? etc.

- *La deuxième étape avait pour but de préparer les investigations sur Internet.*

En nous appuyant sur notre culture d'Internet, sur la connaissance du secteur de l'assurance de notre chargé d'étude, sur l'avis d'experts et sur divers articles parus dans la presse, nous avons cherché à isoler les caractéristiques de l'industrie de l'assurance que nous devions garder à l'esprit tout au long de nos investigations, afin de mesurer le plus concrètement possible l'impact qu'allait avoir Internet dans ce secteur.

Ensuite, nous avons choisi de commencer par un outil volontairement généraliste comme Yahoo! pour évaluer de manière grossière le nombre et la répartition des sites. Cet outil est l'annuaire le plus connu du web et la majorité des sites y est référencée. Il ne prétend pas à l'exhaustivité mais permet d'accéder aux principales ressources. À partir de Yahoo !, nous avons ainsi analysé une première série de sites. Par analyse, nous entendons une évaluation objective du contenu (valeur ajoutée, renouvellement, approche marketing...) et de la réalisation du site (qualité de la conception, adaptation du contenu au format web, pertinence des technologies utilisées...). Il est donc nécessaire que chaque veilleur crée ses propres grilles d'analyse (qui varieront selon le type d'étude menée). L'objectif étant d'avoir une approche plus rigoureuse par rapport au *netsurfer* moyen qui analyse rarement les sites dont il ne parcourt d'ailleurs souvent que les premières pages.

Dans le cadre de notre étude sur l'industrie de l'assurance, nous avons visité plusieurs centaines de sites auxquels nous avons méthodiquement appliqué notre grille d'analyse. Ceci a sensiblement facilité la définition de la typologie, le classement en fonction de l'intérêt ainsi que la communication des résultats.

Choisir les outils

Nous avons visité des annuaires nationaux (Nomade, Yahoo ! France, Yahoo ! Canada, Yahoo ! Deutschland...), des annuaires spécialisés dans l'assurance ou directement quelques services financiers, mais il nous manquait encore de nombreux éléments pour réaliser notre étude. Existe-t-il des experts de l'assurance sur Internet ? Ont-ils un site web ? Communiquent-ils dans les newsgroups ? Ont-ils publié leurs études sur Internet ? Peut-on se fier à leurs analyses ? Peut-on trouver des sites d'amateurs consacrés à l'assurance ?

Le problème, à ce niveau, est que ce type d'informations est terriblement difficile à localiser à travers les annuaires : ces informations sont pour la plupart du temps cachées au fin fond de serveurs web qui ne se déclarent pas en tant que tels spécialisés dans l'assurance. Par exemple, certains serveurs traitent à la fois de banque, d'assurance et de finance. D'autres sites universitaires hébergent les pages de chercheurs, etc.

Dans ce cas, seuls les moteurs de recherche comme AltaVista, HotBot ou InfoSeek peuvent être utiles. Un moteur de recherche parcourt en permanence le web, rapatrie en théorie toutes les informations afin de les indexer (en établissant une sélection de mots-clés) dans une gigantesque base de données. Ce type d'outil s'avère fort utile pour obtenir des listes quasi exhaustives de documents contenant certains mots-clés (par exemple assurance, étude, perspectives...). On comprend aisément que la principale difficulté du chercheur consister à identifier les mots-clés pertinents pour localiser un document. Cette tâche est d'autant plus complexe que l'on ne sait pas à l'avance ce qui est déjà publié sur Internet. L'expérience permet cependant de créer mentalement une cartographie de l'information sur un secteur d'activité. Par exemple, dans le domaine de l'assurance, on s'aperçoit rapidement que les informations intéressantes se trouvent sur les sites américains, qu'elles émanent de sociétés commerciales, d'associations professionnelles et également d'individus passionnés. En Europe par contre, seules quelques sociétés réalisent des expériences de marketing interactif...

Définir une typologie de sites

Pour rendre un peu plus concrète cette cartographie de sites sur l'assurance et pour communiquer les résultats de notre étude, nous avons bien entendu défini une typologie précise de sites. Voici les grands ensembles qui ont été identifiés.

Services à valeur ajoutée (lettres d'information et serveurs d'actualité)

Ce sont des sociétés qui publient généralement déjà de l'information sur l'assurance sur des supports autres qu'Internet, et qui testent sur le réseau certaines déclinaisons de leurs produits. On trouve souvent une combinaison d'informations gratuites (parfois financées par la publicité) et de services d'information payants (Insurance News Network[1], Retire Web[2], etc.).

Cybermarchés (malls)

Certains sites (par exemple ceux du cybermarché d'Insure Market[3]) proposent parfois de l'information mais leur objectif principal est la vente de polices d'assurance. Ce sont des galeries marchandes qui tentent de redéfinir le concept d'intermédiation en testant de nouvelles formes de distribution. De prime abord, on pourrait assimiler le rôle de ces sites à celui des courtiers, mais ils présentent la particularité de mettre en concurrence plusieurs produits similaires de différentes sociétés. La gamme des produits dans ces linéaires virtuels est généralement assez large.

Entreprises

Les entreprises avec une présence dite « vitrine » sur Internet décrivent leur activité, leurs produits et parfois même leurs employés (AGF[4], GMF[5], etc.). Ce genre de sites[6] dénote une faible connaissance des spécificités d'Internet, et équivaut à une sorte de plaquette publicitaire diffusée sans effort d'adaptation. Ce mode de présence a une efficacité comparable à celle d'un spot télévisé où l'on verrait défiler du texte. Il s'agit essentiellement d'un investissement en image. Ces sites ont connu un certain succès lorsque le fait d'être sur Internet représentait un événement en soi. Aujourd'hui, ils sont surtout utiles aux étudiants et aux veilleurs qui trouvent aisément des informations de base sur une société

1. http://www.insure.com
2. http://www.retireweb.com
3. http://www.insuremarket.com
4. http://www.agf.fr
5. http://www.gmf.fr
6. Naturellement il ne s'agit que d'exemples relatifs à une étude menée à un moment donné. Ces sites ont bien évidemment évolué depuis et notre jugement ne porte absolument pas sur leur contenu actuel.

en quelques minutes. Pour les sociétés qui investissent plus lourdement dans Internet et misent sur des *business models* innovants, nous avons identifié d'autres catégories de sites qui se distinguent notamment au niveau de l'interactivité, des budgets investis et de la fréquence de renouvellement. En France, peu de sites de ce type existent, si ce n'est celui de la CNP[1], qui anime également des forums de discussion.

Sites non commerciaux (associations et particuliers)

Certaines associations publient un volume important d'informations gratuites en raison de leur mission d'information et d'éducation. Elles voient en Internet une nouvelle façon de toucher à moindre coût leur public. Il en résulte des sites souvent très riches en informations fiables. De nombreux particuliers ont été à l'origine d'innovations majeures dans la première phase de développement du World Wide Web ; aujourd'hui encore ils constituent une source d'information à ne pas négliger.

Services de réassurance

Ces sociétés, comme d'ARVA[2], ont pour clientes d'autres sociétés dans le domaine de l'assurance et incitent ces dernières à visiter leurs sites et proposent divers services plus ou moins intéressants pour les professionnels de l'assurance.

Dégager des tendances

Évidemment, notre client ne désirait pas un simple inventaire des ressources, mais surtout une analyse de fond. Au fur et à mesure de l'étude, nous avons commencé à dégager un certain nombre de thèmes de réflexion et à identifier des tendances. Mais nous nous sommes aussi appuyés sur l'intelligence collective du réseau pour affiner notre analyse. Nous avons localisé des experts et nous nous sommes aidés de différentes études qu'ils avaient publiées sur le web. Ceci nous a permis de considérablement accélérer notre examen.

À titre d'exemple, voici un extrait des quelques conclusions de l'étude.

1. http://www.cnp.fr
2. http://www.darva.fr

Quatre grandes tendances se dégagent :

1. Une augmentation du niveau d'interactivité et de l'innovation qui transforme de plus en plus de sites web en de forts moteurs d'attraction et d'image avec des investissement de plus en plus élevés.

2. L'arrivée de la publicité en ligne et des animations multimédia.

3. Un changement de comportements des clients qui s'explique par les possibilités croissantes d'interaction et d'accessibilité directe aux informations.

4. Et finalement de nouveaux modèles économiques et de nouveaux services qui impliquent la création des nouveaux *business models* hybrides (nouvelles logiques commerciales, nouveaux services, nouvelles sociétés, communautés virtuelles...).

La révolution Internet aura un impact très fort sur les structures existantes dans l'industrie de l'assurance. Si les entreprises qui se positionnent tôt doivent investir de forts montants, et prendre davantage de risques que les attentistes, leur espérance de gain est nettement plus élevée. Aujourd'hui, face aux mutations de l'environnement, « le risque le plus important n'est-il pas de ne pas prendre de risques » ?

Quelques conseils méthodologiques

De nombreuses astuces existent afin d'accélérer vos recherches et améliorer votre efficacité au moment d'entamer une étude sur Internet (voir également p. 72).

• *Ne pas se laisser griser par l'information*

Après avoir défini les objectifs et le cadre de l'étude, il est indispensable de toujours les garder en tête. À cause de la navigation hypertexte, il est courant de se perdre sur Internet en découvrant des sources d'information apparemment intéressantes. Évitez les détours inutiles ! Le facteur temps est souvent très difficile à maîtriser.

• *Définir l'équipe ou choisir un prestataire*

Si vous pensez mener l'étude en interne, il faudra mettre en place une équipe aux compétences multiples (voir p. 156). Si vous préférez sous-traiter, de plus en plus de sociétés proposent des services de recherche sur Internet. Leurs résultats sont inégaux. Exigez de connaître leurs références, le profil de leurs chercheurs, les outils et méthodes utilisés.

• *Ne pas se surestimer*

La recherche sur Internet demande de longues heures de pratique et ne s'improvise pas. Il est indispensable d'être rigoureux et patient, de bien connaître les outils que l'on décide d'utiliser. Une erreur communément répandue consiste à affirmer qu'une information n'est pas disponible sur Internet parce que l'on n'a rien trouvé après une journée de recherche alors qu'il s'agit souvent d'un problème de maîtrise des outils de recherche.

• *Commencer avec les outils classiques*

Évitez de débuter avec les derniers outils à la mode ou le dernier agent sorti. Souvent, un bon répertoire de recherche vous permettra de bien cerner comment est structurée l'information qui vous intéresse. Vous pourrez ensuite affiner avec les moteurs de recherche et les principaux moteurs sectoriels (voir p. 68). Commencez toujours par des recherches sur le web et passez ensuite aux autres sphères d'Internet (forums de discussion, listes de diffusion, gophers...).

• *Évaluer les sites et organiser son bookmark*[1]

Pensez à créer des fiches d'évaluation pour chaque site et à définir les critères les plus importants que vous souhaitez prendre en compte pour cette étude, tant au niveau de la réalisation (rapidité d'accès, conception, attractivité, richesse du contenu, cohérence/efficacité, interactivité...) qu'au niveau du contenu du site (site vitrine, catalogue, vente en ligne, information, support client...). De même, sachez que la plupart des *browsers* permettent de créer des répertoires thématiques afin de classer les adresses de sites contenues dans un *bookmark*. Ceci requiert du temps mais présente l'avantage de pouvoir facilement retrouver les sites qui vous intéressent.

• *Exploiter les agents intelligents*

Utiliser un agent de type « aspirateur » (voir p. 108) dès qu'un site intéressant est repéré. Ce type d'application réalise une copie du site et permet de consulter en local les pages à partir de son disque dur sans devoir se connecter sur Internet. D'autres agents peuvent vous aider à actualiser le contenu de votre étude avant qu'elle ne soit périmée.

• *Rester discret*

Vous laissez de nombreuses traces après votre passage sur Internet. Sans entrer dans un exposé technique, sachez qu'il vaut mieux éviter d'effectuer une recherche à partir du réseau de votre entreprise. Pensez ainsi à désactiver les *cookies*[2] et à ne pas utiliser votre e-mail habituel...

---

1. Un *bookmark* (ou signet) est une adresse d'Internet. On utilise ce terme également pour désigner l'ensemble de vos adresses Internet (une sorte de carnet d'adresses).
2. Voir p. 31 ss pour quelques conseils sur la sécurité.

• *Garder un œil critique*
Soyez toujours circonspect dans l'utilisation et l'interprétation des informations que vous trouverez sur Internet, essayez de déterminer la date de publication des documents, leur auteur, l'activité et la localisation du site qui les héberge...
• *Analyser les informations recueillies*
Avec l'ensemble des informations dont vous disposez, vous pouvez commencer à formuler les premières hypothèses de travail. Éventuellement, vous pouvez compléter vos données en contactant les *webmasters*[1] de certains sites et les experts identifiés dans les newsgroups. Au moment de la rédaction, adoptez une « approche multimédia » (documents électroniques avec images et liens hypertexte) qui vous permettra de diffuser plus efficacement vos résultats au sein de l'entreprise.
• *Actualiser l'étude*
Les études deviennent très rapidement caduques sur Internet. Pensez à actualiser leur contenu régulièrement et commencez à envisager d'installer des dispositifs de veille efficaces.

Les études de marché

Internet peut être utilisé non seulement pour étudier la structure d'un marché et ses acteurs (études sectorielles) mais aussi pour mesurer et comprendre des phénomènes en cours, en interrogeant les utilisateurs du réseau (les « internautes »). On parle alors d'études de marché quantitatives ou qualitatives. Dans une enquête réalisée par le Council of American Survey Research en 1997, sur un échantillon de 300 cadres issus des 2 000 plus grandes entreprises américaines, la grande majorité des interviewés (87 %) est persuadée de l'utilité des études de marché en ligne.

Rappel

Nombre d'organismes ont l'habitude de mener des études de marché. Notre but ici est de rappeler rapidement quelques principes de base[2]

1. Responsables d'un site web. L'équivalent du *webmaster* pour un BBS est le *sysop (system operator)*.
2. Pour plus d'informations voir Degon Renaud *Les études marketing – Pourquoi ? Comment ?*, Les Éditions d'Organisation 1990. Pour une présentation plus technique des principes des études de marché, voir *Guide pratique de la qualité en études de marché*, Syntec.

pour mieux comprendre comment ils peuvent éventuellement être appliqués à Internet. Il est possible de distinguer deux grandes familles d'études :

• *Les études qualitatives*

On affirme souvent que les études qualitatives (interviews individuelles, réunions de groupe) essayent de *comprendre* un phénomène alors que les études quantitatives (sondages, panels) servent à le *mesurer*. En fonction de la problématique à étudier, parfois on privilégiera l'approche qualitative à l'approche quantitative ou inversement. Dans d'autres cas, les deux approches peuvent s'avérer indispensables sans qu'il y ait une chronologie fixe dans leur mise en œuvre (bien que les études qualitatives soient fréquemment menées avant les études quantitatives). Les études qualitatives sont souvent pratiquées par des spécialistes issus de la psychologie, la sociologie ou l'ethnologie. Le but est de rechercher des informations en profondeur en essayant de comprendre, par exemple, quels sont les mécanismes conscients ou inconscients liés à la perception d'une offre commerciale, quelles sont les motivations qui sous-tendent l'adhésion à une marque ou à un produit... Elles permettent donc de comprendre et d'expliquer des attitudes et des comportements. On distingue en général quatre types d'études qualitatives :

– l'interview individuelle (diagnostic en profondeur) ;

– la réunion de groupe (créativité, prospective, diagnostic rapide) ;

– l'approche ethnologique (analyse du comportement par l'observation) ;

– la sémiologie (décodage des signes).

• *Les études quantitatives*

Censées mesurer des phénomènes, les études quantitatives produisent des informations de nature statistique. Le sondage est l'outil quantitatif par excellence. Encore aujourd'hui, la démarche quantitative a beaucoup d'adeptes en raison d'une approche rationnelle et toujours quantifiable. Le principe de tout sondage est très simple : en interrogeant un échantillon représentatif d'individus, on obtient des résultats statistiquement très proches de ceux qu'on obtiendrait en interrogeant l'ensemble de la population. Il existe différentes déclinaisons d'études quantitatives qui répondent souvent à des logiques bien précises :

– les enquêtes postales ;

– les enquêtes téléphoniques ;
– les enquêtes par contact direct (rue, domicile, salle d'interview...) ;
– les panels (échantillons d'individus qui sont interrogés plusieurs fois).

Si une enquête (postale, téléphonique, au domicile) est répétée plusieurs fois sur des échantillons différents à chaque fois, on parle de baromètre. Si l'échantillon est toujours identique (fixe), il s'agit plutôt de panel. Par ailleurs, en raison de ses coûts, un panel est souvent multiclients.

Identifier les études existantes

Internet peut être une source très utile pour identifier les études tant qualitatives que quantitatives qui existent déjà et qui ont été publiées[1]. On parle dans ce cas de données secondaires (les données primaires étant celles issues d'études mises en place *ad hoc* pour satisfaire un besoin précis). Il existe sur Internet différents « endroits » où l'on peut se procurer, gratuitement ou pas, des études de marché.

• Les sites des instituts de sondage (Gallup, SOFRES, IFOP, Nielsen...) qui mettent parfois à la disposition des visiteurs des anciennes études de marché. Vous pouvez utiliser Yahoo ! pour identifier les principaux instituts français et étrangers présents sur Internet[2].

• Les sites des cabinets et instituts qui publient des études et des analyses sectorielles (Find SVP, Jupiter, Dataquest, IDATE, ADIT, DAFSA...)[3].

• Les sites des instituts ou organismes qui mènent des études, sondages ou panels uniquement à partir d'une population d'« internautes » (GVU, ActivMedia, NPD PC Meter, NUA...)[4].

1. Le professeur Djamchid Assadi (Pôle Universitaire Léonard de Vinci) s'est déjà penché sur l'efficacité des études sur Internet. Voir les intéressants articles parus dans *Marketing Magazine* n° 20, avril 1997, n° 21 mai 1997 et n° 22 juin-Août 1997.
2. Pour les instituts étrangers voir http://www.yahoo.com/Business_and_Economy/Companies/Marketing/Market_Research/
Pour les instituts français voir http://www.yahoo.fr/Commerce_et_economie/Societes/Marketing/Etudes_de_marche/
3. Find SVP (http://www.find.com), Jupiter (http://www.jup.com), Dataquest (http://www.dataquest.com), Idate (http://www.idate.fr), Adit (http://www.adit.fr), Dafsa (http://www.dafsa.fr).
4. GVU (http://www.cc.gatech.edu/gvu/user_surveys), ActivMedia (http://www.activmedia.com), NPD (http://www.npd.com), NUA (http://www.nua.ie/). Voir également http://www.isleuth.com/busi-mkt-research.html et http://www.yahoo.com/Computers_and_Internet/Internet/World_Wide_web/Statistics_and_Demographics/

- Les organismes publics (INSEE, ONU, Union européenne...)[1].
- Certaines banques de données spécialisées qui vendent des centaines d'études de marché (Maid[2], World Reporter...).
- Les principales organisations marketing (AFM, AMA, ESOMAR...)[3] ou toute autre organisation professionnelle.

Utiliser Internet pour des sondages

En général, on fait appel aux sources primaires lorsque les sources secondaires retrouvées sont jugées insuffisantes ou non pertinentes. En d'autres termes, on décide qu'il est nécessaire de mener une étude *ad hoc* afin d'obtenir des réponses adéquates à une problématique précise. S'il s'agit de quantifier et de mesurer un phénomène, on s'adresse généralement à un institut d'études qui organisera un sondage. Celui-ci pourra être administré soit par téléphone, soit par contact direct (interview dans la rue, au domicile, dans une salle...), soit par fax, soit par voie postale. Désormais, Internet peut aussi être utilisé pour administrer des questionnaires mais dans des conditions particulières et avec des contraintes qu'il ne faut pas sous-estimer :

- Un sondage mené sur Internet n'est absolument pas représentatif de la population d'un pays. En d'autres termes, la population des « internautes » possède des caractéristiques socio-démographiques bien précises qui ne sont pas celles de la population globale. En simplifiant, on peut dire que pendant les années 70 la population Internet était essentiellement composée de militaires et de scientifiques américains ; pendant les années 80 elle est surtout constituée d'universitaires toujours américains, et de nos jours la part relative des Américains tend à diminuer, mais les cadres et les jeunes sont sur-représentés, etc.[4] Même si la population des « internautes » se rapproche de plus en plus de la population générale, de nombreux écarts subsistent encore. À cette date, vouloir extrapoler (avec des redressements sta-

1. Pour une liste d'instituts publics américains, voir http://www.yahoo.com/Government/Institutes/
Pour l'équivalent français, voir à http://www.yahoo.fr/Institutions_et_services_publics/Instituts/
2. http://www.maid.com
3. Une liste assez complète peut être trouvée sur le site de l'Esomar à http://www.esomar.nl/mr_associations.html
4. Pour une analyse de l'évolution de la population Internet, voir les sondages GVU (http://www.cc.gatech.edu/gvu/user_surveys).

tistiques) les résultats d'une enquête menée sur le web à l'ensemble d'un pays ou d'une région, ne présente pas de validité scientifique.

• Dans le meilleur des cas, un sondage de ce type peut être représentatif de la population (ou d'une sous-population) du réseau. Ainsi, si on respectait certaines conditions, un sondage sur Internet pourrait être représentatif de la population des « internautes ». Cela dit, un tel sondage (qu'il soit administré par e-mail ou *via* un questionnaire publié sur une page web) est assujetti aux mêmes limites qu'un sondage postal ou par fax[1]. En effet, il est impossible d'interroger au hasard et en direct un échantillon représentatif d'internautes, comme un institut peut le faire avec des interviews téléphoniques ou en face à face[2]. Le risque le plus important d'un tel type de sondage réside dans le phénomène d'« autosélection » des interviewés : les personnes qui décident de répondre à un sondage autoadministré (que ce soit par courrier, fax, Minitel ou Internet) sont souvent impliquées dans la problématique qui est étudiée ou sont par nature plus curieuses ou extraverties[3]. Par ailleurs, on ne sait jamais qui remplit réellement le questionnaire. On ne peut pas être sûr à 100 % que la personne qui fournit ses caractéristiques socio-démographiques (âge, sexe, profession...) au départ soit la même qui répond à l'ensemble des questions. De même, puisque le temps de réponse est illimité, il y a souvent un risque de « rationalisation excessive » de la part de l'interviewé. Cela dit, un sondage sur Internet permet d'associer certains avantages propres au sondage postal (absence de l'enquêteur, possibilité de répondre calmement, possibilité d'inclure du matériel de support multimédia...) avec certains avantages propres au sondage téléphonique (faible coût, rapidité des envois et des réceptions des questionnaires...). Dans tous les cas, il faut toujours être très prudent avec les

1. Revelli Carlo, *Previsioni di vendita e budget d'impresa*, Università di Roma « La Sapienza » 1991.
2. Il s'agit d'une contrainte à la fois technique et méthodologique. À cette date on a du mal à « bloquer » quelqu'un sur Internet pour lui poser des questions. D'une part, les techniques actuelles (IRC, forum *on-line*, espaces virtuels en 3D) ne sont pas totalement adaptées à des sondages en direct et d'autre part, celles-ci ne sont utilisées que par une minorité d'internautes.
3. Par contre, le biais lié au niveau d'instruction affecte peu les sondages sur Internet. Le niveau d'instruction des internautes étant assez élevé par rapport à la population générale, on n'observe pas le problème qui affecte les sondages postaux. De même, puisqu'il s'agit d'un outil nouveau, le sondage sur Internet (comme le sondage par fax d'ailleurs) est peu touché par les faibles taux de retour qui caractérisent le sondage postal. Un sondage par fax que nous avons réalisé en 1991 en Italie, a obtenu un taux de retour d'environ 30%, sans aucune relance.

résultats obtenus *via* ce genre de consultations. Il vaut mieux utiliser ces résultats comme des indications semi-qualitatives plutôt que de les considérer des « vérités statistiques infaillibles »...

- Pour administrer efficacement un sondage sur Internet, il est nécessaire de respecter un certain nombre de règles élémentaires. D'abord, il faut sélectionner et identifier la population que l'on souhaite étudier (ensembles des internautes ? internautes français ? internautes qui possèdent aussi un CD-ROM ? etc.). Ensuite, il faut trouver des moyens efficaces pour annoncer le sondage auprès de la cible choisie. Dans l'idéal, il faudrait disposer d'un fichier assez exhaustif d'adresses électroniques ciblées. Ceci n'étant pas toujours le cas, il faut essayer d'annoncer le sondage dans des « espaces virtuels » dans lesquels votre cible est susceptible de se rendre. Par exemple, un sondage sur les cosmétiques devra être annoncé dans les forums de discussion, les listes de diffusion et les sites web liées à la cosmétologie, la mode, l'alimentation, la pharmacie, etc. Il faudra toujours faire d'importants efforts de communication pour obtenir un nombre significatif de réponses. Dans cette optique, il est souhaitable de motiver les personnes à répondre à votre enquête, à l'aide de concours ou de petits prix. Enfin, même si vous disposez d'un fichier avec des adresses électroniques, il est souvent préférable de renvoyer l'internaute vers une page web dans laquelle vous aurez préalablement installé le questionnaire. Vous éviterez ainsi d'encombrer la boîte aux lettres de ceux qui ne souhaitent pas participer à votre enquête et ensuite, grâce à la richesse du langage *html*, vous pourrez administrer un questionnaire beaucoup plus riche et complexe[1] que par e-mail. Par ailleurs, rien ne vous empêche d'installer votre questionnaire dans différents sites web sur Internet afin d'augmenter le nombre de répondants.

Un exemple d'étude qui peut être efficacement menée par Internet consiste à mesurer le niveau de satisfaction généré par un site web. Dans cet esprit, il existe des système d'enquêtes sur le web qui permettent de connaître le jugement des utilisateurs d'un site[2]. De telles

1. En effet, à partir d'une page *html* vous pouvez, par exemple, inclure des filtres automatiques en fonction des réponses qui sont données à certaines questions. Vous pouvez également accompagner certaines questions par des éléments visuels multimédias (images, textes, animations et éventuellement extraits sonores et/ou vidéo).
2. Un tel sondage a été développé à titre expérimental en novembre 1996 et il est désormais actif à l'adresse http://www.cybion.fr/sondages/survey.htm

enquêtes, malgré leurs limites[1], permettent d'obtenir des indications sur la perception d'un site par ses visiteurs habituels et éventuellement aussi par des internautes qui ne le connaissent pas. Il est ainsi possible d'obtenir de nombreux éléments concernant l'appréciation d'un site : convivialité (facilité de navigation, organisation de l'information), design et graphisme, contenu (qualité de l'information disponible), vitesse d'accès, renouvellement des informations, interactivité (réactivité de l'entreprise et perception du suivi par les visiteurs), appréciation générale, etc. *(figures 3.1 à 3.4)*

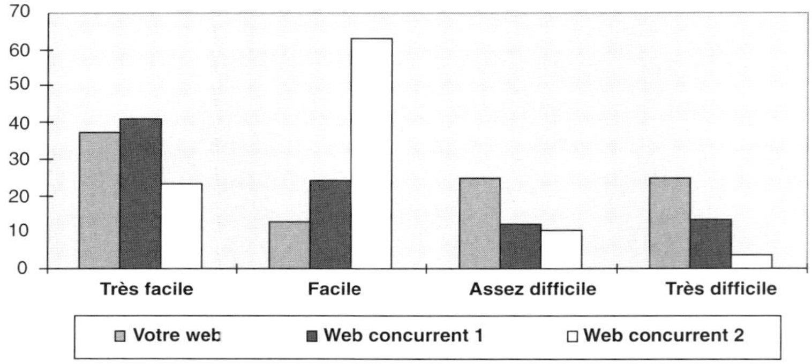

Figure 3.1 - Conviviabilité du site par rapport à ses concurrents

Figure 3.2 - Design du site

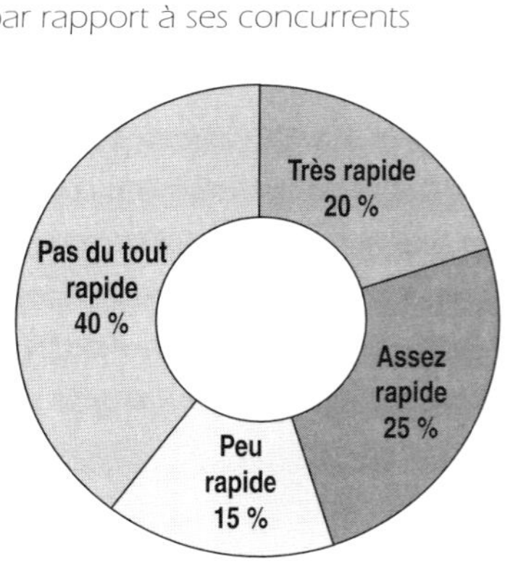

Figure 3.3 - Vitesse d'accès du site

1. Les informations que l'on obtient, même à travers un sondage, sont de nature à fournir des indications surtout qualitatives.

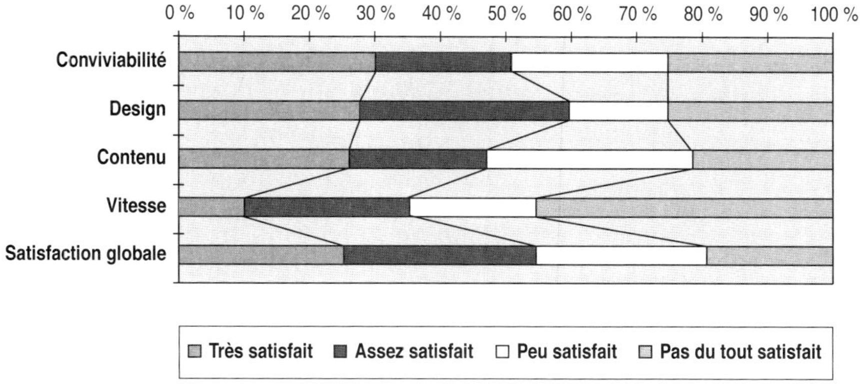

Figure 3.4 - Appréciation du site

Par ailleurs, comme pour tout sondage, d'autres éléments peuvent être pris en compte : intentions de retour, intentions d'achat, rubriques préférées, suggestions... Il faudra également enregistrer les caractéristiques sociodémographiques de chaque interviewé (âge, sexe, région, profession, revenu déclaré, équipement informatique...) ainsi que ses habitudes de navigation sur Internet et sur le site étudié (type de connexion, lieu de connexion, fréquence de connexion, raisons de connexion...).

Internet peut également être utile pour optimiser le fonctionnement d'un panel (échantillon permanent d'individus qui sont interrogés plusieurs fois). Mais dans ce cas, Internet n'est qu'un moyen de communication (efficace et économique) pour que l'institut puisse communiquer avec les membres du panel (soit par e-mail, soit par un site web à accès restreint). Il peut aussi être utilisé pour soumettre des stimuli (encarts publicitaires, sites web, articles de presse...) qui sont présents sur Internet.

Utiliser Internet pour des études qualitatives

Internet peut également être utilisé dans certaines études qualitatives mais avec des limitations parfois importantes. Reprenons les différentes formes d'études qualitatives.

1. D'abord, on peut envisager des *interviews individuelles* en ligne soit à travers des systèmes de discussion en direct (avec des applications plus ou moins évoluées par rapport à l'IRC), soit à travers des interrogations différées (par e-mail). Le problème est que l'on ne peut obtenir la même richesse d'informations qu'avec un entretien en face à face dans lequel chaque silence, chaque expression du visage, est enregistrée et interprétée. Dans une interview réelle, si une question est mal comprise, on peut la reformuler et relancer ainsi la discussion. Tout ceci devient assez compliqué avec des échanges uniquement en mode texte. Lorsque la visioconférence sur Internet sera réellement fonctionnelle, l'interview individuelle « virtuelle » aura plus d'intérêt. Par contre, Internet peut être très efficace pour toucher des experts (parfois de forte renommée) que l'on ne pourrait jamais réussir à interviewer en direct (soit en raison de la distance qui vous sépare, soit à cause d'un agenda souvent très chargé...). Une fois que vous les aurez identifiés [1], vous pourrez les interviewer directement par e-mail ou par l'intermédiaire d'une liste de diffusion ou d'un forum de discussion à partir desquels ils ont l'habitude de s'exprimer. L'expérience montre que les experts acceptent souvent de répondre à des sollicitations par e-mail [2].

2. Certains instituts[3] se spécialisent dans les *réunions de groupe* en ligne. Le but est de faire discuter et interagir un certain nombre de participants au sein d'entretiens collectifs. Il est clair que la richesse informationnelle que l'on peut obtenir d'un *focus group virtuel* n'est pas la même que celle issue d'une réunion réelle. Comme pour les interviews individuelles, l'interrogation peut s'effectuer en direct (grâce à des systèmes de *chat*[4] plus ou moins évolués) ou en différé (forums de discussion à accès restreint ou listes de diffusion privées). Là aussi, ce sont les contraintes techniques qui diminuent l'efficacité de ces méthodes. Cela dit, en ce qui concerne l'univers des produits technologiques, ces enquêtes produisent des résultats relativement intéressants à un coût nettement inférieur et en un laps de temps beaucoup plus court.

3. L'*approche ethnologique* est encore peu utilisée sur Internet mais de plus en plus de personnes s'y intéressent. L'idée consiste non pas à interviewer quelqu'un, mais à l'observer dans ses actions. À l'heure actuelle, et contrairement à certaines descriptions qui paraissent dans la presse à scandale, il n'existe pas de produit commercial qui permette de suivre et

1. Voir p. 173 pour voir comment identifier un expert sur Internet.
2. Dans le cadre de cet ouvrage, toutes les interviews (J. de Rosnay, N. Negroponte, C. Swett, etc.) ont été réalisées par e-mail.
3. Greenfield Online Research (http://www.greenfieldgroup.com) est le pionnier des *focus groups on-line*.
4. *Chat* signifie bavardage et désigne les différents systèmes (IRC ou autre) permettant à plusieurs personnes de dialoguer en temps réel.

épier un « internaute » lors de ses « navigations » d'un site à l'autre sur le web. La seule solution pour pouvoir le faire est de constituer des panels d'utilisateurs qui soient naturellement au courant que toutes leurs actions sur Internet sont enregistrées et ensuite analysées[1]. Cela dit, quand vous accédez à un site bien précis, grâce à une « astuce technique »[2], vos mouvements peuvent être suivis et enregistrés mais uniquement jusqu'à ce que vous quittiez le site. Dans tous les cas, les informations qui peuvent être récoltées sur vous sont assez limitées (nombre de fois que vous êtes venu sur le site, pages les plus visitées, navigateur utilisé, adresse IP de votre machine sur le réseau...). Par contre, il est vrai qu'il est possible de suivre toutes les interventions qu'une personne précise effectue dans les forums de discussion. Mieux encore, vous pouvez tracer son profil en analysant les archives de ses interventions passées ainsi que les forums utilisés. Mais ces forums étant publics, « tout le monde peut observer tout le monde ». L'analyse des forums et des listes de diffusion peut également être très utile pour mener des études d'image pour des opinion leaders ou des organismes. Cette approche ethnologique est souvent très efficace et exhaustive puisqu'elle permet d'utiliser l'ensemble des outils et des méthodes décrits pour les études sectorielles.

En conclusion, Internet peut être efficace dans des cas bien précis, par exemple lorsqu'il s'agit d'optimiser certaines phases d'une étude qualitative (recrutement des interviewés, utilisation de stimuli interactifs) mais nous sommes encore loin de pouvoir remplacer une réunion de groupe réelle par une réunion virtuelle... En revanche, utiliser Internet comme support pour de vrais *focus groups* peut être d'une richesse insoupçonnée. Prenons le cas d'une société qui souhaite faire évaluer son site web par des visiteurs actuels ou potentiels dans l'objectif de perfectionner autant son apparence que son contenu. Il est alors nécessaire d'étudier comment ce site est perçu au moment de l'étude et quels sont les souhaits de ses visiteurs pour la future version. Dans un tel contexte, des études qualitatives traditionnelles peuvent s'appuyer sur des supports multimédia (par exemple, du *websurfing* pendant la réunion) afin de comprendre comment mettre en place un site qui soit en phase avec les attentes de ses visiteurs tant au plan de l'agrément qu'en termes d'in-

1. Voir par exemple The NPD Group (http://www.npd.com).
2. Il s'agit de l'envoi du fichier texte (cookie.txt) précédemment décrit (voir p. 34).

térêt du contenu et de facilité de navigation. Les objectifs d'une telle approche peuvent être multiples :

– cerner les habitudes, les pratiques et les attentes de la cible en matière d'utilisation d'Internet ;

– comprendre les motivations, les points d'attache et les freins par rapport à ce nouveau mode de communication ;

– évaluer le site actuel (éventuellement une maquette du futur site) et déceler les points de satisfaction et d'insatisfaction (dans l'absolu et comparativement aux sites de la concurrence) ;

– dégager des axes d'optimisation du site ;

– tester la réceptivité des interviewés face à de nouveaux services ;

– stimuler la créativité des interviewés pour les inciter à imaginer de nouveaux services ;

– etc.

METTRE EN PLACE UNE CELLULE OU UN OBSERVATOIRE DE VEILLE (DU PRÉSENT AU FUTUR)

Pour exploiter le potentiel informationnel d'Internet, il faut disposer d'outils et de méthodes capables non seulement de trouver l'information et d'en vérifier l'origine, mais surtout de contrôler son évolution dans le temps. En effet, l'information se renouvelle sans cesse et paradoxalement les informations « fraîchement » publiées côtoient souvent de nombreuses informations périmées.

Il est certes possible de mener une étude sur Internet pour obtenir une photographie à un instant T, mais, contrairement aux études classiques, sa durée de validité est extrêmement brève.

Internet est donc un univers mouvant et en perpétuelle évolution. Ainsi, nous pouvons affirmer que le prolongement logique d'une étude sectorielle consiste à mettre en place une cellule ou un observatoire de veille fonctionnant à partir d'agents dits « intelligents ». Pour illustrer nos propos, nous prendrons le cas d'un constructeur automobile qui, après avoir réalisé une étude sectorielle sur Internet, prend conscience du potentiel informationnel qu'offre ce nouveau médium et décide de développer une cellule de veille. Il s'agit d'une décision importante car, contrairement à une étude ponctuelle, mettre en place une cellule de veille implique un effort initial important afin d'acquérir le savoir-faire nécessaire à son fonctionnement[1].

Définition et objectifs

Définir une cellule ou un observatoire de veille Internet n'est pas une tâche aisée, car les fonctions et les performances des outils de veille disponibles évoluent sans cesse. Nous pouvons néanmoins affirmer qu'il s'agit d'un système hybride qui associe trois entités distinctes :

– la masse de documents disponibles sur Internet ;
– les outils de recherche, de collecte, de veille et de traitement de l'information (agents intelligents) ;
– l'expertise humaine.

Dans le secteur automobile, la richesse informationnelle d'Internet est évidente. Par exemple, il est possible de trouver de nombreuses informations sur un constructeur concurrent non seulement à partir de son site web mais aussi en analysant des sites non officiels ou des forums de discussion spécialisés. De la même manière, les autres acteurs du marché automobile occupent une place importante sur Internet. Ainsi, il est possible d'identifier plusieurs réseaux de concessionnaires et surtout la myriade de fournisseurs de pièces détachées qui utilisent Internet pour accroître leur notoriété.

Les agents de veille sont censés surveiller les sites web et les sources d'informations qui ont été préalablement identifiées et doivent lancer des alertes chaque fois qu'une information susceptible d'intéresser le constructeur automobile apparaît sur Internet. Cependant, comme nous l'avons vu précédemment, ces agents sont loin d'être intelligents. En effet, même les solutions les plus avancées ne peuvent pas se passer d'une intervention humaine notamment au niveau de la sélection initiale des sites à surveiller et des mises à jour successives. Le succès d'une

1. Quand un organisme (entreprise ou autre) décide d'acquérir en interne le savoir-faire et les instruments pour mener des activités de veille de manière autonome ou semi-autonome, nous parlerons de *cellule de veille Internet*. Nous utiliserons le terme *observatoire de veille Internet*, quand l'organisme préfère ne pas garder en interne la cellule et sous-traite les prestations à l'extérieur. Dans certains cas, un observatoire Internet peut être multiclients.

cellule ou d'un observatoire Internet dépend donc du degré d'interaction entre ces trois entités et des synergies qui auront été engendrées.

L'objectif d'une cellule ou d'un observatoire de veille Internet est clair. Il s'agit de mettre à la disposition de chaque personne concernée par la veille au sein d'un organisme, un outil simple et économique permettant un accès rapide et exhaustif à l'information pertinente.

Internet constitue un bouleversement important pour les entreprises. En effet, elles doivent non seulement apprendre à se servir de nouveaux outils informatiques mais aussi, et surtout, s'adapter à une culture et à un mode de fonctionnement complètement nouveaux. Les entreprises françaises, notamment, ont des difficultés à assimiler cette nouvelle forme de communication, même si progressivement les choses semblent s'améliorer. Si accepter Internet a été presque une « révolution culturelle », il ne faut pas que la veille sur Internet en constitue une deuxième. Pour cette raison, il faudra essayer d'adopter une solution simple, pratique et conviviale. Autant que possible, il faudrait donc éviter les solutions logicielles propriétaires (c'est-à-dire qui impliquent une nouvelle interface et donc une phase d'apprentissage supplémentaire) en privilégiant les solutions qui utilisent les technologies traditionnelles de l'Internet et de l'intranet. L'idéal serait d'adopter une cellule de veille qui fonctionne intégralement à partir du navigateur (Netscape ou Microsoft notamment) afin de faciliter son utilisation.

Il ne faut pas croire qu'une cellule ou un observatoire de veille Internet remplace le dispositif de veille traditionnel de l'entreprise. Au contraire, elle le renforce. En effet, les deux approches sont souvent complémentaires et peuvent s'intégrer parfaitement dans un système global de veille. Cependant, lors de sa mise en place, une cellule ou un observatoire Internet suppose des investissements souvent beaucoup plus faibles qu'un dispositif de veille traditionnel. Une cellule Internet engendre des coûts bien moins élevés pour deux raisons. D'une part, l'information disponible sur Internet est soit gratuite, soit nettement moins chère que les autres modes d'acquisition (bases de données commerciales, revues de presse, déplacements, etc.). D'autre part, les agents intelligents nécessaires à son fonctionnement sont assez souvent bon marché. Le seul vrai coût est celui consacré à l'identification initiale des sources à surveiller.

En ce qui concerne les agents, leur travail ne se limite pas à surveiller des sites et à vous alerter à chaque nouveauté qui apparaît. En effet, ils stockent directement sur l'ordinateur (ou sur l'intranet) les informations utiles qui ont été repérées. De cette manière, on recrée en local une sorte de « mini-Internet sectoriel » qui répond à des besoins spécifiques. Ainsi, disparaissent tous les problèmes liés à l'encombrement des réseaux et à la lenteur parfois exaspérante du web. C'est l'agent qui, spontanément, active une connexion sur Internet, va analyser les sites qu'il doit surveiller et enregistre le tout localement sur le disque dur. De cette manière, il est possible de naviguer *off-line* (hors connexion) sur plusieurs mégaoctets de données préenregistrées et ce, à une vitesse extrêmement rapide.

Les étapes de la mise en œuvre d'une cellule de veille[1]

Même si la mise en place d'une cellule de veille Internet peut se concrétiser en quelques semaines, afin que celle-ci puisse apporter une réelle valeur ajoutée à l'entreprise, il est indispensable de mener au préalable une réflexion approfondie. L'établissement du cahier des charges constitue une phase très importante qui permet de comprendre quels sont les besoins réels de l'entreprise. Si nous prenons l'exemple d'un constructeur automobile, il faudra établir quelles sont les priorités accordées à la cellule Internet. Quelles sont les différentes activités de veille qu'il souhaite mener ? Veille concurrentielle ? Veille marketing ? Veille technologique ? Veille sociétale ? Souhaite-t-il surveiller plutôt les concurrents nationaux ou internationaux ? Quels autres acteurs du marché ? Est-il intéressé par l'offre en pièces détachées de tel fournisseur américain ou préfère-t-il voir de quelle manière le réseau de concessionnaires de son concurrent direct communique sur Internet ? Faut-il mettre l'accent sur les études de marché vendues sur Internet ou faut-il se concentrer sur les revues scientifiques et les dépôts de brevets américains ? Quelle place accorder aux bruits et aux rumeurs qui circulent sur les forums de discussion et sur les web « non officiels » ?

Autant de questions auxquelles on ne peut répondre qu'avec des spécialistes capables, d'une manière très pragmatique, d'identifier ce qui peut être réellement fait à partir d'Internet en écartant vite les « fan-

1. Nous décrivons ici les étapes de la mise en place d'une cellule de veille Internet (voir également l'extrait publié sur le magazine *Veille,* juillet 1997). En ce qui concerne l'observatoire de veille Internet, sa mise en place est beaucoup plus simple car généralement elle est sous-traitée à l'extérieur. C'est le sous-traitant qui doit prendre en compte les trois étapes de la mise en œuvre. Nous verrons ensuite les avantages et les inconvénients entre une cellule et un observatoire de veille.

tasmes» les plus courants propres à ceux qui commencent à s'intéresser à l'intelligence stratégique sur les réseaux...

Supposons que notre constructeur automobile soit intéressé par ses concurrents, mais qu'il n'ait pas une très grande expérience d'Internet et de ses outils. Il est donc indispensable qu'un spécialiste puisse lui indiquer les informations qu'il peut espérer trouver sur Internet et celles qu'il ne trouvera jamais.

Trois phases s'enchaînent après l'audit initial des besoins:

1. Phase de formation et de sensibilisation

Il est recommandé que chaque utilisateur potentiel de la cellule soit formé à Internet et aux techniques de recherche. Le but est d'obtenir une prise de conscience générale du potentiel informationnel d'Internet mais aussi de ses limites. Internet est un univers chaotique, l'information n'est pas toujours fiable et surtout elle n'est pas toujours présente. Il faut en être conscient dès le début si l'on veut éviter des déceptions. Naturellement, le responsable de la cellule devra suivre une formation plus approfondie et opérationnelle en vue de perfectionner ses connaissances au niveau des techniques de recherche et de veille sur Internet.

2. Phase de recherche

Il s'agit d'identifier les sources les plus pertinentes afin de satisfaire les critères établis pour le cahier de charges. C'est la phase la plus importante: il faut bâtir les «fondements» sur lesquels reposera la cellule. Qu'elle soit effectuée en interne ou par l'intermédiaire d'un prestataire extérieur, cette phase doit être obligatoirement confiée à des experts de la recherche d'informations sur Internet si l'on veut éviter un outil complètement inefficace. Le but est de mettre en œuvre une véritable stratégie de recherche qui repose sur les différents outils disponibles sur Internet. Prenons un exemple volontairement simple. Nous savons que notre constructeur est surtout intéressé par la veille concurrentielle. En effet, il n'est pas complètement satisfait de son propre site web et il souhaite donc l'optimiser en s'inspirant de ce que font ses principaux concurrents. Par ailleurs, il est particulièrement intéressé par les nouvelles lampes à décharge (HID) et souhaite comprendre quels sont les concurrents qui les utilisent, quels sont les différents fournisseurs dans le monde et enfin quelles sont en général les réactions des automobilistes face à cette technologie d'éclairage. Afin d'identifier ces informations, il faut utiliser différents outils:

- *Répertoires thématiques:* contrairement à une idée reçue, les répertoires de recherche comme Yahoo! ou Magellan ne sont pas des outils réservés uniquement aux débutants. En effet, leur arborescence finement hiérarchisée permet d'identifier rapidement des listes de ressources ciblées. En l'occurrence, on trouve immédiatement une liste d'environ 300 constructeurs étrangers[1] et sur Yahoo ! France une liste d'une trentaine de constructeurs qui ont un site en français. Il s'agit d'un point de départ pour pouvoir analyser les sites de la concurrence.

- *Moteurs de recherche :* naturellement, on trouvera difficilement des informations « confidentielles » sur les sites officiels des concurrents. Une deuxième phase consiste à utiliser les moteurs de recherche généralistes (HotBot, AltaVista, InfoSeek...) afin d'identifier, en utilisant les mots-clés appropriés, les différents fournisseurs de lampes à décharge à haute intensité. Ainsi par exemple, en accédant au site de Osram Silvania, outre découvrir leur catalogue complet de lampes HID, on constate que la Ford Mustang est équipée de ce nouveau système d'éclairage. Cependant, les moteurs de recherche généralistes sont souvent trop imprécis. Aussi, faut-il essayer d'identifier des moteurs de recherche spécialisés dans l'automobile grâce auxquels on pourra trouver des articles techniques sur le fonctionnement de ces lampes ainsi que les différents brevets récemment déposés.
- *Forums de discussion et web personnels :* en dehors des informations officielles (web des constructeurs, revues spécialisées, brevets déposés...), de nombreux autres bruits peuvent être « collectés » sur des sites web mis en place par des passionnés de l'automobile[2] ou même directement sur les forums de discussion. Ces informations ont d'autant plus de valeur que vous savez qu'il s'agit de rumeurs non vérifiées par la presse ou les constructeurs eux-mêmes. À vous d'en contrôler ensuite la fiabilité. Enfin, en utilisant des moteurs comme DejaNews pour analyser les archives des forums de discussion, vous pouvez, par exemple, vous rendre compte que certains automobilistes allemands aiment peu les lampes à décharge à cause des aveuglements que celles-ci peuvent générer quand on regarde le rétroviseur...

1. Pour les constructeurs étrangers : http://www.yahoo.com/Business_and_Economy/Companies/Automotive/Manufacturers/
Pour les constructeurs français :
http://www.yahoo.fr/Commerce_et_economie/Societes/Vehicules/Constructeurs/
2. Pour rechercher les sites carrefour d'experts ou les pages personnelles de passionnés voir p. 173.

Les agents intelligents précédemment décrits peuvent contribuer à utiliser plus rapidement et de manière plus détaillée ces nombreux outils de recherche. Cela dit, contrairement à ce que certains veulent faire croire, l'utilisation de ces agents ne se substitue pas au travail de contrôle que seul un « expert humain » peut mener à terme efficacement.

3. Phase de mise en route

Il faut maintenant créer une interface conviviale et personnalisée. Tout d'abord, il est nécessaire de choisir le ou les agents de veille capables de contrôler l'évolution des sites que vous avez identifiés. Face à une offre de plus en plus atomisée, le choix de l'agent optimal n'est guère aisé. En effet, il existe plusieurs dizaines d'agents pour la recherche d'informations (métamoteurs *on-line* et *off-line*, agents sectoriels, agents de recherche avancés...) et pour la veille (agents *pull*, agents *push*...). Ensuite, dans la mesure où vos agents rapatrient et stockent un grand nombre d'informations sur votre disque dur ou sur votre réseau local, il faut disposer d'un outil capable d'indexer tous vos fichiers *html* (les pages web) afin que vous puissiez retrouver aisément vos anciens documents. Le choix des agents dépend d'une part de la nature de la veille que l'on souhaite mener sur Internet, et d'autre part du nombre de postes que l'on désire équiper. Une cellule qui fonctionne sur un seul ordinateur ne sera pas construite avec les mêmes outils qu'une cellule fonctionnant en intranet sur un réseau de 2 000 postes.

L'équipe de veille et le matériel informatique

Afin d'optimiser le fonctionnement d'une cellule de veille à l'intérieur d'une entreprise, il est naturellement conseillé de mettre en place une équipe adaptée. Si une structure de veille traditionnelle existe déjà (ce qui n'est pas toujours le cas au sein des PME-PMI), il est évident que l'équipe spécialisée dans la veille sur Internet travaillera en liaison étroite avec celle-ci. En ce qui concerne la taille de l'équipe de veille, elle sera naturellement proportionnelle à la taille de l'entreprise. Dans l'idéal, il faudrait envisager trois profils complémentaires :

– un expert en systèmes d'information, capable de mettre en place l'infrastructure informatique nécessaire (matérielle et logicielle) et surtout capable de résoudre les problèmes techniques récurrents (connexion à Internet, réseau interne, paramétrage des logiciels, sécurité...) ;

– un spécialiste de la recherche d'informations et la veille sur Internet ;

– un spécialiste du traitement des informations, capable d'indexer, structurer, mettre en forme les données issues d'Internet et de les harmoniser avec celles provenant d'autres sources.

En général, on confie le traitement des données trouvées sur Internet au responsable du traitement de l'ensemble des informations générées par le dispositif global de veille de l'entreprise. De même, surtout au niveau des petites entreprises, c'est le spécialiste de la recherche d'information qui est souvent obligé de prendre en compte une partie des problèmes informatiques liés au fonctionnement de la cellule (notamment au niveau des logiciels).

En ce qui concerne le profil du veilleur idéal, celui-ci doit posséder certaines qualités fondamentales.

• Il doit avoir l'esprit « fouineur » et être curieux de tout. Mais cette curiosité doit être « saine » et toujours basée sur le respect des autres et l'échange des idées. Il doit être aussi constamment à l'affût des nouveautés et être conscient que du jour au lendemain une nouvelle technologie pourrait bouleverser l'ensemble de ses connaissances et de ses compétences. Il doit donc savoir s'adapter vite aux changements.

• Il doit être un bon « généraliste » et un excellent « spécialiste ». Puisque sur Internet on touche inévitablement plusieurs domaines pendant une même recherche, il est fort utile d'avoir une bonne culture générale capable de garantir une démarche transdisciplinaire. Néanmoins, le veilleur doit avoir aussi une compétence très approfondie de son domaine de prédilection. La connaissance des langues est très importante et il faut être au moins trilingue (anglais, français et... *html*) !

• Naturellement, il doit bien maîtriser le maniement des différents outils de recherche. Mais surtout, « pour ne pas se noyer dans l'océan des informations », il faut qu'il sache prendre du recul par rapport à l'immensité d'Internet. Il doit bien connaître les différentes « régions » du réseau (web, newsgroup, telnet, FTP, gopher...) pour utiliser les outils les plus appropriés.

• Il doit savoir travailler en équipe afin de pouvoir interagir efficacement avec la direction pour être à l'écoute des besoins réels, avec les experts pour faire valider son travail, avec les informaticiens pour les éventuels problèmes techniques et aussi avec le reste de l'entreprise pour optimiser la diffusion des résultats. Une qualité indispensable est donc l'esprit de communication et surtout de synthèse.

Par ailleurs, il est intéressant de souligner que selon un récent rapport du département américain du commerce, « la guerre de l'information va nécessiter le recrutement, chaque année jusqu'en 2005, de 95 000 spécialistes de la collecte et du traitement du renseignement à travers l'Internet et les grandes bases de données informatiques. La demande est telle que les industriels américains font pression sur les services de l'immigration afin de favoriser l'entrée sur leur territoire de personnel qualifié. *Via* les réseaux, les entreprises ont à portée de main un océan d'informations numériques. Mais pour exploiter ce gisement, elles ont besoin de documentalistes *high-tech*. Ces orpailleurs du renseignement tamisent les millions de données brassées par Internet. Ils doivent être capables de jongler avec des logiciels de recherche pour repérer dans les bases de données internationales les renseignements qui vont permettre à une entreprise de connaître avant les autres les évolutions du marché ou les initiatives de ses concurrents. »[1]

En ce qui concerne le matériel informatique nécessaire à une cellule de veille, nous ne fournirons volontairement aucune description détaillée. En effet, les technologies et les modèles évoluent à une telle vitesse que toute suggestion aurait une durée de vie éphémère. Nous nous limiterons donc à donner uniquement quelques conseils d'ordre général et de bon sens, en sachant qu'une cellule de veille ne nécessite pas forcément un matériel informatique très sophistiqué.

- Si vous décidez d'investir dans du matériel micro-informatique, sachez que la plupart des agents dits « intelligents » fonctionnent désormais uniquement sous Windows 95 (ou supérieur) et souvent aussi sous Windows NT. Autant que possible, essayez de prendre comme station de travail[2] un PC Pentium (ou supérieur) rapide avec 32 ou 48 mégaoctets de ram minimum et surtout avec au moins 3 ou 4 gigaoctets de disque dur pour sauvegarder les données rapatriées par vos agents de recherche et de veille.
- En ce qui concerne la connexion à Internet, il est souhaitable d'avoir une connexion permanente avec un débit raisonnable. Maintenant, grâce au câble de la télévision, il est possible d'obtenir une connexion à très haut

1. Article paru dans *Challenges* (hors-série de novembre/décembre 1997).
2. Naturellement s'il s'agit de mettre en place un réseau Intranet avec une ou plusieurs stations serveur, le choix du matériel demeure beaucoup plus compliqué et nécessite le conseil de vrais spécialistes.

débit à des tarifs défiant toute concurrence et en plus sans devoir payer aucune communication téléphonique[1]. L'accès à Internet par satellite et l'ADSL sont également en train de se développer. Si vous n'avez pas d'autre choix, optez pour des communications téléphoniques rapides avec des modems sur ligne traditionnelle RTC (jusqu'à 56.6 kb/s) ou sur ligne numérique (jusqu'à 128 kb/s).

• Ne vous souciez pas des logiciels. Sur Internet vous pourrez télécharger, et éventuellement acheter, la toute dernière version de votre navigateur préféré et tous les agents électroniques dont vous avez besoin.

Cellule ou observatoire de veille ?

Nous avons vu que la principale différence entre une cellule et un observatoire de veille réside dans sa mise en place. La cellule de veille est installée en interne et, généralement après une phase de formation, l'organisme dispose d'un savoir faire suffisant pour assurer son fonctionnement quotidien[2]. Par contre, la gestion d'un observatoire de veille est souvent confiée à un prestataire externe qui se chargera de son fonctionnement et de la diffusion des résultats au travers d'une sorte de revue de presse Internet (au format électronique ou papier, selon les cas). Il se peut que plusieurs organismes s'abonnent à un même observatoire de veille ; on parle alors d'observatoire multiclients. En fonction de quels critères, une organisation penchera-t-elle sur un dispositif de veille plutôt que sur l'autre ?

• Le premier critère de choix est probablement la *confidentialité.* Il est clair qu'une entreprise qui souhaite mener des activités de veille concurrentielle assez poussées préférera disposer en interne d'une cellule de veille sur laquelle elle pourra garder une maîtrise complète. En revanche, dans d'autres cas (notamment pour les institutions qui souhaitent mener des activités de veille environnementale, sociétale ou technologique sans enjeux concurrentiels), le choix d'un observatoire de veille apparaît plus pertinent.

1. Une très longue guerre, apparemment résolue, entre France Télécom et les principaux opérateurs du câble (La Lyonnaise des Eaux et La Générale des Eaux) a ralenti la diffusion d'Internet par le câble en France. Pour plus d'information sur les accès au câble voir http://www.cybercable.tm.fr pour La Lyonnaise des Eaux et http://www.teleriviera.fr pour La Générale des Eaux.

2. Cela dit, il se peut que même dans le cas d'une cellule de veille, on puisse faire appel à un prestataire externe notamment pour l'actualisation périodique des sources.

• Le *prix* est aussi une variable déterminante au moment du choix. Au niveau de l'investissement initial, une cellule de veille implique des coûts plus importants. À l'inverse, mettre en place un observatoire de veille (surtout si multiclients) est souvent plus accessible mais cette solution comporte un système d'abonnement et donc des coûts récurrents.

• Enfin, la *gestion du système* n'est pas la même dans les deux cas. Très légère dans le cas de l'observatoire (réception d'un bulletin d'information au format électronique ou papier), elle est naturellement plus complexe dans le cas de la cellule où la présence d'un ou plusieurs responsables s'avère indispensable (voir p. 156).

Un outil concret : Cybion Eye

Pour bien comprendre les avantages que peut apporter une cellule ou un observatoire de veille Internet, nous allons décrire un outil qui s'appuie sur différentes technologies existantes. Dans un univers très instable et en perpétuelle évolution, il a été fait le choix délibéré de ne pas se lier à une technologie particulière. Ainsi, en fonction des desiderata des clients, une cellule de veille utilisera certains agents (ou certains logiciels de traitement) plutôt que d'autres. C'est la seule solution pour que les entreprises et les organismes qui décident de faire de la veille sur Internet, puissent tirer favorablement parti de la prolifération d'outils aux performances toujours croissantes.

Nous avons précédemment vu (voir p. 7) que l'on peut parler d'intelligence stratégique à partir du moment où une organisation met en œuvre des dispositifs efficaces afin de collecter, traiter et diffuser les informations pertinentes et fiables indispensables à la prise de décisions. L'intelligence stratégique sur Internet suit exactement la même logique.

Collecte des données

La collecte de données se situe à deux niveaux. D'une part, il est nécessaire d'identifier les sources pertinentes indispensables à la recherche. La meilleure solution pour optimiser cette phase consiste à utiliser des agents de recherche tout en sachant qu'une synergie avec des experts s'avère indispensable. D'autre part, une fois que les sources ont été identifiées, il faut utiliser des agents de veille afin de surveiller l'évolution des données dans le temps. Chaque fois qu'une information apparemment pertinente est détectée, l'agent lance une alerte et en même temps enregistre les données (textes et images) sur le disque dur. C'est ainsi que peu à peu, les agents de veille recréent en local (au sein du disque dur ou de l'intranet) une sorte de « mini-Internet sectoriel » sur lequel l'utilisateur pourra naviguer sans problèmes de connexion et à partir de rubriques structurées :

– actualité sectorielle ;
– veille concurrentielle ;
– veille marketing ;
– veille technologique ;
– veille juridique ;
– veille sociétale ;
– etc.

Traitement des données

L'agent de veille rapatrie généralement énormément de données brutes et l'utilisateur final a souvent du mal à les interpréter efficacement. Différentes phases se succèdent alors.

• *Validation des informations :* le responsable de la cellule doit toujours vérifier le rapatriement des données. Normalement, il ne devrait pas y avoir de problème puisque les sources à surveiller ont été identifiées au préalable par un expert. Cependant, une augmentation du « bruit » ou une perte de fiabilité sont toujours possibles, c'est pourquoi il faut être constamment vigilant.

• *Traitement informatique :* de nombreux outils permettent d'automatiser cette phase. L'idée est donc de mettre en valeur les informations stratégiques à partir d'une masse importante de données pas toujours pertinentes :

– *indexation :* il faut donc d'abord indexer toutes les données avec des outils appropriés qui seront choisis en fonction de la typologie du traitement (bibliométrique ou linguistique)[1] ;
– *analyse bibliométrique ou linguistique :* ensuite, il est fort souhaitable de réussir à donner un sens nouveau aux données recueillies ;

1. Rousseau Françoise et Jonquière Anne-Marie, « Infométrie, veille et informatique : des besoins aux solutions », *Technologies Internationales*, n° 39, novembre 1997.

– *analyse prospective :* enfin, avoir des informations pertinentes doit permettre non seulement de comprendre la situation présente mais aussi et surtout de détecter ces « signaux faibles », porteurs d'avenir, grâce auxquels on pourra envisager des scénarios futurs[1].

Grâce à la *bibliométrie*, il est possible de traiter statistiquement les données. Il s'agit d'une discipline ancienne définie comme « l'application des mathématiques et des méthodes statistiques aux livres, articles et autres moyens de communication »[2] qui s'est développée avec l'essor des bases de données bibliographiques afin de fournir des comptages statistiques sur les auteurs, les organismes de recherche, les mots clés... La *scientométrie*, apparue en 1979 aux États-Unis, essaye de comprendre, de mesurer et d'évaluer les mécanismes de production scientifique (essentiellement les publications) en appliquant des méthodes statistiques à des masses de données. Plus globalement, à partir de 1987 on parle d'*infométrie* pour « désigner l'ensemble des activités métriques relatives à l'information, couvrant aussi bien la bibliométrie que la scientométrie »[3]. Il s'agit donc de trier les informations suivant différents critères et d'identifier les données qui sont corrélées. À cette date, il existe de nombreux outils infométriques qui peuvent être appliqués à une cellule de veille Internet[4].

1. Il faut être très prudent sur l'efficacité de ces instruments pour fournir des prévisions efficaces. Nous ne partageons pas trop l'opinion de ceux qui prétendent *a posteriori* avoir prévu la crise de la vache folle... Comme l'explique souvent Hugues de Jouvenel, nous ne pensons pas que ces outils permettent de prévoir le futur, mais à travers une analyse approfondie de la situation présente, ils peuvent aider des experts du domaine à envisager les différents futurs possibles (les « futuribles »). La présence d'un expert du domaine est indispensable tant pour définir les méthodes de recherche initiales que pour interpréter les éventuels « signaux faibles ».
2. Pritchard A. : « Statistical bibliography or bibliometrics ? », *Journal of documentation*, vol. 25, n° 4 décembre 1969.
3. Rousseau Françoise et Jonquière Anne-Marie, *op. cit.*
4. Le but de cet ouvrage n'est pas de détailler techniquement chacun de ces outils, souvent assez complexes. Ici il est suffisant d'énumérer les plus connus : Dataview du CRRM de Marseille, Tétralogie de l'IRIT de Toulouse (détection et analyse des réseaux de collaboration), Technology Watch d'IBM, Gingo et Umap de Trivium, Sampler de la CISI et le nouveau SemioMap de Semio dont nous avons précédemment détaillé la version Internet. L'avantage d'outils comme SemioMap, c'est qu'ils ont été conçus expressément pour traiter des données issues d'Internet. Son fonctionnement est donc optimisé pour des environnements Intranet. Umap génère des figures appelées «îles de sens» après avoir interrogé plus de 15 moteurs de recherche, avoir éliminé les doublons et avoir rapatrié les documents en local. Même si Cybion Eye peut être utilisé avec n'importe quel logiciel de traitement, il est souvent plus intéressant de le coupler avec des outils comme SemioMap, Sampler ou Umap, qui ont été développés pour l'environnement Internet - Intranet et qui généralement sont beaucoup plus accessibles (techniquement et économiquement) que les autres.

La métaphore des grands navigateurs

« Les premiers grands navigateurs traversaient les océans à la recherche de nouveaux mondes sans avoir aucune idée de ce qu'ils pourraient découvrir, sans même toujours savoir que la Terre était ronde. Peut-on aujourd'hui s'imaginer vivre et se déplacer sur notre planète sans connaître la géographie du globe ? Et pourtant, cet état est celui du veilleur qui se trouve sans cesse confronté à une réalité qu'il ne connaît pas toujours bien, qu'il ne maîtrise pas. Il ne sait pas ce qu'il cherche, ni même où il a des chances de trouver des indices intéressants. Il est souvent déconcerté devant les masses d'informations qu'il voit sans arrêt déferler devant son impuissance à toutes les analyser, les classer, les trier... Naît alors un sentiment de frustration. Comment être au courant de tout sans devenir un surhomme ? Comment connaître l'indispensable et le nouveau en un temps de plus en plus court tant l'information se périme vite ? [...]

Dans ce cas, l'utilisation d'outils infométriques peut se révéler être une aide précieuse pour faciliter une approche globale de l'information contenue dans le corpus [des documents]. Il est alors possible de distinguer quatre types de besoins :

– un besoin d'exploration,
– un besoin de structuration,
– un besoin de positionnement,
– un besoin de prospective.

En reprenant notre métaphore des grands navigateurs, le premier besoin correspond plutôt à celui des premiers découvreurs qui, un peu au hasard, un peu guidés par leur idée du monde et par ce qu'ils connaissaient déjà, ont pu mettre à jour des terres inconnues.

Le deuxième besoin correspond davantage au désir des hommes de bâtir des cartes précises pour permettre de se repérer dans l'espace, de se déplacer et d'avoir une idée de l'organisation globale du monde.

Le troisième besoin est plus ponctuel. Il serait comparable au marin qui souhaiterait connaître son positionnement par rapport à d'autres ports du monde. Nul n'est besoin pour lui de connaître la géographie des continents. Il a seulement envie d'acquérir les réponses dans une métrique (indicateur) qu'il maîtrise bien comme un temps de navigation par exemple et qui lui permette de faire des comparaisons par la suite.

Le quatrième besoin fait appel à une variable souvent difficile à traiter mais néanmoins fondamentale qui est celle du temps. Pour prolonger notre analogie avec les situations rencontrées par des navigateurs, il faudrait imaginer que notre monde ne connaisse pas la stabilité qu'il a à notre échelle humaine mais que la forme des continents et des mers soit soumise à davantage d'aléas provoquant sans arrêt des transformations. Le souci du navigateur serait alors de se construire des modèles pour extrapoler la réalité présente et pouvoir ainsi définir une adaptation de ses actions en fonction des changements prévus. »

Source : Rousseau Françoise, Jonquière Anne-Marie, *op. cit.*

En ce qui concerne l'*analyse linguistique*, son objectif est de permettre de retrouver le plus facilement et le plus rapidement possible une information au sein d'un « océan » de données. Dans le meilleur des cas, cela va être possible par l'application de technologies capables d'interpréter les interrogations en langage naturel. En effet, très rapidement la cellule va sauvegarder sur le disque dur de votre ordinateur ou de votre serveur, plusieurs giga-octets de données issues d'Internet. Il est donc indispensable d'avoir un outil qui, après indexation préalable des données, soit capable de retrouver l'information rapatriée par les agents de veille. De nombreuses technologies existent actuellement sur le marché. D'une part, vous trouvez des outils classiques très complexes, développés indépendamment d'Internet mais qui peuvent traiter les données extraites (Spirit, Topic de Verity...). D'autre part, il existe aussi des outils plus simples et économiques, créés pour l'environnement Internet-Intranet et qui sont vraisemblablement plus adaptés à la cellule de veille Cybion Eye, bien que moins évolués au niveau des capacités en langage naturel (Search de Verity, Search AltaVista de Digital...).

- *Élaboration et synthèse :* une fois que l'information a été validée et traitée, il faut l'interpréter afin qu'elle devienne un véritable instrument stratégique d'aide à la décision. Les conclusions pourront être présentées sous différents formats (rapport d'étude, note de synthèse, bulletin d'information, courrier électronique, etc.). Les données collectées sur Internet se transforment finalement en information pertinente indispensable aux choix stratégiques.

Diffusion des informations

Nous avons déjà souligné que pour qu'une information soit vraiment pertinente, il ne suffit pas qu'elle réponde à un besoin particulier, mais il faut aussi qu'elle puisse être diffusée « au bon moment et au bon interlocuteur ». Techniquement, il faut que les données qui ont été recueillies, traitées et interprétées puissent être diffusées au sein de l'entreprise. Il faut distinguer deux cas :

- Si l'entreprise dispose d'un réseau informatique interne (par exemple d'un intranet), il existe désormais de nombreuses technologies *push* (voir p. 109) qui permettent de diffuser les informations en fonction des besoins spécifiques de chaque utilisateur. Désormais, l'information peut être transmise par l'intermédiaire de *channels* (principe du *webcas-*

ting), par des envois de courriers électroniques[1], par la mise en place de forums de discussion électroniques ou de mailing lists internes.

- Si l'entreprise ne dispose pas d'un Intranet (ou si certaines personnes concernées par la veille n'y ont pas accès), il faudra que les informations soient imprimées de manière à mettre en place des systèmes de revues de presse ainsi que des journaux internes ou des bulletins d'information.

En conclusion, le principal avantage d'une telle approche consiste à mettre en place un dispositif de veille complètement ouvert capable d'intégrer différentes technologies, sélectionnées au fur et à mesure de leur apparition sur leur marché en fonction des besoins spécifiques de chaque utilisateur, sans nécessiter un équipement informatique particulier.

Le cas de l'Atelier de la Compagnie Bancaire

Le babillard de l'Atelier de la Compagnie Bancaire est un BBS[2] original que tout veilleur devrait connaître en raison de son intérêt indiscutable et de la richesse de son contenu[3]. Il présente un intérêt tout particulier, surtout si on analyse les trois principales étapes de son histoire.

L'Atelier, créé en 1979, était au départ une petite cellule de réflexion au sein de la Compagnie Bancaire qui avait pour objectif de permettre à tous les collaborateurs des filiales du groupe d'être au courant des dernières innovations technologiques. Ainsi, pendant des années se sont succédés des ateliers internes dans lesquels ont été présentés les derniers outils *high-tech* à la mode (traitement de texte, vidéotext, micro-informatique, PAO, bornes interactives, etc.). Le but de ces ateliers internes était simple : aider les structures hiérarchiques de chaque filiale à opérer des choix technologiques « en connaissance de cause ». Progressivement, en partie grâce à la structure

1. Par exemple, la version 4.0 de l'Internet Explorer de Microsoft permet de recevoir un e-mail chaque fois qu'un site web sélectionné est visité par l'agent interne du *browser*. D'autres systèmes plus évolués permettent de filtrer les changements par rapport à des mots clés précis (http://www.netmind.com) et peuvent être installés au sein même de l'intranet. Par ailleurs, il est désormais possible d'envoyer des pages *html* par e-mail sous forme de fichiers attachés qui s'afficheront automatiquement dans la boîte à lettre du destinataire (fonctionnalité introduite avec Netscape 3.0). Voir les agents d'alerte par e-mail p. 107.
2. Voir la définition p. 30. La Compagnie Bancaire, aujourd'hui Paribas, est actionnaire de KLELine, qui sera la première banque de l'Internet.
3. Pour une description voir *Le Journal de l'Atelier*, n° 56, juin-juillet-août 1997. La description que nous faisons est issue de l'article de J.M. Billaut, fondateur et père de l'atelier, ainsi que de notre expérience directe sur le babillard.

décentralisée du groupe, s'est créé « un espace de liberté communautaire » unique en son genre.

Après presque une décennie de fonctionnement, l'Atelier s'ouvre progressivement vers l'extérieur. Le premier signe fut la création en 1987 du *Journal de l'Atelier* qui compte aujourd'hui plus de 2 000 abonnés. Deux ans plus tard, « les ateliers de l'Atelier » deviennent accessibles aux abonnés du journal, donc potentiellement à quiconque, concurrents inclus ! Ce choix, en apparence incongru et risqué, repose en réalité sur des considérations que peu d'organismes ont le courage de mettre en pratique. Comme l'explique J. M. Billaut, « on comprend mieux avec une assemblée dont les participants viennent d'horizons différents, travaillent sur des marchés différents, dans des entreprises ayant des sensibilités différentes... Car chacun pose ses questions à l'orateur... À la fin de la séance on a généralement fait le tour de la question. Et nous n'aurions pas forcément vu tel ou tel aspect s'il n'y avait eu que quelques collaborateurs de la maison. Là aussi même idée : la vérité se construit ou plutôt se comprend mieux à plusieurs... ». C'est exactement l'état d'esprit qui règne sur Internet : lorsque vous détenez une information vous la partagez, et lorsque vous recherchez quelque chose vous le demandez. Or, réussir à concrétiser ce principe bien avant l'explosion d'Internet dans un pays comme la France relève presque du miracle. Ainsi chaque année, on peut assister librement à plus de 100 ateliers auxquels participent en moyenne 40 à 50 personnes. L'endroit est rapidement devenu un lieu incontournable pour les professionnels des nouvelles technologies. La mise en place du BBS[1] en 1993 est le couronnement de cette époque. Le babillard[2], rapidement devenu célèbre dans les milieux « branchés » de la capitale, constitue à lui seul une véritable cellule de veille grandeur nature.

L'année 1998 marque une troisième phase dans l'histoire de l'Atelier : l'ouverture complète vers l'extérieur. Deux décisions importantes vont permettre de prolonger encore plus loin le « regard fertile » de cette cellule de veille et de diffuser encore plus efficacement les découvertes qu'elle produit. D'une part, l'Atelier ouvre un bureau dans la Silicon Valley au cœur même de l'innovation technologique mondiale et

1. Pour accéder au babillard, il faut obligatoirement s'abonner au journal (ce qui a contribué à *booster* les ventes...) et utiliser le logiciel First Class de SoftArc, désormais de plus en plus compatible avec les technologies Internet (http://www.softarc.com).
2. Ce sont les Québécois qui appellent leurs BBS des babillards.

pourra ainsi relayer les toutes dernières nouveautés qui apparaissent outre-Atlantique. D'autre part, le BBS devient accessible aux abonnés *via* Internet en utilisant un simple *browser*[1]. Par ailleurs, le web de l'atelier a été le premier, suivi par 80 autres commerçants dans le monde en 1997, à proposer l'achat de ses services grâce à la Klebox, le porte-monnaie virtuel de KLELine[2]. On peut donc s'attendre à ce que le babillard soit destiné à croître rapidement tout en gardant l'aspect très convivial de cette communauté virtuelle où presque tout le monde se connaît[3]....

Il est intéressant de comprendre comment un simple BBS est devenu une véritable cellule de veille stratégique, c'est-à-dire un dispositif efficace capable de collecter, traiter et diffuser des informations souvent pertinentes et fiables. L'acquisition des données se fait de différentes manières. D'une part, les organisateurs de l'Atelier contribuent beaucoup avec la publication d'une revue de presse quotidienne sur les nouvelles technologies, des appels d'offres, des communiqués de presse, la version électronique du journal papier ainsi qu'un « souk de l'info » au contenu très hétéroclite. D'autre part, les abonnés eux-mêmes apportent beaucoup d'informations en participant à différents forums (autoroutes de l'information, bourse, web, commerce électronique, démocratie et nouvelles technologies de l'information, emploi et chômage, espace juridique, réalité virtuelle, jardinage, etc.). Par ailleurs, un espace *business* est ouvert à certaines entreprises ou associations mais il est parfois à accès restreint. En définitive, on y trouve de tout : les informations officielles côtoient les rumeurs parfois infondées. Cependant, contrairement au web, on sait dès le début si on est en train de lire une « *news* » fiable ou une rumeur non confirmée.

1. En réalité, dès 1995, une petite partie du babillard est déjà accessible à partir du site http://www.atelier.fr
2. http://www.kleline.com
3. En effet, les nouveaux adhérents sont invités à se présenter dans un forum spécial et à compléter une carte de visite virtuelle que tout le monde peut consulter à tout moment. Par ailleurs, chaque fois que vous vous connectez, vous pouvez immédiatement voir qui est en ligne avec vous et quel est son profil. De toute façon, un annuaire vous permet de rechercher les différents membres. De même, chaque fois qu'un message est posté dans un forum, grâce à la très utile fonction « historique », vous pouvez voir qui a lu votre message et en mesurer ainsi l'impact au niveau de la communauté. Enfin, vous pouvez entamer des *chats* (séances de bavardage) en direct avec les visiteurs connectés. Toutes ces fonctions n'existent pas directement sur Internet et sont propres à chaque communauté virtuelle. Il arrive très souvent que ces rencontres virtuelles se traduisent en rencontres réelles.

L'information est donnée à l'état brut sans traitement particulier. Naturellement chacun peut ensuite l'exploiter à sa manière. La Compagnie Bancaire l'utilise pour optimiser le fonctionnement de ses filiales mais chaque abonné peut faire subir à ces informations tous les traitements informatiques qu'il souhaite.

Enfin, en ce qui concerne la diffusion vers l'extérieur, comme nous venons de le voir, celle-ci se concrétise de différentes manières : *Journal de l'Atelier*, forums de discussion, ateliers, conférences et maintenant avec la nouvelle interface web. La diffusion interne au sein de la Compagnie Bancaire vient d'être optimisée grâce à la mise en place d'un nouvel Intranet.

EXPLOITER L'INTELLIGENCE COLLECTIVE DU RÉSEAU (LES FUTURS POSSIBLES)

Afin d'exploiter l'intelligence collective du réseau, il est au préalable indispensable de comprendre quels sont les liens existants entre prospective et Internet. Dans un deuxième moment, nous essayerons de décrire les outils concrets à utiliser pour appliquer les méthodes prospectives sur Internet. Nous conclurons avec la description d'un observatoire qui essaye d'intégrer les différentes dimensions des études, de la veille et de la prospective sur Internet.

Internet et prospective[1]

Internet intéresse le prospectiviste à plusieurs titres : c'est à la fois *un instrument, un gisement de contenus et un champ d'investigation.*

Internet, un instrument pour la prospective

La majorité de ceux qui l'ont étudié s'accordent à dire qu'Internet est un outil :

– universel ;

1. Ce paragraphe a été rédigé par Michel Elie (Michel.Elie@hol.fr ou elie@cnam.fr), l'initiateur de l'Observatoire des usages et technologies de l'Internet (OUI) qui travaille actuellement sur la prospective des usages d'Internet en liaison avec le laboratoire d'investigation prospective et stratégique (LIPS) du CNAM. Je souhaite le remercier pour sa contribution et pour ses conseils. Voir également « Internet et développement. Un accès à l'information plus équitable ? », *Futuribles*, novembre 1996 et « Internet, une chance pour les plus pauvres ? », *Revue Quart Monde*, mars 1997, n° 163.

– de communication ;
– d'hébergement de l'information et de la connaissance ;
– de construction d'usages.

Sans nous étendre sur ces qualités nous allons seulement indiquer en quoi elles peuvent servir la prospective.

Outil universel

Potentiellement disponible partout où existe une infrastructure de communication, c'est-à-dire pratiquement partout dans le monde, il est susceptible de relier l'ensemble des hommes ayant accès à cette infrastructure : le prospectiviste peut donc disposer d'interlocuteurs et d'informations concernant tous les aspects et l'environnement des problèmes qu'il étudie.

Outil de communication

Internet permet non seulement la communication interpersonnelle, mais aussi la communication de groupe, synchrone ou asynchrone : il permet de rechercher les meilleurs experts sur un sujet donné, de les faire participer, à moindre coût, à une enquête Delphi[1], dans un délai très bref.

Autour de la prospective en tant que discipline, ou autour de sujets de prospective, peuvent se développer des forums de discussion locaux ou internationaux comme cela se fait déjà autour de beaucoup de disciplines de sciences exactes ou humaines. L'ensemble des contenus échangés est mémorisé et généralement archivé en un ou plusieurs lieux sur le réseau, ce qui fournira un matériau pour l'analyse *a posteriori.*

Outil d'hébergement de l'information et de la connaissance

Internet devient un vivier planétaire d'information et de connaissance. L'utilisateur, c'est-à-dire potentiellement tout le monde, peut s'y renseigner, s'y instruire, s'y exprimer ou rendre accessibles aux autres les informations ou connaissances qu'il accepte de partager. En contrepartie, le contrôle sur la qualité de l'information est celui qu'exerce son auteur. L'utilisateur doit exercer son esprit critique sur cette information, et selon le degré de confiance qu'il a dans l'auteur, effectuer vérifications et recoupements.

1. Voir p. 188 pour une description de la méthode Delphi sur Internet.

Ces informations et connaissances sont vivantes, fréquemment mises à jour par leur auteur ou transcripteur, à un rythme beaucoup plus rapide que celui d'informations ou connaissances imprimées : Internet introduit là une rupture par rapport à « l'ère papier ». Les techniques d'hypertexte mises en œuvre dans Internet et particulièrement dans le web permettent une représentation de connaissances non plus linéaire, comme dans un livre, mais maillée, chaque élément d'un sujet pouvant être situé dans un lieu différent : la connaissance y est quelque peu désintégrée, déstructurée, déroutant parfois l'esprit français rationaliste habitué à un exposé ordonné, contrôlé et logique des connaissances. Sur Internet on accède par n'importe quelle maille du filet et ensuite on navigue de lien en lien jusqu'à avoir parcouru l'ensemble du réseau traitant du sujet. C'est une autre rupture par rapport à l'ère papier.

Ainsi, il existe un embryon de réseau d'information concernant la prospective, qui met à la disposition du public les articles, les thèses, les références aux données fondamentales dans le domaine de la prospective, les forums de discussion publics pertinents constitués par quelques centres de recherche spécialisés en prospective ou programmes d'organismes internationaux qui ont déjà construit leur site web[1]. De nombreuses sources de données économiques ou statistiques utiles pour le prospectiviste sont aussi accessibles.

Outil de construction d'usages

Internet permet à l'utilisateur d'être actif, de concevoir lui-même son propre usage, de solliciter ou d'être sollicité par les autres utilisateurs. Il y a là un champ de construction d'applications et d'usages basés sur l'utilisation d'Internet, depuis l'adaptation d'outils existants tels que ceux de la méthode des scénarios, jusqu'à l'invention de nouveaux outils utilisant la communication de groupe ou l'accès à de multiples sources d'information.

Internet, un gisement de contenus

La prospective s'intéresse aux différentes dynamiques « passé, présent, futur » possibles : leur formation, leur croissance, leur évolution. Internet, même s'il est encore boudé par certains intellectuels ou responsables,

1. Le site de Futuribles (http://www.futuribles.com) et la page personnelle de Joël de Rosnay (http://www.cite-sciences.fr/derosnay) pointent vers plusieurs ressources à caractère prospectif.

est devenu en quelques années un lieu privilégié d'expression, d'échange, de communication, d'influence, d'exposition des idées et des savoirs, de création et d'initiative, creuset d'innovation et d'élaboration du futur.

C'est à la fois un miroir (déformant) de la société, un cahier de brouillon des idées nouvelles, un moyen de contourner des obstacles réglementaires ou institutionnels (publication du livre interdit du Dr Gubler concernant la maladie de François Mitterrand ou des sondages interdits, la semaine précédant les élections législatives en France) et un exutoire pour ceux qui ne parviennent pas à obtenir de tribune pour s'exprimer.

De ce fait, il constitue bien évidemment un terrain de recherche privilégié pour le prospectiviste : tout phénomène de société va se refléter, souvent d'une façon déformée, sur Internet, donnant lieu à des échanges, des discussions entre acteurs qui resteront gravés dans les archives des différents forums, et pourront éventuellement par la suite témoigner de la naissance d'une idée ou d'une initiative, de façon beaucoup plus fine et précise que ne le font actuellement les enquêtes *a posteriori*, basées sur les mémoires déformantes et incertaines de témoins. Pour une organisation, c'est aussi un matériau de base de la mémoire d'entreprise.

On pourra y retrouver tantôt les racines les plus profondes d'un changement, d'une innovation technique, d'une idée et l'environnement précis dans lequel ils ont pu germer et se développer, tantôt seulement une empreinte, une ambiance. L'exploitation des archives d'un forum permet d'obtenir des informations sur le fonctionnement du groupe des abonnés, la nature quantitative et qualitative de leur participation, leur stratégie, etc., autant d'éléments d'explication d'un processus plus complexe qui se déroule en partie hors du forum au cours d'échanges privés, de réunions, de contacts avec d'autres acteurs...

Internet, un champ d'investigation : la prospective des usages d'Internet

Internet peut être considéré comme un outil stratégique, au sens où la bombe atomique est une arme stratégique, c'est-à-dire capable par le fait qu'on la possède et qu'on sait ou non l'utiliser, de profondément modifier le champ des possibles, et l'avenir tout court.

La démarche prospective s'adresse généralement à une organisation, une filière. La prospective des usages d'Internet cherche à analyser l'impact d'un outil radicalement nouveau sur la société.

Par usage nous entendons la combinaison d'actions effectuées par un utilisateur ou un groupe d'utilisateurs de l'Internet pour obtenir un effet qui satisfasse un besoin, combinaison d'actions adoptées dans un certain ensemble social comme la façon normale de répondre à ce besoin. Par exemple, la prospective des usages d'Internet dans le domaine du développement local et global cherche à montrer, à travers l'analyse d'usages établis et émergents, l'importance de cet impact et l'apport possible d'Internet au processus du développement.

L'Observatoire des usages et des technologies de l'Internet (OUI)[1], en cours de création, prévoit d'associer des utilisateurs et des experts, dans le but de mieux connaître les différentes utilisations d'Internet et leur impact sur leur environnement dans les différents domaines d'activité, et de mieux anticiper les évolutions provoquées par la mise en œuvre d'Internet.

Le recueil des usages est fait au niveau d'une discipline, d'un métier, d'une organisation qui impliquent directement les personnes qui pratiquent cet usage : usages d'Internet pour l'enseignement, pour la justice, pour la médecine, pour la citoyenneté...

Des forums permettent de préciser la description d'un certain nombre d'usages types, puis de les mettre à jour au fur et à mesure de leur évolution et de les enrichir par des retours d'expérience.

L'OUI rassemblera ces usages, les facteurs moteurs et freins à leur établissement dans un environnement donné et les rendra disponibles au public, de façon à favoriser leur transposition à des situations analogues, épargnant ainsi à de nouveaux utilisateurs une phase de balbutiements.

On comprend donc aisément qu'Internet est en train de devenir une réalité incontournable pour la prospective, tant comme outil lui permettant de renforcer son efficacité, que comme révélateur de faits sociaux dont certains sont porteurs d'avenir.

Quelques outils et méthodes prospectives sur Internet

Il est intéressant de voir comment exploiter les outils et les méthodes qui ont été jusqu'ici décrits afin d'optimiser la démarche prospective sur Internet.

1. http://www.oui.net

L'observatoire des usages et des technologies de l'Internet

Partant du constat qu'Internet offre un potentiel encore mal évalué tant au niveau des informations que des applications, l'Observatoire des usages de l'Internet (en cours de création, sur la proposition initiale de Michel Élie) se propose de mesurer l'impact de ce réseau sur notre société et notre économie. Il permettra à ses acteurs, mais aussi aux pouvoirs publics et aux citoyens, d'appréhender efficacement les potentialités de ce nouveau média. Il permettra aussi de faire bénéficier les utilisateurs, pour le développement de leurs propres usages, de l'expérience acquise par d'autres. L'observatoire adopte une démarche à la fois ethnographique et sociologique qui repose sur trois volets distincts :

– étude approfondie des usages en cours sur Internet ;
– comparaison éventuelle avec les autres usages propres à nos sociétés traditionnelles ;
– diffusion des résultats des enquêtes aux principaux acteurs économiques (juges, élus, entreprises, utilisateurs et citoyens).

Il s'agit donc d'un centre de compétence indépendant, et à vocation internationale, qui essaye de porter un regard prospectif sur l'évolution d'Internet afin de transmettre ses « découvertes » aux autres acteurs de la société, en adoptant une démarche pluridisciplinaire (économie, informatique, prospective, sociologie et statistique). L'observatoire attache une attention particulière à l'essor d'Internet en France et dans les pays francophones mais aussi aux pays actuellement sous-équipés. Par ailleurs, il essaye de nouer des relations étroites avec des expériences homologues en cours dans d'autres pays afin de maximiser l'échange d'expériences complémentaires.

Constituer un réseau d'experts

En dehors des ressources textuelles traditionnelles, ce qui rend unique et exceptionnel Internet, c'est le nombre impressionnant d'experts qui sont présents. Il s'agit d'une multitude de spécialistes, éparpillés aux quatre coins de la planète, qui collaborent souvent ensemble au sein d'une même discipline et qui contribuent à formaliser l'intelligence collective du réseau. Malheureusement, ce gisement exceptionnel de savoir est encore peu exploité. Nous allons décrire quelques « astuces » pour réussir à profiter efficacement des experts sur Internet.

• *Les experts* fournissent souvent des contributions importantes qui enrichissent sensiblement la valeur ajoutée globale du réseau. Ces contributions se concrétisent parfois avec la mise en place de pages web personnelles, à partir desquelles l'expert fournit l'état de l'art de sa discipline sur Internet. Il s'agit de *sites carrefour* qui représentent une véritable aubaine pour entamer une recherche thématique. Nous avions vu l'exemple du « Carrefour du Futur », la page de Joël de Rosnay[1] qui permet d'identifier immédiatement les meilleurs sites web consacrés à la prospective. Mais la vraie difficulté consiste à repérer ces « perles rares », au sein de plusieurs centaines de milliers d'autres sites web :

Si vous connaissez le nom de l'expert que vous recherchez, essayez d'abord un répertoire thématique assez vaste comme Yahoo ! où vous pourrez vite trouver la rubrique spécialisée pour les *home pages* personnelles[2]. Si la démarche ne porte pas ses fruits, il existe un moteur de recherche spécialisé dans la recherche de pages web personnelles : Ahoy ! (http://ahoy.cs. washington.edu:6060). Le principe de fonctionnement est simple. Vous lui indiquez le nom et le prénom de la personne, si possible l'organisation où elle travaille, et Ahoy ! interroge simultanément plusieurs moteurs de recherche web (grâce à MetaCrawler) et plusieurs moteurs d'e-mail. Ensuite, il synthétise le tout en éliminant les doublons et vous fournit une liste de pages web qui pourraient appartenir à votre expert ainsi que quelques adresses e-mail. La démarche est très originale mais les résultats ne sont pas toujours au rendez-vous.

Si vous recherchez un expert en général, sans avoir de nom particulier, vous devez absolument visiter la *Virtual Library* (http://vlib.stanford.edu/Overview2.html). Il s'agit d'un projet qui a été développé en 1991 par Tim Berners-Lee, l'inventeur du web au CERN, et qui est actuellement pris en charge par le consortium W3, organisme censé coordonner le développement du World Wide Web. Le but de cette bibliothèque virtuelle est de confier à des experts indépendants des recherches thématiques sur une discipline qu'ils maîtrisent. Ainsi, contrairement aux répertoires classiques, tous les liens hypertexte pointent à l'extérieur de la *Virtual Library.* Il s'agit d'un instrument très utile, bizarrement peu connu du grand public, bien que la qualité du travail de chaque expert soit assez inégale. Si cette démarche échoue, il faudra procéder de manière empirique avec un moteur de recherche puissant comme HotBot ou AltaVista. Par exemple, si vous recherchez un spécialiste de l'assurance, tapez le mot *insurance* suivi du mot

1. Voir p. 53 et aussi http://www.cite-sciences.fr/derosnay
2. Par exemple, http://www.yahoo.com/Entertainment/People contient plusieurs dizaines de milliers de pages personnelles...

links. Vraisemblablement, vous tomberez sur des pages qui listent des liens sur l'assurance et qui peut-être ont été mises en place par de vrais spécialistes. Il faut donc ajouter à votre requête des mots clés censés se trouver sur le site carrefour (*links*, *best of*, *selection*, etc.). C'est une démarche qui porte ses fruits beaucoup plus souvent qu'on ne l'imagine.

• *Les sites carrefour* correspondent souvent à une démarche ponctuelle d'un individu qui décide de mettre en ligne une page web. Il existe aussi des *sites fédérateurs d'experts.* Ceux-ci peuvent être accessibles gratuitement ou *via* un abonnement. Dans les deux cas, le principe est le même : vous avez une liste de disciplines et pour chacune d'entre elles vous pouvez obtenir l'e-mail d'un spécialiste ou au minimum une liste de sites spécialisés. La qualité de ces sites fédérateurs est très variable : parfois il s'agit de sites désintéressés mis en place par des bénévoles, parfois ce sont des réseaux de consultants qui essayent de vendre leurs services... On les retrouve très facilement en tapant sur un bon moteur de recherche les mots clés *ask an expert* ou *ask the expert.* Quelques exemples :

– The Expert Market Place (http://www.expert-market.com),

– Ask an Expert (http://www.askanexpert.com/askanexpert),

– Ask the Expert (http://www.asktheexpert.com),

– NJ NIE Project (http://njnie.dl.stevenstech.edu/curriculum/aska.html).

• En dehors du web, c'est surtout dans les *newsgroups* et les *mailing lists* que l'on trouve de véritables spécialistes. Il faut donc analyser leurs archives, avec des outils comme DejaNews ou Reference.com, pour identifier la personne qui vous intéresse. Reportez-vous aux méthodologies qui ont été décrites pour retrouver une personne à partir des forums de discussion (voir p. 74 et 117).

Vous pouvez décider de constituer votre réseau d'experts pour d'innombrables raisons (conseil, échange d'informations, recherche de ressources, etc.). L'Agence pour la diffusion de l'information technologique (http://www. adit.fr) entretient notamment un réseau opérationnel de conseillers et attachés scientifiques des ambassades de France dans le monde. Nous verrons ensuite (voir p. 188) comment on peut utiliser des experts sur Internet pour mener des études prospectives grâce à une adaptation de la méthode Delphi.

Détecter les nouvelles tendances

La prospective, même quand elle est appliquée à Internet, ne permet pas de prévoir le futur... Cependant, à travers des réflexions communes et en analysant l'évolution des grands agrégats d'information, il est possible de réussir à détecter les « rumeurs faibles » qui sont à la base de nouvelles tendances. Différentes démarches complémentaires peuvent être mises en place :

- La *démarche qualitative* repose sur les réflexions générées par des *experts.* Si, grâce aux suggestions que nous venons de décrire, vous parvenez à constituer votre réseau d'experts, vous pouvez envisager différentes formes de travail collectif à caractère prospectif. Par exemple, vous pouvez adapter des méthodes prospectives comme la méthode Delphi (voir p. 188) afin d'obtenir des évaluations successives sur différents thèmes de réflexion. Si vous disposez déjà d'un réseau d'experts en dehors d'Internet, vous avez tout intérêt à les faire collaborer également *via* le réseau. En effet, Internet introduit toujours de nouvelles formes de collaboration et de travail coopératif auxquelles on n'avait pas pensé au préalable. L'idée est donc de mettre en place une communauté virtuelle d'experts (*expert virtual village*) appelée à collaborer au moyen de différentes technologies Internet et intranet (webforum, mailing lists, newsgroups privés, etc.). En fonction des applications, il faudra naturellement restreindre l'accès à cette communauté virtuelle et garantir la sécurité et la confidentialité des échanges.

- La *démarche quantitative* repose surtout sur *l'analyse des informations publiées.* Plus précisément, il s'agit de mesurer de quelle manière évoluent les principaux « agrégats informationnels » sur Internet. En d'autres termes, le but est de mettre en place des instruments d'analyse de tendances qui se basent sur les informations parues sur Internet. Le concept s'inspire de la méthode d'analyse du contenu de la presse, développée par John Naisbitt (voir note p. 183) qui, pour établir ses prévisions, examine en permanence le contenu de milliers de quotidiens et magazines afin de mesurer la « part de marché » des différentes tendances identifiées. Il s'agit donc de suivre l'évolution de certains thèmes sur Internet à travers la création d'indicateurs statistiques fiables. Différents outils peuvent être utilisés dans cette optique. Une solution simple que nous avons adopté en interne (*Internet Trend Analyzer*) consiste à exploiter les moteurs de recherche qui permettent de filtrer les requêtes par date (par exemple AltaVista, HotBot...). De cette manière, il est possible suivre l'évolution dans le temps du nombre de documents publiés sur le réseau liés à un thème précis. Il faut naturellement pondérer les résultats obtenus avec le nombre total de documents parus sur le web dans la période considérée.

DynaTools[1] est un outil de gestion dynamique des flux d'information qui fonctionne aussi à partir de données collectées sur Internet. Le principe est simple : vous sélectionnez une source qui vous intéresse (par exemple les dépêches publiées les deux derniers mois sur le site de l'AFP) et vous enregistrez les documents sur votre ordinateur. Ensuite, après une phase d'indexation et de formatage, DynaTools extrait les principaux descripteurs. Ainsi, on obtient une liste de termes qualifiés d'émergents, de stables, de fluctuants ou de vieillissants avec leur « trajectoire » dans le temps. À titre d'exemple, l'analyse des dépêches de l'AFP entre février et avril 1997 a permis d'identifier « Chirac », « Albanie » et « Alba » comme termes émergents, « Belgique » comme terme vieillissant, « Israël » et « Zaïre » comme termes stables et « islamiste » comme terme fluctuant.

Sampler[2] de la Cisi, outil destiné à l'analyse lexico-statistique de documents textuels, suit efficacement une logique similaire. Après avoir collecté l'information sur Internet, l'extracteur automatique de terminologie établit un lexique de référence, ce qui permet d'analyser instantanément les textes sélectionnés et de voir l'évolution temporelle des principaux réseaux lexicaux (agrégats ou *clusters*).

Malheureusement, cette famille d'outils fonctionne surtout sur des univers bien délimités et non pas sur l'intégralité d'Internet. Mais au fur et à mesure que le web, les forums de discussion et ce qui reste des gophers seront sérieusement archivés dans des bases structurées, il est probable que l'on adaptera les outils existants à cet univers en perpétuelle évolution[3].

1. DynaTools est actuellement utilisé avec LexiMappe (logiciel qui permet de construire des structures thématiques). Pour une description de cet outil développé par Mathilde de Saint Léger, aller à http://atlas.irit.fr/vsst/toulouseM2.html
2. Sampler a été développé par Olivier Jouve (jouve@rungis.cisi.fr).
3. Voir p. 124 pour une description de Internet Archive et aussi http://www.alexa.com/support/sciam_article.html
"Through an archive of what millions of people are interested in making public, we might be able to detect new trends and patterns. Since these materials are in computer readable form, searching them, analyzing them, and distributing them has never been easier. A variety of services built on top of large data sets will allow us to connect people and ideas in new ways."

Identifier les réseaux de collaboration

Internet est un réseau de réseaux non seulement informatiques mais aussi humains. Nous l'avons vu tout au long de cet ouvrage, de nombreux spécialistes et experts y collaborent et coopèrent. Nous avons expliqué comment constituer un réseau d'experts personnels et comme l'exploiter pour détecter de nouvelles tendances. Il peut être intéressant d'essayer de comprendre comment identifier les réseaux de collaboration existants ainsi que les centres de compétence. Certains outils informatiques (par exemple Tétralogie) sont d'une grande utilité, mais puisqu'ils sont optimisés pour des masses d'informations bien définies et structurées, ils nécessitent une phase de recherche « manuelle » pour être vraiment efficaces sur Internet.

- La première phase consiste à *identifier des informations isolées* sur Internet, qui pourront ensuite être éventuellement croisées et analysées à l'aide d'outils de traitement informatique. Il s'agit d'une phase difficile et délicate qui peut prendre beaucoup de temps. Si par exemple, vous souhaitez savoir comment certains experts appartenant à des groupes concurrents collaborent *via* Internet, sachez qu'il s'agit de mener « un travail de fourmis »... En effet, il est évident que les experts d'un groupe ne vont pas communiquer ouvertement des informations stratégiques sur le web ou sur les forums publics. Cependant, il se peut qu'ils laissent des traces permettant de comprendre vers quelles directions se dirigent leurs travaux. Par exemple, même si un expert n'intervient pas dans les newsgroups en utilisant l'adresse de sa société, il se peut qu'il le fasse avec son adresse personnelle. Par ailleurs, il est également possible que sur sa propre *home page*, il indique les conférences ou les congrès dans lesquels il va intervenir prochainement ainsi que les articles qu'il a récemment publiés et une liste de liens qui le passionnent... De même, parfois les laboratoires privés collaborent avec des laboratoires universitaires lesquels disposent souvent de sites web riches en informations, etc. Autant d'éléments qui n'acquièrent de sens que s'ils sont analysés les uns par rapport aux autres. Avec les différentes méthodologies de recherche qui ont été précédemment exposées (voir p. 72), il s'agit d'identifier le plus d'informations possibles. S'agissant souvent de « bribes » d'informations (par exemple une demande d'informations dans un forum, la participation à une conférence, l'abonnement à une liste, un article, etc.), il faut ensuite prévoir un important travail de recoupement qui pourra éventuellement être facilité par des outils de traitement de données.

• La *phase de recoupement* a pour unique but de *donner un sens* à une masse de « fragments » d'informations qui, pris de manière isolée, ne représentent pas beaucoup d'intérêt. Cette phase peut être manuelle si les informations obtenues permettent facilement de dégager des conclusions. Mais si vous êtes face à une masse d'informations auxquelles vous ne parvenez pas à donner un sens, il est souhaitable d'utiliser un logiciel de traitement infométrique. Parmi les plus efficaces, il faut signaler Tétralogie[1] qui a été développé à l'IRIT de Toulouse et qui permet de reconstituer les réseaux de collaboration de manière à découvrir les alliances cachées, les équipes de travail, les éventuels transferts de technologies, etc. Selon ses auteurs, Tétralogie permet, grâce à des outils d'analyse statistique, associés à des techniques avancées de visualisation graphique, de mettre en évidence l'identité des acteurs ainsi que leurs relations, leur lieu d'action, l'émergence et l'évolution de nouveaux concepts, les éléments de propriété industrielle, etc. L'ADIT utilise Tétralogie au sein de son Atelier de traitement avancé de l'information afin de « dresser la cartographie des réseaux de collaboration dans un domaine, identifier et qualifier les principaux centre de compétences, suivre en temps réel l'évolution et les stratégies des acteurs présents ». Le but de ces logiciels est donc de détecter l'information cachée généralement invisible à l'œil nu : « En faisant ressortir des relations significatives entre les différentes familles d'éléments indexés (noms d'experts, laboratoire d'appartenance, thèmes de recherche, etc.), on peut en effet, par recoupements, mettre en évidence des informations stratégiques comme les sujets de recherche émergents sur un thème donné, la composition des équipes d'experts qui collaborent sur un sujet particulier, les experts les plus importants, les organismes phares, etc. »[2].

En conclusion, Internet peut fournir des outils et des méthodes pour optimiser la démarche prospective, notamment en constituant un réseau d'experts, en détectant de nouvelles tendances et en identifiant certains réseaux de collaboration. Internet peut également être un excellent outil pour identifier des nouveaux marchés pour les entreprises à l'aide de réseaux d'experts efficaces. L'encadré ci-après explicite la façon

1. Pour plus d'informations, aller à http://atlas.irit.fr
2. *Technologies Internationales* n° 32, mars 1997.

dont Internet peut aider les PME-PMI françaises à exporter, grâce au réseau mis en place par l'association « La rage d'exporter »[1].

« La rage d'exporter »

Il s'agit d'un réseau à l'échelle mondiale dont la finalité est de détecter la demande là où elle émerge pour la proposer aux PME-PMI françaises avant qu'elle ne soit interceptée par les concurrents.

L'originalité du réseau, qui utilise Internet comme moyen de communication, réside dans son architecture destinée à capter la demande avant qu'elle ne soit exprimée officiellement.

La force de ce réseau, c'est sa capacité à mobiliser et à associer les savoir-faire des PME-PMI afin de répondre instantanément aux opportunités détectées. Il repose sur trois piliers :
– les PME-PMI
– les « Capteurs »
– les « Animateurs »

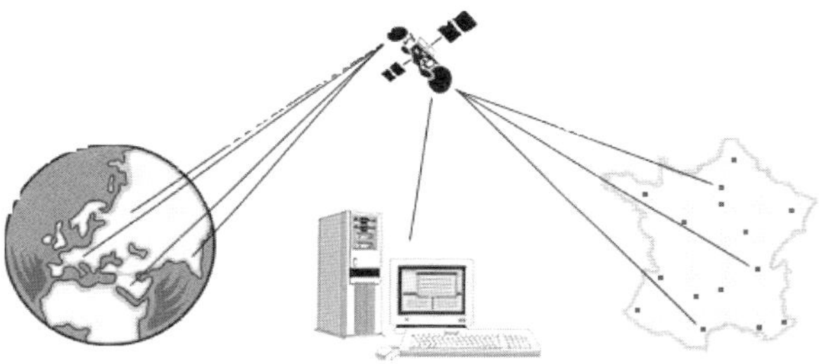

Les PME-PMI savent que leur offre représente un atout majeur pour aborder les marchés étrangers. Mais elles n'ont ni le temps, ni les moyens de prospecter tous les pays où leur offre est susceptible d'intéresser des clients étrangers.

Le rôle du réseau des *capteurs* est d'assurer une veille commerciale efficace afin de détecter les opportunités sur les marchés étrangers. Chaque « capteur » est installé dans un pays émergent qu'il connaît parfaitement. Évoluant en permanence dans les milieux économiques et politiques du pays, il est en mesure de détecter un grand nombre d'opportunités qu'il transmet au serveur central. La veille économique et politique est en effet l'une des clés de voûte de toute démarche à l'export. Le « capteur » est le représentant local des PME-PMI qui, par leurs compétences et leur savoir-faire, vont pouvoir exploiter les opportu- ☞

1. L'association a été créée par Gérard Stein avec le professeur Bruno Lemaire, Hervé Schauer (expert des systèmes de sécurité) et Michel Paysant. Le projet est actuellement en phase de réalisation et le site est accessible à http://rage-d-export.ihost.com

nités qu'il a détectées. Sa motivation est économique (3 % sur les exportations engendrées).

Le centre opérationnel est constitué d'une équipe pluridisciplinaire d'*animateurs* chargée de coordonner le réseau et d'un *serveur* connecté à Internet qui accueillera la description des compétences de chaque PME-PMI adhérente. L'équipe, composée de spécialistes du commerce international et des technologies de l'information, doit pouvoir réagir en temps réel aux sollicitations émanant des « capteurs ». Le serveur sera constitué d'une base de données dans laquelle chaque PME-PMI décrira ses compétences exportables, d'une bibliothèque liée à l'exportation, d'un espace où les « capteurs » déposeront les opportunités détectées, ainsi que d'un forum de discussion privé.

Un cas concret : l'observatoire des croyances

Nous souhaitons conclure en présentant un cas pratique issu d'une problématique réelle. En 1995, à la suite d'un article paru dans *Futuribles*[1], nous avions envisagé de créer un « observatoire des croyances » en collaboration avec cette revue. En effet, cet univers en forte évolution méritait un suivi approfondi afin de mieux saisir une réalité souvent complexe et difficile à cerner. Bien que ce phénomène ait suscité et suscite toujours beaucoup d'intérêt en mobilisant une multitude d'experts, il est souvent difficile de proposer des interprétations exhaustives. Avec la mise en place d'un « observatoire des croyances », le but était d'identifier les raisons et les conséquences d'un tel renouveau religieux afin de pouvoir l'appréhender de la manière la plus globale et la plus objective possible. Une démarche intégrant en même temps différentes méthodologies (tant qualitatives que quantitatives) aurait permis de cerner le phénomène dans sa complexité et d'anticiper les tendances en acte : les phases quantitatives seraient venues valider les hypothèses élaborées à partir de l'analyse qualitative. Le projet, très ambitieux dans les moyens à déployer (phase documentaire, analyse qualitative, interviews d'experts, sondage européen, panels, etc.), n'a malheureusement jamais abouti à cause des importants investissements qu'il nécessitait...

À la lumière de l'essor fulgurant d'Internet, nous nous sommes récemment rendu compte que de nombreuses phases de l'ancien projet pourraient être menées en exploitant les capacités du réseau. Autrement dit, grâce à Internet il est possible de mettre en œuvre un « observatoire des croyances »

1. Elalamy Donia et Revelli Carlo, « Le renouveau du paysage religieux », *Futuribles,* mai 1995.

à un coût nettement inférieur et de manière beaucoup plus rapide[1]. Nous reprenons à la suite l'ancien projet avec quelques légères modifications pour qu'il puisse s'adapter à la logique des réseaux mais surtout pour démontrer que désormais de plus en plus de recherches prospectives peuvent être réalisées grâce à Internet dans des conditions très avantageuses même pour de petits organismes de recherche.

Une adaptation de la méthode des scénarios

Incontestablement, l'analyse d'un phénomène aussi complexe et multisectoriel exige une démarche globale, pluridisciplinaire, permettant d'appréhender le sujet sous ses différentes facettes. L'objectif étant de comprendre en profondeur la situation présente afin de déceler les évolutions possibles, la méthode des scénarios, intégrant présent et futur, semble tout à fait s'adapter à cette démarche. En réalité, c'est moins l'application « technique » de cette méthode qui est prise en compte ici que son approche conceptuelle. Pour cette raison, nous considérons la méthode des scénarios comme la description d'une situation future et surtout la trajectoire d'événements qui permettront de passer de la situation de départ à celle(s) future(s). En ce qui concerne cette étude, la méthode des scénarios est donc plutôt utilisée en tant qu'approche globale utilisant différentes techniques, tant quantitatives que qualitatives, et ayant pour objet d'intégrer passé, présent et futur. Si on reprend la définition de Michel Godet[2], la construction des scénarios comporte trois phases différentes.

1. *Analyse de la situation actuelle.* Il s'agit ici de définir le système étudié et de recenser les variables (internes et externes) qui régissent son fonctionnement. Ensuite, on tente de mettre en valeur les variables les plus importantes (variables clés), le but étant de différencier les tendances lourdes du système des mouvements plus anodins, les « bruits faibles ».

2. *Détermination de la trajectoire (entre présent et futur).* Il s'agit d'une phase cruciale qui permet de contrôler les différents parcours alternatifs

---

1. Il est vrai que toutes les phases méthodologiques prévues pour cet observatoire ne peuvent pas être concrétisées uniquement *via* Internet et que parfois une approche « hors réseau » est indispensable. Cela dit, une grande partie du projet peut être adapté à une exploitation *via* Internet.
2. En réalité, la méthode des scénarios implique des procédés et des techniques bien précis que nous ne prenons pas en compte par souci de simplicité. Pour plus de détails, voir M. Godet, *Manuel de prospective stratégique,* Dunod, 1997 et *Prospective et planification stratégique,* Économica, 1985.

entre la situation actuelle et les « futurs possibles » (à la fois la cohérence interne de chaque « futur possible » mais aussi la cohérence entre la situation de départ et la situation finale).

3. *Identification des « futurs possibles »*. Il s'agit de la phase la plus créative et dangereuse. De ce fait, elle nécessite une grande vigilance en ce qui concerne la formulation des hypothèses relatives aux scénarios d'évolution. En effet, les hypothèses étant inévitablement influencées par la sensibilité du chercheur, on utilise des « correctifs » afin de réduire les risques de subjectivité. D'une part, on essaie de comparer les hypothèses du chercheur avec celles d'experts reconnus (la méthode Delphi est parfois utilisée dans ce cas). D'autre part, on introduit (toujours par des experts) des évaluations statistiques de façon à pouvoir hiérarchiser les « futurs possibles » en fonction des probabilités qu'ils ont de se réaliser. Ainsi, on peut déterminer un « scénario de référence » (le plus probable) et différents « scénarios de contraste ».

Grâce à cette méthode, l'avenir n'est pas envisagé à partir d'une simple extrapolation de tendances passées et il n'est pas appréhendé comme le prolongement logique de celles-ci. Au contraire, on tend à imaginer le maximum de futurs possibles. Cette approche paraît la plus pertinente car l'histoire enseigne que le maintien du *statu quo* constitue en réalité l'un des scénarios les plus improbables.

Analyse de la situation actuelle

Afin de mieux comprendre le mode de fonctionnement de cet univers et tenter de projeter ses éventuelles évolutions, une photographie du paysage religieux et spirituel actuel s'avère indispensable. Celle-ci pourrait s'appuyer sur deux démarches complémentaires.

Une phase documentaire

Celle-ci s'articulerait autour des deux volets suivants :

- *Analyse des informations contenues dans le réseau :* en s'inspirant de la méthode de John Naisbitt[1], l'analyse des informations contenues dans

1. Plutôt que de se baser sur des sondages d'opinion publique, Naisbitt s'appuie sur l'analyse du contenu des informations divulguées par les médias. Considérant que l'ensemble du contenu d'un journal constitue un espace fermé et que lorsque l'on y ajoute quelque chose de nouveau, il faut obligatoirement éliminer une contrepartie, le prospectiviste américain, en étudiant l'évolution des informations publiées, procède à un décompte précis des préoccupations ajoutées et enlevées. Il tente en quelque sorte de mesurer la « part de marché » des différentes tendances de

Internet constitue bien entendu un indicateur primordial permettant de déceler les centres d'intérêt majeurs d'une société ainsi que leur évolution. Cette analyse devra tenir compte aussi bien de l'importance « quantitative » accordée à tel ou tel thème (en recensant, par exemple, le nombre d'articles consacrés à chaque thème) que de la manière dont chaque sujet est abordé, notamment en corrélation avec la nature du support (identification des points qui cristalisent plus particulièrement l'attention, analyse du discours, etc.).

- *Identification d'indicateurs fiables :* afin d'étayer notre thèse et confirmer le renouveau du religieux, nombreux sont les indicateurs statistiques et les études qui peuvent être recherchés et identifiés sur Internet. Ainsi, une première étape d'investigation a permis de constater que dans le domaine de l'édition cette tendance est très marquée. En effet, dans un contexte de volonté d'affranchissement par rapport au pouvoir des institutions, le livre apparaît comme le moyen privilégié de vivre sa religion ou sa croyance de manière libre et individuelle. L'objectif serait donc de mener une recherche exhaustive de façon à pouvoir recueillir des indicateurs fiables et pertinents afin d'illustrer de manière concrète la traduction de cette recomposition du paysage spirituel dans différents secteurs.

Une phase d'enquête d'opinion

Photographier le paysage religieux actuel, c'est aussi, bien entendu, recueillir l'opinion des individus sur ce sujet. Pour cela, une double approche qualitative et quantitative semble souhaitable. La phase qualitative permettra d'explorer l'univers en question, de tirer des premiers éléments d'analyse, et la phase quantitative de valider ces premières hypothèses. Internet, avec certaines précautions et en acceptant certaines contraintes, peut également être utilisé dans ce contexte.

- *L'enquête qualitative :* deux types de « populations » semblent intéressantes à interroger. D'une part, le grand public, et d'autre part, les personnes dont l'activité est directement liée au « grand marché des croyances ». Concernant ces derniers, il s'agirait d'interviewer les personnes dont l'activité est directement reliée au sujet concerné : non seu-

---

la société. En fonction de ce principe, « la société introduit des nouvelles préoccupations et oublie les anciennes ». Ainsi Naisbitt cerne dix tendances parmi lesquelles le « renouveau religieux du troisième millénaire ». Voir Naisbitt John, *Megatrends*, Warner Books Inc., 1982 ; Naisbitt John et Aburdene Patricia, *Megatendances 1990-2000*, First, 1990.

lement des représentants de diverses religions traditionnelles mais aussi les acteurs du nouveau paysage religieux (astrologues, voyants, numérologues, magnétiseurs, leaders de mouvements spirituels et charismatiques...). Ils exprimeront leur vécu au quotidien par rapport à ce bouleversement religieux et spirituel.

- *L'enquête quantitative :* à défaut de pouvoir réaliser un sondage réel sur la population française, il est néanmoins intéressant de pouvoir interroger les utilisateurs d'Internet, ceux-ci étant souvent à l'origine de phénomènes novateurs. Plusieurs thèmes semblent importants à prendre en compte dans l'élaboration d'un questionnaire quantitatif[1].

Détermination de la trajectoire reliant présent et futur

Après avoir analysé la situation actuelle et avant d'envisager divers scénarios futurs, il serait souhaitable d'interroger des personnes susceptibles de pouvoir « imaginer » l'évolution effective des tendances. Par ailleurs, une étude du paysage religieux et pseudo-religieux sur Internet permettrait d'identifier de nouvelles tendances qui peuvent se manifester dans le cyberespace avant de se concrétiser dans la vie réelle.

Interview de « spécialistes »

Afin de déceler les tendances à venir mais qui se profilent déjà au travers de certains signes, il est important d'interroger les personnes qui actuel-

1. Par exemple, au moment du projet avec *Futuribles*, nous avions identifié quelques thèmes à la suite d'une phase exploratoire basée sur des interviews qualitatives :
– *Croyance en Dieu :* aujourd'hui pour quelles raisons croit-on ou ne croit-on plus en Dieu ? Qu'est-ce qui pourrait convaincre un athée de l'existence de Dieu ? Qu'est-ce qui pousse le plus à douter de nos jours ? etc.
– *Perception de la religion :* quelles sont les connotations véhiculées aujourd'hui par le mot « religion » ? Qu'est-ce qui plaît dans les religions instituées et que l'on aimerait retenir pour son propre « bricolage religieux » ? Pourquoi existe-t-il différentes religions et non pas une religion unique ? Y a-t-il des différences vraiment importantes d'une religion à l'autre ? etc.
– *Avenir des religions :* comment vont évoluer les religions traditionnelles dans les années à venir ? Peut-il y avoir de nouveaux prophètes ? etc.
– *Croyances parallèles :* croit-on en la réincarnation ? Cette croyance est-elle réellement en contraste avec les théories de l'église ? Comment peut-on expliquer le « boum » de la voyance, de l'astrologie, de l'hypnose, ou du magnétisme ? Que recherche-t-on dans ces pratiques ? etc.
– *Sectes :* pourquoi le nombre de sectes augmente-t-il ? Quelles sont les raisons qui motivent certains à fonder une secte et d'autres à y adhérer ? Quels types de personnes sont susceptibles d'être intéressés par ce phénomène ? Comment lutter contre ce phénomène ? Tous les mouvements spirituels sont-ils des sectes ? etc.

lement étudient ou s'intéressent à cet univers, soit de manière générale, soit de manière plus spécifique en approfondissant l'une de ses dimensions (par exemple les mouvements charismatiques, le *New Age*, etc.). À ce niveau, une étude qualitative pourrait être envisagée auprès « d'experts » en matière de spiritualité et de religion (par exemple chercheurs au CNRS spécialisés dans les questions religieuses, écrivains ayant publié un ouvrage sur ces questions...). Auprès de cette cible, il s'agira non pas de comprendre leurs propres croyances mais de cerner leurs représentations du paysage spirituel et religieux actuel et, surtout, de recueillir leurs hypothèses d'évolution.

Dans une optique projective, il semble également important d'interroger tous ceux qui, dans leur domaine, exercent une influence importante et peuvent, à leur niveau, être les initiateurs de nouvelles tendances. C'est pourquoi il est intéressant également de mener des interviews auprès de leaders d'opinions associés à des domaines non directement liés au sujet concerné mais dont l'influence est déterminante auprès du grand public : art, mode, spectacle, politique, sport, science, etc. Contrairement aux experts, l'interview portera surtout sur leurs propres croyances, les valeurs auxquelles ils se montrent particulièrement attachés ainsi que les messages qu'ils souhaitent transmettre, notamment au grand public.

L'univers religieux sur Internet

De nombreuses études sociologiques[1] ont démontré que de nos jours la quête spirituelle devient de plus en plus une recherche individuelle et personnelle dans laquelle chacun essaie de puiser un peu partout les éléments qui l'attirent davantage. Dans ce sens, l'univers chaotique et désordonné d'Internet constitue une excellente pépinière d'informations. En naviguant sur le web par exemple, on se rend compte concrètement que la religion est devenue une « affaire de libre choix » où chaque individu effectue sa sélection au sein d'une offre très vaste et diversifiée. De plus en plus de personnes utilisent le réseau pour perfectionner leur propre « bricolage religieux » et pour accéder au « supermarché spirituel ». C'est en fait l'extrême liberté qui y règne qui constitue l'atout principal. Sur Internet, on peut dire ce que l'on veut et à qui l'on veut, on peut lire ce qui nous plaît et quand ça nous plaît, on peut croire en tout comme en rien.

---

1. Certaines études sont décrites dans Elalamy Donia et Revelli Carlo, « Le renouveau du paysage religieux », *Futuribles*, mai 1995.

Du point de vue des croyances, Internet apparaît ainsi comme une énorme Agora où tout le monde peut discuter avec tout le monde et former ainsi son propre jugement. Tout y est accessible, le meilleur comme le pire, c'est pour cette raison qu'il est intéressant d'aller enquêter dans cette gigantesque « ville des religions ». Nous assistons depuis quelques années à une explosion incontrôlée sur les réseaux de mouvements ésotériques, de sectes, de groupuscules néopaïens et pseudo-sataniques ou tout simplement des premières églises du cyberespace[1] et des premiers cimetières virtuels[2] où l'on peut se « recueillir » pour prier ou méditer... Les religions traditionnelles[3] essayent, comme dans la vie réelle, de rattraper leur retard tandis que d'illustres philosophes, comme Ostad Elahi[4], restés discrets et peu connus de leur vivant, sont confrontés à un vaste auditoire international.

Cependant, le phénomène a pris une telle ampleur que très rapidement on pourrait assister à un déclin de cette multitude de microreligions. En effet, aujourd'hui n'importe qui peut se transformer en gourou et s'adresser à un public, plus ou moins vaste en fonction de ses « efforts marketing », pour parler de religion et de spiritualité[5] : pas uniquement les sectes ou les groupuscules ésotériques, mais aussi tout individu qui estime avoir quelque chose à communiquer aux autres. Face à une offre trop éclatée et submergés par une masse d'informations « pseudo-ésotériques » souvent contradictoires, les « internautes » sont de plus en plus déboussolés. Comme nous l'avons précédemment expliqué, avoir trop d'information équivaut à ne pas en avoir du tout. Il faut des filtres. On peut se demander si une telle situation ne conduira pas rapidement, comme pour les phénomènes biologiques, à une sorte d'autorégulation et autosélection automatique.

Internet étant un phénomène d'avant-garde, axé sur le futur et l'avenir, il constitue ainsi un terrain idéal pour cerner les nouvelles tendances de la société de demain. Qui sont ceux qui accèdent à ces services ? Pourquoi y accèdent-ils ? Que recherchent-ils ? Comment évoluent leurs croyances

1. http://www.execpc.com/~ chender
2. http://www.worldgardens.com
3. Par exemple, une société israëlienne vous permet d'envoyer une prière qui sera imprimée et directement portée dans le mur des lamentations à Jérusalem (http://virtual.co.il/city_services/prayer). Malheureusement, pendant votre prière, vous serez obligé de supporter de nombreux bandeaux publicitaires multicolores...
4. http://www.ostadelahi.com
5. Désormais, il est techniquement très facile et pratiquement gratuit de développer un site web sur Internet.

« connexion après connexion » ? Cette extrême liberté de choix que l'on trouve sur Internet, et qui se répercute dans nos vies quotidiennes, va-t-elle provoquer la naissance de milliers de microreligions indépendantes ou au contraire va-t-elle causer un rapprochement de plus en plus fort entre les religions traditionnelles ?

Identification des futurs possibles

Pour réduire les risques de subjectivité, il est nécessaire de faire valider par un groupe d'experts les scénarios issus des deux phases précédentes. Parmi les différents outils existants[1], il est envisageable d'utiliser la méthode Delphi ou une de ses variantes. Cette méthode[2] consiste à proposer un ou plusieurs thèmes de réflexion à un groupe d'experts afin qu'ils puissent fournir des évaluations successives pouvant être modifiées, au fur et à mesure, afin d'obtenir en phase finale une opinion de groupe. Pour cela, il est indispensable que les experts ne soient jamais en contact direct, ni qu'ils puissent dialoguer ou échanger leurs opinions. C'est pourquoi les échanges s'effectuent généralement par écrit (par voie postale, par fax ou plus récemment par e-mail[3]) mais l'on peut aussi interviewer directement chaque expert en face à face. Les évaluations de chaque expert sont fournies de façon rigoureusement anonyme aux autres participants. Cela afin d'éviter toute influence psychologique ou effet de leadership liés au prestige de certains participants ou à leur capacité de persuasion, leur extraversion ou leur dynamisme.

L'objectif final consiste à obtenir une forme de convergence des opinions. Il est donc indispensable que chaque participant soit prêt à faire

1. On peut distinguer au moins trois catégories de méthodes d'experts : la méthode Delphi, l'Abaque de Regnier et les impacts croisés. La méthode Delphi, mise au point dans les années 50 par la Rand Corporation, est la plus connue et répandue malgré certaines faiblesses. Nous l'utilisons ici à titre purement didactique tout en sachant qu'un certain nombre de « correctifs » ont été introduits au fil des années. Pour une description des autres méthodes et notamment des impacts croisés (en particulier la méthode Smic Prob-Expert) voir Godet M., *Manuel de prospective stratégique*, Dunod, 1997.
2. Nous faisons référence ici aux recherches effectuées par le professeur Giorgio Marbach et notamment à : « Il punto sul metodo Delphi » paru dans Marbach G., Mazziotta C., Rizzi A., *Le Previsioni*, Etas Libri, Milan, 1991.
3. Une version récente de cette méthode, appelée Delphi Conference, prévoit l'utilisation de l'ordinateur et l'élaboration immédiate des réponses (grâce aux envois par modem) voir l'article de Murray Turoff et Starr Roxanne Hiltz « Computer based Delphi processes » (http ://eies.njit.edu/~12932/delphi3.html).

évoluer ses positions ou à y apporter des nuances notamment en ce qui concerne l'élaboration d'hypothèses d'évolution. Ainsi, dans un premier temps, chaque expert formule ses opinions de façon assez vague et imprécise ; ensuite, à partir des informations recueillies, l'objectif est de faire évoluer les propositions afin qu'elles deviennent de plus en plus précises. Il ne faut pas voir dans cette méthode une recherche de consensus à tout prix. En effet, un des risques consiste à l'abandon des thèses minoritaires.

Concrètement, à chaque nouvelle phase (ou *round*), on envoie à tous les participants des informations supplémentaires sur le thème et des indicateurs de synthèse sur les estimations précédentes (avec aussi un indicateur de variabilité). Cette méthode repose donc sur trois principes :

– éviter les effets causés par les rapports interpersonnels que l'on rencontre inévitablement tant dans les réunions de *brainstorming* que dans les réunions de groupe traditionnelles ;

– l'intérêt supérieur d'une réflexion de groupe par rapport à un jugement individuel ;

– la richesse d'une réflexion par étapes comparativement à un recueil d'informations en une seule fois.

En ce qui concerne le nombre de participants et le nombre de phases nécessaires, il n'y a pas de règle générale mais habituellement les panels sont composés de quinze à vingt experts interrogés entre trois à six fois. Ainsi, ce qui nous semble intéressant dans cette méthode c'est qu'elle oblige les experts à approfondir, réexaminer et synthétiser leurs opinions et leurs prévisions. Il s'agit d'une méthode très flexible et qui intègre des approches prévisionnelles tant qualitatives que quantitatives et qui peut être utilisée efficacement à partir d'Internet.

The Global Internet Forecast a été l'une des rares expériences Delphi menée sur Internet à cette date. L'objectif était de prévoir sur le long terme (50 ans) les évolutions politiques, économiques, sociales, technologiques, culturelles et religieuses de notre société. Charles Frederick Swett, conseiller politique qui travaille au Pentagone au sein du cabinet du ministère de la Défense, a mis en place un Delphi à titre personnel justement pour convaincre son administration de l'efficacité de cette méthode.

L'intérêt de cette expérience réside plus dans la démonstration de la faisabilité et des potentialités d'un Delphi *via* Internet que dans la fiabilité des résultats, bien qu'il ait réussi à interroger plus de 700 personnes issues des quatre continents! Dans une interview que nous avons réalisée par e-mail, l'auteur est persuadé du potentiel commercial de cette application et déclare avoir identifié un certain nombre d'avantages à utiliser la méthode Delphi via Internet :

• *Commodité :* utiliser Internet est très pratique pour les interviewés et pour l'analyste. Les tâches de ce dernier sont facilitées tant dans l'élaboration et la transmission du questionnaire qu'en ce qui concerne le recueil des réponses ainsi que leur analyse.

• *Portée internationale :* il est évident qu'un Delphi via Internet permet de toucher un auditoire très large.

• *Vitesse :* grâce à l'efficacité de l'e-mail, les réponses parviennent immédiatement et peuvent donc être traitées quasiment en temps réel.

• *Flexibilité :* toute la lourdeur d'une étude Delphi classique (impression, envoi des questionnaires par courrier ou fax, réception, dépouillement, saisie, etc.) disparaît avec Internet et on peut donc utiliser des échantillons plus larges que ceux d'un Delphi traditionnel (15-20 personnes).

Néanmoins, Swett reconnaît un certain nombre de problèmes qui, à vrai dire, sont plus liés aux conditions dans lesquelles a été menée son expérience qu'au Delphi *via* Internet lui-même[1]. Tout d'abord, il n'a pas pu vérifier la qualité des interviewés puisqu'il a fait le choix d'autoriser l'enquête à toute personne qui souhaitait participer et ce de manière anonyme. Naturellement, puisqu'il est possible d'interroger un échantillon bien précis d'experts, cet inconvénient peut être éliminé. De plus, en s'appuyant sur un échantillon si large (700 participants complètement inconnus), il a été impossible de faire participer tous les interviewés aux différentes phases de l'enquête. Enfin, bien évidemment n'ont pu participer que ceux qui disposaient d'un accès à Internet...

De nombreux autres observatoires voient progressivement le jour, comme l'observatoire des usages et des technologies de l'Internet (voir supra) ou l'observatoire pour l'étude de l'université du futur (voir encadré).

1. Les résultats de cette enquête ne sont plus disponibles sur Internet et pour cette raison nous avons demandé à l'auteur de les mettre à notre disposition. Vous pourrez ainsi les consulter à partir de la page http://www.cybion.fr/intelligence/delphi.htm

Observatoire pour l'étude de l'université du futur

René Berger[1] est à l'origine d'un observatoire[2] très intéressant qui utilise Internet comme élément catalyseur pour une réflexion collective sur l'université du futur. Dans une société où chaque individu est submergé par une masse croissante d'informations, il faut découvrir de nouveaux paradigmes pour faciliter « l'acquisition du savoir ». Ainsi, Berger utilise Internet pour mener un réflexion transdisciplinaire convaincu que l'université du futur est toute à construire car nous vivons une époque charnière.

La transdisciplinarité est une nouvelle approche scientifique et culturelle qui essaye, comme le rappelle Basarab Nicolescu[3], un de ses pères fondateurs, « de prendre en compte les conséquences d'un flux d'information circulant d'une branche de connaissance à une autre et de créer un lieu privilégié de rencontre et de dialogue entre les spécialistes de différentes sciences et ceux des autres domaines d'activité ». En d'autres termes, puisque nous vivons dans une société de plus en plus complexe où le savoir s'exprime au travers de milliers de disciplines différentes chacune renfermée sur elle-même et inaccessible aux autres, le but de la démarche transdisciplinaire consiste à adopter une nouvelle approche scientifique, culturelle, spirituelle et sociale : « elle concerne ce qui est à la fois entre les disciplines, à travers les disciplines et au-delà de toute discipline. Sa finalité est la compréhension du monde présent, dont un des impératifs est l'unité de la connaissance[4] ».

Le but de cet observatoire consiste donc à tirer profit d'Internet et des nombreux « pôles de compétences » qui le constituent afin de mener une réflexion structurée et transdisciplinaire sur l'évolution de l'université de demain[5].

---

1. Docteur ès lettres de l'université de Paris (Sorbonne), professeur honoraire de l'université de Lausanne, président d'honneur de l'Association internationale des critiques d'art (AICA) et fondateur du mouvement culturel pour l'art. Membre fondateur et membre du conseil d'administration du CIRET. Expert consultant auprès de l'UNESCO et du Conseil de l'Europe.
2. http://sgwww.epfl.ch/UF/LOCARNO97/bref/
3. Physicien théoricien au CNRS, Basarab Nicolescu est l'auteur de « Nous, la particule et le monde » Le Mail, *L'Homme et le sens de l'univers – Essai sur Jakob Boehme*, Philippe Lebaud et *Théorèmes poétiques*, Éditions du Rocher. Il est également président du Centre international de recherches et études transdisciplinaires (CIRET) dont le site est http://perso.club-internet.fr/nicol/ciret/
4. Pour une vision plus approfondie de la transdisciplinarité, cf. http://perso.club-internet.fr/nicol/ciret/vision.htm
5. En France, le Pôle Universitaire Léonard de Vinci semble incarner le prototype de l'université du futur. Implanté dans un quartier d'affaire (La Défense), sa finalité est d'offrir un enseignement moderne, pragmatique avec une attention particulière au maniement d'outils technologiques (c'est le cas de l'Institut International du Multimédia). Complétement relié à Internet, le système d'informations de l'Infothèque est consultable en tout point du pôle ainsi que par les étudiants depuis leur domicile (http://www.devinci.fr).

En conclusion, des millions de documents sont régulièrement publiés et archivés sur Internet. Parallèlement, des centaines d'idées ou de projets novateurs sont annoncés chaque jour sur le réseau.

Internet constitue donc une véritable « mémoire du futur » qui permet, à condition de maîtriser ses outils et d'employer des méthodologies éprouvées, d'étudier le passé, de comprendre le présent et d'envisager l'avenir de tout phénomène en cours.

ANNEXE

QUELQUES AGENTS DISPONIBLES SUR INTERNET[1]

Nom	Alexa (Alexa Internet)
Famille	Assistants
Catégorie	Agents guide
Description	Alexa vous suit dans vos navigations et fournit de nombreuses informations utiles sur les sites que vous visitez (nombre de pages, nombre de liens présents, fréquence des mises à jour, nombre de visites, vitesse d'accès, nom du responsable...). Par ailleurs, grâce à un accord avec *Internet Archive*, Alexa permet de retrouver des anciennes pages web qui ne sont plus disponibles sur Internet mais qui ont été archivées dans des immenses bases de données.
Points positifs	• Très intuitif. • Permet de retrouver des pages « disparues » *(404 Not Found)*. • Analyse détaillé des sites visités. • Suggestion de sites à visiter en fonction du site où vous êtes. • Possibilité de communiquer en direct avec les autres utilisateurs d'Alexa. • Possibilité de lancer des recherches sur l'*Encyclopaedia Britannica*.
Points négatifs	• Pas toujours stable et parfois un peu lent (en fonction du trafic). • Les archives sont encore incomplètes.
Adresse site	http://www.alexa.com
Système	Windows 95, Windows NT 4.0 ou Macintosh
Prix	gratuit

1. De nombreux agents apparaissent et disparaissent continuellement sur Internet. Nous avons sélectionné ici quelques uns parmi les plus répandus. Un laboratoire de test a été mis en place sur le web pour permettre au lecteur de découvrir et tester les dernières nouveautés dans ce domaine (http://www.cybion.fr/intelligence). Par ailleurs, la classification que nous avons adoptée au niveau des catégorie et des familles d'agents, reprend les descriptions qui ont été faites dans le texte.

Nom	Autonomy (Agentware)
Famille	Recherche d'informations
Catégorie	Agents de recherche avancés
Description	Autonomy est sans doute un des agents les plus sympathiques, amusants et faciles à utiliser. Originairement développé par des chercheurs de l'Université de Cambridge, il est censé reposer sur certains principes d'intelligence artificielle. Une interface intuitive et un habillage graphique réussi (un petit chien marrant qui n'arrête pas de s'agiter) font beaucoup rêver... Malheureusement, les résultats ne sont pas toujours au rendez-vous.
Points positifs	• Excellente interface graphique et forte convivialité. • Utilisation intuitive (il n'est pas nécessaire d'indiquer à l'agent quels moteurs il doit utiliser). • Interrogation en langage naturel sans besoin de mots-clefs. • Possibilité de lancer un agent sur Internet, d'éteindre l'ordinateur et de récupérer les résultats par la suite (l'agent travaille à partir d'un serveur distant). • Choix entre différents modules (recherche d'informations, édition d'un journal personnalisé, recherche d'images, rencontre avec d'autres agents sur le réseau...).
Points négatifs	• Logiciel encore instable (il bloque parfois votre ordinateur). • Résultats assez décevants. Autonomy a du mal à interpréter correctement les requêtes en langage naturel. • Lenteur.
Adresse site	http://www.agentware.com/
Système	Windows 95 ou Windows 3.11
Prix	Inférieur à 50 $

Nom	Citizen 1 HIT (Citizen 1 Software)
Famille	Recherche d'informations
Catégorie	Agents sectoriels
Description	Citizen 1 HIT fait partie d'une nouvelle génération d'agents : ceux qui se spécialisent dans un secteur économique et exploitent les informations issues du *Invisible Web*. En l'occurrence, Citizen 1 HIT s'est spécialisé dans le domaine de la santé et a développé un agent qui est capable d'interroger plusieurs centaines d'outils de recherche très pointus qui généralement ne peuvent pas être atteints par les moteurs web classiques (AltaVista, HotBot...). Citizen 1 HIT est le premier agent, destiné aux professionnels, capable d'exploiter efficacement le web visible et le web invisible dans le domaine de la santé (il existe également une version dans le domaine du *business*).
Points positifs	• Le nombre impressionnant d'outils de recherche. • Le classement des ces outils en de nombreuses rubriques et sous rubriques. • Les requêtes que vous saisissez sont enrichies par d'autres mots-clefs pertinents auxquels vous n'aviez pas pensé. • Mise à jour automatique du logiciel.
Points négatifs	• Interface pas très intuitive en raison du grand nombre d'outils de recherche. • Le prix.
Adresse site	http://www.citizen1.com
Système	Windows 95 ou Windows NT 4.0
Prix	1500 $ par an (abonnement)

Nom	Copernic (Agent Technologies)
Famille	Recherche d'informations
Catégorie	Meta-moteurs *off-line*
Description	Copernic est un agent de recherche simple mais efficace. Les requêtes sont soumises à plusieurs moteurs de recherche et les résultats sont présentés sous forme d'un tableau. On dispose ainsi d'un historique des données facilement accessible.
Points positifs	• Simple et intuitif. Il s'intègre parfaitement dans le *browser* (surtout avec Internet Explorer 4.0). • Prend en compte plusieurs moteurs de recherche francophones (si l'on choisi l'interface française). • Les résultats, qui apparaissent dans un tableau, peuvent être triés selon plusieurs critères de recherche. • Il est possible de mener des recherches plus précises directement au sein des documents rapatriés par l'agent.
Points négatifs	• Pour l'instant, il est impossible de rajouter de nouveaux moteurs de recherche à la liste existante. • Le réglage pour le rapatriement des données n'est pas très intuitif.
Adresse site	http://www.copernic.com
Système	Windows 95 ou Windows NT 4.0
Prix	Inférieur à 30 $

Nom	DigOut4U (Arisem)
Famille	Recherche d'informations
Catégorie	Agents de recherche avancés
Description	DigOut4U est un logiciel développé par une jeune société française qui adopte une démarche originale basée sur l'analyse du contenu, du sens et de la sémantique des textes. L'application repose sur une technologie propriétaire (L4U) qui permet de récupérer les pages web dont le contenu sémantique correspond à la requête en langage naturel formulée par l'utilisateur. À l'heure actuelle, c'est un des premiers agents à permettre des recherches multilingues. Par ailleurs, la technologie L4U est à la base d'autres applications plus évoluées notamment au niveau de la veille.
Points positifs	• Requêtes en langage naturel mais avec possibilité d'intervenir sur les mots-clefs. • Traitements linguistiques des données (présence d'un dictionnaire de synonymes et d'équivalences). • Élargissement de la portée d'une requête après une analyse de son contenu. • Requêtes automatiquement traduites en anglais. • Élaboration de résumés automatiques dont on peut modifier la longueur.
Points négatifs	• Nécessite un ordinateur assez puissant et une bonne connexion. • L'interface est encore en évolution. • Le prix le réserve surtout à un marché professionnel.
Adresse site	http://www.arisem.com
Système	Windows 95 ou Windows NT 4.0
Prix	Inférieur à 800 $

Nom	HighLights (Tierra)
Famille	Veille
Catégorie	Agents d'alerte *off-line* de deuxième génération
Description	Tierra HighLights est un des meilleurs agents disponibles pour mener efficacement des activités de veille sur le web. En effet, il associe à sa simplicité d'utilisation de puissantes fonctions de filtrage et de comparaison. Il s'avère donc fort utile pour confronter et mettre en évidence les nouveautés qui apparaissent sur une page web. Par ailleurs, cette jeune société canadienne vend également des solutions plus complexes pour Intranet (HighLights Corporate).
Points positifs	• Veille par mots-clefs et mise en valeur des changements directement sur la page *html* de manière très visuelle (encadrés colorés). • Les fichiers sont enregistrées au format d'origine *(html)* et peuvent donc être éventuellement indexés ou traités avec d'autres logiciels. • Simple et intuitif, il s'intègre parfaitement avec tout *browser.* • L'agent s'active automatiquement à des horaires préétablis.
Points négatifs	Un seul défaut mais assez important : pour l'instant (version 2), il est impossible de surveiller un site entier automatiquement. La seule solution, un peu fastidieuse, consiste à créer un agent pour chaque page du site.
Adresse site	http://www.tierra.com
Système	Windows 95 ou Windows NT 4.0
Prix	Inférieur à 50 $

Nom	Inforia Quest (Inforia)
Famille	Recherche d'informations
Catégorie	Meta-moteurs *off-line* Agents sectoriels
Description	InfoQuest est un outil relativement récent aux fonctionnalités intéressantes. Il permet d'utiliser plusieurs dizaines de moteurs de recherches regroupés en plusieurs catégories (news, loisirs, forums de discussion, logiciels, technologie…). Il est également possible de créer un profil personnalisé avec les moteurs de recherche préférés.
Points positifs	• Inclus plus de 100 moteurs de recherche. • L'agent se met à jour automatiquement pour voir si de nouveaux moteurs de recherche sont apparus sur Internet. • Pour chaque page qui est identifiée, un court résumé est généré automatiquement. • Supporte les opérateurs booléens.
Points négatifs	• Les résultats ne sont pas enregistrés sur le disque dur. En conséquence, on ne peut mener des recherches plus fines au sein des résultats d'une recherche. • Interface d'utilisation pas toujours intuitive.
Adresse site	http://www.inforia.com
Système	Windows 95 ou Windows NT 4.0
Prix	Inférieur à 25 $

Nom	NearSite (InfoEvolution)
Famille	Veille
Catégorie	Agents d'alerte *off-line* de première génération
Description	NearSite est un outil simple, efficace et relativement peu connu. À tort, on le considère souvent uniquement comme un logiciel pour gérer les documents qui résident dans la mémoire *cache* de l'ordinateur. En réalité, il offre quelques fonctions avancées qui permette de surveiller plusieurs sites web en créant des chaînes thématiques ainsi que des archives.
Points positifs	• Simple à utiliser. Il est possible de gérer de nombreuses options du logiciel à partir d'une simple page *html* ! • Très efficace pour « aspirer » des sites entiers pour ensuite faire des recherches en local sur le disque dur. • Les archives d'un site peuvent être compressées et transportées sur une simple disquette. • Un des rares logiciels qui peut être utilisé par plusieurs personnes simultanément à travers un réseau TCP-IP *(proxy server).*
Points négatifs	• Aucune fonction de filtrage et de veille par mots-clefs. • Les fichiers rapatriés sont enregistrés dans un format propriétaire (différent du *html*). • Le logiciel peut être paramétré à partir d'une page *html* mais aussi à partir d'une interface propriétaire (plus complète) qui demeure assez compliquée.
Adresse site	http://www.nearsite.com
Système	Windows 95 ou Windows NT 4.0
Prix	Inférieur à 50 $

Nom	NetAttaché Pro (Tympani)
Famille	Recherche d'informations Veille
Catégorie	Agents de recherche avancés Agents d'alerte *off-line* de deuxième génération
Description	Tympani est aussi une des sociétés « pionnier » dans les agents de veille et de recherche d'informations. NetAttaché Pro offre de puissantes fonctions pour optimiser vos activités d'intelligence stratégique. NetAttaché Light est gratuit mais reste assez limité. Atlas est la version pour Intranet.
Points positifs	• Permet de suivre l'évolution de vos recherches. • Filtrage des résultats par mots-clefs. • Permet de constituer des archives d'anciennes recherches ou veilles. • Les pages *html* enregistrées sont fortement compressées de manière à occuper peu d'espace sur le disque dur. • Formulation des requêtes efficace (opérateurs booléens avancés).
Points négatifs	• Pas toujours très intuitif. • Nécessite une phase d'apprentissage
Adresse site	http://www.tympani.com
Système	Windows 95 ou Windows NT 4.0
Prix	Inférieur à 40 $

Nom	PointCast Business Network (Pointcast)
Famille	Veille
Catégorie	Agents *push off-line*
Description	PointCast a été le pionnier du *push* sur Internet grâce à un service de diffusion d'informations personnalisées. En suivant le modèle de la télévision, PointCast permet de recevoir, sans aucun effort de navigation, des *news* qui correspondent au profil que vous avez établi. Au fil des mois, l'interface est devenu très conviviale, un peu moins gourmande en ressources et permet donc de suivre efficacement l'actualité. Désormais PointCast Business Network se décline en de nombreuses versions spécialisées par secteur d'activité (santé, banque, automobile, télécommunications) et par pays (Canada, Japon...).
Points positifs	• L'interface très conviviale qui est constamment améliorée. • Possibilité de suivre l'actualité sectorielle de manière automatique. • Le principe des *channels* est devenu universel et maintenant quiconque peut créer sa chaîne personnalisée. • Peu de paramétrages sont nécessaire pour faire fonctionner le logiciel. • Logiciel gratuit.
Points négatifs	• Consomme beaucoup de ressources (tant au niveau de l'ordinateur que du réseau). • Présence de nombreux bandeaux publicitaires. • Contenu parfois trop standard. • L'utilisateur est complètement passif.
Adresse site	http://www.pointcast.com
Système	Windows 95, Windows NT 4.0, Windows 3.11 ou Macintosh
Prix	Gratuit

Nom	SurfBot (Surflogic)
Famille	Recherche d'informations Veille
Catégorie	Meta-moteurs *off-line* Agents d'alerte *off-line* de première génération
Description	SurfBot a été un des premiers agents paru sur Internet. Malheureusement sa technologie a été rachetée par Oracle, qui pour l'instant, n'a pas sorti de produit équivalent. Il n'est donc plus « officiellement » disponible bien qu'il soit possible de le retrouver assez facilement (par exemple sur les sites Tucows). Une de ses particularités, c'est qu'il s'intègre au sein du *browser* et permet ainsi de télécharger des sites entiers en vous alertant lors de chaque changement.
Points positifs	• Complètement intégré dans le *browser* (mais seulement jusqu'à Netscape 3.0 et Internet Explorer 3.0). • Fonctionnalités assez sophistiquées. • Très efficace pour « aspirer » rapidement des sites entiers.
Points négatifs	• Officiellement plus disponible (aucune assistance). • Assez instable (certains *bugs* n'ont jamais été résolus…). • Ne permet pas de filtrer les informations rapatriées (trop de bruit).
Adresse site	http://www.surflogic.com mais pour le télécharger il faut essayer sur un des nombreux sites Tucows (par exemple http://tucows.wau.nl/offline95.html)
Système	Windows 95 ou Windows NT 4.0
Prix	N'est plus commercialisé.

Nom	Umap Web (Trivium)
Famille	Recherche d'informations
Catégorie	Agents de recherche avancés
Description	Umap Web est un produit français qui adopte une démarche différente par rapport aux autres agents. Au début, il rapatrie beaucoup de données en utilisant les moteurs de recherche traditionnels (Yahoo! HotBot, AltaVista...). Ensuite, il indexe ces documents en créant un corpus. À partir de ce corpus, Umap génère en temps réel un thesaurus qui permet de définir une nouvelle base de vocabulaire grâce à laquelle sont créées des cartes graphiques. Le but est donc de « cartographier » l'information obtenue. Il s'agit d'un outil plus complémentaire que concurrentiel par rapport aux autres agents traditionnels.
Points positifs	• Créations de cartes dynamiques calculées en temps réel. • Interrogation de plusieurs moteurs de recherche et élimination automatique des doublons. • Ne nécessite pas de dictionnaires spécifiques. • Produit des résultats satisfaisants à condition que l'utilisateur s'implique activement.
Points négatifs	• Représentations graphiques d'assez difficile interprétation. • Temps d'apprentissage assez long. • Lenteur.
Adresse site	http://www.umap.com
Système	Windows 95 ou Windows NT 4.0
Prix	Inférieur à 50 $

Nom	WebCompass (Quaterdeck)
Famille	Recherche d'informations
Catégorie	Agents de recherche avancés
Description	WebCompass a été un des premiers agents de recherche disponible sur Internet. Au début, l'interface rigide et difficile à personnaliser rendait cet agent peu intéressant. Progressivement, il s'est perfectionné en devenant toujours plus performant. La gestion des thèmes de recherche *(topic)* est efficace et peut être mise à jour à intervalles réguliers de manière automatique. Un assistant de recherche rend cet agent accessible même aux débutants.
Points positifs	• L'interface simple et les moteurs classés par catégories. • La possibilité d'ajouter manuellement des moteurs de recherche. • L'élaboration automatique d'un résumé pour chaque page web identifiée. • Le thesaurus qui permet d'optimiser les recherches.
Points négatifs	• Impossibilité d'utiliser des opérateurs booléens (AND, OR, NOT…). • Lenteur. • Qualité des résumés parfois insuffisante.
Adresse site	http://www.quarterdeck.com
Système	Windows 95 ou Windows NT 3.51
Prix	Inférieur à 50 $

Nom	WebFerret (Ferretsoft)
Famille	Recherche d'informations
Catégorie	Meta-moteurs *off-line*
Description	WebFerret est l'outil idéal pour ceux qui souhaitent apprendre à utiliser les agents de recherche. En effet, il s'agit d'un logiciel extrêmement simple, facile à installer et en même temps relativement efficace. Une fois que vous aurez appris à bien l'utiliser, vous pourrez vous procurer la version professionnelle, nettement plus performante (WebFerret Pro).
Points positifs	• Extrême simplicité d'utilisation. • Téléchargement et installation immédiate (la taille du fichier est très réduite). • Logiciel gratuit qui peut être distribué librement. • Très rapide lorsqu'il interroge les moteurs de recherche.
Points négatifs	• Fonctions limitées à l'essentiel. • S'agissant d'un logiciel gratuit, vous verrez défiler des bandeaux publicitaires...
Adresse site	http://www.ferretsoft.com
Système	Windows 95 ou Windows NT 4.0
Prix	La version de base est gratuite. Le coût de la version professionnelle est inférieur à 30 $.

Nom	WebSeeker (ForeFront)
Famille	Recherche d'informations
Catégorie	Agents de recherche avancés Agents sectoriels
Description	WebSeeker est un agent de recherche assez sophistiqué et puissant. Il permet en effet de choisir parmi plus de 100 moteurs de recherche qui ont été regroupés par thème. Au début, l'utilisation des opérateurs booléens est un peu basique mais ceci est inévitable puisqu'il interroge simultanément plusieurs outils de recherche très différents. Mais le point fort de cet agent consiste à rapatrier et stocker les résultats sur le disque dur pour ensuite mener des recherches beaucoup plus pointues, en local, au sein des données qui ont été enregistrées (en utilisant de nombreux autres opérateurs booléens).
Points positifs	• Les moteurs de recherche sont regroupés par thème et par secteur d'activité. • Le nombre important d'outils de recherche disponibles (plus de 100). • Les mises à jours gratuites et automatiques pour vérifier si de nouveaux outils de recherche sont apparus. • La possibilité de pouvoir inclure manuellement n'importe quel moteur de recherche. • L'utilisation astucieuse des opérateurs booléens (en deux temps). • Le rapatriement efficace des résultats sur le disque dur.
Points négatifs	• Cette démarche en deux temps implique d'avoir suffisamment d'espace sur le disque dur (au début beaucoup de données, pas toujours pertinentes, vont être sauvegardées). • Le fait de devoir utiliser au début un seul opérateur booléen est un peu déroutant.
Adresse site	http://www.ffg.com ou http://www.bluesquirrel.com
Système	Windows 95 ou Windows NT
Prix	Inférieur à 50 $ (la version spécialisée dans le juridique coûte 150 $)

Nom	WebSnake (Anawave)
Famille	Veille
Catégorie	Agents d'alerte « off-line » de première génération
Description	Il s'agit d'un logiciel simple, peu connu mais qui possède des fonctions de veille concurrentielle assez intéressantes. Par exemple, il peut être paramétré pour surveiller de près le site d'un concurrent de manière à vous alerter dès qu'un mot-clef précis est publié.
Points positifs	• Interface conviviale et attractive. • Outil intéressant pour certaines activités de veille concurrentielle et juridique. • L'agent peut également extraire et regrouper les adresse e-mail présentes sur un site web. • Très rapide et efficace pour « aspirer » des sites entiers.
Points négatifs	• Ne s'adapte pas toujours aux différents type de veille qui peuvent être menées sur Internet. • Fonctionnalités pas très élaborées. • Ne met pas efficacement en évidence les nouveaux changements au sein d'un site.
Adresse site	http://www.anawave.com
Système	Windows 95 ou Windows NT 4.0
Prix	Inférieur à 30 $

INDEX

185

STEDI, 1, boulevard Ney, 75018 Paris - Tél. 01.40.38.65.40
Dépôt légal, Imprimeur, n° 5635
Dépôt légal : juillet 1998

Imprimé en France

Dépôt légal 1re édition : 2e trimestre 1998